노인상담의 실제

노인상담의 실제

이장호 · 손영수
금명자 · 최승애

法 文 社

머리말

드디어 '노인상담의 실제'가 탄생하게 되었다. 네 명의 집필자들이 햇수로 6년의 시간 동안 여러 단계를 거쳐 여기에 이르렀다. 처음에는 임상노인심리학과 노인상담의 실제 관련 두 권의 원서를 번역하여 출판할 계획이었다. 공부하는 마음으로 책을 번역해가면서 1년에 서너 차례 만나 노인상담에 대한 의견을 나누고, 책의 진행을 점검하였다. 그러던 중 번역하려던 책이 이미 한국에서 번역되어 나올 준비를 하고 있다는 소식을 접하였다. 우리들은 다시 번역보다는 실제 노인상담 사례를 진행하면서 사례와 실제를 상담계에 소개하여 노인상담에 대한 관심을 불러일으키고 전문성의 불을 지피기로 하였다.

노인상담의 실제를 상담 현장에 소개하기 위해 우리들은 상담을 직접 하기도 하고, 내담자가 되어 상담을 받기도 하였다. 각자의 사례에 대하여 서로 논평도 하였다. 그러나 우리들의 사례만으로는 양적으로나 질적으로 부족하였다. 그래서 이미 노인상담을 진행하시는 분들의 사례를 모아서 그 사례들에 피드백을 하여 책에 첨가하기로 하였다. 그런 면에서 이 책은 귀납적 체계를 가지고 있다. 다시 말해 현장에서 상담부터 진행하면서 경험하는 문제들에 대하여 이해하고 그것이 무엇인지 정리하고, 그 대안을 생각하면서 원고를 만들어가는 bottom-up 절차를 가졌다. 그러기에 매우 현장적이고, 실제적이다. 그러기에 이론적 정리는 미흡한 면이 없지 않아 있다. 앞으로 독자 상담자들이 주시는 피드백과 우리들의 지속적인 노력이 이러한 부족을 메꾸면서 한국에서의 노인상담은 그 이론적 틀을 견고하게 만들어갈 것이다.

집필진들의 구성을 보더라도 이 책은 매우 독특하고 실제적이다. 책의 말미 저자 소개에 기록하지 않았지만 이장호 선생님은 자신을 '77세, 당뇨-혈압관리 위해 주례 산행 및 헬스클럽 운동중'이라는 소개로 시작하셨다. 이장호 선생님은 이 책에 대한 열정이 대단하셨다. 동네 친구를 상담에 초청하여 상담하셨고(그러나 내담자의 부동의로 실을 수가 없었다), 직접 노인 내담자가 되시기도 하였다. 동료집필진들의 태만에 안타까워하셨으나 여우같이 노련하셨다. 지도교수처럼 굴지 않으셨고, 앞에서 주도하고, 뒤에서 자료를 모으셨다. 그러면서 그러한 태도가 집착이 아닌지를 지속적으로 점검하셨다. 손영수 선생님은 아시다시피 산부인과전문의, 노인병인정의시며 동시에 교육대학원에서 상담을 공부하고 계신 분이다. 의사들의 환자 진료에 있어 상담적 접근을 강조하시는 가운데, 책에 소개된 사례가 진행되었다. 아마 이 사례는 유례가 없는 의사의 상담사례가 될 것이다. 이분의 학문에 대한 열정은 의학은 물론 법학, 행정학, 경영학, 교육학으로 뻗어 있는데, 그러한 열정의 길에서 이장호 선생님을 만나셨고, 함께 노인상담 책을 집필하기로 의기투합하셨다. 이장호 선생님의 제자인 금명자는 노인상담을 시작해야 한다는 발달적 역할 과제는 인식하고 있었으나 두려워했다. 노인을 마음으로 사랑하지 않았기 때문이다. 그러나 앞으로 자신이 가야 할 길이라 생각하면서 그 두려움을 달래며 책을 편집하는 책임을 맡았다. 최승애 선생님은 이장호 선생님에 대한 사랑으로 집필에 합류하였다. 본서에서 최승애 선생님의 사례가 하이라이트임을 강조한다. 독자들은 이 사례를 읽으며 노인상담의 시작과 끝인 경청과 이해, 지지의 결정판을 보게 될 것이다. 본서의 집필진으로 네 명이 소개되었지만 엄밀히 말해서 이 책은 강숙정, 노혜란, 성정수, 여정숙, 한동경, 허린강 등 여섯 분의 현장 상담가들이 기꺼이 자신의 사례를 내어 놓음으로써 완성될 수 있었다. 이분들께 어찌 감사하지 않을 수 있을까? 어찌 송구하지 않을 수 있을까? 네 명의 저자들만 책표지에 싣게 됨을 깊이 이해해주시기 바란다.

이렇게 연령과 전공이 다르고, 현재의 삶의 색깔이 다른 많은 사람들이 엮어낸 노인상담의 실제는 그래서 더욱 현장적이고 실제적이다. 이 책은 모두 다섯 개의 장으로 구성되어 있다. 제1장은 이장호, 금명자가 함께 집필하였으며, 실제 사례로 들어가기 전에 노인상담 현장의 특성을 개념적으로 정리하였다. 제2장은 손영수가 집필하였으며, 노인에 대한 신체·생물학적 이해가 되어야만 노인상담을 현실적으로 이해할 수 있음을 강조한다. 손영수 교수님이 진행한 사례는 전문가의 노인에 대한 관심이 노인의 삶의 질을 어떻게 바꾸어 놓을 수 있는지를 관찰하게 할 것이다. 제3장은 최승애, 한동경, 허린강, 금명자, 여정숙 선생님이 진행한 노인 개인상담 다섯 사례가 소개되었다. 내담자 문제 이해는 물론이고, 긴 축어록, 여러 전문가의 논평을 통해 현장의 노인상담자들은 통합적 지혜를 얻을 것이다. 제4장은 노혜란, 성정수, 강숙정 선생님 등이 진행한 노인 집단상담 네 가지 사례를 소개하였다. 다양한 대상에 초점 맞추어 진행된 집단 프로그램들을 소개하였으므로 독자들은 폭넓은 프로그램 조망과 다양한 기법들을 살필 수 있을 것이다. 제5장은 정말로 실제적인 장으로서, 노인 코칭 사례를 다루었다. 노인은 허상인 마음의 문제보다도 실제적 생활 문제 해결이 중요하다. 상담심리전문가들이 놓치기 쉬운 영역이므로 마지막에 덧붙였다. 그러나 사례와 축어록이 없어 아쉬움이 남는다. 다음 판에서 꼭 실제 사례를 실을 것을 약속한다. 마지막으로 부록도 관심있게 보아주기 바란다. 본문에 들어오면 메시지 전달이 혼란스럽기 때문에 부록에 편집한 것이므로 실제적 정보가 될 것임을 확신한다.

이미 시중에 노인상담에 관련한 서적들이 많이 발간되어 있다. 그러나 대개가 노인에 대한 이해와 복지적 개입을 더 많이 다루고 있다. 그도 그럴 것이 노인상담을 실제로 진행하는 전문상담자들이 현장에는 거의 없기 때문이고, 젊은 상담자들이 접근하기에는 너무 무겁고 무기력하다. 또 나이 든 상담전문가들은 노인보다 젊은 내담자나 젊은 상담자를 만나는 것이 유익할지 모른다. 설사 계시더라도 책으로 엮어내는 데 시간이 조금 더 필요할 것이다. 그래서 노인상담의 실제가 탄생하기 어렵다. 우리가 엮어낸 '노인상담의 실제'도 역시 부족하기는 매한가지다. 그러나 시작이 중요하기에 우리 자신의 부족을 드러낸다. 이 책을 시작으로 많은 상담전문가들이 노인상담에 관심을 가지고 접근해주기 바란다. 그리고 노인전문상담자의 육성에 좋은 길잡이가 되기 바란다.

항상 그렇듯이 상담의 실제를 다룬 책은 누군지 확인할 수 없지만 우리 주위에 꼭 있는 내담자의 용기 없이는 출간될 수 없다. 더군다나 이 책의 내담자들은 이 책을 위해 의도적으로 내담자가 되어주셨고, 자신을 공공의 제물로 희생하셨다. 감사에 감사를 전한다. 제물의 헌신으로 말할 것 같으면 사례를 내놓은 상담자들도 마찬가지이다. 함께 해주심에 감사를 드린다. 우리들은 아직 많이 부족하여 걱정하는 마음이 있었지만 흔쾌히 책을 엮어주신 법문사에 감사의 마음을 전한다. 많은 독자들이 책을 읽으며 '이 수준으로는 안 되지' 하면서 노인전문상담에 뛰어들기를 고대한다.

2013년 1월

공동집필진 대표 금명자

차 례

제1장 노인상담의 첫걸음 ········ 1

1. 노인에 대한 관점 변화 및 방향 ········ 1

2. 노인상담의 기본적 접근 원리 ········ 3

1) 노인상담의 주요 상담문제 / 3
2) 노인상담의 접근 원칙 / 4
3) 노인상담에서의 구조화 / 4

3. 노인상담의 목표 ········ 5

1) 상담이론에 근거한 목표 / 6
2) 발달 과제에 근거한 목표 / 16
3) 현장의 호소에 근거한 목표 : 우울 및 불안의 조절 / 19

제2장 노인의학과 노인상담 ········ 24

1. 노년 건강관리 개요 ········ 26

1) 인구 노령화 현황 / 26
2) 노인 질병과 진료비 현황 / 27
3) 노인 환자의 차별적 특성 / 28

2. 여성 갱년기 건강관리 ········ 31

1) 폐경 증상 / 31
2) 노년여성 전문클리닉 진료 / 32
3) 생활 습관의 변화 / 33

3. 노년의 성 ········ 34

1) 인간의 성에 대한 일반적 이해 / 35
2) 성에 대한 연구결과의 적용 한계 / 36
3) 노년의 성에 대한 이해 / 37
4) 노년의 성문제 해결 전략 / 41

4. **노년기 불면증** ··· 42
1) 수면의 생리와 노화에 따른 변화 / 42
2) 노년기 수면장애 유발 인자 / 45
3) 수면장애의 분류 / 47
4) 수면장애의 진단 / 47
5) 수면장애의 관리 / 49

5. **노인진료에서 노인상담으로의 전개** ··· 52
1) 사례 소개 / 52
2) 노인 상담의 진행과정(4회기) / 53
3) 슈퍼바이저의 피드백 / 88
4) 상담자 후기 / 95

제3장 노인 개인상담 사례 연구 ··· 97

1. **〈사례 1〉 남편을 용서할 수 없어요!** ··· 97
1) 내담자 정보 / 97
2) 상담 및 동기문제 / 98
3) 상담 목표 및 치료 계획 / 99
4) 가족 평가 / 99
5) 전체 회기 요약 / 101
6) 상담과정에 대한 평가 / 135
7) 전공생 사례 독후감 / 139

2. **〈사례 2〉 내게 힘을 주세요! 살고 싶어요!** ··· 143
1) 내담자 정보 / 143
2) 상담 받게 된 경위 / 145
3) 내담자 문제의 이해 / 145
4) 상담목표 및 전략 / 146
5) 상담 진행 과정 / 146
6) 상담자의 수퍼비전 요청 내용 / 185
7) 슈퍼바이저의 피드백 / 185

3. **〈사례 3〉 열심히 살았지만 아직도 문제가 많아요!** ··· 192
1) 내담자 인구학적 정보 / 192
2) 상담 경위 / 192
3) 상담유형 / 193
4) 회기 내용 / 193
5) 노인상담을 진행한 후기 / 269

4. 〈사례 4〉 미술치료를 이용한 노인상담 ······ 270
1) 상담의뢰 배경 / 270
2) 내담자 인적사항 / 270
3) 상담진행 / 271
4) 상담목표 / 271
5) 상담전략 / 271
6) 상담진행 과정 / 271
7) 상담내용 / 272
8) 종결 후의 전반적인 느낌 / 287
5. 〈사례 5〉 노인 개인상담의 중단 사례 ······ 289
1) 내담자 관련 정보 / 289
2) 내담자의 호소 문제 / 290
3) 상담진행 / 291
4) 상담자가 경험한 노인 내담자 특성 / 293
5) 슈퍼바이저 피드백과 상담자 의견 / 296
6) 교훈과 성찰 / 299
컬러 그림 ······ 300

제4장 노인 집단상담 사례 연구 ······ 301

1. 노인 집단지도 프로그램 – 복지관 보급형 ······ 301
1) 10회기 진행과정의 구성 / 301
2) 회기별 특징과 집단상담 지도자 회기일지 / 303
2. 배우자 사별 어르신들을 위한 집단상담 ······ 315
1) 목적 / 315
2) 프로그램 개발 / 315
3) 내담자 기본 인적 사항 / 316
4) 회기별 목표 및 진행내용 / 316
5) 집단상담 실시결과 / 337
6) 상담자의 슈퍼비전 요청 내용 / 340
7) 슈퍼바이저의 피드백 / 341
3. 치매예방 집단상담 ······ 344
1) 집단원 인적사항 및 행동관찰 내용 / 344
2) 집단의 목적과 진행 방법 / 345
3) 사례 제시 이유 / 346
4) 집단원 선정 및 장소와 시간 / 346

5) 사례 제시 방식 / 347
6) 집단상담 내용 / 347
7) 슈퍼바이저의 피드백 / 358

4. 양로원 집단상담 ········ 359
1) 사례 소개 / 359
2) 활동 내용 및 참가자들의 나눔 / 361
3) 수퍼바이저 회기 후 지적-검토 사항 / 363

컬러 그림 ········ 364

제5장 노인 코칭 사례 연구 ········ 365

1. 노인 코칭의 이해 ········ 365
1) 노인 코칭의 원칙: 기본 관점 / 365
2) 노인 코칭의 효과 및 이점 / 366
3) 노인 코칭의 5가지 기본 접근법 / 366
4) 공감자적 코칭 대화의 특징 / 366
5) 노인 코칭의 유형 / 367

2. 노인 코칭의 실제 ········ 367
1) 노인 코칭의 실제 Ⅰ: 코치의 질문 / 367
2) 노인 코칭의 실제 Ⅱ: 노인 코치의 존중-감사 언어반응 / 369

부 록 ········ 370

1. 최신 노인복지상담 참고자료 목록 ········ 370
2. 노인평가척도 목록 ········ 373
3. 국내노인상담기관 및 노인요양시설 ········ 388
4. 서식과 면접 지침서 ········ 405
5. 인생 제4기론 序說 ········ 410
6. [○○ 치매 · 중증 노인 요양센터] 방문 觀察記 ········ 416

찾아보기 ········ 447

제 1 장

노인상담의 첫걸음

1. 노인에 대한 관점 변화 및 방향

우리 사회는 고령화 사회(65세 이상 노인인구 11%근접)로 치닫고 있으며, 노인문제가 다양하게 증폭(예: OECD 국가 노인 자살률 1위)하고 있다. 이런 상황에서 고통받는 노인들이 상담 및 심리치료 서비스의 필요성을 느껴도 노인상담 전문 인력이 양성되어 있지 않아 양질의 서비스를 제공할 수 없는 것이 오늘의 실정이다. 즉 아동-가족-대학생 전담의 상담소들은 있으나 노인문제를 전담으로 하는 전문상담소는 발견하기 힘들고, 일반 상담전문가들의 입장에서도 노인상담은 2차적 관심사로 방치되고 있으며 '노인들 자신이 상담을 적극적으로 원하지 않고 있다'는 일반적 통념에 지배되고 있는 실정이다.

일반적으로 노인은 사회적으로 자주 위축되며, 정서적으로 유리되고, 보수적인 신념을 가지며, 행동이 유연하지 못하고, 우울하고 냉담하다고 묘사된다. 그러나 이러한 생각은 고정관념일 뿐이지 객관적인 연구 자료에 의해서는 증명되지 못하였다. 오히려 30세 이후의 성격이 얼마나 안정적인지를 잘 드러내는 연구 보고

가 있을 뿐이다(Costa, McCrae, & Arenberg, 1983). 다양성과 변화, 공감 선호가 높았던 젊은이들과는 달리 노인들은 평정심 유지하기, 자기 통제, 책임감, 규범 선호가 높았다(Tamowski, Shen, Diehl, & Labouvie-Vief, 1996).

우리 국민들의 기대수명이 남녀 평균 80.8세(여자: 84.1세, 남자: 77.2세; 2011년 통계청 발표)라는 것은 질병이나 사고에 의해서 60세 전에 죽은 사람들을 포함한 추정이므로 일반적으로는 90세 정도는 산다는 것을 의미한다. 그러나 노인상담의 대상자인 노인 내담자나 노인상담을 진행하는 전문상담자들이 생각하는 노인들은 30~40년 전의 노인에 대한 인식인 경우가 많다. 또한 그러한 인식은 조사나 경험적 자료에 의한 것이기보다 사회적 풍토와 통념이 경우가 허다하다. 그러므로 실제 기반적이고 성공적인 노인상담이 이루어지고, 이를 통해 노인상담이 활성화되려면 무엇보다 노인에 대한 인식 변화가 우선되어야 할 것이다. 여기에서는 현재 노인상담의 주체자들인 노인 내담자나 노인상담 전문가들이 변화시켜야 하는 노인에 대한 인식에는 어떤 편견들이 있으며, 이 편견들을 어떤 방향으로 변화시켜야 하는지를 제시하였고, 이 관점 전환에 따른 노인상담의 원리 및 방법론에 연결지었다.

편견 1) '노화는 병이고 노인은 병자나 다름없다'

⋯› 나이든다는 것은 자연스러운 인생과정이고, 많은 노인들이 건강하다!

상당수의 '활동적인 노인들(OPAL족: old person with active life)'이 있으며, 이들은 유력한 잠재적 내담자들이다.

편견 2) '노년기 기능장애는 피할 수 없다'

⋯› 규칙적 운동/섭식으로 노년기 기능장애의 정도는 관리된다.

노년기 건강관리 및 생활습관의 바람직한 조정을 위한 조언 및 시설 안내 등이 노인상담의 주요 과정과 내용이 될 수 있다.

편견 3) '사회적 유대(직장, 자녀관계 등)가 끊기면 고립되기 마련이다'

⋯› 새로운(조정된) 사회관계를 형성하면 고립되지 않는다.

은퇴전후(隱退前後) 상담 및 노후설계 상담을 통해 새로운 사회관계 및 일자리 준비-취업 등으로 '제2, 제3의 인생기(人生期)' 과정을 지원할 수 있다.

편견 4) '노인은 대부분 우울증, 의존증, 초기 치매증세가 있다'

⋯▸ 노년기 우울증-의존증-치매경향은 20% 내외에 불과하다.

노인층의 일부만이 우울증과 치매증세를 경험하지만, 이들 중 상당수는 전문적 상담 및 심리치료로 그 증세를 제거 또는 완화(진행유예)시킬 수 있다.

편견 5) '노인의 욕구와 잠재능력은 비슷하다'

⋯▸ 노인들의 욕구와 잠재능력은 결코 비슷하지 않고 개인차가 있다.

노인 연령대(젊은 노인: 65~70세, 중년노인: 70~85세, 고령노인: 85~100세), 생애경력, 성격유형(내-외향성, 활동-은둔형 등), 현재 생활조건 등에 따라 개인 욕구와 개발(발휘)가능 잠재능력은 다양하기 마련이다. 따라서, 노인상담의 과정은 이 다양성 요인들의 고려가 필요하다.

2. 노인상담의 기본적 접근 원리

노인상담을 진행할 때는 기본적인 노인들의 심리적 특성을 이해하고 출발하는 것이 필요하다. 노인상담자들은 대체로 자신은 노인이 아니라고 생각하는 분들이기 쉽다. 체면을 중요시한다든지, 장광설이 있다든지 혹은 과거의 이야기로 일관한다든지의 특성을 이해하고 노인상담자들은 경청하며 인내하고, 일관적 태도를 유지하고, 보다 적극적으로 이해반응을 표현하는 것이 필요하다. 또한 어떤 문제이든 노인상담에서는 지지적이고, 지원중심적 접근이 필요하다.

1) 노인상담의 주요 상담문제

(1) 노년기 주요 문제(고통)는 병고(病苦), 빈고(貧苦), 독고(獨苦), 소외고(疎外苦)로 집약된다.

(2) 따라서 건강관리–용돈 마련–보람된 사회관계/일자리 마련과 관련된 지원과 정서안정 및 생애경험의 개관과 의미화를 위한 상담자의 지원이 필요하다.
(3) 상담자가 제공하는 전문적 지원은 노인 내담자를 포함한 가족상담 및 지역 사회복지기관의 협조 혹은 공동지원으로 보완될 수 있다.

2) 노인상담의 접근 원칙

(1) 탐색이나 직면 등의 변화지향적 접근보다는 지지–보완적 접근이 더 효과적이다.
(2) 내담자를 진정성과 존중성의 태도로 대하며, 상담과정의 주도권을 내담자에게 위임하는 것이 현명하다.
(3) 현재의 가족 지지망이나 사회관계를 지원하고 죽음에 대해 대비하는 자세와 관련된 지원이 필요하다.

3) 노인상담에서의 구조화

외래 노인내담자의 인지기능/건강상태 등 기본정보 파악(평가) 후

(1) 비밀보장 한계의 언급(약속)
(2) 내담 배경–호소문제–동거 가족관계에 관한 경청
(3) 상담의 방향 · 방법, 내담자가 알고 있어야 할 유의사항 및 궁금한 것에 대한 설명

위의 순서는 다른 유형의 일반적 상담과정과 유사하지만, 노인 개인상담에서는 첫째로 내담자의 가족으로부터 정보 수집이 특히 유의미하며, 둘째로 상담의 과정이나 순서, 상담의 목표와 방향 및 내담자가 유의할 사항(필요하면 유인물 준비) 등을 상담 전에 전달하거나 면담 초기 구두설명을 할 수 있다. 셋째로 내담자가 어떤 주제이든지 자유롭게 이야기할 수 있도록 상담자의 성실한 일관적 경청 중심의 진행이 중요하다.

3. 노인상담의 목표

'상담이란 무엇인가?' 라는 간단하지 않은 질문에 대해 학자들은 간단하게 대답하기도 한다. 간단한 대답들은 상담의 목적과 관련된다. '관계' 라고 대답하는 학자도 있고, '변화' 라는 학자도 있다. 때로는 '타협' 혹은 '협상', '설득' 이라는 학자도 있다. 이 세 가지 유형의 대답은 상담을 진행할 때 무엇을 더 강조하는가에 대한 차이에서 비롯된다. 마치 상담 과정과 상담 성과의 논쟁과 비슷하다. '관계' 는 과정이자 성과이고, '변화' 는 변화된 결과의 입장에서 보면 성과에 관심을 두지만, 변화되어 가는 과정에 관심을 가질 수도 있다. '설득' 은 변화되어 가는 과정에 대한 관심으로 보인다. 이렇듯 과정과 성과는 나누기 어려운 주제이다. 그래서 상담자는 과정에만 관심을 가져서도 안되고 성과에만 치우친 관심을 가져서도 안된다. 과정에 신경쓰다 보면 목적지를 잃고 헤맬 때가 많아지고, 목적지만 생각하다가는 손님을 잃어버리거나 상담이 거칠어지기 십상이다. 노인상담은 이러한 두 가지 면을 좀 더 세심하게 생각해야 할 영역이다.

원칙적으로 중요한 적응 과제와 적절한 치료 목표를 확인하는 것은 노인상담에서도 다르지 않다. '노인들' 이라고 해서 한 집단으로 묶어서 하나로 볼 수 없으므로 적절한 치료 초점을 선택하고 중요한 치료 목표를 설정하는 것은 개인마다 달라져야 한다. 노인들도 젊은 내담자처럼 수많은 불편과 고통스러운 인생의 문제를 가지고 있다. 다만 노인들의 경우 이러한 문제들이 신체 기능, 가족 발달과 사건들에 연결되어 있다는 것을 청소년이나 젊은이들을 상담할 때보다 더 자주 유념해야 한다.

상담은 일종의 길을 찾아 목적지에 도달하는 과정이다. 내담자들은 현재 겪고 있는 문제를 해결해달라고 하면서 상담실을 찾지만 진정한 상담은 '자기로의 여행' 과정이고 이 여행을 통해 자신의 문제를 해결하는 과정이다. 여행을 하려면 여행의 목적지가 있어야 하고, 목적지에 도착하기 위해 지도가 있으면 유리하다. 여행의 목적지가 바로 상담의 목표이다. 그 목적지에 도착하기 위해 일관 되게 나아갈 때 '효율적' 여행이 된다. 그러나 상담에 따라서는 목적지 없이 여행 그 자체가 목적인 여행도 있다. 꼭 어디를 가야 하는 것이 아니고 현재의 집이나 상태를 떠나 새로운 경험에 몸을 맡기고 그 상태를 즐기고 그 속에서 무엇인가를 배운다. 새로운 경험에 열려 있고, 그것을 정리하며 배우는 과정이 있다. 하지만, 그러한 여행이 오랜 기간 계속된다면 그것은 더 이상 여행이 아니고 방랑이 된다. 따라서 구체적 목적지 없이 새로운 자기에로의 경험과 학습이 목적인 상담의 경우에는 시간제한이 매우 중요하다.

Arbuckle(1975)은 내담자가 호소하는 문제의 해결, 내담자의 행복과 만족감, 내담자의 의사 결정과 선택 그리고 내담자를 통해 얻는 사회의 발전과 행복이 상담의 목표라고 했다. Pietrofesa 등(1980)은 세 가지 상담목표를 제시하였는데, 앞의 Arbuckle이 제시했던 것과는 사뭇 다르다. 첫째는 내담자의 자기 공개로서 내담자로 하여금 자신을 탐색하게 하는 것이고, 둘째는 내담자의 자기 이해이다. 내담자는 상담을 통해 자신이 겪고 있는 문제의 원인이 되는 비효과적 행동이나 자기 파괴적 태도 등을 명확하게 파악하게 된다. 마지막으로 내담자의 행동 변화이다. 문제를 해결하고 의사를 결정하고 태도를 변화시키는 등 행동 지향적 변화를 추구한다. Arbuckle이 목적지 자체를 제시한 것이라면 Pietrofesa 등은 목적지에 도달하는 과정을 여행의 목적으로 제시하였다고 하겠다.

이처럼 어떤 상담자들은 목적지 자체를 중요시하기도 하고, 다른 상담자들은 목적지에 이르는 과정을 강조하기도 한다. 노인상담에서도 목적지와 목적지에 도달하는 과정을 생각해볼 수 있다. 다행히 상담 이론들은 여행의 목적지와 과정을 동시에 제시한다. 여기에서는 먼저 각 상담이론별 상담목표를 살펴보고, 그것이 특히 노인상담에서는 어떻게 적용되는지 살펴본다. 소개되는 내용들은 Ann Orbach(2003)의 Counselling Older Clients에서 소개되는 내용과 사례들을 일부 각색하여 실었음을 밝힌다. 그 후에는 발달 과제에 따른 목표, 현장에서 많이 호소되는 문제별로 목표를 다룬다.

1) 상담이론에 근거한 목표

(1) 통합적 정신역동적 접근방법

일반적으로 무의식적 갈등을 의식화시켜서 개인의 성격구조를 재구성하는 것이 정신역동적 접근방법의 상담목표이다. 무의식적 갈등 및 불안정한 삶의 배경을 언어표현을 통해 의식화시키면 긴장 때문에 묶여 있던 에너지가 그만큼 자아기능에 활용되어서 개인의 의식 및 행동과정이 원활하게 된다. 즉 무의식적 내면세계의 의식화라는 과정 목표를 통해 적응적이고 문제해결적인 자아의 기능을 강화하는 것이 목적적 목표 즉 성과적 목표이다. McGlashan과 Miller(1982)는 정신역동적 상담의 목표를 '성장의 촉진', '자기 체계의 성숙', '인간 관계의 성숙', '현실 수용', '성숙한 대처 방안의 획득', '체험의 충만함과 생동성', '통합적 수용력', '자기분석 능력' 등 8가지로 정리한다. '성장의 촉진', '자기 체계의 성숙' 등이 과정 목표에 해당한다면 '인간관계의 성숙', '체험의 충만함과 생동성' 등은 성과적 목표에 해당한다고 하겠다.

상담에 의해 실제적 변화를 지속시키기 위해 상담자는 내담자의 대인관계에서 반복적으로 나타나는 순환 부적응 패턴에 집중해야 한다. 이러한 패턴이 상담에서도 여전히 나타나는데 이것이 소위 말하는 전이(transference)이다. 내담자로 하여금 스스로도 알아차리지 못한 채 자신의 특정 역할을 하도록 내버려두어서, 즉 전이가 나타나게 하여 상담자는 내담자의 부적응적 대인관계 스타일과 방어적 행동의 미묘한 측면에 대해 공감적으로 반응하고 확인할 수 있는 독특한 역할을 담당하게 된다. 내담자가 과거로부터 탐색한 내용들이 내담자의 문제나 발달, 부적응적 패턴을 이해하는 데 도움이 될 수도 있지만 그러한 정보가 내담자의 현재의 생활 속에 있는 악순환 고리를 깨는 데 꼭 필요한 것은 아니다. 경험이 많은 상담자들의 의견을 수렴해보면(Appelbaum, 1978) 통찰이 변화에 꼭 필요한 것처럼 과도하게 평가되었다는 것이다. 경험적 연구들(Weiss, Sampson, & The Mount Zion Psychotherapy Research Group, 1986)을 살펴보았을 때, 근본적이고 지속적인 변화는 내담자와 상담자간의 지금 그리고 여기에서의 상호작용에 의해 마련된 새로운 경험에서 이루어진다. 그러므로 과도하게 과거의 출생이나 초기경험에 매여 현재를 등한시하는 일이 없도록 하는 것이 중요하고, 노인상담에서는 더더욱 중요하다.

조금 더 설명하자면 상담자와 내담자간의 협조적 관계를 강조한다. 내담자의 현실, 생활 상황, 대인관계에 초점 맞추면서 상담자는 치료적 변화에 적극적인 참여자가 된다. 덜 형식적일 수는 있지만 전통적인 정신역동적 상담자들보다는 공감, 지지, 상징적 선물, 자기 공개 등을 더 많이 한다. 한 회기에서도 탐색, 지지, 대화적 개입들을 융통성 있게 한다. 내담자가 스트레스를 많이 받고 있으면 경우에 따라 상담자는 아주 직접적인 충고도 할 수 있다. 내담자의 말이나 행동을 그저 관망하고 다소 떨어져서 듣는 것이 아니라 Sullivan(1953)의 용어로 '참여적 관찰자'의 역할을 해야 한다. 앞에서도 이미 논의했지만 상담자는 내담자에게 새로운 학습 기회를 주기 위해서 내담자의 특징적인 대인 관계적 밀고 당기는 패턴에 대해 자각하고 있어야 한다. 이를 치료적으로 생산적으로 사용하려면 상담자는 자신의 역전이(Counter transference)를 주시해야 하되, 특히 내담자의 지각적 왜곡과 부적응적 역할과 연결된 역전이에 대해서 주의를 기울여야 한다. 내담자에 대한 신뢰성 있는 정보처로서의 자신을 믿기 위해서는 상담자는 자신의 대인관계 패턴에 대해 충분히 알고 있어야 한다. 그렇지 않으면 내담자의 관계 패턴과 상담자의 해결되지 않은 갈등이나 정서적 혼란이 뒤섞여 오히려 위험하게 작용할 수 있다. 특히 내담자보다 상담자가 더 젊은이들로 구성된 노인상담의 현장에서는 노화와 관련된 주제에 역전이 문제가 가능하다는 것을 유념하고 있어야 한다. 예를 들면 상담자들에게 노인에 대한 편견이나 고정관념, 노화에 대한 인식되지 않은 두려움 같은 것이 포함된다. 또 다른 역전이 주제는 의존성과 관련한 것으로, 권위와 권력이 없는 노인에 대한 상담자의 실망, 분노, 애처로움 등에 대해 민감한 자각이 필요하다.

다음에 소개되는 사례에는 가족 갈등 상황에서 양가적 감정으로 문제를 지속하는 내담자가 소개되어 있다. 외국 사례이지만 상담(혹은 심리치료) 과정이 정신역동에 맞추어져 진행되어 통합 정신역동적 상담의 과정과 목표를 이해할 수 있기에 소개한다. 내담자는 오래 지속되어 온 갈등을 더 이상 견딜 수 없다고 생각하여 상담을 하게 되었다.

사례

중요한 사람의 상실 위협에 대처하기

70대 초반의 여성 내담자 A는 오래 지속된 부부 불화에서 비롯된 심각한 가족 갈등을 호소하면서 상담을 자발적으로 요청하였다. 신체적 증상으로 진찰받았던 내과의사에게서 상담자한테로 사례가 의뢰되었다. 아내는 조금 더 젊었을 때 두 번 이혼을 시도했으나 결국은 결정을 이행할 수 없었다. 부부의 불화와 긴장이 커질 때마다 아내의 큰딸은 오랫동안 아내를 대신하여 아버지와 홍정하는 역할을 해왔고, 결국 아버지와 딸 사이는 극단적으로 나빠진 상태였다. 그래서 딸은 집을 방문하지도 않는 상황이었다. A의 막내아들만이 집을 편안하게 방문할 수 있는 유일한 사람이었다. 딸은 엄마에게 남편을 떠나라고 분명하게 요구하면서 왜 갈등에 대해 책임감 있게 행동하지 않느냐고 노골적으로 추궁하였다. 아내는 심리적 고통을 늘어놓았지만 어느 정도는 자신의 문제를 통합하고 있었다. A는 상담하는 것에 대한 남편의 반응에 상당히 신경을 썼으나, 남편은 아내의 상담을 오히려 환영하는 것 같았다. 그 이유는 자기 아내가 문제를 아내 개인적인 것으로 생각하여 그 자신은 상담에 참여하지 않아도 된다고 생각하기 때문으로 보였다.

상담에 임하면서 A부인은 적응 장애로 진단되었다. 자신의 문제에 대처할 수 없다고 느끼는 것과 지금까지 자신이 추구해온 것들을 모두 잃어버려서 안개 속을 헤매고 있다는 느낌이 A가 호소하는 중요한 문제들이었다. 아내는 불안통증, 숨 쉴 수 없을 정도의 공포감, 자살 생각, 감정 불안정 등이 거의 자동적으로 출현하였다. 이러한 증상이 6주 정도 진행되었다. 상담에 의뢰되기 전에 신체검사를 받았는데 신체지수가 좋지 않았다. 아내는 오랫동안 항우울제를 복용해왔고 이런 문제 때문에 의뢰되었다. 매일 7시간 정도를 자는데도 불구하고 아내는 거의 깨어있다고 느꼈다. SCL-90-R(간이정신진단검사)[1]에서도 의미있는 증상 파일을 보였다. 불안과 우울척도가 상승되어 있었다.

부부는 어떤 면으로는 서로에게 거의 끝난 셈이었고, A와 딸 사이는 서로 숨기고 거짓말하는 식으로 관계가 이루어졌다. 남편과의 언어적 공격적 말다툼이 이웃과 친구들이 보는 데서 이루어졌기 때문에 그로 인해 아내는 사회적으로 철수되었다. 이러한 부부관계의 갈등에 더해서 아내는 "남편을 떠날 수 있지만, 딸을 잃을 수 없다"고 말하는 것으로 자신의 문제를 드러냈다. 또 다른 문제는 73세에 이혼하는 것과 관련된 것이다. 남편이 떠난다는 것에 너무 당황해하고 수치스럽게 생각하고 있다는 것을 깨달았다. 내담자는 딸과 손자를 잃는 것을 심리적 위협으로 생각하여 신체적 흥분을 일으켰다. 이러한 위협에 대한 대처가 새로운 주제가 되었다. 아내가 지금 겪고 있다고 느끼는 불안은 아내가 미래를 잃어버린다는 것과 관련이 되어 있었다.

상담자는 내담자가 매우 불안하다는 사실에 즉시 개입하였다. 현재 경험하는 무기력감을 감소시키기 위해서 이전의 긍정적 대처 경험이 탐색되었다. 내담자가 치료에 참여하고 목표를 정의하기까지는 쉽게 이루어졌는데, 내담자가 자기가 원하는 것이 무엇인지를 잘 정리할 수 있었기 때문이었다. 아내가 상담 중에 정리한 목표는 딸과의 관계 호전과 불안 반응을 경감시키는 것이었다. 이러한 주제에 초점을 맞추기 위해 간편 이완 훈련을 모든 회기의 초반부에 실시하였다. 아내는 딸에게 죄책감을 가지고 있었고 초기에는 너무나 이상적인 방법으로 부모의 역할을 기술하였다. 점진적으로 내담자는 왜 자기가 남편을 떠나고 싶어 하는지, 딸과의 갈등을 피하려고 하는지 등 아내의 회피적 반응에 대해 의문을 가지기 시작하였다. 상담자는 아내가 딸에 대한 자신의 양가적 태도에 대해 탐색할 기회를 가지게 했고, 딸에게 의존하지 않고 남편을 떠날 수 있는지 심각하게 생각할 수 있도록 하였다.

1) 이 도구는 광범위한 심리적 문제들과 정신병리(psychopathology)들을 평가하는 것을 도와준다. 또한, 이 도구는 환자의 치료결과와 치료상의 진전들을 측정하는 데에도 유용하다.

치료가 진행됨에 따라 내담자는 직접적인 충고와 해결방법을 요구하기 시작하였다. 내담자는 회기에 편안하다고 했고 증상도 약해졌다고 하였으며 이혼할 것인지에 대한 직접적 충고를 달라고 하였다. 마침내 아내는 남편을 떠날 것인지와 관련하여 두려워하고 있는 위험 주제에 이르렀다. 이혼 후에 위협으로 느껴지는 것들에 대해 교육시켜달라는 강한 요구와 거절과 혼자 남는다는 두려움이 분노와 함께 표현되었다. 딸과의 유사한 관계에 대해 아내를 도전하고 직면했다. 상담자는 아내에게 무엇을 하라고 하지 않았고 오히려 자기가 스스로 결정하고 아내의 딜레마와 관련하여 장단점을 생각해보라고 하였다.

총 16회기로 진행되었으며 점진적으로 종료되었다. 아내의 기분이 상당히 좋아졌고, 죄책감도 줄어들었으며 혼자 살아갈 수 있는 곳을 찾기 시작하였다. 치료에 다시 와야 하는 위험 신호들을 자각할 수 있도록 안내하였다. 그렇다고 내담자는 이러한 정보를 치료를 계속해야 하는 것으로 보지 않았고, 이러한 가능성에 대한 지식에도 안정적인 태도를 보였다.

위의 사례에서 상담자는 내담자의 적응 능력을 강화하는 것으로부터 치료를 시작하였다. 강한 불안과 깊은 죄책감에 대해서는 지지와 위로를 제공하였다. 남편과의 오랜 갈등이 있었지만 딸과의 문제를 치료의 중심으로 삼았다.

다른 사례를 하나 더 소개한다. 이 역시 자녀들과의 관계를 재정리하는 것이 사례의 주제이다. 앞의 사례와는 달리 다음의 내담자는 겉으로는 갈등이 없지만 생활의 철수가 있는 사례이다.

사례

외로움에 대처하기

내담자 B는 정신병적인 문제는 없었지만 자주 재발하는 우울증으로 진단받은 77세의 미망인이었고, 지속적인 대화상담을 받도록 권유되어 상담을 하게 되었다. B는 성인 초기부터 우울증을 겪고 있었고 오랫동안 항우울제를 복용해왔다. 의뢰 당시 미망인이 된 지는 4년이 되었다. 남편이 죽은 지 2년 후에 B는 자살 시도로 병원에 입원한 적이 있었다. 내담자에게는 성장한 3명의 자녀가 있었고 손자와 증손자까지 있었다. 입원할 때 B는 자살에 대한 생각은 없었다. 오히려 B를 의뢰한 의사는 B를 자신의 어떤 행동이 가족들로 하여금 자기에게 거리를 두게 하는지를 알려고 하는 현명한 여성이라고 하였다.

초기에는 SCL-90-R에 의해서 우선 불안증상과 중간 정도의 우울이 나타났다. 그러나 B가 먼저 호소한 것은 외로움이었고 남편의 죽음으로 인해 가족이 자기를 돌보게 되는 것에 대한 두려움과 관련된 외로움이었다.

무엇보다 현재의 어떤 기능에서 외로움과 우울을 만드는지를 알기 위한 과거의 관계들을 탐색하는 것부터 상담이 시작되었다. 초기 5회기 동안 내담자는 현재 문제에 영향을 미친 중요한 인생의 사건이 무엇인지를 이야기하였다. 아내가 말한 여러 가지 주제 중 예나 지금이나 가족 관계가 중요하였다. 아내는 다른 사람을 도와주어야 한다고 생각하였다. 초기 성인기에서도 아내는 자신의 욕구를 주장할 때마다 늘 죄책감을 느꼈다. 15회기가 지나면서 치료 종료를 계획하였으나 자살의 잠재성 때문에 상담자의 슈퍼바이저를 만나게 되었다. 아내도 3회기를 더 연장하기로 동의했다. 내담자는 불안과 우울을 악화시키는 일이 있었을 때 그러한 느낌을 다루어야만 했었다는 것을 인정했고, 앞으로는 아내가 분명 잘못한 일이라도 실수에 직면하기를 회피하지 않겠다고 말했다. 또한, 내담자는 자신이 자녀와 손자들을 스스로 돌볼 수 있으며, 자기 자신을 주장할 수 있는 사람이 된다면 부모로서 자기 행동이 가족들에게 도움이 된다는 것을 쉽게 수용하였다. 또한 아내가 아이들과 만나기 원하는 것을 분명하게 말하면 자녀들이 이를 잘 수용하여 적절하게 처리할 것이라는 것도 받아들였다. 아내는 자녀들에게 무슨 요청을 하는 것을 쉽지 않아 했다. 예를 들면 가족모임에 자녀들을 초청할 때, 내담자는 아이들이 자기의 요청을 지겨워할 것이라고 생각하고 그들이 억지로 와야 하는 것에 대해서 죄책감을 느꼈다. 아내는 도움이나 초대를 수용하기보다 자신은 혼자서도 잘하고 도움이 필요 없다고 하면서 스스로 그들에게서 고개를 돌렸다. 아내는 자신의 요구를 돌보아달라는 요구로 알 것이라고 생각했고 그래서 자주 연락해서 아이들을 난처하게 만들지 않으려고 하였다.

다음의 3회기는 6주에 걸쳐 이루어졌다. 이들 회기동안 내담자의 주장과 자율성은 더욱 분명해졌고 자녀들은 자기 엄마가 생기 있고 개방적이 되어서 좋아했다고 말했다. 치료는 11회기 후에 종료되었다. 아내는 호전을 보고하였다. 이는 SCL-90-R에서도 나타났다. 아내는 분노를 느끼기도 하고 표현하기도 하였다. 또한 가족들(남편과 아내의 부모)이 희생물이었다는 것을 말하기도 하였다. 자녀들과 손주들에 대한 긍정적인 관심과 더불어 아내는 아이들과는 별개의 영역에 관심을 가지기 시작하였다. 아내는 자신의 가족이 아니라 주변의 어려운 처지에 있는 사람들을 돌보기 시작하였다.

이들 두 사례를 통해 가족관계에서 특히 자녀와의 관계 문제가 노인상담의 중요한 주제라는 것을 알 수 있고, 관계패턴이 되풀이되며 내담자 개인의 특성이 자녀와의 순환적 상호작용에 의해 유지되는 것을 이해할 수 있다. 접근방법으로는 현재 자녀와의 관계, 주변사람들과의 관계를 통해 그 순환패턴을 탐색하여 이해할 수 있도록 그들의 기대와 두려움 등을 공감하는 과정이 필요하다. 또한 내담자보다는 젊은 상담자와의 전이관계를 통해서 이러한 순환패턴을 이해하고 다루는 것도 중요하다.

(2) 통합적 인간중심 접근방법

로저스식 혹은 인간중심의 상담자에게는 '인간이 되는 것'이 고정된 상태의 존재가 아니다. 인간은 늘 과정 속에 있고 늘 변화하고 늘 무언가가 되어간다. 나이 지긋한 내담자가 노쇠해져 가는 육체에 적응하지 못한 채 과거에 지나치게 얽매여 있거나 자기 자신과 거리를 두는데 열중하는 것처럼 보이기도 한다. 혹은 신체적인 불편함에 너무 집착하여 지속적으로 자랄 수 있는 내면적인 삶의 풍부함을 잃어가고 있는 경우도 있다. 상담자는 노인들도 분명 젊은 층만큼이나 새로운 세계에 호기심을 가지고 있다는 것을 인식하여 각각의 내담자를 개별적으로 마주해야 한다. 인간중심적 상담의 긍정적인 접근법은 육체적인 고통 뒤에 있는 한 개인과 손잡게 되는 데 상당한 도움이 된다.

인간중심적 접근에서는 무엇보다 여기 그리고 지금(Here & Now)이 중요하다. 이 점을 고려해, 여기에서는 시간제한(time-limited) 상담을 소개한다. 시간제한 상담일 경우, 주도면밀하게 계획되어지고 마지막 날짜를 처음부터 알려준 상태에서 12회기에서 20회기를 운영하는 것이 바람직하다. 노인들은 기대하는 변화가 금방 일어나야 한다고 느끼거나 아예 변하지 않을 것을 기대할지 모르기 때문이다. 노인들과 너무 무겁지 않게 상담을 끌어가려면 상담자와 내담자가 평가 단계에서 집중적으로 상담할 주제를 같이 선택해야 한다. 이 때 주제는 내담자가 의도치 않은 방향으로 끌고 가서 공연히 시간 낭비하지 않고 집중할 수 있을만한 것이어야 한다. 이렇게 주제를 선택하는 것과 한번 잡은 주제에서 벗어나지 않는 것이 아마 가장 힘든 부분일 것이다.

시간제한 상담을 논하기 전에 노인들이 시간의 흐름을 어떻게 경험하고 느끼는지 관찰할 필요가 있다. 똑같은 일이나 움직임도 노인들에겐 시간이 더 오래 걸린다. 때로는 기력과 시간이 노인들에겐 모두 부족해 보이기도 한다. 가끔 예전 어린 시절을 회상할 때면, 대부분의 노인들은 수십 년의 세월이 없어진 '마치 엊그제 같다'고 말한다. 했던 얘기를 자꾸 하게 되어 대화 자체가 느려진다. 하지만 이런 '느려짐'을 막을 방법은 없다. 그리고 이러한 노화의 과정은 개개인이 다르다는 것을 기억해야 하며, 때론 놀라운 지혜와 활력을 자랑하기도 하지만 그에 어울리지 않는 빈약한 기억력을 가졌다는 것도 염두에 두어야 한다. 한계적인 요소로서 시간은 내담자와 상담자 모두에게 극복하기 힘든 어려움이다. '우리에게 주어진 시간은 지금 여기입니다' 라는 확실하고 명확한 틀을 제공하여 '지금' 이라는 느낌과 '존재' 한다는 느낌을 강화해야 한다.

다음의 사례 역시 외국 사례이지만 우리나라 상황에 맞추어 각색하였다. 시간제한 상담으로 진행되었으며, 정신역동적 이해와 인간중심적 태도를 통합하여 진행되었다.

사례

정신 역동적 이해와 인간중심적 태도의 통합

73살의 C여사는 자식과 손자를 두고 있었으며 남편이 알츠하이머라는 진단을 받았다. C여사는 남편을 집에서 보살피고 있었다. 보험회사 손해사정인에 의해 상담자에게 의뢰되었는데, 그가 상담에 C를 의뢰한 이유는 남편은 망가져 있는데도 자기는 멀쩡할 뿐 아니라 정신적으로도 건강하다는 사실에 의해 드는 죄책감 때문이었다. C는 또한 발작처럼 찾아오는 분노와 인내의 한계가 남편의 죽음을 재촉할까 두려워했다. 처음 상담 시간에 C는 분노로 가득했다. C가 손해사정인에게 한 이야기를 상담자에게 전부 다시 해야 했기 때문이었고, 시간 낭비라고 하면서 화를 내었다. 그렇게 시작된 상담은 15회기의 상담으로 이어졌고, 6개월 후에는 추수상담을 받았다.

첫 시간에 상담자는 시간제한 상담인데도 C여사가 불평을 하는데 시간을 써버려서 귀중한 시간이 낭비된다는 사실에 당혹스럽고 두려웠다. 이런 순간을 지혜롭게 넘기고 공통의 목표를 갖는다는 것은 요원해 보이기만 했다. "굉장히 화를 잘 내시는 것 같군요"가 상담자가 할 수 있는 말의 전부였다. "제가요?"라고 C여사는 반응하였다. 굉장히 놀랍다는 반응이었다. 그리고는 비탄에 잠겨 눈물을 흘리기 시작했다. "선생님의 말 때문에 끔찍할 정도로 죄책감이 듭니다."

상담자: 제가 무슨 말을 했길래요? [침묵: C여사는 계속 운다]
상담자: 그러면 어렸을 때는 어떠셨어요? 자주 혼나는 듯한 느낌을 받으셨나요?
C여사: 물론요. 항상 그랬죠.

상담자: 어머니한테요?

C여사: 어머니, 아버지 다요. 하지만 어머니가 더 혼냈었죠. 전 늘 부족한 아이였으니까요.

상담자: 하지만 전 당신의 어머니가 아니에요.

첫 번째 회기가 끝나갈 무렵, 이 둘의 주제는 '부족함'으로 점점 굳어져갔고 그 다음 회기에서는 항상 부드럽고 매력이 넘치는 C여사의 남편에 대해 자유롭게 대화했다. 아내의 남편은 C여사를 바꾸려하지 않고 아내 자체로서 사랑해준 첫 번째 사람이라는 것이 대화의 중요한 주제였다. C여사는 계속 마음속으로 "과연 이 상담자가 나를 개조하려고 하는가?"를 물었고 상담자는 "난 당신 어머니가 아닙니다."라는 것을 반복적으로 상기시켰다. 예상대로 아내는 남편이 치매에 걸려 예전 성품을 잃었다는 것과 아내에 대한 사랑마저 함께 희미해져 간다는 사실에 고통스러워했다. 남편은 C에게 있어서 '난 매력 있는 사람이야', '난 사랑받을 만한 사람이야'라는 자신감을 심어주는 존재였다. 그런 자신감 없이는 아내의 존재 자체가 위협받는 듯했다. C여사는 절망적으로 "더 이상 제가 누구인지 모르겠어요."라고 말했다.

내담자가 자신을 긍정적으로 볼 수 있게 도와주는 인간중심적인 태도인 공감적 이해와 수용이 필요했다. 분노와 그 분노에 대한 공포가 표면에 드러날 때면 아이의 발작처럼 난폭성을 동반하기도 했다. 하지만 상담자가 침착히 아내의 기분을 받아주었다. 그러자 C여사는 '완벽했던' 남편에 대해 가지고 있던 양가적 감정들을 이야기할 수 있게 되었다. 또한 아내가 한순간도 쉬지 않고 남편을 돌보는 유일한 존재가 되도록 스스로 내몰았던 보상욕구도 직면하게 되었다. 상담자는 C여사에게 누구를 만족시키기 위한 행동이냐고 물었고 C여사는 불현듯 자신의 행동이 오래전에 돌아가신, 살아생전 자기를 늘 혼냈던 부모님을 의식하는 것이었음을 깨달았다. 상담자는 두 명의 아들에 대해 물어보았다. 한 명은 호주에서 생활하고 있다고 했다. 다른 한 명은 아버지를 요양소에 맡기고 어머니 건강이나 신경쓰라고 누누이 말한다고 하였다.

상담자: 그런 방법에 대해서 얘기를 나눠본 적이 있나요?

C여사: (격렬하게) 말도 안돼요. 남편을 포기하라는 말과 같아요.

상담자: 하지만 벌써 반은 포기한 상태 아닌가요?

처음 C여사는 완강했다. 치매가 점점 그들 관계를 멀어지게 하며 의사소통이 불가능해질 것이라는 사실을 인정하려 하지 않았다. 아내는 집착적일 정도로 남편을 돌보면서 현실을 도피했다. 또한 잔일을 계속함으로써 육체적으로나 감정적으로 지치게 해 생각과 감정을 원천적으로 봉쇄했으며 남편을 위해 그것을 해야 하는 것은 아내 자신뿐이라고 하였다. 상담자는 잔인할 정도로 남편의 미래에 대해 직설적으로 말하면서 동시에 C여사가 능력 있고 에너지 넘치는 자아를 가졌고, 다만 지금은 고된 육체노동 때문에 지쳐있음을 자꾸 상기시켜 주었다. 또한 아내의 나이도 깨닫게 해주었다. 두 아들도 비슷한 시도를 계속해왔지만 아내가 듣기를 거부해왔음을 알 수 있었다. 하지만 지금은 귀를 연 상태였다. 그리고 상담이 막바지에 다다를수록 자신이 약하고 지쳤으며 아들들을 위해서라도 죄책감 없이 자신을 좀 더 돌아볼 필요가 있음을 인정했다. C는 두 아들의 짐이 되기 싫었다. "단지 아들들만을 위해서가 아니에요." 상담자가 말했다. "당신 자신의 행복은 생각 안하시나요?" C여사는 그저 어깨만 으쓱할 뿐이었다. 마치 '내 행복이 무슨 상관이에요?' 라고 되묻는 듯이. 하지만 이번 회기가 끝나고 C여사는 그 지역의 알츠하이머 협회 사람들을 만나 위탁간호에 대해 자세히 들을 수 있었다.

상담을 마무리해야 하는 시점에 이르렀다. C여사는 많이 울었지만 상담자가 아내를 얼마나 강한 사람인지 확고하게 믿고 있었으므로 위안받을 수 있었다. 6개월 후의 추수상담 결과 C여사는 더 강하고 건강한 자아를 찾은 듯했다. 남편 또한 치료센터에 아주 잘 적응했으며 C여사는 둘째 아들의 옆집에 원룸을 얻어 삶의 새 터전을 마련했다. 손자들도 할머니를 반갑게 맞아주었으며 이 사랑스런 존재들 덕분에 컴퓨터를 사서 인터넷이라는 미지의 분야마저도 즐겁게 배울 수 있었다. 이제 C여사는 호주에 있는 아들에게 이메일도 보낼 줄 알게 되었으며 둘 사이의 거리를 메워주는 통신기술의 발달에 놀라움을 금치 못하고 있다. 물론 아직도 혼자 멀쩡하다는 약간의 죄책감이 남아있긴 하다. 그리고 남편을 방문할 때마다 슬픔이 엄습한다. 하지만 드디어 C여사는 그의 삶과 아내의 삶을 따로 생각하는 방법을 익혔다. 또한, 남편만이 인정해 주는 것 같던 자신의 존재가치를 아들과 손자들에게서도 인정받을 수 있었다.

상담자는 초기에 발견한 어머니와의 관계를 보면서 목표를 세울 수 있었다. 과거의 인물과 연결고리를 만들면서 죄책감은 눈에 띄게 줄어들었다. 분노와 좌절은 C여사가 어렸을 때부터 자신이 쓸모없다고 여기던 자학적인 생각에 기인한 것처럼 보였고 남편의 알츠하이머를 통해 아프게 되살아나곤 했던 것이다. 상담자는 나쁜 엄마상을 깨면서 아내 안에서 그런 이미지가 자라는 것을 막았다. 그리고 아주 강하게 남편 간호에 대한 집착이 남편의 회복을 위한 것뿐 아니라 아내가 얼마나 쓸모 있고 훌륭한 존재인가를 이미 예전에 돌아가신 부모님께 입증하기 위해 하는 행동이라고 말했다. 결혼생활에서 일어난 슬픔에 직면하여 방어수단을 마련하고 아픈 현실을 있는 그대로 직시하기엔 시간이 짧았지만, 동시에 이런 현실을 받아들일 정도로 강한 존재라는 사실을 인정받을 수 있었다. 아내 자신의 힘에 대한 새로운 자신감이 생기면서 아내는 해방감을 맛보았다. 희망 없는 반복적인 삶에서 탈피할 수 있었던 것이다. 그렇게 아내는 남아있는 건강한 가족들과의 관계를 더 돈독히 할 수 있었고 그들의 사랑을 즐겁게 받아들일 수 있게 되었다. 장기상담을 했다면 더 깊은 성찰을 할 수 있었겠지만, 아내가 필요한 것을 얻어가기에는 짧은 몇 개월도 충분한 듯했다. 물론 아내의 정체성이 아직도 얄팍하며 다른 상담을 통해 더 확고히 다질 필요가 있으며 자기 의존성도 키워줘야 마땅하다고 주장할 수도 있을 것이다. 하지만 아내는 이미 자립심이란 것을 서서히 포기해야 할 나이였다. 즉 자신을 도우려는 마음이 있는 사람들의 손길을 뿌리칠 때는 더 이상 아니라는 것이다. 인간중심적으로 설명하자면 C여사의 상담이 특별했던 이유는 과거 관계의 전이보다는 상담자의 공감과 일치, 무조건적 긍정적인 관심 때문이다.

2) 발달 과제에 근거한 목표

인생의 각 시기에는 성취해야 할 발달 과업들이 있다. 내담자는 어느 정도는 그 연령에 맞게 주어진 적응 과제를 가지고 고군분투하고 있는 존재이다. 그래서 다가올 은퇴나 신체적 노화에 대한 적응, 죽음에 대한 수용과 같은 발달적인 목표에 대해 일방적으로 다루어야 한다는 것은 아니다. 신체적으로 건강한 노인들이라도 그러한 문제를 너무나 강하게 밀어붙이면 오히려 반작용을 일으킬 수 있다(Martin & Wilson, 1984).

노인들도 특별한 발달 문제를 해결해야 하다는 가정은 Erikson(1963, 1968)에 의해 시작되었다. 에릭슨은 심리성적 단계를 자아발달 단계로 변경하였고 노인기의 발달 과업도 제시하였다. 에릭슨은 전 생애를 통해 해결되지 않은 발달 갈등이 존재하며, 인생의 후반부에 초점 맞출 주제가 생산성 대 정체(중년기), 자아통정 대 절망(초기 노인)임을 가정한다. 초점 맞추어진 주제들은 정상발달과정에 나타나는 것으로 노인기의 주요 발달 과제로 더 정교화되어졌다. 이러한 조망을 현장에 적용해보면 어떤 중요한 정신치료 접근방법도 노인들을 다룰 때에는 발달 · 심리적 과업을 염두에 두어야 한다는 것이다. 노인들이 겪는 개인적(예, 신체적), 대인관계적(예, 배우자 사망), 사회적 상실(예, 직업적 은퇴) 등을 감안해서 노인 내담자들은 심리적, 신체적, 사회적인 측면의 변화에 기초한 자기 정체감을 재통합해야 한다.

심리발달 과정을 체험과 관련시켜 이해할 수 있다. 나이를 먹어감에 따라 시대적이든 개인적이든 사람들은 매우 다양한 문제들에 노출된다. 이러한 과정을 겪으면서 사람들은 어떤 대처 방략은 비효과적이고 어떤 유형의 목표는 성취될 수 있는지를 배우게 된다. 또한 자기에게만 맞는 적응 스타일을 발달시킬 수 있다. 보통 우리가 노인들에 대하여 생각하는 것은 나이가 먹을수록 대처하는 방법이 증가할 것이라는 기대이다. 그러나 기능과 관련된 문제들이나 여러 가지 상실을 다루는데 있어서 전문적이지 않다는 사실이 기대와는 다른 대조를 이룬다. 여러 유형의 상실로 인해서 점점 위축되기 때문에 통제감과 효능감을 유지하기 위한 노력을 더 많이 해야 한다는 것이다. Atchley(1991)는 건강이나 관계의 상실이라는 심각한 도전 때문에 생길 수 있는 결과들을 정리하였다. 즉, 이전의 생활 방식이 유지되지 않는다는 것, 더 극단적인 대처 방법을 요구한다는 것, 전에 사용하던 방어를 사용할 수 있는 능력이 감소한다는 것, 다른 사람들로부터 받는 피드백을 사용하는 기술이 녹슨다는 것, 마지막으로 주변의 사람들이 바뀐다는 것이다.

'나이' 그 자체는 스트레스가 되지 않으나 나이와 관련된 혹은 연합된 조건이 문제가 된다는 것을 간과할 때가 많다. 이러한 조건들이 동일한 나이에 있는 사람에게 일정하게 영향을 미치는 것은 아니다. 또한 인생의 후반부에서 일어나는 많은 도전들이 별안간 나타나는 사건이 아닐 수도 있고 치명적이지 않을 수도 있다. 실제로 어느 정도는 이미 예상된 것들이다. 그래서 어떤 것은 '기대 대처

(anticipatory coping)' 라는 과정에 의해 전환을 준비할 수도 있다. 어떤 상실은 갑자기 올 수도 있기 때문에 다른 상실을 유발시키기도 한다. 상실 이전의 환경과 상실 이후에 나타나는 환경 안에서 실제적 대처 전략과 함께 무엇이 상실을 초래하는가, 무엇이 기간과 심각성을 조절하는가를 살펴야만 한다. 사람들이 변화와 상실에 대한 반응으로서 어떻게 적응하는가는 중요한 치료 요인이다. 노인들이 모두 어떻게 적응하는가보다는 노인 하나하나를 개별적으로 보아야 하기 때문에 치료 개입이 매우 다양해 질 수 있다.

노년기에 있어서 사회적으로 정해지는 발달과업 중의 하나는 은퇴이다. 은퇴는 휴식을 의미하기도 하지만 위기가 될 수도 있다. 별로 예상치 못하는 한 가지 문제는 은퇴가 가족 생활에 미치는 영향들이다. 남편이 생계를 책임지고 아내가 집안일을 담당해 왔던 전통적인 부부관계에 있어서, 은퇴한 남편은 자신이 온종일, 매일같이 집에 있게 될 경우 '발닦게' 같은 신세로 전락했다고 느끼게 될 수 있다. 결과적으로, 더 이상 가정의 생계를 책임지는 위치가 아니라는 사실로 인해서 의기소침해지고 어디에도 소속되지 못하고 있다고 느낀다. 은퇴는 성인후기 발달과업 중 하나이므로, 성인기에 은퇴시기를 염두에 두고 적절한 계획을 세움으로써 예상 가능한 어려움들을 피할 수 있다. 상담자는 은퇴를 앞둔 예비은퇴자 그룹을 구성해서 은퇴 후에 겪게 될 변화에 대해 서로 이야기하도록 인도함으로써 그들을 도울 수 있을 것이다. 가족을 돌봐 온 여성들의 경우에도 은퇴와 유사한 변화를 경험하게 된다. 이러한 현상은 자녀들이 성장해서 가정을 떠나는 시기에 나타난다. 이 시기를 '빈 둥지' 시기라고 일컫는다.

다른 과제는 상실이다. 연로해짐에 따라 친구나 친척들과도 유리되기 쉽다. 세월이 가면서 친구들이나 친척들이 이사를 가거나 사망한다. 많은 여성들이 남편을 먼저 떠나보내고 혼자 살면서 외로워하거나 슬퍼한다. 애도 과정(grief process)을 이해하지 못하는 경우에는 미망인으로서 살아가는 것이 더욱 힘들다. 상실감으로 이어지는 슬픔을 느끼다가 점차적으로 덜 느끼게 되는 애도 과정도 있지만 인사불성이 되고 죽음을 믿지 못하며 먼저 떠난 사람에 대해 분노를 느끼는 것 역시 정상적인 애도 과정이다. 어떤 사람들은 이런 분노감에 대해서 갈등하고 죄책감을 느끼는 사람들도 있는데, 이것은 애도과정의 자연스러운 측면이다. 상담자는 불신, 분노, 슬픔, 해결과 같은 애도 단계에 대한 정보를 제공함으로써 그들을 도울 수 있을 것이다.

이러한 애도 단계는 자신의 죽음에 직면하여 겪는 과정과도 유사하다. 나이가 들어감에 따라 죽음의 불가피함을 실감나게 느끼게 된다. 이럴 때에는 자신이 느끼는 두려움에 대해서 누군가와 이야기하고 싶어진다. 하지만 이야기를 하면 상대가 불안해져서, 그런 이야기를 잘 들어주기보다는 "죽음에 대해 너무 걱정하지 마세요. 당신은 돌아가시지 않을 겁니다."라는 식으로 내담자의 말문을 막기가 쉽다. 이는 누군가가 죽음에 대한 두려움을 이야기하는 것을 듣게 되면 정작 자기 자신의 죽음에 대해서 직면하게 되기 때문이다.

3) 현장의 호소에 근거한 목표: 우울 및 불안의 조절

현장의 내담자들은 다음과 같은 이유들로 상담을 하려고 한다.

- 개인적 문제를 해결하기 위해
- 중요한 결정을 내리는 데 도움을 받기 위해
- 마음이 행복하지 않은데 그 이유를 모를 때
- 어려운 상황을 헤쳐 나갈 수 있는 방법을 알기 위해
- 위기 상황에서 도움을 받고, 편안해지고, 지지 받기 위해
- 자기에게 매우 동정적이고 지지적인 상담자와 친해지기 위해서
- 자기 자신에 대해 더 많은 것을 알기 위해서

위의 일곱 가지 목표들이 내담자가 상담을 받고 싶어하는 가장 흔한 이유이며 이것들 외에도 여러 가지 이유가 있다. 그러나 이러한 이유들은 결국 자기를 좀 편안하게 해주는 것이라고 할 수 있다. 즉 지금의 어려움을 해결하거나 성격변화보다는 좀 편안하게 해주는 것이 목표가 된다.

기대 수명을 생각해 볼 때, 85세 이상의 노인들이 점점 늘어날 것이나 그렇다고 이러한 증가가 치매를 앓는 노인이 많아질 것이라는 것을 의미하는 것은 아니다. 이미 우리 사회는 이전 사회에 비해 우울, 불안, 약물중독 비율이 비교적 높다는 것을 이미 보여주었기 때문에 이러한 경향성이 노인 세대에도 여전히 비슷한 경향으로 나타날 것이라고 예상할 수 있다. 우울과 불안은 대개의 노인들이 많이 호소하는 심리 상태이다. 현장에서는 우울과 불안에 대한 이해가 있어

야 한다.

(1) 우 울

노년기에 나타나는 가장 흔한 심리적 문제의 하나는 우울로 알려져 있다. 우리나라 노인 5명 중 1명은 우울을 겪고 있다(신경림 · 김정선, 2003). 노화에 따라 우울이 점점 위험 요소가 된다는 가정이 노인학에서는 지속적으로 다루어지는 주제이다. 현대사회에서 노인들은 강제적 혹은 자발적으로 노동시장에서 배제되고 핵가족화로 인하여 가정에서의 역할이 상실되고 사회에서의 지위가 저하되면서 우울을 경험하게 된다. 그러나 우울증의 비율은 측정 범주와 척도에 따라 매우 차이가 있다. 비록 주요우울의 유병률이 상대적으로 노인들에게 낮지만 호소하는 우울증상의 수준은 높은 것으로 보고된다. 이렇게 낮은 이유에 대해 두 가지 상호연결된 설명이 가능하다.

첫째는 우울이 노인의 신체적 질병 발생과 관련되어 있다는 것이다. 우울증과 연결된 신체적 증상에는 수면과 식욕의 어려움이 포함되는데, 실제로 노인들은 우울보다는 신체적 문제를 주 증상으로 호소한다. 두 번째 설명은, 심리적 불편감으로 삶에서 무엇인가 상실한 노인들에게 더 자주 나타난다는 것이다. 다시 말해 상실했기 때문에 그러는 것이지 하면서 우울로 보지 않는다는 것이다. 그래서 이러한 형태가 특정 연령과 관련된 증상 지표일 수 있다는 것이다(Newmann, 1989).

우울의 임상적 증상과 생활의 만족감이 저하되었을 때 나타나는 증상 사이의 차이가 그것이 단지 그렇게 생각하는 것인지 혹은 진정으로 임상적으로 의미가 있는 것인지는 늘 분명하지 않다. 그러나 노인상담자는 그것이 임상적으로 우울한지 아닌지를 평가함과 동시에 노인들이 우울하다는 것을 인지하는 것이 중요하다. 노인은 신체적 불편감, 배우자 사망, 경제 사정의 악화, 사회와 가족으로부터의 고립, 일상생활에서의 자기통제의 불가능, 지나온 세월에 대한 회환 등 다양한 스트레스를 겪으면서 우울이 증가한다. 연구에 따르면 이러한 노인의 우울도 물질적 지지나 정서적 지지와 같은 사회적 지지에 의해 조절되며, 대처방식에 따라서도 우울의 조절효과가 나타났다. 노인상담자들은 노인들이 우울을 호소하지 않더라도 우울이 전에 비해 증가하였으며, 심리적 교정과 변화가 아니더라도 사회적 지지와 대처방식에 따라 우울이 조절될 수 있음을 상담에 적용할 수 있어야 한다.

(2) 불 안

한 조사에서 나온 결과를 보면, 노인의 5.7%에서 33%까지 공황장애, 강박장애, 공포증이 섞여서 나타난다(Regier et al., 1988). 위와 같은 불안 장애의 하위 유형들은 여성 노인에게서는 가장 흔한 정신장애이고 남성 노인들에게는 두 번째로 흔한 장애이다. 그러나 Blazer, George 및 Hughes(1991)는 65세 이상의 노인들에게는 불안장애 진단이 낮게 나타나는데, 그것은 불안장애로 진단 내리는 데 필요한 높은 역치 때문일 것이라고 지적하였다. Levingston과 Hinchliffe(1993)에 따르면 노인들은 심각한 의존이나 신체장애와 같은 회피 전략을 써서 공황상태를 미리 방지할 수 있다고 한다. Blazer 등은 중년에서부터 노인들에게 이르기까지 모든 유형의 불안 장애가 나타나는데, 6개월 동안 지속되는 복합 불안장애가 19.7%가, 전 생애를 걸쳐서는 모든 유형의 불안장애가 34% 나타난다고 보고하였다. 그들은 불안이 노년기에 중요한 문제 중 하나이며 불안에 대한 인식과 치료에 관심을 가져야 한다고 주장한다. 범불안장애(GAD)와 같은 장애들은 일관적으로 평가되지 않기 때문에 불안의 유병률이 오히려 더 적게 확인되었을지도 모른다고 하였다. 더군다나 실제로 노인들에게는 불안과 관련하여 다양한 증상들이 있을지도 모르는데 불안장애에 대한 특정 진단 범주를 정하지도 않은 채 유지되어 왔다는 점도 간과해서 안된다(Gurian & Miner, 1991). 그럼에도 불구하고 전체적으로 노인의 10~20%가 임상적 수준의 불안을 겪고 있기 때문에 치료방법을 강구해야만 할 것이다.

문제는 노인 불안이 상담이나 치료를 받는데 저항하게 만든다는 것이다. 다시 말해 불안은 상담자를 만나러 가기도 주저하게 만들고, 자신의 이야기를 말하고 호소하는 것도 힘들게 만든다. 새롭게 생각하고, 새로운 시도를 하는 것은 더욱 어렵게 한다. 무엇보다 우울이 불안과 동반되는 경우가 많다는 것이 현장의 특징이다. 연구에 의하면 인지행동치료가 불안을 교정하는 데 효과적이라고 하지만 불안으로 인해 변화가 어렵게 이루어진다는 것을 인식하는 것이 중요하다. 상담자들은 이러한 과정을 이해하고 노인들의 불안에 세심한 주의를 기울여야 한다.

정서적으로 건강한 노인에 대한 특성을 아는 것이 상담자들이 목표를 설정하는 데 도움이 될 것이다. 이러한 특성을 인식하고 이를 추구하는 것이 상담목표가 되기도 한다. Summers(2003)은 다음의 6가지를 제시한다.

- 삶의 목적의식: 무엇인가 해야 할 일이 있고, 지금 하고 있는 일이 있다는 것을 말할 수 있을 때 삶의 목적감이 있는 것이다. 그 사람이 이루고자 했던 일이 있었는지 확인해보면 그 사람이 목적의식을 가지고 살아왔는지 알 수 있다. 비록 지금은 그것을 이루기에는 시간이 없다고 느끼더라도 그런 아쉬움이 있다는 것은 삶의 목적의식을 가지고 있다는 증거이다.
- 준비성: 늙어간다든지, 은퇴한다든지, 며느리를 맞는다든지 하는 것들에 대해 준비하고 있는 모습을 보일 때 준비성이 있다고 할 수 있다. 앞으로 그런 일이 일어나면 무엇이 필요한지를 생각할 수 있고, 그것을 위해 어떻게 준비해야 하나 고민하는 것도 준비성이 있는 모습이다.
- 지지: 다른 사람을 도와주고 돌봐주었거나 돌본다는 보고는 중요한 지지의 증거이다. 친구나 친척을 도와준 적이 있다거나 노인과 규칙적으로 이야기를 나누었거나, 다른 사람이 하고 있는 일을 도와주었거나 애완동물을 키웠거나 하는 것도 지지할 수 있는 능력이다. 이런 능력이 있는 사람은 정서적으로 건강하다.
- 실험정신: 인생에서 사람들은 한 번 이상의 위기나 기회를 갖는다. 이혼이나 배우자 · 자녀의 사망, 직업의 상실, 집에 불이 나거나 등등 그럴 때 그것을 어떻게 해결했는지를 이야기하면서 극복해낸 사람은 실험정신이 있다고 할 수 있다.
- 신앙: 교회나 성당, 절 등 이미 어떤 조직이 있는 종교단체에 규칙적으로 다닌다든지 예배, 예불, 미사 등에 참석한다면 그것은 신앙이 있는 것이다. 이는 더 높은 차원의 삶을 추구하는 모습이기 때문에 건강한 정서를 나타낸다고 하겠다.
- 즐거움: 자신이 늙었다는 것조차 유머러스하게 표현하고, 즐겁게 살려고 애쓰는 모습은 건강한 정서 상태이다.

말이 느리거나 식사량이 적거나, 잠이 적고 자주 깬다는 것은 일반적 우울과 불안의 증상들이다. 그러나 이런 것들이 노인들에게서는 아주 일상적인 행태이다. 그렇다면 노인상담자들은 이러한 특성을 어떻게 다루어야 하는가? 이러한 행태는 상담자들로 하여금 노인들의 우울과 불안을 가볍게 혹은 무시하게 만들 수 있음을 인식하여 노인들의 우울과 불안에 관심을 갖는 것이 필요함을 강조한다. 노인들은 자신의 우울과 불안을 견딜 수 있는 신체적 저항력이 약하다는 점을 감안하여 노인들의 호소를 진지하게 듣고 다양한 조절변인들과 방략들을 연구, 개발하여 적용·관리할 수 있도록 준비하는 것이 노인상담자들의 책임있는 태도일 것이다.

제 2 장
노인의학과 노인상담

초고령화의 추세는 오늘날 전 세계적인 사회 현상으로 받아들여지고 있으며, 21세기 중반에는 대부분 선진국들에서 인구의 4분의 1을 노인인구가 차지할 것으로 예상하고 있다.

그러나, 일부 선진국을 제외한 많은 나라의 실정을 살펴보면, 노인들이 그들의 인격과 인간의 존엄성을 충분히 보장받으며 생존을 영위해 나가기에는 사회의 시선이 충분히 우호적이지는 않으며, 중 · 장년기에 생을 마감하던 이전 세기의 사람들이 경험할 수 없었던 노년의 다양한 갈등과 위기의 문제는 우리 사회의 모든 분야에서 새로운 도전과제를 던지고 있다.

이러한 추세와 함께 최근 노년에 관한 정의가 다양하게 변화하고 있다. 일반적으로, 인구통계에서는 만 65세 이상을 일괄하여 노인의 기준으로 삼고 있지만, 노인학 관련분야에서는 젊은(청) 노인(56~65세), 약간 늙은(중) 노인(66~75세), 꽤나 늙은(장) 노인(76~85세) 및 많이 늙은(고) 노인(86세 이상)으로 노년기를 세분하여 그 세부 연령층이 갖는 신체적, 정신 · 심리적, 사회적 및 문화적 특성에 따른 특화된 접근을 모색하고 있다.

노인진료와 노인상담의 현장에서 흔히 볼 수 있는 특징은, 노인들이 스스로 느끼는 노화 관련 문제와 젊은 층들이 노인을 평가하고 한정하는 문제 사이에는 질적 및 양적인 면에서 많은 차이가 존재한다는 점이다.

육체적인 노화와 마음의 노화는 결코 비례하지 않으며, 오히려 어떤 점에서는 육체적인 노화와 전혀 상관이 없이 더욱 강한 추구를 가지고 새롭게 혹은 또 다시 옛날의 모습으로 되살아 나기도 하는 것이 인간 마음의 본연의 생기라고 볼 수 있으므로 노인진료와 노인상담의 현장에서는 노인들이 살아온 그들만의 세월과 지나온 인생의 의미를 긍정적으로 수용하는 것이 그 출발점이 된다. 요컨대, 마음은 결코 늙지 않는데, 몸은 늙고 병들고 쇠약해져 간다는 생로병사의 육체적 한계와 무상함을 어떻게 승화·수용할 것인가의 방법론을 찾아가는 것이 노인 상담의 핵심 요체이다.

오늘날 우리나라의 노인이 현실적으로 겪는 네 가지의 어려움은 앞에서도 언급했지만 병고, 빈고, 독고 그리고 소외고이다. 이 중 독고를 내용적 측면에서 살펴보면, 사회 일각에서는 노년기의 성생활을 긍정적으로 보지 않는 경향이 여전히 남아 있는 것은 사실이다. 하지만 이성교제나 성적 관심의 정도는 연령이나 건강상태와는 무관하게 나타나며, 어떤 점에서는 성행동을 중심으로 하는 독고의 해결 방안을 마련하는 것은 의미 있는 노년을 지탱해 줄 수 있는 생명의 끈을 이어 주는 것이 될 수 있다.

노인병의 관리에는 특별한 의학적 지식과 의료기술이 필요하며, 나이가 들어갈수록 늘어 갈 수밖에 없는 여러 가지 다양한 대사증후군의 관리와 함께 저하되어 있는 전반적인 필수 신체 기능을 가능한 한 오랫동안 최대한으로 유지하여 독립적인 삶을 영위할 수 있도록 조력하는 것이 목적이 된다. 그러나, 오늘날의 가족관계의 변화 추세나 사회적·경제적 제반 여건을 고려해 볼 때, 의료기관에서 시행하는 일차적 노인병 진료만으로는 그와 같은 통합적 목적을 이룰 수가 없다. 우리나라에서는 이미 노인들을 위한 장기요양보험제도가 시행되어 의료기관에서의 일차적 노인 진료의 내용을 재가 노인들의 침상 곁으로까지 확대하려고 노력하고 있는 것은 바람직한 일이다.

노인진료의 통합적 목적과 의미를 달성하기 위한 가장 효과적·효율적 방법은 노인진료의 과정에 상담심리적 요소를 적극적으로 수용하여 일반적인 진료과정과는 다른 인간 중심의 진료방법을 강구하는 것이다. 또한 일차적인 노인 질환에 대한 진료가 종결된 이후에도 그 노인이 지니고 있는 사회·경제적 및 가족의 문제점에 대하여 상담의 과정을 적용함으로써 노인진료를 노인상담으로까지 확장할 수 있는 관심과 노력이 있어야 한다. 오늘날 노인병 진료의 현장에서 노환이나 대사증후군이라는 질병만이 아니라 노환과 질병을 앓고 있는 우리나라의 노인이 현실적으로 겪는 병고, 빈고, 독고, 소외고 등의 사회·경제적 및 가족의 문제점까지 통합적으로 접근할 필요성이 대단히 크며, 노인병의 진료 과정에 연계적 노인상담을 비롯한 국가적인 사회보장제도가 뒷받침되어 노인들의 삶의 질을 돌아가시는 날까지 유지할 수 있도록 해야만 노인병 진료의 진정한 의미가 살 수 있을 것이다.

1. 노년 건강관리 개요

오늘날 우리나라는 전 세계적으로 유례를 찾아 볼 수 없을 만큼 빠른 속도로 노령화가 진행되고 있고, 인구통계학적으로 초고령사회의 구조로 이행해 가고 있다. 이러한 급속한 인구의 노령화는 노인 인구의 부양을 위한 각종의 사회적 비용과 의료비의 부담을 급속하게 증가시키고 있다. 그러나 우리의 현실은 이와 같은 변화를 적절히 수용하고 제대로 대처해 나가고 있지 못하다.

현재의 의료체계는 각 전문과목별로 노인병에 접근하고 있어 복합적인 의료상의 문제를 지닌 노인 환자에 대하여 통합적인 의료를 적절하게 제공하지 못하고 있다. 정부는 우리나라의 실정을 고려한 노인전문의료의 제도화를 위한 대안들을 검토하고, 관련 정책의 마련에 노력을 기울이고는 있으나 노인병전문의는 현재 의료법상의 전문영역으로 인정받지 못하고 있으며, 기존 여타의 노인병과 연관이 되는 정부기관, 각종 사회복지단체 및 전문의단체 등과의 이해관계의 조율이 쉽지 않은 것이 노인의학 분야의 가장 큰 현실적 과제의 하나이다.

1) 인구 노령화 현황

의학과 문명의 발달에 힘입어 인간의 평균 수명은 20세기를 거치면서 전 세계적으로 눈에 띄게 늘어났다. 이러한 전 세계적인 추세에 동반하여 우리나라의

65세 이상의 노인 인구의 비율은 대단히 빠른 속도로 늘어나고 있으며, 그 속도는 가히 세계 최고의 수준이다.

통계청이 2011년 9월 29일 배포한 보도자료(2011 고령자 통계)에 따르면 2010년 현재 65세 이상 인구가 전체 인구의 11.0%를 차지하고 있다. 이는 2000년에 노인 인구가 339만 명으로 전체의 7.2%를 차지하여 고령화 사회(노인인구비율 7% 이상인 사회)에 진입한 지 8년 만의 일이었다. 이러한 인구 노령화의 추세는 지속적으로 유지될 것으로 예상되며, 2018년에는 14.3%로 증가하여 고령사회(노인인구비율 14% 이상인 사회)에 진입하고(2011 고령자 통계, 통계청), 2028년에는 노인인구비율이 20%를 넘어 서는 초고령사회에 진입할 것으로 내다보고 있다(장래인구추계, 통계청, 2006).

평균수명(0세 기대여명)은 2010년도에 남자 77.20세, 여자 84.07세를 기록하였다. 이는 1981년의 남자 66.2세, 여자 70.5세에 비하면 크게 늘어난 수치이다. 이러한 추세대로 간다면, 2030년에는 남자 80.42세, 여자 87.0세, 2040년에는 남자 83.4세, 여자 88.2세, 2050년에는 남자 85.1세, 여자 89.3세, 2060년에는 남자 86.6세, 여자 90.3세에 이를 것으로 예측하고 있다(장래인구추계자료, 통계청 사회통계국 인구동향과, 2011.12).

2) 노인 질병과 진료비 현황

지난 10년 동안 65세 이상 고령자의 사망원인으로는 제 1위는 암, 제 2위는 뇌혈관 질환, 제 3위는 심장질환이 차지하였다. 남성에서는 암, 뇌혈관 질환, 심장질환, 만성하기도 질환, 당뇨병의 순이었고, 여성에서는 암, 뇌혈관 질환, 심장질환, 당뇨병, 폐렴 순이었다(2011 고령자 통계, 통계청). 노인 인구의 증가는 국가 · 사회적으로 공적 연금 지출의 증가 등으로 후세대의 부담을 증가시키고, 각종 노인 정책의 수행을 위한 국가 재정의 부담을 증가시키며, 학교, 군대, 산업 등의 국가 기간을 이루는 분야에서의 핵심 인력의 부족을 초래할 수 있다.

국민건강보험관리공단이 밝힌 65세 이상 노인 인구의 건강보험진료비 지출의 최근 증가 현황을 살펴보면, 2010년에는 13조 7,847억원으로 전체 의료비의 31.6%를 차지하였고, 2011년에는 15조 3,768억원으로 전체 건보 진료비의 33.3%를 차지하여 전년대비 8.8% 증가하였는데, 2002년부터 10년간 평균 16.9%의 증가율을 보이며 지속적으로 증가 추세를 유지하고 있다(2011 건강보험 주요통계 발간, 국민건강보험 보도자료, 2012.3.19).

노인 인구수의 절대적 증가와 평균수명의 연장으로 인하여 허약하고 병든 노인의 수가 크게 증가하고 있다. 정부는 세계최고 수준을 보이는 우리나라의 노인 인구의 급속한 증가와 함께 세계 최저 수준의 출산율을 보이고 있는 심각한 출산 기피 현상을 국가위기로 인식하여 이에 대처할 정책적 대안의 모색에 노력하고 있으나 가시적인 효과나 만족스러운 결과를 보여 주지 못하고 있는 실정이다. 실제로 노인들이 겪고 있는 병고, 빈고, 독고, 소외고의 소위 노년 4대고통에 대한 종합적 해결 방안이 제도적으로 절실히 필요한 시점에 있다고 하겠다.

2004년 전국 조사에 의하면, 90% 이상의 노인이 한 가지 이상의 만성질환을 앓고 있었는데, 주요 만성질환은 관절염, 고혈압, 요통 · 좌골통, 신경통, 골다공증, 백내장, 소화성궤양, 빈혈, 당뇨병, 디스크 순이었다(2004년도 전국 노인생활실태 및 복지요구 조사, 한국보건사회연구원, 2005).

한편, 2011 건강보험 주요통계 발간 자료에 의하면, 2010년 65세 이상 노인 중 본인의 주관적인 건강상태를 "좋다"라고 응답한 비율은 20.4%이었는데, 2006년의 18.0%와 2008년의 19.6%에 비해 다소 증가하는 추세를 보여 주고 있다는 점은 다행스러운 점이다.

3) 노인 환자의 차별적 특성

평균수명의 연장과 고령 노인 인구의 증가에 따라 질병과 장애로 인한 신체적, 정신적 기능이 저하되어 기능적 건강상태에 문제가 있는 노인의 수는 크게 증가할 것이며, 따라서 노인을 대상으로 하는 의학적 접근 요구 또한 크게 증가할 것으로 예상된다.

노인의학이란 '노인의 질환에 대한 임상적, 예방적, 사회적 측면에 관심을 가지고 의료를 제공하는 의료의 한 분야'로서 '높은 유병률, 질병의 독특한 양상, 치료에 대한 느린 반응, 사회적 지지의 필요 등의 특성 때문에 특별한 의학적 지식과 의료기술이 필요하며, 아프고 기능이 저하된 사람들에게는 최대한의 기능을 유지하도록 도움으로써 독립적인 생활을 할 수 있도록 하는 것을 목적으로 하는 의료분야'라고 정의하고 있다(British Geriatric Society).

노인 환자를 대할 때, 다음과 같은 진료상의 이유로 해서 일반적인 성인 환자와는 다른 특별한 접근 방법이 요구된다.

(1) 노인 환자는 한 사람이 여러 질환을 동시에 함께 가지고 있는 경우가 많다.
(2) 증세의 발현이나 병의 진행과정에서 개인차가 크다.
(3) 병의 증상이 비정형적이다.
(4) 현저한 병증의 발현이 없어도 모든 장기의 기능부전이 잠재적으로 존재하고 있다.
(5) 약제에 대한 반응이 젊은 성인과는 다르다.
(6) 생체 방어력이 떨어져 있어 질환의 치료가 쉽지 않다.
(7) 환자의 예후가 사회·경제적 환경에 좌우되는 경향이 크다.

기본적인 진단의학적 절차는 노인이라고 해서 다를 바는 없다. 즉, 자세한 병력 청취로부터 시작하여 신체검사, 각종 검사실 검사 및 영상의학적 검사 등을 시행하게 된다. 그러나, 이때 노인 환자의 특성과 노화 과정을 고려하여 일반 성인 환자와는 다른 차별화된 접근을 하여야 한다. 특히, 생리적 노화과정을 병리적인 상태로 잘못 평가함으로써 초래될 수 있는 과다·과잉 진료의 문제와 함께, 역으로, 병적 상태를 노화 과정의 하나로 간과함으로써 초래될 수 있는 과소·결손 진료의 문제가 발생하지 않도록 하기 위해서는 무엇보다도 생리적 노화 과정에 대한 이해와 노인병의 특수한 진찰 소견에 대한 의학적 지식이 필수적이다.

이에 더하여, 노인병 환자를 대할 때에는 주변 환경과 사회적 평가가 반드시 수반되어야 한다. 환경 평가에서 가장 중요한 인자는 주거 환경이 된다. 특히, 냉난방 상태와 낙상을 유발할 수 있는 위험 요인의 유무를 살펴보아야 하므로 진료실을 벗어나 노인 환자의 가정방문이 이루어질 수 있는 진료환경이 구축되어야 한다. 환자의 하루 일과와 사회 활동 여부를 알아보고, 친구 및 이성 혹은 배우자 관계를 비롯하여 다른 가족과의 관계 등과 함께 어려운 문제에 봉착할 경우에는 누구와 주로 의논하는지 등을 자세히 알아보는 것이 필요하며, 경제력도 매우 중요한 인자로서 자신의 경제력은 어느 정도이고, 도움을 받는 경우에는 주로 누구의 도움을 받고 있는지, 간병인을 두고 있는지 등을 알아보아야 노인 환자 진료의 궁극적인 목적을 성취할 수 있을 것이다. 과거력 상에서는 음주 유무와 함께 이혼 혹은 재혼 경력이 중요한 인자가 된다. 단순한 음주 유무에 그치지 않고, 과거에 음주로 인하여 신체적 혹은 정신적 건강의 문제가 없었는지, 부부관계를 비롯하여 중요한 인간관계에 부정적 영향을 끼친 적은 없었는지 등도 자세히 알아보아야 한다. 이러한 평가과정을 통하여 자연스럽게 노인 환자에게 필요한 개인 차원의 상담심리학적 조력이 시의 적절하게 주어질 수 있도록 하여야 하고, 지역 공동체 혹은 국가적 차원의 행정적 혹은 정책적 지원이 적절하고 충분하게 이루어질 수 있어야 한다.

그러나, 현재 우리나라의 의료 현실은 노인 환자에 대해서 그들의 특성을 고려한 개별적, 통합적, 포괄적 진료를 제공하기에는 여러 가지 면에서 역부족임을 보여 주고 있다. 우리나라의 경우에는 현재 거의 대부분 가족들이 노인 환자를 일차적으로 보호하고 있으나 가족이나 노인 모두에게 큰 어려움이 되고 있는 경우가 많이 있다. 장기요양시설에의 입소는 현재는 저소득층을 위주로 하여 지원하고 있으나, 오늘날의 가족관계의 변화 추세나 사회적 · 경제적 제반 여건을 고려해 볼 때 국민건강보험 환자들에게도 지원이 확대되어야 할 필요성이 다분하다.

따라서, 노인병 전문 의사를 비롯하여 노인 요양에 대한 전문적인 식견을 갖춘 관련 의료 인력을 양성하는 동시에 장기요양시설의 국가적 확충이 함께 시행되어야 할 것이다. 또한 만성적으로 신체적 · 정신적 기능이 저하된 노인들에게 신체, 정신, 사회, 심리적 기능을 유지 · 증진시키기 위하여 제공되는 예방, 진단, 치료, 재활 및 지지 서비스를 의미하는 장기요양서비스의 질적 보장이 함께 이루어져야 할 것이다.

이 외에도 아직까지는 의학적 관심과 국가 의료 정책적 관심에서 멀어져 있는 호스피스제도 혹은 완화의료제도를 노인병 관리 전문 보건의료체계에 적극적으로 도입 · 정착시켜 말기 암환자나 임종 환자들에게도 국가적인 지원을 할 수 있도록 하여, 죽는 그 순간까지 한 인간에게 삶의 귀함과 인간의 존엄이 유지될 수 있도록 최선의 노력을 다해야 할 것이다.

2. 여성 갱년기 건강관리

여성의 일생에서 가장 극심한 변화를 겪는 시기가 갱년기로서 신체적, 정신적 및 사회적으로 심한 어려움과 다양한 변화를 겪게 된다. 이러한 어려움과 변화를 겪는 갱년기 여성들은 육체적 건강을 비롯한 자신의 관리에 더욱 많은 노력과 정성을 기울여 자신의 타고난 건강운을 발전시키고 생명의 욕구를 승화시키는 계기를 만들어야 할 것이라고 생각한다.

의학적으로 폐경은 난소에서 생성되는 여성 호르몬이 감소되어 월경이 영구히 없어지는 것을 의미하며, 대략 45세에서 55세 사이에 폐경이 오게 된다. 갱년기란 폐경을 전후한 10년 정도의 기간을 말하며 또 다른 측면에서는 여성의 생식능력이 소멸되어 가는 시기를 말한다. 여성은 40대 중반을 넘어서면 난소의 기능이 현저히 떨어지고, 그와 함께 체내 여성호르몬의 농도가 현저히 감소한다. 이 시기에는 월경이 불규칙해지고, 월경량이 감소하면서 점차적으로 폐경으로 이행한다.

최근 10여 년 동안 여성의 평균수명은 급속히 연장되고 있으며, 그 증가속도는 가히 세계 최고의 수준에 이르렀다. 그와 같은 추세에서 보면, 향후에는 인생의 반에 해당하는 50년 이상을 폐경 이후에 살게 될 것으로 예상되며, 폐경 이후의 시기에 나타나는 신체적 · 정신적 · 사회적 여러 어려움과 노인성 질환의 문제는 한편으로는 노년의 건강 유지와 삶의 질을 향상시킨다는 개인적 차원에서, 다른 한편으로는 의료복지와 노인복지라는 국가 정책적 차원에서 커다란 관심의 대상이 되었다.

1) 폐경 증상

폐경을 전후한 시기에는 시도 때도 없이 주변 상황과 상관없이 얼굴이 확확 달아오르는 안면홍조, 가슴이 두근거리고, 땀이 쏟아져 나오는 혈관운동 증상 및 수면장애 등의 정신신경 증상과 함께 피부의 탄력도 떨어지고 머리카락도 얇아지고 체형도 변하는 소위 늙어간다는 조짐이 나타나게 된다. 폐경 2~3년 후에는 비뇨생식계 조직과 세포의 위축으로 인하여 재채기를 하거나 아랫배에 힘을 주게 되면 저절로 소변이 흘러 나오는 요실금 증상이 오기도 한다. 게다가 심각한 것은 시간의 흐름에 따라 고지혈증, 심혈관계질환 및 골다공증의 발생 위험이 현저히 증가하는데, 심혈관계질환과 골다공증은 서서히 그리고 조용히 진행되어 생명을 위협하는 치명적 상황까지 초래할 수 있다는 점이다. 이러한 변화는 남성에서도 일반적으로 나타나는 갱년기 증상의 일환이기도 하지만, 여성에서 현저하게 나타난다. 따라서, 특히 여성의 경우에는, 노년의 활력과 건강을 유지하기 위해서는 갱년기의 관리가 무엇보다 중요하다.

2) 노년여성 전문클리닉 진료

갱년기 증상 가운데 서서히 진행되어 평소에는 잘 인지하지 못하지만, 가장 심각한 후유증을 유발하여 생명을 위협할 수 있는 것이 골다공증이다. 또한 골다공증은 이미 진행된 후에는 그 치료가 매우 어렵기 때문에 적절한 예방적 대책이 반드시 필요하다. 여성은 폐경 후 에스트로겐의 결핍으로 인하여 골 소실이 가속화되는데, 골 소실은 폐경 후 첫 5년 동안 가장 많아서 연간 평균 2~3% 소실된다. 특히, 에스트로겐에 민감한 소주골의 소실은 피질골보다 빠르며, 척추 소주골의 경우에는 연간 5%까지 소실률을 보인다. 골소실은 폐경 후 약 8~10년이 지나면서 감소되지만, 그때까지의 골 소실만으로도 이미 대단히 위험한 수준이 된다.

그러한 이유로 폐경 후에는 호르몬 보충요법을 권장하게 된다. 그러나 호르몬 보충요법을 시행하기 전에 일련의 검사를 거쳐 환자의 전반적인 건강상태를 평가하고 그 결과에 따라 호르몬 보충요법의 가능성 여부와 구체적 투여 약물의 종류와 투여방법을 개별적으로 결정하여야 한다.

호르몬 보충요법시 사용되는 약제들로는 투여 방법에 따라 경구투여제, 주사제, 피부접착형 패치제, 질정 혹은 질크림제 등 다양한 종류와 형태가 있지만, 경구투여 방법이 가장 흔히 이용된다. 호르몬 보충요법의 일차적 효과는 갱년기 증상의 호전이고, 호르몬 보충요법을 시행하더라도 나이에 따르는 일반적인 노화현상을 모두 막을 수는 없지만, 더욱 중요한 점은 호르몬 보충요법을 통해 심각한 심혈관계질환이나 골다공증의 진행을 사전에 예방하여 건강한 중년과 노년을 영위할 수 있다는 데에 있다.

현재, 많은 종류의 골 활성제제가 골다공증의 예방과 치료에 사용되고 있는데,

대별하여 골 흡수억제제와 골 형성촉진제로 나눌 수 있다. 대표적인 골 흡수억제제로는 에스트로겐, 칼시토닌, 비스포스포네이트 등을 들 수 있고, 골 형성촉진제로는 불소제제, 부갑상선호르몬, 성장호르몬 등을 들 수 있으나 아직까지는 이상적인 골 형성촉진제는 없는 실정이다. 현재로서는, 에스트로겐이 골다공증의 예방에 가장 효과적이라고 평가되고 있다. 에스트로겐의 골 보존 효과는 주로 골 흡수억제에 의한 것이지만, 일부는 골 형성의 자극에 의한 것이다. 칼슘 섭취는 모든 연령에서 필요하지만, 필요량은 증가하고 섭취와 흡수는 감소하는 경향이 있는 노년기에 특히 필요하다. 칼슘 섭취와 대사에 관여하는 비타민 D의 간과 신장에서의 활성화도 저하되므로 활성 비타민 D를 칼슘제제와 병용하는 것도 필요하다.

3) 생활 습관의 변화

갱년기 이후 건강을 유지하기 위해서는 약물요법과 함께 식생활관리, 운동, 체중관리를 주축으로 하는 생활 습관의 변화가 대단히 필요하다.

첫째, 식생활에서는 채식, 정제되지 않은 곡물 및 생선류의 섭취를 통한 저칼로리와 영양의 균형을 이루어야 하고, 칼슘이 많이 들어 있는 우유, 요구르트, 치즈 등 유(乳)제품을 많이 섭취하고, 술, 담배, 탄산음료, 커피 등을 삼가며, 고혈압과 심장혈관계질환의 발생위험을 줄이기 위하여 저지방·저염식을 권한다.

둘째, 운동은 꾸준히 규칙적으로 적당히 하는 것이 중요하고, 최고운동능력의 60%를 넘지 않는 것이 안전하다. 평상시 생활에서도 많이 움직이는 것이 건강에 좋으며, 빠른 걸음의 산보도 충분히 심장을 튼튼히 하고, 뼈와 근육을 강하게 하는데 도움이 되는데, 어떤 운동을 하든 적어도 일주일에 3회 이상 한번에 20~30분 이상이어야 운동 효과를 얻을 수 있다. 수영은 근력과 심폐기능을 좋게 하고 관절염에는 도움이 되지만 보통수준의 수영만으로는 골다공증의 예방에 큰 도움이 되지 않는다.

셋째, 식생활관리와 꾸준한 운동의 결과는 일차적으로 적정체중의 유지로 표현된다. 적정체중의 유지는 전체 대사증후군의 발생을 예방하는 중요한 지표이므로 과체중이 되지 않도록 꾸준한 관심과 노력을 기울여야 한다.

요컨대, 갱년기 이후에는 육체적 어려움과 함께 정신·심리적 및 사회적 어려움이 함께 오는 경우가 대부분이므로, 언제든지 노인 환자에게 개인 차원의 상담 · 심리학적 조력이 필요한 경우에는 시의적절한 확장 조치가 취해 질 수 있도록 하는 것이 바람직하다.

반대로, 갱년기의 신체적 초기 증상이 노인 환자에게 특별한 불편을 야기하지는 않는 경우라 하더라도 "건전한 마음은 건강한 신체로부터 시작된다."라는 의학의 금언을 되새겨 볼 때, 갱년기 혹은 노년기에 정신 · 심리적 및 사회적 어려움만을 이유로 하여 노인상담 전문클리닉을 방문하는 경우에도, 그의 기저에는 육체적 어려움이 현증 혹은 잠재성으로 자리하고 있기 때문에 노년 여성진료 전문클리닉을 방문하여 상담과 함께 진료를 받는 것이 반드시 필요하다.

특히, 이 시기에는 각종 암의 발생이 많아지는 때이므로 심혈관계질환과 골다공증뿐만 아니라 암의 조기 발견과 치료를 위한 검진을 병행하여 중년 이후 노년기까지 삶을 건강하고 충실하게 보낼 수 있도록 자기 자신에게 항상 정성과 노력을 기울여야 할 것으로 생각한다.

3. 노년의 성

노년에 관한 정의는 최근 변화하고 있다. 일반적으로, 인구통계에서는 만 65세 이상을 일괄하여 노인의 기준으로 삼고 있지만, 최근 노인학 관련분야에서는 젊은(청) 노인(56~65세), 약간 늙은(중) 노인(66~75세), 꽤나 늙은(장) 노인(76~85세) 및 많이 늙은(고) 노인(86세 이상)으로 노년기를 세분하여 그 세부 연령층이 갖는 신체적, 정신 · 심리적, 사회적 및 문화적 특성에 따른 특화된 접근이 고려되어야 할 필요성이 증가하고 있다.

노인이 되면 소위 노년 4대고통이라고 하는 네 가지의 어려움이 현실적으로 다가 오는데, 첫째 병고, 둘째 빈고, 셋째 독고, 넷째 소외고이다. 이 중 독고를 내용적 측면에서 살펴보면, 사회 일각에서는 노년기의 성생활을 긍정적으로 보지 않는 경향이 여전히 남아 있는 것은 사실이지만, 이성교제나 성적 관심의 정도는 연령이나 건강상태와는 무관하게 나타나고 노년기의 삶에 성이 차지하는 비중이 과거와는 사뭇 달라서 대단히 중요하게 인식되고 있기 때문에, 노년기의 삶의 질을 높이기 위해서는 반드시 고려해야 할 요인으로 평가되고 있는 것[1] 등은 고령화 사회를 넘어 초고령화 사회로의 진입을 눈앞에 두고 있는 우리 사회의 바람직한 새로운 인식의 변화라고 볼 수 있다.

노년의 행복한 성생활(sexual life)의 영위는 노인의 자기존재감의 확립과 대단히 밀접하게 연관되어 있으므로 노인상담의 현장에서 성생활에 대한 부분은 대단히 중요하게 받아들여져야 할 것으로 생각한다.

1) 인간의 성에 대한 일반적 이해

인간에게 있어 남과 여의 성차는 자연적 또는 생물학적인 성과는 차원을 달리하는 양성간의 사회적 커뮤니케이션 속에서 담론의 방향을 재설정한 것으로서, 인간 특유의 역사적, 문화적 및 사회적 현상이다. 생물학적 성과 타고난 성적 능력, 성적 충동 같은 인간의 성의 가장 기본적인 측면조차 각 지역과 문화에 따라 각각 독특한 변형을 겪어 왔으며, 그에 따라서 오늘날까지도 실제로 인간의 성행동은 지역과 문화에 따라 매우 다양한 양상으로 표출되고 있다. 생물학적 기준으로 성을 구분하는 경우, 남녀의 성은 염색체, 생식선, 내부생식기관 및 외부생식기관 등의 차이에 의해 결정되는 것이지만, 인간 사회의 성은 이미 생물학적인 성이 전제되어 있다하더라도, 생물학적 영역에 관한 문화적 지식을 이용한 구분이라고 보아야 하는 점이 많다.

생물학적 성에 대한 기본적인 이해, 인위적인 부여된 성역할에 대한 현상학적인 이해 및 생물학적 성의 차이에 의해 일정한 상황과 상태에 따라 나타날 수 있는 특정한 성행동의 배경을 구분하여 아는 것은 인간의 성행동을 이해하는 데 매우 중요한 일이다.

인간의 뇌는 신뇌에 해당하는 대뇌피질이 고도로 발달되어 있어, 평상적인 경우에는 사회문화적인 요소를 제외하더라도 호르몬분비와 같은 내분비적 특성에 거의 전적으로 지배되는 다른 동물의 성적 행동과는 현저하게 다르게 나타나며, 내분비기능이 쇠퇴하는 경우에도 행복추구의 성취와 통합적 인간관계 형성의 목적으로 지속적인 성적 관심과 성행동을 추구한다는 특징이 있다. 그러나 나이와 내분비기능의 저하 등의 객관적 조건에 상관없이, 이상 정신심리 상태의 경우나 대표적인 대뇌피질 억제제인 알코올 등의 약물을 과량 섭취하는 경우 등에서는

1) 이장호 · 김영경, 「노인상담(경험적 접근)」, 서울: 시그마프레스, 2006, p.131.

폭력과 분노를 동반한 성행동이나 동물적인 성행동이 여과 없이 표출될 수 있다는 점도 분명히 인식할 필요가 있다.

2) 성에 대한 연구결과의 적용 한계

성에 관한 고전적 연구의 대표는 1948년의 Kinsey, Pomeroy, & Martin이 남성을 대상으로 시행한 공동연구[2)]이다. 그 이전까지만 해도 성인의 성행동에 대해서 그 만큼 노골적으로 접근한다는 것은 생각하기 힘든 일이었다. 뒤이어, 1953년에는 Kinsey 등이 여성을 대상으로 한 추가적인 연구 발표[3)]를 하여 성인의 성행동에 대한 많은 놀라운 정보를 학계와 대중에게 제공해 주었다. 그러나 이들 연구의 전체 대상인구 11,000명 이상 중에서, 60세 이상은 200명이 채 되지 않았을 뿐만 아니라, '80세 이상 노인의 75%가 성교불능이었다' 라고 표현하였던 결과의 내용은 80세 이상 노인 4명만을 대상으로 하고 있었을 뿐이었다. 1966년 Masters & Johnson의 연구[4)]에서도 노년기 성활동에서의 생리학적인 변화에 대한 정보를 제공해 주고는 있지만, 여기서도 70세가 넘는 대상은 남성 6명, 여성 3명뿐이었다.

이상과 같이, 이전의 고전적 성연구의 결과를 오늘날의 노년층에게 적용하기에는 우선적으로 연구 대상이 된 노인의 숫자가 너무 불충분하고, 둘째로 사회 전반의 성의식 및 성문화가 크게 자유화 · 개방화되어 있는 오늘날의 노년은 이미 이전의 노년과는 다른 자유로운 성적 추구와 태도를 가지고 있기 때문에 이전의 연구 결과를 그대로 그들에게 적용하기에는 무리가 있다.

또한, 최근의 연구라고 하더라도, 연구마다 성(性)과 노화를 정의하는 기준이 다르기 때문에 여러 연구들이 제시하는 결과를 같은 수준과 맥락에서 비교하기에는 어려운 점이 많다.[5)] 예를 들면, 어떤 연구에서는 극단적으로 정상 체위의 성교행위만을 성적 행동으로 본 반면, 어떤 연구에서는 이성간 접촉, 애무, 정을 담은 사귐, 자위, 성적(性的) 내용의 꿈 및 성적(性的) 환상 등을 모두 성적 행동

2) Kinsey, A. C., Pomeroy, W. B., & Martin, C. R., *Sexual behavior in the human male*, Philadelphia: WB Saunders, 1948.
3) Kinsey, A. C., Pomeroy, W. B., Martin, C. R., & Gebhard, P. H., *Sexual behavior in the human female*, Philadelphia : WB Saunders, 1953.
4) Masters, W. H. & Johnson, V. E., *Human sexual response*, Boston : Little, Brown, 1966.
5) Pedersen, J. B., op. cit., in *Clinical Geropsychology*, Washington, D.C. : U.S.A., 2007, pp.141-2.

의 범주에 포함시키고 있다.

3) 노년의 성에 대한 이해

과거에는, 성행동이라는 것은 주로 나이를 먹는다는 생물학적 사실이나, 여성의 폐경과 같은 생물학적 사건에 의해 종료가 예정되어 있는 자연스러운 삶의 현상으로 인식되었다. 따라서 당연히 노인들에게는 성적 욕구나 성적 활동이 거의 없다고 생각되어 왔다. 노인들을 무성적(無性的)이고, 무능력한 사람으로 고정관념화 하는 경향은 동양과 서양이 크게 다르지 않았으며, 노인의 성에 대한 부정적인 사고는 지난 반세기 동안 서양에서도 지배적인 현상이었다.[6]

노년기의 성생활의 변화는 나이가 들어감에 따라 나타나는 생물학적 요인들에 의해서만 결정되는 것이 아니라, 복합적인 요인이 병합적으로 관여하고 있다는 것이 알려져 있다. 그와 같이 노년기의 성행동의 운명을 결정하는 여러 요인들 중에서도 사회문화적 요인과 심리학적 요인의 중요성이 특히 강조되고 있다.[7]

한편, 근자의 성과학 및 성의학적 연구에서는, 성행동을 생의 근원으로서 일생동안 지속되는 에너지로 이해하고 있다. 성행동이라는 것은 아무리 건강한 사람이라 하더라도 나이가 들어감에 따라 남녀 공히 양적 · 질적 변화를 겪는 것은 분명하지만, 오늘날 노년의 성활동은 이전에 생각하던 것보다 훨씬 왕성하다는 것이다. 또한 앞서 살펴 본 바와 같이, 성활동에는 이성간의 직접적 성교뿐만 아니라, 이성간 다정한 접촉, 성적 애무, 정을 담은 사귐, 자위, 성적 내용을 담은 꿈, 및 성적 환상 등의 다양한 형태의 성적 행동을 모두 포함시키고 있다

요컨대, 관리만 잘 한다면, 노년기의 다양한 형태의 성활동은 생존하는 한 얼마든지 가능하며, 규칙적이고 안정된 성활동은, 특히 오늘날과 같은 개인주의, 자유주의 및 상대주의가 유행하는 고령사회에서는, 개인의 인격과 존엄을 유지하는 근간이 될 뿐만 아니라, 신체적 및 정신적 건강의 유지에 있어서도 필수적 요소가 되고 있다.

---

6) 노인정신의학회, "노인의 성," 「노인정신의학」(제2판), 서울: 중앙문화사, 2004, p.394.
7) Pedersen J. B., "Sexuality and Aging", In Nordhus IH, VandenBos GR, Bergs, & Fromholt, P.(Eds.), *Clinical Geropsychology*, Washington, D.C. : U.S.A., 2007, p.141.

(1) 성의식과 성행동의 변화 추세

서구, 특히 미국을 중심으로 하는 서구 사회에서는 제2차 세계대전 이후 급속히 진행된 산업의 발전에 이어, 1960년대에 들어서면서 나타난 여성의 사회진출, 여성의 경제력 획득, 여권의식의 고양 등의 사회적 분위기에 편승하여 이루어진 여성용 경구피임약의 개발과 여성의 자기결정을 옹호하는 낙태자유화입법 등의 영향은 성의식과 성행동에 엄청난 변화를 가져왔다.

당시 젊은 세대들은, 그 이전의 노년 세대들에 비해, 나이가 든 후에도 젊었을 때에 그 사회에 널리 퍼져 있었던 일반적인 개방적 태도와 그 속에서 지녔던 개인적 차이를 그대로 유지하려는 경향을 분명히 보여주고 있다.[8] 예를 들어, 핀란드에서, 성교상대자가 10명을 초과한 40~44세 여성의 비율이 1971년에는 1%에 불과하던 것이 1992년에는 20%로 증가하였다.

부정적인 성의식과 태도를 가지고 있을수록 성적 욕구가 떨어지는 경향이 있었고, 교육정도가 높을수록 성적 요구가 강하게 나타났지만, 교육정도에 의한 성적 욕구의 차이는 성의식과 태도를 매개로 하여 나타나는 것으로 보이며, 교육을 많이 받은 노년층일수록 성적 표현에 대한 부정적인 고정관념을 불식시키기 때문으로 보인다.[9]

(2) 노년 여성의 성

여성은 사춘기와 더불어 생리를 시작하여 그 후 난소의 기능소실과 함께 폐경을 맞게 된다. 의학적으로 폐경은 난소에서 생성되는 여성 호르몬이 감소되어 월경이 영구히 없어지는 것을 의미하며 대략 45세에서 55세 사이에 폐경을 맞게 된다. 갱년기란 이런 폐경을 전후하여 10년 정도의 기간을 말하며, 생식능력이 없어지는 시기라고 할 수 있다. 정확하게는, 난소 내에 존재하는 난포의 소진으로 인하여 일련의 육체적, 생리적, 정신적인 변화가 서서히 일어나게 되며 여성 호르몬 즉 에스트로겐의 결핍을 통해 나타나는 증상들을 갱년기 장애라고 한다.

---

8) von Sydow, K., "Female sexuality and historical time: A comparison of sexual biographies of German women born between 1895 and 1936", *Archives of Sexual Behavior*, 1996(25), pp. 473-93 ; Kontula, O. & Haavio-Mannila, E., "Sexual Behavior changes in Finnland during the last 20 years", *Nordisk Sexologi*, 1994(12), pp. 196-214.

9) DeLamater, J.D. & Sill, M., "Sexual Desire in Later Life", *The Journal of Sex Research*, 2005(42), pp. 138-149.

에스트로겐 결핍의 대표적인 초기 급성증상은 안면홍조로서 보통 폐경이후 6개월 내지 5년까지 지속되지만 심한 경우에는 15년까지 지속되기도 하며, 불면증, 피로감, 짜증, 집중력감퇴 등의 증상이 함께 나타나기도 한다.

일반적으로 에스트로겐은 뇌에 작용하여 기분을 좋게 하고 행복감을 느끼는데 관여하는 것으로 보고되고 있다. 폐경기 우울증, 인지력의 감소, 치매 등의 발생에 에스트로겐 결핍이 관여된다는 보고들이 있으나 이에 대한 것은 앞으로 보다 많은 연구가 있어야 할 부분이다. 폐경기가 찾아와도 정서적인 변화를 전혀 경험하지 않는 여성도 있으며 오히려 더 이상 임신의 걱정도 없이 성적 해방감을 느끼는 경우도 있으나, 상당수의 여성들은 쉽게 흥분하고 신경질적이 되고, 기억력 감퇴와 괜히 우울한 느낌을 가지며, 모든 일을 귀찮게 느끼며, 전신적인 피로감 등의 감정적·정신적 변화를 경험한다. 대부분의 경우 이러한 정신적인 변화는 심각한 상태는 아니지만 때로는 사회생활에서 심각한 스트레스의 원인이 되어 스스로 조절하기 어려운 정도에 이르는 경우가 종종 있어, 여성 내분비 전문의, 노인여성 전문의, 혹은 정신과 전문의의 자문을 필요로 하는 경우도 많이 있다.

폐경기에는 배란과정이 더 이상 일어나지 않게 되고, 월경의 번거로움과 임신 및 출산과 관련되는 불안과 공포가 사라지기 때문에 많은 여성에서 해방감과 함께 자유로운 성의 욕구가 높아지는 경향을 보인다. 그러나, 질이나 요도의 점막은 에스트로겐의 변화에 극히 민감하여 이들 점막의 성숙과 유지에는 에스트로겐이 필요하다. 폐경으로 에스트로겐이 없어지면, 질점막이 쇠퇴되어 혈관분포가 감소하여 엷어지고 투명해진다. 폐경 후 3~4년이 지나면, 질과 요도 부근의 상피가 얇아지고 건조해지며 탄력성을 잃게 되고, 따라서 방광의 조절능력이 떨어지므로 기침이나 재채기를 할 때 자신도 모르게 실금을 하는 경우가 생긴다. 또한 질의 정상적 분비물이 감소되고 질벽이 위축되어 질건조증과 위축성 혹은 노인성 질염이 오게 되며, 그와 더불어 질부의 타는 듯한 느낌, 가려움증, 불쾌감 등이 이 시기에 흔히 발생될 수 있는 증상으로서, 성교 시 통증이 심하거나 출혈이 오기도 한다. 이러한 증상은 성생활을 고통스럽게 만들고, 폐경기의 감정적 변화와 더불어 성생활을 기피하게 하는 주요 원인이 된다.

노인 여성의 성활동 및 성반응의 특징은 여성호르몬 분비의 감소, 생식기의 위축으로 인한 질의 수축력 및 수용력의 감퇴, 성교 시 극치감 도달의 지연 등을 들 수 있다. 극치감은 흔히, 젊은 사람에 비해, 짧고 그 강도도 약하며, 때로는 극치감 도달 자체가 어렵다. 특별한 경우에는 질경련과 자궁의 병리적 수축을 유발하여 매우 심한 통증을 유발하기도 한다. 질건조증을 호소하는 여성에게는 에스트로겐이 포함된 질정이나 페사리, 호르몬 대체요법, 혹은 윤활제의 사용을 권한다.[10] 요실금은 간헐적인 삽관도뇨 혹은 골반저부 강화운동을 통하여 효과적으로 관리할 수 있다. 내재도뇨관을 가지고 있는 여성의 경우에도 성교를 금해야 하는 것은 아니다.[11]

한편 당뇨병, 고혈압, 심장질환 등 노인성 신체질환 자체와 그에 대해 사용하는 약물이 영향을 줄 수 있으며, 상대자 선택의 용이도, 사회적 관습 및 문화적 수용도 및 개개인의 심리적 태도에 따라서 노년 여성의 성적 행동은 남성에 비해 현저한 장애를 겪을 수 있다.

(3) 노년 남성의 성

노년 남성의 감소된 테스토스테론 농도는 성반응기간 동안 필요로 하는 음경혈관의 수축력을 저하시킨다. 노년 남성은 성적 자극에 반응이 늦고, 때로 자발적 발기나 완전한 발기가 잘 안되기도 하며, 되더라도 완전한 발기에 이르는 시간이 길어지는 것이 일반적이다. 사정이 안 되거나 불완전하기도 하며, 사정을 하는 경우에는 사정의 강도와 지속 시간이 감소한다. 사정 이후에는 빠르게 이완상태로 돌아간다.

노년 남성에서 흔하게 보는 성 관련 문제는 첫째, 성적 수행을 온전하게 할 수 없을지도 모른다는 염려와 두려움,[12] 둘째 발기도달불능, 셋째 발기유지불능, 넷째 절정감 도달불능, 다섯째 성적 조우의 기회 부족, 여섯째 상대방 여성의 성교장애 등의 순이었다.[13] 발기부전의 남성에게는 sildenafil(비아그라), alprostadil(Muse/Caverjet) 같은 발기촉진제를 사용할 수 있다.[14] 내재도뇨관을 가

10) Speroff, L. & Fritz, M.A., *Clinical Gynecologic Endocrinology and Infertility*, Philadelphia, PA : U.S.A., 2005, pp.691-695.

11) Health, H., "Sexuality and continence in older women", *Elderly Care*, 2000(12), pp.32-34.

12) 불안과 두려움은 인간 심리의 가장 큰 장애 요인이다. 성적 행동 수행에는 이와 같은 심리적 요인이 크게 자리하고 있다. 뉴딜 정책으로 유명한 미국의 4선 대통령 루즈벨트는 "가장 큰 두려움은 두려움 그 자체다"라고 하여, 인간 심리 속의 두려움의 실체와 극복의 대안을 우리에게 잘 제시해 주고 있다 : 앨런 액슬로드 지음/나선숙 옮김, 「두려움은 없다: 불굴의 CEO 루즈벨트」, 서울: 한스미디어, 2004.

13) Bretschneider, J. G. & McCoy, N. L., "Sexual interest and behavior in healthy 80-to-102-year olds", *Archives of Sexual Behavior*, 1998(17), pp.109-129.

지고 있는 남성의 경우에도, 콘돔 혹은 치골상부 내재도뇨관을 사용하여 성교를 성공적으로 가질 수 있다.[15)]

남성의 성활동 및 성적 능력은 과거 일반적으로 알려져 있는 것보다 훨씬 오래 유지되고, 또한 훨씬 왕성한 것으로 알려지고 있다. 남성의 경우 노화의 진행과 함께, 성기의 피부감각의 저하, 수면 중 발기능력의 감퇴, 불응기의 연장 등이 나타나는 것은 분명하다. 그러나 여성과는 달리 남성호르몬의 농도가 80세의 경우에도 젊은 사람의 80%수준까지 유지되므로, 당뇨병, 심장질환, 고혈압, 우울증 등의 노인성 질환의 관리를 성공적으로 할 수 있다면 조건에 따라 적절하고 왕성한 성생활을 영위하는 것이 여성에 비해 용이하며, 성의학적으로 볼 때 성적 즐거움을 영위할 수 있는 노년기의 정기적인 성생활은 마음먹기에 따라 충분히 가능하다.

4) 노년의 성문제 해결 전략

우선적으로, 성관련 문제를 일으키는 의학적 원인의 존재 여부를 확인하여야 한다. 의학적 원인이 있다면 그에 대한 적절한 처치를 취한 후 다시 전반적인 문제 상황을 재평가하는 것이 필요하다.[16)]

한편 홀로 된 노인들의 경우에는, 재혼을 비롯한 다양한 이성간의 만남과 접촉을 가져올 수 있는 건전한 기회와 사회적 분위기를 만들어 주기 위하여, 그와 같은 업무를 전문적으로 수행하는 유관기관을 만들고, 전문 인력을 양성하는 것이 필요하다.[17)]

성교를 위한 육체적 적격은 특히 심장관련 큰 일을 겪은 후 문제된다. 저부하 성반응기에서의 운동량은 걸레질 혹은 다림질 정도이고, 고부하 성반응기에서의 운동량은 골프, 정원 일구기, 잠자리 준비 때와 비슷하다. 그러므로 평상시에 운동 능력을 잘 유지하려는 노력이 중요하다.

---

14) Devlin, D., "Older women and sexuality", *Geriatr Med*, 1999(June), pp.25–29; Padma-Nathan, H., et al., "Oral sildenafil in the treatment of erectile dysfunction", *N. Engl & J. Med*, 1998(338), pp.1397–1404.
15) Milligan, F., "Urethral catheterization in older man", *Elderly Care*, 2000(12), pp.35–38.
16) Kessel, B., "Sexuality in the older person(commentary)", *Age and Ageing*, 2001(30), pp.121–124.
17) 방영숙, "홀로 된 여성노인의 성의식과 성욕구에 관한 연구", 청주대학교 사회복지 · 행정대학원 석사학위논문, 2005.6, pp.71–74.

그런가 하면 심리 · 사회적인 문제가 있는 경우에는 즉시 의사와 상담하는 것이 중요하다. 개방성, 전문성, 그리고 솔직성을 갖춘 노인병전문 의사는 노인들로 하여금 있는 그대로 그들의 문제를 직면할 수 있도록 해 줄 수 있다. 이러한 과정에서 의사 및 성상담 전문가 혹은 노인시설의 개호제공자들이 노인들의 개인적인 성적(性的) 취향이나 성행동의 양상에 대해서 무비판적인 태도를 견지하는 것이 매우 중요하다.

4. 노년기 불면증

불면증이란, 잠에 대한 질적 및 양적 불만족에 대한 주관적 호소를 말하며, 성인 인구의 20~30%가 다소간의 수면장애를 가지고 있다. 공중보건의 입장에서 볼 때, 불면증은 대단히 중요한 위치를 차지한다. 불면증은 일반적으로 나이가 들어감에 따라 발생률이 증가하는데, 남성보다 여성에서 많이 나타나며, 다른 의학적 질환이 동반되어 있는 사람에게서 호발한다.[18] 성인의 경우, 하룻밤에 보통 7.5~8시간 자는데, 나이가 들어감에 따라, 수면요구는 변화가 없거나, 약간 감소하여 보통 하룻밤에 6.5~7시간 정도 자게 된다.[19] 불면증은 초기에는 통상 개인적인 차원의 불편으로 받아들여지지만, 지속되는 경우에는 심각하게 건강을 위협할 수 있으며, 사망에까지 이를 수 있는 중요한 건강상의 문제이다.

이와 같이, 불면증은 한 사람의 신체질환이나 정신질환의 유무뿐만 아니라, 심리 · 사회적 상황을 나타내 주는 지표로서의 중요성이 있기 때문에 불면증을 대할 때에는 다양한 원인 인자를 고려하는 복합적이고 통합적인 접근이 요구된다.

1) 수면의 생리와 노화에 따른 변화

수면은 신체적, 정신적 활동의 감소와 그에 동반되는 주기적, 율동적 및 정신생리적 상태변화로 표현된다. 정상 수면은 뇌파(EEG), 근전도(EMG), 및 눈전위도

18) Cartwright, R.D., "Development of a program for sleep disorders", in Sweet, J.J., Rosensky, R.H., & Tovian, S.M.(Eds.), *Handbook of clinical psychology in medical settings*, New York: Plenum, 1991, pp.455-471.

19) Drugs.com(Drug Information Online), "Insomnia In The Elderly", http://www.drugs.com/cg/insomnia-in-the-elderly.html?printable=1.

(EOG)상 특이한 5개의 단계로 구분된다. 수면의 특성을 분석하기 위하여 최근에는 심박동, 체온, 호흡 및 주위 기류 등을 추가적 변수로 측정하기도 한다.

수면은 통상 5단계로 나누어 그 특성을 설명하고 있다. 1~4단계의 수면에서는 비급속안구운동(NREM) 수면으로서 뇌 활동이 정지되고, 신체의 생리적 기능이 전반적으로 저하된다. 구체적으로 제1단계는 조는 듯한 상태로서, 잠이 드는 이행과도기라고 할 수 있고, 제2,3,4단계는 깊은 잠의 상태이다. 끝으로 제5단계는 급속안구운동(REM) 수면으로서 각성상태와 비슷한 뇌의 활동을 나타낸다.

비급속안구운동 수면과 급속안구운동 수면은 수면의 양태를 기술하는 양대 축을 이루는 것으로서, 비급속안구운동 수면의 특징을 정리하면, 첫째 수면 제1단계에서부터 제4단계 사이에서 나타나며, 둘째 뇌 활동은 정지되고, 셋째 모든 생리활동의 저하를 보이며, 넷째 제3단계 혹은 제4단계의 서파 수면에서는 25% 정도에서 꿈이 나타난다. 반면, 급속안구운동 수면에서는 뇌 활동이 촉진되는 양상을 보이며, 모든 경우에서 꿈이 나타난다.

60세를 지나면서, 정상적으로, 수면의 생리와 수면의 양태는 단속 분절화와 질적 수준의 저하를 특징으로 하는 변화를 보이는데, 세분화하면 다음과 같다.[20] 첫째, 잠의 연속 상태가 저하되어 수면 중에 수많은 짧은 각성(3~15초 정도)이 개재한다. 둘째, 제3단계와 제4단계 수면이 감소하고, 제1단계와 제2단계 수면이 증가한다. 셋째, 급속안구운동 수면의 전체량이 다소 감소한다. 넷째, 급속안구운동 수면의 지속시간이 짧아진다. 다섯째, 급속안구운동 수면이 조기에 나타난다.

나이가 늘어 감에 따라, 정상적으로 나타나는 생리기능의 변화는 여성보다 남성에서 현저하다. 즉, 남성에서 수면 중 각성이 더 잦고, 서파 수면(델타 수면 혹은 숙면)이 더 적었다.[21] 또한 서파 수면의 감소는 남성에서 더 이른 나이에 시작되는 양상을 보였다.[22] 그러나, 정작 수면 장애의 호소 및 수면제의 사용은

20) Hoch, C., Buysse, D.J., Monk, T.H., & Reynolds, C.F., "Sleep disorders and aging", in Birren, J.E., Sloane, R.B., & Cohen, G.D.(Eds.), *Handbook of mental health and aging*(2nd ed.), New York: Academic Press, 1992, pp.557-581.

21) Reynolds, C.F. Ⅲ, Kupfer, D.J., & Taska, L.S. et al., "Sleep of healthy seniors: a revisit", *Sleep*, 1985(8), pp.20-29.

22) Reynolds, C.F. Ⅲ, Kupfer, D.J., & Thase, M.E. et al., "Sleep, gender and depression: an analysis of gender effects on the electroencephalographic sleep of 302 depressed outpatients", *Biol Psychiatry*, 1990(28), pp.673-84; Reynolds, C.F. Ⅲ, Monk, & Th. Hoch, C.C. et al., "electroencephalographic sleep in the healthy 'old old' : a comparision with the 'young old' in visually scored and automated measures", *J. Gerontol*, 1991(46), pp.M39-46.

여성 노인에서 더 흔한데,[23] 이는 수면에 대한 지각 면에서의 성별 차이, 수면 장애가 기분에 미치는 영향 면에서의 성별 차이 및 수면의 질과 수면 부족에 대한 민감도에서의 성별 차이 때문인 것으로 보인다.

한편 노년기 수면의 또 다른 특징의 하나는 수면의 객관적 변수의 변화에 대한 주관적 인식에 따라 수면의 만족도가 주로 좌우된다는 점이다. 노년층의 불면증에서 흔히 보이는 증상과 징후는 다음과 같은 것들이다.[24] 첫째, 잠들기 힘들다. 둘째, 밤에 자주 깬다. 셋째, 밤에 깨어 있는 시간이 길다. 넷째, 얕은 잠에 들어 있을 때에는 마치 깨어 있는 것처럼 느낀다. 특히, 불면에 대한 주관적 인식은 잦은 각성에 아주 민감하고, 서파 수면과 급속안구운동 수면의 객관적 변화에는 덜 민감하다.[25] 잦은 수면 중 각성 때문에 많은 노인들이 얕은 잠을 잤다고 호소하는 것을 흔히 듣게 된다.

수면다원검사를 통하여 노년기 수면의 객관적 양상을 살펴보면, 주관적인 호소와는 차이가 있는 것을 볼 수 있다.[26] 즉, 실제로 취하는 총 수면시간은 젊은 성인에 비해 줄지 않으며, 수면잠복기도 알려진 것만큼 길어지지 않았다. 그러나 수면 중 각성의 횟수와 지속시간의 증가는 일관되게 나타났다. 이는 야간수면의 후반부에 현저하였으며 또한, 특별한 자극이 있어서 깨어나는 것은 아니었으며, 일단 잠이 깨고 나면 다시 잠들 때까지 걸리는 시간이 젊은 성인에 비해 4배 정도로 길었다. 수면 중 각성이 증가되는 것은 델타 수면의 감소, 일중 리듬(circardian rhythm)[27]의 전진과 진폭의 감소, 수면 요구도의 감소 및 청각 각성 역치의 감소 등에 따른 것으로 이해되고 있다. 또 고령자에게서 볼 수 있는 수면 장애는 수면을 유발, 유지하고 관리하는 뇌의 시상하부 전측에 위치하는 시신경교차상핵의 노화 위축으로 인해 발생하는 생체체계의 리듬 장애에 기인

23) Mellinger, G.D., Balter, M.B., & Uhlenhuth, E.H., "Insomnia and its treatment: prevalence and correlates", *Arch Gen Psychiatry*, 1985(42), pp.225-32.

24) Nordhus, B.H. & Nordhus, I.H., "Management of insomnia in older adults", *The British Journal of Psychaitry*, 2007(190), pp.285-6. cited from Arthur A., "Symptoms of Insomnia in Older Adults", About.com, http://insomnia.about.com/od/insomniaelderly/a/Symp_Elderly.htm?p=1.

25) Bonnet M.H. & Johnson, L.C. "Relationship of arousal threshold to sleep stage disturbance and subjective estimates of depth and quality of sleep", *Sleep*, 1978(1), pp.161-168.

26) 노인정신의학회, "수면장애"「노인정신의학」(제2판), 서울: 중앙문화사, 2004, pp.267-278.

27) 성인은 하루 한 번 혹은 때로는 두 번의 수면을 취한다. 외부의 명암 주기, 일상 활동, 식사 시간과 같은 시간 신호로 인하여 신체는 24시간의 주기에 동조화(synchronization)하게 된다. 노화에 따라 24시간에 걸친 수면-각성 리듬의 재분포가 일어난다. 노인에서의 조기 각성은 체온 일중 리듬의 위상 전진으로, 야간의 잦은 각성은 리듬 진폭의 감소에 의한 것이라고 한다: 위의 책, p.268.

하는 것으로 추정하는데, 실제로, 노년층에서는 젊은 성인에 비해 중심체온 일중리듬이 약 90분 정도 위상이 전진되어 있었고, 진폭에서도 30% 정도 감소되어 있었다.[28)]

2) 노년기 수면장애 유발 인자

노화에 수반하여 수면양상이 변화한다. 우리나라의 노인을 대상으로 한 조사연구에서는 수면장애의 유병률을 57.7%로 보고하였다.[29)] 노년기에 흔한 대표적인 수면장애로는 수면에 관련된 호흡장애, 하지불편증후군, 주기적 사지운동증, 치매에 의한 이차적 수면장애 및 급속안구운동 수면 행동장애 등이 있다.[30)]

불면증의 원인은 다양하며, 흔히 다인적 · 복합적으로 작용하여 불면증을 발현시킨다.[31)] 노년기의 수면에 영향을 미칠 수 있는 인자로는 치매를 비롯한 다양한 노년기 질병으로 인한 기질적 요인, 정신생리학적 요인, 사회 · 심리적 환경요인, 신경생물학적 변화에 따른 인지 기능의 저하, 갱년기 장애, 성기능 감퇴, 투여 약물 등 대단히 많다. 또 신체적 및 정신적 장애에 이차적으로 동반된 불안장애나 우울증 같은 정동장애가 원인이 되기도 하며,[32)] 심부전증, 관절염, 위산 역류, 및 질병에 동반되는 만성 통증이 불면증의 원인이 되기도 한다.

노년기에는 자율신경의 활동이 증가하고, 외부의 각성조건에 민감하기 때문에 수면이상이 오기도 한다. 폐경 여성은 흔히 안면 홍조, 야간 발한과 함께 불면증을 호소하는데, 수면과 관련해서는 수면 잠복기의 증가, 급속안구운동 수면의 감소, 전체 수면시간의 감소가 관찰된다.

노년기의 불면증은 흔히 인생의 힘든 시기에 가정에서의 갈등과 연계되어 시작되는 경우가 많다. 배우자와의 이혼 혹은 사별, 직장에서의 은퇴와 그로 인한 사회생활에서의 소외 및 일상생활 양태의 변화, 노인시설에의 입소, 가족으로부

28) Czeisler, C.A., Weizman, E.D., Moore-Ede, M.C., Zimmerman, K.C., & Knaner, R.S., "Human sleep : Its duration and organization depend on its circardian phase", *Science*, 1980(210), p.1264.

29) 양창국 · 유승윤 · 주영희 · 한홍무, "부산광역시 일지역 65~84세 노인인구에서의 수면습관 및 수면장애에 대한 조사", 「수면-정신생리」, 1997(4):1, pp.66-76.

30) 노인정신의학회, "수면장애", 「노인정신의학」(제2판), 서울: 중앙문화사, 2004, pp.271-2.

31) Buysse, D.J. & Reynolds, C.F., "Insomnia", in Thorpy, M.J.(Ed.), *Handbook of sleep disorders*, New York: Dekker, 1990, pp.373–431.

32) Benca, R.M., Obermeyer, W.H., Thisted, R.A., & Gillin, C., "Sleep and psychiatric disorders", *Archives of General Psychiatry*, 1992(49), pp.651–70.

터의 멀어짐 등으로 인한 정서적 외로움과 경제적 어려움 등, 이러한 사회·심리적 환경요인이 중요한 유발인자가 되기도 한다.

그런가 하면 질병이나 운동기능의 장애로 인해 집안에서 오래 누워 지내거나, 햇볕을 쪼이지 못하는 경우에도 수면장애가 생기며, 질병 치료나 관리를 위해 투여하는 약물에 의하여 수면에 장애가 생기기도 한다. 경우에 따라서는 불규칙한 수면 습관, 야간 호흡기능장애, 지나친 낮잠, 그리고 카페인, 니코틴, 알코올 등의 약물남용이 야간에 수면의 방해요인이 되기도 한다. 교정이 가능한 노년층의 수면장애의 원인으로는 첫째, 불안과 우울증, 둘째 약물 남용에 의한 경우, 셋째 비(非)활동, 넷째 사회적 상호작용의 결여, 다섯째 햇볕 노출의 결여, 여섯째 오래 누워 지내는 경우, 일곱째 지나친 낮잠 등을 대표적으로 들 수 있다.[33] 일반적으로, 불면증은 다른 정신장애와 동반되어 나타나는 경향을 보인다.[34] 그 한 예로 65세가 넘은 노인들에서는 우울증의 정도와 불면증의 정도는 강한 임상적 상관관계를 보이고 있다.[35]

한편, 치매(알츠하이머 질환)에 걸린 노인의 경우에도 높은 불면증의 이환율을 보여 주고 있다. 특징적 소견으로는 야간에 수면 중 각성의 시간이 길고 횟수가 잦으며, 급속안구운동 수면의 감소를 보이며, 제1단계 수면의 증가, 서파수면의 감소, 수면효율의 저하를 보인다. 치매 노인에서 수면곤란이 흔하게 나타나는 것은 뇌파의 변화, 정신과적 장애, 주기성 사지운동, 급속안구운동 수면장애, 야간 간질, 혹은 수면 무호흡증 같은 수면장애가 치매에서 많이 병발하기 때문이다. 수면-각성 주기의 파괴, 야간 배회, 불면증 및 야간 혼미의 증상을 보이는 일몰 증후군이 흔히 나타나는데, 이는 모든 원인의 치매에서 자주 나타나는 일시적인 야간의 섬망으로서, 증상이 야간에는 악화되고 주간에 호전되는 특징을 가지고 있다.[36]

---

33) 노인정신의학회, "수면장애", 「노인정신의학」(제2판), 서울: 중앙문화사, 2004, p.269.

34) Billard, M., Partinen, M, Roth, T., & Shapiro, C., "Sleep and psychiatric disorders", *Journal of Psychosomatic Research*, 1994(38), pp. 1-2.

35) Brabbins, C., Dewey, ME, Copeland, J.R., & Davidson, I.A., "Insomnia in the elderly: Prevalence, gender differences and relationships with morbidity and mortality", *International Journal of Geriatric Psychiatry*, 1993(8), pp.473-80.

36) 노인정신의학회, "수면장애", 「노인정신의학」(제2판), 서울: 중앙문화사, 2004, p.273.

3) 수면장애의 분류

현재 주로 이용되는 불면증에 대한 진단분류체계로는 'ICD-10 정신 및 행동장애의 분류(ICD-10: 세계보건기구, 1992)', '정신장애의 진단과 통계 편람(DSM-Ⅳ: 미국정신과학회, 1994)' 및 '수면장애의 국제 분류(ICSD: 미국수면장애학회, 1990)의 세 가지를 들 수 있다.

ICD-10에서는 불면증, 과면증, 수면-각성 일정표(sleep-wake schedule) 장애, 몽유병, 야경증, 악몽 등을 별개의 수면장애로 분류하고 있다. DSM-Ⅳ에서는 첫째, 불면증, 과면증, 기면병, 호흡과 관련된 수면장애, 일일 주기 리듬 수면장애 등이 속하는 수면이상과 악몽, 야경증, 몽유병 등이 포함되는 수면수반증을 일차성(원발성) 수면장애로 분류하고, 둘째 다른 정신장애와 관련된 수면장애, 셋째, 일반적인 의학적 상태(신체질환) 또는 물질 유발성 수면장애를 포함하는 기타 수면장애로 분류하고 있다. 그런가 하면 ICSD에는 85가지 수면장애를 포함하고 있으며, 가능한 범위에서 원인적 접근을 하려고 하였다. ICSD에서는 첫째, 잠을 못 자거나, 낮에 지나치게 자는 수면이상, 둘째 수면 중 특이한 신체 및 정신적 사건이 발생하는 수면수반증, 셋째 내과적 및 정신과적 질환과 동반된 수면장애, 넷째 아직은 진단기준이 미비한 제안적 수면장애로 분류하고 있다. 이상수면의 범주에는 내인성 장애, 외인성 장애, 일일 주기 리듬 장애가 포함된다. 우리나라에서는 노년층의 수면장애와 관련하여 ICSD를 유용하게 이용하고 있다.

4) 수면장애의 진단

불면증에 관한 주된 호소(주소)는 나이에 상관없이 다양한 형태로 나타난다. 잠들기 어렵다는 사람, 밤에 자주 깬다는 사람, 수면시간이 짧다는 사람, 자고 나도 원기회복이 안 된다는 사람, 잠들기도 어렵고 자주 깬다는 사람 등 환자의 호소는 그야말로 사람 수만큼이나 다양하게 나타난다.

면담을 통해 수면장애의 증상, 심한 정도 및 경과에 대해 자세히 듣고, 환자가 처해 있는 신체적, 정신적, 의학적, 사회·심리적, 혹은 환경적 요인 등에 대해 조사하고, 수면장애와 관련하여 종합적·통합적인 평가를 시행하여야 한다. 환자 본인들은 수면 중에 자신들에게 일어나는 증상이나 징후를 잘 모르기 때문에 동침자의 면담이 꼭 필요하다. 노인 환자의 수면장애는 종종 간과되거나, 과

소평가되는 경향이 있는데, 동일한 혹은 유사한 증상의 수면장애일지라도 각기 다른 원인을 가질 수 있으므로 세밀한 병력청취와 검사가 필요하다.

불면증에는 정신장애가 동반되어 있는 경우가 많으므로, 불면증 환자에 대한 심인적인 평가는 매우 중요하다. 불면증이 심각한 정신장애의 한 증상으로서 나타나는 것이라면, 일차적 목표는 배후에 존재하는 정신장애의 치료가 되어야 하기 때문이다.

(1) 수면력 조사

먼저, 주소와 수면장애 관련 증상을 조사한다. 수면잠복기, 수면 중 각성의 횟수와 지속시간, 일주일 동안 잠을 못 잔 횟수, 총 수면시간 등에 대한 종합적 정보를 통하여 수면에 대한 통합적인 평가를 시행하여야 한다.

다음으로 소아, 청소년기 및 성인기의 수면양상의 변화와 함께, 현재 환자의 전형적인 수면-각성 시간과 규칙성을 조사한다. 낮잠의 시간과 횟수, 주중과 주말의 수면시간의 차이를 알아본다. 이전에 불면증으로 치료받은 병력이 있는 경우에는, 약물 및 비약물치료를 포함하는 이전 치료의 효과 및 환자의 순응도에 대한 평가도 필요하다.

빛, 소음, 수면 시 방안 온도와 습도, 및 잠자리의 편안한 정도 등 물리적 환경요인에 대해서도 알아보아야 하고, 기호식품, 흡연, 음주 및 운동 습관에 대해서도 알아보며, 약물의 사용에 관해서도 상세히 알아보아야 한다. 처방 약물은 물론 의사의 처방이 없이 약국에서 임의로 사서 복용하는 약물이 있는지도 알아보고, 그 약물의 용량, 복용 시간과 횟수, 사용 기간, 약물의 효과 및 부작용 여부 등에 대해서도 조사한다.

또한, 충분한 수면을 취한 경우와 그렇지 못했을 경우의 수행능력과 기분상태의 차이를 알아보고, 장기간의 불면으로 인하여 생활이 어떤 영향을 받고 있는지에 대한 환자의 주관적 인식과 불면증의 원인과 의미에 대한 환자의 견해를 알아보는 것이 이후의 행동심리요법 치료에 유용하다.[37]

37) 노인정신의학회, "수면장애", 「노인정신의학」(제2판), 서울: 중앙문화사, 2004, pp.269-270.

(2) 수면일지

수면일지는 1~2주간 작성하는 것이 보통이다. 잠자리에 드는 시각, 잠드는 데 걸리는 시간, 수면 중 각성 횟수, 실재 수면 시간, 아침에 잠에서 깬 시각과 잠자리에서 일어난 시각, 아침에 깰 때의 기분, 약물 복용 여부 및 낮잠의 시간과 횟수 등이 포함된다. 수면일지상의 정보와 환자가 주관적으로 인식하고 있는 생각 사이의 차이가 현저한 경우도 많이 있다. 만성 불면증 환자의 수면은 매일 매일 그 변화폭이 크므로, 수면일지가 단기간의 검사인 수면다원검사보다 만성 불면증 환자의 평소 수면상태를 더 잘 보여 줄 수 있다.[38]

(3) 수면다원검사

다양한 수면장애를 진단하고, 그 정도를 알아보는데 필수적인 검사로서, 수면 중의 뇌파, 눈의 움직임, 근전도, 호흡운동, 심전도, 혈중 산소포화도, 다리의 움직임 등과 같은 수면생리에 대한 많은 정보를 제공해 준다.

수면다원검사의 목적은 첫째, 수면과 관련된 호흡장애, 근경축, 혹은 간질의 감별진단, 둘째 실제의 수면량과 수면구조의 측정, 셋째 비전형적인 수면뇌파의 확인, 넷째 환자의 주관적 호소 및 진술에 대한 객관적 비교와 평가, 다섯째 첫날밤 효과(first night effect)의 확인, 여섯째 수면 중 환자의 행동 관찰 등이다. 노인 환자의 경우에는, 수면다원검사의 판독과 그 결과를 치료에 적용하는 데에 세심한 주의를 요한다.[39]

5) 수면장애의 관리

(1) 약물요법

노년층의 불면증은 다른 다양한 문제로부터 시작되는 경우가 많기 때문에, 노년기에 찾아오는 대사 증후군을 비롯한 의학적 질환, 신체적, 정신적 및 환경적 원인 인자를 우선적으로 치료해야 한다. 현실적으로 노인 불면증에 대해서 약물요법이 가장 흔하게 시행되고 있으나, 약물요법은 다른 대안들이 고려된 이후에 마지막으로 사용되는 것이 바람직하다.[40] 특히, 만성 불면증에서 수면제를 지

38) 노인정신의학회, “수면장애”, 「노인정신의학」(제2판), 서울: 중앙문화사, 2004, pp.270-271.
39) 노인정신의학회, “수면장애”, 「노인정신의학」(제2판), 서울: 중앙문화사, 2004, p.271.
40) Shapiro, C.M. (Ed.), *ABC of sleep disorders*, London: British Medical Journal Publishing Group, 1993.

속적으로 사용하는 경우에는, 급속안구운동 수면의 박탈, 그에 뒤 따르는 반동적 급속안구운동 수면의 출현, 악몽과 단속적 수면 등의 부작용이 나타날 수 있다.[41]

수면제의 사용은 다음과 같은 경우로 제한하는 것이 바람직하다.[42] 첫째, 일과성 불면증, 둘째 분명한 정신생리적 불면증, 셋째 불면증을 주 증상으로 하는 불안장애, 넷째 하지불편증후군(restless legs syndrome, RLS),[43] 다섯째 통증으로 인한 불면증, 여섯째 다른 치료 방안에 효과가 없는 경우 등이다. 수면제의 선택은 불면증의 원인과 수면제의 약리학적 특성을 고려하여 이루어져야 하고, 3~4주 이상 사용하는 경우에는 약물의존성이 생길 수 있으므로 가능한 한 단기간, 소량 사용하는 것을 원칙으로 한다.

(2) 행동 · 심리요법

노인 불면증 환자에게 Benzodiazepine를 비롯한 수면제를 사용하는 경우의 부작용이 점차 알려짐에 따라, 행동요법과 심리요법에 대한 관심이 늘어나게 되었다. 불면증은 흔하게 심리학적 치료에 효과적으로 순응하는 정신장애와 동반되기 때문에 이러한 경향은 임상에서도 더욱 주목을 받고 있다. 행동 · 심리요법에는 다양한 기법들이 있지만, 개략적으로 첫째, 행동요법, 둘째 이완요법, 셋째 정식의 정신요법의 세 가지 큰 범주로 나누어 설명할 수 있다.

① 행동요법

환자에 대한 교육에 중점을 두는 이 기법의 주된 목표는 실제로는 잠을 자지 않으면서 잠자리에 누워 있는 시간을 줄이도록 하는 것이다. 즉, 달리 말하면, 수면의 효과를 높이려는 것으로서, 환자들이 자극 관리(stimulus control)와 수면

41) Grad R. M., "Benzodiazepines for insomnia in community-dwelling elderly: A review of benefit and risk", *Journal of Family Practice*, 1995(41), pp.473-481.

42) Kayed, K., "Insomni og hypnotica[Insomnia and hypnotics]," *Journal of Norwegian Medical Association*, 1995(115), pp.1087-1090.

43) 하지불편증후군의 ICSD 진단기준(780-52-5)-최소진단기준은 A와 B와 C: A. 야간에 다리의 불쾌한 감각의 호소나 잠들기 힘든 불면증의 호소. B. 장딴지 안쪽의 벌레가 기어가는 듯한 불쾌한 감각이 흔히 전신이 쑤시거나 다리의 통증과 동반된다. C. 수면다원검사에서 수면시작시 사지의 움직임이 보인다. D. 움직임의 원인이 되는 내과적 혹은 정신과적 장애가 없어야 한다. E. 다른 수면장애가 존재할 수 있다. 그러나, 증상의 원인이 되어서는 안된다. 노인정신의학회, "수면장애", 「노인정신의학」(제2판), 서울: 중앙문화사, 2004, p.277.

위생증진법(good sleep hygiene)을 배우도록 해 주는 것이다.[44] 자극관리의 핵심은 잠자리를 수면을 위한 신호로서 강화하고, 수면을 저해할 수 있는 행동의 신호로서는 약화시키는 것이다. 이를 위해 권고되는 자기훈련지침은 다음과 같다. 첫째, 졸릴 때에만 잠자리에 들 것. 둘째, 수면 이외의 용도로 잠자리를 사용하지 말 것. 예를 들면, 독서, 식사 혹은 텔레비전 시청 등. 셋째, 잠자리에 들어서도 잠이 오지 않을 때에는, 일어나서 다른 방으로 가서 졸릴 때까지 다시 오지 말 것. 넷째, 야간에 몇 시간을 잤든, 아침에는 같은 시간에 일어날 것.

수면위생증진법은 환자의 생활과 병력을 근거로 하여 마련되는 몇 가지의 행동지침으로 구성되는 중재를 말한다. 이와 같은 직접적 행동지침에는 첫째, 낮 동안에 육체적 및 정신적 활동의 증진, 둘째 잠자리의 적정 온도 유지, 셋째 편안한 잠자리의 마련, 넷째 지나친 조명과 소음의 회피, 다섯째 자기 전에 커피 혹은 소화가 잘 안 되는 음식의 회피 등이 포함된다.[45]

그 외에도, 잠자리시간 제한법이 있는데, 이 기법은 환자가 이전 주에 실제로 잔 시간 이상의 시간 동안을 잠자리에 있지 못하도록 하는 것이다. 이렇게 조절된 수면박탈로 인하여 수면개시를 촉진하게 된다.

② 이완요법

이 범주에 속하는 적절한 기법에는 점진적 근육이완법, 보다 단순한 형태의 자율훈련법, 다양한 형태의 자가 최면법 등이 포함된다. 실행의 구체적 방법론에서는 차이가 있지만, 이들 기법들의 공통적인 점은 적절히 사용하는 경우, 종국에는 근육이완과 수면개시를 촉진한다는 것이다.

③ 정신요법

정식의 정신요법은 비교적 시간이 오래 걸리는 치료이므로, 불면증을 주 증상으로 하는 환자에게는 잘 권고되지 않는다. 그러나 경우에 따라서는 좀 더 적극적이고, 좀 더 단순한 형태의 정신요법인 인지정신요법이나 정신역동정신요법 등이 권고될 수 있다. 특히, 불안이나 우울 증세가 심하게 동반되어 있는 불면증

44) Engle-Friedman, M. & Bootzin, R.R., "Insomnia as a problem for the elderly", in Wisocki, P.A.(Ed.), *Handbook of clinical behavior therapy with the elderly client*, New York : Plenum, 1991, pp.273-298.

45) Morin, C.M., Culbert, J.P., & Schwartz, S.M., "Nonpharmacological interventions for insomnia: A meta-analysis of treatment efficacy", *American Journal of Psychiatry*, 1994(151), pp.1172-1180.

환자에게 도움이 될 수 있다.[46)]

5. 노인진료에서 노인상담으로의 전개

1) 사례 소개

강○○ 씨는 68세의 여성으로서 P(산과력) : 5-0-0-4(3:1)[47)]으로 남편과 둘째 아들은 사망하였고, 영세민 1종 대상으로 큰아들과 함께 어렵게 생활하고 있는 사람이다.

강○○ 씨는 2005년 2월경부터 시작된 빈뇨증 및 배뇨곤란증을 주호소로 지역 보건소를 방문하여 소변검사를 시행한 결과 혈뇨 소견을 보여 J대학교 병원 내과에 진료 의뢰되어 1주일간 약물치료를 받았으나, 증상의 호전이 없어 대학병원의 비뇨기과로 협진 의뢰되었다. 비뇨기과에서는 환자의 협조 부족으로 특별한 검사를 시행하지 못한 채로 질출혈의 가능성을 배제하기 위하여 다시 산부인과로 협진 의뢰하였고, 2005년 4월 12일 산부인과 외래에서 시행한 자궁경부세포진 검사에서 침윤성 자궁경부암세포가 발견되었다. 강○○ 씨는 2005년 5월 3일 자궁경부암 1기의 진단 하에 자궁경부암 근치수술을 받기 위해 J대학교 병원 산부인과에 입원하였다. 2005년 5월 4일 시행한 근치적 자궁절제술이 성공적으로 이루어져, 강씨는 2005년 5월 16일 특별한 합병증 없이 퇴원하였고, 2009년 현재까지 재발없이 일상생활을 유지하고 있다. 또, 수술준비과정에서 혈당이 높은 것이 발견되어, 이후 내과에서 경구혈당조절제를 사용하여 혈당 조절을 하고 있다. 강○○ 씨는 자궁경부암수술 후 상태, 골다공증, 초기 당뇨병으로 내과와 산부인과를 정기적으로 방문하며 진료를 받아 왔으며, 그 결과 건강 상태는 비교적 안정적으로 유지되고 있었다.

2005년 8월 6일 새벽에는 알콜 중독자인 큰 아들이 만취상태에서 행패를

46) Nielsen, G., "Brief integrative dynamic psychotherapy for insomnia: Systematic evaluation of two cases", *Psychotherapy and Psychosomatics*, 1990(54), pp.187-192.

47) 산과학의 영역에서는 여성의 산과력을 보통 한일자 줄로 연결된 4자리의 수자로 표시한다. 첫번째 숫자는 만삭 출산의 횟수, 두번째 숫자는 조산의 횟수, 세번째 숫자는 유산의 횟수, 네번째 숫자는 현재 생존 자녀의 수인데 괄호 안 앞의 수는 남자, 뒤의 수는 여자를 나타낸다.

부리며 머리로 강○○ 씨의 가슴을 들이받아 흉골 골절로 응급실로 실려 오기도 하였을 정도로 큰 아들의 알콜 중독과 행패로 상시 상심을 많이 해 오고 있었다.

2) 노인 상담의 진행과정(4회기)

1) 2009년 5월경부터는 우울한 기분이 계속되어 보건소를 통해 2009년 7월에는 J대학교 병원 정신과로 의뢰되었고, 당시 강○○ 씨는 "가끔씩 깜빡할 때가 있다. 기분상태는 울적할 때가 많고, 같이 사는 아들이 속상하게 한다. 기분이 전반적으로 가라앉는 것 같다. 전반적으로 의욕이 떨어진다. 사는 것이 많이 힘든 것 같다."라고 호소하였다. 정신과 외래에서 시행한 GDS(Geriatric Depression Scale, 노인우울척도) 검사와 MMSE-KC(간이 정신상태평가)를 시행하였고, 종합 진찰소견으로 주요 우울증과 인지기능의 저하소견을 보였다. 인지기능의 저하는 우울증의 영향 때문일 수도 있으므로 우울증에 대한 약물치료 후에 인지기능을 재평가하기로 하였다. 그러나 강○○ 씨는 그 때 당시 아들의 알콜 중독과 행패로 인하여 집에서 나와 지역 여성보호단체인 가족사랑쉼터에서 아들과 떨어져 생활하고 있었고, 약물 복용을 거부하였다.
2) 2009년 7월 J대학교 병원 산부인과에서 골다공증치료제, 내과에서 경구혈당강하제를 처방받으러 왔고, 그 때, 이전에 산부인과에서 자궁경부암 근치수술을 시행해주었던 노인여성학 전문의사와의 상담을 계획하였다.
3) 제1회기 상담은 2009년 8월 17일 노인여성학 전문의사가 가족사랑쉼터를 방문하여 이루어졌으며, 강○○ 씨와는 이미 2005년부터 충분한 rapport가 형성되어 있었으므로 의례적인 탐색적 접근은 생략하고 바로 이해와 수용을 위한 지지적 본안 상담으로 진행하였다. 제2회기 상담은 2009년 9월 21일 가족사랑쉼터에서, 제 3회기 상담은 2009년 11월 23일 J대학교 병원 정신과 외래에서, 그리고 제 4회기 상담은 2009년 12월 20일 P양로원에서 진행하였다.

제 1회기 상담

장소 : 가족사랑쉼터

시간 : 2009. 8. 17(월) AM 10:30-11:30

- 강○○ 환자가 사투리를 많이 쓰고, 말이 대단히 빠르고, 쉬 끊이질 않았으며, 또한 녹음 상태가 좋지 않아 완전하게 대화내용을 축어록화 하지 못하였으며, 주요 내용을 정리함(……부분은 말씀은 계속 하셨으나, 소리가 잘 안 들리고 불확실한 부분임).
- 본 환자(강○○/여/74세)는 영세민 1종 보호대상자로 2005년 5월 4일 자궁경부암 제1기로 근치적 수술요법을 받고 양호하게 추적 관찰하고 있던 분으로, 현재는 부인과 노년여성클리닉 외래에서 노년관리 진료와 내분비내과에서 당뇨관리 진료를 받고 있으며, 가족 내 문제(큰 아들의 음주벽과 폭행)로 가족사랑쉼터에 임시 주거하고 있는 상태임.

상1 : 그 동안 문제가 좀 있으셨지요? 지난번에 외래에 오셨을 때도 아드님이 문제를 일으켰다고 하셨는데.

내1 : 큰 아들이 술 먹고 들어 와서……, 일도 안하고……

상2 : (네)

내2 : 12시 넘어서 술 먹고 들어와서, 다 필요 없다고, 치워 버리라고 소리지르고…… 아휴 제가 말도 못해요. 아이들도 있는데 아버지는 필요 없다고 그러고, 처갓집에서도 보지를 않아요. 술 먹고 그렇게 해 대서 몇 번을 여성센터에서 와서 나를 보호해 주었어요. 이전에도 집에 못 들어가서 옛날 ○○대학병원 대기 의자에서 밤을 새우기도 하고 (아이구)……새 병원은 멀리 이사 가서 쉽게 갈 수도 없고……, 이번에도 ○○건물 앞의 노인보호센터의 아가씨가 나를 여기에 데려 왔고, 절대 집에 들어가지 말라고 해서……

상3 : (네) 아드님은 언제부터 술 먹고 그렇게 하게 되었나요?

내3 : 15, 6년 전에 제주도에 들어오면서…… 술 먹으면 다 필요 없다고 행패부리고, 경찰서도 서너 번 들락날락하고…… 그러다가 어머니 앞에 다시는 그렇게 안 하겠다고 하기도 하다가…… 그 때 뿐이에요.

상4 : (네) 그런데, 어머니 보시기에는 아드님이 왜 그러시는 거 같나요?

내4 : 뭐, 자기 꼴이 그렇게 됐으니까 그러는 거겠지만, 그래서 제가 "너 지금 제가 영세민 보조금 받아서 집세 내고 겨우 먹고 살고 그러는데 너 좀 고쳐서 살아야지 계속 한푼 두푼 갖다가 술 먹고 또 더 먹고 그러면 되냐? 그래야 밥이라도 먹고 살지!" 그러지요.

상5 : 용돈 주면 그냥 술 먹고 또 집에 와서 행패부리고

내5 : 행패부리지는 않고 돈만 내놓으라고……

상6 : 물건도 부수고 막

내6 : 그런 건 안 하고, 그건 그전에 한 3년 전에 1년 정도 그랬었고요……

상7 : 경찰서도 여러 번 갔다 오고?!

내7 : 네

상8 : 바깥어른은 언제 돌아가셨나요?

내8 : 마흔일곱에 돌아갔으니까, 나는 마흔둘에. 그 양반은 군인 제대하고 막일을 했었는데, 지금 세상 같으면 보상이라도 받을텐데, 사다리 놓고 벽에 칠 작업을 하다가 사다리가 미끄러지면서 떨어져서 다쳤는데 병원에도 못가 보고 집으로 와서 있다가 이틀 만에 자다가 돌아가 버렸습니다.

상9 : 너무 황망하셨겠어요! 애기들은 어렸겠네요, 돌아가셨을 때?

내9 : 다 어렸었지요! 다 어려가지고.

상10 : 몇 살 정도?

내10 : 이제 큰 것이, 이제 정신이 없어져서 기억이, 큰 것은 스물일곱, 그 다음이 열아홉, 열일곱, 막둥이 여섯 살, 그 위가 아홉 살 먹고, 아들 네 개에 딸 한 개.

상11 : 이번에 술 먹고 행패부리는 아들이 몇째?

내11 : 게 큰아들

상12 : 나머지 형제들은 지금 뭐하고 있나요?

내12 : 나머지 형제는, 저거 밑에 아이가 부산에 있었을 때 여자가 도망가버렸어요. 그 둘째 아들이 지 자식을 사산하고 나서 충격을 받아 술 먹고 밤낮으로 술 먹고 그러다가, 일본에 아버지 다른 내 동생이 있는데 거기에 몇 번이나 들락날락하고 그랬는데 술 먹고 죽어버렸어. 딸은 열일곱에

학교공부를 못했지요. 그러다가 미장원에서 일을 배우게 되었어요.

상 13 : 미용기술을 배웠군요.

내 13 : 네, 그런데 미용실에 다니다가 어떻게 남자를 만나 가지고…….

상 14 : 남자를 만나서 결혼을 했군요.

내 14 : 그렇게 남자를 만나 가지고 집에 영 안 들어오는 거에요. 미용실에 가서 물어보고 여기저기 찾아보았는데 그 남자랑 같이 지내고 있는 거에요. 그래서 또 여기저기 물어보았는데 이제 나이도 되었는데 결혼시키면 되지 않겠느냐고 그래요.

상 15 : 남자는 몇 살이에요?

내 15 : 남자 나이는 스물 몇 되었어요.

상 16 : 인연이 있었나 보군요.

내 16 : 네, 네. 그래 집에 한번 데려오라고 했어요. 딸이 좋아하는 남자니까 사위삼으려고 마음먹고, 반찬도 없지만 시장 가서 김치도 사고 그러고 와 보니까 그 길로 그냥 가버렸어요.

상 17 : 딸하고 함께?

내 17 : 그냥 가 버렸어요. 점심이라도 한 끼 먹이려고 했는데……, 그래서 자기들끼리 잘 살게 내버려두자 그랬어요.

상 18 : 지금은 어디 사는지 모르시구요?

내 18 : 지금은 ○○에 삽니다.

상 19 : 잘 살고요?

내 19 : 딸은 지금 잘 살고 있어요! 애들도 있고 가정도 잘 꾸리고 살고 있습니다.

상 20 : 오빠들 하고는 잘 지내나요?

내 20 : 안 좋아요!

상 21 : 의논도 잘 안하고, 안 보고?!

내 21 : 큰 오라비가 그러고 있으니까……

상 22 : 지금은 큰아들, 작은 아들, 딸이 계시는 거죠?

내 22 : 작은 아들은 죽고……, 막내아들은 ○○국민학교 졸업하고 고등학교에서 축구선수 했어요. ○○대학에서 축구선수로 뽑아 주겠다고 그랬는데 대학은 안 가고, 자기가 컴퓨터 기술 배워 가지고 나와서 회사 다니다가, 한 삼년 회사 다니다가 회사가 부도가 나가지고 돈도 못 받고……. 거기

다니다가 여자를 만나서 살고 있어요.

상 23 : 지금은 뭘 하고 있나요?

내 23 : 컴퓨터 기술일 하다가 잘 안되고 그래서 요즘은 노가다 일도 하고 그래요.

상 24 : 일은 그래도 가정은 잘 꾸리고 계신 거지요?

내 24 : 네.

상 25 : 셋째, 넷째는 어떻게 지내고 계시나요? 아들이 넷이었고, 딸이 하나였잖아요? 셋째 아들, 넷째 아들은 지금 어떻게 지내나요?

내 25 : 셋째 아들은 왔다 갔다 몇 년 고생하다가 제주 온 지 몇 년 되었어요.

상 26 : 결혼은?

내 26 : 결혼 못 했지요.

상 27 : 결혼 못 했고, 직장도 제대로 못 갖고 있고. 넷째 아들은?

내 27 : 넷째는 딸이고.

상 28 : 아, 위로 아들이 셋, 그 다음이 딸이고, 막둥이가 아들이군요! 그럼, 그 막둥이 아들은 지금 뭐 하고 있어요?

내 28 : 컴퓨터 기술 배워 가지고 일하고 그러고 있어요.

상 29 : 아, 아까 그 아들! 딸 바로 위의 오빠는?

내 29 : 딸 바로 위의 오빠는 지금 ○○에 살고 있어요!

상 30 : 둘째는 육지에 가 있어요?

내 30 : 둘째는 죽었어요!

상 31 : 아, 둘째가 죽었군요.

내 31 : 마누라 도망가 버리고……, 병원에서 애기를 수술하라고 그랬는데 애기가 죽어 버렸어요, 그래서 충격받아 가지고…….

상 32 : 둘째는 불행하게 일찍 갔고, 나머지 자식들은 제주에 다 같이 있기는 있네요? 그런데, 다 자기 살기 바쁘고! 막둥이는 아직 어리잖아요?

내 32 : 네, 막둥이, 이제 낳은 날도 다 잊어버리고, 나이도 잊어버리고…….

상 33 : 같이 자주 보지를 못하시네요!

내 33 : 네

상 34 : 같이 있어야 좀 챙겨 주기도 하고 그럴텐데요!

내 34 : 큰아들하고만 같이 있었지요.

상 35 : 다른 나머지 아이들은 자기들이 알아서 살고 있군요!

내36 : 그냥그냥 그렇게 살고 있지요.

상37 : 결혼은 어떻게 하게 되셨어요? 강○순 씨 결혼하실 때?

내37 : 옛날 방적회사 옆에 군인부대가 있었는데, 부대에 있는 군인이 나를 본 모양이에요.

상38 : 군인이었다 그러셨죠!

내38 : 네, 네, 군인이었어요.

상39 : 네, 네

상39 : 우리 집이 바로 그 옆에 있었댔어요. 처음에는 아버지, 어머니 다 반대했어요. 아버지는 딸이 나 하나뿐이니까, 절대 안 보낸다고……, 우리 이모가 둘이 좋아하니까 그냥 결혼시키라고 했지요.

상40 : 강○○ 씨한테 마음에 드셨어요?

내40 : 그 당시야 뭐, 제가 압니까? (허허) 그냥 남자 쪽에서 좋다니까……. 어머니 아버지는 다 돌아가시고 안 계시는데, 시골에 자기 몫의 집도 있고 밭도 있고 그렇다는 거에요. 그냥 나하고 가서 살자는 거에요.

상41 : 그래서 인사를 드리러 갔군요?

내41 : 네, 인사도 하고, 육지에 가서 집도 밭도 있는 거 확인시켜 준다고…….

상42 : 확인시켜 드리고!

내42 : 그런데, 나는 제대한 줄도 몰랐어요! 나 모르게 제대한 거라, 거짓말로 나를 꼬신거라. 제대하고 올라간건데 가보니까 시댁 어른들은 다 돌아가시고 고모가 딱 한분 있었어요. 그런데 집도 밭도 그 고모가 다 팔아먹었어요.

상43 : 아이구

내43 : 돌아간 시댁 부모 밑으로 아들 둘, 딸 하나가 더 있었는데 다 남의 집에 양자가고, 나는 시집가서 섬에 돌아오지 못하고 촌에 살게 되니까……

상44 : 네

내44 : 그 당시 나는 일할 줄도 몰랐어요.

상45 : 신혼살림은 남편 고향에서 시작하셨나요?

내45 : 네.

상46 : 어디?

내46 : ○○하고 경북 **

상 47 : 아, 네, **! 고생이 많았겠네요!

내 47 : …….

상 48 : 어린 시동생들도 있었고.

내 48 : 시동생들은 남의 집으로 양자가서 같이 있지는 않았어요! 사는 게 너무 어렵고 힘드니까. 한번은 이웃집 아주머니가 나보고 도망가 버리라고, 어디 어디에 가면 부산 가는 시외버스 탈 수 있으니까 그걸 타라고 가르쳐 주더라고요.

상 49 : 그걸 타라고!

내 49 : 네

상50 : 두 분 금슬은 좋았던 것 같은데요! 그런데 너무 어려워서! 자녀분도 다섯이나 낳으셨구요!

내 50 : 뭐 얼마 안 살았으니까…….

상 51 : 애들은 다 육지에서 낳으셨나요?

내 51 : 아니, 거기서 이제 큰아들만 거기서 낳았고, 부산으로 나왔어요. 나는 그때 부산 큰 호텔에서 주방일도 보고 청소도 하고 남편은 이런 저런 공사일도 하고…….

상 52 : 그때 바깥어른은 일단 여러 가지 일 하시고 강○순 씨는 호텔에서 주방 등에서 일하시고…….

내 52 : 부산에서 남편이 칠 작업하다가 갑자기 돌아가버리고…….

상 53 : 네, 너무 갑작스러운 일이라서 굉장히 충격이 크셨겠네요!

내 53 : 그때부터 어머니 아버지가 제주로 들어오라고 하셨어요. 아버지는 제가 딸 하나니까…….

상 54 : 어머니, 아버지가 들어오라고 하셔서! 아이들을 다 데리고 들어오셨나요?

내 54 : 아니, 셋만 데리고. 큰 애 둘은 나이도 있고, 또 자기들 데리고 있는 여자도 있고…….

상 55 : 큰 애 둘은 나이도 있고, 여자들도 있고 해서?!

내 55 : 제가 제주 들어오고 한 일 년인가 이 년쯤 지나서 큰아들이 제주에 들어왔는데, 아휴 계속 저 모양이에요.

상 56 : 그러니까 그때부터 지금의 어려움이 시작된 거네요! 술 먹고 행패도 부리고.

내 56 : 제가 속이 터져요.

상 57 : 그런데 어떠세요? 사랑쉼터에 오시니까 좀 편안하세요?

내 57 : 네.

상 58 : 양로원 같은 곳에 가 계시는 것도 좋을 것 같다는 생각이 드는데요.

내 58 : 양로원에도 찾아가 보았는데 자리가 안나서 한 달쯤 기다려 보라고 하더군요.

상 59 : 애들하고 같이 있으면서 너무 힘들면, 조금 떨어져 있다가 가끔씩 만나는 것도 더 좋을 수 있잖아요!

내 59 : 나는 나라에서 주는 돈으로 방 얻고 살아가고 있었는데 양로원에 들어가면 그게 안 나온다는데요!

상 60 : 아, 정부에서 주는 보조금은 본인이 생활을 할 때에만 지원이 되는 군요! 사랑쉼터나 양로원 같은 곳에 들어가 계시면 따로 지원을 안 해 준다는 거지요?!

내 60 : 네

상 61 : 그래도, 좋은 양로원에 자리가 나면 그곳에 계시면 좋을 것 같은데요! 그리고 애들은 가끔 만나시고. 아드님도 술 먹고 자꾸 부려대니까.

내 61 : 제가 그러고 있으니까 자꾸 더 그러는 거 같아요! 그렇게 되면 좋겠어요.

상 62 : 지난번에 병원에 다녀가시고 나서 걱정을 많이 했는데, 여기 잘 계시고 기다리고 계시면 좋은 결과가 있을 겁니다. 지난 번 암수술하신 것도 경과가 아주 좋으시고 다행입니다. 저는 오늘 얘기 나눈 것을 가지고 서울에서 모임을 하는 노인상담팀들하고 잘 의논해서 더 좋은 얘기를 해 드릴 수 있었으면 좋겠습니다. 어려움을 많이 겪으셨지만, 자신의 삶을 독립적으로 잘 살아 오신 분이시니까 잘 해 나가시리라 믿습니다. 시간을 내 주셔서 고맙습니다.

내 62 : 아닙니다. 이렇게 선생님께서 직접 찾아와 주셔서 너무 고맙습니다.

제 2회기 상담

장소 : 가족사랑쉼터

시간 : 2009. 9. 21(월) AM 10:30-11:30

• 강○○ 환자는 제1차 면담 때보다 기분이 훨씬 좋아진 상태로 상담자를 반겨 주었고, 또한 마음에 있는 속말과 느낌을 훨씬 더 많이 이야기해 주었음. 가족사랑쉼터에서의 생활이 두 달 가까이 되어 감에 따라 초기 입소 당시에는 느낄 수 없었던 사람들 사이에서의 전형적인 '인간갈등'의 문제가 많이 드러나고 있었음. 또한, 환자의 기본 성격과 사람들과의 관계형성에서의 기본 태도와 그 양상을 부분적으로 관찰할 수 있었음. 1차 면담 때보다 녹음 상황과 상태가 좋았고, 면담자도 환자의 사투리와 말투에 다소 익숙해져서 면담이 이전보다 수월하였음.

(센터에서 면담 장소로 제공해준 작은 방안에 마주앉으며)

상1 : 그 동안 어떠셨어요, 그래……

내1 : 어땠느냐면, 그때는 여기 와서 답답하고 그랬었는데……. 나이 든 사람들과 함께 있으면서 같이 잘 지내고 그랬었는데, 지금 아이들은 자기들끼리만 이야기하고 무뚝뚝해서 커피 타 먹으면서 "할머니 커피 한 잔 드셔 보세요."라는 말 한마디 없고, 말도 생전 안합니다. 저번에 선생님 왔다 가셨을 때도 이야기했지만, 여기 젊은 아이들이 얘기도 좀 해주고 그러면 좋은데……(그럼요!). 지난번 같이 있었던 사람들은 따뜻하고 좋았었는데……. 지금 들어온 젊은 아이들은 자기들끼리 여럿이 방에 들어가 웃고 그래도 나한테는 말 한 마디도 없어요. (네) 그래서 애들한테 얘기했지만, (네) 나는 너무 쓸쓸하고 너무 외롭고 집에 가지도 못하고 딸도 하나 찾아오지도 않고 아들도 하나 그렇고……, 너무 쓸쓸하고, 어제께도 너무 우울해서……

상2 : (아이고) 젊은 사람들이 더 이해를 못하는군요!

내2 : 나이 많을수록 같이 모여들 앉아서 얘기하고 그랬는데, 젊은 아이들은 자기들끼리만 얘기하고 나는 혼자 테레비만 켜놓고…….

(쉼터 원장선생이 삶은 고구마를 담아 내온다)

상3 : 네, 허허허……. 고맙습니다. 맛있는 고구마를 가져오셨네요.

(원장1) : 고구마 하나 좀 드십시요.

상4 : 아이, 감사합니다.

(원장 2) : 할머니, 선생님이 오시니까 좋으시지요?

상 5 : 고맙습니다.

내 3 : 원장님이 잘 해 주십니다. (네). 직원선생님들도 고마워요. (네).

상 6 : 천천히 드시면서 얘기하십시요.

내 4 : 아들이 어디 있는지도 궁금하고…….

상 7 : 한 번도 안 찾아 왔었어요? 아직? 여기 계시는 걸 모르지요?

내 5 : 모르지요!

상 8 : 따님도 모르지요?

내 6 : 딸은 알아요. 나를 여기로 데리고 온 선생님이 딸에게는 얘기를 해 주었습니다. 주거니 받거니……. 큰아들은 제가 여기 있는거 모르고…… 딴 애들은 제가 여기 있는거 압니다.

상 9 : 그런데, 찾아오지는 않았군요!

내 7 : 찾아오지도 않고, 전화도 한번 없습니다. 나, 음력 26일, 지 아버지 제사인데, 이번에 못 갔습니다.

상 10 : 제사는 어디서 지내세요?

내 8 : 제가 집에 있을 때는 집에서 지냈었는데……, 그날 딸이 전화를 했었습니다. 그래서 제가 딸 보고 "너는 엄마가 어떤가 찾아보지도 않고 전화도 한번 없고 그러냐? 네 아버지 제삿날, 네 오빠 보기 싫어서 나는 집에 안 갈테니……", 그래도 어머니 안 오면 섭섭하다고 그러던데……, 그래 됐다고……, 그러니 안 갔습니다. 그래도, 내일이나 모레나 찾아오겠다고 하더니 3일이 지나도 찾아오지도 않았습니다.

상 11 : 그래서, 이번에 제사도 딸한테 지내라고 했는데 안 지냈어요?

내 9 : 딸은 나 살던 데에 와서 지내겠다고 했는데, 나는 안 갔어요!

상 12 : 딸이 그 집에 와서 같이 지내자고 했는데 가시지를 않았군요?!

내 10 : 네, 제가 안 갔어요!

상 13 : 가실 수가 없지요! 지금은!

내 11 : 그 집에는 아들이 있으니까……. 딸이 그럼 제사에 오지 마시고, 내일이나 모레 찾아오겠다고 하더니…….

상 14 : 집은 큰아들이 지내고 있고……?

내 12 : 다 소용없습니다! 소용 없어! 그래도, 여기서 이전에 나이 든 사람들하고 지낼 때는 서울 사람도 하나 있고 같이 잘 지냈는데……, 여기 계시는 선생님들은 잘 해 줍니다. 젊은 아이들은 말도 한마디 안합니다. 지네끼리만 지내고……. 지난번에 선생님 다녀가신 다음에 젊은 아이들에게 할머니들 좀 따뜻하게 대하고, 차라도 한잔 하십시요! 그러라 그러셨어요. 그리고 제가 빨래를 맡았습니다.

상 15 : 아, 빨래 감독?

내 13 : 빨래 모아서 세탁기에 빨아서 널고 하는건데, 원장님은 빨래를 한번에 모아서, 세탁기를 하루 한번만 돌리라고 그랬는데……, 그래서 여기 빨래를 모아서 한번에, 하루 한번 돌리자고 했는데……, 젊은 아이들이 빨래를 하루에 한번 다 모아서 하면 한꺼번에 다 널지도 못하는데 어떻게 한번만 돌릴 수 있냐고……, 할머니가 빨래도 못하게 한다고 트집을 잡고 그러길래……, 그래서, 제가, 그래도 원장님이 하루에 한번 돌리라고 하셨으니까 거기에 맞추어 일을 하는 건데 뭐가 섭섭한 것이 있냐고 했어요! (네). 나중에 회의에서 원장님께서 나이 드신 분이 얘기하면 잘 들어 드리고, 또 나이드신 분이 빨래도 돌려 주시고 널어 주시고 하시면 너희들이 고마워해야 할 일이지라고 말씀해 주셨어요.

상 16 : 네

내 14 : 그래서 마음 같아서는 죽으나 사나 내 집에 들어가서 살아 볼까라는 생각이 팍팍 들었어요!

상 17 : 네, 그렇죠! 그런 생각이 들죠! 그런 일이 있으면 더 더욱이나.

내 15 : 그리고, 또 당뇨약을 반을 집에 놔두고 왔거든요! 그래서, 오늘도 집에 가 볼까 생각했었느데, 낮에 가면 아들이 집에 없으니까. 얼른 가서 가져오려고 했었는데……, 그런데, 선생님 오신다고 해서 지금 못 갔습니다.

상 18 : 네. 정 안되면, 병원에 와서 타 가면 되죠, 뭐. 집에 가기가 곤란하시면, …… 그러면, 병원에 오셔서 추가처방을 좀 해 달라고 하세요!

내 16 : 아, 네. 내일 한번 집에 가 보려고 해요!

상 19 : 집에 가 보고, 정 안되면 병원에 와서 추가처방을 받는 방법을 생각해 보면 되지요!

상 20 : 양로원, 저번에 얘기하셨던 것은? 잘 안 되셨나요?

내 17 : 자리가 아직 안되었어요! 워낙 어려운 자리니까요! 그런데 여기도 그전에서 너분 아주머니들 계셨는데 다 나가 버려서……, 그 분들하고 있을 적에 너무 너무 좋았었는데.

상 21 : 네, 그 분들하고는 같이 잘 지내셨는데 그분들이 나가셨군요?!

내 18 : 네, 네

상 22 : 그 분들은 집에 가셨어요? 아니면, 양로원으로 가셨어요?

내 19 : 아니, 젊은 분들이니까 집으로 갔지요!

상 23 : 아, 아! 지난번 같이 있던 멤버들은 좋았었는데 이번에는 잘 마음이 안 맞으시는군요!

내 20 : 지금은, 젊은 사람들이지만, 나한테는 말을 안 하니까……, 제가 좀, 섭섭하지요!

상 24 : 글쎄! 그렇죠! 섭섭하지요! 여기 오신 지 벌써 한 달 좀 넘으셨네요?!

내 21 : 한 달 넘었죠!

상 25 : 한 달 보름, 거의 그렇게 되어 가는 것 같으네요! (허허허)……, 많이 되었다! 그지요?!

내 22 : 두 달은 아직 안되고……, 딸하고 죽은 아들 며느리하고 명절날 나와서 밥 한 끼라도 따뜻하게 드시라고 하길래, 나는 그렇게는 못 하겠다고 했어요!

상 26 : 그럼 앞으로도 집에 들어가시는 건 힘드실 것 같네요?

내 23 : 네

상 27 : 당분간 여기서 지내다가 양로원 같은데 자리가 잘 나면 가시는 게 좋을 것 같은데 …….

내 24 : 양로원보다 어디 방 하난 있으면 얻어서 지냈으면 …….

상 28 : 네, 그것도 괜찮겠어요! 그 동안 쭉 그렇게 해 오셨잖아요?! 그지요?!

내 25 : 네, 네. 큰 아들은 그냥 거기 있으라고 두고 …….

상 29 : 큰아들은 독립시키고……, 그것도 좋은 방법일 수 있겠네요!

내 26 : 그런데, 아는 언니를 만나 얘기도 해 보았는데……, 아직 마땅한 방이 나오질 않네요.

상 30 : 그러면, 여기서는 중간에 산보도 나가고 그래요?

내 27 : 네, 어제 토요일에는 절물에 갔다 왔습니다.

상 31 : 오우! 절물에?! 우리 집이 절물 그 아래 거기인데! 거기 양로원 있잖아요? 그 옆이 저희 집이예요!

내 28 : 어디?

상 32 : 절물 아래 양로원 하나 있잖아요? 큰 양로원! 평화양로원이라고!

내 29 : 아니, 아니. 우리는 산에 갔다 왔는데…….

상 33 : 절물이 있고, 절물 아래에 농장이 하나 있고, 그 앞에 양로원이 있거든요! 제가 사는 집이 양로원 옆의 마을이에요!

내 30 : 그렇게 멀리 사십니까?

상 34 : 네, 허허허

내 31 : 거기서 왔다 갔다 하십니까?

상 35 : 아, 네. 평화양로원에도 가끔 가서 할머니들도 뵙고 그럽니다.

내 32 : 아이고. 멀리서 다니시는군요!

상 36 : 거기 오시면 좋아요! 평화양로원이 시설도 좋고, 여기 계시는 선생님들 같은 분들도 좋고……. 지난번에 양로원 말씀하셨을 때도 저는 그런 곳에 자리가 났으면 좋겠다고 그렇게 생각했었죠.

내 33 : 지난번에 얘기됐던 양로원에서 전화가 와서 지내시기에 불편하시지 않느냐고 물어보고, 아직 자리가 나지를 않았다고 했습니다.

상 37 : 그렇죠! 좋은 데는 다 갈려고 하겠지요!

내 34 : 다른 데는 많이 있는데, 할머니 할아버지 너무 많이 있는 그런 곳은 제가 못 가겠고…….

상 38 : 네. 여기서도 좀 사람들 하고 잘 지내면 좋겠는데, 어려움이 좀 있네요?! 그지요?!

내 35 : 그래서 저는 그저 그러려니 해요. 어저께도 그런 일이 있었는데 나이든 사람들이 가 버려서 너무 섭섭하고 젊은 사람들이 저희들끼리 커피 타 먹으면서 "할머니 커피 한 잔 드릴까요?" 한마디 없이 그러는데……, 친할 사람이 없으니까 너무 쓸쓸해요. (네). 그래 어제 제가 얘기했습니다.

상 39 : 그렇죠! 그런 얘기를 하면 오히려 좋지요! 잘 하셨어요!

내 36 : 그래서 원장님이 할머니한테 그렇게 대하지 말고 내 할머니다 생각하고 친절하게 대해 드리라고 했어요!

상 40 : 네, 그렇죠! 내 할머니로 생각하면 되죠!

내 37 : 친절하게 해 드리라고 하니까, 그렇게 하겠다고 하긴 하드만…….

상 41 : 음식은 어떠세요?

내 38 : 음식은 괜찮아요! 먹을 만합니다. 돼지고기, 쇠고기 같은 거, 닭고기도 나오고…….

상 42 : 반찬 같은 것도 잘 나오고!

내 39 : 네.

상 43 : 그것도 참 다행이다, 그지요?!

내 40 : 그것도 두 사람씩……, 아침 감독 두 사람. 점심은 아까 커피 가져온 그 분이 점심 감독하고……, 토요일 일요일만 빼고 그 어른께서 해 줍니다. 잘 해 줍니다. 그 어른 오면 맛있게 잘 해 줍니다. 밥도 연하고…….

상 44 : 허허허, 밥을 참 맛있게 해 주시는군요! 세끼 식사가 참 중요한 일이잖아요?!

내 41 : 선생님 병원 갔을 때, 약 먹을 때 너무 찬 물로 먹지 말라고 하셔서…….

상 45 : 아, 네. 너무 찬물로 드시면 안 좋으니까…….

내 42 : 그래서, 아침에 물 데우러 다섯시에 나와서 밥을 합니다. 학교 다니는 애들이 둘이 있습니다.

상 46 : 네, 여기서 학교를 가고, 이리로…….

내 43 : 학교 다니는 아이들이 있으니까 밥을 일찍 합니다. 그래서 집에 있을 때는 일곱시에 한번 먹고 여덟시에 한번 먹고 나서 밥을 먹었었는데…….

상 47 : 그게 제일 불편하다고 그러셨잖아요! 허허허

내 44 : 그래서 다섯시에 맞춰서 약 먹고 ……, 당뇨약하고 골다공증약하고 대충 두 가지 약을 먹고 있습니다.

상 48 : 그 두 가지 잘 드시면 건강이 잘 유지될 겁니다.

내 45 : 당뇨약을 두 가지 주더니, 지난번에 갔더니 많이 좋아졌다고 했어요!

상 49 : 건강이 잘 유지되어서 참 좋다! 그지요?! 잠은 잘 주무세요?

내 46 : 처음에는 영 잠이 잘 안 오더니만, 요즘은 그런대로……. 그런데, 며칠 허리도 아프고 다리도 아프고 소변이 어떻게 자주 나오고 그러니까 ……, 옆에 있는 한의원에서, 거기서 물리치료 받으려고 계속 다니다가 ……, 오늘부터는 일주일에 두 번씩만 오라고.

상 50 : 아, 네. 좋아져서 조금, 이제 뜸하게 와도 된다는 얘기네요?!

내 47 : 그리고 어제 그저께는 이빨이 아파가지고 뭐 먹지를 못하니까 바로 옆에

있는 치과를 데려다 줍디다.

상 51 : 근처에 병원들이 있어서 좋다. 그지요?!

내 48 : 어제도 갔다 왔습니다. 내일만 오면 안 와도 좋다고 했습니다. 병원에는 잘 데려다 줍니다. 이 동네 사람들은 안 아픈 사람들이 하나도 없어. 이 사람도 가고 저 사람도 가고 이 병원도 가고 저 병원도 가고…….

상 52 : 나이가 드시면 누구나 불편한 게 생기잖아요?! 그런 것을 잘 관리하는 것이 참 중요하잖아요?!

내 49 : 젊은 아이들지만 안 아프다는 데가 없어! 다 아프다니까!

상 53 : 마음이 아파서 또 몸이 더 아프겠지요. 뭐!

내 50 : 그런데, 사십대 미만 다 얘기 들어보면……, 쉰 한으로 술 먹어서 죽이겠다, 때려 버려서…… 그런 사람들도 많아요!

상 54 : 몸이 아프기 전에 마음이 더 많이 아픈 사람들이겠지요!

내 51 : 그런가 봐요!

상 55 : 그래도, 식사 바뀌고 잠자리도 바뀌었는데, 지난번 뵈었을 때보다 얼굴도 많이 좋아지고 편안해지신 것 같으네요?!

내 52 : 네, 네.

상 56 : 지난번에는 많이 불편해 하시는 게 느껴졌는데 좀 편안해지신 것 같아요?!

내 53 : 네. 편안해요! 잠자는 것도, 같이 있던 분이 나가서 나는 독방에서 자고, 다른 분들은 한 방에 둘이 같이 쓰기도 하고, 또 한 방이 비어 있어요!

상 57 : 이제 혼자 쓰시고?!

내 54 : 요전에는 딸 아이 하나가 같이 방을 쓰다가 그 아이도 같이 있으면 따뜻하게 대했었는데, (네).

상 58 : 잘 되셨네요!

내 55 : 서울로 가는 사람들이 있는데, 서울에도 이런 데가 있나 보지요?

상 60 : 네, 있지요! 전국적으로 어디나 이런 곳이 있지요!

내 56 : 그래서, 나도 서울로 육지로 가면 어떨까 생각하기도 했어요! 그런데, 나는 육지를 잘 모르고…….

상 61 : 그렇죠! 육지로 가면 편한 것도 있겠지만, 갑자기 여기 떠나면 불편하신 것도 많이 있을 수 있어서…….

내 57 : 네, 당분간 아무튼 …….

상 62 : 여기 계시다가 방법을 찾아보시면 되겠죠! 여기 원장님하고 잘 의논하셔서…….

내 58 : 나 혼자 그냥 방 하나 얻어서……, 양로원보다는…….

상 63 : 양로원 나면 가면 좋고, 방을 하나 얻든지……, 여기 있으면 편안하기는 해도 아무래도 구속도 받고 눈치도 보고 그런 게 많잖아요?!

내 59 : 그러니까……, 영세민 돈도 한 달에 27만원 나오는 것도 여기 있으니까 …… 나오지도 않고…….

상 64 : 안 나온다 그랬죠?! 지난번에!

내 60 : 나라에서 이리 들어오는 것이 아니라, 여기도 나라에서 보조하는 것이니까, 나라에서 짤라 버리는 거랍니다.

상 65 : 네.

내 61 : 제가 나가서, 방을 얻어서 그 주소로 새로 신청하면 영세민 돈을, 돈은 그대로 다시 나올 겁니다.

상 66 : 그런 걸 잘 알아 보셔서 다시 새로 시작하셔야죠!

내 62 : 네,

상 67 : 그리고, 늘, 강○○ 씨는 잘 살아 오셨잖아요? 그래서, 아마도, 아들도, 이번에, 제 생각에는, 이제 조금 떼어 놓고 독립도 시키고 하는 기회가 되어야 할 것 같아요!

내 63 : 드십시요!

상 69 : 예, 허허허

내 64 : 의사선생님께서 이렇게 나를 찾아오셔서 너무 감사합니다.

상 70 : 아무튼, 이렇게 편하게 계시는 걸 보니 저도 참 좋고요! 또, 제가 시간 나는대로, 병원에도 오시겠지만, 또 가끔 이렇게 찾아와서 또 뵙고 그럴 테니까……, 일이 없어도 병원에 저는 외래 시간에 늘 있으니까 진료 약 타러 안 오시더라도, 다른 일이 있으시면 여기 선생님들 하고 저한테 찾아오시고 그러세요! 오늘은 이것으로 녹음을 끝내도록 할게요!

내 65 : 네.

〈상담자(노인여성학 전문의사) 논평〉

노인들의 말이 다소 어눌하고 논리적 체계가 다소 엉성해 보인다고 해서 반드시, 그들의 생각 자체가 불분명하거나, 삶에 대한 주관이나 철학이 없거나, 심지어 그것에 대한 집념이나 집착이 없는 것은 아니다.

우리 사회에서 노인들은 여전히 '아직 가지 않고 눈치없이 서성거리는 존재 혹은 갈 곳 없어 어쩔 수 없이 이곳에 빌붙어 있는 존재'로 받아들여지고 있는 것이 현실이다. 이러한 사회의 의식이나 관념이 바뀌기 위해서는 노인 존재에 대한 새로운 인식을 가질 수 있도록 하는 사회·문화적인 교육이 필요하다. 이에 더하여, 노인들 스스로 자존·자긍심을 가지고 노년의 삶을 의미있게 살아나갈 수 있는 개인적 차원의 대안을 적극적으로 마련해야 할 것이며, 국가와 사회는 젊은 시절을 국가와 사회와 가정을 위하여 살아 온 자랑스럽고 훌륭한 국민들인 노인들의 질 높은 인간적인 삶을 보장하기 위하여 노년 복지제도를 확충·실천하여야 할 것이다.

상담자를 비롯한 젊은 사람들이 일차적으로 해야 할 일은 노년 국민들을 보살피고 인도하는 것이 아니라, 그들이 가고자 하는 행복한 곳으로 스스로 결정하고 선택하여 안정적으로 갈 수 있도록 많은 수단과 방법을 확보하여 주고 지지하고 지켜 드리는 것일 것이다.

제 3회기 상담

장소 : J대학교 병원 정신과 외래

시간 : 2009. 11. 23(월) AM 11:00-11:30

• 강○○ 환자는 제2차 면담 이후 가족사랑쉼터의 임직원들과도 훨씬 친밀한 관계를 유지하고 다른 입소자들과의 관계도 훨씬 좋아졌다고 하였다. 함께 온 노인보호센터의 직원들(두 사람이 동행함)의 말에 의하면, 2차에 걸친 지지면담과 3~4회의 개인방문으로 인해 자신이 인정받고 있으며, 또한 자신과 자신의 삶을 있는 그대로 수용하고 긍정적으로 받아들이고 대접해 주는 사람이 자신의 자궁경부암 수술의 담당의이면서 현재의 노인병 관리를 맡아

주고 있는 노인여성학 전문의사라는 점을 대단히 자랑스럽게 받아들이고 있으며, 지나온 과거와 현재의 삶에서 찾을 수 없었던 대세적 및 대인적 자존심이 많이 올라간 것으로 느껴진다고 하였으며, 심지어는 다른 입소자들에게 으스대는 면까지도 있다고 하였다.

- 강○○ 환자는 내일(2009년 11월 24일) P양로원으로의 입소가 결정되었으며, 우울증 증세와 인지기능의 저하에 대한 재평가를 위하여 J대학교병원 정신과 외래를 재방문하였다. 환자는 2009년 5월 보건소에서 시행한 MMSE-KC(치매선별검사지, 치매 정밀검진 및 예방관리 사업<주관: 한국치매협회, 후원: 보건복지부>용) 검사와 2009년 7월 8일 J대학교병원 정신과 외래 진료시 시행한 GDS-K(Geriatric Depression Scale-Korea, 한국판 노인우울 검사) 및 SMCQ(주관적 기억력 불편에 관한 설문지)검사를 통하여 우울증 증세와 인지기능 저하의 진단을 받았었다. 정신과 재방문시에는 지지상담을 담당하였던 노인여성학 전문의사와 노인보호센터의 동행 직원 두 사람이 합석하여 정신과 진료를 받았다. 재방문시 시행한 GDS-K 검사와 MMSE-KC 검사 결과, 환자의 우울증 증세는 많이 호전되었으나, 전반적인 기억력 저하 소견이 지속되고 있는 것으로 판단되어 치매조기검사를 시행해 보기로 하였다.
- CERAD-K 신경심리평가집과 CERAD-K 임상평가집을 통한 평가에서 환자는 치매(알츠하이머 병) 진단이 불확실한 경미한 정도이지만 치매조기상태의 소견을 보였다. 동시에 시행한 뇌 전산화단층촬영술(CT)에서는 뇌 측두엽의 위축 소견을 보였다. 정신과에서는 지지요법과 치매 초기증세의 진행을 지연시키기 위한 약물요법을 함께 병행하기를 권유하였다.
- 환자에게 시행한 GDS-K, SMCQ 검사, CERAD-K 신경심리검사 결과 요약지 및 CERAD-K 임상치매평가(Clinical Dementia Rating: CDR)척도의 내용과 구체적 결과는 다음과 같았다.

***GDS-K(2009. 7. 8. 시행):** 검사 결과 총점 28점으로 심한 우울증으로 평가

다음은 지난 1주일 동안 어르신의 기분을 알아보기 위한 질문입니다. 질문을 잘 읽으시고 그렇다면 '예', 그렇지 않다면 '아니오'에 v 표시 하십시오.

지난 한 주 동안의 느낌	대 답	
1. 당신의 삶에 대체로 만족하십니까?	예	아니오(V)
2. 활동이나 관심거리가 많이 줄었습니까?	예	아니오(V)
3. 삶이 공허하다고 느끼십니까?	예(V)	아니오
4. 지루하거나 따분할 때가 많습니까?	예	아니오(V)
5. 앞날이 희망적이라고 생각하십니까?	예	아니오(V)
6. 떨쳐버릴 수 없는 생각들 때문에 괴롭습니까?	예(V)	아니오
7. 대체로 활기차게 사시는 편입니까?	예	아니오(V)
8. 당신에게 좋지 않은 일이 생길 것 같아 걱정스럽습니까?	예(V)	아니오
9. 대체로 행복하다고 느끼십니까?	예	아니오(V)
10. 아무것도 할 수 없을 것 같은 무력감이 자주 듭니까?	예(V)	아니오
11. 불안해지거나 안절부절 못 할 때가 자주 있습니까?	예(V)	아니오
12. 외출하는 것보다 그냥 집안에 있는 것이 더 좋습니까?	예(V)	아니오
13. 앞날에 대한 걱정을 자주 하십니까?	예(V)	아니오
14. 다른 사람들보다 기억력에 문제가 더 많다고 느끼십니까?	예(V)	아니오
15. 살아있다는 사실이 기쁘십니까?	예	아니오(V)
16. 기분이 가라 앉거나 울적할 때가 자주 있습니까?	예(V)	아니오
17. 요즘 자신이 쓸모없는 사람처럼 느껴지십니까?	예(V)	아니오
18. 지난 일에 대해 걱정을 많이 하십니까?	예(V)	아니오
19. 산다는 것이 매우 신나고 즐겁습니까?	예	아니오(V)
20. 새로운 일을 시작하는 것이 어렵습니까?	예(V)	아니오
21. 생활에 활력이 넘치십니까?	예	아니오(V)
22. 당신의 처지가 절망적이라고 느끼십니까?	예(V)	아니오
23. 다른 사람들이 대체로 당신보다 낫다고 느끼십니까?	예(V)	아니오
24. 사소한 일에도 속 상할 때가 많습니까?	예(V)	아니오
25. 울고 싶을 때가 자주 있습니까?	예(V)	아니오
26. 집중하기가 어렵습니까?	예(V)	아니오

27. 아침에 기분좋게 일어나십니까?	예	아니오(V)
28. 사람들과 어울리는 자리를 피하는 편이십니까?	예(V)	아니오
29. 쉽게 결정하는 편이십니까?	예	아니오(V)
30. 예전처럼 정신이 맑습니까?	예	아니오(V)

채점방법: 1, 5, 7, 9, 15, 19, 21, 27, 29, 30번 문항에서 '아니오'에 1점씩
2-4, 6, 8, 10-14, 16-18, 20, 22-26, 28번 문항에서 '예'에 1점씩

평가기준: 총점 14-18은 약한 우울증, 19-21은 중간 정도, 22이상은 심한 우울증

***GDS-K(2010.11.23 시행):** 검사 결과 총점 15점으로 약한 우울증으로 평가

아래는 지난 1주일 동안 어르신의 기분을 알아보기 위한 질문입니다. 질문을 잘 읽으시고 그렇다면 '예', 그렇지 않다면 '아니오'에 v 표시 하십시오.

지난 한 주 동안의 느낌	대 답	
1. 당신의 삶에 대체로 만족하십니까?	예	아니오(V)
2. 활동이나 관심거리가 많이 줄었습니까?	예	아니오(V)
3. 삶이 공허하다고 느끼십니까?	예(V)	아니오
4. 지루하거나 따분할 때가 많습니까?	예	아니오(V)
5. 앞날이 희망적이라고 생각하십니까?	예	아니오(V)
6. 떨쳐버릴 수 없는 생각들 때문에 괴롭습니까?	예(V)	아니오
7. 대체로 활기차게 사시는 편입니까?	예	아니오(V)
8. 당신에게 좋지 않은 일이 생길 것 같아 걱정스럽습니까?	예(V)	아니오
9. 대체로 행복하다고 느끼십니까?	예	아니오(V)
10. 아무것도 할 수 없을 것 같은 무력감이 자주 듭니까?	예(V)	아니오
11. 불안해지거나 안절부절 못 할 때가 자주 있습니까?	예(V)	아니오
12. 외출하는 것보다 그냥 집안에 있는 것이 더 좋습니까?	예(V)	아니오
13. 앞날에 대한 걱정을 자주 하십니까?	예(V)	아니오

14. 다른 사람들보다 기억력에 문제가 더 많다고 느끼십니까?	예(V)	아니오
15. 살아있다는 사실이 기쁘십니까?	예	아니오(V)
16. 기분이 가라앉거나 울적할 때가 자주 있습니까?	예(V)	아니오
17. 요즘 자신이 쓸모없는 사람처럼 느껴지십니까?	예(V)	아니오
18. 지난 일에 대해 걱정을 많이 하십니까?	예(V)	아니오
19. 산다는 것이 매우 신나고 즐겁습니까?	예	아니오(V)
20. 새로운 일을 시작하는 것이 어렵습니까?	예(V)	아니오
21. 생활에 활력이 넘치십니까?	예	아니오(V)
22. 당신의 처지가 절망적이라고 느끼십니까?	예(V)	아니오
23. 다른 사람들이 대체로 당신보다 낫다고 느끼십니까?	예(V)	아니오
24. 사소한 일에도 속상할 때가 많습니까?	예(V)	아니오
25. 울고 싶을 때가 자주 있습니까?	예(V)	아니오
26. 집중하기가 어렵습니까?	예(V)	아니오
27. 아침에 기분좋게 일어나십니까?	예	아니오(V)
28. 사람들과 어울리는 자리를 피하는 편이십니까?	예(V)	아니오
29. 쉽게 결정하는 편이십니까?	예	아니오(V)
30. 예전처럼 정신이 맑습니까?	예	아니오(V)

〈상담자 논평〉

28번 항목 '사람들과 어울리는 자리를 피하는 편이십니까?'에 대한 환자의 답변이 2009.07.08 '예'에서 2010.11.23 '아니오'로 바뀐 이유에 대해서는 정신과 진료를 담당했던 전문의와 의견을 나누었다. 그 이유로는 첫째, 환자가 비록 치매 초기증세를 보이고는 있었지만 병이 급속하게 진행되지는 않았으며, 둘째 진료와 상담을 통한 지속적인 지지를 받을 수 있었으며, 셋째 외부 생활환경이 안정되고 가족내의 갈등문제에서 분리되어 있을 수 있게 됨에 따라 함께 지내는 분들과도 관계 형성이 안정적으로 되었으며, 그 공동체 안에서 소통하며 편안함을 가질 수 있게 되었다는 점을 들 수 있을 것으로 평가할 수 있다.

***SMCQ(주관적 기억력 불편에 관한 설문지, 2009.07.08 시행):** 환자 본인은 자신의 기억력에 문제가 없다고 생각하고 있음(그러나 주변 사람들의 평가는 다소의 문제점이 있다고 하였음).

아래 질문들은 환자분의 평소 기억력 저하 여부를 검사하기 위한 질문들입니다. 질문을 잘 읽고 '아니오'와 '예' 중 가장 적절한 답에 v 표시 하십시오.

질 문	대 답	
1. 당신의 기억력에 문제가 있습니까?	예	아니오(V)
2. 당신의 기억력은 10년 전에 비해 저하되었습니까?	예(V)	아니오(V)
3. 당신의 기억력이 동년의 다른 사람들에 비해 나쁘다고 생각하십니까?	예(V)	아니오
4. 당신은 기억력 저하로 일상생활에 불편을 느끼십니까?	예(V)	아니오
5. 당신은 최근에 일어난 일을 기억하는 것이 어렵습니까?	예	아니오(V)
6. 당신은 며칠 전에 나눈 대화내용을 기억하는 것이 어렵습니까?	예	아니오(V)
7. 대체로 활기차게 사시는 편입니까?	예	아니오(V)
8. 당신은 친한 사람의 이름을 기억하기 어렵습니까?	예	아니오
9. 당신은 물건 둔 곳을 기억하기 어렵습니까?	예	아니오(V)
10. 당신은 이전에 비해 물건을 자주 잃어버립니까?	예	아니오(V)
11. 당신은 집 근처에서 길을 잃은 적이 있습니까?	예	아니오(V)
12. 당신은 가게에서 사려고 하는 두세 가지 물건 이름을 기억하기 어렵습니까?	예	아니오(V)
13. 당신은 가스불이나 전기불 끄는 것을 기억하기 어렵습니까?	예	아니오(V)
14. 당신은 자주 사용하는 전화번호(자신 혹은 자녀의 집)를 기억하기 어렵습니까?	예(V)	아니오

아니오 =0점, 예=1점

▶전반적 기억력(general memory): 1-3번 문항 점수의 합
▶생활기억(everyday memory): 4-14번 문항 점수의 합
▶주관적 기억 증상 척도(subjective memory compliant scale): 1, 8, 10, 11번 문항 점수의 합

***SMCQ(주관적 기억력 불편에 관한 설문지, 2009.11.23 시행):** 2009년 7월 8일 검사에서와 유사한 소견을 보였음. 즉, 환자 본인은 자신의 기억력에 문제가 없다고 생각하고 있으나, 주변 사람들의 평가는 다소의 문제점이 있다고 하였음.

아래 질문들은 환자분의 평소 기억력 저하 여부를 검사하기 위한 질문들입니다. 질문을 잘 읽고 '아니오'와 '예' 중 가장 적절한 답에 v 표시 하십시오.

질 문	대 답	
1. 당신의 기억력에 문제가 있습니까?	예	아니오(V)
2. 당신의 기억력은 10년 전에 비해 저하되었습니까?	예(V)	아니오(V)
3. 당신의 기억력이 동년의 다른 사람들에 비해 나쁘다고 생각하십니까?	예(V)	아니오
4. 당신은 기억력 저하로 일상생활에 불편을 느끼십니까?	예(V)	아니오
5. 당신은 최근에 일어난 일을 기억하는 것이 어렵습니까?	예	아니오(V)
6. 당신은 며칠 전에 나눈 대화내용을 기억하는 것이 어렵습니까?	예	아니오(V)
7. 대체로 활기차게 사시는 편입니까?	예	아니오(V)
8. 당신은 친한 사람의 이름을 기억하기 어렵습니까?	예	아니오
9. 당신은 물건 둔 곳을 기억하기 어렵습니까?	예	아니오(V)
10. 당신은 이전에 비해 물건을 자주 잃어버립니까?	예	아니오(V)
11. 당신은 집 근처에서 길을 잃은 적이 있습니까?	예	아니오(V)
12. 당신은 가게에서 사려고 하는 두세 가지 물건 이름을 기억하기 어렵습니까?	예	아니오(V)
13. 당신은 가스불이나 전기불 끄는 것을 기억하기 어렵습니까?	예	아니오(V)
14. 당신은 자주 사용하는 전화번호(자신 혹은 자녀의 집)를 기억하기 어렵습니까?	예(V)	아니오

*CERAD-K 신경심리검사(2009.11.23 시행) 결과 요약지

Code/Tests	Score/판정	
J1/Word Fluency	5	↓↓
J2/Boston Naming Test	4/15	
J3/MMSE-KC	16/30	↓
J4/Word List Memory	5/30	↓↓
J5/Construction Praxis	4/11	
J6/Word List Recall	1/10	↓↓
J7/Word List Recognition	5/10	↓↓
J8/Construction Recall	F/11	F
J9/Trail Making A 〈시간초과〉	372/360	F↓↓
J9/Trail Making B(37.4%)	F/300	F

#<M=-1.5SD: ↓, <5percentie: ↓↓, 수행하지 못함: F

***CERAD-K, F1임상치매평가(Clinical Dementia Rating: CDR)척도 (2009.11.23 시행):** 현재 치매의 단계 0.5(치매진단이 불확실 또는 진단보류)

항목/중증도(점수)/평가
*기억력/경도(1)/중등도 기억력 감퇴: 최근 사건에 대한 현저한 감퇴로 일상 활동에 지장 있음.
*지남력/경도(1)/시간 지남력의 중등도 장애: 검사시 장소 지남력은 유지되고 있으나 다른 곳에서는 장소 지남력의 장애가 있을 수 있음.
*판단 및 문제해결/경도(1)/문제점, 유사점, 차이점 등을 다루는데 중등도 어려움이 있으나 대체적인 사회적 판단은 유지됨.
*사회활동/불확실(0.5)/직장생활,장보기,자원봉사,사회적 모임 등의 사회활동에 경미한 장해.
*가정생활 및 취미/불확실(0.5)/가정생활, 취미, 지적관심 등에 경미한 장해.
*개인 일상생활동작/정상-불확실(0-0.5)/스스로 완전하게 수행함.

#0=치매 아님, 0.5=치매 진단이 불확실 또는 진단보류, 1=경도 치매, 2=중등도 치매, 3=중증 치매, 4=심각한 치매, 5=말기 치매

〈진료실 밖 대기실〉

상1 : 그 동안 잘 지내셨습니까?

내1 : 네, 잘 지냈습니다. 아이, 여기까지 이렇게 와 주셔서 너무 고맙습니다(두 손을 앞으로 합장하며 허리를 많이 숙여 공손히 절을 한다). 요즘은 쉼터 젊은 사람들도 잘 해 줍니다……. 그런데, 내일 P 양로원으로 들어가기로 했어요.

상2 : 네, 그렇게 들었습니다! 잘 되셨네요! 저희 집이 근처라 가끔씩 뵙기도 좋을 것 같습니다.

내2 : 그러게요! 그런데 선생님 집이 거기시면 멀리서 다니십니다!

상3 : 괜찮습니다. 그렇게 멀지는 않습니다. 그런데, 좀 서운하시겠어요?! 쉼터 계신 분들하고 정도 좀 들었을 텐데요!

내3 : 네, 좀 섭섭합니다. 그리고, 거기 들어가면 생활 보조금이 안 나올 텐데……, 걱정입니다.

상4 : 그렇다고 하셨지요! …… 그래도 좋은 곳에 입소하게 되어 다행입니다. 저도 가끔 그곳에 계신 할머님들 찾아뵙고 그럽니다만, …… 계신 분들도 좋으시고……, 좋은 곳입니다. 그런데 자녀분들은 알고 계신가요?

내4 : 딸한테는 연락했습니다. 내일 아침에 와서 같이 가기로 했습니다.

상5 : 아드님은 모르시구요?

내5 : 그 놈은 연락도 안 했어요. 그 놈은 그냥 죽어 없어졌으면 좋겠어요.

상6 : 아무리 그래도, 잘 살아서 자주 볼 수 있어야지요!

내6 : 그 놈 생각하면 속이 터져서 더 생각하고 싶지도 않아요!

상7 : 속 썩일 때는 그런 생각도 드시겠지요! 좀 두고 보시지요! 좋은 날이 오겠지요!

내7 : 이렇게 함께 오셔서 정신과 선생님께 부탁도 해 주셔서 너무 감사합니다.

상8 : 아닙니다. 정신과 검사 잘 하시고, 선생님이 지시하는 대로 잘 하시면 여러 가지로 많이 편해지실 겁니다. 그리고, 내일 P 양로원에 입소하시면 2층에 계시는 정○○ 할머니를 한번 찾아뵙고 인사드렸으면 좋겠습니다. 연세도 강○○ 씨보다 많이 높으시고, 또 그런 시설에 가면 알게 모르게 텃세가 있으니까(허허허), 정○○ 할머니 꼭 찾아뵙고 신-고 하십시요!! 좋으신 분이라 잘 인도해 주실 겁니다. 그곳에서 지내는데 많은 도움을 주실 분입니다.

내8 : 네, 내일 가면 꼭 인사드리도록 하겠습니다.

상9 : 네, 그럼 또 제가 조만간 시간이 되면 P양로원으로 찾아뵙겠습니다.

내9 : 감사합니다. 선생님! 안녕히 가십시요!!

전기한 바와 같이 정신과 진료를 받고 다시 대기실로 나와서 인사를 나누고 헤어지며, P 양로원 입소 후 방문하여 다음 면담을 하기로 함. 상담자는 본 환자와의 기존의 확립되어 있는 안정된 라포와 3회기에 걸친 면담 진행 상황으로 보아 다음 회기에서는 강○○ 환자의 가족문제에 대한 심리적 자기조절과 삶에 대한 전향적 태도의 견지를 목표로 교육적 의도를 담은 지지 면담을 진행하는 것으로, 가족갈등과 우울증을 주문제로 한 금번 노인상담 과정을 일단락 지으려 하였다.

제 4회기 상담

장소 : P 양로원

시간 : 2009. 12. 20(일) PM 5:20–5:50

• 방문 당시, 환자는 같은 방을 쓰고 있는 동료 할머니와 함께 저녁 식사를 마치고 나오는 중이었고, 양로원 직원과 함께 입구에서 만났다. 직원의 말에 의하면, 처음 입소하고 나서는 음식이 입에 잘 맞지 않아 잘 드시지 못하였고, 게다가 설사를 좀 심하게 하여 힘드셨으나, 이제는 음식도 잘 드시고 이곳 생활도 잘 하시고 있다고 전해 주었다. 상담자의 입장에서 볼 때, 환자의 얼굴 표정이 많이 밝아졌으며, 거동하는 몸가짐도 이전보다 활동적으로 느껴졌고, 환자 역시도 그렇다고 기분 좋게 표현하였다.

상1 : 여기 오셔서 어떠세요?

내1 : 네, (옆에 서 있는 양로원 직원을 바라보며) 선생님도 잘 해 주시고 해서 잘 있습니다. 그런데, 여기 와서 음식이 바뀌어서 그런지 설사를 좀 심하게 했었는데, 이제는 식사도 잘 합니다.

상2 : 갑자기 이곳 시설에 들어오셔서 여러 가지에 적응하시느라 그러셨나 보네요! 물이 바뀌어도 설사를 하기도 합니다. 이제는 괜찮으시다니 다행입니다.

내2 : 이제는 음식도 잘 먹고, 이곳 사람들과 선생님 집 앞으로 산보도 다니고 합니다.

상3 : (네) 그러시군요! 잠은 잘 주무시고요?
(같은 방에 기거하는 할머니는 다른 친구 분들 한테로 가신 후)

내3 : 아이구, 말도 마세요. 옆에 있는 할망이 어찌나 밤에 코를 골아대는지 통 잠을 못 잡니다.

상4 : 아이구, 그거 참! 불편하시겠네요! 그렇게 잠을 못 주무시면 어떻게 하지요?!

내4 : (얼굴 표정이나 전신적 컨디션은 P 양로원 입소 이전보다 훨씬 좋아 보였으며) 여기 양로원의 선생님이 당분간 좀 참으시면 좋은 방으로 옮겨 주시겠다고 했어요!

상5 : 그리고, 제가 지난번에 말씀드린 정○○ 할머니는 찾아 뵈셨는지요?

내5 : (아, 네) 선생님 말씀대로 찾아뵙고 인사드렸습니다. …… 요새는 교회도 같이 가고, 여기저기 같이 잘 다닙니다. 친언니처럼 잘 대해 주십니다.

상6 : 쓰시는 방은 어디세요?

내6 : 이리로 오세요. …… (복도를 따라 걸어가서 자신이 기거하는 방 앞에 선다) …… 다른 사람들은 안 그러는데, 같이 있는 할망은 방에서 나갈 때마다 꼭 문에 자물통을 걸어 놓고 갑니다.

상7 : 문단속 잘 하면 좋은 일이지요! 혹시라도 무슨 일이 있을 수가 있지요!

내7 : 안 그래도 될 텐데…… 나는 그렇게 남을 못 믿지 못하는데…….

상8 : 네, …… 그래도, 걱정되면 자물쇠를 채워 놓으셔야지요!

내8 : (강○○ 씨가 자물쇠를 따고 문을 열고 먼저 들어가라고 비켜선다) 들어가세요!

상9 : 네, 들어가세요!

내9 : 여기가 제가 쓰는 곳이고, 저쪽이 그 할망 지내는 곳입니다. 코를 막 골아 대니까 잠을 못 자가지고…….

상10 : 네!…… 잠깐 (그냥) 앉아서 말씀이나 좀 들어 보고 가려고요! (아…… 아……) (자리에 앉는다).

내10 : 이리 앉으세요!

상11 : 아, 네, 됐습니다. (허허허)…… 여기서는 어디 경치가 보이나요?

내11 : 여기 나가면 동네가 다 보여요!

상12 : 네! 아…… 이쪽이구나! 네……, 여기가 입구죠?!

내12 : 네, (헤헤헤)……

상13 : (입구에서 여러 사람들 사이에서 나누었던 내용을 다시 방안에서 확인한다) 그래서, 정○○ 할머니는 만나 보셨어요?! 그때 얘기했던…… 나이 좀 많으신!

내13 : 네……, 네…… 그게 어떤 분인지 잘 모르겠는대요! 제가 여기 와서 사람들도 잘 모르고 이름도 잘 모르긴 한데요……, 그런데 이층에 저리 쪽 가면 전씨인데요…… 그 형님이 자기도 원장님이 만날 때마다 어머니처럼 친절하게 잘 대해 준다고 그러시던데요…….

상 14 : 네, 그분이…… 전씨가 아니고 정씨세요! 음, 그럼 찾아뵈었군요!

내 14 : 네, 그 분이 또 제가 여기 오니까, 시에서 안면이 많이 있던 분이더라구요!

상 15 : 오 그랬어요? 그러면 아주 잘 되었네요!

내 15 : 그분이 나한테 막 친절하게 해 주고……, 이 조끼도 그분이 갖다 주고, 교회도 같이 가고…… 전도사……

상 16 : 그 분이 또 교회에서 전도사하시면서 열심이시지요!……

내 16 : 그래서, 이제, 다른 분들은 봉개교회들 많이 다니는데, 우리 넷이는, 제가 들어와서 넷이 되었는데, 넷이 그렇게는 제일교회를……

상 17 : 음, 음, 제일교회!

내 17 : 아니, 영락교회인가? (헤헤) 거기 다니고……, 오늘은 눈이 이렇게 많이 와 가지고 차가 못 온다고……

상 18 : 차가 와서 모시고 갔다가 오시고 그러시죠?!

내 18 : 차가 다 옵니다. 차가 와서 다 싣고 가고 데려다 줍니다.

상 19 : 따님은 좀 와 보았나요?

내 19 : 안 와 봤어요!

상 20 : 처음 올 때 같이 온다고 하지 않으셨어요?!

내 20 : 안 왔어요!

상 21 : 오는 날 오겠다고 그러더니……

내 21 : 저기, 나 센터(가족사랑쉼터)에 데려 다 주신 그 선생님들(노인보호전문기관 임직원)이 여기(양로원)에 자리가 날 때까지만 거기(노인보호전문기관)에 있을 거라고 했는데…… 어떻게 여기에 자리가 있어 가지고… 오늘 당장 갑시다 해 가지구서…… 그분 한테도 전화 한번 드린다 했는데 전화도 못했어요. 한번 전화 걸었더니 안 받대요. 거기에 있을 때는 참 좋았어요!

상 22 : 그런데, 거기 소장님이 특별히 여기다 임시로 자리를 마련한 것이지, 자리가 난 것도 아니래요! 아까 여기 직원분이 그렇게 얘기해 주시더라구요.

내 22 : 거기에 있을 때는 음식도 너무 너무 잘 해 먹고 너무 편안하고 좋았었는데…… 거기는 오래 있을 수 있는 데가 아니니까……

상 23 : 그렇죠! 거기는 임시로 급하게 문제가 있는 사람들을 그때만 있게 하고, 그 이후에는 이런 곳으로 보내 드리는 곳이죠!

내 23 : 네, …… 여기서도 눈이 이렇게 안 오고 춥지 않은 날에는, 여기 또 친절한 분 있어요, 그분하고 동네 앞으로 한 바퀴 돌아 보고……

상 24 : 네, (허허허), 우리 집앞으로 산책 길 있어요!……(허허허)…… 그러면, 여기 오셔서도 잘 지내시는군요!

내 24 : 그 전도사님이 자기도 선생님을 잘 알고, 자기를 보면 선생님이 어머니처럼 친절하게 대해 주신다고 하신 분인데…… 그럼 거기 한번 가 보실랍니까?

상 25 : 네! 조금 있다가 강○○ 씨 하고 얘기 좀 하고 올라 가 보지요! 우선 강○○ 씨 여기서 잘 지내시고 계신지, 그리고 또 이제 앞으로…… 전에 말씀드렸듯이, 우리 상담하시는 분들 몇 분이 모여서 같이 의논하고 그런다고 했었잖아요! 그런 걸 강○○ 씨한테 조금 여쭈어 보고, 저도 정○○ 할머니를 만나 뵙고 집으로 갈게요!

내 25 : (헤헤헤) 그 분이 선생님 집을 안다고 그러더라고요. 그 때, 나는 씁쓸하고 죽겠는데, 약을 먹어도 안 듣고 그래서 선생님을 한번 찾아뵙으면 했어요. 그래서 여기 간호원한테 물어 보니까 그 선생님은 여기 계속 오시는 분이 아니고, J 대학병원에서 며칠만 근무하는 시간이 정해져 있다고 해서, (아유, 흐흐흐), 그러면 한번 병원으로 찾아 가서 선생님한테 진찰을 받아야겠다 하고……

상 26 : 정신과에도 저번에 갔었잖아요?

내 26 : 그 약을 안 먹으려고 했거든요! 정신과 약을! ……나한테는 그런 문제없으니까.

상 27 : 지금은 안 드시고 계신건가요?

내 27 : 거기서 만구천오백원 받대요! 만구천오백원 받은 것을, 한번, 가져 오는 날 딱 한번 먹고 설사가 나기 시작하는데 그 약을 먹어서 그런 것 같아서 안 먹었어요!

상 28 : 네……, 다시 한번 드셔 보세요! 제가 정신과 선생님을 만났었거든요. 그랬더니, 그 약을 좀 드시는게 좋겠다고 그러더라구요.

내 28 : 설사가 나서…… 그거 한 봉을 먹고 나서 날 새니까 그 때부터 설사가 낫으니까...... 간호원한테도 제가 얘기했었지만, 간호원은 그 약 때문이 아닐 겁니다 그러는데 나는 그냥 먹기가 싫어 가지고……

상29 : 그 약 때문에 그런 것은 아닌 것 같고…… 음식이 달라져서 그런 것 같은데 정신과 약은 한번 드셔 보세요. 이제는 괜찮으시잖아요?

내29 : 네, 괜찮아요.

상30 : 그러니까 다시 한번 정신과 약을 드셔 보세요.

내30 : 봉개 가 보니까…… 설사가 나서 간호원이 데려 가서……, 봉개 내과에서 삼일치 약을 지어 줘서 먹고 나서 나았어요.

상31 : 정신과 약을 이제 잘 드시고 훨씬 건강하게 잘 지내실 수 있으니까 드셔 보세요!

내31 : 그냥 그대로 있어요!

상32 : 설사 멈추었으니까 다시 한번 드셔 보시고요…… 그리고, 어쨌든, 이제 여기 다른 분들하고 지내시기가 좋으시잖아요?!

내32 : 네, 다른 분들은 참 좋습니다. 그런데 여기 옆에 있는 분이 그렇게 밤에 코를 고는 통에 잠을 못 잡니다. 그냥 밤에 커억! 커억! 합니다. 제가 잠을 못 자요!

상33 : 많이 불편하셨겠네요!!

내33 : 네, 그래서 사무실에 몇 번 얘기했더니, 할머니 한 이삼 개월만 참으면 할머니 편한 곳으로 모실테니까 그때까지만 참고 계시라고 해서……

상34 : (네에!) ……

내34 : 그래서, 밤에 잠을 잘 수가 없으면, 밤중에라도 나가서 아까 보셨던 테레비 보는 데 가서 침대 의자에 편하게 앉았다 오고 그렇게 들락날락 그럽니다. 요즘은 꾹 참고 있습니다.

상35 : 네, 여기서 잘 좀 자리잡고, 여기서 잘 지내시는 게 좋겠어요. 따로 독립하여 살림 사시는 것도 좋지만, 애들도…… 큰 아들도 자꾸 와서 문제를 일으키고 하니까 좀 정리해 놓고……, 딸도 자기 살게 놔 두고…… 여기서 잘…… 다른 분들하고 같이 교회도 다니시고 하면서 지내시는 게 제일 좋을 것 같고, 그래야 애들도 자기들이 안정이 되었을 때 편하게 찾아 올 수도 있잖아요?! 그지요?! ……큰 아들도 어쨌든……(정신 차리고 잘 생활해 나가야 좋지 않겠습니까?!)

내35 : 큰 아들한테는 아예 신경 안 씁니다. 집에 가서 옷도 하나 못 가져왔어요! 센터에서 와서 잠바 하고 이렇게 몇 가지 줘서 입고, 나는 또 나대로 한번 어떻게 해서 딸한테 찾아가서 옷 가지를 좀 챙겨서 엄마한테 가져다 달라고 해야겠다 했어요…… 그래서, 옷도 하나도 없었었는데 이것도 딸이 사 준 거예요.

상36 : 누가 사다 줬어요?

내36 : 딸이!

상37 : 딸이 여기 같이 왔었어요?

내37 : 아니요. 제가 갔거든요! 딸네 집에……

상38 : (아) 네!!

내38 : 센터 선생님이 지금 양로원에서 지내려면 옷들도 있어야 되고, 양말도 있어야 하고, 세숫대야도 사야 되고, 쓰레빠도 사야 되고, 커피도 있어야 되고 (겸연쩍은 웃음)…… 이것 저것 사야 된다고 딸네 집에 가서 다 얘기해가지고 이거 딸이 다 사준 거예요!!

상39 : 딸이 여기 오지는 않았고……?

내39 : 네, 오지는 못했습니다.

상40 : 센터에서 사람이 가서 이러저러한 것이 필요하니까 좀 사서 보내달라고 해서, 딸이 사서 보낸 건가요??

내40 : 아니요. 센터에서 가지는 않고 저 혼자만 가서 센터에서의 이야기가 이렇다 하니까…… 딸이 사서 실어다 줄 수 있는 시간이 없어서……, 이것 파는 곳이 친구네 집이니까, 실어다 주었어요!

상41 : 실어다 주고……! 그러니까 딸은 돈만 내고 사서 이 물건들을 어머니한테 갖다 드려라…… 하고는 오지는 않았군요?!

내41 : 네.

상42 : 왜 한번 온다고 그러더니……?

내42 : 네, 언젠가는 한번 와서, 참……, 선생님들도 뵙고……, 고맙다는 인사도 드려야죠!

상43 : 글쎄(말입니다) …… 그래야죠!

내43 : 이번에도, 딸이 포도 한 박스 사서 사무실에 갖다 드리고, 음료수 사서 할머니들 하나씩 갖다 드리라고 했어요!

상 44 : 딸도 바쁜가 보다! 그지요!…… 딸도 바빠서 못 오는가 보다!

내 44 : 네, 주유소에서 일하니까……

상 45 : 오, 그러니까 바쁘다! …… 그날 처음 여기 양로원 오실 때도 같이 오기로 했지 않나요? 병원에서는 저한테 그렇게 말씀하셨잖아요?

내 45 : 아니에요! 병원서 선생님과 예기할 때는 그랬었는데 못 왔어요!

상 46 : 오지를 않았군요!

내 46 : 그리고, 또 제가 오지 말라고 했어요! (센터)선생님들이 나를 데려다 주니까……

상 47 : 그래, 그 다음에 센터에는 한번 내려 가 보셨어요?

내 47 : 못 가 봤어요! 한번 와서 밥도 먹고 놀다 가라고 하는데…… 여기서 버스 한번 타려니 힘이 들고……, 거리도 너무 멀어서……

상 48 : 그러니까, 센터에 계신 그분들이 따님한테 연락을 해 가지고 여기 이 물건들을 장만해라 이렇게 한 거네요?

내 48 : 아니, 제가 가서 직접 얘기해서 직접 사 가지고 온 거예요!

상 49 : 아! 안 가셨다고 하지 않으셨나요?

내 49 : (약간 마음이 언짢아진 듯한 말투로) 제가 직접 갔었다고 했었잖아요?!

상 50 : 그럼, 딸네 집에 가서 딸을 만나셨군요?

내 50 : 네.

상 51 : 잘 하셨네요!

내 51 : 제가 전화를 했었어요! 그랬더니, 어머니 그러면 주유소로 오면 지가 사서 드릴 것도 있으니까 오라고 해서…… 딸이 주유소에서 잠깐 나와서 물건들 사서 실어 줘서 가지고 돌아왔어요! 그때, 딸이 포도 한 박스 사서 사무실에 갖다 드리고, 음료수 사서 할머니들 하나씩 갖다 드리라고 했어요! 그리고, 언젠가 시간 내서 한번 와서, 선생님들도 뵙고 고맙다는 인사도 하겠다고 했어요!

상 52 : 딸이 착하네!…… 음! 음!

내 52 : 제가 집에서 나와 버리니까 큰 아이한테 동사무소에서 돈이 조금 나오는가 봐요. 한 이십만원쯤. 그거 해 봐야 집세 내면 남는 것도 없지만…… 큰 아들이 제가 집 나온 다음에는 술도 좀 덜 먹고 동생들한테 '너희는 어머니 어디 가 계시는지 알면서도 나한테는 죽어도 말 안 해준다' 고 뭐라고 했다는데, 딸이 그랬데요. '우리도 어머니 어디 가 계신지 몰라서 애가 타는데, 어머니 그렇게 쫒아 낸게 큰오빠이지 우리 동생들이냐' 고 막 해 주었다네요……

상 53 : 아드님은 좀 따로 놔 두는 게 좋을 것 같기도 하고…… 아들도 나중에 자기반성도 좀 하고

내 53 : 나는 이왕 여기에 나왔으니까 여기서 세월 좀 지내고 있으면……

상 54 : 네, 그게 좋을 것 같고 마음도 그렇게 정하고 ……, 또 아들도 반성도 좀 하고 나서 잘 되었을 때 다시 또 보면 되지요! 아들, 딸이 보고 싶지 않은 사람이 어디 있겠어요?!

내 54 : 네, 그럼요! (쾌활한 어조로) 보고 싶으면, 하룻밤 자고 와도 되고, 또 가고 싶으면 언제든지 나가도 된대요!

상 55 : 네……, 여기서 좀 자리 잡으시고, 큰 아들도 좀 자리도 잡고 마음도 잡고 나서 그때 만나는 게 좋을 것 같고, 또 강○○ 씨가 여기서 자리를 잡고 있으니까 아들하고도 좀 거리를 두고 만날 수 있지, 같이 집에 살고 막 술 먹고 들어오는 거 보고 그럴려면 너무 힘들지 않겠어요?! 여기에 너무 잘 오셨다고 생각이 들어요. 어쨌든, 이 자리가 마침…… 그쪽 노인센터에서 특별하게 부탁해서 자리를 해 준 거라고 하더라고요! 너무 고마운 일이에요! 제가 그 노인센터 분들을 자주 만나거든요.

내 55 : 네, 네. 너무 고마워요!…… 그런데, 당뇨약도 아직 한 달분은 있는데……언제 검사 받으러…… 피검사도 해 보고…… 한번 검사해야 되는데, 날짜를 모르겠어요! 그 영수증을 센터에서 가지고 있을 것으로 생각했는데……

상 56 : 병원에 전화해 보면 그 예약한 날을 알아요. 여기 간호사한테 ○○대학병원에 언제인지 확인해 달라고 하면 확인해 줄 거예요.

내 56 : 그럼 언제가 될까요? 피검사도 하고…… 해 보라고 그랬는데…… 제가 잊어 버렸어……(헤,헤,헤)

상 57 : 날짜를 알아 달라고 하면, 전화로 확인이 될 거에요. 간호사 있잖아요? 사무실에! ○○대학병원에 전화해 달라고 해서 언제 가는 날인지 그걸 알아 달라고 하세요!

내 57 : 선생님한테는, 제가 그걸…… 한 달에 한번 먹는 약 그거 다 먹으면 오

라 그러셨죠?

상58 : 네.

내58 : 그럼 13일날 가면 되겠네요!

상59 : 여기서 잘 정리하고 잘 계시면, 저는 정신과 약도 조금 잘 챙겨 드시는 게 좋겠고…… 정신과에서도 그러고…… 정신과 선생님도 전문적으로 잘 보시는 분이고 제가 같이 상의를 했거든요! 설사 끝났으니까 잘 드시는 게 좋겠고…… 제 생각에는 어떻게든 주변 분들하고 잘 지내면서…… 여기 있으면서 아들-딸도 좀 떼어 놓고 이렇게 지내시는 게 좋을 것 같아요! 여기는 뭐 생활하는 거 이런 거 참 잘 보살펴 주잖아요?!

내59 : 네.

상60 : 그렇게 잘 정리하면서 주변에 산보도 가끔 나오시고……

내60 : 네, 네.

상61 : 가끔 저의 집에도 들리시고 그러세요. (허허허허)

내61 : 네, 네. 너무 고맙습니다.

상62 : 잘 정리하고 앞으로…… 잘 해 나가시는 게…… 저는 그만 가……

내62 : 아이고, 고맙습니다. 이거 원 대접할 것도 아무 것도 없습니다……

상63 : 아니, 아니에요! 제가 뭐 대접받으러 왔나요, 뭐. 그리고, 제가 녹음을 저번처럼 한 것…… 지금 얘기한 것을 녹음해 가지고 노인상담연구회 분들과 같이 얘기를 나누려고 합니다.

〈상담자 논평〉

환자는 지지상담을 종결한 후 한달 정도 지난 후, P 양로원 양호관리간호사와 함께 J대학교 병원 여성노인학 진료센터를 찾아왔다.

환자의 표정은 전에 한 번도 보지 못한 밝고 활기찬 것이었으며, 화장도 곱고 단정하게 공들여 하고 있었다. 옷도 깨끗한 새 옷을 입고 있었으며, 밝은 색깔이었다. 의사와의 대화의 속도와 내용에 있어서도 훨씬 안정적이었으며, 이전보다 분명하고 편안하게 자신의 뜻을 전달하고 있었다. 환자는 정신과에서 처방한 약은 전혀 먹고 있지 않으며 먹고 싶지 않다는 의지를 분명히 밝히고 있었으며, 노인여성학 전문의사가 처방해 주고 있는 골다공증 등에 대한 노년관리 처방은 잘 복용하며 부수적 지시도 철저히 지키고 있다고 하였다. 질병의 치료만으로 노인병의 진료가 끝나는 것은 아니라는 것을 새삼 느끼는 순간이었다.

함께 온 양호간호사의 말에 의하면, 새로 입소한 양로원 내에서도 잘 적응하고 있으며, 새로운 희망과 자신감을 가지고 활기차게 자신의 삶을 사시려고 노력하는 것이 보인다고 하였다.

앞서 노인의학의 기초배경지식에서 언급한 바와 같이, 노인병 환자를 대할 때에는 주변 환경과 사회적 평가가 반드시 수반되어야 한다. 환경 평가에서 가장 중요한 인자는 주거환경이 된다. 특히, 냉난방 상태와 낙상을 유발할 수 있는 위험 요인의 유무를 살펴보아야 하므로 진료실을 벗어나 노인 환자의 가정방문이 이루어 질 수 있는 진료환경이 구축되어야 한다. 환자의 하루 일과와 사회 활동 여부를 알아보고, 친구 및 이성 혹은 배우자 관계를 비롯하여 다른 가족과의 관계 등과 함께 어려운 문제에 봉착할 경우에는 누구와 주로 의논하는지 등을 자세히 알아보는 것이 필요하며, 경제력도 매우 중요한 인자로서 자신의 경제력은 어느 정도이고, 도움을 받는 경우에는 주로 누구의 도움을 받고 있는지, 간병인을 두고 있는지 등을 알아보아야 노인 환자 진료의 궁극적인 목적을 성취할 수 있다.

이러한 평가과정을 통하여 자연스럽게 노인 환자에게 필요한 개인 차원의 상담심리학적 조력이 시의적절하게 주어질 수 있도록 하여야 하고, 지역 공동체 혹은 국가적 차원의 행정적 혹은 정책적 지원이 적절하고 충분하게 이루어질 수 있어야 할 것이다.

3) 슈퍼바이저의 피드백

(1) 이장호 슈퍼바이저 피드백

〈1, 2회기 상담축어록에 대한 슈퍼바이저의 논평〉

- 일시 쉼터생활의 ct는 요양원보다 (기초노령보조금 수혜의) 독립적 거주형태를 희망하며, 아들과의 동거 및 대면까지도(?) 회피하는 할머니로 이해되면서, 주목될 Co-Ct의 현실적 관심은 현 쉼터 젊은이들과의 소원관계 개선으로 느껴집니다.
- 면담과정 중 상담자 언급들에 대한 상담심리적 개인 feedback으로서는, 상

12, 21, 25 등이 노인상담에 적절한 restate 및 paraphrase형 반응이고, 상 30, 41는 화제(초점) 변경, 상 16, 18, 24에선 아들 및 쉼터사람들과의 관계 '정서'를 탐색하거나 더 표현토록 촉진필요감(感)이고, 상 55, 56은 '더 건강해보이는 모습의 적시(강화)' 적 언급이며 상 70의 회기종결 언급도 적절한 내용으로 느껴집니다.

(2) 금명자 슈퍼바이저 피드백

이 사례는 부인과 전문의가 자궁경부암수술 후 정기적으로 검진하는 74세 중간 노인환자를 대상으로 상담을 시도한 사례이다. 내담자에 대한 이해를 먼저 다루고, 상담적 개입에 대하여 논의하기로 한다.

1. 내담자의 이해

- 경제적으로나 가정적으로 매우 피폐한 환경에서 살아왔고, 현재에도 신체적으로나 환경적으로 안정적이지 않은 내담자이다. 알코올중독 큰아들의 행패가 주기적으로 있고, 딸이 있습니다만 친밀하지 않은 관계입니다.
- 우울이 심하였으나 주거지 안정과 상담이 진행됨에 따라 우울의 호전이 있었으며, 치매를 보이는 증상은 미약하다.
- 아들이나 딸에 대한 부모로서의 책임과 관심보다는 원망과 부정적 기대가 크며, 미숙하여 회피한다. 자녀와의 관계를 다룰 수 있는 힘이나 방법이 부족하다.
- 주거적 안정과 시설에서의 관계나 역할 안정성이 필요하다.

2. 상담적 개입

- 변화 요인: 내담자는 상담자와 의존적이면서도 신뢰하는 관계를 맺었으며, 변경되는 주거시설에서 안정을 취하는 성과를 보인다. 이는 노인여성학 전문의사와의 특별한 상담을 통해 심리적 지지, 물리적 지원(따로 돌봄상담을 받고, 양로원 입주에 대한 간접적 지원 등)을 받았기 때문이다. 의사선생님이 자신이 있는 곳까지 찾아와서 자신의 생활과 마음까지 돌보아주는 특혜를 입은 내담자는 현재 생활을 할 수 있는 자신감을 얻었다. 이러한 과정을 통해 노인상담에서는 자각이나 통찰, 행동변화의 노력보다는 심리적 지지와 물

리적 지원이 중요한 요소임을 확인해준다.

- 상담의 성격과 목적, 목표: 이 사례에서는 초기 구조화나 목표 공유와 같은 과정이 누락되어 있다. '이해와 수용을 위한 지지적 상담' 기대와 내담자가 마음에 있는 속말과 느낌을 많이 보여준 것에 대한 만족감 등을 통해 상담자에게는 내담자와의 관계 형성이 1차적 목표였던 것 같다. 그러나 내담자 개인에서의 변화 관련 목표는 뚜렷하지 않다. 아마도 상담자가 노인여성학 전문의사라는 역할의 이중성 때문에 인위적 과정인 상담구조화나 목표 설정이 오히려 부자연스러웠을 것 같다. 이런 경우에는 1회기 말에 융통성있는 구조화를 하여 상담적 세트로 변화시킬 수 있는 여지를 만들 수 있다.

예를 들면 1회기 말미에 "강 할머니가 그 동안 얼마나 고생스럽게 살아오셨는지 잘 알게 되었습니다. 그런데도 이렇게 마음을 잡고 살아가시는 모습이 참 대단하십니다. 어디 계시든지 인내하시면서 나름대로 인생의 후반기를 잘 적응하시면서 사실 것 같습니다. 이렇게 이야기를 나누니까 강 할머니랑 많이 친해진 것 같군요. 강 할머니는 어떠세요?" "저와 이렇게 이야기를 나누면서 강 할머니에게 도움이 되는 시간이 되었으면 좋겠습니다. 저는 의사이기도 하지만 노인상담을 하는 상담자이기도 합니다. 저와 정기적으로 이야기 나누시면서 강 할머니에게 도움이 되는 시간이 되도록 하겠습니다." 2회기는 시작은 "지난번 이야기를 나누어 강 할머니에 대하여 많이 알게 되었는데 오늘은 어떤 이야기를 하면 강 할머니에게 도움이 될까요?" 하면서 상담을 내현적으로 구조화해나갈 수 있을 것이다.

- 검사 실시와 활용: 상담자는 상담을 위한 다양한 검사를 실시하였다. 의사선생님이 실시하는 검사이니 저항이 없었거나 적었겠지만 일반 상담실에서는 검사 실시에 대한 설명과 결과에 대한 설명과 상담에의 적용에 관심을 가져야 한다.
- 상담기법: 이 사례를 통해 의존적 신뢰관계에서는 특별히 정서적 공감이나 수용이 따로 없어도 관심어린 다양한 질문이 노인내담자를 충분히 지지하고 지원할 수 있음을 보여준다. 또한 4회기 상 35처럼 내담자에게 조언적 지시도 유용함을 알 수 있다. 다만 조언적 지시를 할 때에는 그것이 어떻게 수

용되고, 적용할 의도가 얼마나 있는지 등에 대해 지속적으로 다루는 것이 필요하다. 여기에서는 내담자가 다른 주제로 넘겨버렸지만 상담자는 이를 기억하고 내담자와 이야기하는 것이 필요하다.

본 사례의 상담자는 노인여성학 전문의사이지만 전문상담자의 길을 가고 있는 상담자이다. 강 할머니는 어찌 보면 축복을 받은 내담자이다. 이런 사례는 보기 드문 사례이다. 그러나 노인여성학 전문의사는 노인상담의 중요한 gate keeper 중 하나이다. 이 정도는 아니겠지만 상담적 조망을 가진 노인관련 전문의사들이 노인들에게 얼마나 강력한 지지원이 될 수 있는지, 그러한 지지원이 피폐한 노인에게 얼마나 큰 삶의 힘을 줄 수 있는지 확인할 수 있는 사례이다.

(3) 최승애 슈퍼바이저의 피드백

1회기 상담 소감:

산부인과 진료로 인연을 맺은 환자가 정신과에 내원한 사실을 알게 된 후, 심리상담적 관계로 전환된 독특한 사례이다. 2005년 이후 비교적 정규적으로 진료 장면에서 만나오면서 그동안 내담자와 상담자의 라포 형성이 잘 되어서 그런지 편안하면서도, 상담에 대해서도 거부감 없어진 것 같다.

상담자는 내담자의 가족사항에 대해 세부적으로 물어봄으로써 내담자의 처해진 상황을 파악하였고, 그로 인한 영향이 현재 내담자가 지닌 우울의 원인인지 탐색해 보려고 하였다. 또한 내담자의 주거와 같은 현실적인 문제를 해결하는 데 필요한 정보와 안내를 제공하였고, 지지와 격려를 넘어서 세심하게 보살피려는 마음이 내담자에게 잘 전달된 것 같다.

그러나 이전부터 아는 사이로 충분한 신뢰관계가 형성되어 있었더라도 상-내 관계로 전환을 위해서는 상담 동의 과정 및 상담구조화 작업을 거친 후에 본 심리상담 진행하는 것이 바람직할 것이다. 또한 상담을 시작하려는 시점에서 내담자의 현재 심정이 어떠한지, 상담적 만남을 통해 도움받고 싶은 부분과 바람 등을 나누는 과정에서, 상담자와 내담자간의 목표설정이 뚜렷해질 것 같다.

우울과 병력의 원인에 대해서 가족사항을 파악하려고 했는데 그러한 것들이 내담자에게 어떤 도움이 되었는지, 상담자는 무엇이 파악되었는지 의문이 든다. 사연이 많은 상황 속에서 내담자가 가족 구성원(아내, 어머니)으로 어떤 생활을 하였고, 어떤 마음을 가지고 견뎌왔는지를 질문을 통해 탐색을 시도하면, 내담자는 답변을 하면서 자신의 지난 삶을 되돌아보며 동시에 자신의 더 깊은 내면을 인식하고 열어놓는 시간이 될 것 같다.

애증의 관계인 큰 아들을 바라보는 어머니의 마음과 일찍 사별한 남편에 대한 심정이 어떠했는지를 좀 더 깊이 알아보고, 그에 따른 적절한 공감을 했으면, 내담자도 자기의 삶을 위로하는 힘이 생기지 않을까 생각해 본다.

이를 좀 더 구체적으로 제시하면 다음과 같다.

1) 상담 현장에서는 상담자의 경청, 존중의 태도가 전해졌기에 대화가 이어져 간 것으로 여겨지지만, 막상 축어록만을 살펴보면 상담자의 기본적인 경청의 태도가 내담자가 한 말을 다시 돌려주기, 반영하기, 공감적 반응, 요약 등의 상담자언어반응으로 표현되는 부분이 적었다.
2) 상담자 측에서의 잦은 주제 전환은 내담자에게 사적인 정보를 캐묻는 것 혹은 상담자의 개인적 궁금함을 해결하는 것으로 오해받을 소지가 있다. 이는 내담자에 대한 불충분한 탐색으로 끝나거나 이러한 질문을 통해서 발생되기를 기대되는 내담자의 자기 통찰을 방해할 수 있다(예, 상 8~).
3) 내4의 내담자반응은 큰아들에게 사실과 해결책을 제시하는 반면, 큰아들의 가지고 있을 심적 고통에 대한 연민이나, 공감해보려는 시도가 결여되어 있어 큰아들에게는 비난으로 오해될 소지가 많다. 상담자는 내담자의 이러한 의사소통방식의 특성을 염두에 두기보다 내담자의 시각에 동조하는 인상을 주는 것은 차후에 내담자에게 새로운 문제 조망을 제공하기 어렵게 한다(예, 상 5, 6, 7)
4) 가족관계와 가계도를 탐색하고자 할 때는 내담자의 동의를 구하고 내담자와 협력적인 관계에서 구체적으로 수행하는 것이 바람직할 것이다. 가족에 대한 객관적 관계에 대한 정보 외에 정서적 관계에 대한 탐색이 아울러 진행된다면 치료적 효과를 제공할 수 있을 것이다.

2회기 상담 소감:

상담자의 진심이 담긴 건강에 대한 질문들, 생활에 대한 궁금증이 내담자에겐 관심으로 받아들여지고, 인간적인 만남이 된 것 같다.

노인의 특성을 고려하면서 대화를 잘 이끌어 낸 것 같고, 상담자 집의 위치에 대해 설명을 하면서, 주고받은 대화들이 내담자에겐 친근감으로 느껴진 것 같다. 꾸준히 현실적인 도움(양로원)과 대안을 주려고 하는 것들이 내담자에겐 의지가 되고 위로가 된 것 같다. 이러한 것들이 충분한 라포를 형성하는 데 도움이 된 것 같다.

상담자는 '인간 갈등'을 문제로 여기고 관계형성의 양상을 관찰하였는데, 내담자가 반복되게 반응하는 태도와 대화 습관들이 무엇인지 구체적으로 확인하는 것이 중요한 것 같다. 그리고 그것이 인간관계에서 갈등을 일으키는 데 어떻게 영향이 미치는지 살펴볼 필요가 있다.

내 13의 빨래 감독을 하면서 역할을 잘 해내고 싶은 마음을 격려해 주기도 하면서, 내 17의 서너분 아주머니들과의 좋았던 점과, 내 20의 젊은 사람들과 하고 싶은 말, 앞으로 그 속에서 할 수 있을 것 같은 것들을 대화하면서 관계를 잘 할 수 있는 내적 자원들을 찾아 낼 수도 있다고 생각한다.

내 7의 딸이 찾아오지 않을 때, 내8의 딸과의 갈등상황, 내 9의 딸은 찾았지만 내담자는 거부했을 때의 심정을 적절히 공감해주면서, 내 12의 소용없다고 하지만 인간관계에서 과연 무엇을 원하고 있으며 그것이 채워지지 않으면 허탈해 하는지, 내 22 그렇게 못 하는 것이, 뭣 때문에 마음에 걸렸는지, 내 24 따뜻한 사람들을 그리워하면서도 혼자 있으려 하는 이유는 무엇인지 등을 파악하면 내담자가 상담자와 대화를 하면서 스스로가 '아 내가 그랬었구나' 하는 인식과 함께 내면에 대한 정리가 되지 않을까 생각한다.

상담 진행 속에서 상담자는 상 13의 가실 수가 없지요, 상 28 그동안 쭉 그렇게 해 오셨잖아요? 그지요?, 상 63의 구속도 받고, 눈치도 보고 그런게 많잖아요? 라는 대화가 상황을 단정지어 말하는 듯한데, 오히려 이러한 것들을 내담자로 하여금 설명되어 지거나 이끌어 내면 어떨까 생각해 본다.

3회기 상담 소감:

진료실 밖 대기실에서의 만남이고, 30분의 시간이므로 상담 시간이 짧은 만남으로 되어지리라 예상된다. 내담자의 태도나 대화 속에서 상담자를 반갑게 만나고 있고, 그동안의 지지와 격려로 내담자가 활기를 찾은 듯하다. 새롭게 양로원에서 상담자의 만남을 기대한다.

GDS-K(우울증 검사) 문항 7, 9, 15, 28의 예 응답으로 보아 우울증 감소의 결과가 나왔는데 다음 회기라도 어떻게 좋아졌는지 물어봐도 좋을 것이라 생각한다.

4회기 상담 소감:

내담자가 양로원에서의 불편함을 호소하긴 하지만 잘 지내보려고 하는 의도가 보인다. 친절히 대해 주는 것을 받아들이고, 주변인들과 좋은 관계를 형성하려고 한다. 상담자의 전문적인 직업에 관해서도 신뢰를 하고, 내 25의 힘들 때 선생님을 찾아보려고 하는 도움을 요청할 수 있는 힘도 생겼다. 딸에 대한 미련을 가지고 있지만 경계를 가지려 하고, 자신의 삶을 정착시키고, 받아들이려 한다.

상담자와 만남을 소중히 생각하고, 고마움을 가지고 있다.

내 7이 남을 믿지 못하는데…… 라고 말했을 때, 사람에 대한 믿음을 가지고 인간관계를 잘 해 보려고 하는 시작점이 될 수 있다. 자물쇠를 채워놓는다는 것이 내담자에게 어떻게 다가오는지, 내 15의 사람들이 친절하게 대해 주었을 때 내면에 무엇이 채워지는지, 내 34의 꾹 참을 수 있게 하는 것은 무엇인지, 그럴 때 내담자는 어떻게 하고 싶은지를 말함으로써 새로운 인간관계의 방법, 건강한 관계를 할 수 있는 방법을 찾을 수 있다.

내 28의 약을 거부하는 이유를 들어보고, 약을 먹어야 하는 필요성에 대해 의학적인 전문적 설명을 해주면 약에 대한 거부감이 덜할 것 같다.

내 52의 아들과 딸 사이에서 내담자에 대한 정보를 주지 않아야 되는 것, 그런 이야기를 전해 들을 때 마음이 어떤지, 내 54 힘을 내어 집에 가고 싶으면 언제든지 나가도 된다는 말에 가족들에게 가고 싶은 마음 · 희망에 대해서 공감을 해주면, 양로원의 생활을 잘 적응해 보려는 데 큰 도움이 되리라 생각한다.

전체 상담소감:

2005년도부터 만남을 가지고 내담자의 상황과 여러 특성을 알고 있었고, 상담자의 지속적인 관심으로 라포가 잘 형성되었다. 전체적으로 편안하고, 인간적인 만남으로 진행된 것 같다. 현실적인 문제(주거환경, 가족과 분리 등)를 해결하는 데 있어 정보와 안내를 줌으로써 내담자에게 큰 도움이 되었다.

내담자는 우울과 신체적 병력, 경제적 어려움으로 인해 생활이 힘들고, 가족의 문제들로 인해 상심해 있다. 상담자는 1회기에 가족사항에 대한 구체적인 질문을 통해 내담자의 전반적인 상황을 다시 한번 더 파악하려 했고, 내담자가 지낼만한 양로원에 대한 안내를 해줌으로써, 현실적인 문제를 해결하려고 했다. 2회기에 인간갈등에 대해 문제점을 두고 쉼터 안에서의 생활을 물어보고, 건강 체크와 생활상태에 대한 진심어린 관심을 보임으로 내담자에게 신뢰와 위로를 주었다. 3회기 상담자는 Gds-k, SMCQ, CERAD-K의 결과가 호전된 것을 확인하였고, 대기실에서 만남에서도 반갑게 대면하였다. 4회기에 큰 아들에 대한 힘든 마음, 딸에 대한 서운함을 가지고 있지만, 마음을 새롭게 하고 양로원에서 적응을 잘 해 보려고 애쓰고 있다.

상담의 진행과정 속에서 충분한 라포 형성이 되었다 하더라도, 각 회기 안에서 내담자의 그때마다 심정을 공감해주고, 원하는 바를 물어주면서 상담을 진행했으면 내담자의 내면에 그림이 더욱 뚜렷해질 것이라 생각한다.

큰아들의 알콜릭으로 불안, 우울, 원망 등으로 인한 가족의 관계의 불화, 딸에 대한 서운함, 남편을 일찍 떠나보냄에 대한 허전함, 그러함에도 불구하고 무엇이 견디게 만들었는지, 내담자의 인생에 대한 질문과 그에 대한 답변으로 삶을 되돌아보고, 어떻게 지내 왔는지를 말하면서 자신의 삶을 정리하는 시간이 필요하다고 본다.

상담자는 인간관계에 대한 것을 문제시 하였는데, 가족 쉼터 안에서 어떤 점이 부딪히게 하는지, 친절하고 따뜻한 사람들은 내담자에게 무엇을 채워주는지, 가족 안에서 갈등이 일어날 때 어떻게 해결했는지를 파악하면서 내담자가 앞으로 관계형성을 하는데 있어 수정, 보완점을 찾아 볼 수도 있다. 지금까지 상담이 어떤 도움을 주었는지를 말하면서, 세상을 살아가는 데 있어 도움을 받고, 내담자도 잘 살아보려고 하는 의지에 대해 격려를 하며 상담을 종결하면 좋을 것이라 생각한다.

4) 상담자 후기

노인병 진료와 노인상담을 진행했던 강 할머니는 현재 양로원에서 지내고 있다. 치매는 많이 진행된 것 같다. 걸음걸이, 행동거지, 말씨, 표정 등에서 치매가 진행되고 있음이 느껴진다. 노인여성클리닉에는 석달에 한번씩 양로원 간호사와 함께 정기적으로 방문하고 있다. 골다공증 약과 함께 당뇨약도 잘 챙겨 드시고 있다고 한다. 치매의 진행에 따른 반복적이고 고집스러운 행동과 주장을 조금씩 그리고 지속적으로 보이고는 있지만, 그런대로 양로원에 입소해 계신 다른 분들과도 큰 부딪침 없이 지내고 있으며, 양로원 직원들과도 큰 문제 없이 양로원 생활을 잘 하고 계신다고 한다. 가끔 딸이 면회를 오기도 하고. 외래 진료실에서 만나면 아주 많이 반가워하신다. 병원 진료를 위해 외출하는 날은 화장을 하고, 옷도 예쁜 것으로 골라 입고 소풍 가는 날의 아이들처럼 신나서 오신다고 한다. 선생님은 늙지도 않는다고 농담도 한다. 함께 웃지만, 인생 생로병사의 모든 과정이 조금 슬프게 느껴진다.

강 할머니는 이제 노인상담의 대상이 되지는 않을 듯하다. 강 할머니에게 필요한 일은 현재로서는 지금의 양로원에서 잘 지내시다가, 치매가 심각한 지경에 이르게 되면 치매 노인 전문 요양원에서 인생의 말년을 보내시게 될 것이다. 그것도 운이 좋은 경우에 해당되는 것이 우리의 노인복지의 현실이다.

노인상담과 노인병 진료가 그 자체만으로 노년의 삶의 질 향상을 위해 큰 의미를 가지고 있는 것은 분명하다. 그러나, 그러한 도움만으로 노년의 삶을 평화롭고, 안정되게 영위해 나갈 수 있는 노인 인구는 오히려 소수에 해당하는 것이 우리나라의 현실이다. 여야를 가리지 않고 새로 출범할 정권에서는 복지를 최우선으로 하겠다는 의지를 천명하고 있다. 노인심리상담, 치매의 요양치료와 임종의료 등을 포함하는 의료보장제도의 확립과 죽음을 맞이하는 순간까지 평화롭고 안정된 삶을 누릴 수 있는 실질적 노인복지제도의 확립이 다음 정권에서는 이루어질 수 있기를 성심으로 기원한다.

마지막으로, 여러모로 많이 부족한 사람에게 노인상담에 관한 의미있는 저술작업에 함께 할 수 있는 귀중한 기회와 경험을 기꺼이 내어 주신 이장호 선생님, 금명자 선생님, 최승애 선생님께 글로 다할 수 없는 감사의 마음을 전합니다.

제 3 장

노인 개인상담 사례 연구

1. 〈사례 1〉 남편을 용서할 수 없어요!

(상담자: 최승애, 한동대학교 상담대학원 겸임교수)

1) 내담자 정보

(1) 인적 사항

여, 65세, 초졸, 불교. 토스트 가게 4년째 운영

(2) 신체 및 행동 특징

아담한 체구에 쌍꺼풀이 있는 예쁜 얼굴, 약간 높은 톤의 어법에 맞는 분명한 말투, 초등 졸업 학력을 가진 노년의 여성이나 대화 중 영어와 한자어를 적절하게 사용함. 반듯한 자세로 상담대화를 나눔. 언변이 좋고 지난 시절의 세세한 부분도 잘 기억하고 있으며, 이야기 도중 화가 올라오면 목소리가 더 커지고 다소 냉랭해지며 말이 빨라짐. 공감반응에는 잘 웃거나 울고 잘 받아들이는 반면, 직면적인 내용에 대해서는 인지적으로 수용하면서도 자신이 얼마나 고통 받으며 살아왔는가 하는 다른 일화 등으로 순간 적으로 주제를 전환함.

(3) 이전 상담경험에 대한 정보

수년간 정신과에서 처방된 신경안정제 복용 중, 정신과 면담 경험 있음.

(4) 기타 병력

30대에 자살 기도. 자궁 수술. 신경성 기타 장애

(5) 현재 상담기간 및 횟수

2009. 10. 9.~ 2010. 3. 3. 17회기 진행.

(6) 상담 장소

내담자가 운영하는 가게

2) 상담 및 동기문제

(1) 현재 내담자의 상담 동기

상담자가 노인상담 대상자를 찾던 중, 본 상담자가 소속되어 있는 교회의 부속기관인 노인보호전문기관에서 상담 의뢰됨. 그 기관의 담당자가 내담자에게 상담을 권유하자 오래 전부터 상담을 받고 싶었다고 하여 연결됨. 내담자는 남편의 술과 폭력 문제를 신혼 초부터 가지고 40여년 살아왔음. 최근 생명의 위협을 느낄 만큼 큰 위협이 있어 경찰과 노인학대 예방센터의 도움으로 남편을 요양기관에 강제 입원시킴. 앞으로 남은 생애 동안 남편과의 관계를 어떻게 정립해 갈지에 대한 고민을 하고 있음.

(2) 내담자가 제시하는 문제

술로 인한 폭력을 행사해 온 "남편이 용서가 안돼요." 신경성질환으로 오래전부터 약을 먹어왔고 늘 질병을 달고 살아왔다. 그런데 최근에는 신경정신과 약으로도 마음이 진정되지가 않는다. 자신이 살아 온 이야기를 좀 들어주었으면 좋겠다.

(3) 문제의 발생 시기 및 유지 기간

결혼 초부터 지금까지 남편의 술로 인한 폭력문제로 시달려 옴. 지난 8월 15일 공휴일에 막걸리를 마시며 부부가 대화를 나누던 중 남편이 칼로 내담자를 위협. 내담자가 맨발로 뒷문으로 도망나와 택시를 타고 피함. 이 일이 계기가 되어 남편은 알코올중독 요양병원에 입원하게 됨.

3) 상담 목표 및 치료 계획

(1) 상담 목표

- 부부갈등에 기여하는 자신과 남편의 특성을 이해한다.
- 자존감 강화를 통해 내면의 힘을 가짐으로써 남편에게 자신의 열망과 일치적으로 의사를 전달한다.
- 스트레스 상황에서 비난이나 회피방식이 아닌 일치적 방식으로 대처함으로써 새로운 관계 방식을 형성한다.
- 자신이 원하는 노년의 삶의 모습을 찾아 실행함으로써 스스로 열망을 충족시킨다.

(2) 치료전략

- 공감적이고 수용적 태도로 내담자가 그동안의 삶에서 겪었던 어려움을 듣고, 그 저변에 놓인 감정과 기대들을 탐색하고 이해한다.
- 가계도 작업을 통해 원 가족으로부터 해결되지 않은 개인의 문제 및 부부관계 역동을 이해한다.
- 가족조각을 통해 현재 가족의 모습을 인식하고, 변화시키고 싶은 가족의 모습을 가시화한다.
- 빈 의자 기법, 역할 놀이, 모델링기법을 활용하여 자신 및 타인의 감정을 재경험하며, 자기 주장 및 타인 공감 능력을 향상시킨다.

4) 가족 평가

(1) 가계도

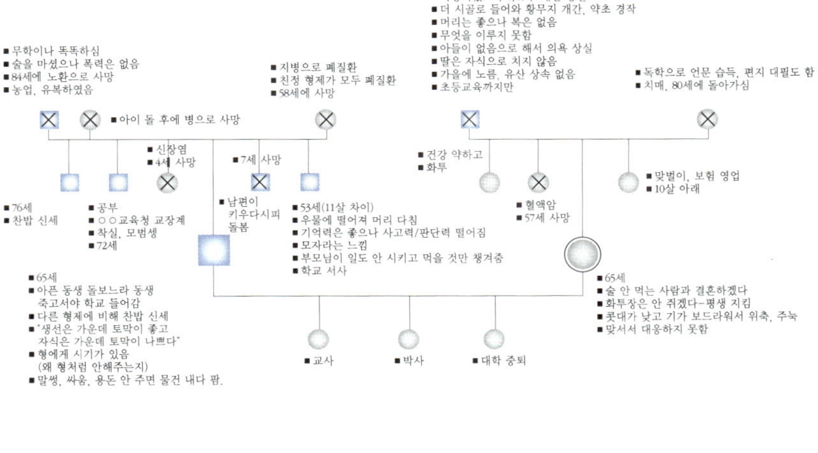

(2) 가족구성

남편(65세): 기술직으로 정년퇴직, 현재 알콜 중독과 폭력으로 알콜 요양보호시설에 입원 중.

큰딸(42세): 교대 졸업, 교직, 남편과 3자녀를 둠.

큰아들(37세): 박사. 연구원. 결혼 3년, 자녀 없음. 아내가 혼자 이혼을 고려하다가 회복됨.

작은 아들(34세): 군복무 후 복학하여 대학 3년에 제적으로 중퇴, PC방 사업 등 여러 사업에 실패하고 현재 고향에서 부모와 거주.

(3) 심리평가

노인의 신체 활동 수준은 전반적으로 양호함.

[노인 우울 검사 사전-사후 실시]

문 항	예	△	아니오
1. 쓸데없는 생각이 자꾸 떠올라 괴롭다.			V
2. 아무 것도 할 수 없을 것처럼 무기력하게 느껴진다.			V
3. 안절부절 못하고 초조할 때가 자주 있다.	V		○
4. 밖에 나가기보다는 주로 집에 있으려고 한다.		○	V
5. 앞날에 대해 걱정을 할 때가 많다.	V		
6. 지금 제가 살아있는 것이 참 기쁘다.	V		
7. 인생은 즐거운 것이다.	○		V
8. 아침에 기분 좋게 일어난다.	○		V
9. 예전처럼 정신이 맑다.	V		
10. 건강에 대해서 걱정하는 일이 별로 없다.		○	V
11. 내 판단력은 여전히 좋다.	V		
12. 내 나이의 다른 사람들 못지않게 건강하다.	V		
13. 사람들과 잘 어울린다.	V		
14. 정말 자신이 없다.	○		V
15. 즐겁고 행복하다.		○	V

16. 내 기억력은 괜찮은 것 같다.	V		
17. 미쳐버리지나 않을까 걱정이 된다.			V
18. 별일 없이도 얼굴이 화끈거리거나 진땀이 날 때가 있다.	V		
19. 농담을 들어도 재미가 없다.			V
20. 새로운 일을 시작하는 것이 어렵습니까?	V		
21. 기분이 좋은 편이다.	V		
22. 앞날에 대해 희망적이다.	○		V
23. 사람들이 날 싫어한다고 느낀다.			V
24. 나의 잘못에 대해 항상 나 자신을 탓한다.			V
25. 전보다 화가 나고 짜증이 날 때가 많다.			V
26. 전보다 내 모습이 추해졌다고 생각한다.			V
27. 어떤 일을 시작하려면 예전보다 힘이 많이 든다.	V		
28. 무슨 일을 하든지 곧 피곤해진다.			V
29. 요즘 몸무게가 많이 줄었다.			V
30. 이성에 대해 여전히 관심이 많다.	V		

* 사전 검사: V , 사후 검사: ○

5) 전체 회기 요약 (괄호 안은 상담자 반응임)

1회기: 10.9(금)	2회기: 10.14(수)	3회기: 10.15(목)
4회기: 10.22(목)	5회기: 10.26(월)	6회기: 11.2(월)
7회기: 11.11(수)	8회기: 11.16(월)	9회기: 11.20(금)
10회기: 11.23(월)	11회기: 11.30(월) 1차 종결	12회기: 1.11(월)
13회기: 1.19(화)	14회기: 1.26(화)	15회기: 2.16(월)
16회기: 2.23(화)	17회기: 3.3(수) 2차 종결	

1회기(10. 9, 금)

[녹음에 대한 동의를 구함, 인적사항과 노인우울질문지를 이해할 수 있도록 설명해주면서 질문하고 내담자가 답변하며 대화하듯이 진행]

(상담 받고 싶은 것은?) 폭풍의 세월을 살아서, 정말 고통의 세월을 살아서 그동안의 고통의 세월을 뒤돌아보고 싶지 않다. 다 상처뿐이다. (두 분은 어떻게 만나시게 되었나요?) 그게 운명인지. 초등학교 때 한 해 선배인데, 시숙이 선생님이신 학교에서, 그 때 봤을 때는 참 키도 크고 피부도 희고 인물이 아주 군계일학이랄까 아주 돋보여서 그 인상이 남아있었다. 그러다 우연히 친구 엄마의 외사촌이어서 놀러온 것을 보았는데 어린 시절에 보았던 괜찮은 인상이 있어서. 젊었을 때는 어디 내놔도 정말 체격도 좋고 운동도 많이 해서 역삼각형에다가 피부도 희고 어디 나서면 멋있었다. (어울리셨을 것 같아요.) 저는 키도 작고 그 때만 해도 제가 어떻게 생겼는지를 몰랐다. 예쁜지 안 예쁜지 키 작은 것도 마이너스고 어렸을 때 눈이 쌍꺼풀졌다고 하는데 그 쌍꺼풀이 뭔지도 몰랐어요. 오히려 눈이 너무 동그라면 남에게 나쁜 인상을 주지 않을까 마이너스라고 생각. (자신이 예쁘신 것은 모르고 남편 분 잘 생기신 것만 보셨군요.)

젊을 때는 친구들이 네가 있어야 재미있다고 그랬다. 농담도 잘하고 우스운 소리도 잘하고. 이제 평생을 고통스럽게 억눌려서 사니까 자신감을 잃어버리게 되더라. 남에게 앞에서 말하는 것도 조심스럽고 이 말을 해서 될까 안 될까 싶고 그러다가 어떨 때 용기를 내서 어떤 말하면 제가 잘 못 말한 것이 아닐까 이런 생각에 부끄럽고 얼굴도 화끈거리고 달아오르고 그랬는데, 이제 요즘은 나이가 더 드니까 60이 넘으니까 펀치라는 것이 생겨서 웬만큼 제가 말을 잘 못해도 이해를 해주겠지 싶고 그리고 장사를 하면서 좀 더 나아졌다. 이 가게를 안 했으면 질식했을 것 같다. 그 전에 특히 남편 앞에서는 주눅이 들어서 말도 안했다.

(상담 받고 싶으신 것은 무엇이세요?) 남편이 용서가 안돼요. 그냥 살긴 살아도 용서가 안 되고 예쁘게 안보여요. 너무 쌓이고 응어리가 많아서 이야기하려면 한 달 이야기해도 다 못할 것 같아요. 결혼 초기부터 목 조르고 칼 갖다 들이대고 주방에 끌고 가서 가스 선 끊어서 라이터 들고 불붙인다고 뭐. 가지가지 말도 못해요. (질문지에 답변하실 때, 가족 관계에 불만족, 경제적 어려움, 건강상의 어려움을 이야기하시면서도 삶의 의욕을 가지고 계셨는데, 상담 받고 싶으

신 것은 결혼 후 오랫동안 폭력을 해온 남편에게 받은 마음의 상처를 다루고 싶으신 거군요) 네.

2회기(10. 14, 수)

[커피와 다과 준비를 해 놓음]

제가 처음에는 남편에 대해서도, 남편 가족에 대해서도 시부모에 대해서도 정말 사랑을 느끼고 이해를 하고 그랬거든요. 정말 착했거든요. 시어른들이 당치않게 어떤 시집살이를 시키고 모진 말을 해도 어른들이 연세가 있고 촌 어른들이라서 몰라서 그러시는 것이지 며느리가 특별히 미워서 그런 것은 아닐 것이라고 이해를 했는데 오히려 요새 와서 진짜 못된 마음이 들어요. (나에게 모질게 하는데도 젊은 시절에 그렇게 착하게만 살아온 것을 생각해보면 내 자신이 어떻게 느껴지세요?) 제가 너무 바보스럽게 살았다. 왜 그렇게 살았을까 싶어요. 정말로 제가 남에게 피해 안 끼치고, 젊었을 때는 그 고통을 받으면서도 친정 부모나 동기들에게 피해 안주려고 정말 입 밖에도 내지를 않았거든요. 항상 아닌 척, 아무 일도 없는 척 그렇게 사니 그것이 다 병이 되더라구요. 40대를 넘어서니. 그게 다 병이 되니 이제는 푼수처럼 자꾸 말을 해야 되겠어요. (그런 이야기를 지금 하시면서 마음이 어떠세요? 지금 목도 타고 그러시는데) 화가 자꾸 받쳐 올라오지.

(지난 시간 남편을 용서가 안 된다고 하시는 이야기가 저에게는 '남편을 제가 용서하면 좋을텐데' 그런 마음이 있으신 것처럼 생각되었는데) 용서할 마음이 안 들어요. 그런데 용서를 하면 내 마음이 편하겠죠. 용서해야 내 마음이 편한데 용서를 할 수 없는 것은 그 사람이 정말 딴 사람이 되어서 과거지사가 어떻든 간에 지금부터라도 나한테 속 안 썩이고 다정하게 대해 주고 술 먹고 행패 안 부리고 포악한 행동 안하고 이러면 되는데. 용서할 수 없는 일이 자꾸 앞으로 발생할 것이라는 생각이 드니까. 죽지 않는 이상 저 사람이 변할 것이라는 생각도 별로 안 들고요. 제가 불교를 가지고 있거든요. 항상 불교에서 그러거든요. 마음의 모든 것을 털어내라. 그래서 제 마음을 다스려서 그렇게 하고 싶은데 여건이 그렇게 안 되잖아요. (그러니까 자신이 지금 편해지고 싶으시군요. 과거에 응어리진 상처를 자기자신이 좀 씻어내면 좀 편해질 것 같은데, 그것을 씻어내는 것이 용서일 것 같았군요.) 자식 세 명을 붙잡고 아빠 사랑까지 아빠 몫까지 다

하려고. 애들이 청소년기에 탈선이라도 하고 잘못될까 정말 최선을 다했어요. (자식 이야기하시니까 눈물이 고이시네요.) 다행히 애들이 탈선 없이 잘 컸어요. 공부도 곧 잘해서 자기가 원하는 대학에 척척 다 들어가고. 저도 공부를 잘했거든요. 들으면 듣는 대로 머리에 다 들어가고. 정말로 너무 공부가 하고 싶었는데. 촌에 살면서 부모님도 가난하시고 공부할 여건이 안 되어 못 했어요. 그래서 자식들만큼은 제대로 키우고 교과서적으로 반듯한 사회일원으로 내보내겠다. 제가 비록 집에서 사회에 공헌하는 바는 없지만 가정에서 자식을 반듯하게 잘 키워 사회에 내보내는 것도 국가적으로 보면 제가 큰일을 하고 있다. 이런 자부심 같은 것을 가지면서까지 애들을 돌보았어요. 나만이 이 가정에서 자식들에게 바람막이가 될 수 있다. 목숨을 바쳐서라도 제가 해야 한다. 자녀들 이야기 더 해도 되나요? (지금 이야기하시면서 이렇게까지 하신 것에 대한 자부심도 있지만 이렇게까지 해야 했던 서러움도 올라오시는 것 같아요.) [자식 이야기를 순서대로 비교적 상세히 자랑스럽게 이야기함.]

3회기(10. 15, 목)

제가 자살기도도 해보았다. (어떻게?) 쥐약을 먹었다. 손쉽게 구할 수 있는 것이 그것밖에 없었다. (몇 살에?) 30대 중반에. 자살기도를 했는데, 한 집에 살던 사람이 일찍 발견을 하고 병원에 데리고 가서 살려 놓았다. (누가 죽고 싶어서 죽겠어요. 얼마나 고통스러웠으면 죽음으로 그 고통을 피해보려고 하겠어요.) 네. 그 때 안 죽은 것이 감사하긴 해요. 그 때 죽었으면 지금만큼이라도 자식들을 못 키웠을 거다.

(그런데 남편 분을 어떻게 우리 교회 ○○○권사님과 연결해서 병원에 입원시키시게 되신 건가요?) 8월 15일 휴일 장사가 잘 되어 기분이 좋았다. 평소에는 막걸리 작은 사이즈를 한 병 사가지고 남편 혼자 먹는데, 그날은 기분이 좋아 나도 먹으려고 큰 병을 샀다. 우리 토스트가 맛있다고 ○○시에 소문이 자자하거든요. 우리 소스는 제가 개발을 했거든요. 애들부터 어른까지 다 좋아한다. 사람들 전부 그래요. 우리 영감은 제가 잘하는 건 다 인정하기 싫어해요. 나한테 콤플렉스가 있는지 인정을 하기 싫어서 쓸데없이 소스를 누가 다른 사람이 가르쳐주었다고 자꾸 쏘아요. 성격을 알기에 제가 "당신을 어떻게 이기겠노. 나는 마 할 줄 아는 것도 없고 됐다 마 치우자 마"하고 일어섰어요. 그 말에 속상하고

기분 나빠서, 저도 비꼬는 말로 했고 아무리 비꼰들 그게 칼 가지고 와서 찔러 죽일 만큼 큰일입니까?

[남편이 목을 조르고 칼을 목에 갖다 대기에 빌면서 그 상황을 모면하고, 남편이 담배 피우러 나간 사이, 뒷집 담장을 가방만 들고 맨발로 넘어 택시타고 무조건 멀리 가달라 요청 중, 택시 기사가 행색을 보고 경찰서에 신고하라고 데려다 줌. 경찰서에서 자녀들에게 연락하고 근처 병원에 모셔가서 안정을 취하도록 조치해 줌. 그러나 수년간 정신과에서 받은 신경약을 먹고 잠들어와서인지 약으로도 안정 안 됨. 피 흘리는 환자가 들어오는 응급실 상황이 더 무서워 병원에서 나와 공황상태로 아는 모든 지인에게 연락. 딸도 연락되어 온다고 하고, 알고 지내던 OOO권사가 쉼터로 데리고 감. 쉼터의 도움으로 남편을 알코올 중독 치료 전문병원에 보내게 됨]

(이런 삶의 이야기를 저한테 나눠주시고 난 지금 마음은 어떠세요?) 모든 그런 아픔과 고통을 꼭꼭 숨겨놓고 나만 간직하고 살다가 맨 처음 털어놓았을 때는 가슴이 편했어요. 누군가 들어주기만 해도 좋겠다 했는데, 지금은 털어 놓는다고 해서 해결되는 것이 아니니까 (앞으로도 저와 몇 번 더 만나서 이야기를 좀 더 나눠보고 이런 대화를 하는 것이 문제를 좀 해결하는 데 도움이 될 것이라는 기대가 어떻게 좀 있으세요?) 도움이요? 휴~ 글쎄요. 열쇠는 영감이 쥐고 있는 것 같아요.

(제가 가지고 있는 생각을 들어보시겠어요? 남편 분은 지금 전문병원에서 치료를 받는다고 생각을 하구요. 남편 분이 변하든 변하지 않든 변화할 수 있는 사람이 있어요. 어머니가 변할 수 있는 힘을 상담 안에서 찾고, 힘을 길러서 상황도 변화시킬 수 있는 쪽으로 저는 상담하고 싶어요) 네? 힘이요? (지금까지…… 이제는 어머님 안에서 힘이 생겨서 스스로 자신을 지킬 수 있어서 남편이 나를 함부로 대하지 않도록 하는 그 힘이 어머니 안에서 나왔으면 좋겠어요. 그럴 때 △△시에 살거나 OO시에 살고 있는 자식들이나 막내아들까지도 엄마가 아버지를 감당할 수 있다는 것이 있어야 자식들도 자신의 삶에 집중해서 편안하게 살 수 있을 거여요. 이런 것을 원하세요?)

원해요. 그렇게만 된다면 저는 정말 노력할 것이고, 그렇게 되도록 마음을 열 것이고 애쓸 것이고, 정말 다 할 거예요. 그렇게만 된다면. 그래서 내 삶에서 자식들을 분리해서 저들도 자유롭게 해주고 자식들한테도 면목이 안서고 부끄러운 일이거든요. 부모는 언제까지나 자식의 밑거름이 되고 은신처가 돼야 하는데, 제가 뭐 나이 너무 많아서 지금 자식의 도움을 필요로 하는 것도 아닌데 지금 자식한테 이렇게 마음의 부담을 주는 것은 나도 지금 원치 않거든요. 정말 당당하게 살고 싶어요. (당당하게 살고 싶으시군요.) 네 (당당하게 사실 수만 있다면, 뭐가 마음속에서 채워지시는 것 같으세요?) 당당하게 살면 저는 즐기면서 살고 싶어요. (음~ 즐거움이 막 생기실 것 같으세요?) 네. 즐기면서 제가 하고 싶은 것도 하고, 자전거도 배워서 유니폼 딱 차려 입고 자전거도 타고, 더 나이 들면 뭐 노인회관 같은 데 가서 댄스도 배우고, 하고 싶은 게 많아요.

4회기(10. 22, 목)

남편에게서 변화가 좀 있는 것 같아요. 그렇잖아도 제가 편지를 전해드리려고 했어요. (와. 글씨가 교과서에 나오는 글씨 같아요.)「사랑하는 당신께 며칠 사이에 잘 지냈는지 먼 산에 나뭇잎이 단풍이 들기 시작하는군요. 이제 우리 어제가 과거라고 이제는 지난 과거를 다 잊어버리고 용서해주게. 다 내 잘못이야 나의 건강과 우리 가정, 당신을 위해서 술을 끊기로 결심을 했네. 남은 여생 즐겁게 살아보자구. 금주하기로 결심했네.」(와~ 어머나 이게 뭐에요? 피로 쓰신 글씨에요?) 네. 그런 것 같아요. (그런 의미로?) 그렇지요 뭐. (막내아들 ○○가 당신이 먼저 죽겠다고 하더군. 나도 힘내서 신경치료 잘 하고 다시 만나서 잘 살아보자구. 이 말이 어떻게 저한테는 굉장히 감동적으로 들려요.)

저는 감동적으로 안 들려요. (이렇게 말씀하신 적이 여러 번 있으세요?) 여러 번 있는 건 아닌데 제가 아직 마음이 안 열려서 그런가 봐요. (편지 한 장으로 마음이 열릴 정도로 간단했던 것이 아니었죠.) 그래도 이것은 며칠 사이 좀 의외여요. 이제 심경의 변화가 확실히 온 것 같다는 생각이 들기도 해요.

(저는 두 분의 가계도를 살펴보면서 성장기를 보고 싶은데요) [남편 가계도 작업 설명.] (부모님이 형 닮아라 하면서 형만큼 대접은 안 해준다는 생각에 서러움과 원망감, 억울함이 많으셨겠어요. 이렇게 살아온 남편 분을 보니 어떠세요?) 그런데 저는 그 상황이라고 해도 저 같으면 저렇게 삐뚤어지지는 않을 것 같아요. 나는 남편이 '생선은 가운데 토막이 좋고 자식은 아니다' 라고 하면 뒤집어 주었죠. 그러지 말라고, '다 똑같겠지' 그랬어요. (남편 분은 그 이야기를 아내에게 하면서 아내에게 어떤 말이 듣고 싶었을까요?)

어떤 것을 이해해주길 바랬겠지만, 지금 생각해도 '맞아 맞아' 그러지를 못했을 것 같아요. 잘 모르겠어요. 가르쳐 주세요. [빈의자기법 설명] (제가 남편 역을 해 볼게요. 저를 남편이라고 생각하시고 실제 이야기를 하듯 해보세요.) (생선은 가운데 토막이 좋고 사람은 가운데 토막이 나쁘다. 나는 늘 찬밥 신세였다. 어머니와 아버지가 나에게는 형한테 해준 것의 반도 안 해줬어. 당신 알지. 내가 얼마나 속상하고 힘든 것을?) 그런 소리 하지 마. 뭐? 자식을 부모가 다 똑같이 생각하지. 뭐 그럴까봐? 당신이 잘해봐 부모가 안 그러지. 당신이 잘 못하니깐 부모도 그런 거지. 예쁨 받는 자식은 다 그런대로 이유가 있어

(내가 뭘 못했단 말이야? 내가 누나 죽는 거 봤지. 누나 죽는 거 너무 가슴 아파가지고 동생은 죽지 말라고 내가 맨날 얼마나 정성을 기울였는지 알아? 내가 누나 잃고서 아픈 동생이 정말 죽으면 안 된다고 생각해가지고 어린 나이에 맨날 업고 부모처럼 돌봤다고. 나 그래서 학교도 못 갔다고. 그런데 그렇게 허무하게 죽었지. 동생 죽고 나서 학교 들어갔는데 공부가 잘 되었겠어? 당신은 내가 뭘 잘못했다는 거야? 뭘 내가 사랑받지 못하게 행동했어?) 그럴 수도 있겠네요. (이럴 때 어떻게 말씀해 주고 싶으세요? 남편 분한테) 그래 당신 마음 이해한다. 그래 그럴 수도 있겠다. 나도 그런 경험을 했고 나도 그런 경우를 겪었는데 그래도 어쩌겠냐? 부모고 자식인데. 그래도 내 할 일은 내가 해야지.

(이제는 역할을 바꿔 볼게요. 이제는 선생님이 남편 분의 역할을 하시고, 제가 선생님의 역할을 할게요. 이제 남편 분이 되어서 얘기해보세요. 저를 보시면서) 나도 동생 돌보기 위해서 학교 가지 않고, 나도 형처럼 공부했으면…… 머리는 좋거든요. 그래서 학교 다닐 때는 공부를 1등 했어요. (그럼. 그럼. 당신 머리 좋은 것 내가 알지. 정말 당신 어머니 아버지가 당신 형에게 해준 것만큼 해줬으면 당신도 엄청 공부 잘 하구. 당신도 그렇게 되었을 거야. 그런데 어머니 아버지가 당신한테는 너무 하더라구. 용돈도 많이 안 주고.) 용돈도 안 주고 (자라면서 속상한 거 많았지?) 결혼을 일찍 한 이유도 어머니가 하도 병약해서 꼴랑거리니깐 그 시골에서 ○○로 고등학교 다닐 때 그 때는 통학 열차가 있어서, 시골을 지나는 통학 열차를 타려면 새벽 4시, 5시에 일어나서 밥을 먹어야 정말 일찍이 나서서 가야 하는데 그 상황에서도 엄마가 밥을 안 해 주니깐 자기가 손수 일어나서 밥을 지어먹고 지금처럼 시골에 수돗물이 뜨듯하냐 실내에 부엌이 있나. 솥에 가마솥에 불 때서 하고. 손이 다 터졌고 그래서 정말 밥 해 먹는 게

너무 힘들어서 장가를 일찍 갔다. 어른들도 보내려하고 나도 고생을 면하기 위해서 장가간다 하고. (당신 정말 고생하고 살았어요. 아침 일찍 일어나서 부모가 따뜻한 밥해서 먹이는 것도 아니고 당신이 그렇게 학교생활 했다고 생각하면 정말 당신이 너무너무 대단하다고 생각해. 당신 나랑 결혼해서 고생 그만하고 싶고, 나랑 같이 살면서 어머니한테 못 받은 그 사랑 받고 싶었지? 당신 진짜 결혼 전에 고생 많이 했구나? 마음속에 속상한 것 많았겠다. 너무 원망스러웠겠다. 오죽하면 일찍 결혼해서 좀 이렇게 독립해서 살고 사람대접 받으려고 일찍 결혼을 다했겠어? 당신 정말 힘들게 살았네.)

그래. 결혼해서 태어난 딸애를 놓고 군대를 갔는데, 그래도 마누라가 집에 있는데 집에 자주 오고 싶은 거는 당연지사잖아요? 그래서 그것도 저 전방이나 그랬으면 불가능했을 건데, 부산항만 사령군에 가 있었어요. 그러니깐 일요일마다 군인자식이 집에 오면 아무래도 갈 때 차비라도 주고 해야 하니까 어머니가 오지 말라고 그랬어요. 처음에 올 때는 고속버스에 버선발로 달려 나가서 반가워했는데 두 번째 세 번째는 자주 오니깐 이제는 오지 말라 하고 와서, "엄마 나 왔어" 이렇게 하면 어머니가 돌아앉았어요. 인사 안 받으시고. (그러니깐 당신이 얼마나 속상했겠어? 이쁜 마누라 있고 귀여운 딸이 있어서 그냥 눈에 밟혀서 그 먼 길을 그냥 한걸음에 달려오면 어머님이 냉대하고 말이야. 어떻게 뒤돌아 앉을 수가 있어? 피눈물 나왔겠다. 보고 싶은 아내와 딸 보러, 아니 부모가 가까이 있는데 그걸 못 오게 하다니 정말 부모님이 너무 하신다.)

그래서 홧김에 속이 상해가지고 그 이제 군에 있을 때는 상사들에게 신임을 얻고 잘 보였나 봐요 그래서 군대에서 월남 파병되고 그럴 때, 가겠다고 파병시켜 달라고 그러니깐 결혼한 걸 알고 상사들이 파병을 안시켜 줬어. PX에 가서 담배 한 보루를 사다가 상사한테 뇌물로 바치면서까지 지명해서 보내달라고. 그때 부대에 몇 명 이제 신청을 받으면 탈락이 되니깐 ○○○ 이렇게 딱 집어서 하라고 막 뇌물까지 써서, 지명차출 받아서 월남에 갔어요. 여기 부산에 있으면 계속 집 생각이 날 것 같고 집 생각나면 오게 될 거고. 오면 엄마 아버지한테 냉대받을 거고. 그 만사가 다 귀찮다. 그냥 가서 1년 동안 집에 안 오고 돈이나 벌어가지고 오자. 그래서 그 월남에. (당신이 그런 결정을 내릴 정도로 얼마나 마음이 곪아 들어갔었겠어? 보고 싶은 아내, 보고 싶은 딸, 보고 싶은 가족을 보는 것이 불편한 환경이 되니깐 보고 싶은 마음 억누르려고 보고 싶어도 볼 수 없는 환경으로 가다니. 타지에 죽을지도 모르는 땅인데 차라리 거기 가겠다고 하는 게, 여기 사는 것보다 거기 가는 것이 더 마음이 편하다는 거 아냐. 그러니깐 당신의 그 처절한 심정을 누가 알았겠냐고. 그 마음을. 부모나 아내인 내가 충분히 알아주지 못해서 미안해.)

월남 가서 운동신경 좋다고 후발대에 서서 따라간 이야기, 취사반 배정된 이야기, 그런데 어른들은 누구는 텔레비전 사 왔는데, 우리 사는 곳은 전기 안 들어오니 사와서 시숙 주라고 편지 보낸 이야기, 월남에서 벌어온 몇 십 만원으로 땅을 샀으면 좋았는데 농사 안 짓는다고 어른들께 다 맡겼더니 그 돈을 시숙에게 다시 맡긴 이야기, 분가할 때 그 돈을 형수가 안주어 시아버지가 찾아준 이야기…….

(아내가 남편 분의 이야기를 들으시면서 남편 분의 마음을 읽어주고 맞장구를 쳐주고 하니깐 어떠세요?) 저도 그런 사실을 다 알고는 있었는데 이 상황들이 너무 한다는 생각은 했어도 그 사람의 입장이 되어서 정말 가슴 아프게 생각은 못했던 것 같아요. 제가 이제야 교수님의 이야기를 듣고 나니깐 마음에 와 닿는 게 있고 반성이 되고 하네요. (어떤 것이 마음에 와 닿으세요?) 그 마음을 제대로 이해를 못했다. (오늘은 남편 분이기 이전에 한 집안의 셋째 아들로서 살아온 한 남자의 이야기를 쭉 살펴보셨는데 이런 이야기를 하시면서 남편 분에 대해서 새롭게 알게 되셨다든가 새롭게 느끼게 된 것은 어떤 것이 있으셨어요?) 그런 모든 사실을 알고는 있었지만 남편의 입장이 되어서 진정으로 받아들이고 이해하고 그러지는 못한 것 같아요. 그때는 그래도 사랑하는 마음은 있었던 시기였는데 제가 잘 몰랐던 것 같아요. 한 번도 그렇게 말로 보듬어 주지 못했던 것 같아요. 그게 이유가 되어서 저한테 그렇게 나쁘게 대했나? 자기 심정을 헤아려 주지 못하는 서운한 마음은 있었을 것 같네요. 그래서 말로 차분차분하면 안 되니깐 폭력을 썼나?

5회기(10. 26, 월)

지난번에 그 사람의 유년시절이랄까, 그럴 때 내면이 별로 행복하지 못했다는 것, 그게 걸리네요. 평생을 통해 남편에게 고마운 것이 장모를 잘 모셨어요. 소변도 못 가릴 정도로 그 정도로 심했는데도 장모를 제가 볼 때는 정말로 진심으로 대하더라구요. 그 술 먹고 이런 성격에 자기가 못마땅하고 그랬으면 정말 며칠도 모시고 있기 힘들텐데 전혀 제가 남편 눈치를 안 보게 하고. 그래서 제가 "당신이 엄마한테 잘 해줬소. 생선도 발라서 수저에 놔 드리고……" 그래서 고맙다고 그러니까, "뭐 고맙기는 당신도 우리 부모 모셨는데 나도 해야지." 그때는 부모라고 그래봐야 그때 이미 시가에는 다 돌아가셨어요. 이제는 장모님 한 분 계시는데 이제는 해야지 이러면서 진짜 상상도 할 수 없을 만큼 잘했어요. 그동안은 술주정도 덜했어요. (몸은 힘들어도 마음이 통한다. 장모에게 사람대접을 받는다 싶으시면 술도 덜하고 그러시네요.) 그런 것 같아요.

[내담자 가계도 탐색 중, 언니가 화투치는 모습에 분노를 표현] (선생님이 옳다고 생각하는 대로 다른 사람이 하지 않으면 굉장히 화가 나세요?) 화나요. 왜 저럴까. 밖에 나가서 쓰레기 함부로 버리고 오는 사람도 저거 왜 저럴까, 그 뭐 질서나 이런 것 안 지키는 사람도 왜 저럴까 답답하지. 저번에 등산을 갔는데 어떤 새댁 부부가 올라오면서 이렇게 페트병에 물을 먹으면서 올라와서, 다 마시고 그걸 버리더라구요. 버리는 게 그걸 딱 내 앞에서 버렸어요. 그래서 제가 무거울 때는 들고 올라갈 수 있었는데, 다 먹고 가벼운 거 왜 못 들고 가요, 주워가지고 올라가요. 그러니까 줍기는 줍는데 째려보면서 기분이 나빠서 그러더라고. 그러니까 제가 삶이 빡빡하고 힘들어요. 그렇게 살려니까. (그렇게 빡빡하지 않게 사는 게 좀 낫다는 것을 어떻게 아시게 됐어요?) 몸이 아팠어요. 내 성격도 그런데다 내 삶도 그런데다 그러니까 몸이 아파요. 자꾸 이렇게 신경성 질병이 와서, 아픈 데가 한두 군데가 아니거든요 내 남편 내 가정도 내 힘으로 안 되는데 하물며 해수욕 갔을 때 쓰레기 묻고 뭐 이런 사람들 내 힘으로 안 되는 일이잖아요. 그런 거는. (그럼 어떻게 하셨어요?) 아이고, 저 인간들 개가 안 물어가 이러고 말지 어쩝니까. (그게 남이라면 아이구 저거 개도 안 물어가 그러면 되는데, 그게 내 가족이라면 어떻게 하셨어요?) 내 가족이었을 때는, 이제 그러니까 애들이 좀 어렸을 때 참 교과서적으로 키운다고 애들을 많이 닥달한 것 같아요. 애들이 잘 따라줬어요. 안 되는 거는 남편이죠. (아이들이 만약에 안 따라줬으면 어떤?) 뭐 맨날 두드려 맞고 그랬겠죠. 뭐. (남편 분만 모 아니면 도로 딱 부러지는 사람이 아니라 어머님도 딱 부러지는, 내가 원하는 방식이나 좋다고 생각하는 방식이 아니면 아주 그냥 화가 나고, 못 쓸 것 같고, 개도 안 물어가는 인간, 인간 같지도 않다 이거죠?) 네.

6회기(11. 2, 월)

(지난 시간에 못들은 어린 시절 이야기 좀 듣고 싶다.) 아버지는 저를 이제 항상 행동이 빠릿빠릿하고 말도 잘 듣고 착하다고 했다. 아버지 말씀은 100% 법이었어요. 하다가 잘못되는 법이 있어도 예~ 해야지 절대로 아니라는 말을, 노를 못 했어요. 아버지가 막내는 막내니까 예뻐했었고 제 위에 언니는 좀 체격도 뚱뚱하면서 성격이 좀 곰탱이 같은 그런 것이 있었어요. (칭찬받으실 때 좋으셨겠어요. 그런데 선생님 입장에서는 정말 사람은 자기 하기 나름이었겠네요. 선생님도 가운데 토막이지만 언니하고 동생보다도 내가 아버지 말씀에 순종하고 빠릿빠릿하게 행동하고 그렇게 구니까 아버지가 특별하게 예뻐하셨죠.) 자기 하기 나름 맞아요. 이제 시장에 엄마가 장 보러 가시잖아요. 아침 일찍 가시면 집이 비는 사이에 노는 게 아니었어요. 정말 제가 할 일을 구석구석 찾아서 철저하게 해 놨어요. 왜 그랬냐 하면 엄마가 돌아오시면 칭찬받으려고. (힘들지는 않으셨어요?) 아니요. 즐겁게 했어요. 즐거운 마음으로 이렇게 제가 하면 엄마가 돌아와서 칭찬을 하겠지. 그 생각을 하면 참 기분이 좋아서.

(선생님, 그렇게 칭찬 많이 받고 자라셨는데, 선생님이 어린 시절에 주눅 들고 그럴 이유는 뭐가 있어요? 선생님이 지난번 말씀하실 때 초등학교 다닐 때 별로 자신감이 없으셨다 그러셨거든요?) 그때 왜 그랬냐 하면 담임선생님한테 사랑을 못 받은 것 같아요. 초등학교 이야기는 하려면 제가 너무 하기 싫어요. (되게 속상한 일이었는가 보네요.) 검정 고무신에 남루한 옷, 얼굴에 버짐, 하루걸이 말라리아로 병약하여 선생님의 시선을 못 받음. 그러나 머리는 좋아서 빠릿빠릿했고, 항상 1등 하고 남자랑 번갈아가면서 반장, 부반장을 맡음. 그러나 풀 수 있는 문제에 손들어도 한 번도 안 시켜준 것이 상처가 됨. 교과서가 없으나 친구 책을 빌어서 학교에서 숙제를 다 해가서 숙제 거른 적이 없다. 그런데 장학사가 온 날 손도 안 들은 자신을 지적해서 목소리도 떨리고 얼굴도 달아오름. 어려운 것을 잘 읽어 장학사가 칭찬함. 그러나 제가 똑똑한 것은 아시면서 평소에 개인적으로 나를 사랑해서 나를 부등켜 안아주거나 머리 쓰다듬어주지 않고 예뻐하지 않은 것, 그리고 참관수업에서는 다른 애들 시켜서 잘 못 읽어 선생님 자신이 인정 못 받으면 안 되니까 자신을 시킨 것이 자신을 이용한 것이어서 평생에 지워지지 않고 담임 이름도 정확히 기억나고 뇌리에 딱 박혀서 지워지지가 않는다.

그리고 졸업시험에서 마을 전체에서 1등해서 군수상을 받고 옥편을 상품으로 주는데 졸업식에 너무 속상해서 안 갔다. 다른 애들 중학교 가는 애들도 있고 하는데, 안 갔더니 친구가 가져다주데요. 졸업장하고. 군수 표창인데, 군수 이렇게 해가지고. 그래도 아버지를 원망은 안 했어요. 공부에 관해서는 한이 많아요. 제가 이렇게 공부를 했죠 뭐. 영어 알파벳에서부터 옥편 같은 거 기회만 있으면 보고 쓰고 그래서 그냥 이렇게 살아요. (그냥 공부 좀 잘하고 이런 게 아니고, ○○군 전체에서 일등을 해서 군수상을 받을 정도니 그렇게 하면 아버지가 안 보내려다가도 보낼 만도 하건만 선생님이 아무리 노력하셔도 아버지가 안 해주셨네요.) 너무 했어요. 저는 꿈도 있었거든요. 제가 만약에 공부를 잘하면 여성계에서 일하고 싶었어요. 여권 신장을 위해서 여성계에서 여권 신장을 위해 일하는 그런 사람이 되고 싶었어요. 어린 마음에도 그런 부분들이 왜 아들과 딸을 차별을 해야 할까. 다 같은 사람인데 속된 말로 서서 오줌 누는 것과 앉아서 오줌 누는 차이밖에 없는데 왜 그래야 될까? 왜 딸이 천시를 받아야 될까? 아니, 대통령도 여자 뱃속에서 나오고 임금님도 여자 뱃속에서 나오는데 왜 천시를 받아야 될까? 그건 진짜 용서가 안돼요. 지금도 그건 용서가 안돼요. 아버지가 마음을 먹으면 고등학교 정도는 보낼 수가 있었는데, 아버지가 결코 이렇게 돈을 뭐 아끼거나 뭐 그런 스타일은 아니었거든요.

시집을 오니까 시댁 어른들은 또 안 그러데요. 그것은 진짜 마음에 들었어요. 집안 형편을 보면 어른들이 잡술 것 잡수면서 공부를 시켜도 될 것 같았어요. 왜냐하면 제가 볼 때는 농사도 지을 만큼 지어서 동네에서도 부자라는 소리 들으니까. 그랬는데 그렇게 잡술 걸 아끼고, 쓰는 걸 아끼고. 교육열 있는 것은 남편도 대학에 보내려고 했는데 자기가 뜻이 없어서 안 갔다고 그러데요. 그 어른들이 수확철이 훨씬 지나도록 동지섣달까지도 묵은 쌀을 먹었어요. 그렇게 해서 자식들 물려주고 그랬는데, 고맙게 생각하는 자식이 아무도 없더라고. 나 같으면 정말 고맙게 생각하겠는데.

(오늘 이렇게 선생님의 어린 시절을 쭉 살펴봤는데, 다시 살펴보니까 어떠세요?) 마음이 안 편해요. 유년 시절 그런 아픔을 뒤돌아보면 마음이 안 편하고. 그래도 저는 친구들 중에서 그때는 이제 가봐야 풍기 인조공장. 풍기에 그 때 한참 인조가 많이 유행할 때 인조공장에 직공으로 가는 애들도 있고. 제 친구 중에는 남의 집에 간 애도 있었어요. 하지만 우리 부모도, 내 자신도 거기에는

가기 싫었고, 내 나름대로 독학을 하면서 그래도 부모 모시면서, 아버지가 비록 공부는 안 시켰지만 그래도 그 친구들처럼 남의 집에 보내지 않고. 그렇게 키워 준 게 고맙고 시집을 와서 남편과 더불어 또 이렇게 어려운 가정을 살아가면서도 제가 이렇게 진짜 잡초처럼 짓밟혀도 다시 일어나는 이런 원초적 힘을 갖게 된 거는 그래도 아버지의 강한 교육 방식이 많이 좀 영향을 미쳤겠다 하는 그런 생각이 들어요.

(가계도 작업을 하시면서 어린 시절, 유년 시절을 보셨잖아요? 그 때 남편에게 그 동안 하지 못했던 말, 지난번 작업할 때 그렇게는 말 안 해봤다 이런 게 있으셨잖아요. 그것을 편지로 적어보시겠어요?) 호호호 '미워도 다시 한 번' 이라는 제목으로 적어 볼게요.

7회기(11. 11, 수)

이번 한 주는 불안해하면서도 뭐 모험을 무릅쓰고 산책도 잘 했어요. (지난번에 편지 쓰기 했었는데 편지 한 번 써보셨어요?) 대충 써서 보냈는데. 답이 없네요. (아니 적어서 실제로 보내셨어요?) 네. 근데 사실은 그런 말들이 별로 쓰고 싶지 않았거든요. 아이고 열 오른다. 그래도 나보다는 더 좋은 환경인데. 자기가. 나는 정말 결혼해서나 클 때나 나를 버리면서 부모님으로부터 칭찬이나 이런 거를 들었는데 자기는 자기를 버리는 것이 없어요. 제가 곰곰이 지금까지 생각을 해봐도. 자신을 버려야 뭔가를 얻을 수가 있는 것이 있는데. 참 어리석고 못난 사람이에요. 자기반성도 할 줄 모르고. 자기의 고정관념의 틀에 박혀서 헤어날 줄을 못하니까 자폐증 환자와 다를 것이 없죠. 평소에도 그런 소리를 해요. 당신은 자폐증 환자와 마찬가지다.

[큰아들 낳을 때 혼자 낳고 탯줄 자른 이야기와 지붕 개량하기로 한 날 큰아들이 태어나게 되어 남편을 기저귀 떠오라고 장에 보냈는데 술 먹고 와서 일해야 하는 날 아기를 낳았냐고 술주정하며 방의 요강단지를 내담자에게 던진 이야기, 이 이야기는 너무 절망스럽고 슬퍼서 처음으로 남에게 꺼내는 이야기라고 함. 6살 된 딸 이후에 기다렸다 낳은 아들이라서 장하다고 칭찬받기를 기대한 일인데 이 일을 이야기하면서 많이 울음. 이후 또 막내도 새로운 도시로 간 날에 태어나 남편은 술 먹고 의식이 없어 그 옆에서 혼자 낳고 아침에 남편이 태를 끊어 줌, 애기들은 원래 대천문 안 닫힌 것을 모르고 머리 위가 말랑거리는

것을 보고 남편은 병신자식을 낳았다고 주정] 인간도 아니여요. 애를 낳기 전에도 아들 아니면 화장실에 갖다 버리라고, 그런 기억들은 다 잊어버리면 좋은데 왜 이렇게 생생하게 되살아나는지. (그런 기억이 날 때마다 너무 힘드실 것 같아요.)

그럴 때마다 화가 치밀어 오르고 그거를 누구한테 풀 데도 없고. 제가 생각해봐도 제가 참 모질어요. 그래도 술 같은 것을 입에 대서 풀 생각을 안 하고 아버지 땜에 술은 입에 못 대. 노름도. 화투장 들고 즐기는 것도 아버지 땜에 못해. 남편 술 먹는 꼴도 보기 싫어. 다른 사람도 술 먹고 비틀거리는 거 보기 싫어요. 싫어요. 정말 싫어요. 끔찍하게. (잠깐 눈을 감으시구요. 눈을 감으시고 편안하게 앉으셔서요. 그 때 큰 아들 태어났고 작은 아들 태어났던 그 상황으로 돌아가서요. 그때의 감정을 한 번 찾아보세요. 그 때의 속상하고 슬펐던 감정이 지금은 어디 있나요?) 그 때의 감정은 눈물밖에 없어요. (눈물이 나오는 것을 그냥 허락해주세요. 눈을 계속 더 감으시구요. 그 슬픈 감정을 충분히, 충분히 느껴보세요. 슬픔과 분노와 절망과 억울함과 용서하지 못하겠다는 마음, 공평치 않다는 마음. 그런 마음들이 마음속에 가득한데. 그 감정에 머무르셔서) [오래 폭발적으로 울음] 나한테 저질렀던 것. 그런 것 생각하면 정말 약이라도 먹여서 정말 죽이고 싶어요. 행하지 못해서 그렇지. 마음으로는 오천 번도 더 넘게 죽였어. (마음껏 우셔도 됩니다. 그 슬픔이 지금까지 내 몸 어디에 있었나요?) 저 가슴 밑바닥에 감춰뒀던 것 같아요. (그 때 내 모습을 보니 어떠셨어요?) 무력하고, 한심하고, 불쌍하고, 가련하고. (남편의 사랑만을 바라보고. 남편이 나를 보듬어주기를 굉장히 바라면서 살고 있는데. 그 사랑을 남편으로부터 받지 못했고. 학대받고 폭력에 시달리는 가련하고 불쌍한 그런 젊은 여자가 있는데, 그 사람에게 무슨 말을 해주고 싶으세요?)

한 평생을 통해서. 다른 사람에게 정말 한 번이라도 저 사람 어떻다 나쁘다 그런 말을 들을만한 것을 안 하고 살았어요. 저는 욕도 할 줄 모르고. 남하고 싸움질도 할 줄 모르고. 그렇다고 술로 내 감정을 다스리지도 않았고. 저는 정말 부드럽고 따뜻하고 진짜 남을 사랑할 줄 아는 그런 따뜻한 가슴을 가진 연약한 여자인데. 모성애만 강할 뿐인데. 그래도. 남들이 볼 때. 정말 측은지심이 들만큼. 내 자신을 가련해 보이지 않게 내 자신을 추스르고 살고 있다는 것도 어떻게 생각하면 제가 참 장하다 싶고. 자신한테 참 장하다고 말해주고 싶어요. (애

썼다. 장하다. 잘 이겨냈다. [내담자를 안아줌])

[가족조각 시도] (지금까지 선생님은 남편한테 어떤 자세로 살아오셨냐 하면. 남편이 선생님한테 어떻게 했어요? 이게 선생님이라고 한다면 남편은 항상 이렇게 했어요. [남편은 비난, 아내는 회유를 신체조각] 예. (그럼 선생님은 어떻게 행동하고 사셨어요? 한 번 몸으로 표현해보세요. 남편이 이렇게 했을 때.) 항상 뭐. 이랬죠. 잘못했다고 빌고. [무릎 꿇고] (그랬습니다. 큰아들과 큰딸은 선생님 어디 있었나요?) 옆에. (막내아들은 어떻게 했습니까?) 걔는 앞에 나섰어요. 큰아들과 큰딸을 이렇게 옆에서 부축을 했다면. 막내는 내 앞에서 방패가 되었어요. (막내는 방패가 되었습니다. 엄마를 지켜주고. 아빠를 이렇게 비난하고. 선생님은 자신이 아이들의 버팀목이라고 하였지만, 아이들도 또 한편으로는 어머니를 보호했습니다. 큰딸과 큰아들은 옆에서 부축하구요. 작은 아들은 방패가 되어주고, 대신 싸워주기도 하고 그랬습니다. 이런 모습이 선생님의 과거의 삶이었거든요. 새롭게 살게 된다면 이 장면에서 어떻게 변화를 주고 싶으세요?)

어떻게 변화를 주는 게, [일어선다] (오케이. 일어나셨어요. 일어나니 뭐가 달라지나요?) 눈높이가 달라지네요. (눈높이가 달라지니까 무엇이 다른가요?) 싸워도 제가 싸우지. 자식이 부모한테 대항하게 할 수는 없거든요. 그거는. 애들은 뒤로 물러놓고. 제가 직접 싸울 거여요. (선생님이 일어나시면 큰딸과 큰아들은 조금 더 멀리 갈 수 있겠죠? 작은아들은?) 내 뒤로 (작은아들도 뒤로 갈 수 있겠죠? 그럼 선생님이 일어나셨고, 자 그 다음에는 어떻게 하고 싶으세요?) 이제는 못하게 할 거여요. (선생님이 남편이 되어서 남편이 기존에 하던 대로 해보세요. 제가 선생님인데, 이렇게 빌고 있다가 일어났어요. 이것이 어떻게 보이세요?) 좀 당황스럽기도 하고. 어, 이것이? 어. 그렇겠죠. 남편 입장에서는. (그러시면서 비난하던 손이 스르르 내려가셨어요. 이 변화를 아시겠어요? 선생님이 일어서니까 남편은 당황되고 이 손이 스르르 내려갔습니다. 비난할 수 없는 것이지요.) (이번 회기로 새롭게 알게 된 것은?) 새롭게 알게 되었다기보다는 결심하게 된 것은 이제 더 이상 남편한테 폭행과 폭언을 당하고 그렇게는 안산다는 굳은 다짐.

8회기(11. 16, 월)

막내아들과도 이야기해보았는데 어떻게 해야 (당당)할지 모르겠어요. 다른 모든 면에서는 무기력하지 않은데, (남편이 너 딸이면 가서 변소에 버리고 아들이면 데리고 들어오라는 폭언을 했을 때, 지금이라면 어떻게 대답하고 싶으세요?) 그 당시에도 그런 말 할 때, 그런 말이 세상에 어디에 있느냐고, 물론 그걸 표정은 하죠. (표정으로 나타내려는 것을 말로) 마음을 제대로 전달을 안했다는? 말로 잘 표현이 안 되네요. (제가 남편분이 되어서 그 때처럼 말 해볼게요. 그 뱃속에 들은 애가 계집아이면 화장실에 갔다 버리고, 아들이면 낳아. 딸이면 낳을 것도 없어. 갖다 화장실에 버려. 어떤 마음 드세요?) 난 불안했어요. 정말 딸이 나오면 시끄러울 것 같아서. 두고두고 딸 낳았다고 그럴 테니까. 진짜 아들이기를 간절히 바랬어요. (그러니까 하시고 싶은 말은 이렇군요. 당신이 그런 말을 하니까 제가 불안해. 내가 딸, 아들을 선택할 수도 없는 건데. 딸이 나왔을 때, 그 문제로 내가 계속해서 당신한테 시달림을 받을까봐 너무 불안해. 너무 걱정이 돼. 그리고 그 불안과 슬픔을 표현하면?) 눈물이 나오죠. (그렇겠어요. 눈물 흘리며, 나는 그런 말을 듣고 싶지 않아……) 말로 표현을, 말로 내 마음을, 말로 보이라는.

(무엇이 나로 하여금 그렇게 울지 못하게 하고, 그 슬픔을 바닥 깊숙이 숨겨놓고 살게 하는지) 어렸을 때부터, 좀 뭐랄까. 내 마음을, 내 의사표현을 제대로 못하면서, 그런 부모의 그런 유교적인 가정교육의 짓눌려서. 한 마디로 말하면 용기를 키우지 못한 것 같네요. 용기를. (선생님의 진실한 마음과 생각을 표현할 수 있는 분위기가 형성이 안돼서 그런 말을 하려면 굉장한 용기가 필요했었고. 그런 용기를 내기에는 부모님의 권위나 유교적인 틀이 나를 누르고) 아버지한테 절대로 반발을 할 수가 없는. 아니요를 못했으니까. (그런데 남편은 아버지가 아닌데도 그렇게 하신 거군요). 그래요. 남편이 독하다고 했어요. (그리고 선생님 자신도 선생님이 마음이 얼마나 슬프고, 속상하고 힘들고 불안한지. 선생님의 감정을 거의 돌보지 않으셨어요. 선생님도 선생님의 편이 되어주지 않았고. 무기력하게. 혼자 방치된 것처럼. 이렇게. 속수무책 당하게끔 하셨고.) 그거는 인정해요. 지금까지 내 속에 존재하고 있었지만 나 자신도 몰랐던 또 다른 나를 이제 일으켜 세워서 이제 같이 힘을 합쳐야죠. 나를 일으켜 세워서 힘을 합치고, 기존의 부드럽고 따뜻한 나와 같이 해야죠. 맞아요. 교수님 지적이 맞아요. 제가 표현이 부족했어요. (내 안에 있던 또 다른 나와 기존에 있는 부드러운 자신이 합쳐서 새롭게 사신다고 하셨는데, 뭐가 가슴 속에서 새롭게 경험되세요? 웃으시거든요. 그 웃음이 뭔가요?) 기분 좋아요, 기분 좋고. 조금 더 용기도 생기고 이젠 앞으

로 나를 표현해야겠다는 자신감도 들고 나도 뭔가 한다고 하면 하거든요. 끈질기게 하는 스타일이에요. (좀 달라지셨나요?) 네. 네 맞아요. 제가 내 감정을 말로 표현하는 것이 부족했어요. (몸으로도) 항상 답답할 때는 좀 눈물을 흘리고 나면 나요. (그러면 혼자 있을 때는 가능한데 다른 사람과 있을 때도 자신이 슬프면 바로 눈물을 흘릴 수 있으려면 선생님에게는 눈물을 흘리는 데 용기가 필요했나 봐요.)

자존심 때문에 친정 부모도 시댁 부모도, 시댁 동기들도. 친구도 다 내 감정 표현을 못했고. 다가 아니고 일부도 제대로 안했어요. 안하고, 내 마음속에 묻어두고 눌려두고 참고 견디고 (그러면 이 감정이 그 자존심을 용서하실 수 있으시겠어요? 그 동안 너 때문에 내가 표현도 못하고, 울지도 못하고) 이제 해야죠.

9회기(11. 20, 금)

[남편 편지] 당신이 치료[상담을 의미]를 받는다니 반갑구려. 이제 얼마 남지 않은 인생 즐겨가며 여생을 마치도록 합시다. 우리 서로 치료해서 너그러운 사람이 되어 황혼이 이를 때 잘살아 봅시다. 명석한 당신의 두뇌로 잘 생각해서 좋은 소식 주십시오.

처음에 결혼하기 전에 남편 목소리도 얼마나 은근한지 몰라요. 자기가 마음을 담아서 이야기할 때는, 부를 때도 얼마나 은근한 그런 게 담겨있어요. (아내 분한테도 당신 고집이 나를 힘들게 했다던가, 당신도 잘 치료받으라고 하는 거 보니까.) 저를 원망을 하고 있죠. 저도 고집은 있어요. 자존심이 그리 강한 사람이 고집이 없겠습니까. (고집이라기보다는 지난번 상담에서 나왔던 이야기로 보면 '그래선 안 된다. 그렇게 하는 것은 사람이 아니다.' 그런 생각이 있는 것이 고집으로 비쳐졌나 봐요.)

[최근 손위 맏동서가 전화한 일 호소. 남편을 병원에 보낸 것을 두고 가문의 먹칠이라고 비난하는 내용에 대해 내가 더 부끄럽고, 속상하고 마음 더 아프다. 그런 소리 들으니 분하다고 응대한 이야기를 함] 저도 정말 촌에 형님처럼 저도 얼굴에 철판 깔고, 무식 내세워서 함부로 하려고 나서면 아무렇게나 성질대로 막할 수 있어요. (지금 기분 좋으시죠? 얼굴에 생기가 있거든요. 제가 뭘 칭찬해드리고 싶은지 한 번 들어보실래요?) 네? (선생님이 그 형님의 이야기를 듣고서도 에이그 시골의 그 무식한 양반이 뭘 아시겠나 이렇게 생각을 먼저 하셨어요.

그러한 생각이 처음에는 화를 안내게 하는 데 도움이 되었죠. '그냥 지나가는 소리로 듣자.' 이렇게 하는 것이 선생님의 그동안의 대처방식이었어요. 그건 무식하고, 말이 안 된다.' 이렇게 생각하면서, '저 사람은 상종할 가치가 없다.' 이렇게 생각을 하게 되면 상처를 덜 받으시나 봐요.) 네. 덜 상처를 받죠. ('그런데 요번에 그 형님한테 '저도 분합니다. 저는 더 힘듭니다.' 라고 말할 수 있는 힘이 어디서 생겼어요?) 뭐 그냥 생겼어요 호호호 [시숙이 남편을 병원에 보낸 것 지지하고 있고, 법원에서 이번에 남편이 처벌을 받지 않은 것은 아내가 취하해 주었기 때문이라는 것을 각인시키라고 연락 온 것을 신나게 이야기] 이런 것들이 힘이 되니까 내 마음을 이야기할 수 있었다.

(남편하고 대화하거나, 남편이 나를 위협하거나, 나의 마음에 상처를 주는 말을 하거나 할 때. 어떻게 다르게 대응하실 수 있으시겠어요? 그 전에는 대응방식이 첫 번째가 사람도 아니야. 상종할 가치가 없어. 태생이 글러 먹었어. 이렇게 생각해가지고 마음을 닫고 관계를 떠났어요.) 예. 관계를 이제 멀리 하면서, 내 모든 몸에 자존심의 가시를 바짝 세워서, 이렇게 그랬죠. (그럴 때 분위기는?) 냉기가 흘러 차가워지는 거죠. (이제 선생님이 힘이 생겼거든요. 그러면 어떻게 달라질까요? 어떤 대응 방식을 가질 수 있을까요?) 자기가 힘이 있으면 좀 더 너그러워질 수 있어요. 그러니까 제가 상대가 그럴 때 똑같이 반감 내지는 '그거는 그렇지 않다' 설득 그런 거보다는 상대의 기분을, 말을 들어주고 교수님 말씀대로, 그 가슴에 갖고 있는 말, 하고자 하는 상대방의 요점이 뭔지 그거를 헤아리는 것이 중요한 것 같네요. (하하하. 어려운 건데 어떻게 이렇게 잘 알아들으세요.)

그런데 만약에 우리 남편대로라면, "이놈의 새끼들. 지 애미 애비는 못 먹고 못 입고 밤잠 못자면서 벌어서 수십년 공부를 시켰더니 아직도 용돈 한 번 보태주는 것이 없고. 아직도 기대지도 못하고. 이게 뭐야! 남의 자식들은 전문학교만 나오고, 고등학교만 나와도 취직해가지고 돈 벌어서 용돈도 주고 하는데. 이놈의 새끼들!" 이러면 교수님 같으면 어떻게 하면 될까요? (오는 말은 굉장히 아프죠? 비난이라서?) 네 (지금까지는 '아버지가 뭐 해준 것이 있다고. 당신이 뭘 해준 것이 있다고?' 같이 비난하거나. 다른 한편으로는 '아이고. 생각도 없는 양반. 말 같지도 않은 소리한다.' 무시할 수도 있는데요. 이제부터는 이렇게 다가가는 거죠. "이제 좀 편안하게, 애들 신경 안 쓰고, 애들이 좀 자기 길 잘 가고, 부모까지 헤아려 줄 수 있으면. 우리가 마음 편히 지낼 수 있을 것 같은데. 애들이 아직도 자리를 못 잡아서, 당신 마음에 걱정이 되죠?")

당신 말이 맞아! 당신 살 기분 안 나지? 재미없지? 아유, [웃음] 그러면 이제 자기가 자식들한테 갖는 그런 마음은 계속 갖고 있을 줄 몰라도, 나한테 대한 반감은 안 가질 것 같아요. 그 화살이 전에는 이래 나에게 갔던 것이, "제가 다 때가 있는데 저들도 열심히 하는데 앞으로 좋아지겠지" 늘 그랬어요. 그러면서 자식한테 용돈 받아서 쓰는 것보다 제가 벌어서 지금 쓰는 것이 더 좋은 걸 왜 몰라. 그러면서 항상 이렇게 훈계죠, 그런 식이었어요. 그러면 자식들한테 하던 푸념의 화살이 (더 강화돼서) 이리로 오는 거여요. 아이고 어렵다. [웃음] 남편의 마음을, 상대방의 마음을 이해해 주고, 약간은 맞장구도 쳐 주고 알긴 알겠는데 앞으로 그런 상황이 또 된다면. 미리 선수 치는 방법도 있어요.

10회기(11. 23. 월)

(지난주에 자기 칭찬거리 좀 찾아보시라고 했는데) 난 이런 것이 교만인 줄 알았어요. 아버지가 딸들 소용없어 하니까, 저는 더군다나 셋째 딸이라고 엄마가 죽으라고, 낳아서 아랫목에서 발로 탁 차니까 윗목에 가서 끽 하더래요. 그래서 할머니가 보듬어서 아랫목에다가 따뜻한데 눕혀놨더니 좀 있다가 숨을 쉬더라고 그러데요. 제가 기억하기로는 할머니가 한 일곱 살 때까지 업고 다닌 거 같아요. 아홉 살 때 할머니가 돌아가셨는데 할머니 정은 진짜 뼈골에 사무치도록 제가 많이 받았고, 감사하고, 지금도 꿈에라도 할머니를 한 번만 뵈었으면. 제가 아홉 살 때 돌아가셨는데 지금도 기억이 나요. 지금도 생각하면 할머니는 내 마음의 등불이에요

(아버님의 시각으로 날 볼 건지. 할머니가 나를 보았던 시각으로 날 볼 건지. 어떤 것을 선택하실래요?) 당연히 할머니를 택해야죠. 그래서 할머니가 아홉 살에 돌아가셨는데 세상이 무너지는 느낌을 그 때 처음 알았어요. 세상이 무너지는 거 같고, 진짜 하늘이 무너져 내리는 거 같고. 나는 이제는 살 수 없겠다는 생각. 그래서 얼마나 울면서 그 할머니의 시신 옆에서 장례를 다 치를 때까지 거기 시신 옆에서 자고, 거기 앉아 있고 그랬어요. 그러고 할머니가 돌아가신 그 이후에 엄마하고 정이 들었지 할머니 살아계실 때는 완전 할머니한테만 의존해서. 엄마가 돌아가신 뒤에 그렇게 뜨거운 눈물이 안 났어요. 왜 그런가 하면 제

가 엄마한테 그래도 할 만큼은 했다. 근데 큰 언니 같은 경우에는 정말 슬프게 울데요. (그러니까 선생님이 어머니를 마음으로 만나기가 어려웠던 거 같아요. 바깥으로는 했는데, 나한테 상처준 것은 회복이 안 된 것 같아요.)

1. 어렸을 때, 성격은 까칠했어도 부모님 마음 배려하고 착한 자식이었다.
2. 결혼해서는 순종과 효도를 미덕으로 생각하고 험하고 힘든 일 마음으로 받아들이고, 시어머니의 더러운 빨래 더럽다 생각하지 않고 진심으로 빨아드렸다 – [시어머니의 병으로 인해 냄새가 고약한 분비물이 있는 빨래를 함] 나도 왜 그런가 몰라요 지금 생각해보니까 제가 너무 바보였다 이런 생각이 들기도 하고. 뭐 웬만한 며느리들 같으면 어머니 저는 이건 힘들어 못 빨겠어요. 근데 절대 그러면 안 되는 줄 알았고 (지금 생각하시면?) 억울해요. 그 때 네가 이것 하느라고 애쓴다 말 한마디만 해줬어도…… 그때는 그렇게 했는데 지금에 와서 그런 것들이 제가 잘했다는 느낌이 안 들고 이런 것 보면 뭔가 앙금이 있는 거 같고
3. 자식 교육에 온 정성을 쏟고, 재산 늘리는 과정에도 수완을 보였다 – 애들이 공부도 잘하고 이러니까 애들이 내 인생의 전부라고 생각하면서. 정말 다그치고 잡고 가르치고 제가 맨날 그리 한 거 같아요. 대학 이제 합격하고 서울로 올라가면서, 아 이제 해방됐다 하더라고. 그때는 그게 엄청 섭섭했다. – 작은 적금 탄 돈으로 남편은 주식 하자고 했지만 본인이 하숙치는 집을 샀는데, 부동산 경기를 타서 재테크하게 됨으로써 큰딸 대학 갈 때 현재 집 장만.
4. 시부모님이나 시댁 동기들에게 인정받고 이웃에게도 좋은 평을 들었다 – 제수씨 아니었으면 그 가정은 못 지켰지 하면서 두 분 시숙들은 인정한다.
5. 남편 앞에선 항상 비굴하고 작아졌지만 집안 대소사에서 제가 옳다고 생각한 일은 무슨 고초가 따르더라도 성사시켰다. – [남편이 반대하던 사위 결혼시켜 지금 잘 사는 이야기]

11회기(11. 30, 월)

[나와 남편의 좋은 점 찾기. 1차 종결회기]

1. 나는 사람을 대할 때 상대가 누구든 최선을 다해 내 마음을 준다. 그래서 상처도 많이 받는다 – 제가 마음 다 줬으니까 저 사람도 내 마음 같으리

라고 생각하는 것 (어느 분이 그렇게 상처를 주셨어요? 지금 벌써 그 생각하니까 얼굴이 빨개지셨어요. 누가 떠오르세요? 눈물이 이렇게 있으시네...) 우리 며느리요. 아직 아기가 없어서 그런지 몰라도 좀 더 우리 가족에 대한 애정을 가져 주었으면, 겉으로 의식적으로 표시하는 것 말고

2. 나는 내 주변의 모든 사람에게 애정과 관심을 기울이고 그래서 어려움에 처한 사람, 또는 죽을 고비에 있는 사람을 여러 명 구했다 - 연탄가스 마신 공단 아가씨 구한 이야기, 신혼부부 아기 황달 걸린 것을 알아차리고 구해준 이야기 등등을 상세히 이야기함
3. 남편에게도 좋은 점은 나날이 술에 쩔어 살면서도 아이들 학비는 단계적으로 계획을 세워 저축을 들었다 - 애들 교육에 있어서는 지출을 아끼지 않았다. 그것마저 안했으면 애들 학교도 제대로 못시켰지요. 얼마 안 되는 전세 살면서 딸을 뭐 하러 대학 보내냐고 그런 말들 해도 우리는 둘 다 보내야겠다는 생각 들더라고. 그건 남편이 가식이 아니라 진심이었던 것을 제가 알아요.
4. 친정어머니를 우리 집에서 모실 때 진심으로 잘해준데 대해서 정말 고맙게 생각한다 - 생선도 발라서 밥숟가락에 놔주고, 엄마 앞에서 런닝, 팬티 입고 다니면서 뭐 어때 장모도 엄만데 이러더라고 그 소리가 가슴으로 탁 맞데요. '가식 아니구나'. '진심이구나'. 몇 달도 아니고 4, 5년을 … 엄마의 모습이 측은하고 안 돼서 자기 밑에 있다고 생각을 했는가?
5. 제가 남편이 있어 좋았던 때는 지금까지 평생을 통해서 단 한번 이웃집 사람이 말다툼을 걸어왔을 때 내 편을 들어준 거 고맙게 생각하고 평생 잊지 못한다.
6. 우리 부부가 서로 마음이 맞는 일은 단 한 가지, 가게를 찾아오는 손님에게 잘해주는 거, 우리가 손해를 보더라도 이익을 별로 보지 못하더라도 배고픈 아이들에겐 망설이지 않고 음식 만들어주는 거 그거 한 가지다.
7. 남들이 내 속사정을 모르고 남에게 동정 받지 못하더라도, 내 남편이 남의 손가락질 받지 않고 호인으로 사람 좋게 보이는 건 그래도 내 자존심은 지켜주는 일이라고 생각하고 좋게 생각한다.
8. 나는 나를 알고 있는 어떤 사람에게도 해악을 끼친 적이 없다.

(이 상담을 통해서 도움이 되셨던 것은 어떤 부분이 있으세요?) 남편에 대한 속사정 그런 것들이 좀 이해가 됐다. 또 더 큰 것은 지금까지는 제가 참는다 참는다 그랬는데, 이제는 참지 않고 제가 마음을 바꾸는 것. (구체적으로 좀 말씀해보시면?) 그러니까 전에 같으면 그게 못마땅하고 짜증나고 왜 그럴까 제가 그것을 바꾸려고 막 노력을 하고, 상대를 움직이려고 노력을 하고 그랬는데, 지금은 내 생각을 바꾸어서 생각할 수도 있다. 그런 말 할 수도 있구나, 뭐 그럴 수도 있지 내 생각을 바꾸어서 뒤집어 생각해보는 거지요. (그러한 변화가 이후의 삶에 어떤 차이를 가져올 거 같으세요?) 그렇게 해서 일단은 제가 편하고요 제가 마음을 바꿔서 바꾸면 거기에 대한 불평, 불만, 오해, 실망 뭐 이런 게 없어지니까 일단은 제가 편하고 두 번째는 상대가 편하겠지요.

(남편이 알코올 센터 들어가시고 나서 우울증이 되셨다고 하셨지만 이런 일이 있기 전보다는 어머님 주변에 자원이 많아졌어요. 우선 경찰서로 가실 수도 있고요.) 그래요 저도 그렇게 생각해요. 이게 내 인생의 또 한 번의 고비인데 이번 일이 그렇게 해서 전화위복이 됐으면 하는 생각이구요. 그렇게 해서 앞으로 우리가 십년. 십년이면 내 나이 74살. 그 때면 죽을 수도 있고 살 수도 있잖아요? 그래 십년 세월도 짧으면 짧고 길면 긴데 지금까지 우리 생활이 정말 정말 안 좋고 슬프고 힘들고 이런 세월을. 40년의 고통세월을 남은 십년간이라도 정말 보상받듯이 잘 살면, 잘 살기만 한다면 그 인생도 괜찮다라는 생각이 들거든요 글쎄요 남은 십년 세월을 어떻게 살지. [사후질문지]

12회기(1. 11, 월)

[새해 인사 겸 통화 중, 퇴원했던 남편이 폭력으로 재입원했다고 낙담하여 다시 상담] 남편이 요양기관에서 돌아온 후 여전히 술을 마심. 외손녀, 막내아들이 있는 상황에서 술 마시고 폭력을 행사하여 10일 만에 다시 병원으로 보내게 됨. 내담자가 가게에서 집으로 귀가하며 하루 종일 방에 갇혀 있던 개에게 먼저 가서 문을 열어주고 쓰다듬는 것은 본 남편이 '남편을 개보다도 못하게 취급하냐. 개보다도 못한테 이리 살아서 무엇 하냐' 며 주정 시작하게 됨. 그동안은 남편이 돌아와서 병원에서 좋았던 이야기 및 교육받은 이야기하며 일거리를 찾을 의욕과 웃음을 보여주었다. 요양기관에 있는 사람의 80%는 쳇바퀴 돌 듯한다는 이야기를 들었기에 남편도 그렇게 될까봐 완치에 대한 희망은 감소하지만 처음 보낼

때 감옥에 보내는 것 같아서 갖던 죄책감은 병원이라는 생각에 덜해졌다. 퇴원 후의 주량은 남편입장에서는 자제를 한 것이다. 만취되지는 않았다.

요새 교수님하고 주위의 여러 분들 덕분에 제가 많이 컸어요. 이제는 영감하고 전화 대화 않고, 영감이 전화 대화해도 안 무서워요. (하고 싶은 얘기를 하실 수 있으세요?) 거기까진 다 안 돼도 일단 전화가 왔을 때 가슴 떨리는 건 없어졌어요. 이제는 저도 이제는 마음이 있던 화 덩어리가 많이 풀려나갔어요. 확~ 그 감정을 주체 못해서, 저기 신경과 가서 처음에는 티슈 한 통을 다 뽑았어요. 눈물 닦는다고. 그러고 교수님 앞에서도 울었고, 많은 사람들 앞에서 울었는데 이제는 눈물이 안나요. 그런 거 보면 내마음 속에 있던 화의 덩어리가 이제 많이 풀려 나갔다는 생각이 들어요.

(그렇구나. 아니 진짜, 용서가 안됐던 남편이었는데) 이제는 용서가 될 것 같아요. (그래요? 어떻게?) 퇴원할 때 데리러 가서 보니 몰라 볼 정도로 초췌해진 모습. 불쌍하다는 마음이 든다. 애들도 모두 아버지 불쌍하다고 한다. 그래서 이제는 전화가 오면 이젠 뭐 떨리지도 않아요. 겁도 안 나고. 교수님한테는 많이 감사해요. 제가 이만큼 마음을 다스리고 참 많이 컸어요. 내 나름의 마음의 지옥에서 많이 탈출해 나왔어요. 그만큼 절박했었고 또 그 뭔가 제가 그 상황을 좀 더 제가 탈출하기 위해서는, 도움도 필요했었고, 진짜 이렇게 옆에서 도와주시지 않았으면 저 영감 저렇게 보내놓고 지옥 속에서 내 마음을 제가 할퀴면서 그렇게 막 몸부림쳤을 거여요. 진짜 내 마음을 제가 괴롭히면서 죄의식에 죄책감에 슬픔에 분노에 시달리면서 아마 그렇게 살았을 거여요.

(지금은 어떠세요. 마음이?) 지금은 많이 담담해지고, 많이 편해졌어요. 웃을 때 웃고, 재밌을 때 재미있어 하고, 심심하면 콧노래도 한 번씩 부르고 영감하고 같이 장사를 안 하니까 참 편하고 좋아요. 요새는 이제 내 맘대로 할 수 있으니까 모든 게, 참 자유가 그 동안 한 평생 자유가 그리웠어요. 자유가. 정말 자유가 그 마음의 보이지 않는 동아줄에 묶여서 계속 구속받는 게 얼마나 불편한지 몰라요. 마음 편하게 누려도 별로 죄악이 아니겠죠? (그걸 제가 묻고 싶어요) 죄악이 아니었으면 좋겠어요.

13회기(1. 19, 화)

어제 그저껜가 친구들이 왔어요. 이야기 이제 대충 하다가 뭐 병원에 남편 보냈다 소리는 차마 입에 안 떨어지대요. [왼손과 오른손 깍지를 낀 밀착상태 표현, 두 손을 분리했다가 필요할 때 만날 때 느끼는 자유로움이 서로 필요로 하지만 다른 존재임을 인식] 남편하고 나하고 분리해서 생각해라 이런 말씀이지요. (누군가 남편에 대해서 흉을 본다는 것은 결국 우리를 흉보는 것이다 이런 생각이 들었고 남편에 대해서 무슨 흉을 본다든가, 남편에 대해 원망의 마음을 갖는 것을 다른 사람에게 표현하는 것은 내 얼굴에 침 뱉는 것 같고 그런 마음을 갖고 살았기 때문에 다른 사람한테 내 힘든 걸 더 호소할 수 없었고 남편에 대해서 불만을 가졌던 것을 친구들에게 이야기할 수 없었다. 그렇기 때문에 더 힘들었다 그런 얘기를 하셨거든요.) 동일시. 반쪽을 떼 내야 되겠어요. 반쪽을 이제는 반쪽이 반쪽을 분리한다고 해도 이제 지난 과거처럼 그렇게 아프지는 않을 거 같아요. 제가 남편보다 더 큰 그릇이라 해도 나도 여자인데 사랑받고 남편 품에 안기고 싶었지요.

14회기(2. 26, 화): 축어록

내 1: 나도 인제 뭐 (쯧) 용서하고 나는 남편이 인제 들어오느냐 안 들어 오느냐지 나는 인제 마음을 열고 받아들일 준비는 되어 있거든요. 교수님 보시기엔 뭐가 남았나요?

상 1: 그 지난 시간에 어머님이 나도 여자인데 나도 그렇게 품에 안기고 싶고 사랑받고 싶은데 했던 그 말이 마음에 너무 찡하게 남는 거에요. 그 어디서라도 정말 이해받고 싶으셨을 텐데 …

내 2: (쯧) 제일 힘든 때는 인제 자녀들 교육을 시키면서 뭐 크게 말썽을 부린 적은 없다 하지만 그래도 진짜 참 버거울 때가 있거든요. 그럴 때 인제 털어놓고 이러이러한데 막 속상해 하면 남편이 등을 토닥거려주면서 괜찮을 거야 그래 뭐 그럴 수도 있지 걱정하지마 내가 알아서 할게. 그게 평생에 한 번도 그게 안 되고. 이야기하면 (약간 목소리가 커짐) 이만큼 커져서 그게 어디로 가느냐 그게 자식한테로 그 저지른 범인한테로 가는 게 아니고 그게 내한테로 다 와요.

상 2: 얼마나 혼자 외롭고 슬프고 막막하셨겠어요.

내 3: (차 마시면서 7초 정도 침묵) 이 집은 남편 자기 본가 쪽으로 윗대 시할아버지는 못 봤고 시아버지랑 내려오는 내력을 볼 때는 그게 자녀 교육이란

게 없어요. 없는 것 같아요. 어른이 그 옛날에 인제 뭐 공부도 못 배우고 그래서 뭐 당신이 정말 글자도 모른다고 하지만 그래도 이 주먹구구식으로 해서 인제 계산 쪽으로 빠지는 것은 잘하시거든요 그래서 하~ 아버님이 공부는 못하셨어도 머리는 있나보다 이렇게 생각을 했는데. 그렇다면 당신이 아무리 못 배웠어도 이게 사람이 왜 그렇잖아요? 그 사람이 그 됨됨이는 교육수준하고는 다르다는 생각이 들거든요. 그 교육이란 게 학문. 응. 그 학문수준하고 그 사람의 인간하고는 별개라고 생각이 들어요. 이제 뭐 잘못했을 때 잘못했다 그런 게 아니다 이건 여차여차하고 이래서 이건 이렇게 해야 되는 거지. 이렇게 교육을 시키는 게 없더라구요.

상3: 이유를 설명하고 훈육하고 이렇게 하지를 않았군요. 학교는 보내셨는데 아까 교육에 관심이 없다고 그러셔가지고. 인성교육. 가정교육이요?

내4: 네. 그런 게 없고 이제 잘못됐을 때만 지적해서 이제 아주 그러니까 예를 들면 이제 제가 결혼해서 그게 며칠 안 됐어요. 채 한 달도 안 됐을 거에요. 근데 이제 아침에 밥을 식사를 하는데 우리 아버님이 갑자기 이놈의 새끼 ○○이 이놈의 새끼 영창가거라 이러더라구요. 아휴 이게 무슨 소린가 싶은 게 이 숟가락이 이렇게 올라가다가 툭 떨어져버렸어요. 어마야 이게 무슨 소린가 싶어가지고 (네. 아주 심한 말씀을 하신 거군요.) 그래가지고 그래 인제 멍해가지고 있으니까 그 다음에 이어지는 말이 친구들끼리 동네에서 닭서리를 했대요 그때는 그게 있을 수 있는 일이었거든요 닭서리를 했는데 그게 이제 발각이 돼서 주인이 이제 닭 값을 물러달라는 거여요. 그니까 마 닭 값만 물러주면 되잖아요. 근데 그 금방 데려온 며느리 앞에서 그래 그런 식으로 그게 표현을 해야 됩니까? 절대로 그건 아니거든요.

상4: 그 때 남편의 당시에 감정이 뭐겠어요?

내5: 자기도 황당하고 내한테도 부끄럽고

상5: 정말 사랑을 받지 못하고 있고 망신당한다는 느낌. 존중받지 못한다는 그런 느낌 되게 강하게 드셨겠어요.

내6: (잠깐 침묵) 그래 그런 식이었어요. 항상

상6: 네. 남편 분의 마음속에 수치심과 슬픔과 그런 것 때문에 분노가 있을 수밖에 없었겠어요. 그래도 그 때 당신 아버지한테 반항을 한다든가 폭력을 한다 그러지는 내7: 대들거나 그러진 않대요. 그냥 숟가락 놓고 나가대요.

상7: 그렇지만 그 감정들은 다 어디로? 어떻게 해결됐을까요?

내8: 그 때는 인제 나한테 풀지는 않았고 나도 그걸로 해서 뭐라고 그럴 그런 상황 아니에요. 뭐 닭서리 같은 거는 할 수 있는 거고 그거 뭐 닭 값 물러 달라면 물어주면 되는 거고

상8: 그런 얘기를 남편 분한테 해주셨어요?

내9: 그 잘 기억은 안 나는데 아마 그걸로 뭐라고 하지는 안 했는 것 같아요.

상9: 뭐라고 지적도 안 하셨지만 뭐라고 편들어주는 얘기도 안 하셨군요.

내10: 그 잘 기억이 안 나요 너무 오래된 얘기라서. 그리고 인제 그 둘째 아들 교육계 계시다가 퇴직하신 분. 그 분 딸을 세 명을 놓고 아들을 낳았거든요. 그니까 귀하긴 귀한 아들이죠 제가 시집가니까 첫돌 지냈데요. 근데 인제 걔가 아프다는 그때는 뭐 전화도 잘 없었고 이러니까 아프다는 소식을 어떻게 인제 들었는가 봐요. 그래 들었으면 아플 수도 있고 치료하면 나을 수도 있고 그렇지. 시아버지 하는 말이 에~~ 인제 고놈의 새끼 죽는다 죽는다. 집구석에 사람이 잘못 들어오면 이렇다 이러면서 죽는다고 죽는다고 막 방방 뛰대요. (어휴) 그러니까 그니까 이제 그걸 사람이 잘못 들어온 건 나를 지칭해서 하는 말이고 [한숨] …… 아이고 열 올라와요 이야기하니까.

상10: 어~ 그런 말 듣고 계시기가 쉽지 않으셨겠어요 그 얘기를 들으시면서, 근데 정말 화도 나지만 그보다도 서럽고 그러셨겠어요

내11: 정이 없었어요. 진짜 없었어요 (정이 없었어요.)

상11: 남편 분이 지금 자녀 분에게나 아내에게 심한 말을 하거나 토닥거리지 못하는 것은 시댁의 정이 없는 가정 분위기에서 영향을 받은 것이군요. 남편도 어찌 보면 피해자셨네요.

내12: 그래요. 우리 아버지는 뭐 많이 배우지는 안하셨어도 그래도 뭐 어느 정도 읽고 쓰고 이런 데는 지장 없으셨고 또 이렇게 사회경험을 하면서 아버지는 경우가 굉장히 밝았거든요. (네) 경우도 밝고 말씀도 언변이 좋으시고 그러면서 지금은 그런 거 정말 안 가리는데 그때만 해도 뭐 뼈대 있는 가문이니 그런 걸 따졌어요. 그 때 만해도 그래서 이제 저 ○○ 저기가 인제 고향인데 그게 집성촌이 **. ○○가 집성촌이 있거든요 옛날

에 그 왜 단종대왕 사육신 뭐 생육신 그러잖아요 (예. 예) 제사 때면 뼈대 있는 가문을 굉장히 들추면서 그 사회적으로 모범이 되고 남부끄러운 행동은 하지 말고 살아라, 뼈대 있는 자손이다.

상 12: 네, 시댁과 달리 어떻게 살아야 한다는 것을 잘 말씀해주셨군요.

내 13: 예, 잘 말씀해주셨어요. 그래서 그래야 되는 건 줄 알았어요. 그래서 진짜 참 바르게 행동하려고 노력했고 그게 그래도 시집살이를 하면서 견뎌낼 수 있는 그 좀 밑바탕이 된 거 같아요.

상 13: 만약에 그런 걸 배우지 않으셨으면 어떻게 다르게 행동했었을까요? 시집에서?

내 14: 그랬으면 뭐 자존심도 모르고 아무것도 모르고 그랬으면 뭐 도망을 갔거나 뭐 모르겠어요 뭔가 잘못 됐을 거 같아요. 어려운 고비를 넘길 때마다 아버지를 떠올렸거든요. 아버지를 떠올리면서. 아버지한테 제가 혹독한 유교적 그런 교육을 받아서 제가 이렇게 버틸 수 있는 힘이 있구나 라는 것을 떠올렸어요.

상 14: 네. 자존심을 가지고 버티고 이겨내고 기다리다보면 이 사람들이 바뀌게 될 것이다. 그리고 바뀌야겠다. 이 시댁의 문화도. 좀 그런 마음을 가지고 오랜 인내와 인고의 삶을 시작하셨군요.

내 15: 그 시집오던 날 아버지는 그랬어요. 이제 여자는 시집가면 그 집 귀신이 돼야 하니까 보따리 싸가지고 친정 문턱을 넘는 일은 없어라 라고 항상 그랬고 엄마도 제가 시집오던 날 전날 저녁에 하시는 말씀이 인생이 살면서 어려운 고비가 수없이 닥치고 힘드는 일이 있더라도 네가 실이 되도록 붙잡고 끈을 놓지 말고 견뎌라 그러더라고요. 그 소리가 지금도 귀에 생생해요 그래서 그런 것들 때문에 더 더 견딜 수밖에 (다른 방법을 생각해 볼 수가 없이) 생각해보질 (참고 견디고) 예

상 15: 만약에 좀 그런 게 없었다면.

내 16: 없었다면(좀 할 말하고 어떻게 그런 말씀하시냐고) 그렇지 (섭섭하다고 아니 제가 뭘 잘못했냐고) 그렇지. 어른한테 대꾸하고 그러는 건 전혀 하면 안 되는 걸로 배웠거든요.

상 16: 대꾸라고 하지만 주장도 좀 해 보시는 거죠.

내 17: 네. 내 주장을 세우고 (아버님, 어떻게 우리 남편한테 그런 말씀을 하시냐

고) 네네 맞아요 (닭서리 할 수 있지 않냐고) 요새 애들 같으면 (닭 값만 물어주시면 되지 않냐고 어떻게 우리 남편한테 영창 가라는 소리를 할 수 있냐고 어떻게 사람 잘못 들어왔다는 소리를 하실 수가 있냐고 좀 따져보기도 하고 항의하기도 하고 울분을 토하기도 하고 아버님에게 뭐 아버님 사과하세요 뭐 이렇게 [웃음] 해 볼 수도 있었을텐데). 요새 같으면 요새 애들 같으면 그랬겠죠. 네. 저는 그렇게 제가 살아온 게 너무 싫고 제가 바보처럼 살았다싶고 그래서 딸은 그렇게 살기를 원치 않았어요.

상 17: 네에~ 그러셨군요.

내 18: (작은 웃음) 사위가 맨 처음에 인사를 왔을 때 사위 앉은 자리에서 그랬어요. 그 이제 뭐 다른 말도 인제 했겠지 뭐. '내 딸 행복하게 해주라'는 둥 '맘고생시키지 말라'는 그런 말도 했겠지만 잘은 기억이 안 나는데 이랬어요. 그래 시집과 친정이 다를 거 없다. 잘 할라고 애쓰지 말고 네가 있는 대로 하고 할 수 있는 만큼만 해라. 또 친정의 문은 항상 열려 있다. 언제라도 아니다 싶으면 오너라. 엄마 품은 항상 열려 있다.

상 18: 딸이 시집가서 너무 인내하고 그러느라고, 너무 힘들게 살지 않도록 이렇게 뒤에는 엄마가 있다 이렇게.

내 19: 너무 싫었어요.

상 19: 내 삶이 너무 싫으셨어요. (잠시 침묵)

내 20: 네 바보처럼. 그른지도 모르고 무조건 잘못된 건 다 내 탓이고 제가 잘못했고 인제 제가 이제 뭐 좀 심하게 말하면 누명 같은 거라도 씌우면 쓰고 있고.

상 20: (안쓰러운 목소리로) 그래 그 모든 것이 병이 되셨겠어요. 아휴 그 많은 억울함 속상함 슬픔.

내 21: 나는 잡초 같아요. 납작해졌다 다시 또 일어서고. 휴~ 이런 삶이 옳은지 그른지는 지금도 판단이 잘 안돼요.

상 21: 어머님이 잡초라고 한다면 따님은 어떤 것에 비유하고 싶으세요?

내 22: 꽃으로 비유한다면 크게 화려하지는 않고 글쎄요 뭘로 비유를 해야 될까 … 화려하지 않지만 자기의 든든한 그런 기둥에 작게나마 튼실한 알찬 열매를 맺으면서 그렇게 사는 삶이 됐으면 좋겠어요.

상 22: 어머니가 울타리가 되어 있어 열매 맺고 잘 자랄 수 있는 꽃.

내 23: 농담반 진담반으로 ㅇ서방 자네랑 우리 딸이랑 싸우면 누구 편 들을 거 같아? 그러면 '아 에 제 편 안듭니까?' 그러면 제가 그래요. "난 우리 딸 편든다. 왜냐하면 우리 딸은 내가 볼 때는 하나도 나무랄 게 없었거든" 그러면 (웃으면서) ㅇ서방이 허허허 웃고 그랬어요.

상 23: 정겹네요. 어머님한테도 그런 부모님이 계셨으면 더 좋았겠어요.

내 24: 그래요 그게 맞는 말씀인데 이제 만약에 내한테 그런 부모가 계시고 내 주위에 오빠들이 좀 한명 두명 건장하게 버티고 있었으면 우리 남편이 내한테 저만큼 함부로 하지는 않았을 거란 생각이 들어요. 그러니까 아무리 나쁘게 저에게 해도 이것은 갈 곳이 없다 갈 곳이 없다 죽으나 사나 내한테밖에 있을 곳이 없다 라는 그런 생각도 있었는 것 같아요. 물어보지는 않았어요. 그런 생각도 밑바탕에는 있었지 싶어요.

상 24: 남편 분이 시댁의 정 없는 분위기에 부정적인 영향을 받았다면, 어머님은 친정의 엄격한 유교적 분위기에 부정적인 영향을 받았다고도 할 수 있겠네요.

내 25: 그게 사고의 차이죠. 그 당시에 난 그것 원망을 안 하거든요. 그 당시에는 또 그런 상이 또 옳다고 생각했던 시대고.

상 25: 그렇지만, 어머님도 그러신 게. 부모님이 말씀을 그렇게 하셨다 하더라도 그거는 그냥 옳은 말이고 그래도 우리 부모는 내가 가서 징징대면 내 편이 되어 주실거야 라고 좀 믿고서 가서 좀 일러바치기도 하고. 좀 이렇게 어머님이 부모님의 말씀이라도 좀 융통성 있게 받아들였으면.

내 26: 전혀 안 그랬고. 이제 제가 그래도 부모는 잘사는 모습을 보고 싶어하는데 제가 가서 말하면 우리 엄마 우리 아버지 마음 아파할까봐 내만 아프고 마는 게 낫지. 내 주위까지 아프게 할 수는 없다는 생각이 들었어요. (그러셨군요) 그래서 말 안했고 더 제가 진짜 옴짝달싹 못하고 엉치고 뛸 수도 없이 남편 낚시 줄에 걸려서 그렇게 산 것은 또 술만 먹으면 "네가 만약에 도망을 가든지 뭐 어떻게 하면 장인장모도 찔러 죽인다"고 협박을 하니까 그것도 무서웠고.

상 26: 진짜 오히려 부모님까지 지켜 줘야 되는 그런 상황이었네요.

내 27: 부모까지 지켜줘야 되는 그런 상황이 됐어요. 그래서 이제 대들고 싶어도 더 못 대들었고. 그래 인제 우리 부모 다 돌아가시고 나니까 그런 생각이 들대요. 인제는 제가 한 자락에 그것을 의무라고 생각했어요. 의무 이거는 이제 마쳤으니까 제가 이제는 과제는 끝났잖아요. 그니까 제가 인제 대들어도 되지 않겠나 싶어가지고 인제 좀 몇 번은 대들어 싸우기도 해봤고 (네~) 여자의 일생이지요. 모든 게 내한테는 다 족쇄가 됐어요.

상 27: 이건 아니다 라는 것을 알면서도 말하지 못하고 잘못했어요. 그냥 그런 식으로 넘어갈 수밖에 없었던 그 상황들이 많았어요. (5초간 침묵) 이제는 어떻게 하고 싶으세요?

내 28: (낮고 천천히 말함) 이제는요 이제는 네, 안 그럴거에요. 이제 부모님은 다 돌아가시고 안계시지만 그래서 하물며 심지어 동서들한테까지도 말 못 했었어요 젊었을 때는. 근데 이제 지금은 해요. 다 털어놓고 마 영감 욕하고 이제는 동서들한테도 인제는 제가 할 말 하고 누구한테도 할 말 하고, 이제는 영감도 제가 이렇게 품을 열어서 이렇게 받아들이려고 하고 있는데도. 자기가 또다시 그런 다면 이제 옛날처럼 그렇게 짓밟히면서 당하고 있지는 않을라고... 어떤 방식으로든지 (잠시 침묵) 그게 이게 교수님은 물론 그 상담자의 입장에서 보니까 이해하고 그래 뭐 그렇게 생각하는 마음이 깊으시겠지만 지금도 시숙들이나 동서들은 좀 너무하다 안 좋게 생각할 수도 있거든요 근데 만약에 내 앞에서 그런 내색을 한다면 나는 내 목소리 내 주장을 확실하게 내고 싶어요. 인제…

상 28: 박수쳐 드려야 돼요. (웃으면서 박수침) 그런데 지난번에 그러셨거든요. 그 직장동료들 부인이나 가족들한테 이런 얘기 못하겠다고. 못하고 살아왔다고. 남편의 흉이 내 흉 같아서 못 할 거다 그러셨는데 이제 그런 것뿐만 아니라 가족들 속에서도 당당하게 내 입장을 이야기하고. 나하고 남편하고 좀 이렇게 분리시켜서 내 삶을 좀 지켜내고 싶으신 거죠?

내 29: 이제는 그러고 싶어요. 이제는 그 옛 직장 동료들한테도 이제는 알테면 알아라. 그 옛날에 직장생활 할 때하고 지금하고 또 경우가 다르잖아요.

상 29: 그러나 지난 시간에 아직도 며느님한테도 얘기 안하셨다고 했잖아요. 못하겠다고.

내 30: 며느리는 며느리 하나만 떼놓고 보면 이제 며느리도 내 식구라서 할 수 있는데 친정이 요기 여기 옆에 있잖아요. 사돈한테까지 소문 들어가는 건. 사돈도 지금 초등학교 교장으로 계시는데 아드님을 박사로 키우신 분

이 참 어떤 분인가 뵙고 싶었다면서 굉장히 좋게 생각하시더라고. 그 칭찬이 족쇄가 되가지고… (웃으면서)

상 30: 네. 그 이미지를 무너뜨리기가 너무 버거우시죠?

내 31: 예. 그랬는데 이제는 어차피 설에 오게 될지는 잘 모르겠으나 오면 어쩔 수 없이 이번 설에는 며느리한테도 알려야죠. 시아버지 집에 없는데 설날은 그래도 명절인데 가서 보고 오라고 안 그래야겠습니까? 가서 애들을 가서 보고 오라고 해야지요.

상 31: 따님한테 있는 그대로 살라 그러고 그 순간에 최선을 다하라고 말씀하신 것처럼 며느님한테도 그냥 있는 그대로 보여주고 또 그 안에서 또 최선을 다하도록 하는 것은 어떤지. 저 같으면 제가 이제 며느리입장에서 살펴본다면 그럴 거 같아요. 암만 나를, 의도는 나를 보호하는 거겠지만 뭔가 그 가족의 구성원에서 어떤 비밀을……

내 32: 배제되는 그런 느낌 들지 않겠나 그런 생각도 저도 해 봤어요. 이번에 오면 이야기하면서 제가 설명을 해주지요 며느리한테 그런 꼴을 이미 보였어요. 그래서 지도 어느 정도 알고는 있는데 나는 이런 것들도 우리 내 아들한테는 마이너스다 싶은 생각이 들어서 아들한테도 미안해요 안 그렇습니까? 자기 와이프한테. 지가 내 집에 내 부모들이 좋게 살고 좋은 모습 이런 걸 보여주고 싶지 그런 모습을 보여주는 게 지 와이프한테 자존심 안상하겠어요?

상 32: 그럴 수 있겠지요. 그렇지만 너무 그런 면만 생각하시니까 어머님 자신이 슬픈 것은 얘기 못하시죠.

내 33: 그러니까 이제 내가 괴롭지. (괴롭지요) 우리 며느리는 친정 사돈이 참 사람이 좋아요. 그건 진짜 행복하게 가정을 꾸리고 살거든요. 그런 걸 볼 때 이해가 안 되겠다 싶은 게 얼마나 지가 보고 놀라고 진짜 무시하고 싶은 그런 생각이 들까 그런 게

상 33: 글쎄요. 그 무시한다는 건 조금 다른 차원이에요. 그거는 어머님 스타일이지요. 그냥 속상하고 놀라고 그럴 수 있을 것 같은데 그 무시라는 감정은 어머님 생각 같아요. 어머님은 저건 사람이 아니야 사람이 할 짓이 아니야 라든가 저래선 안돼 라는 규칙 같은 게

내 34: 난 있어요.

상 34: 너무 강하셔가지고 무시라는 감정이 확 들어오지만 그런 규칙 같은 게 없거나 약한 사람은 어머 어떻게 저럴 수가 있지. 어 너무 불쌍하다 그럴 거 같아요.

내 35: 나는 기준이 너무 강해서 그래요.

상 35: 보통은 부모가 똑바로 앉아라 이렇게 가르치면 배우긴 배워도 (약간 웃으면서) 아이 이 정도는 괜찮을 거야 이러면서 나름대로 그 규칙을 대강 지키는데 어머님은 똑바로 앉으라 그러면 딱 똑바로 앉은 그런 게 있어요. 그것이 어떨 때는 장점이 되는데 어떨 때는 너무 본인을 힘들게 할 수 있어요. 사람은 어떠해야만 한다는 기준이 무시를 할 수도 있고, 무시당한다는 느낌으로 올 수도 있을 거 같아요. 그런데 며느님도 그럴지는 전 모르겠어요. 여하튼 대부분의 사람들은 어머님만큼 그렇게 딱 지켜내진 않을 거 같거든요.

내 36: (잠시 침묵) 글쎄요.

상 36: 몰라요. 오늘 여기까지

내 37: 하하하. 이제는 사고도 좀 많이 바뀌었어요. 젊었을 때보다는 (그러셨어요?) 이제는 매사에 정말 제가 생각지도 못한 그런 상황이 있어도 마 저럴 수도 있겠구나 하고 또 제가 겪어보지 못한 건 아무도 모르잖아요. 그럴 때도 (쯧) 그래 당해본 사람은 또 입장이 달라서 그럴 수도 있겠구나. 그런 쪽으로 사고가 좀 많이 바뀌었어요. 제가 이제 나이도 들고 또 나를 그렇게 깐깐하게 지탱할 능력도 없고, 이제 힘도 좀 없고

상 37: 너무 힘드셨죠?

내 38: 너무 지쳤어요. 감정하고 감성하고는 다르죠?

상 38: 음…… 다르겠지만 또 어떤 부분은 유사한 부분도 있을 거 같은데요. 그런 질문을 하시는 이유는 어떤 거세요?

내 39: 그러니까 제가 인제 할머니잖아요, 근데 전 여기에 인제 해가 지면 공원에 이렇게 등이 켜지면 그 어슴푸레한 그 불빛에 등빛이 이렇게 쫙 줄기로 비춰요. 그 분위기가 '아 저런 데서 사랑하는 사람과 데이트를 한번 해봤으면' 지금도 그런 생각이 들고 오늘도 이렇게 살펴보는데 화단에 새싹이 올라와요. 그런 걸 이렇게 보면 한 줄의 시가, 이럴 때 제가 능력이 있으면 시 한 수를 읊었으면. 무언가에 대해서 뭔가 굉장히 이렇게 감정

을 받거든요 감동을. 그런데 왜 내 감정을 그렇게 못 보았을까? 그게 왜, 왜 안됐을까? 감동은 크게 받으면서 나한테 있는 걸 끄집어내지는 못했을까?

상 39: 그게 아까 제가 설명하려던 건데요 제가 표현하려는 것보다 어머니 표현이 정말 (웃으면서) 진짜 생생하다. 저는 어떻게 표현할까요? 호리병 있잖아요 입구가 좁은 거. 어머님 안에는 호리병의 아랫 둥지처럼 풍부한 감정과 감성이 있어요. 그런데 그게 나와야 되는데 입구가 막혔어요 거기다 뚜껑을 덮어 놓은 상태 같아요. 뭘로 덮어놨냐 하면 옳다 그르다의 판단, 이래야 되느냐 저래야 되느냐 이렇게 살아야 되느냐 저렇게 살아야 되느냐 그래서 어떻게 해야 되는 거냐 판단하고 생각하는 것 때문에 이 밑에 있는 것들이 나오질 못하죠 [컵에 종이를 덮어 가시화] 어머님 있는 그대로 라는 것이 이 봉합된 부분을 떼어내는 것이 아닌가 싶은 것이, 제가 상담에서 찾아낸 건 그것이여요.

내 40: 참아야 하고, 옳지 않는 거는 말아야 하는 거구. 그게 타고난 것인지 그게 제가 성장하면서 그게 형성된 것인지는 잘 모르겠으나 진짜 쉽지 않거든요. (웃으면서) 목욕탕 가면요 물 줄줄줄 틀어놓고 양치하는 사람. 물 줄줄 틀어놓고 앉아서 때 미는 사람 그런 거 보면 안에서 그게 막 뭐랄까. 안에서 막말이 나와요. 근데 인제 겉으로 내뱉을 수가 없어서 그냥 삭혀놓지요. 그런 게 왜 생겼을까요? 교육 때문에? 유교적인 훈육 때문에?

상 40: 제가 보기엔 그 교육을 어머님이 고스란히 받아들인 거에요.

내 41: 고스란히 받아들인 건 맞아요. 삼종지도 같은 것도 그런 것까지도 해야 된다 라고. 여자는 어려서는 부모님 따르고 결혼하면 남편 따르고 인제 나이 많아서 남편이 죽으면 자식을 따른다는 삼종지도 같은 거 그런 것도 교육을 받았으니까 (약간 한숨) 제가 생각해볼 때 이것은 아니었는데……

15회기(2. 16, 월)

주말에 며느리가 왔는데, 어차피 아버지 병문안도 가야 할 것 같아서 아버지 상황을 이야기했다. 며느리가 상담공부 부전공했다고 하면서 나를 안아주고 위로해 주었다. 지난번에 며느리 혼자 이혼 생각하고 있다고 했는데, 별말 없이 지내는 것 보니 큰아들과 사이가 괜찮아진 것 같아서 좋다. 큰아들 때문에 사실 나도 속상하다. 아이도 안 낳고, 직장도 안 잡고 언제 외국가고 언제 교수 될런지 며느리가 힘들 것이다. 남편 직장 사람들 모임에서 전화가 와서 사실대로 이야기했다. 남편 있는 곳에 와서 기체조 가르치는 사람이 직원 부인이기도 하니까 어차피 알게 될 것 같았다. 남편은 못 와도 나보고 모임에 나오라고 해서 나갔다. 이제 다 퇴직해서 부인들도 함께 만나는 모임이다. 요즘 우리 남편 같은 사람 많다고 해주더라. 자기들도 남편이 점점 싫어진다고 하더라. 앞으로도 솔직하게 이야기할 것이다.

16회기(2. 23, 화)

공포심. 무력감. 두렵고 떨린다. 그냥 예전 방식 그대로 제가 비위 맞추며 참고 사는 것이 가족들에게 도움이 되는 것이 아닐까 싶다. 남편이 명절에 못 나왔다고 이를 갈고 있다. 막내아들이 앞으로는 타겟을 바꾸자고 한다. 자기가 아빠의 타겟이 되겠다고. 엄마에게 하는 것처럼 자기를 다루지는 못할 것이고 자기는 찍혀도 힘이 있다고. 이것은 엄마의 일이고 엄마의 인생이라고 말했지만, 마음속으로 그 말이 고마웠다. 막내가 형수가 병문안도 가고 형수가 아버지를 살포시 안아주고 하는 것에 고마워하더라. 그러나 남편은 그 며느리 앞에서도 지난번 칼부림한 것을 막내를 끌어들이기 위해 제가 계획적으로 꾸민 일에 자신이 끼어들게 된 것이라고 말했다. 피해망상이다. 이를 꼬투리 삼아 폭력으로 나가니 문제이다. (아드님이 지금까지 암묵적으로 해오던 역할을 공식적, 가시적으로 하면서 인정을 받게 되는 것은 좋은데, 지금까지 엄마 대신 싸워준 것에 감사를 표하고, 방패가 되는 것은 원치 않고, 엄마와 아들이 협력해서 같이 가보자고 하는 게 좋지 않을까요?) (한숨.) 요양병원에서 자기는 잘못한 것도 없고 사과할 것도 없고 미안한 것도 없다고 한다고 하니 치료가 안 된다고 한다. [분노하는 남편의 손가락을 두려움보다 평안한 마음으로 바라볼 때, 분노하는 사람의 마음이 불쌍하게 보이는 것을 경험적으로 봄.] 남편에게 이제 정은 없고 인간적으로 측은함만 남아 있다.

17회기(3. 3, 수)

[남편이 퇴원시켜주지 않는다고 '나가면 가만두지 않겠다'고 위협 전화]

나는 물가의 늘어진 버들가지같다. 물살에는 늘 시달려도 생명력이 있고, 봄이 오면 꽃을 제일 먼저 피운다. 이제는 이판사판이라는 생각이 든다. 남편이 나오려고 하면 내어 놓고 제가 나가야겠다. (이런 상황을 더 이상 두려워 떨면서 똑같이 겪지는 않겠다는 마음이군요.) 영감이 돈이라도 많으면 이혼도 쉬운데, 그나마 합쳐서 웅크리고 있어야 살아갈 수 있는데. 이혼은 다음으로 미루고 같은 상황에서 같은 모습으로 살 수는 없다. 편지는 사랑하는 당신께 라고 하고, 웃는 얼굴로 나를 쳐다봐도 내 마음속으로는 싫다. 이렇게 싫은데도 같이 어울려서 살아야 한다는 현실이 싫다. 나한테 원인이 있다. 과감하지도, 결단하지도 못하고.

(지나온 삶을 바라보시는 눈빛이다.) 지나온 세월이 필름처럼 지나간다. 좋았던 시절도 있었는데, 나쁜 것만 기억하는 인간의 심리도 못됐다. 웃음. 좋은 것은 찾으려고 손으로 뒤척여도 잘 안 보이고, 나쁜 것은 그냥 보이니 너무 나쁘다. (뒤져서 나오는 좋은 것은 어떤 것이 있었나?) 영감이 한때 젊었을 때는 좋은 것도 있었다. 제가 40대에 자궁내막증으로 입원해서 수술을 할 때, 열하루 간을 병실에서 자리도 안 뜨고 서서 사발면 먹으며 돌봄. 남편은 제가 조목조목 따지는 것을 못 견디었다. 남편은 화살만 던지지, 화살을 뽑고 거기에 난 상처를 치유해줄 줄을 몰랐다. 대신 난 친구들이 다 좋다. (며느리, 가족, 친구, 이웃들에게 다 이야기를 하고 나신 이후 이혼을 하든지 어떻게 하든지 선택에서 좀 더 자유로워지신 것 같다.) 그렇다. 회사 동호회 총무도 통화나 면회 간다고 하기에 그러라고 했다. 내 마음 속에 있는 것 다 나왔다. 한을 거의 다 풀어냈다. 이것은 약물로 치유되는 것이 아니고 마음으로 치유되는 것이다. 이제 다른 사람에게 이야기해도 눈물이 안 나온다.

6) 상담과정에 대한 평가

(1) 상담자의 태도

상담자가 상담을 위해 무슨 준비를 하였는가?

우선 노인이라는 점을 염두에 두고, 잘 들어주고 공감적 태도를 통해 관계형성을 잘 맺고자 했다. 폭력을 설명하는 장면에서 상담자가 일치적으로 듣는 태도를 가지고자 노력하며 동시에 너무 놀라거나 지나친 연민에 빠지지 않기 위해 노력하였다.

상담자가 접촉이나 라포를 어떻게 형성하고 유지시켰는가?

눈을 맞추고, 이야기 내용에 따라 같이 웃고 같이 한숨 쉬며, 수용적 자세를 통해 내담자가 자신의 삶을 거리낌없이 이야기할 수 있도록 했다. 그리고 과거 살아온 이야기를 들을 때는 내담자의 비언어적 표정이나, 자세 등을 통해 여기, 지금의 입장으로 돌아오게 하였다.

(2) 상담목표 설정

1회기: 살아온 구구한 이야기를 잘 들어주기.

2회기 이후: 당당하게 자신을 있는 그대로 표현하며 살기.

(3) 문제탐색

① 내담자가 지각하고 있는 내담자 자신의 문제는 무엇인가?

난 피해자다. 난 너무 여리고 대응할 줄을 모른다.

② 상담자가 지각하고 있는 내담자의 문제는 무엇인가?

내담자는 자존감이 낮은 자신을, 자존심이 센 모습으로 지켜온 사람으로 보인다. 이러한 모습의 형성 배경은 다음과 같다. 아버지가 아들이 없다는 이유로 유산 물려줄 생각조차 갖지 않고 술과 노름 등으로 한량 생활을 함. 딸자식은 자식이 아니라는 말을 듣고 자라면서 무조건적인 사랑을 받지 못함. 아버지의 사업 실패로 갑작스레 살림이 어려워진 상황에서 어린 시절을 보내며 탁월한 학업 성적에도 불구하고 교사로부터 칭찬과 인정을 충분히 받지 못함. 내담자 자신이 군수상을 받고 초등학교 졸업을 할 정도로 우수한 학생이었으나 부모는 내담자를 비롯한 4명의 딸자식을 중학교에 진학시키지 않음. 내담자를 시집보낼 때, 부모로부터 본가는 뼈대 있는 가문이므로 가문에 먹칠하면 안 된다. 시집가면 친정 문턱을 넘으면 안 된다는 등의 가르침을 받음.

부모에게 인정과 사랑을 받기 위한 방식으로 내담자가 선택한 '명랑하고 싹싹하게 알아서 잘하는 사람'으로서의 관계 패턴은 이후 시집살이 및 기타 인간관계에도 긍정과 부정의 영향을 동시에 미치고 있다. 즉 좋은 사람이라는 자기상과 주변의 긍정적 평가를 얻게도 하였으나, 부당한 대우에 대한 적절한 자기주장과 자기보호를 방해하여 내담자로 하여금 '바보같이 살았다' '억울하다'와 같은 후회와 한스러움으로 지난 삶을 돌이켜보게도 하였다.

부부관계 측면에서 살펴보면, 내담자는 노인기에 이르는 현재까지도 어린 시절 주요 대상들로부터 받지 못한 있는 그대로의 무조건적 사랑과 인정을 남편을 통해 충족시키고자 했던 기대를 놓지 못하고 원망하는 마음을 가지고 살아 왔다. 그러나 내담자의 남편은 원 가족으로부터 사랑과 인정, 정서적 지지를 못 받았다고 여길 뿐 아니라 형이나 동생보다 부당하게 차별을 받았다고 생각하며 부모나 형제에 대한 원망과 분노, 정서적 단절이 있는 사람이다. 그러므로 결혼 후 내담자의 결핍된 욕구를 채워줄 수 있는 여유를 갖기는 쉽지 않았을 것이라고 보인다. 즉, 내담자가 남편에게 위로와 칭찬, 자신이 옳음을 인정받기를 기대한다면 남편은 내담자에게 자신을 환영, 지지, 존중해주며, 자기편이 되어주기를 기대할 수 있다. 따라서 상대가 나를 통해 채우기를 원하는 기대를 읽어주지 못한 상태에서 오랫동안 쌓아온 실망과 분노를 비난 섞인 목소리나 술주정, 폭력 등으로 전달해 온 부부관계로 여겨진다.

③ 내담자가 문제해결을 위해 시도했던 방법들은 무엇인가?

참음. 가르침. 속으로 무시함. 순종 혹은 바르게 살면서 이에 상응하는 보상이 오기를 기다림.

④ 내담자 및 가족이 갖고 있는 자원 및 지원체계는 무엇인가?

- 초등 졸업의 학력이나 스스로 영어, 한자 등을 익히는 배움의 욕구가 크고 총명함.
- 자식에 대한 헌신적 자세.
- 불교신앙 안에서 바르게 살고자 하는 마음이 있음.
- 상담에 대한 의욕이 강하고 변화하고자 할 때 그 속도가 빠름.
- 상담 장면에서 새로운 활동이 주어질 때 적극적으로 참여하고 몰입함.
- 명랑하고 개방적인 성격으로 주변의 지지 자원 형성 능력이 있음.
- 일상생활 수행능력이 우수함.
- 자식들이 공부 잘하고 대학 잘 가고 사회적으로 비교적 성공함.

⑤ 상담자는 내담자의 변화를 위해 어떤 것을 시도하였는가?

- 내면탐색을 통해 슬픔과 분노의 감정, 불쌍하고 초라하고 자존심 구겨지는 감정(感情)에 대한 감정(鑑定), 예쁨 받는 것은 자기하기 나름이다, 바르게 살아야 한다, 참아야 한다 등의 지각체제. 나도 남편에게 의지하

고 사랑받고 싶다는 기대, 즐겁게 살고 싶다는 열망 등을 인식하게 함.

- 가계도 탐색을 통해 남편의 유년시절이 행복하지 않았고, 부모로부터 부당하게 대접받았고, 인정받지 못한 억울함이 있음을 인식, 그리고 자신 역시 딸이라는 이유로 태어나면서부터 거절당했고, 사랑받기 위해 자신을 버리는 마음으로 이쁨 받는 일을 하려고 하였고, 그렇기에 가난한 환경에서도 공부를 매우 우수하게 잘 하였으나 딸이라는 이유로 진학하지 못한 울분이 있었음을 발견함.
- 가족조각을 통해 폭력남편에 대해 회유하고 살아온 자신, 그 어머니를 보호하기 위해 어머니 옆과 앞을 둘러싸고 있는 자녀를 인식하고, 어머니가 일어서서 남편을 일치적으로 바라보기로 결심.
- 남편의 폭력에 대해 일치적으로 바라보며 공포심에서 벗어나 측은한 마음으로 남편을 바라보기.
- 역할 바꾸기와 모델링 기법을 통해 일치적 의사소통 훈련.

⑥ 종결시기의 상담효과

- 공포심에서 담대함, 편안함으로의 감정의 변화.
- '남편은 사람도 아니다'에서 '불쌍한 사람'으로 지각의 변화.
- '절대 안 된다'는 생각에서 '그럴 수도 있다. 사람들마다 입장이 다르다'는 지각의 변화.
- 죽고 싶다, 희망이 없다에서 남은 삶은 하고 싶은 것 하면서 즐겁게 살고 싶다는 기대와 열망의 변화.
- 그 모든 어려움 속에서도 깊은 모성애를 가지고 성실히 살아온 자신에 대한 자부심과 자식에게 든든한 토양이 되는 좋은 어머니로서의 삶을 살았다는 긍정적 자아개념의 강화.
- 자신이 부모로부터 딸이라는 이유로 받지 못한 무조건적인 사랑에 대한 열망이 있음과 그것이 충족되지 않은 슬픔과 분노를 가지고 살았음을 인식하고 재경험함으로써 있는 그대로의 자신을 수용하는 힘 형성. 남편의 부당한 폭력적 학대로 인한 슬픔과 분노를 재경험하며 카타르시스.

7) 전공생 사례 독후감

(1) 상담자의 태도

상담자는 내담자의 이야기를 들을 때, 내담자의 말을 요약하고 명료화(clarifying)해서 내담자에게 다시 들려 줌으로써, 상담자가 지금 내담자의 말에 경청하고 있고, 내담자의 말을 제대로 이해하고 있다는 것을 내담자에게 확인시켜주었다. 상담자의 이런 적절한 개입을 통해 내담자는 자신이 상담자에게 수용되고, 공감 받고 있다고 느꼈을 것이다. 이러한 점들이 나타나 있는 구체적인 대화 장면들을 살펴보면, 1회기 마지막 부분에서 "가족관계에 불만족, 경제적 어려움, 건강상의 어려움 ~~상담 받고 싶으신 것은 결혼 후 오랫동안 폭력을 해온 남편에게 받은 마음의 상처를 다루고 싶으신 거군요"라는 말을 통해 앞서 내담자가 한 말들을 요약한 뒤 내담자가 상담 받고 싶은 부분이 무엇인지 명료화 시켜서 내담자에게 다시 확인시켜 주고 있다. 또한 4회기에서는 남편의 감동적인 편지를 받고서도 남편에 대한 용서의 마음이 아직 열리지 않는다는 내담자의 죄책감 섞인 반응에 대해서 상담자는 "편지 한 장으로 마음이 열릴 정도로 간단했던 것이 아니었죠"라고 하면서 내담자를 위로하고, 내담자 부부가 겪고 있는 문제의 심각성을 생각해 볼 때 남편에 대한 용서의 마음이 남편의 사과 편지 한 장으로 열리지 않을 수도 있다는 점을 공감해주고 있다. 14회기에서는 내담자 역시 여자이고 그 어디서라도 이해 받고 싶었을 것이라는 부분들에 대해서 공감해주고 있다.

또한, 상담자는 상담시간 동안, 내담자의 언어적 표현뿐만 아니라 비언어적 표현도 세밀한 관찰을 통해 파악하고 그것을 내담자에게 반영(reflection)해 줌으로써, 내담자가 지금 – 여기(here and now)에 계속 접촉할 수 있게끔 해주고, 내담자 스스로가 지금 자신이 느끼는 감정이나 신체적 변화들을 상담자의 말을 통해서 자각할 수 있게끔 도와주었다. 이런 부분들은 2회기에서 "마음이 어떠세요? 지금 목도 타고 그러시는데", 7회기 "그때의 속상하고 힘들었던 감정이 지금은 어디 있나요?", 2회기에서도 내담자가 눈물을 흘리면 "자식 이야기를 하시니 눈물이 고이시네요" 등 상담 전반에 걸쳐 내담자의 감정변화 신체적인 변화들을 반영해줌으로써 내담자가 지금 – 여기에 잘 접촉할 수 있게 도와주었다.

상담자는 상담을 통해 변화된 내담자의 모습을 지지하고 격려함으로써 변화된 행동을 계속해서 유지해 나갈 수 있도록 그리고 계속해서 성장해 나갈 수 있도록 도와주는 점도 잊지 않고 있다. 9회기를 살펴보면 손위 만동서에게 전화를 받았을 때 예전처럼 자신이 하고 싶은 말을 그냥 참고 넘어가는 것이 아니라, 자신이 느끼는 분하고 속상한 감정들을 손위 만동서에게 그대로 표현한 부분을 듣고 난 후, 상담자는 내담자에게 내적인 힘이 생겼음을 칭찬하는 부분을 볼 수 있다.

(2) 상담목표 설정

상담자는 1회기(내담자가 살아온 이야기 듣기)와 2회기 이후(자신을 있는 그대로 표현하며 살기)라는 식으로 광범위하게 분류하였지만, 좀 더 구체적으로 살펴보면 4회기에서는 '빈 의자 기법'을 통해 내담자가 남편에게 수용받지 못한 것처럼, 남편도 내담자에 의해서 수용받거나 공감받지 못하였음을 깨닫게 해주었고 이를 통해 부부갈등의 문제에 내담자 역시 어느 정도 기여를 하고 있음을 파악할 수 있게 통찰을 제공하였다. 6회기 이후부터는 내담자의 어린 시절 이야기들을 들으면서, 내담자가 가진 역기능적 사고(Ellis, 1962), 내담자의 경우 "사랑 받으려면 제가 싹싹하게 잘해야 한다", "도덕적 규칙들은 반드시 지켜줘야 한다" 등의 경직된 사고방식들을 파악하였다. 14회기쯤 가서는 이러한 경직된 사고방식들이 많이 없어지고 사고의 유연성을 획득하는 변화들이 나타나는데, 내담자 스스로가 이런 고백을 하고 있다. "내 37: 이제는 사고도 좀 많이 바뀌었어요. 이제는 매사에 정말 제가 생각지도 못한 그런 상황이 있어도, 저럴 수도 있겠구나 하고~~, 당해본 사람은 또 입장이 달라서 그럴 수도 있겠구나~~" 이런 모습을 통해 상대방의 입장에서도 생각할 수 있게 되는 사고의 유연성을 획득하게 되었다.

(3) 문제탐색

① 내담자가 바라본 자신의 문제점

자신은 피해자이고, 여태껏 인생을 참기만 하고 바보같이 살았다.

② 상담자가 파악한 내담자의 문제점

내담자는 무조건적인 존중과 사랑이 바탕이 된 가정환경에서 성장하지 못하였고, 어린 시절 사회적 배경, 구체적으로는 학교에서 선생님과의 관계 역시 그러하였다. 이에 더하여 내담자의 아버지는 권위주의적이고 유교적인 양육방식을 사용하였기 때문에, 내담자는 성장과정에서 자연히 역기능적이고 경직된 사고방식들을 습득하게 되었다. 부모로부터 무조건적인 사랑을 받지 못하였기 때문에, 사랑받기 위해서 노력해야 하였고 이것은 선생님과의 관계에서도 마찬가지였다. 아버지의 유교적 가르침 때문에, 내담자는 옳고 그름에 관한 지나치게 경직되고 엄격한 기준들을 가지게 되었고, 가문에 먹칠하지 말라는 아버지의 가르침 때문에 시집을 가서도 자신의 의사 표현을 적극적으로 하지 못하고 참고 살았으며 자신의 감정들을 표출하지 않고 내면화하였고, 이런 것들로 인해 신경성 질병들을 가지게 되었다.

부부 관계에서는 두 사람의 기대가 서로 상충하고 있다. 내담자는 자신 역시 '여리고, 상처 많고, 남편에게 이해 받고 싶은 한 여성'이라는 생각을 가지고 있으며, 남편으로부터 사랑과 이해를 기대하고 있었다. 남편 역시, 가계도 탐색을 통해 살펴본 결과, 원가족에서 부모로부터 다른 형제들만큼 사랑과 대우를 받지 못했다는 것과, 부모가 자신의 편을 들어 주지 않음(닭서리 사건, 군대에서 휴가 나왔을 때 반기지 않은 사건)으로 인해 느낀 정서적 단절감들 때문에, 내담자의 남편 역시 부인에게 사랑과 수용, 자신의 처지에 대한 이해를 기대하고 있었다는 점들을 파악할 수 있었다. 이를 통해 두 부부가 서로 채워주기보다는 서로 기대만 하고 있으므로 문제가 발생할 수밖에 없음을 확인할 수 있다.

(4) 내담자가 문제해결을 위해 시도한 방법들

내담자는 자신의 심리적인 문제들을 외현화(externalization)하지 않고, 주로 내재화(internalization)하는 경향을 보인다. 또는 유교적 사고방식에 근거해서 자신이 바르게 살려고 노력하고 그렇게 하면 적절한 보상이 자기에게 주어질 것이라는 '인과응보' 식의 사고기제를 사용하는 것처럼 보인다. 내담자가 '나는 살면서 다른 사람에게 해를 입혀 본 적이 없다' 등의 표현을 통해 찾을 수 있다.

(5) 내담자 및 가족이 갖고 있는 자원 및 지원체계는 무엇인가?

내담자의 학력은 초졸이지만, 혼자서 옥편이나 영어사전을 찾아보고 평소에 사용하는 어휘수준들을 살펴보았을 때 학력 수준에 비해 지적 능력이 뛰어나 보인다. 자신의 문제를 구체적으로 언어화해서 표현하고 이해하는 데 문제가 없어서 상담을 진행함에 있어서 치료의 효과가 잘 나타날 수 있다. 이와 더불어 상담에 대한 동기 수준 역시 높아 보인다.

큰딸과 큰아들이 사회적으로 비교적 성공하였고 안정된 직업을 가지고 있으며, 세 남매 모두 내담자와 친밀한 관계를 유지하고 있다는 점이 정서적 안정을 제공할 수 있다.

(6) 상담자는 내담자의 변화를 위해 어떤 것을 시도하였는가?

빈 의자 기법을 통해, 남편과 부인의 역할을 내담자와 상담자가 서로 번갈아 맡아가면서, 상담자는 내담자에게 부부문제의 원인이 남편에게만 있는 것이 아니라 부인 역시 부부갈등에 기여하고 있음을 깨닫게 해주었다. 이 기법을 통해 내담자는 남편이 부인에게서 수용되고, 자신이 원가족에서 부모로부터 느낀 정서적 단절감들을 공감받고 싶어하였지만, 남편이 원하는 정서적 지지를 제공하지 못하였고 이것이 부부갈등의 한 원인이 됨을 깨닫게 되었다. 4회기 마지막 부분 쯤에 가면, 내담자는 다음과 같은 말들을 통해 남편의 마음을 이해하지 못한 것에 대한 자기 반성과 통찰의 모습들을 보여준다. '남편의 입장이 되어서 진정으로 받아들이고 이해하지 못한 거 같아요', '한 번도 그렇게 말로 보듬어 주지 못했던 것 같아요.'

위의 과정에서 단순히 빈 의자 기법만이 내담자에게 통찰을 제공한 것은 아니다. 내면기법을 통해, 내담자가 남편에게 원하는 기대(사랑받고, 이해받고 싶다)와 남편이 내담자에게 원하는 기대(정서적 지지와 이해)가 상충하는 점을 깨닫고, 이런 기대와 열망들이 왜 생겨나게 되었는지를 가계도 작업을 통해 성장배경과 부모님의 교육방식들을 살펴봄으로써 더 자세히 확인할 수 있었다.

가족조각 기법을 통해서는 그 동안의 가족 내에서의 역동적인 관계들, 남편의 비난과 아내의 회유 그리고 자식들의 보호를 신체 동작을 통해 시각화해서 보여주고 이를 통해 구체적인 행동 변화(애들은 뒤로 물러 놓고, 제가 직접 남편과 싸우겠다)를 일으키도록 했다. 한걸음 더 나아가 내담자는 더 이상 남편에게 폭행과 폭언을 당하면서 살지 않겠다는 굳은 다짐을 하게 된다.

내담자가 자신 있게 자신의 의견을 피력하게 되고 남편과 자신을 분리해서 생각할 수 있게 되었을 때(손위 맏동서에게 자신의 감정을 솔직하게 표현한 것, 주변 사람들에게 남편에 대해서 말할 수 있게 된 것), 상담자는 내담자의 변화된 모습들에 대해서 칭찬과 격려를 아끼지 않음으로써 행동이 계속 유지될 수 있도록 도와주었다.

앞서 언급한 기법들은 서로 동떨어진 것이 아니라, 모든 기법들이 유기적으로 연결되어서 물 흐르듯이 상담 전반에 걸쳐 잘 연결된 것 같다.

(7) 종결시기의 상담효과

가장 큰 효과는 자신의 의견과 감정을 솔직하게 표현할 줄 알게 되었다는 것이다. 이전에는 감정과 생각들을 내재화함으로써 많은 신경성 질병들을 앓고 있었는데, 이제는 그러한 신경성 질병들이 완화될 것으로 보인다.

타인의 입장 및 예외적인 상황들에 대해서 생각할 줄 알게 되면서 인지적 경직성이 줄어들고, 유연성을 획득하게 되었다. 14회기의 내담자의 언어 "저럴 수도 있겠구나 하고~~, 당해 본 사람은 또 입장이 달라서 그럴 수도 있겠구나~~"를 통해 알 수 있다.

감정의 정화 및 내적으로 쌓여있던 심리적 압력의 감소. 7회기에서 내담자는 그동안 누구에게도 말 못했었던 사건(큰아들을 낳을 때, 딸이면 갖다 버리라는 남편의 말에 받았던 상처)을 상담자에게 말함으로써 자신의 감정을 확인한 후 폭발적인 울음을 통해 감정의 정화(catharsis)를 이룩했다. 17회기 후반부에서 내담자는 "한을 거의 다 풀어냈다. 이것은 약물로 치유되는 것이 아니고 마음으로 치유되는 것이다. 이제 다른 사람에게 이야기해도 눈물이 안 나온다."라고 이야기한다. 이를 통해 내담자의 내면에서 많은 감정의 정화가 일어났고, 심리적인 압력 또한 감소했음을 확인할 수 있다(권혁진, 서울대학교 대학원 임상심리 전공).

2. 〈사례 2〉 내게 힘을 주세요! 살고 싶어요!

(상담자: 한동경, 광주노인종합복지관)

1) 내담자 정보

(1) 인적사항

성명: 김○○(여) / 나이: 68세 / 학력: 무 /종교: 기독교

(2) 첫인상 및 행동특성

노인일자리 생명사랑교육단 선생님의 상담연계로 자택 방문함. 큰딸 집에서 최근 얹혀 살게 되었기 때문에 집에서 상담하기를 꺼리셔서 아파트 입구에서 만남. 아파트 놀이터 옆에 있는 팔각정에서 상담을 함. 팔각정에는 아무도 없고 조

용함. 키가 작고 도시에 갓 올라온 시골 사람 같은 기가 죽은 표정과 지나친 겸손을 보이심. 얼굴은 좀 검은 빛이고 말씀을 하시면서 정면으로 바라보기를 피하시고 말이 어눌하고 자신이 없어 보임. 아파트 입구에서 만나 팔각정까지 이동할 때에도 다리가 아파서 걷기가 힘들다고 하시기 때문에 잠시 서서 기다리시게 하고 상담자가 먼저 팔각정을 살펴보고 상담 장소로 의사를 물어 봄. 상담 장소는 상담자가 괜찮다면 내담자는 괜찮다고 말씀하신다. 말을 할 때 주저하듯이 말을 하시고 입도 크게 벌려질까 신경쓰는 것 같은 표정이다. 허름한 옷차림에 다리의 병환에 신경을 많이 쓰시는 듯 이동할 때 찌푸린 인상이다.

(3) 내담자 건강상태

고혈압과 당뇨가 있어서 약을 복용하고 있음. 몇 년 전에 우울 때문에 약을 복용한 적이 있음. 6년 전에 장사하다가 자동차에 골반을 다쳐서 움직이기 힘들고 일을 하기 힘듦.

(4) 가계도 및 가족사항

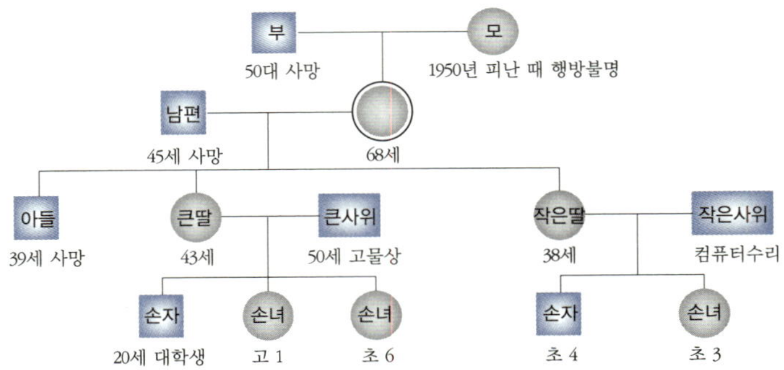

(5) 내담자의 생활력 및 사회적 관계

장사를 하다가 빌려준 돈을 떼이면서 파산 당함. 자동차에 받혀 다리를 다쳐서 장사나 일을 하지 못하게 됨. 작은딸 집에서 6년간 지내다 최근 큰딸 집으로 거처를 옮김. 기초생활수급을 받고 싶고, 큰딸 집에서 생활하기가 눈치보여서 큰딸 집에서 나와 독거할 수 있는 단칸방을 얻고 싶어함. 피부양 자녀들이 있기 때문에 기초생활수급대상은 인정되지 않고, 딸에게서 용돈으로 기만 원 정도 받고 있음. 가진 재산은 없고 작은딸에게 3천5백만원 빌려준 돈이 있음.

(6) 과거력

6.25전쟁 때 부모와 동생 2명과 함께 부산으로 피난함. 피난 중에 동생 1명이

홍역으로 사망함. 어머니는 그 당시 서울집의 물건을 갖고 온다고 나가서는 행방불명임. 19세 때 결혼을 하고 그 다음해 아버지가 사망함. 아들이 소아마비여서 어릴 때부터 업어서 키움. 아들이 39세 때 경제적 고통으로 염산을 먹고 자살함.

6년 전에 장사하다가 자동차 사고로 골반뼈를 다침.

(7) 심리검사 결과

GDS-KR 사전우울척도검사 결과: 점수 21점으로 우울상태임(검사일자: 2011. 5. 2).

DUKE-AD 불안우울검사 결과: 심한 슬프고 우울한 기분상태임.

간편죽음자살 문항 결과: 2개 문항에 그렇다고 응답함으로써 자살고위험상태임.

간편자살생각 질문: 3개 문항에 모두 그렇다고 응답함으로써 자살고위험상태임.

GDS-KR 중간우울척도검사 결과: 20점으로 우울상태임(검사일자: 2011. 9. 6).

2) 상담 받게 된 경위

광주시노인종합복지관 노인일자리 생명사랑교육단 선생님의 상담연계로 내담자에게 전화 연락 후 내담자 자택 방문하여 상담하기로 함.

3) 내담자 문제의 이해

(1) 주호소 문제

6년 전 아들 자살과 본인 장사 실패로 충격을 받고는 빈털터리로 작은딸네에 6년간 지내다가 작년 큰딸네로 옮김. 큰딸네 손녀의 할머니에 대한 반항과 학대가 심함. 몸의 병환과 장사실패 이후 계속 우울하고 큰딸네로 옮긴 작년부터 심한 우울상태임. 우울을 해소하고 손녀의 학대를 해결하고 싶음.

(2) 상담자가 본 내담자의 문제의 이해

내담자는 성장 때부터 부모와 일찍 헤어지고 동생은 고아원에 내담자는 다른 집에 얹혀 살면서 기가 죽어있고, 소아마비 아들이 6년 전에 자살함으로써 극심한 우울을 겪음. 장사하다가 자동차 사고로 골반뼈를 다치고 장사도 못하고 힘든 일은 하지 못함. 작은딸과 싸우고 작은딸 집에서 큰딸 집으로 옮기면서 우울을 겪고 있고, 손녀가 사사건건 반항과 공격으로 수모를 당하고 있음.

(3) 내담자의 강점

내담자의 성격이 온순하고 겸허하여 자신의 문제를 해결하는 데 수용적이다.

독립심이 강하다. 장사하고 남은 돈 2천만원을 작은 딸에게 빌려줌. 다리가 아프지만 노인일자리를 하려는 의지를 갖고 있다.

4) 상담목표 및 전략

(1) 상담목표

GDS-KR 우울검사 결과 21점으로 고우울상태를 17점 이하로 중간우울상태 이하로 변화시킴.

(2) 상담전략

- 우울해소를 위해 우울의 원인을 찾고 순차적으로 개방하고 나와 중요한 사람 용서하기, 나 바라보기, 내면의 아이 안아주기, 호흡바라보기, 죽음명상 등 명상방법을 실천함으로써 정화를 이룬 뒤 인지변화를 할 수 있도록 한다.
- 노인일자리를 나감으로써 수입과 활력을 얻고 손녀와의 불화를 해결할 수 있는 힘이 될 수 있도록 한다.
- 소아마비 아들의 자살로 인한 충격, 장사 중 자동차사고와 빚 떼임으로 인한 충격, 딸과의 싸움으로 인한 충격을 감정 정화시키고 인지변화시킴으로써 건강한 자신을 찾을 수 있도록 한다.
- 내담자를 건강한 인간으로서 있는 그대로 수용하고 존중하여 면담한다.

5) 상담 진행 과정

(1) 내 용

1회기(2011. 5. 6)

내담자와 아파트 입구에서 만났다. 집에서 상담하기를 꺼리신다. 할 수 없이 아파트단지 내 팔각정에서 상담을 했다. 첫눈에 기가 많이 죽어 있다고 느꼈다. 상담자와 말을 하는데 굉장히 조심하고 말도 어눌하고 더듬거리는 모습이 눈에 띄었다. 내담자가 시골에서 오래 지내시다가 도시로 온 듯한 인상을 풍기는 분위기였다. 상담하는 동안 상담자가 방문상담을 해준데 대해서 미안함을 거듭 표출했다. 최근 일어난 문제들을 질문하였다. 손녀가 말을 안 듣는다. 3일을 애가 학교를 안 간다. 물어봐도 말을 안 해서 그냥 두고 있다. (따님과는 언제부터 같이 살았나요?) 큰딸네에 온지 얼마 안 된다. 정이 없고 정도 안 들어서, 저희 네끼리 살아서 같이 있기 거북한 모양이다. (정이 별로 없어서 함께 살기가 거북한 모양이지요? 다른 데는 갈 만한 곳이 없나요?) 갈 데가 없어서 가지도 못하고 있다. 손녀가 초등 6년이다. 성격이 안 좋다. (성격이 어떻게 안 좋나요?) 남자 성격처럼 왈가닥이고 여자다운 데가 없다. 할머니를 얕보는 모양이다. 속상해도 당분간 참아야겠다. 전화하신다. 지금 상담한다고 오라고 하신다. 그래서 시간이 더 있으면 나오려나? 아유, 걱정이 되요. (할머니에게 어떻게 대하는데요?) 같은 방에 내 잠자리 위에 2층으로 만든 손녀 잠자리가 있는데, 잘 때 코도 안 고는데 코 곤다고 발로 바닥을 찬다. 그런다고 저희 엄마 아빠에게 말도 못하고 눈물밖에 안 나온다. (그런 일은 저희 부모에게 말하는 게 좋지 않을까요? 말하지 못할 이유라도 있을까요?) 딸네에 오기 전에 장사하다가 돈을 많이 떼었다. 돈이 있을 때는 제네들에게 한 푼 도와주지도 못하고, 이제 와서 망해가지고 의지하려고 하니 죄스럽고 미안함이 많이 생긴다. (성품이 남에게 신세를 지기 싫어하고 독립심이 강한 것 같아요.) 예 맞아요.

손녀가 왈가닥이에요. 다른 남자애를 때려 가지고 얘네 엄마가 찾아왔었어요. (손녀가 집에서는 누구와 친하죠?) 아버지와 이야기를 잘 하고 엄마와는 말을 잘 안 한다. 평소 집에서 말도 잘 안하고 큰 애도 말을 안 한다. 저희 엄마도 말을 잘 안 하고 모두들 그렇다. 얘들이 “할머니 안녕하세요? 이것 좀 잡수세요.”하는 말이 없다. (큰애는 몇 살이지요?) 큰애가 대학생이고 큰딸이 고교생이고 막내가 초등학생이다.

(어머니는 자녀가 몇 남 몇 녀입니까?) 딸 2명 아들 1명이에요. 아들이 39세에 사망했는데, 죽은 지 6년이 지났다. (저런, 충격이 컸겠군요?) 아들이 먼저 죽으니 자살하고 싶었다. 아들이 불쌍해서 가슴이 아프다. 장가도 못 보내주고 죽었다. 개만 살아 있으면 이렇게까지 안 되었다. (이 집에는 언제부터 살았어요?) 처음에는 작은딸네 집에서 6년 살았어요. 그 집에서는 잠만 잔 것 같아요. 장사 나가서는 오후 11시에 들어오고 새벽 4시에 나갔어요. 돈도 다 없애고... (뭐하시다가 없앴어요?) 방을 얻을 돈이 없었어요. 작은 방이라도 있으면 나가서 일자리도 찾는데, 나쁜 마음도 가졌었다. 죽을 팔자도 아닌 모양이다. 약을 사러가려는 생각도 했었다. (약을 어떻게 하시려고요?) 약국을 한 군데가 아니고 여러 군데 다니면서 약을 모으는 거죠. (어머니? 혹시 약 모은 것 있으세요?) 아니, 사지는

안 했어요. 생각만 하고. (나쁜 생각이 들 때는 사람들과 많이 어울리는 것이 좋을 것 같아요. 경로당에도 자주 나가시고, 복지관에도 한 번씩 나오시고. 복지관에 나오시면 사귈 친구들이 있잖아요?) 복지관 같은 데는 잘 안 나가요. 취미도 아니고... 동사무소에서 하는 공공근로를 하고 싶어요. 용돈이라도 벌어야 할 것 같아요. (확실히 어머니는 남에게 부담주기 싫어하시고 신세지기 싫어하는 성격이 있는 것 같아요. 이왕이면 돈도 벌고 사람도 만나고 하면 좋겠죠.)

딸네도 살기가 복잡하다. 벌어서 먹고 살기 힘들다. 대학교 다니는 애, 고교 다니는 애가 있어서 돈이 많이 든다. 제가 옆에 있어 보니 미안하더라. 옆에 있으면 불편하다. 작은딸네 안양에 있는 손녀가 초등학교 3년이고 11세인데 사근하게 대한다. 할머니 보고 음식도 잘 한다고 좋아한다. (어머니는 겸손하고 나서질 않는 성격 때문에, 좋은 점이 있는데도 말하지 않고 숙이시니까 손해 보는 경우가 많을 것 같아요. 요즘은 우울 때문에 그런 습관을 좀 바꾸셔야 할 것 같아요. 손녀에게도 자신 있는 모습을 좀 보여야 할 필요가 있어요.)

2회기(2011. 5. 20)

손녀와의 갈등을 말씀하신다. 손녀가 많이 퉁퉁거리고 할머니가 옆에 있는 것이 스트레스받는다고 한다. 집에 있기 싫어서 인천에 바람이나 쐬자 해서 갔다가 왔다. (누구랑 같이 갔었어요?) 전에 친목회 하던 사람, 장사할 때 알던 사람들과 함께 갔다 왔다. (자주 만나시나요?) 아니, 어쩌다가 오랜만에 만났다고 하신다.

(따님과 사위와는 어떻게 지내세요?) 큰딸은 뚱하는 성질이라서 할 말이나 할까, 말도 못 붙인다. 사위가 오히려 말하기 편하다. (손녀가 할머니께 무슨 불만을 갖고 있는지 아세요?) 딱히 꼬집어 말할 수 있는 것이 없지만 애들이 갖고 있는 불만을 해결하고 싶어요. 나는 애들 집에 얹혀살고 있으니 미안한 감정만 들고 있어요.

(어머님에 대한 가계도를 한 번 작성해봐야겠어요. 부모님은 언제 사망하셨나요?) 아버지는 40대에 제가 21세에 죽고, 어머니는 7세에 헤어졌다. 어릴 적 서울에 살 때 초교 1년 입학하고 6.25전쟁이 일어남. 부산으로 피난을 갔다. 동생 2명 중에 1명은 피난 중에 홍역으로 죽었고, 어머니는 부산에서 서울 집으로 물건을 갖고 오신다고 나가서는 행방불명이 됨.

아버지와 동생과 같이 살다가 19세에 아버지와 헤어졌다. 남편을 만나서 결혼하고, 아버지 만나겠다고 동생과 연락했는데 만나기 전에 아버지께서 돌아가셨다. 어릴 때 동생은 고아원도 가고 나는 아무 집에나 다니면서 살았다. 6.25 때 그런 일을 당했다. (어머니와의 이야기를 좀 더 해주실 수 없나요? 서울 집에 간다고 나가서는 오지 않을 이유가 있을까요?) 어머니와의 사이는 기억이 안 난다.

장사할 때 장사가 안 되서 1년을 약을 먹었다. 병원에 가보니까 의사가 이 병이 있으면 죽기 쉬우니까 아파트 몇 층에 사시느냐고 물어본다. 의사가 7층에서 떨어지면 안 되니까 절대로 그런 생각하시면 안 된다고 하더라. 당뇨약, 혈압약을 함께 먹다가 사고가 나서 수술하면서 우울 약을 안 주더라. 전에 골반수술을 한 적이 있다. 차가 슬쩍 치고 지나갔는데 주저앉았다. 골반 뼈가 2대 나갔다. 수술비는 보험으로 처리했다. 그래서 꼼짝 못하고 장사도 못하고 작은딸 집에 있다가 이리로 온 것이다. 그 때 두 딸들이 2백만원 보탰다. 수술비가 8백만 원인데 보험으로 4백만원 처리했다.

일할 수 있는 데가 있으면 좋겠다. 다리 때문에 힘든 일은 못하고 아무 일이나 찾아야 한다.

내담자와 죽음명상을 함. 진정한 나 자신은 육신이 전부가 아니라는 생각에서 찾을 수 있고 이것은 우울 해결에 절대적으로 필요하다고 이야기함.

웃음명상을 함께 함.

3회기(2011. 5. 31)

(아들이 어떻게 해서 일찍 죽었어요? 무슨 일이 있었어요?) 아들이 장애인이었다. 사채를 쓰고 못 갚으니 자살을 했다. 병원에 싣고 가서 약을 먹였다. 장사 나가서 몰랐는데, 산소용접 하는 데서 염산인가 뭘 구해서 먹었다고 한다. 위를 세척해도 회복이 안 된다. 새벽에 장사하러 나갔다가 돌아온 날 생선장사 물건을 떼어왔는데 "○○이가 약을 먹었다고……" 병원에 가보니 호스 부착하고 있더라. 중환자실에 갈 때, 천호동 지나서 병원에 가면서 아들이 약을 먹었다 하니 어찌할 바를 몰랐다. 중환자실에 가서는 눈물밖에 안 난다. 의사가 하는 말이 "못 깨어나겠다."고 한다. 장가도 못 보내고 소아마비라서, 39세인데 어릴 때부터 돌 지나서부터 소아마비여서 병신자식을 둔 것이라 한스럽다. 동네 아주머니가

택시를 태워주더라. (아들이 약 먹었다는 일을 누가 알려주던가요?) 어떤 아가씨가 와서 전화를 해서는 오빠가 약 먹었다고 병원을 가르쳐 주더라. 병원에 들어가자마자 울고 있으니 의사들이 환자실에서 바깥에 나가라고 하더라. 이제 아무 생각도 없다. 아들이 불쌍한 생각만 든다. 가슴이 너무 아프다. 하고 싶은 말은 없다. 아들 사망 6년째, 아버지 없이 못 해준 것만 생각난다. 사채 돈을 못 갚고 아들이 애를 먹었다. 나도 돈이 없어서 못 도와주었다. (아드님이 무슨 일을 했나요?) 악세사리 기술자였는데, 일 잘 한다는 소리를 들었는데, 아무 일도 없이 잘 지냈는데, 그 여자를 잘못 만나는 바람에…… 사채로 졸리니까 이 세상 살아서 뭐하나 생각하는 것 같았다. (여자를 잘못 만났다고요?) 약이 독하니까 앰뷸런스 타고 가면서 눈도 안 뜨고 이미 간 것 같다고 말하더라. 그 여자가 병원에도 같이 있더라. 조서 받고 가더라. 경찰들은 여자를 의심하지 않더라. 조서 받으면서는 아무 일도 없었다고 한다. “어머니, 죄송합니다.”하는 유서를 남겼다. 애비 없이 병신으로 살다가 죽은 아들이 보고 싶은 생각만 든다. 이렇게 죽을 바에는 어릴 때 죽을 걸…… 어릴 때는 아들과 같이 죽으려고 했었다. 연탄불을 피워놓고 자고 일어나니 머리만 아프고 안 죽더라. 김칫국물만 마셨다. 나만 병신자식을 둔 것 같고 살아서 뭐 하나 하는 생각만 들었다. 많이 울었고 가슴에 멍이 들었다. 잊어버리지는 않지만 살아야겠다고 딸에게 와서는 고생하니, 그 때 왜 같이 죽지 않았나? 걔 죽을 때 죽으려 하니까 딸들 생각하니 못 죽겠더라. 못 죽고 오늘 날까지 살아와서, 일해서 고생하는 것보다 마음고생이 더 심하다. 딸들과 어떻게 해서든지 잘 살아보려고 노력한다. 7세부터 고생한 것이 오늘까지 고생이다. 할 수 없이 살고 할 수 없이 살고 몇 번 죽으려고도 해보고, 돈 떼이고 죽으려고 했다.

(돈을 얼마나 떼였는데 돈 때문에 죽으려고 했어요? 혹 크게 억울한 일이 있었어요?) 제가 많이 약하다. 이자 준다고 해서, 1억원 정도 빌려줬는데, 다 날려 버렸다. 죽고 싶었는데 아들이 살아 있어서 못 죽었다. (좀 자세히 얘기해줄 수 있나요?) 보증서서 돈을 빌려주고 했다. 그때 장사가 잘 돼서 벌어서는, 계도 들고 했다. 처음에는 마천동에서 장사하다가 천호동에서 장사하고, 수유리 가서도 장사했는데 그 때는 장사가 안 되더라. 사고당해서 다리 다치고는 딸집에 얹혀 살고 장사도 않는다. 벌어서 딸에게 돈도 척척 주고 손자에게도 주고 하면 좋은데, 작은 딸에게 1~2천만원 주었다. 이렇게 다치고 나서 돈도 없고 큰 딸이 5만

원씩 주고 한 달에 약도 타다먹고 졸리고 하니……. 동네 아는 사람들이 기초생활수급금을 받으려면 혼자 살라고 하더라. 지하방이라도 얻어달라고 하니 딸이 안된다고 한다. 어떤 이는 자녀도 있고 집도 있고 해도 노인 일자리를 구해서 일하는데……. 딸에게 방 얻어 달라는 말을 하니 엄마는 그런 말을 하려면 언니 집으로 가라고 해서 1년 정도 살다가 큰딸네로 옮겼다. 자기 말은 안 듣고 남의 말을 듣는다고, 자기는 그게 안 된다고, 왜 남의 말만 듣냐고 하더라. 그래서 더 이상 거기서 같이 있지 못하겠더라. 지하방이라도 얻어서 살아야지... 노령연금 9만원에 작은딸이 10만원 만들어서 적금을 들었다.

내담자와 나 바라보기 명상을 함.

4회기(2011. 6. 8)

(요즘 어떻게 지내시나요? 사람들과 자주 만나고 대화도 많이 하시나요?) 교회도 나가고 많이 좋아졌다. (교회 나가시니 어떻던가요?) 목사님 말씀도 듣고 대화도 하니까, 하나님 말씀을 듣고 하니까 좋아지는 것 같아요. 전에는 진짜 막막했다. 한 가지 생각만 나더라. 제가 이렇게 살아서 무엇 하나? 죽을 것 같더라. 상담하면서 마음을 풀어준 것 같아서, 나아진 것 같다. 지금은 건강을 찾아야겠다. 혈압약, 당뇨약이 보건소가 싸니까 받아온다. 교회에서 차 가지고 와서 타고 가고 예배하고 점심도 먹고 하면 좀 편해진다. 수, 일요일 주 2회 나간다. 제가 원래 사람 많은 걸 좋아한다. 절에도 대순진리회도 나갔다. 조상님들을 섬겨야 한다고 돈을 가져간다. 사람을 만나야 하는데 여기에서는 많이 좋지 않더라. 교회 나가니까 잘 오셨다고 위로해주더라. 헌금 내라는 데도 있고 제가 직장생활 하는 것도 아닌데, 과거 장사 잘될 때 물건 떼 오는 대로 5만원, 10만원도 벌었다. 생선 떼면서 무거운 걸 들면서 힘들었지. 마음은 편했다. 딸네에 와 있으니 미안하고 심적으로 힘들다. 내색은 않고 있다. 동사무소에 일자리만 알아봤지 정부지원금은 못 받는다. 다른 사람들이 재산도 아들도 없으니까 도와주라고 말해 보라 하더라.

(손녀는 좀 어떻던가요?) 손녀가 한 번 따라 나와서 할머니들과 얘기할 때 무슨 이상한 소릴 하는지 할머니들이 "아이고, 저런 아이와 어떻게 살아요." 다른 할머니들이 걔에게 말을 하면 "그런 건 왜 물어봐요?" 엄마가 야단쳐야지, 저 손자와 어떻게 살려고 하느냐. 나도 손자를 키우지만 저런 손자는 처음이다 하

더라. 그 애가 친구가 없다. 집에서 혼자 있고 밖에 나가지도 않는다. 제가 나오니까 따라 나와서는 퉁퉁거리고 대답한다. (할머니께 무슨 불만이 있는지 물어보았어요?) 너 할머니께 자꾸 그래? 불만이 많니? 불만이 많데. 80%는 불만이 많고, 20%는 초등학교 2~3학년 애들과 논다. (엄마에게 애정부족으로 불만스러워하다가 할머니께 앙갚음하는 것 같은데요?) 아침에 "학교 잘 갔다 와라."하니까 그런 말 하지말래. 할머니께 인사하고 가라 하면 "싫어."한다. 제가 집에 있다가 밖으로 나오다가 보면 "너 왜 따라오니" (할머니들과 수다 떨려고 그러죠?) "너 흉 안 본다." "왜 안 봐요. 내 흉보지 않아요?" (의사소통에 문제가 있는 것 같군요.) 학원에도 안 가고 집에 혼자 있다. 공부도 못 한다. 엄마 아빠에게도 말대꾸하고 말을 안 듣는다. "너 교회 안 나갈래." "안 가요." (부모가 자녀에 대해 애정이 부족하게 표현되면 애들이 그럴 수가 있어요. 부모의 애정을 갈구하지만 받지를 못하니까 다치지 않으려고 마음을 닫게 되는 거죠. 그리고 애정표현 대신 시비적이고 공격적이고 짜증이나 내고 그러죠. 그런 것이 오래 되면 우울이 오는데 집에서 부모들이 잘 풀어줘야 해요. 손녀는 병이나 마찬가지예요.) 저 번에는 선생님이 방문상담하고 간 후로 "할머니, 우울증 있어요? 아버지께 말할까요? 너가 신경 쓸 것 없다. 아이 신경이 써져요. 그러지 말아요. 짜증스럽게." 기침을 하면, 기침한다고 소리를 친다. 제가 설거지 해놓은 걸 보고 할머니 설거지 더럽게 한다고 야단이다. (학교 성적이 나쁠 것 같은데요? 스트레스가 클 것 같아요. 선생님께 사랑이나 좋은 말도 못 듣고 친구들과도 좋은 관계를 갖지 못하면 청소년 우울 증세라고 할 수 있어요.) 내담자에게 멘트를 해주면서 용서하기 명상을 함. 나 바라보기 명상을 함.

5회기(2011. 6. 16)

내담자의 손녀와 대면상담을 함. (학교나 집에서 힘든 일이 많지? 4학년 이후로는 공부내용이 어려워지기 때문에 공부하기도 힘들텐데……) 6학년 공부가 힘들다. 5학년 담임선생님이 별로여서 논술시간에 농땡이 친다. (공부하기 힘들 때 농땡이 말고는 어떻게 해결하지?) 몰라요. (남자친구와 싸웠니?) 박○○ 때문에 6월에 같이 싸운 걸로 파출소에 갔다. 그 애 어머니가 머리에 꿀밤 2대 때리고 파출소에 가자고 해서 갔다가 순경이 그냥 가라고 해서 돌아왔다. (그 애 어머니가 너에게 뭐라고 그러시던데?) 그 아줌마가 스트레스 받아서 이 동네 못 살겠다고 하더라. 짜증이 난다. (그런데 그 애와 왜 싸웠니?) 문자로 욕을 해서 제가 전화를 끊었다. 그런데 또 전화를 해서 문자를 날려서 욕을 하더라. 그래서 싸웠는데 그 애 엄마가 파출소에 가자해서 갔다. 나만 욕한 게 아닌데…… (애들이 싸운 걸로 파출소 데리고 가는 어른도 있구나? 억울하고 화나지 않았니?) 짜증이 났다. 나만 욕한 게 아닌데. (혼자 욕한 것도 아닌데 그 애 어머니가 너무 심하구나? 그런 때는 할머니께 얼른 알려야지, 그렇지? 도와주시잖아?) 예.

(전에는 혼자 지냈는데 요즘 할머니와 함께 지내니 어떻니?) 할머니와 고스톱하고 화투 같은 그림 맞추기도 한다. (할머니와 같이 지내려니 불편한 게 있지? 무슨 일들이 불편할까?) 방금 개의 귀를 잡아서 깨갱거리는 일. 화가 난다. 내 말 무시할 때 그렇다. (어떻게 무시하시는데?) 전에 가방 어디에서 났냐고 물었었다. "이 가방 어디서 가져왔느냐?" 물었는데 무시하고 대답을 안 하신다. (그러면 너는 어떻게 하니?) 짜증나서 TV 본다. 설거지 제대로 안 할 때. 할머니가 다음에 깨끗이 하겠다고 했는데 그대로일 때. 별로 없어요. (창 밖으로 아이들 떠드는 소리가 나고, 창문으로 좇아가서 쳐다본다.) 할머니 나 밖에서 애들과 놀고 올께요.

(할머니가 무시할 때 손녀 기분이 나쁘다고 하는데요?) 할머니가 옆에서 다정하게 말을 하기가 힘들다. 가방을 더럽다고 버리라고 그런다. 아파트 밑에까지 따라와서 물어본다. 교회에서 새 옷을 얻어왔는데 버리라고 해서 대답 않고 내려왔다. 친구 때려준 일 때문에 파출소에서 전화가 와서, 미안하다고 주의시키겠다고 말하고 끊었다. 그리고 싸운 그 남자애에게 다음에는 우리 애가 주의하겠다고 다시 그런 일 없을 것이라고 말했다. 손녀에게는 남자애 집에서 전화 온 걸 이야기하면서 이 다음에 남자애가 또 시비 걸고 싸우려고 하면 할머니에게 말해, 혼내 줄테니 했더니 손녀애가 좀 수그러지는 것 같았다. 전에 손녀가 할머니, 공부할 때 80점 맞게 해 주세요 해서, 기도해주겠다고 말했다. (손녀와 함께 외출하는 것도 좋을 것 같은데요? 백화점 아이쇼핑, 시립도서관 함께 가기, 수영장 함께 가기, 시내산책하기 등을 할 수 있을텐데요?) 예 그렇게 한 번 해볼까요?

내담자와 거울 바라보기 명상을 함. 여기 있기 위한 알아채기를 가르침.

6회기(2011. 6. 28)

(공부도 진득이 하지 않는다. 재미있는 걸 무얼 하고 싶어? 하니, 자기가 뭘

진득이 하질 못한데요. 할머니 어디 있어요? “공원에” 저기 다른 공원에서 찾다가 다시 전화한다. 그래서 집 옆의 공원이라고 하니 찾아온다. 100-30=70이잖아? 하니 저는 손으로 꼽는다. 내년에 중학교에 가! 중학교 가면 공부를 잘 해야지. “걱정하지 말아요.” 딸이 옆에 있을 때 “너 딸 왜 소리만 지르니.”하니 딸이 아무 말도 않는다. 토닥토닥해줬으면 좋겠는데 소리만 꽥 지른다. 손녀가 수영장은 가려고 하는데 돈이 있어야 가지, 도서관이나 백화점은 싫다고 안 간다고 한다. 너 공부 안 해 선생님 오시잖아? 나는 예뻐서 머리를 쓰다듬으면 팍 성질을 낸다. 뭐 사다 달래면 빵 사서 주니 “상담 선생님 온다.”하니, “집에는 오지 마세요.” 한다. (손녀가 다른 사람에게 경계심이 강하고 정을 잘 안 주려고 하는 것 같아요.) 다른 할머니가 몇 살이냐 몇 학년이냐? 물어보면 서너 번 물어보면 성질을 내고 고분하지 않다. (손녀딸이 예쁜데요? 엄마 닮았어요?) 예쁘다고요. 그래도 처음 올 때보다는 좀 나아졌어요. 성질은 팩팩한다. 가끔 뭐 사달라고 한다. 뭐 사줄까? 오늘도 뭘 사달라고 한다. 뭐 사줄까? 빙수 사줄까? 하니 “네” 한다. 친구가 싫데요. 친구도 좀 사귀지? 하니 “싫어요.” 한다.

1주일에 교회를 2번 나간다. 일요일 오전 9시부터 오후 4시까지 있다가 귀가한다. 점심 먹고 온다. 젊은 사람들과도 얘기하고 수요일에는 목사님 사모님이 설교한다. 그것도 듣고, 나도 저렇게 살아야겠다 생각도 한다. 요새는 노인정에는 많이 안 간다. 우두커니 앉았다가 화투를 안 하니 그냥 온다. 지금도 딸집에 얹혀사는 게 미안하다. 사위는 나쁜 내색은 없는데 미안한 마음이 든다. 사위가 이제 여기서 사셔야 해요 하면 고마우면서도 미안하다. 노인일자리가 있으면 좋겠는데 잘 안 된다. 동사무소에서 일시키는 건 될 거라고 한다.

시내에 두 달에 한 번씩 모임 있을 때 5만원~10만원씩 용돈으로 받는다. 안 주면 얘기를 해야 함. 대학 다니는 큰애가 있는데 용돈 2만원 정도는 주고 싶다. 이전에 장사 다닐 때는 한 번씩 용돈을 줬다. 옷을 다려 입는다고, 밥 먹으면서 “할머니 이 옷 좀 다려주세요.”하면 다려준다. 손자가 처음에는 냉정하고 말이 없었다. 요즘엔 옷 다림도 맡기고 인사한다. 요즘 방학이라서 집에 와 있으면 나는 밖에 나와 있고 한다.

내담자와 용서하기 명상을 함. 나무와 에너지교류 명상을 가르침.

7회기(2011. 7. 15)

(어머님이 겉으로 보기에 내성적으로 보이거든요? 사람들과 자주 어울리시고 많이 웃어야 할 필요가 있어요.) 전에는 제가 사람들을 상대를 잘 않고 내성적이었다. 교회에 가면 잘 대해준다. 할머니들이 웃으면서 대해준다. 손녀가 어려운 문제를 물어보면 "할머니는 공부를 못했고 옛날 사람이라서 몰라." 초등학교 6학년인데 할머니께 물어본다. 안양에 있는 작은 딸네 갔다가 3일 있으니 손녀 전화가 와서 "할머니 언제 올 거예요?"해서 "뭘 먹고싶은 걸 사갈까?"하니 "할머니가 알아서 사 와요." 또 어떤 날은 "할머니 오백원 있으면 주세요." 제가 5백원 동전이 3개 있었는데 그걸 다 달래. 있는 돈 다 가져간다. 너 돈 꾸어야겠다 하면 성질을 낸다. 정들게 하려고 비위를 맞춰주니 만만히 보는 것 같다. 가끔 장난감을 갖고 와서 같이 놀자 하면 놀아주고, 공기도 한다. 공기를 제가 잘 하면 애가 성질을 내기 때문에 일부러 죽어준다. "할머니 어디에요?" "몇 시에 들어올 거예요?"

(노인정에 있을 때 손녀가 할머니 옆에 와서 어떻게 행동하나요?) 노인정에서 다른 할머니와 이야기하고 있으면, 노인정에 쫓아올 때도 있다. 무슨 말을 하나 뚫어져라 쳐다본다. "할머니 언제 가요?" 마음이 항상 불안하다. 손녀에게 비위 맞춰 주려면 불안하다. 따스한 말이 없고 냉담한 말만 많다. 집에서 나온다. 마음이 불안하다. 학교 갔다가 집으로 돌아올 때, "학교에서 점심 먹었어?"하고 따뜻하게 물어보면, "아, 그런 거 물어보지 마세요." 한다. 애들이라도 속상하다. 혼자 살면 이런 일 저런 일 모두 보진 않을 텐데…… 불안을 해소하기 위해서 밖에 나오고 집에 들어가기가 싫다. 사방 혼자서 돌아다니고 노인정에 가고 하면 좀 나아진다. 집에 들어가려 하면, "어유!" 불안한 기분이 든다.

장사 안 되고 들어갈 돈 많고 집세도 내야 되고 전기세, 기타 지출, 시장 빚이 있고… 이걸 어떻게 해야 하나? 장사가 안 되면 항상 불안하다. 장사를 않으니 그런 불안을 없다. 이제 식구들에게 "어떻게 신세를 끼쳐서 어떡하나?" 걱정하는 말을 하면 딸은 "쓸 데 없이 걱정하나? 엄마가 불안한 마음을 왜 만드나? 편하게 있지."라고 한다. 주위에 보면 자기 먹을 것 갖고 있는 노인이 많다. 나는 돈 하나 없이 들어와서 자식들에게 신세지려니 불안하다. 애들에게 신세 안 지려고 돈을 벌려 했는데 사업 실패하니 속상하다. 아파트 청소라도 하면 좋겠는데... 돈 빌려 달라 해서 서너 사람에게 2억 빌려줌. 어떤 사람은 오백만원을 빌려줬는데 요즘도 장사하고 있다. 그런데 돈을 안 갚는다. (그 사람에게는 소송 준비를 하는 것이 어떻습니까? 돈을 안 갚아주면 빌렸다는 확인증이라도 받아놓으시죠?) 기회를 봐서 확인증을 받아보겠다고 하신다. (노인일자리를 지금 바로 신청하러 가시죠. 아래층이 동사무소이니까.) 내담자와 동사무소 노인복지담당자를 찾아가서 일자리 신청을 함. 동사무소 담당자가 신청을 받으면서 당장은 근무할 곳이 없고 좀 기다려야 한다고 말함.

내담자와 죽음명상을 함

8회기(2011. 8. 1)

노인일자리가 생겨서 일하러 나가고 있다고 한다. 굉장히 기뻐하신다. 손녀가 할머니 돈 타면 한턱 써야 해요! 말했다고 기분이 좋으신 것 같다. “가시나, 예쁘게 해 주려고 해도, 이거 물어봤다 저거 물어봤다. 할머니와 놀던 그 할머니 죽었다. 그러고 문 열어놓으면 닫고 문 열어놓으면 닫고, 덥다. 문 열어 둬 하면 부채 부치세요. 할머니 돈 좀 달래. 할머니 돈 어디 있니 하면 다른 할머니는 돈 잘 줘. 참고 살려니 힘들다. 빨래 놓은 걸 거두려니, 손녀가 아유 더러워하고 탁 내던지고, 저 보고 개어라 했나?”

잠을 못 자게 한다. 잠을 안 자고 들어갔다 나갔다. 불을 켰다 껐다 하고 새벽 2시까지 그럴 때가 있고 어제도 그런다. 소란하다고 소리지르면, 왜 큰 소리 지르냐고 한다. 저거 엄마 아빠가 있으면 안 그런다. 애가 계속 잔소리를 해대니 밖으로 나가 돈다. 이제 5개월째 된다. 큰 애들은 말 안 한다. 저네 아버지는 그것도 모르고 속상한 건 이해하세요 그런다. “속상한 게 뭐 있나?” 저네 아버지가 출근하면 아빠 갔다 와 한다. (밖에 따라 나와서 버릇없이 굴면 옆에 계시는 할머니들과 함께 혼좀 내는 게 낫질 않을까요?) 밖에서 그러면 어른들이 싫어한다. 버르장머리 없다고 한다. 엄마 아빠가 잘못해서 그렇다는 거야. (그렇죠) 저희 부모에게 말해서, 너 말투가 그게 뭐냐? 할머니께 그러면 못써! 부모가 그래야 말을 듣잖아요? 할머니는 만만하게 보이니. 내게 거짓말하는 때는 “너 벌써 그런 거짓부렁하면 못써!”하면 “왜 못써요!” 한다. 작은딸에게 속상해서 말하면 할머니가 돼서 야단 못 치느냐고 한다.

(손녀가 할머니를 만만하게 보는 것도 있지만, 비정상적인 데도 있거든요. 기분 나쁠 때 하는 행동이 어떤가요?)

애가 벌써 나를 더럽다고 한다. 컵, 그릇도 그렇고 날파리가 붙으면 할머니가 그릇 씻으면 더럽다고 한다. 속으로 "어머나! 하느님이나 알지, 누가 알까?" "할머니 집도 없어요?" "집도 없다. 집도 없으니 너한테 괄세받고 요러고 있다." 저녁에 한잠도 못자고 울어야 했다.

(돈 빌려준 사람에게 가서 확인증 이야기해봤나요?) 돈관계로 아직 안 가보았다. 여자들이 쌀쌀 맞아서, 누가 안 주냐고, 지금 돈 없어서 못 준다. 다른 사람에게 많이 떼이면서 그런다. 한꺼번에 달라는 것도 아니고 매월 달라고 해도 그런다.

나 바라보기 명상을 함.

9회기(2011. 8. 12)

(요즘 외부 활동을 어떻게 하세요?) 교회 다니고 노인일자리 일 다니니까 많이 좋아졌다. 일 나가면 같이 나오는 아줌마와 이야기하고 교회 일요일에 목사님 설교를 듣는다.

저 옆에 방이 하나 있는데 돈이 없어 안타깝다. 오백만원 빌려준 돈도 못 받겠다. 큰딸은 1억 7천만원 대출해서 집을 구입했다. 큰딸에게는 돈 이야기도 못 한다. 방 1칸, 부엌 1칸, 아는 사람과 내년에 반반씩 보태서 방 얻으려고 했는데 그분 아들이 반대해서 실패했다. 거기에 사는 게 딱 좋겠는데...

(노인 일자리에서 재미있는 일은 없었나요?) 일자리 일은 편하고 아줌마들과 얘기를 잘한다. (청소구역이 어딘가요?) 집 앞 미림아파트에서 성당까지 청소한다. 다리가 아프지만 사고난 다리는 아파서 약을 먹는다. 내년에는 돈 더 나오는 일자리로 신청해야겠다. 학교에 나가서 일하는 사람이 더 편하다. 교무실 밖에서 학생들이 싸우는 걸 단속하면 된다. 운동도 하고 앉기도 하고 편하다. 공공근로는 힘들다. 개천에 오르내리고 풀도 뽑는 일이다. 방만 해결되면 아무 걱정이 없을 것 같다. 20만원도 꾸준히 못 벌고 생각만 있다.

(그 전처럼 죽고 싶은 생각은 이제 안 나세요?) 요즘은 자살 생각이 없다. 그때는 손자에게 설움받고 자식에게 미안하고 얹혀서 이렇게 살아서 뭐 하나? 하는 생각만 들었다. 목 매달아 죽나? 약 먹고 죽나? 이런 저런 생각이 들었다. (어머니께서 내성적 성향이 강하세요. 상담사나 다른 사람과 힘든 문제를 상의하면서 속을 풀어야 하시는데 혼자 괴로워하고 계시니까 힘들죠?) 처음에는 혼났어

요. 누구와 말하기도 싫고 눈물밖에 안 나오고… 요즘은 경로당 가서 이야기하면서 웃고, 경로당 가면 제가 나이가 적어서 우리 막내라고 해요. (허허 나이 많은 할머니가 많으시니까 어머니께서 막내로 불리는군요. 혹시 노인인데 그렇게 부르면 싫지 않으세요?) 아니 괜찮아요. 워낙 연세들도 차이가 나니까. (예 어머니가 듣기 싫지 않으시면 다른 할머니들께서 친근감 있게 부르는 말인 것 같은데요? 노인정에서 낮도 익고 설거지 등도 거들어주시고 하니까 할머니들이 좋아하시는 것 같아요.)

10회기(2011. 8. 19)

나도 일한다 생각하니 기분이 좋다. 놀면 지루하고 11시까지 일하면 재미있다. (같이 일하는 사람들과는 어떻게 지내세요? 좀 사귀셨어요?) 잘해준다. 원래 제가 살림은 좀 하는데 화초 가꾸기는 힘들고, 일은 재미있다. 노래방 같은 데는 어울리기 싫다. 시내 나가면 한달에 5천원 회비내야 한다하고 취미가 없다. 노래교실에 취미 붙일까 해서 노인복지관에 서너번 갔는데 별로다. 일하는 것은 돈은 별로이지만 재미있어요. (일하는 것을 좋아하시는군요. 돈이 생기면 마음도 놓이고.) 우선 돈이 문제다. 노인정 가면 나이가 적어서 설거지를 시키지 않아도 제가 찾아서 한다. (시키지 않는데도 찾아서 하시면 나이 많은 할머니들이 좋아하시겠어요.) 그게 좋다. 노인네들이라. 교회에서도 한 분 사망한 일이 있는데 다른 사람들은 바쁘다고 문상을 안 가더라. 나는 3일을 다녔다. (가셔서 뭐 하시는가요? 3일 동안.) 기도도 하고 그런 게 좋다. 목사님이 좋아라 하더라. 새 신자가 이렇게 다닌다고. 교회 나오니까 이름도 부르는 사람이 있고 기분이 좋다. (요즘 외면이 많이 좋아 보입니다.) 교회 사람들도 그래요. 처음보다 얼굴이 환하게 피네? 성당 다니는 아주머니가 없는 노인들 모시고 사는 데가 있다. 내게 요양원 같은 데 알아봐 준다고 이름, 전화번호 등을 적어갔다. (요양원이나 양로원에 들어가고 싶으세요?) 될 수만 있다면 들어가고 싶다. 그게 쉬운 일이 아니다. 아파트 아래층에 있는 분인데 전에 만나서 물어보더니 적어갔다.

손녀도 교회 다니는 사람이 듣고는 그런 말을 하더라. 손녀가 할머니라고 하면 그러는 수가 있대요. 처음에는 제가 아무 소리 못하다가, 요즘은 야단치니 좀 낫다. 그 애가 한 가지 일도 끝까지 물고 늘어진다. 아파트 정자에서 놀다가 바닥을 닦으려고 집에서 걸레를 갖고 갔었는데, 지나가다가 그걸 본 모양이다. 저녁에 하는 말이 "할머니, 수건 갖고 나갔죠? 우리 것과 똑같던데?" 걸레인데 어떠냐? 그저께 그러더니 오늘 또 그러더라. 대꾸를 안 하니까 무슨 말을 쭝얼쭝얼 늘어놓는다. "이놈의 가시나 주둥이를 찢어놔 버려?" (소유욕이라고 해야겠죠? 자기 것 우리 것에 대한 집착이 강하군요. 할머니가 한 일을 계속 끼어들려고 하는군요? 어른들에 대한 반발심이기도 하겠고. 한 번으로 끝내는 게 아니라 계속 집착하고 시비를 하는 것은 정신적으로 문제가 있는 때문인 것 같아요. 어머니께서 그런 손녀를 정상아로 보고 시비를 가리려는 것보다, 손녀의 결함을 이해하고 껴안아줘야 할 문제인 것 같아요.) 그리고 빨래 같은 것도 제가 없으면 빨래 줄에서 내려놔. 밉다는 거지. 신발도 그래요. 그러면 나도 똑같이 해요. 손주가 이쁠텐데. 제가 몇 번 대들려고 해요. 같이 해본다는 마음이 요새는 들어요. (예 타이르기만 하고 피하면 할머니께서 얕보이는 수가 있죠. 잘못하면 계속 그 행동을 하니까.) 그 집에 들어간 처음에는 쫓겨날까봐 생각을 좀 하다가 이제는 쫓으면 나가지. 할머니 잘못한 게 있으면 엄마에게 일러줘. 그런 마음이다.

(손녀가 엄마보다 저희 아빠와 친하다고 하셨죠?) 엄마와도 안 친하다. 아빠와는 친하다. 그런 법도 있어요? 어린애가 돼서 그런 일이 있을 수도 있어요? 애가 야단쳐서 듣는 때가 없다. 속상해서 집에서 나와 버린다. 밖에서 할머니와 만나도 스쳐 지나가고, 너는 너고 나는 나다. 아는 체 말도 않는다. 아침에 막 자고 일어나서 말을 붙였는데, "너 눈이 부었다?" "부을 때도 있지 뭘 그래요." (손녀가 어릴 때 할머니와 친했으면 덜 할텐데, 키우지도 않고, 다 커서 함께 같은 방에서 사니 딱딱하고 정이 너무 없죠? 그리고 손녀의 성격이 비정상적인 면이 있거든요? 저희 엄마에게 이야기하는 것이 좋을 듯한데) 딸은 자기 딸 생각만 하지 내 생각은 해줄 것 같지 않다. 왜 그런 말을 내게 하느냐고 생각하면 할 말이 없을 것 같다. 제가 생각해도 그런 생각이 든다. 자식들에게 이전에 돈을 좀 보태주지도 못하고 이제 자기 집에 들어와서... (이전에 돈을 벌었을 때 자녀들에게 좀 보태주지 못한 것이 무척 마음에 걸리는군요?) 제가 넉넉할 때 돈이나 보태주고 들어왔으면 괜찮을텐데. 남들은, 부모가 되어서 자식에게 그런 말도 못하냐고 한다. (따님에게 손녀 이야기를 하면 어떻게 나올까 생각되세요?) 딸과 말을 잘 안 해서 모른다. 나를 좋아하는지 모르겠다. 작은딸과는 돈 때문에 싸우고 이리로 쫓겨 왔다. 그 때 몸에 상처를 입고 말도 못하게 충격을 받아서 죽으려고 했다. (아! 그랬었어요?) 제가 늘그막에 왜 이렇게 하고 살아야 하나?

죽은 사람만 원망스럽고… (죽은 사람 누구를 생각했나요?) 남편도 아들도 원망스럽더라. (예, 아들이 옆에 있었으면 큰 힘이 되었을텐데…) 자식이니까, 그렇죠. 원망스러워요. (그런데 따님이 어머니에게 그렇게 무자비하게 해요. 어떻게 다치셨어요?) 남 같으면 신고해서 집어넣는다. 자식이니까. 차고에서 저 언니 집에 데려다준다고 타라는데, 도망갔어요. 그런데 탁 잡더라고요. 잡아끄는데 땅에 쓰러졌어요. 다른 사람이 마침 주차장으로 들어와서 막 살려달라고 했어요. (그 때 굉장히 놀랐군요. 평소 착하게 본 딸이 폭력적으로 나오니, 다리도 아프고 몸에 병환이 있는 상태인데 마음의 상처가 컸겠어요. 그 뒤로 만나보았어요? 사과는 하던가요?) 서너 달 연락 없다가 남편 제사 때 만났어요. 산소에서 만나서 잘 있었냐 하니 고개를 끄덕이더라고요. "뭐 놀러오지?" 그러더라고요. (그 소리를 하는데 기분은 어땠어요?) 그냥 지나갔죠. 그렇지만 기분은 안 좋아서 손자 보고 싶어서 가고 싶어도 못 가겠더라고요. (그래서 다친 곳은 어떻게 됐나요?) 그 때 넘어져서 다리뼈가 병원치료를 했어요. 이리로 오니까 손녀딸이 그러고. (그렇네요. 딸 때문에 상처를 입고 고통스러움이 남아 있는데 손녀가 막 대하니 속이 얼마나 상하겠어요?) 방 얻으려고 돈 달라니까 안 가져갔다고 하더라고요. 그것 때문에 다투었어요.

10회기 축어록(2011. 8. 19)

내 1: 날씨가 찬바람이 좀 나는가 봐요.

상 1: 예

내 2: 아침에는 이불 안 덮으면 썰렁하더라고요.

상 2: 아 썰렁합니까?

내 3: 예 허허 이불 덮으려니까, (아 그렇구나.) 오늘 아침 일하는데 보니까요? (예) 그렇게 땀을 안흘리게 되더라고요. (아 예) 일하기가 참 좋아.

상 3: 일하니까 좀 어떻습니까? 소감이 어떻습니까?

내 4: 좋아요.

상 4: 좋다고요? 어떻게 좋습니까?

내 5: 이렇게 노는 것 보단, (예) 나이 먹어도 일할 수 (일할 수 있다.) 있다.

상 5: 나도 일 한다 이제. (예 허허) 그런 생각을 하니까 어떻습니까?

내 6: 기분이 좋아요.

상6: 아 기분이 좋습니까? (예)

내7: 일할 땐 아, 일하러 가야지. 돈보다도 송골이 있다는 것이 (음) 기분이 좋더라고요.

상7: 아 기분이 좋다고요.

내8: 예 놀면 아주 지루하고 (예 예) 아유 나가서 어떻게 하루를 보내나? 아침에 그냥 7시에 나가 가지고, 그냥 11시까지 아주머니들과 일하러 나가자. (예 예) 그러면 11시까지 재미있어요. 아주머니들하고 이야기하고 (예) 제가 나이가 어려가지고 제가 형님 형님하면, 아 우리 막내하고 허허허...

상8: 아, 거기 나오시는 분들이 또 연세가 더 많습니까?

내9: 예, 아? 제가 제일 어려가지고, (예 예) 제가 막내가 되어갖고 우리 막내 잘 있었냐? 하면, (아, 하 저런.) 좋아요. 허 허 허.

상9: 칠순 할머니보고 막내라 그러면... 허 허 허.

내10: 예 칠순들이 다 넘었어요. (예 예) 모두.

상10: 그래 이제 막내라 그러고, 특별하게 사귀는 건 없습니까?

내11: 예 뭐 그런 건 없는데? (예 예) 그냥 그렇게 잘해주세요. 그냥 노인네들이.

상11: 그런데 일하니까 기분이 좋아지시는 게 어머니 성격 때문이 아닙니까?

내12: 글쎄 (흐흐 예 예) 원래 제가 딴 것은 집에서, 뭐 이렇게 가꾸고 하는 건 모르겠는데, 살림하는 건 또 하겠고, (예 예) 화초 같은 건 못 가꾸어요. (아!) 그런 성질이 아니라. (예) 그래 가지고 오로지 나다니면서 일하는 건 얼마든지, (예) 할 저기가 있어요. (아 예) 그게 좋아요. 저한테 (화초 같은 건 힘드시고?) 그건 싫어요. (예 예) 싫은 것보다도 그건 할 줄도 모르고. 취미도 없어요. (아 예) 노래방 같은데 춤추고 배우는데 그런 건 싫어요. 하하하 (아~) 그래서 그런데는 안가요. (예~) 저 노인정, 광주 그런 데를 나가도 전부다 돈 들여야 되고 (음) 그리고 또 취미가 없더라고요. 그런 데가. 하하하.

상12: 아 예 시내 나가면, 돈도 들여야 되고.

내13: 예 돈도 들여야 되고 차비 들지, (음) 또 뭐 가입해야 되지 (음) 한 달에 오천 원이고, 단 돈 얼마라도 들어야 된다고 그러지...

상13: 어디서 말입니까?

내14: 그 노인복지회관에서요.

상 14: 노인복지회관에.

내 15: 예 한 서너 번 가봤어요. (예 예 예) 취미 붙이려고요. (음) 그랬는데 그런데가 제가 취미가 없어요. (예 예 예) 원래가 그 전에서부터 그런데 취미가 없어가지고 (예 예) 놀러가지도 않고, 시간도 없지마는 (음) 그래서 놀면서 취미 붙여 가지고 노래교실이나 한 번 가볼까 그랬더니 (예) 노래도 할 줄 모르는데, 그런데는 별로고 (아~) 그래서 한 서너 번 갔다가, 돈 들어야 되고 왔다 갔다 차비 들어야 되고 (음) 그래서 그런 데는 취미가 없어요. 하하하. (에 예) 그런데 일하는 거는, 돈도 버는 거지마는 (예) 재미있어요.

상 15: 아 일하는 건 재미있어지는군요.

내 16: 그래서 내년에는 돈을 조금 더 받는 거를 신청해야 되겠다. 생각하는데 되려는지 안 되려는지 모르겠지만 (예 예) 그런 데를 신청해야겠다.

상 16: 그러니까 어머니 좋아하시는 게, 일 같은 것도 쭈욱 돈과 연결이 되니까, 예 예 (예 그래서 좋죠.) 내 힘으로 제가 산다. (예 예) 그런 게 돈을 조금씩 벌면 기분이 좋아지니까 (예 그래서.) 예 예 예.

내 17: 노인정 가서도 거기서 제가 제일 나이가 어리고, (예) 밥 먹고 설거지 하고 그러면 좋아요. (아, 예) 제가 하는 일이 있구나하는 생각에. (아 예) 지금 설거지 다해놓고

상 17: 어머니께 설거지 하라고 시킵니까?

내 18: 하는 사람도 있거니와 (예) 짜장 제가 해요. (아~) 하하, 아 이거 일 시켜서 어떡하지 하면 아이고 별 말씀 다하신다고 그러고.

상 18: 설거지 찾아서 하고 하면 다른 분들이, 아이고 나서서 한다고 생각하실까요?

내 19: 예 좋다고 해요.

상 19: 그냥 부려 먹으려고 그냥 깍쟁이같이 하지 않으시는가요? (아녜요.) 아 그런 분들이 없습니까?

내 20: 그리고 노인네들이고 하니까 제가 찾아 하고 싶고 그렇게.

상 20: 나이든 언니나 나이 많은 분들에게는 잘해주고 싶은 생각이 있는 모양이에요?

내 21: 예 그런 게 들죠. 허허허.

상21: 그러니까 어머니께서는 성품이, 그냥 다른 사람들에게 좀 잘해주고 싶고...
내22: 예 그런 마음이 있어요.
상22: 그리고 제가 너무 내 주장을 많이 하지 않고, (예) 조금 양보하고, (예) 예 예.
내23: 그런 성질을 가졌어요, 제가.
상23: 예 그러면서 궂은 일이 있으면, (찾아서 하고) 다른 사람이 하기 싫어할 때, 제가 싹 해버리고, (예 예) 그런 성품인 것 같습니다.
내24: 예 이번에 교회에서도 나간 지 얼마 안 되는데, 교인 한 분이 돌아가셨어. (아) 그런데 다들 바쁘다고 병원에 안 가시더라고요. (예 예) 돌아가셨는데 가시는 양반은 가시고 안 가시는 분들도 있고... 그런데 거기를 삼일을 쫓아다녀봤어요. 교인이니까 기도도 하고 (예) 그러잖아요?
상24: 아 삼일을 갔다고요? (예) 가서 기도도 같이 하시고요.
내25: 예 좋더라고요. 그런 게 하하하.
상25: 그러니까 이제 교회에 나가신 지는 몇 달 안 되잖습니까?
내26: 아 이제 한 달 좀 됐죠.
상26: 그런데 돌아가신 분이 평소에 아시는 분이었습니까?
내27: 몰라요.
상27: 모릅니까? (예) 아...
내28: 그런데 목사님이 또 좋아라 하시고, 그렇게 저 가니까, 가니까는 새 신자가 (음) 열심히 하는데 쫓아다닌다고, 목사님도 좋아라 하시더라고요.
상28: 아 예 점수를 받았네요? (예) 예 맞습니다. 어머님이 어쩌다가 참 우울해지고 죽고 싶은 생각이 들고 했는데, 그 때 하고는 완전히 이제 (반대로 됐죠.) 틀린 (예) 모습으로 지금... (예, 틀려졌어요.) 예 예.
내29: 그러니까 교회에서도 아유 교회 나오니까, 나 보고 이름을 부르면서, (음) 얼굴이 환해진다고 (아.) 자꾸 그러잖아요.
상29: 아 맞습니다.
내30: 내 생각에도 (예) 그 전보다 얼굴이 환해지는 것 같아요. (예 예) 웃음도 나오고, 그 전에는 (예) 웃음이라는 건 일절 모르고 (예) 지금은 조금 웃기도 하고 재미있고 그래요.
상30: 그렇게 재미있어 진다고 하시니까 저도 듣기도 좋고, (허허) 저도 기분이 좋습니다. 어머니 그렇게 열심히 다니시니까, 옆에서 기분 좋아지는 사람이 굉장히 많아지는 것 같습니다.

내 31: 네, 노인정에서도 "아이구 처음 올 때보다 얼굴이 환하게 피네," 처음에 거기 다닐 때는 울상을 하고 다녔거든요. (예) 노인정에서도. (예) 옆에 사람들도, 죽으라는 법은 없구나. 날보고 그래요. (아, 죽으라는 법은 없구나.) 예, 어떻게 하든지 살길이 생기는구나. 그래요. (예) 그래 제가 생각해봐도 (예) 진짜 죽으라는 법은 없네요. (예 예) 살 길이 생기네요. 이렇게 일자리도 생기고. (예)

상 31: 일자리 생기고 또 무엇이 생겼으면 좋겠습니까?

내 32: 성당에 다니는 아주머니 한 분이, (예 예) 수녀분들이 (예) 계시는 곳이 없는 노인네들을 (예) 모시고 사는 데가 있다더만. (아, 없는 노인분들?) 성당 (예 예) 예 될는지 안 될는지 몰라도, 신청은 해준다고 (예) 이름 주민번호 전화번호 적어달라고 해서 적어줬거든요? (예 예) 거기서 하나가 돌아가시든지, (음) 나가시든지 하면 대신 들어갈 수 있을 것 같다고 접수해보라고 하더라고요, 그래서 접수해놓았어요, 해놓았는데, (예) 그것은 생각 말고 있다가 되면 반가운 일이고, (예) 거기 들어가면 이제, 거기 노인네들 (예) 도와주면서 내 늙어 죽을 때까지 거기서 사는 거라고 그러더라고요. (예 예) 돈 없어도 되는 거고

상 32: 아, 거기서 일 해주고요.

내 33: 이제 제가 젊으면은, (예 예 예) 몸 성하고 젊으면은, 거기 있는 노인네들 아픈 사람도 있고 (그렇죠.) 거기 있는 노인네들 도와줘 가면서... 예 예 그런데 그게 될려나 안 될려나 모르겠네요.

상 33: 예 만약 되면 거기 들어가고 싶습니까?

내 34: 예 들어갈래요. (아) 진짜 만약에 된다면. (된다면 들어가고 싶다.) 예, 그런데 그게 그렇게 쉬운 일이 아니랍디다. (아) 아주 없는 사람들, (예 예) 자식 없고 아무 것도 없이 (예 예) 돌아가시면 되는 양반들만 모집한다는데.

상 34: 성당에서 하는 요양원이 (예 예) 안나의 집, 그리고 기독교 쪽에서 하는 데가 여기 애인의 집이 있는데요? 거기에는 아파서 못 일어나는 할머니들, 거기서... (신부님이 저기 해주신다고 하더니만?) 예 예 그런 분들이

거기서 요양 받고 지내시고, 어머니 같은 분들은 육신을 다 움직일 수 있기 때문에 양로원에 신청하는 모양이에요. 기초생활수급 신청이 될 것 같으면 기초생활수급금액 나오는 것 있잖습니까? (예 예) 그걸 양로원에 다 주고, (아) 삼십만원 이상 나오거든요. (음) 그건 통장으로 양로원에 다 입금시키고 거기서 생활하고, (그걸 할 수가 있나?) 아마 그런 식으로 할 것 같아요. 성당 다니는 아주머니가 적어갔단 말이죠? (예) 어느 아주머니가요?

내 35: 거기 우리 사는 아래층 아주머니가, (아, 동네) 거기가 성당에 다니거든...

상 35: 아, 아래층에 사는 아주머니가...

내 36: 내 형편을 알아가지고 (예 예) 그런데다가 한 번 저기 해보겠다고 (예 예) 주소하고 주민등록번호 하고 이름하고 전화번호하고 적어 달라 그러더라고, (음) 그래서 적어다 갖다드렸잖아요. (예 예) 그런데 기다리지는 말라 그러더라고 (아) 될지 안 될지 모르는 거니까 (예) 되면 다행이고 반가운 거고 (예 예) 안 되면 할 수 없다 그러더라고, 그래서 그냥 하여튼 수고 좀 해 주세요 그러고 끝났어요.

상 36: 이제 그게 만약 어머니께서 너무 상황이 안 좋고 급박할 때는 그렇게라도 살 수 있는 길이 있거든요? 종교재단 같은 데 부탁해서 (네) 집도 절도 없다 자식들도 모시려고 하지 않는다. 자식들도 파산해서 도망다니고 어디 있는지 모르겠다 그럴 때는, 신청하면 모셔다주고 정부에서 주는 기초생활수급금? (예) 이런 거 자기들이 받고 이러기 때문에 아무리 힘든 경우라도 살 길이 나올 수 있습니다. 미리 좌절한다거나 그럴 필요가 없거든요. 좀 알아보고, 다 알아보고 그러고. 이제 제가 속이 너무 슬프고 속이 너무 힘들고 해서 제가 여기서 없어져야겠다 이런 생각은 평소에 사람들과 잘 어울리시고 운동도 하시고 기분 좋은 생각 기쁜 생각도 많이 하시고 하면 그런 생각은 저절로 나오질 않습니다.

내 37: 허허허 지금 같아서는 진짜 꼭 거길 가야 되겠다 그런 마음은 없어요. (예 예) 그런 마음은 없고 내 몸 건강해갖고, 어떻게 일자리 하나 있으면 되겠다. (예) 그런 마음만 있어요. 손자가 별 말을 다해도 교회 다니면서 많이 깨달았어요. (예 예) 그런 것은 오해하지 말고 이해를 해라 그러시고, (음) 아주머니들을 만나가지고 말을 들어보면 (예) 또 그런 경우가 있다네요. (아, 음) 애들이, 사춘기고 할머니가 키웠으면... 키워가지지도 않고, (음) 이제 오랜만에 들어와 갖고서는 (예) 다 큰 다음에 들어와 갖고서는 (음) 할머니라고 하면(예) 어떤 어린애들도 그런 수가 있대요. (음~) 더러더러 (예) 그건 할머니가 이해를 해야 된다고 그래 사실대로 이야기해요. (예 예) 그런 이야기들을 들어보면 진짜 그런 것 같아요. 진짜, (예) 그래서 좀 아이고 제가 막 뭐라하다가 소리를 요즘에는 같이 대꾸를 해요. (음) 그 전에는 아무 소리 못했지, 제가 이제 (음) 처음 와서는, (이) 지금에서는 소리를 나불나불하면 주둥이를 확 찢어져잉! 이래 가면서 그래서 안 되면, 제가 휘뜩 나와 버리죠. (음) 그래가지고는 내 마음이 조금 나아지네요. (예) 그러고 나니까. (예 예) 그런데 이놈의 가시나가 한 번 한 걸 끝끝내 갖고서 그걸 자꾸 꼬집어 뜯어요. (음) 그 얘길 해요. (음, 아) 아따 나 그런 건 처음 봤네요. 그런 애들 그냥.

상 37: 꼬치꼬치 그냥, 아 끝까지 물고 늘어진단 말이죠?

내 38: 녜 예 예 끝까지 물고 늘어져요. 아주.

상 38: 예를 들면 어떤 일이 있습니까?

내 39: 그 엊그저께 비가 많이 와가지고 (예) 정자나무에 나와서 앉아 있는데, 거기서 노는데 (예, 정자나무에) 비가 오니까 물이 붙었어요. (예 예) 그래서 집에 가서 걸레를 하나 갖고 나왔어요. 수건을... (예 예) 다 떨어졌어요. (예) 그걸 갖고 닦고서, 거기서 앉아서 놀았는데 노인네들과 나도 노인인데 아, 요것이 놀다가 거기서 그걸 봤는 모양이에요. 그 수건을 (수건을?) 예, 걸레인데, (아, 걸레. 걸레를 방안에서 갖고 왔습니까?) 아 예 제가 집에서 갖고 갔어요. (아, 예) 그래서 이제 그랬더니 저녁에 들어오더니 할머니? 왜? 수건 갖고 나갔죠? 아니야 왜 그래? 정자에 우리 집 것과 “똑같은 것이 있던데요? (아!) 아니야 앞집 할머니가 준 거야 그랬더니, 아닌데요. 똑같은데요? (음) 똑같은 게 있겠지 없냐?” 제가 그랬더니, 아이 똑 같다. 만약 제가 갖고 나갔다 해도, 그 걸레인데 어떠냐? 왜 그런 것 갖고 참견하냐? 너. 참 참견할 것도 없구나. (예 예) 그랬더니, 제가 말하니까 몰라몰라 에에에에 그러더라고요. 이놈의 가시나 주둥아리 콱 찢어놔 그래놨더니, 아무 소리 안하더라고요. 그저께 그러더니 어제 낮에 또 그러더라고요. (예 예) 또 그걸 갖고 말하더라고요. (예 예 어떻게? 뭐라고 하던가요?) 또 그 수건 갖고 그러더라고. 그 수건 진짜 어떤 할머니가 준 거냐고? 그래 줬다. 안 줬으면 또 우리 것 같으면 걸레인데 어떠냐? 그 걸레인데 (예 예) 그 걸레인데 어떠냐? 그랬더니 또 나보고 뭐라고 하더라고요. 쭝얼쭝얼 뭐라고 하는 소리인지도 모르겠고, (아, 잘 들리지도 않고요?) 예, 너 왜 쭝얼거리냐? 도대체 왜 그러냐? (음) 하니까, 에레레레레 요러더라고요. (예 예) 이놈의 가시나 주둥이 찢어놔? 제가 그러니, 아무 소리 않고 있더라. 제가 그래놓고 휘뜩 나와 버렸어요. (휴대폰 전화 받음) 아이고 그걸 되풀이하고 되풀이하고 그래요. 그렇게 며칠을 그냥. (예 예) 뭔 말을 못해요. 하도 그래서, 아이구 나가야 되겠다.

상 39: 이제 걸레 갖고 이제, 우리 집 걸레같다고 (예) 왜 가지고 나가느냐 이 이야기를 하는가요? (그렇죠. 예) 우리 건 왜요? (그래 말이야.) 정자 갖고 가서 도로 집으로 가져가지 않았습니까?

내 40: 그건 뭐 하러 갖고 가요? 다 떨어진 걸레를?

상 40: 다 떨어진 걸레를 정자에 가서 닦고 버리고 들어왔는데.

내 41: 예, 물을 닦고, 그 옆에다가 차곡차곡 개어서 놓아뒀어요. 또 이제 닦으려고. 그랬더니 그걸 보고서는 그렇게...

상 41: 아 예, 왜 안 갖고 들어왔느냐 그 이야기인가요?

내 42: 왜 갖고 나갔느냐고, 집에 걸 왜 갖고 나갔느냐?

상 42: 그래 이제 이놈의 가시나 주둥이를 찢어 버릴테다.

내 43: 가시나 소리도 않고 이놈이, (예 예) 이래 가지고서는 (예 예) 주둥이를 콱 찢어놔 제가 그랬지. (예 예) 어래래래 그러더라고. 그래서 나와 버리고 말았어요. 또 말해봤자.

상 43: 울지는 않는가요? 아, 더 안 덤비고요?

내 44: 덤비기만 하지 울진 않아요. 한 마디도 지지 않아요.

싱 44: 안 진다고요? (네 네) 걸레 그것도 할머니에게 야단치려고, 이기려고 말을 꺼냈는데.

내 45: 예 예 오 제가 잘못했다. 이래야 되는데 (예 예) 제가 그 걸레 같은 걸 뭐하려고 그러느냐고 대들었더니, 이제 (예) 말은 못하고, 에레레레 이러더라고.

상 45: 아, 자기도 말하기 곤란하니까 (응 응) 가만히 생각해 보니까 할머니 말이 맞으니까. 이제.

내 46: 그러니까 그렇게 놀리니, 주둥아리 찢어놔 이래 놓았더니, 또 뭐라고 뭐라고 혼자서. 그냥.

상 46: 처음에 자기는 화가 나서 자기는 이기려고 시작했다가. (예 예) 할머니가 (자꾸 대드니까,) 대답이 맞으니까 (예) 자기도 할 말은 없으니까 혼자서 쫑얼쫑얼 하고 그냥.

내 47: 혼자서 그냥 쫑얼쫑얼해 무슨 소린지 알아듣지 못하게.

상 47: 아 예 그러면 걔에게는 이해가 된 거네요. 할머니 말이 맞다. 이제 인정이 된 것 같으네요.

내 48: 모르겠어요. 걔는 그래 갖고서는 아무리 뭐라고 해도 생전 울지 않아요. (예) 그러고 빨래를 널어놓으면 내 옷은 밑에다 내려놓아요. 마르지도 않은 걸. 그러면 나도 화가 나서 저 옷을 밑에다 내려놓아요. (예 예) 이제 똑같이 해버렸지. 이제.

상 48: 무슨 빨래를요?

내 49: 내 옷 빨아놓은 걸요.

상 49: 아, 빨아놓은 걸 그것을 어디다?

내 50: 그 줄에서 내려놔, 지가, (왜요?) 모르겠어요. 밉다는 거지, 날. (허허허허) 제가 밉다는 거야. (예) 신발도 그래요. 신발도 벗어놓으면 발로 툭 차서 저기로 던져놓아요. (아) 저기 신발, (음) 나도 어떤 때는 지 신발 탁 집어던진다. (음) 똑같이 해버려. 나 이제, 저 번에는 안 그랬는데. (음) 안 되겠더라고, 똑같이 해버려. (예) 귀엽게 봐 주려고해도 해줄 수가 없어. (예 예) 귀엽게 못 봐주겠더라고. 지금 손자가 예쁠텐데, (예 예) 하도 그러니까 예쁘지가 않어. (예)

상 50: 그래 이제 몇 번 이겨야겠는데요.

내 51: 예, 자꾸 뭐라고 그러면, 나도 대들려고 그래. 자꾸 이제. (아, 예 예) 저거 엄마한테 일러주고... 그래 제가 지금, 우리 시누이도 뭐라 해요. 그런 건 자꾸 맞춰줘서 그렇다고 작은 딸도 그렇고, 그래서 이제 우리 시누이 보고 그랬어. 나 이제 같이 해본다고. 같이 하래. (예) 쫓겨나면, 쫓겨나면 되지. 제가 어디 가면 굶어 죽겠나. (음) 이제 그런 마음이 들어요. (예 예) 그 때에는 쫓겨나면 어디 가서 사나? (음) 그렇게 생각했는데 (예 예)

설마 어디가면 못 살겠나 싶은 게, (예 예) 나가라면 나가는 거지. 뭐. (아!) 자식 내쫓으면, 그냥 내쫓겠어? (예 예) 허허허 그래도 방이라도 하나 얻어주고 내쫓든지, 허허허 (예 예) 그래도 지 딸 편을 들지 내 편은 안 들어요. (음) 자식이래도 지 자식 편들지, 내 편은 안 들어요. (아) 그래서 제가 그렇게 일러주지 못해, 지네 엄마한테, 남들은 딸인데 왜 안 일러주냐고 그러는데, (예) 아주 제가 한 번 지네 엄마한테 안 일러줘 봤어요. (아) 나 혼자 속 썩어 봤지. (예 예) 그래 지 딸 믿지 나를 믿겠어요. 자식이래도 나가라면 할 수 없지 나오는 거고.

상 51: 그런데 따님에게는, 입장을 바로 세워두고 그러시면 괜찮을 것 같은데요. 만약에 따님이 따지며는, (먼저 따지면,) 따지면, 애들 그렇게 키우면 안 좋다, 그런 입장을 가지고 있어야 될 것 같아요. (예 예 예 저는 그렇게 하려고 그래요.) 그래서 그런 걸 따님에게서 이해를 받아야 될 것 같은데요. (글쎄) 초등학교 6학년이기 때문에, 애들이 뭐 이렇게 다른 사람에게 얻어듣고 하는 건 있는데, 사리판단, 옳은지 그른지 이 판단은 잘못하거든요? (몰라요) 자기중심적으로 나한테 좋은 것만 생각하고, (예) 아직 상대방 입장에서, 할머니 입장에서 배려하고 하는 것은 (없어요.) 없단 말입니다. (아무 것도 없어요.) 만약 손녀 때문에 문제가 발생해서, 딸과 사위하고 이야기하게 되면 (그 때는 다 이야기해야 되지) 그 때에는 손녀가 아는 것은 많은데 TV나 영화를 통해서 책을 통해서 아는 것은 많은데, 다른 사람 입장을 생각을 못해준다. 지금 손녀가 그런 상황이다. 그래서 제가 들어온 첫날부터 이때까지 내 입장에 대해서는 너무도 가시 돋치게 하는 걸 자기가 모르고 있더라. 예, 그걸 이제... 그렇지만 할머니래서 이때까지 참고 있었고, 그렇죠? 참고 있었고 (그렇죠) 그랬는데, 애가 너무 다른 사람들을 배려하는 마음이 없으면 커서도 볼 게 없다. 싹수가 없는 것 아니냐? 이런 자세를 가지고 있어야 하거든요. (예) 그렇기 때문에 애 지금 초등학교에서 중학교 지나면서 성격이 굳어진단 말입니다. 이제는 애들이 초등학교 졸업하고, 중학교 들어가서 1, 2년 지나면 부모들과 떨어져 버려요. (음) 대화도 잘 안하고 자기들끼리 놀거든요. (맞아요) 예 예 이런 때 자기 좋은 것만 편리한 것만 생각하고, 이렇게 커가지고는 애들이 정상적으로 자랄 수 없다. 그래서 옆에서 애들 보면서 바로 잡아야겠다는 생각이 들더라. 그렇게 말씀을 하시면 되죠.

내 52: 예 그러지 않아도 한 동안, 저번 날 싸워서, 네 엄마한테 일러줘. 할머니 잘못한 게 있으면 일러줘. (예) 그러면 네 엄마에게 이야기할게. (예 예) 제가 그런 소리 해봤어요. (예) 그건 또 안 일러주더라고요. 저네 엄마에게, (예) 난 일러줘서 뭐라 말이 나오면, 그때 이제, (음) 확실한 걸 말하려고 하는데, (아) 몰라 지가, 딸이 참는 건지 (예) 어떤 건지, (음) 아무 말을 안 하더라고.

상 52: 그러니까 엄마와 특별하게 친한 것도 아닙니다?

내 53: 예 예 예 딸도 그렇고, 딸도 엄마다 자식이다 그런 마음뿐이지 이런 혹한 정이 없어요. 딸도 성질들이 그래갖고. (아, 성격이?) 나 역시.

상 53: 아빠와는 친한 것 같습니까?

내 54: 손자가. 예. (예) 손녀가 아빠와는 친해요. (그 손녀가요? 아빠하고는 친하고.) 아버지와는 장난도 하고, (음) 또 사위는 나한테는 말도 잘해요.

상 54: 그러니까 같은 여성에게는 얘가 이기려고 하네요. 허허허. (예 예 이기려고 해요.) 아빠는 이성이니까 애들이 딸은 아빠 좋아하잖습니까? 예.

내 55: 엄마가 어떤 때는 일부러 툴툴하더라고요. 그래서 (예) 제가 딸 보고, 왜 그렇게 애한테다 툴툴하냐? 좀 좋게 해주어라. 제가 그런 소리도 해봤어요. (아, 예 예) 그랬더니, 지 깐에는 예뻐서... 예쁘겠지, 지 자식이니까는. 그런데 툴툴하더라고요. 그래 그것을 봐서 그런지 가시나가 내게 툴툴하잖아요. 저거 엄마가 하는 그대로, (예 예) 저거 엄마가 저에게 하듯이. (예)

상 55: 그리고 손녀한테 손녀가 잘못한 것은, 바로 지적을 주장을 하셔야 하고, 그 다음에 마무리는 (아이고) 그 애 입장을 이해해주고, 이해해주면서 결과적으로 가장 나은 방법, 그걸 이야기해주면 손녀들이 나중에 할머니 말을 따르게 되겠죠?

내 56: 글쎄 그렇잖아도 한 번 그렇게도 해봤어요. "제가 어린이가 되어서 그렇죠?" 요래요, 또. (아, 하하하하) 한 번 그래도 해봤어요. (예 예) 지금 지가 어린이라고 해서 그렇대요. 너 같은 어린애가 어딨어... 그런데도 소용없습디다.

상 56: 그런 때는 네가 어린이이기 때문에 할머니 보기에는 해서는 안 될 일이나 해서는 안 되는 말을 너무 많이 하고 있는 것 같애. 그래서 네가 어리다고 생각해서, 할머니가 별로 야단을 안치는 거지. 네가 다 커서, 다른 걸 잘 알고 있으면서 그러면, 정말 할머니는 화가 나서 같이 있을 수 없다. 그렇게 이해하면 되죠.

내 57: 말을 걔는 할 수가 없더라고요. 이렇게 말하면 저렇게 말하고, 저렇게 말하면 이렇게 말하고. "그런 법이 또 뭐가 있어요?" 너 어찌 법을 그렇게 잘 아냐?

상 57: 그런 법이?

내 58: 있대는 거예요. 그렇게 할 수도 있다는 거예요. 지가 잘못한 것, 이렇게 말하면 (예) 어린애가 돼서 그런 법이 있다는 거예요. (음) 그러니 뭐라고 말하겠어요. 그런 일은 안 하는 거야. 니가 뭘 그렇게 알어, 잘 알어, (음) 그리고 니가 법을 뭐 그렇게 알어, 그런 법도 있다는 거예요. 글쎄. 아이고 걔하고 말하면요, 숨통이 터져요. 터져요. 그냥.

상 58: 그러는 법도 있다는 게, 이제 자기가 어리니까 이해해 달라는 이야기네요? 허허허. (모르겠어요.) 자기 위안이네요? (그렇죠.) 예 제가 어려서 그런 거니까 할머니가 이해해 달라 이 소리네요. 허허 할머니는 다 이해해 주고 나에게는 아무 소리 하지 말아라. 그런 이야기네요.

내 59: 글쎄 그런가 봐요. 그러니 그거하고 말을 할 수가 없어요.

상 59: 예 그러니까 그런 손녀를 대하려면 할머니가 손녀가 왜 그런지 다 알고, (허~) 그리고, 제가 기분 나쁜 것도 다 참고, 그리고 결과적으로 그 손녀에게 그래도 제가 할머니고 어른이기 때문에 너가 해야 할 일은 이런 것이다. 친절하게 이야기해주는 아주 이런 성인 같은 할머니가 있어야 걔에게는 마음이 맞는 거예요. 그죠?

내 60: 하이, 모르겠어요. 허허허 너무 애가 저거 하니까, 그게 말할 수가 없어요.

상 60: 그래서 야단쳐서 들은 적이 있습니까?

내 61: 없어요. 제가 같이 말대꾸하다가 그냥 제가 나와 버리고 말지. (아...) 너무 속상해서 말같지 않은 소리를 하기 때문에 (들어주는 때가 없었습니까?) 예, 안 들어줘요. (예) 그러니까 제가 속상해서 그냥 나와 버리고 말아요. 그 애하고 제가 대화를 못 하겠더라고요. (예) 속 터져서.

상 61: 속상한 것은 그대로 갖고 있습니다. (예 그럼요.) 손녀가 그걸 할머니에게 풀어줘야 하는데? 나중에 할머니 제가 어려서 그랬습니다. 나중에 사과하러 와야 하는데, 허허허. 예 예.

내 62: 뭘 이렇게 가다오다가 만나도 뭐 할머니 어디 가시냐 만나도 인사도 없고, 너냐 나냐 그냥 그래요. 집에 들어가도 그렇고, 그러니까 제가 집에 들어가기가 싫죠. 자꾸. 걔가 집에 있으며는.

상 62: 밖에서 만나면 할머니 어디 가시느냐고 따라오고 안 그럽니까?

내 63: 안 그래요. 너는 너고 나는 나고 그래요. (음) 제가 한 번씩 어디 갔다 오느냐고 물으면, "그런 건 왜 물어봐요?" 이래버리는데요. (예...) 그러니까 숫제 제가 말을 안 해버리는 거예요. (예 예) 암만 좋은 말, 요 며칠 전에도 아침에 늦게까지 자고 일어나더라고. (예) 아무도 없는데, 그래갖고 거실에서 이렇게 TV보고, 눈이 좀 부었더라고. (예) 잠을 너무 많이 자서, (예 예) 그래서 "아이구 눈이 부었어..." 제가 그러니 "눈이 부을 때도 있죠, 뭐!" 이러더라고. (허허허허) 글쎄 아니? (밖에서 만나가지고요.) 아니 집에서, 아침에 막 자고 나고서. (아, 아침에) 예 어 너 눈이 어째 부었다. (예) 잠을 많이 자서 그런가? 제가 그러니. "부을 때도 있죠, 뭐, 너 좋다고 하는 소린데 왜 말을 그렇게 하냐?" 그러니 "아이 듣기 싫어요. 그런 소리 하지 말아요." 이래요. (예에) 그러니 그 애하고 무슨 말을 하겠어요. 말을 할 수가 없어요. (예에) 나는 좋다고 말하는데, (아, 좋다고 말하는데, 그러니까 속에 감정이 팍 상하겠어요.) 예 속상하니까 그냥 나와서 말을 안 해요. (아) 그래서 나와 버리고 말아요. 그러니까 걔하고 대화를 못해요. (예 예) 뭔 말을 대화를 하며는 (음) 그렇게 톡 틀어져서 말을 하기 때문에 대화를 못해요. (음) 숫제 말을 안 해버리죠. 제가. (예) 그런데 요새 또 어떤 때는 개는 쓸데없는 말을 "할머니!" (예?) "왜?" 뭐 어쩌고 저쩌고, 하이 너 왜 쓸데없는 말을 하냐?" "심심해서 그래요." 또 요러고. (예?) 심심하면 너 혼자서 텔레비 보고 놀아! 왜 나를 성가시게 하니? "어때요? 성가시게 하면?" 또 요래요. (음) 그러니 그거하고 말을 어떻게 해요. 그러면 나와 버려요. (아, 이제) 나오는 게 최고야.

상 63: 그러니까 아까 이 이야기를 하기 전에 아이들이 그럴 때가 있다고 다른 할머니들이 말씀하시더란 말이죠?

내64: 예 예 (그런 애들이 있고) 예 사춘기래야.

상64: 특히 할머니가 나이도 많고, 자기하고 취미도 동떨어지니까 (예 그리고...) 덤빌 때가 있다.

내65: 어릴 때부터 키웠으면 모르겠는데, (예) 지금 들어와 가지고 방도, 같이 집에 있다고 해도 혼자서 쓰는 게 아니고 할머니하고 같이 쓰니까, 그것 같고도 애가 많이 그럴 거라고 (예 예) 할머니가 이해하라고, 그래쌌더라 고요. (음) 그럼 그런가 보다고.

상65: 예 예 어떻게 어머니 생각하실 때는 그게 맞습니까?

내66: 글쎄 그냥 내 자신이 이제, 제가 돈 없이 아파가지고 들어와 가지고서는 그런가보다. 제가 이해를 하자, 하는 그런 마음도 들고 그래요. 그러니까 제가 참지 많이 진짜. 옆에 아줌마들이 그런 소리를 들으면 좀 말하면 아 그런가 보구나. 아이구 그냥 이해를 하자. 나가라는 소리를 안 하면 되겠다. 그냥 그렇게 생각해요. (예)

상66: 그러니까 어머니께서 생각하기에, 손녀를 볼 때 제 3인자 입장에서 볼 때 내 입장도 아니고 손녀 입장도 아니고 다른 제 3자가 그걸 볼 때 어떻게 판단을 하겠는가? 그런 생각을 해보셨습니까?

내67: 예 자꾸 아주머니들이 그래요. (예) 어머니한테 딸한테 일러줘라. (음 딸한테) 왜 손자한테 그렇게 괄세를 받고 사냐? (예 예) 엄마 낳아서 키워서 공부하고 시집까지 보냈는데 (음) 그거 좀 있는 것이 뭐가 그래 저거 해 가지고 딸자식한테 매여서 말을 못하냐? 그 손자한테 그 어린 것한테 구박을 받고 사냐? (예) 그런 사람도 있고, (예 예) 또 이해해갖고 (예 예) 참고 있어보라고 그러는 사람도 있고 (예 예) 그래요. 지금 옆에 사람들이 보고서는...

상67: 그런데 따님에게 일러주지 않는 것은 무엇 때문에 그런 것 같습니까?

내68: 제가? (예 예) 만약에 그런 말을 일러주며는 (예) 제 엄마들은 늙은 엄마보단 딸자식 생각을 더하지, (예) 늙은 엄마 생각을 안 하는 것 같아요. (예) 대개 보며는 (아?) 그만 보면 자기 애들 요래 요렇게 하잖아요. 지금. (아! 예 예) 그런데 제가 부모라고 해갖고서, 그 애가 뭐라 했다고해서, 부모가 좀 할머니가 이해를 해야지, (예 예) 그걸 자기에게 일러주냐? (예) 그럴까봐 지금. (아!) 아무리 키워줬다고 해도 그건 음이 아니냐? (예)

제가 시집가서 응, 아버지도 있는데 저를 낳아가지고 낳아줬으면 키워준 의미가 있는데 이제 와서 돈도 없이 들어와서 우리 자식한테 그러냐? (음) 그런 마음 가질까봐 지금 제가 못 일러주겠어. (아, 예) 그리고 나도 그런 생각이 들고. (아, 예) 내 양심껏, (음) 제가 애들에게 보태주지도 못하고 이렇게 병이 들어갖고 들어와 가지고서는, (예 예 예) 뭐하려고 나는 젊은 자식에게 귀여운 자식, 너한테는 귀여운 자식, 나한테는 밉지마는 너한테는 귀여운 자식인데 (예 예 예) 제가 혼나게 하냐? 나 하나만 참으면 되겠다. (예) 이런 마음이 자꾸 들어요. (예) 그래서 일러주질 못하겠어요. 부모들한테. (아)

상 68: 그러니까 따님한테 말하려고 해도 자신이 없습니다?

내 69: 예 자신이 없어요. (자신이 없어서) 제가 넉넉하고, (음) 걔네들한테 좀 푸짐하게 도와주고 하면 자신이 만만하지. (아 예 예) 그런데 제가 도와준 것도 없고, (예 예) 그냥 이렇게 해갖고 제가 오도갈 데도 없이 이렇게 들어왔기 때문에 그냥 자신이 없어요. 나가라면 나갈 수밖에 없어요. 저는 이제 (예) 제가 도와준 게 있어야지 큰 소리를 치든지 하지. (예)

상 69: 예

내 70: 어떤 사람은 그 소리를 들으면 부모가 돼 갖고 말도 못해 뭐라고 그래요. (예) 그런데 저는 그렇게 말 못하겠어요. (음) 아무리 부모라 해도 부모 노릇을 제대로 한 것도 없고, 오로지 내는 장사해갖고 돈 벌었더니 남에게 다 떼이고, (예 예) 자식들에게 뭐 도와주지도 못하고, (예 예) 그러니까 내 행실을 잘 못해갖고, (예) 그래서 제가 나쁜 일 한 것도 아니지만 (음) 그래서 돈 떼이고 보니까는 (예) 그 돈을 자식에게 줬으면 제가 큰소리를 치잖아 지금, (음) 제가 잘못해갖고 큰소리를 못해요. (음) 밥 얻어먹고 있는 것만 해도

상 70: 어머니하고 지금 따님하고 관계는 좀 어떻습니까? 많이 친합니까? 아니면.

내 71: 말을 안 해서 그런가? (말을 잘 안한다고요?) 예 말을 안 해서 그런가? 좋아하는 것도 아니고, (예 예) 싫어하는 것도 아니고, 내 생각에는, 저게 제가 있어서 저런가? 그냥 자꾸 그 마음만 들어요. (예 예) 지 깐에는 아닌 것 같아도 (음) 내 생각에 그냥, 내 생각에

상71: 재가 나를 친하게 생각하는지 아닌지 잘 모릅니다? (네 몰라요.) 나중에 문제가 일어나봐야 (예) 하는 투를 보고 (예) 이제.

내72: 그 때서나 알까, 모르겠어요. 나 혼자서만 아 저게 제가 있어서 저런 모양이다. 그 생각만 들지, (음) 딴 생각은 없어요. (음) 몰라요. 지금 걔 마음을 제가.

상72: 혹시 따님하고 안 좋은 일이 있었습니까?

내73: 없었어요. (그런 적은 없었습니까?) 예 예 큰딸하고는 아직 없었어요. 작은 딸하고는 이 번에 싸우고 쫓겨났지마는 (음) 큰딸하고는 아직 그런 일이 없었어요.

상73: 작은딸하고는 어떻게 싸웠습니까?

내74: 그때 돈 때문에 그랬다고 (예 예 돈 때문에 아.) 얘기 다 했어요. (아 예 예) 그랬다가 이리로 쫓겨 왔다고. (음) 그래 지금 걔가 오래야지 한 번씩 가지 못가요.

상74: 그래 작은 따님 집에 있을 때, 돈 때문에 싸워가지고 어머니 상처를 너무 크게 받은 것 아닙니까?

내75: 하유 말도 못해요. 그래갖고 제가 더 죽을라고 했어요. (예 예 예) 상처를 제가 말도 못하게 충격을 받아갖고 (예 예 예) 그래서 죽을라고 몇 번 해봤어요. (예) 그래 여기 오면 좀 낫거니 했더니 여기오니 또 손자란 년이 그렇게 해서 저기 그렇게 됐고... (아 음) 그래 지금 오래야 가지 못가요 (아, 예) 왜 왔냐 그럴까봐, 예 예.

상75: 그러니까 작은딸 집에 있다가 나오면서 충격이 너무 크셨구나... (아우 말도 못하게 컸어요) 예 예.

내76: 아이구 그 때 생각하면 제가 지금도 (예) 말도 못해요.

상76: 그 때 어떤 생각이 들던가요. 작은 따님과 다툴 때.

내77: 제가 늘그막에 (예) 왜 이렇게 하고 살아야 되나 싶은 게 (아, 예 예) 자식한테 이렇게 보따리 하나 들고 (예 예) 쫓겨날 정도가 됐다니, 이게 뭔 꼴인가 싶더라고요. (예 예 예) 그래갖고 제가 살아서 뭣 하나 하는 생각이 들고 그래요. 그때 생각하면 지금.

상77: 아 예 예 작은 따님이 막내입니까?

내78: 예 둘, (예 예) 죽은 사람만 원망스럽고, (예 예 예) 그래서.

상78: 죽은 아드님 말입니까?

내79: 예, 아들도 (음) 그렇거니와 애기 아버지도 그렇고, (아! 남편도 그렇고) 예. 죽은 애들이 더 생각 나더라고요. (아, 예) 니가 살았으면 제가 이렇게까지 안 될건데 (아 예 그렇죠. 같이 살으면 되는데) 그렇죠. (눈물을 흘리신다.) 아으 그 때 생각하면 지금도 죽고 싶은 생각이 나요. (음) 자식이라 차마 마음이 그렇게 안 맞아서 그렇지. 그 때 생각하면 옷 요만큼 보따리 싸갖고 나오는데 기가 막히더라고요. (예 예) 남이 쳐다보면 어쩌나싶고 그때는. (예 예)

상79: 자녀가 도와줄 줄 알았는데 대들고 그렇게 험담하고 하니까 속이 얼마나 충격을 받았겠습니까? (정말 잘못했어요. 그 때 충격은... 흑흑) 그래 가지고 어떻습니까? 작은 딸이 아주 보기 싫어졌습니까? 아니면, (지금요? 훌쩍) 제가 보기엔 어머님이 어쩔 수 없다. 걔에게 제가 뭐라고 그러겠나, 이렇게 또 눌러 앉은 게 아닙니까?

내80: 예 그런 생각도 드네요. 자식이니까! (아, 자식이니까) 예, 남 같으면 신고해서 집어넣었어요. (아, 남 같으면 신고해서 집어넣어) 예, 신고해갖고 집어넣었어요. 지하철에서, 아니 창고 안에서, 아니 차고에서, (예) 죽을 뻔했어요. 그 애 때문에. 누가 끌어잡아 당겨가지고 넘어져서 그래서 제가 다리를 더 다쳤고.

상80: 어디 전철에서요?

내81: 아니 차고에서, (차고? 무슨 차고에서요?) 차 대는, 지네 집에서. (아, 예 예) 저 언니집에 데려준다고 (예) 막 지 차 타라고 그러더라고. 그래서 제가 안 탔어요. (예 예) 안타고 도망 오려고 해도 그게 어디 도망이 되나? 걸음을 못 걸을 때라 그 때. 못 도망 오겠더라고. (예) 그래갖고서 이렇게 탁 끌으면서, 옷도 찢어지고 이렇게 탁 넘어졌어요. (예) 이 다친 데라가지고 다쳤어요. (저런?) 그래갖고서 그때 진짜 아, 이래 가지고 사람 죽이는가보다. 부모 죽이는가보다. (예) 그 생각이 들더라고요. (아! 예) 그 때 마침 누가 차 데려고 들어오더라고요. (예) 그래 그 사람을 붙들고 나 좀 살려달라고 막 (예!) 그 사람을 붙들고 사정했더니, (예!) 왜 그러냐고 하면서, (음) 나 어디 파출소나 경비실에 나 좀 데려다 달라고, (예) 그래가지고 그 사람이 나를 경비실에 데려다 놓더라고요.

상81: 아이구, 들어오는 사람에게 살려달라고 할 정도면 그냥 넘어진 게 아니네요?

내82: 그러니까 잡아당겨 가지고, (예) 제가 넘어졌어요. 금방 죽이겠더라고요.

상82: 아, 막 딸이 지금 자기도 이성을 잃고, (예 예 예) 성질이 나가지고 (예 예 예) 딸이 덩치가 큽니까?

내83: 안 커요. 얘보다 적어요. (아) 호리호리해요. (아) 그러고 그 이가 손 붙들고, 그 이가 그냥 나를 데리고, 경비실에 데려다 주더라고요. (아!) 그러고 또 한 번, 그 이튿날 또 한 번 막, (예 예) 언니네 집에 가라고 (예) 옷을 막 집어던지면서 그래갖고, (예 예) 현관에서 또 밀어요. (예 예) 밀어가지고 제가 넘어졌어요. 그래갖고, 아이구, 어머나! 그래갖고 넘어져서 또 다쳤는데, 그 앞에서 문 열어보더라고요. (예 예) 그래갖고 날보고 경비실에 아저씨 불러드릴까요? 그런 소리까지 다 했어요. (예 예) 아이고, 놔두라고. 자식인데 어떻게 제가 또 그걸 경비실로 아저씨를 오라고 그러겠어요. (음) 아뇨, 놔두세요. 그냥 그러고서 그대로 이리로 온 거였어요. (예 예) 제가 버스 타고 아프면서도 다리 질질 끌고 온 거야. (예 예) 그러고 몇 달, 한 서너 달 전화도 안 오고 전화도 하지도 않고, (예) 그랬어요. 그러다가, (그래 지금까지? 아, 예 그러다가?) 그러다가 지네 아버지 제삿날이 (예) 돌아와 가지고, (예) 그 때 이제 만나봤어요. (아, 예) 두어 달, 석 달 만에 (예 예) 그래갖고 만나니까 그냥, 제가 더 말할 게 있어야? 잘 있었냐? (예) 그 소리만 했다 뿐이지. (아! 예 어디 직접 만나서요?) 예 산에 가서 산소에서.

상83: 산소에서 만나가지고...

내84: 예, 오더라고, 우리가 먼저 갔는데 (예) 오더라고, (예 예) 잘 있었냐? (예) 제가 먼저 그랬죠. (음) 대답하더라고요. 나보고 고개 끄덕끄덕 하더라고, 그래갖고는, 음 놀러오지? 그러더라고요. (예) 그래서 한 번 놀러갔댔어요. (아) 그래갖고 또 지금이라도 가고 싶은데 손자가 있잖아요? (예) 그래서 그 집 얘들은 나에게 잘했어요. 나한테, (예) 그래서 손자 보고 싶어서 가고 싶어도 못가요, (음) 못가요. 오라할 때까지, 왜 또 왔나 할까봐. (아 예 예) 우리 딸이, 그래 제가 그 때 당시에 친척이라도 신고했어요. (예) 신고해서 벌금 물든지 (예 예) 진짜 어떻게 됐어요. (예 예) 나 넘어져가지고, 그렇게 밀어가지고 이게 뼈가 부러진 줄 알고 병원에 갔더니 (예 예) 뼈는 괜찮다는데, 신경이 (예) 다쳤다는 거예요. 그렇다고, 그렇다고 치료를 오래 받아야 된다고, 그래서 석 달을 치료받고 이제 조금 나아진 거예요. (예) 지금도 아픈데 (아) 지금에서 나 치료비도 다 받지 그냥 놔두지 않아요. 내 자식이니 이렇게 있지, 지금.

상 84: 노인학대전문기관이나 노인보호기관 (네) 그런 데 전화하면 다 도와주거든요, 자녀들이 부모를 학대한다든지 요새 뉴스에 많이 나오지 않습니까? (글쎄) 어른들이 자식들을 다 키워놓고 다 학교 보내주고 결혼할 때까지 다 키워주고 하니까 이제 노인들이 수입도 없고 몸도 약하고 하니까, 젊은 사람들이 옛날 일을 모르고 자기만 생각하고, 자기 가족만 생각하고 노인들을 학대하니까 그런 걸 접수시키면 노인학대기관에서 처리해주거든요? 그런 것도 있고...

내 85: 설마 그런 데까지 안할래요. 제가 암만 학대를 받고 이래도, 그래도 내 속에서 난 자식인데, 글쎄 그런 데까지는...

상 85: 그런데 차고까지는 왜 따라갔습니까? 방에서 그냥 안 가겠다고 그러시지.

내 86: 안 가겠다고 해도 그렇게, (예) 끌고 나가는데 (끌고 나간다고요...) 제가 이제 약을 사러 나가는데, 우울증이 있어서 (예 예) 너무 이제 제가 기가 막히고, (예 예) 안 좋길래, (예) 안정제 사먹으러 엘리베이터를 탔어요. (예 예) 따라 들어오더라고요, (음) 엘리베이터를. (예 예) 그래서 1층에서 내려야 되는데, 못 내리게 하더라고요. (예 예) 그래서 지하까지 내려갔던 거예요. (아 예 예) 그래갖고서는 지 차 타고서 언니네 집에 가자는 거예요. (예 예) 택시 타고, 언니한테 가서 살아라고. (예 예) 내일 갈께 했는데, 그런데도 소용이 없더라고요. (아, 내일 갈께) 예 예 (그랬는데!) 소용없더라고요. (음) 그래 당장 가자는 거예요. (아! 당장 가자) 그래서 안 갔더니 탁 끌어당기더라고. 겨울옷 입었던 거였는데 그런데 그 모자가 찢어지고 막 그러잖아요. 단돈 얼마도 없어면서.

상 86: 부모에게 모자 찢어질 정도로 그렇게 잡아당겼으면...

내 87: 아이고 거기서 죽을 뻔 했어요. (예 예) 그 때 마침 차고로 차 댈려고 (예) 들어오더라고요. (예 예) 그래서 제가 드러누워 있으니까 못 지나갔잖아. (예 예) 그래서 차를 세우더라고, (예) 그래서 제가 일어나서 나 좀 살려달라고, (예에) 나 경비실에 좀 데려가 달라고, 그래서 그 이가 경비실에다가 데려다주더라고요.

상87: 힘으로 하면 따님에게 집니까? (예, 못해요. 제가) 예, 그렇게 탁 잡아당기니까 기분이 어떻습니까? 이때까지는 애가 착하게 했잖습니까?

내88: 그렇죠 착하게 (예 예) 놀았다고 했잖아요. (예 예) 잘한다고 말했잖아요 (예 예 착하게 모시고 했는데 돌변해서 그렇게 잡아당기고 하는데 기분이 어떻습니까?) 죽이는 것 같아요. 죽이는 것 같았고 무섭더라고요.

상88: 그러니까 실제로 상처를 입혀서 겁나는 게 아니고 (예 예) 애가 착한 줄만 알았는데 (예 예) 애가 야수같이 나오니까 (예) 그래서 (예)

내89: 악쓰고 그러는데 (예 에) 무섭더라고요. (예 무서워...) 예 지금도 그 생각하면 (예) 막 떨려요. (예) 너무 무서워요. (예)

상89: 친하고 착하게 있어야 그게 정상인데, (예) 그런 식으로 돌변해서 나오니까 말이죠.

내90: 예 그래서 내 속으로 난 자식이래도 성질을 이제 다 파악을 했어요. (예 예) 몰라서, 다 착한 애로만 다 봤지, (예 예) 그걸 그렇게 할지를 몰랐죠. 큰딸도 그렇고. (예 예) 큰딸도 그냥 온순하고 순한 줄만 알았지. (예 예) 이것도 그렇고, 저것도 그렇고.

상90: 예 그래서 지금 큰딸에게도 굉장히 조심하시네요. (예 에) 그러니까 또 혹시 (또 당할까봐.) 또 튀어나올까봐 (예 예 예)

내91: 그래 내 딸이 전부 다 부모에게 잘한다는 그런 말만 해봤지, 아직 그렇게 (음) 한다는 것은 생각도 못해봤어요. (아! 예 맞습니다.) 남 아주머니 아들 이야기할 때 들으면, 우리 아들 우리 자식은 어떻게 어떻게 했다. 우리 자식은 절대 그렇지 않다고 나는 자신을 했어요. (예 예) 그런데 이번에 당하고 보니까는 어머나 그 말이 어떻게 그렇게 맞았던지, (예 예) 그래가 인제서야 애들 성질을 파악하겠고 (예 예) 무서워서 말을 함부로 하지 못하겠어요. (아 얘) 여기 애도 그렇고, 거기 애도 그렇고 그냥 벌벌 떨리기만 해요. 뭔 말을 하게 되면...

상91: 혹시 자녀들이 너무 심하게 하시면요? 경찰서뿐만 아니고, 경찰서는 신고하면 고소를 해야 하니까 자녀들이 기분 나쁘게 생각하겠죠? 적처럼. 엄마가, 뭐 제가 적이냐? 파출소에 신고하게? 이런 식으로 나중에 기분 나쁘게 생각할 수도 있기 때문에, 그런 때는 노인보호전문기관 그런 데, (전화번호랑.) 예 그런 데, 노인권리를 지켜주는 그런 기관들이 있거든요? 복지관에 전화해도 됩니다. (아 복지관에.) 복지관이나, 아니면 노인전문보호기관, 아니면 경로당에 회장님께 물어보면 됩니다. (음 그래) 제가 이래 기분나쁜 일을 당했는데, 어디 도와줄 데가 없느냐? 물어보면 (음) 그렇게 찾아낼 수 있습니다. 그러면 노인학대보호기관 같은 데 연락하면, 그쪽에서는 그냥 따님에게 대해서 따님이 그렇게 그렇게 한 것은 노인공경이 아니고 학대이다 이건 우리 사회에서 노인공경에 대한 법에 어긋났다. 당신이 이걸 고칠 거냐? 안 고칠 거냐? 만약 고치겠다는 반성이 없으면, 조치를 취하겠다. (음) 그렇게 다 알아서 처리해줍니다. 그러면 자녀들이 계속 우기고 그러면, 그때는 파출소 신고를 해도 되겠죠. 그러면 제가 워낙, 자기 사고방식이 유별나가지고, 부모에게 폭력을 했다든지, 육체적인 폭력뿐만 아니고, 언어적인 폭력, 언어적인 폭력도 칼로 심장을 찌르는 그런 아픔이 있잖습니까? (그렇죠) 예 예 그 것을 듣고 자살하려는 어른들도 많이 있잖습니까? (그렇죠) 그러기 때문에 노인들 도와주는 그런 기관에 연락하는 게 낫습니다. 그러면 순차적으로 자녀가 차후에 나에게 공격할 수 있는 빌미를 남겨두지를 않죠. 혼자 처리하려고 하다보면 파출소 신고도 할 수 있고 그러는데, 그 와중에서 서로 감정이 격해지면 돌아서서, 이때까지는 겪고 싶지 않았던 그런 아주 나쁜 일까지 벌어질 수 있고, 그리고 또 싸우면 또 풀어질 때까지 고생하지 않습니까? (글쎄 맞습니다.) 그러니까 노인이시기 때문에 연세가 많으시기 때문에 노인 체통도 지키면서, 우리 사회에서 통용하는 그런 예의를 물으면서, 그게 법적으로 어긋날 때는 꾸짖으면서, 못하게 해주는 게 그게 가장 낫죠. 지금 작은 따님 댁에 있다가 나올 때가 어머님에게 굉장히 충격적이었고, (아우! 예) 예 예 그때가 (그 때 제일 충격 받았어요.) 예 그 때가 가장 견디기 (예 예) 힘들었을 것 같다는 (예) 생각이 듭니다. 예.

내92: 예 힘들었어요 진짜. (예, 예) 그러고 여기 와서, 진짜 오긴 왔어도, 오니까 손녀딸이 또 그렇고 (예 손녀딸이 또 그렇고) 그래갖고서 제가 심한 충격을 많이 받았어요. (아, 예) 그러고 아는 사람도 없고, (음)

상92: 예 그러면 지금 어머님 하고... 왜 그렇게 자신이 없으신가 하는 이유가 여기에 들어있는 것 같습니다. 따님하고 손녀딸이 그렇게 또 까칠하게 자꾸 또 그렇게 덤비고...

내93: 그래 이번에도 얘네들이 휴가를 두 번 갔다왔어요. (예) 그런데 나는 한 번도 못 따라갔지만, 뭐 가자고 해도 같이 가지도 안하겠지만, 그래서 휴가를 가자고 그러더라고요. 그래서 아이 난 힘든데 어디를 가느냐 이랬더만, "할머닌 못 가요!" 이래요. (허허허) 그래서 안 그래도 안 가려고 그런다. 그래서 저는 휴가도 안 가고 저네들끼리만 갔다왔죠.

상93: 아! 할머니가 안 간다 해도, 할머니 혼자 계시면 적적하실텐데, 할머니 같이 가요 하고 애교를 부리고 해야 할텐데, (예 예 할머니 못가요.) 예 예 그 꼬마들이.

내94: 그런데 제가 어떻게 그걸 따라가겠어요. (예 예) 그러지 않아도 집에서 미워서 그러는데 나가서도 미우면 (아, 예 예) 제가 어떻게 하겠어요. 아이 너네들끼리나 잘 놀다 와라. (음) 그래서 혼자 있고 혼자 있고 그랬죠. (예) 그런데 작은 딸은 또 그런 건 잘했어요. (아 예 예) 절대 나 혼자 안 놔두려고 하고, (아!) 어디 맛있는 것 있으면, (예) 꼭 나 데리고 가서 (예) 먹고 그럴 버릇했어요. (아) 그러다가는 금전 갖고 상하고 보니까는, (예 예) 아우, 그렇게 무서울 수가 없어요.

상94: 그렇게 힘으로 하기 전에 무슨 일이 있었습니까? (없었어요.) 아무 일도 없었습니까? (예 예) 다만 돈을 떼였다고 그러니까?

내95: 그냥 (예) 돈 떼였다고 (예) 그러는 게 아니라, (예) 그 애에게 돈을 몇 천만원 주고 나니까는, (예) 제가 조그만 방 하나 얻어달라고 그랬어요. (예 예) 제가 걔, 내 돈을 걔를 조금 줬기 때문에 (아, 예) 그랬더니 지금 돈 어디 있느냐고, 안 가져갔대는 거예요. 그래가지고 안 주더라고요. (예) 그래가지고서는 조금 많이 다투었죠. (아) 그래서. 그 때에도 노인복지관에 가서 신청을 했더니, (예) 일하는 것이 나왔더라고, (예 예) 저기 이렇게 일하는 것이 (예 예) 이십만 원짜리, (예) 여기 있으면서 신청을 진작 해놓았는데 여기 있으면서 그 전화가 오더라고, (예) 광주 있으면서, 그래서 거기 갔어, 안양을, 가갖고서 이제 나는 좋아서 자랑하려고, 나도 이제 일자리 생겼다? 인제 그래가지고 자랑을 했더니, "어디서 다니려고?" 그러더라고, (예) 여기서 다녀야지 어디서 다녀? 광주에서는 멀어. 그랬더니 못

있는다고 그러더라고요. (예 예) 그래서 알아보니까 방이 천 삼백만원짜리가 있더라고요. 지하방 하나짜리가. (예 예) 그래서 나 천 삼백만원만 주라. 그럼 제가 방 하나 얻어가지고 여기서 일 다니면서 여기서 있을게. 어! 돈 안 가져갔다는 거예요. 돈을 삼천 육백만원 갖고 갔는데도. 안 가져갔다고 그 난리를 치고서, 그래서 더 싸웠잖아요. (예 예) 돈 안주고서는, 그래가지고 그 난리가 났던 거예요. 그래갖고 종내는 나 더 병신 되가지고 나왔잖아요. (예) 밀어갖고서. 아이구, 그러니 진짜 엄마들 죽이니 어쩌니 하더만, 얘가 그러겠더라고요. (예 예) 그때 생각해보니까는, 진짜 엄마 죽인다는 소리가 옳은 말이더라고요. 나는 설마설마 그랬어요. 그랬더니 우리 자식을 보니까는, 아! 엄마도 죽이겠구나, 그 생각이 들더라고요. 그러니 그 지금 와서 (예) 자식들이 미우면서도, 이노무 제가 난 자식이라, 미우면서도 내 자식이다 그러고 말잖아요.

상95: 예 알겠습니다. 자 오늘 상담은 이만 하시고요. (허허) 이만 하시고, (예 수고하셨습니다.) 예 어머니 오늘 수고하셨습니다. 그 왜냐하면 그 동안 이렇게 꾹 막혀 있던 게, 오늘 이유가 나온 것 같습니다.

11회기(2011. 9. 2)

오늘 경로당 다녀오신 모양이다. 경로당 설거지 해주고 11시 30분이면 끝난다고 함. 웃으시는데 점차 건강의 회복이 보임. (일자리 급여는 받았는가요?) 통장에 입금되었는지 보니 안 들어옴. 손녀와 약속한 게 있다. 돈 입금되었으면 약속을 지키려고 했다.

손녀가 할머니들 모여 있는 데 와서는 그 할머니들 많은 데서 얼마나 지랄하는지, 괜히 말 안 할 것도 하고, 침을 "퉤" 뱉고 씨발씨발 해가면서 그러더라고 함. 그래서 "이놈의 가시나 어디서 씨발씨발이야!" 해줬는데 화나시는 모양임. 집에서 하도 볶아대서 나왔는데 또 밖에서 팔각정에 노인들 나와 있는데 욕을 하면서 말이 상대가 안 된다고 해대면서, 속이 상해서, 죽었으면 좋겠다고 하신다. 잘못한 것도 없이 손녀에게 당하나 하고 생각함. (할머니들 모여 있을 때 크게 야단치시죠?) 그러면 남이야 할머니에게 대들든 말든 웬 참견이냐다. 할머니라고 말도 잘 않고 팔을 꾹 찌른다. 항상 불안하다. "제가 왜 저러나?" 집에 들어가기가 싫어. (부모는 계속 아무 말도 않는가요?) 부모가 야단을 쳐야 하는데 아무 말도 않는다. (따님은 회사 어디 다니나요?) 미진아파트 앞의 소세지공장에 다니는데 퇴근해서 오후 6시 반에 귀가함. 사위는 오후 8시에 온다. 손녀가 어떤 때는 소파에도 못 앉게 한다. 자기 자리라고 함. (전에 상담할 때도 저에게 그러던데요? 자기중심적이고 제 것이라는 소유욕이 강하네요. 자기 소유에 할머니가 침범하면 무시당하는 것 같죠. 할머니가 자기 말을 잘 안 들어준다고 그러던데요?) 더워서 창문이나 문을 열면 손녀가 "나는 추워요, 문 닫아요," 난리다. 혼자서 씨부렁거린다. (대꾸를 않는 게 낫겠습니다?) 대꾸 안 해요. 시집살이시키듯이 시어머니 시집이면 차라리 낫지. 듣고 있으면 분해서 때려죽였으면 좋겠어. 언제는 인제 오냐? 하고 제가 인사를 하면, 왜 그렇게 말하냐? 하고 대답한다. 자고 일어난 때, 눈이 푸석하기에 "우리 ㅇㅇ는 눈이 부었네?" 말하니. "부을 때도 있지? 뭐." 그게 뭐 그렇게 잘못이냐? "말하지 말아요! 참견하지 말아요." 괜히 트집을 잡으려 한다. 뭐든지 꾸준하게 하지를 못해요. 공부도 그렇고 갖고 노는 것도 금방 하다가 그만 둠. 공깃돌, 화투장, 오락기계 등을 들고 와서 "할머니 이거 해요." 두어 번 말하더니 안 한다. 영어도 한 번 하더니 안 한다. 가정방문 선생님이 오는데, 올 시간이 되면 "선생님, 오지 말라고 해라."고 전화함. 꾸준히 하는 게 없다. (근면성이 모자란 것 같네요. 게으르고 나태하죠? 초등 4학년부터 공부내용이 어려워지기 때문에 그때부터 공부에 흥미가 떨어져요. 그래서 공부 때문에 미움을 받지 않던 3학년 이전으로 심리적으로 돌아가려고 해요.) 공부 학습에 성취가 모자라고 욕구불만이다. 주위 칭찬이나 호감을 제대로 못 받아서 초등 3학년 이전수준으로 퇴행적인 모습이 보인다.

손녀가 공부하면서 어른들 인정과 칭찬을 받고, 재미를 붙여야 하는데 3학년 이전 행동습관에 머물러 있는 것 같습니다. 선생님은 다른 애들은 잘했다고 칭찬하면서, 자기는 칭찬 않고 공부 못한다고 핀잔줄 수도 있습니다. 그런 선생님이 야속하고 미울 때가 있고, 심하면 학교도 가기 싫죠. 그런 것들이 반사회적인 성격을 만드는데요, 그 때문에 어른들 말을 잘 안 듣고 어른들 핀잔주려고 하고 욕설이 늘어나는 것 같아요. 불만이 많은 거예요. 어르신께서는 손녀를 초등학교 1, 2학년 수준으로 상대해줘야 할 필요가 있어요. 친구도 그런 어린 동생들과 놀려고 하죠? 퇴행이라고 하는데요, 손녀의 성격에 결함이 많아요. 보살펴줘야 할 사람은 오히려 손녀일 수도 있죠. 손녀의 행동을 정상적으로 대하려고 하면 어르신 속만 힘듭니다. 어른으로서 잘못된 일은 꾸짖어줘야겠죠? 그 대신 그 때문에 어르신 감정이 나빠질 필요는 없습니다. 안양의 손자들은 초등 3학년이지만 상냥하고 잘 해요. 감정 바라보기 함께 함.

(2) 상담성과

소아마비 아들 자살에 대한 미해결된 감정을 해소하고 작은 딸과의 싸움으로 인한 충격을 공감하고 위로, 지지함. 장사실패와 돈을 빌려주고 못 받은 일에 대해 이해해주고 확인증 등 해결하기 위한 방법을 모색함으로써 지지함. 동사무소에 함께 방문하여 노인일자리를 신청하고 근무하게 됨으로써 활력을 찾았고 일자리 근무에 대해 계속 관심을 가짐으로써 명랑한 기분을 돋우도록 함. 경로당과 노인일자리 및 교회 등 각종 모임에서 내담자의 대인관계가 원만해지고 밝은 분위기를 찾았고 손녀와의 관계에서도 힘이 생기고 할머니의 자존심을 회복함. 우울척도검사 결과 20점임.

(3) 상담자 평가

■ 잘한 점

- 동사무소에 내담자와 함께 방문하여 노인일자리를 신청하여 근무하게 됨으로써 활기가 생기고 손녀에게도 힘 있게 상대함. 노인일자리 근무 중 불편한 일, 재미있는 일 등을 질문하고 계속적으로 관심을 나타내보임으로써, 노인일자리 근무가 내담자에게 수입을 주고 대인관계를 향상시키는 장소가 될 수 있도록 함.
- 동사무소뿐만 아니라 노인복지관 실버뱅크에도 노인일자리 신청을 접수하여 일자리 연락이 오게 함으로써 좋은 일자리를 선택할 수 있는 사기를 돋우도록 함.
- 상담면담 때마다 우울해소를 위한 주간 대책실행을 질문함으로써 의미 있는 상담결과를 가질 수 있도록 함.
- 용서하기 명상, 나 바라보기 명상, 죽음명상, 거울보기 명상, 나무와 에너지교류하기, 웃음명상 등을 가르쳐드리고 활용할 수 있도록 함.

■ 보완할 점

- 가족상담 때 손녀와의 충분한 상담시간을 갖기 힘듦. 10여분 상담도중 학업에 관한 스트레스를 상담하면서 대답하기 곤란해지자 밖에서 노는 친구들의 소리를 듣고 뛰어나가려고 함. 가족상담 중 아동상담 때는 충분한 사전 상담계획에 의해 소기의 성과를 이루어야 할 것임.

6) 상담자의 수퍼비전 요청 내용

(1) 상3 ~ 상31 내용을 보시고 우울해소를 위한 대인관계향상 노력이 상담과정에 잘 반영되어 있는지 말씀을 듣고 싶습니다.

(2) 내37~ 내70 내용을 보시고 손녀문제 해결을 위한 내담자의 감정정화와 대책마련이 잘 되고 있는지 확인하고 싶습니다.

(3) 상70 ~상92 내용에서 딸과의 문제를 해결하기 위한 상담과정의 내용이 적절한지 확인하고 싶습니다.

(4) 녹취내용에서 어르신의 개방과 감정정화가 잘 이루어지고 있고 상담자가 문제를 잘 이해하고 있으며 해결을 위한 상담진행이 잘 이루어지고 있는가?

(5) 전체적으로 상담의 진행이 적절하고 중요한 반응을 놓치지 않고 상담맥락으로 이어가면서 상담과정이 이루어지고 있는지 평가받고 있습니다. 특히 상담문제의 직접적 원인이 된 사건을 잘 탐색해 들어가고 있고, 깊은 탐색이 이루어지고 있는지 확인해보고 싶습니다. 내담자의 중요반응을 놓치지 않고 문제해결을 위해 잘 추구하여 처리하고 있는지 평가받고 싶습니다.

7) 슈퍼바이저의 피드백

(1) 이장호 슈퍼바이저의 피드백

• 노인상담자로서 선생님의 모범적 언급들로 10회기 중

상12: 아 예 시내 나가면, 돈도 들여야 되고.

상16: 그러니까 어머니 좋아하시는 게, 일 같은 것도 쭈욱 돈과 연결이 되니까, 예 예 (예 그래서 좋죠.) 내 힘으로 제가 산다. (예 예) 그런 게 돈을 조금씩 벌면 기분이 좋아지니까 (예 그래서.) 예 예 예.

상23: 예 그러면서 궂은 일이 있으면, (찾아서 하고) 다른 사람이 하기 싫어할 때, 제가 싹 해버리고, (예 예) 그런 성품인 것 같습니다.

상29: 아 맞습니다.

위의 언급들이 눈에 띄는 가운데, 상16에서 더 강하게 상담자 의도를 전달한다면?

상 23에서 '성품'을 '의도(마음)'로 바꾸어 표현한다면?

상 29에서도 상담자 측의 강화성(격려성) 언급을 보다 강하게 한다면? 등의 대안반응들(alternative responses)을 고려해보기를 권하고 싶다.

- 내담자 호칭을 '어머니'가 아니 다른 표현으로 부른다면 무엇이 가능할지.
- 참석자들의 이해를 돕기 위해 '나보기 명상', '용서명상', '죽음명상' 등의 요지를 설명할 필요가 있습니다.
- 내담자를 위한 현실적 접근으로, '지하방 구해 나가기', '현재의 청소일보다 나은 다른 일 구하기', '(망나니) 손녀와의 관계개선' 방안 및 둘째 딸과의 '주차장 사건으로 인한 충격' 관련 (심정 재처리 성격의) 보완 상담, '장애 아들 애도', '죽음대비 마음잡기 상담'의 필요성 등이 내담자와의 대화 소재가 될 듯 싶다.
- 기타 주요 피드백
  - 아동상담 때 사실과 감성을 파악하여 칭찬을 많이 해야 한다.
  - 가족상담 연계가 좋았다.
  - 내담자가 박해불안이 있는 것 같고 공격성이 내재되어 있다.
  - 손녀가 많은 싸인을 보내나 할머니가 무시한다.
  - 지시적 접근보다는 내담자에게 물어보는 것이 좋을 듯 싶다.

(2) 금명자 슈퍼바이저의 피드백

- 상담자가 사례에 '내게 힘 주세요!, 살고 싶어요!'라는 주제를 붙인 것은 내담자의 현재 힘을 달라, 살고 싶다하는 마음의 외침을 듣고, 상담에서 이를 이룰 수 있도록 도와주겠다고 생각하고 있다는 것이다. 상담 결과 내담자는 힘을 얻었고, 전에 비해 죽고 싶다는 생각이 많이 줄어들었다. 상담자가 내담자의 마음의 외침을 들을 수 있었고, 이것을 주요 목표로 삼아 상담을 진행할 수 있는 능력이 있음을 의미한다.
- 노인종합복지관과의 연계로 개인상담을 하는 과정은 노인종합복지관, 생명사랑 교육단 등이 노인상담의 게이트 키퍼(gate keeper) 역할을 하고 있음을 의미한다. 노인들은 상담에 대한 인식이 부족하고, 알고 있어 상담을 하고 싶더라도 어떻게 해야 할지 모르는 상담접근성이 떨어지는 대상이다. 그러므

로 노인상담자들은 평소의 게이트 키퍼 관리에 관심을 가져야 할 것이다. 그런 의미에서 본 사례는 이를 잘 보여주는 사례이다.

- 내담자의 호소에 등장하는 손녀, 작은딸, 큰딸에 대한 상담자의 개인적 느낌이나 마음에 대해 점검해야 한다. 상담은 내담자 편들어 주는 것이 아니고 내담자의 마음이 드러나는 것에 대해 관심을 가져야 한다. 상담자는 그 마음과 상대방의 행동에 대해 평가를 내리는 것이 아니라 관계와 양상을 반영하도록 노력해야 한다. 회기 기록과 축어록에 나와있는 상담자의 태도나 반응에 주관적 평가가 간간히 드러나고 있다.
- 노인상담에서 상담자가 내담자에 대한 호칭에 어려움이 있는데, "어르신" 혹은 "○○○어른신" 등이 무난하다. '어른신' 은 객관적 상대를 가정하지만 '어머니' 는 사적 관계를 가정하고 있기 때문에 전이와 같은 다른 문제를 일으킬 수 있다.
- 노인 내담자들은 언어전달에 어려움이 있다. 축어록을 읽는데 이해가 안되는 부분이 많다. 물론 말이 분명하지 않아도 맥락적으로 이해할 수 있기도 하지만 상담자는 어떠했는지 궁금하다. 상담을 하면서 분명하지 않은 경우 "이렇게 이해했는데 제가 맞게 이해했나요?" 혹은 "이러이러하다고 이해해도 될까요?", "다시 이야기해주시겠어요?" 하는 식의 '구체화' 반응을 사용할 수 있다. 구체화반응을 통해 내담자는 다시 한번 자신을 탐색할 수 있다.
- 내담자는 자신의 가족이야기를 할 때 매우 양가적이다. 자신의 억울함과 슬픔을 이야기하지만 그것이 곧 자식을 욕하는 것이기 때문에 쉽게 이야기하지 못한다. 그것이 학대하는 딸이던, 한 다리 건너인 손녀이든간에 내담자 호소의 어려움을 이해해야 한다. 그런데 상담자가 이에 대해 학대센터에 대한 소개라든지, 손녀에 대한 비판이라든지는 다음 번에 편안하게 이야기하기 어렵게 만들 수 있다. "정말 마음이 크게 언짢으셨겠습니다. 그러나 딸에 대해(혹은 손녀에 대해) 잘해주시고, 보호하시려는 모습이 제게는 더 마음을 아프게 하네요" 등으로 양가적 마음을 공감해주는 것이 필요하다. 상담자에게 비슷한 일이 있어서 호소하였는데, 상대방이 내 딸을, 내 손녀를 비판한다면 마음이 어떻겠습니까? 상담에서 내담자의 가까운 사람에 대한 부정적 호소에 대해 상담자는 편들어주거나 주관적 평가를 내리기보다 마음 상태를 알아주는 것에 초점을 맞추도록 하는 것이 필요하다.

- 상담자가 사용하신 여러 가지 명상들에 대한 내용과 기대한 효과 등이 기술되어야 한다. 상담자가 사용하는 기법들은 내담자들에게는 중요한 기술로 인식되기 때문에 상담자는 사용근거와 기대효과를 알고 적용하는 과학적 태도가 필요하다.

(3) 최승애 슈퍼바이저의 피드백

내담자 강점: 경제적 활동 의지가 높음. 문제해결 동기가 비교적 강함.

각 회기 명상을 통해서 내담자가 경험한 바나 기대되는 치료 효과에 대한 언급이 있으면 좋겠다.

1회기

확실히 남에게 부담주거나 신세 지기 싫어하는 성격이 있다. ···▸ 큰딸 집에서 함께 지내시려니, 이전에 신경을 좀 써주지 못한 것이 마음에 많이 걸리시나보군요. ···▸ 연세가 적지 않으시지만 일을 해서 자신의 앞가림을 하시고 싶으신가 보군요. 큰딸네 가정에서는 따님이나 손녀들이 서로 간에도 말들을 잘 나누지 않는군요.

상담자가 성격적인 진단이나 단정적인 표현(남에게 부담주거나 신세 지기 싫어하는 성격, 겸손하고 나서지 않는 성격)을 자제하고 내담자가 표현한 것만큼만 반영하거나 공감하려는 자세가 필요하다.

손녀에게 자신있는 모습을 좀 보여야 할 필요가 있다. ···▸ 작은딸네 손녀들과 잘 지냈던 것처럼, 큰딸네 손녀들과도 잘 지내고 싶은데, 그렇지 못해서 마음이 편치 않으시군요.

2회기

말을 잘 하지 않는 큰딸보다 사위가 더 편하게 대해 지시나 보군요.

손녀가 할머니에게 스트레스 받는다고 해도, 손녀 마음에 불만이 있는 것이 안스러우신가 보군요.

서울 집에 간다고 나가서는 오지 않을 이유가 있나? ···▸ 전쟁혼란기 어머님에게 어떤 일이 있으셨는지 소식을 들을 수가 없으셨군요.

장사가 안 되어서 먹은 약이 우울약인가? 의사가 걱정한 것은 자살인가? ···▸ 그렇다면 상담자가 그때의 심정을 좀 더 공감하고, 깊이 다루었으면 좋겠다.

두 딸들이 보탰다. ⋯➝ 어머니에게 힘든 일이 있으면 따님들이 얼마큼이라도 도우려고 하였군요. 그 때나 최근이나 어머니를 도와드리려고 하고 있네요.

3회기

소아마비 아들을 업어서 키웠는데, 사채빚에 시달리다 자살로 생을 마감했다는 것을 받아들이기 힘드시겠다. 7세부터 갖은 고생을 다해오셨고, 남편과도 일찍 사별했지만 세 자녀들 때문에 죽음의 유혹도 매번 이겨내셨는데, 정작 아들이 돈이 없어서 자살을 하였으니⋯ 지금도 아들에 대한 애틋한 마음을 지우시기가 어려우신 것 같다. 돈이 아예 없었던 것도 아니고 돈을 떼어서 없애고, 그런 것이 아들에게 힘이 되어주지 못한 것 같아서 자신을 많이 자책하고 계신 것 같다. 그런 것인가?

장사를 잘 하셔서 돈을 많이 버실 때는 어렵게 사는 작은딸에게 아낌 없이 돈도 주시고 늘 힘이 되는 어머니셨던 것 같다. 그런데 지금 딸들에게 신세를 지는 것 같아서 마음이 불편하신가보다. 작은딸은 어머니 모시는 것을 부담스럽게만 여기지 않는 것 같는데, 어머님은 혼자 사시면서 수급자가 되는 것이 모두에게 더 나은 방법이 된다고 여기셨던 것 같다.

작은딸이 섭섭했던 것은 어머니를 자신이 모시게 된 것이 아니라, 모신다고 했는데도 작은 방이라도 구해서 나간다고 하시니 작은딸네가 불편해서 그런가 싶어서 언니네 집으로 가시도록 한 것처럼 들린다. 그런가?

4회기

상담도 받고, 교회도 다니시면서 생각을 좀 다르게 하실 수 있는 여유도 생기고 힘도 생기셨군요. 축하드립니다.

딸네에 있으시면서 미안한 것은 어떤 미안함인가요?

인정을 받아서 수급자가 되면, 어르신 입장에서는 한시름 놓을 수 있을 것 같네요.

[엄마에게 애정부족으로 할머니에게 앙갚음한다. 의사소통에 문제가 있다. 학교성적이 나쁠 것 같다. 선생님과 친구들과 좋은 관계 갖지 못한다. 청소년 우울증세] 등의 표현은 단정적으로 들릴 수 있다. ⋯➝ 손녀에게 바라시는 것은 어떤 모습이세요? 등의 질문으로 긍정적인 마음이 표출될 수 있도록 이끄는 것이 필요

할 것이다.

5회기

할머니와 손녀의 이자관계를 직접 다루려는 시도가 좋았다. 그러나 확인하는 방식이나 조언해주는 방식보다는 할머니가 대답하지 않는 상황에서 할머니의 마음(예, 교회에서 얻어온 옷인데 버리라고 하다니, 난 좋은데...)이나 파출소 사건 때 할머니가 전화를 처리해주거나 편들어주셨을 때 손녀의 마음(예, 괜히 기분이 좋다. 그 남자애에게 엄마 있듯이 나에게는 할머니가 있다)을 직접적으로 표현할 수 있는 기회를 주어서 서로에 대해 좀 더 깊이있게 이해할 수 있도록 이끌어갔으면 더 좋았을 것이다.

6회기

[손녀가 경계심이 강하고 정을 잘 안주려고 하는 것 같다] 단정적이고 부정적인 표현이다. 어르신이 설교를 들으면서 좀 더 나은 방식의 삶을 살아야겠다고 결심을 하고, 무료하게 보내는 노인정 생활보다는 일자리를 어떻게든 찾아보려는 적극적인 삶의 자세를 갖는 것을 상담자가 인정해주면서 칭찬하고 격려해주면 좋겠다.

또한 다정하지 않은 손녀에게도 끊임없이 관심을 보이고, 예뻐하려고 하며, 큰 손자의 옷도 다림질해주고, 배려해서 집을 비워주기도 하는 등 큰딸네 가족이 더 행복하게 살기를 바라며 나름대로 마음을 쓰는 모습도 충분히 알아주고 어르신의 투박하지만 속 깊은 행동을 인정해주면 좋겠다.

7회기

손녀가 할머니를 찾으면서도 막상 만나면 퉁명스럽게 대하는 것이 서운하기도 하고, 손녀에게조차 당당할 수 없는 처지를 한탄하는 모습을 명료화해주고, 자녀 집에 함께 살면서 신세지는 느낌이 들어서 마음이 불안하고 일자리를 찾아서 경제적으로 도움도 주고 당당하고 싶은 마음을 읽어주면 좋겠다. 그리고 많은 돈을 주변 사람들에게 법적인 안전장치도 없이 빌려준 상태를 직면하고 그렇게 하는 심리적 이유를 확인하거나 필요한 재정관리 정보를 제공하는 것이 요구된다.

8회기

일을 가진 것을 축하하며 칭찬하여 자존감을 향상시키려는 의도가 필요하다. 어르신이 자존감이 낮기에 손녀에게 할머니로써 정당성이 있는 권위를 갖지 못하는 모습이 있다. 또한 채권자로서 채무자에게도 정당성이 있는 권위를 갖지 못하고 있다. 따라서 부드럽지만 단호하게 자신의 느낌과 요구를 자기-주장할 수 있는 모델링이나 역할시연 등의 구체적인 행동훈련이 필요하다.

9회기

[내성적 성향이 강하세요] 단정적인 표현으로 들린다. 어르신은 일을 하면서 수입이 있으니, 방을 얻어 독립하기를 바라지만, 빌려준 돈도 갚도록 요구하지 못하고, 자녀들에게도 그 마음을 솔직히 언급하지 못하는 것을 단순히 내성적이라고 볼 수 없을 것 같다. 일자리에서 학생들을 단속하거나 노인정에서 보이는 적극적인 모습과 대조된다. 상담자가 이러한 부분을 명료화하면서 어르신의 바람을 현실적으로 이루어나갈 수 있는 힘을 길러주는 작업을 시도하였으면 좋겠다.

10회기

어르신의 활기차고 적극적인 모습이 잘 나타남. 일자리를 가지면서 힘이 생기므로 손녀에게 야단도 칠 수 있게 됨. [손녀가 비정상이다]는 지나치게 부정적이고 단정적이다. 손녀아이 역시 부모나 주변으로부터 사랑을 충분히 받을 수 없는 환경 속에서 자라고 있음과 어르신의 큰딸인 손녀의 엄마가 자신의 자녀 및 자신의 어머니와 관계 맺는 방식에서의 성장이 필요함을 다루어주는 것이 더 바람직하게 여겨진다. 그리고 어르신이 큰딸, 작은딸에게 솔직하게 하고 싶은 이야기를 허심탄회하게 표현할 수 있는 기회를 제공하여 누적되어 있는 원망감, 속상함 등의 복잡한 감정을 정화시키는 빈의자기법 등의 작업을 추천하고 싶다. 한편, 어르신과 딸과의 관계를 살펴볼 때도, 딸의 어린시절이나 청소년기에는 어떠한 모녀관계였는지와 딸에게 형성된 어머니상 등을 헤아려 볼 수 있게 하고, 더 나아가 어르신의 어린 시절 겪었던 여러 심정 등을 포괄적으로 살펴봄으로써 어르신, 딸, 손녀의 정서를 인식하고 경험함으로써 내면의 참된 만남이 이루어질 수 있도록 상담을 이끄는 계기를 마련하면 좋을 것 같다.

11회기

상담자가 손녀의 부적절한 태도 및 행동에 대해 진단적인 용어를 붙이는 것에 대해 어르신이 어떻게 느껴질지 염려된다. 이런 방식보다는 그 상황에서 어르신이 손녀에 대해 갖는 기대나 느낌, 손녀가 어르신에게 갖는 기대나 느낌 등을 상호주의적 관점에서 바라볼 수 있도록 반영하거나 명료화하는 것이 좋을 것 같다.

3. 〈사례 3〉 열심히 살았지만 아직도 문제가 많아요!

(상담자: 금명자, 대구대학교 심리학과 교수)

1) 내담자 인구학적 정보

- 이름: K여사
- 연령: 74세, 여성
- 학력: 국내 유수 여자대학 및 대학원 졸업
- 건강 및 외모: 불면증 등을 호소하나 흐트러지지 않은 단아하고 야무진 외모, 지적인 언어 사용
- 가족상황
  - 남편은 의사로 약 6년 전에 사별
  - 자녀는 1남 2녀

2) 상담 경위

- 상담자가 약 10년 전에 진행했던 집단교육에 참여했던 내담자로, 그 후 지속적인 관계가 있었음.
- 내담자는 어릴 때 첫째 딸로 집안일을 도맡아 해왔다고 하며, 시집와서도 시어머니와 남편으로부터 멸시를 받고 폭력도 당함. 자식들을 잘 키웠으나 (변호사, 교사, 피아노학원) 변호사인 아들 부부의 갈등(며느리가 전혀 가정을 돌보지 않는 문제) 있었고, 남편의 폭력적 행동, 손녀딸 문제, 결혼하지 않은 막내딸 등으로 상담자에게 자주 호소했었음.

• 상담자에 대한 전문적 호감을 가지고 있어서, 상담자가 노인상담 사례에 대한 필요성을 설명하고 일단 만나게 됨.
• 첫 회기에 현재의 자신에 대한 이야기를 했으나, 상담 제안에 대해서는 매우 망설였으며, 시간을 달라고 하였음. 일주일 후에 직접 전화하여 상담을 지속하겠다고 하였고, 상담이 모두 녹음되었음.
• 상담에 대한 망설임은 ① 몸이 아파서 지속적인 상담에 자신이 없으며, 집중하기 어렵다는 점과 ② 너무 많이 엉클어져 있고 나 자신도 부끄러운 문제들을 녹음까지 하면서 상담하기 꺼려진다는 이유를 들었다.
• 1회기를 제외한 2회에서 4회기까지 녹음되었다. 그러나 녹음기의 문제로 3회기가 녹음되지 않아 2회, 4회가 축어록으로 작성되었다.

3) 상담유형

10회기 시간제한 상담으로 진행되었으며, 인생에 대한 정리를 목적으로 상담이 제안되었다.

4) 회기 내용

〈1회기〉 시간 약 1시간

■ 상담내용

• 나이가 들으니까 초조해지고 종종 걸음이 쳐지고 시야가 좁아진다. 전에 시어머니가 그러더니, 그래서 못마땅했었는데 내가 그런다. (의외다. 나는 노인이 되면 좀 더 느긋해질 것이라고 생각했었는데...)
• 자식들은 내가 그들을 위해 한 것을 기억 못하고, 당연하다고 생각한다. 지금까지 가족들에게 선물을 받아보지 못했다. 친구들은 며느리가 뭐 해줬다고 하면서 이야기하지만 나는 한번도 받은 적 없다. 큰아들 지금 새벽밥 해주고 옷을 싹 다려 입혀서 출근시킨다. 변호사니까 품위있게 하려고. 그러나 얼마나 냉정한지... 얼마 전 내가 악몽을 꾸고 나와서 벌벌 떨면서 그랬더니 TV 보고 있더라. 그런데 찡그리며 '들어가 자라'는 식. 큰 딸은 반듯하고 자랑스러운 아이이지만 역시 엄마에 대한 생각은 전혀 하지 않는다. 내게서 1억5천만원을 꾸어갔는데, 작년에 내가 미국 가려고 500만원만 갚아달라고

하니까 너무너무 화내면서... 이자도 거의 안받는데... ○○에 집을 사느랴 여러 군데 돈을 꾸었는데 그것이 잘 안풀렸다. 게도 그렇게 넉넉한 편은 아니지만 열심히 돈을 모아서 다른 데는 갚는데 나한테는 그런 식. 그런데도 시장에서 예쁜 것을 보면 '게네 집에 있으면 좋겠다' 는 생각이 들어 사게 된다. 지금은 ○○(막내딸)에게 의지하는 편. 똑같은 악몽을 꾸었는데 그 날은 게가 있더라. ○○는 나를 소파에 뉘이고 물 가져다 주고... 그러나 제 앞가름은 못하고 있어서 속상하다. 현실감이 없다.

- 남들(친구들)은 천만원짜리 코트 자랑하고 반지, 머리, 핸드백 등 자랑하는데 나는 그렇게 못한다. 돈이 없어서가 아니라 그렇게 못한다. 자부심이 있다. 계산하면 안맞지만 그것 이상의 것.
- 시간제한 상담의 제안에 당황하고, 망설임, 몸이 아프다고 하면서 망설임. 생각해보겠다. 연락 드리겠다.

■ 상담 개입 및 관계

- 늘 상담자와 대화하기 원했으나 막상 상담 관계가 되니까 몸의 불편감 호소하고 우울해짐. 시간제한 상담 제안에 대해 매우 망설임.
- '인생에 대한 정리' 라는 주제에 대해 직접적인 말은 하지 않았으나 저항적이며 불편해 함.
- 내담자는 솔직하게 이야기하려 했으나 긴장하고 있었으며 불편한 이야기를 하면서 부끄럽고 수치스러워하며 불편해 함.
- 상담자는 전반적 주제를 잡으려 했기 때문에 K여사의 자녀에 대한 걱정에 초점을 맞추지 못함.

2회기

내담자1 : 어... 조작한 게 아니라 그냥 내 속에 있는 대로, 지금은 나는 그냥 이렇게

상담자1 : 바깥으로...?

내담자2 : 퍼내야 될 입장이야. 지저분한 것들이 너무 많고 그런 거 억눌린 것들을 밖으로 밖으로 빼내는 그런 것이 필요하다고 나는 생각해

상담자2 : 저랑, 제가 이제 상담을 하자, 그러고 또 이렇게 10시간만 하자 이런

얘기하셨을 때 마음에 이제...

내담자3 : 좀 부담스러웠지

상담자3 : 그렇죠.

내담자4 : 내가 뭐 나올 것이 뭐 있을까 선생님하고 나는 이거 하나만은 기대는 하고 있어요 내가 좀 잘못살고 있는 거 같고, 잘못 사는 거 같으니까 뭔가 교정도 좀 필요하고 내 자신이 좀... 선생님은 변화, 내가 변화를 기대했을 때 변화까지는 뭐... 이러시는 거 같애서...

상담자4 : 음.. 저는 선생님이 정리, 정리하시게 되기를 바래요.

내담자5 : 아 네 그렇죠, 제가 정리를 깔끔하게 했으면 좋겠어

상담자5 : 그래요 선생님도 그래요?

내담자6 : 그리고 우리 아들놈도 그러는데 내 말속에서 이렇게 보면 그 뭐라 그럴까... 그 말이... 음... 뭐 이렇게

상담자6 : 걸리는 게? 왜곡...?

내담자7 : 아니 왜곡된 거보다도

상담자7 : 꼬인 게 있대?

내담자8 : 잘... 잘... 자기 자신이 너무 그러고 나는 한마디가 딱 있는데 그 말이 안 나오네 음... 하여간 내가 자기가 너무 부당하게 살아왔다는 그런...

상담자8 : 억울함?

내담자9 : 응... 그런 것이 많다... 뭐 아들한테 비친 게 그런 거 모양이야

상담자9 : 음...

내담자10 : 그러니까 자기는 좀 부당, 억울하고 부당하게 살아왔으니까

상담자10 : 어... 엄마에 대한 부담이 있나보지?

내담자11 : 부담이라기보다는 자기네들이 듣기가 좀 그렇다 하는 거 같애... 엄마는...

상담자11 : 피해의식요?

내담자12 : 아! (박수) 엄마는 피해의식이 있다. 그거야 그거는 한때는 아버지하고 관계에서 내가 너무 너무 당한다 하는 걸 느끼면서도 지가 한번도 편을 들어주거나 나를 위로해주거나 동정해주거나 그런 게 전혀 없었어요 그래서 나는 걔가... 괘씸하죠 괘씸하고 돌 같은 놈 그런 말을...

한번 하더라 언젠가 나보고. 엄마는 피해의식이 너무 많다, 이놈아 니가 당했다면은 나보다 더... 더하거나 형편없이 됐을꺼다 그러나 내 자신은 이만큼 내가 조절하고 가꾸고 관리를 했으니까 이 정돈데 피해의식 그 정도는 있을 만하지 이런 식으로 한 적이 있었어요 그때 내가 아주 쑥 나오더라고. 피해의식이란 말을 탁 쓰니까 그래 난 피해의식이 많아. 네놈들이 나만큼 몇분의 일이라도 당했으면 너희들은 거의 더했을 거다, 그랬을 거다. 그래도 나는 지금은 방향을 잘 잡아서 잘 살아온 거다 내가 그런 표현을 한거 같애요. 근데 그놈은 좀 부담이 된다 하는 식으로 얘기를 하는데... 부담이 된다... 하지 말았으면... 좀 더 이렇게 좀 헐렁하게 자기 자신을 덤벙덤벙하면서 좀 그런거는 잊어버릴 건 잊어버리고 털건 털어야 하는데 그렇다고 내가 뭐 일일이 그 상황을 말하거나 뭐 그런 말 하거나 그러진 않는데도 느껴지는 모양이야

상담자12 : 그... 뭔가 이런 걸 덜어줘야만 될 부담감이 느껴지나 보지?

내담자13 : 부담감 같은 건 아직 없는 거 같애. 부담감까지는 지가 느낄 그게 못 되는 거 같애. 근데 요 근래에 더 많이... 오늘은 쌀도 지가 첨 사는 거야

상담자13 : 그러니까...

내담자14 : 처음 사는 거야 쌀이 어떻게 그렇게 됐니 그랬더니, 신세계에서 할인을 해준대 그래 내가 사는 거는 3만 2천원에 10키로, 3만 2천원에 사는데, 이건 2만 9천원이래, 3천원이 어디야, 집에까지 갖다주고 아까 내가 전화로 쌀 받았다 그 얘기야

상담자14 : 그래서 그게 참... 그게 선생님은 고맙게 느껴지시잖아 참.

내담자15 : 응. 응. 이때까지 그런 거 한 번도 안해 봤는데 그래도 쌀 걱정했다는 게 그게 주식이잖아요 내가 뭐 이렇게 지금 속이 안 좋으니까 밥을 꼭 누룽지를 해주더라고 아침에 해준 햄버거라고 지가 다 해놓고 갔지, 먹었어? 그러는데 안먹었다, 그랬지. 뭐 먹고 싶지도 않고 속을 좀 비우고 싶은 거야

상담자15 : 그렇지

내담자16 : 비우고 싶었지... 그랬어

상담자16 : 그런데 선생님이 아쉽다. 좀 그런 말조차도 우리 선생님은 아쉽다라든지 섭섭하다든지 그런거조차도 안 가지시려고 애쓰시잖아 그렇지만은 그걸 알아준다면 고마운 거고 안 알아준다하면 할 수 없는 건데 그치? 고마워하시는 게 눈에 보여요.

내담자17 : 이제 아들놈도 상당히 나로서는 둔하거든, 너무너무 둔하고 이제 엄마하고 관계에 대해서 내가 상세하게 그런 기도 써주고 편지를 나는 정말 땀을 흘리면서 썼어요 땀을 흘리면서 쓴다는 것은 참 있을 수 없는 일이야 그만큼 내가 막 정성히, 내가 피눈물을 흘리듯이 집중해서 내 마음을 다해서 쓴 거야 써서 그걸 주면 이렇게 보거든. 읽는 것도 성의 있게 읽는게 아니야 눈을 이렇게 이렇게 비벼가면서 이렇게 탁! 쓰레기통에 탁 집어넣고.

상담자17 : 하아...

내담자18 : 그럴 때 내가 내 마음이 쟤한테 조것밖에 안 되는구나 그런 생각이 참 섭섭해 그리고 지 아버지 앞에서 두들겨 맞고 있을 때에도 큰딸과 막내는 막

상담자18 : 말리고,

내담자19 : 말리고 지가 맞기도,

상담자19 : 맞으면서,

내담자20 : 맞으면서, 나를 저기... 때릴려고 애쓰고 그러는데 중간에서 그렇게 하는데 요놈은 내가 막 맞고 소리치고 막 뭐... 그렇게 그냥 하는데도 가만히 있어. 비겁해. 한마디로 비겁해. 나는 지 아버지한테 지가 맞았을 때 내가 중간에 끼어들어가서 주먹을 다 내가 맞고 입이 이렇게 지금도 이렇게 이게 상처야. 이렇게 입술이 이렇게 있으면은 이렇게 돌출이 됐어, 그게 안 사라지더라고 처음에는 막 이렇게 지냈지. 지 때문에 지가 맞는 거를 막아주기 위해서 내가 아버지한테 이렇게 맞았는데도, 그래서 아직도 십 몇 년이 되는데도 아직도 이게 가라앉지 않았는데 저는 내가 맞을 때 꿈쩍 안하는 거야 얼마나 비겁해 가만히 있는 거야.

상담자20 : 근데 우리 선생님은 정성을, 그럼에도 불구하고 내가 할 소리를 선생님은 다 하시는 거잖아요.

내담자21 : 응. 그렇지. 할 소리를 다 하는데 이번에도 돈이, 돈이 없대요. 600만원씩 탄댔는데 돈이 뭐 부산에 보내주고 지가 또 쓰고 지는 생활비를 한푼도 안내고 달란 말도 안하고 그렇게 1년을 살았어요. 사는데 또 뭐 천만원을 빌려달라고 그러더라고. 그래서 내가 주택 뭐 천만원짜리 내가 넣어놓은 게 있어 그걸 하면 대출을 받을 수 있다고 그러더라고. 그런데 천만원 대출을 안주고 950, 95%를 대출해준다는데, 내가 이번에 그걸 알았어 950만원 내가 대출을 해줬다고.

상담자21 : 이자는 누가 내?

내담자22 : 이자는 니가 내라, 이자는 이제 그게 여러 단계가 있더라 단계가 있을 뿐만 아니라 여기서 걔가 하면 7.5%를 내야 해 이자를, 그러고 또 하나는 5.5%인가 내는 게 있고 또 내가 이걸 담보로 해서 내가 하면은 3.75인가 그래, 응 3.75야 이게 얼마나 싸, 같은 값이면은, 95%이면은, 이걸 내가 해준거야. 3.75를 내가 내 이름으로 했지만은 이자는 니가 내라, 내겠니? 하고 내가 이런 건 서로 분명하게 하기 위해서 으름으름 해가지고 돈도 안내면은 내가 속상할 거 같애, 해줘도 고마워 할줄도 모르고 또 잊어버리고, 저번에도 그런 케이스가 몇 번 있었거든 그래서 내가 이걸 분명하게 하기 위해서, 3.75 이거. 3만 얼마야. 3만... 얼만지... 그래서 3만 5점 얼마인가 그렇게 되어 있어. 그래서 니가 그러면 어떻게 낼래? 이 돈 똑떨어지게 낼래 아니면 니가 고마운 그거를 넣어서 4만원은 줄래 그러니깐 4만원 주겠대. 그래서 그거는 타협이 됐어, 이자를 주겠대 1년치를...

상담자22 : 갚는 건 언제 갚어

내담자23 : 갚는 건 1년 뒤에 갚겠대

상담자23 : 뭘로 갚어

내담자24 : 모르겠어. 그건 내가 그거까지 자세하게 자꾸 물으면 지가 또 신경질 부릴 거 같아서 1년이라고 말을 했으니깐 그렇게 알고. 근데 자식 간에도 그걸 분명하게 할 필요는 있더라고...

상담자24 : 그럼요

내담자25 : 응

상담자25 : 지난번에 큰 따님하고도... 그런 거 있으셨잖아요 내담자26 : 네, 네 돈이라는 게 부모자식 간에도 선을 착 긋고 분명하게 해야 되겠다 하는 거를 느낀 거예요.

상담자26 : 그러니깐 선생님이 자녀 여러 가지 어려움이 있는데 저랑 얘기하실려고 했을 때 많이 저항이 있으셨잖아요.

내담자27 : 네 좀 있었어요. 부끄럽기도 하고 우리 가정에 이렇게 부끄러운 치부 같은 것도 드러내야 된다하는 그런 부담감, 그럼에도 불구하고 내가 기대를 한 거는 나도 좀 변해야 되겠다. 이 세상에 흐름에 따라서 나도 거기에 맞춰서 필요한 것 변화는 내가 가져야 되겠는데 내가 스스로 못하니까 선생님이 힌트도 주시고 자극도 주시고 또 어떤 때는 나한테 꼬집어서 이렇게 하셔야 되지 않을까요? 그런 힌트도 주실 거 같아서 그런 기대를 가지고.

상담자27 : 그런 변화에 대한 부담감은 없으셨어요? 오히려?

내담자28 : 나는 변화에 대한 필요를 나는 느끼고 있으니까

상담자28 : 그런 변화가 선생님에게 용기를 줬네요.

내담자29 : 예, 나는 좀 필요하다 내가 이런 식으로 살아온 거는 못난이 삶인데, 좀 똑똑한 삶. 좀 똑똑하고 어... 좀 자기 권리를 찾는 그런 삶이 나한텐 필요하지 않을까? 이때까지 나는 예, 예, 예, 노예처럼 하라면 해야 되고, 안하면 죽을 것만 같고 또 하고도 뭐 잊어버리고 남편도 잊어버리고 시어머니도 잊어버리고 시누이도, 받았는 걸 아무도 몰라. 그런 걸 내가 너무 당했기 때문에 내 권리를...

상담자29 : 권리를 찾는, 주인의식,

내담자30 : 권리를 찾는, 응. 주인으로써 그런 거는 내가 좀 배워야 되고 지금이라도 변해야... 그런 방향으로 변해야 되겠고

상담자30 : 그런데 선생님은 그런 주인의식으로서는 저는 상당히 많다고 느끼고 있거든요? 아까도 조절을 하려고 하고 있고 내가 약속한 것에 대해서 철저히 지킬려고 하고 있고, 또 뭘 딱 하나 맡으면 이걸 어떻게 하면 잘할 수 있을까 내가 아까 성실함이라고 선생님한테 말씀드렸는데, 이걸 더 잘할 수 있는, 그냥 시키는 대로 하면 해 그게 아니라, 시키는 사람이 없더라고 스스로 이걸 더 잘하려고 하는 것, 이런 것들은 정말로 주인의식이 있는 태도거든요.

내담자31 : 네 주인의식, 근데 또 그런 반면에, 그렇지 않는, 마이너스적인 면이 제가 너무 많잖아요. 그게 대항하면 나는 죽는줄 알고 또 그 사람의 체면이나 입장이나 자존심을 그쪽을 먼저 생각하고 내가, 나는 뭐 이래도 돼 내가 참아야지 이런 식으로 이렇게 하죠.

상담자31 : 그러니까 그것도 사실은 선생님의 감수성이 내가 이렇게 했었을 때, 저 사람이 느껴야 될 것까지 다 이중삼중으로 다 이해하시는 거잖아,

내담자32 : 그걸 알아준다면은 너무 좋은 건데 자기도 좋고 나도 좋고, 인간적으로서 나도 인간적으로 나도 좀 인간다운 프라우드한 걸 나는 느낄텐데 그걸 그냥 따먹기만 하더라고

상담자32 : 그러니까.

내담자33 : 시어머니도 따먹기만 하고 남편도 따먹기만 하고 전혀, 나를 인정을 안해준다, 지금 제가 제일 괴로운 건 인정받고 싶다는 거예요. 인정받고 싶은 게 제일 지금 제가 굶주려 있는 거 같아요 굶주린 거. 지금 말하는거 제대로 만난거 같아요. 굶주린 거. 어렸을 때부터도 내가 우등상 이런 거 상장을 몇 개 가지고 막 집에 오면은 우리 어머니가 막 잘했다고 이렇게 해줄 줄 알았는데, 그랬는데 그냥 덤덤하게, 잘했어... 잘했어도 우리 엄마는 그런 말도 할줄 몰라 그렇게 덤덤하고 재미없고, 그래도 나는 우리 어머니가 죽을까봐 벌벌벌벌 떨었어요. 우리 엄마 그래도 어쨌든 일도 좀 덜하고 조금이라도 행복해져야 되고, 그러니까는 학교에서 일어난 일, 선생님하고 일어난 일, 학교에서 애들하고 친구가 이렇고 친구어머니가 어쨌다는 얘기, 미주알고주알 다 얘기하면은 옆에서 엄마가 들으면 좀 재밌으라고, 그런 짓을 내가 많이 했다고

상담자33 : 응, 어린아이가 그렇게 엄마 마음을 헤아리면서 했다는 게,

내담자34 : 재봉틀 일하면서 옆에서 그냥 학교일을 막... 미주알고주알 얘기를 다 하는 거야. 어떻게 보면 그게 효녀 같은데 또 재밌어하지 우리 엄마도, 재밌어하지. 어떤 때는 담임선생님이 바뀌면 내가 막 울고와 엉엉 울고 와서 앞에 와서 말하면서 또 울어, 니 엄마 죽었나? 우리 엄마가 들으면서, 니 엄마 죽었나? 하하하.

상담자 34 : 응, 선생님이 감수성이 있었어,

내담자35 : 응. 귀한 건데 그거를 이렇게

상담자35 : 아쉽다,

내담자36 : 그걸 잘 키워주지 못하고 퉁명스럽게 니 엄마 죽었어? 눈물을 그렇게 흘리게, 눈물은 왜 흘려? 하는 거지

상담자36 : 아쉽다 그지 선생님은 칭찬받을 수 있는 거리가 너무나도 많았는데

내담자37 : 칭찬을 너무 못 받았기 때문에 너무너무 못 받았기 때문에, 그게 좀 한이 된거야 한이 되가지고... 그래서 내가 요새 칭찬을 많이 해요.

상담자37 : 그래요.

내담자38 : 사실 칭찬을 내가 많이 해요.

상담자38 : 자신감이 있다 이런 것도 얼마나 큰 칭찬이예요.

내담자39 : 그래가지고 이번에도 내가 편지를 많이 썼어요. 친구들한테 하고 한 4명한테, 친구한테 하고, 미국에 있는 동생한테 하고 또 미국에 있는 저번에 내가 나를 미국에 초청한

상담자39 : 네, 네. 초청한,

내담자40 : 그 친구한테도 편지 쓰고 또 동생한테도 하고 저기 또 손녀한테.

상담자40 : 응, 응

내담자41 : 칭찬을 많이 했어요. 많이 했더니 아 이거는 내가 잘하는 짓이다

상담자41 : 그렇지, 선생님의 마음이 따뜻해지셨나 보다 하시면서,

내담자42 : 응 내가 못 받은 걸 상대방한테 주면 되요.

상담자42 : 그렇게 하면은 따뜻해지는데 다른 사람들은 따뜻해지는 거를 왜 안 했을까 그지

내담자43 : 응, 그게 좀 이상하고 또 반응이 없는 거야 내가 이번에 나를 뭐야, 번개팅에

상담자43 : 응. 응

내담자44 : 나올뻔, 나왔다는 그 남편이 얼마 전에 죽었거든요 그래서 내가 위로하는 말하고 칭찬하는 말을 몇 가지 썼어. 그랬더니 그걸 다른 사람에게 보였던 모양이야 하하, 그러면서 또 이번에 젊은 애한테도 그 편지를 펴서 보여주더라고.

상담자44 : 아 궁금해 뭐였을까 칭찬을 어떻게 주셨는데 남편이란 분한테

내담자45 : 아니 인제 그, 이번에 몽골을 갔어 몽골, 여행을 갔는데

상담자45 : 선생님이?

내담자46 : 응, 몽골을 갔는데 YMCA 합창단이야 합창단인데, 내가 늘 뭐 행사가 있을 때마다 십만원씩 냈어. 꼬박꼬박... 꼬박꼬박...

상담자46 : 응, 성실하게,

내담자47 : 나는 있는 듯 없는 듯 내가 했다 뭐 그런 것도 없이 그냥 꼬박꼬박 계속 해냈어. 그런데 이번에 내가 몽골을 내가 가고 싶었어요 사실은, 근데 너무 비싸더라 딴 데는 가격이, 그런데 와이에서 합창단으로 가는 거야 몽골 무슨 정부에서 오라고 초청을 한 거야 정부에서, 그래서 값도 좀 싸고 대접도 좋고 좋은 일류 호텔에서 별 네 개, 다섯 개짜리에 갔어, 내가 끼여서 갔어, 근데 이렇게 보니까 사람들이 참 보이더라. 참 보이더라고

상담자47 : 응. 어떤 것들이?

내담자48 : 음... 말하자면은 아주 이렇게 사람간에 아까 그 의사라는 사람도 거기 왔었어 그런데 누가 자꾸 아픈 사람이 생기잖아 프로그램이 쭉 있는데 그걸 다 포기하고 그 아픈 사람한테 가서 침이니, 약이니 다 가져왔더라고 다... 그걸 하는 거야, 그리고 내가 약간 감기기운이 좀 있었어. 거기서도 내가 나이가 제일 많은데 아프다 하면 부끄럽잖아, 신세 안지고 싶은데. 그래서 감기약 있나 하니깐 있다해, 먹었으면 좋겠다 그랬더니 내 방을 일부러 찾아온거야 찾아서, 이 여자가, 보이는 거야,

상담자48 : 정성이 있는 거지

내담자49 : 응 딱 봤어, 얘가 보통 아니구나 하는 걸 봤어, 그러고 이제 얘도 나하고 룸메이트가 된 거야 번개팀을 하는 사람이, 근데 니가 나를 룸메이트로 받아준거는 고맙다, 안해 줄 수도 있는데 나이가 많아서 좀 거북하잖아, 거북할텐데 받아주는거 너무 고마웠다, 그리고 뭐 그... 하여간 몰래몰래 선행을 하더라고, 선행을 하는데, 아주 돋보이더라, 그거 하나도 보이지 않게 남한테 드러내지 않으려고 하면서 선행을 하는 거, 고맙다.

상담자49 : 천사 그걸 뭐라 그러지 천사

내담자50 : 응 내가 너무... 내가 보이고 또 그게 그런걸 이제 칭찬을 해준거야,

여러 가지 하나하나 그냥 두루뭉실로 한 게 아니라 요런 점, 저런 점 사람하고의 관계에서 니가 요렇게 마음 쓰는 거, 이런 점 니가 요렇게, 니가 너무 이쁘다, 돋보인다.

상담자50 : 세밀한 관찰을 해주셨구나

내담자51 : 응 그랬어, 그래가지고 하여간 문장도 좀 잘 썼어 내가 크리스탈 교회에 가서 거기에는 카드를 많이 팔더라, 그래서 감사할 때 위로할 때, 카드를 여러 종류가 있어 내가 그래서 한 박스를 사왔어 감사해서, 그래서 리본도 딱 있는데 이쁘게 그림도 있는데 글 써서 보냈더니 얘가 또 너무 고마워서 이렇게 사람들한테 보였나봐

상담자51 : 그렇지 아유, 그게 자기한테는 세심하게 관찰하고 다시 피드백 해주고 한 거니깐 그게 참 고마운 거지

내담자52 : 그걸 네 사람한테 했어 그랬더니 모두 감격을 해서, 글씨쓰기 싫어하잖아 도대체가... 편지 쓰기 싫어하잖아, 그걸 카드를 어떤 사람에겐 두 장을 했어. 카드를 두 장을 넣어가지고 이래저래 해서 정말 칭찬을 많이 했어. 그렇게 해서 했더니 모두

상담자52 : 감격하고...

내담자53 : 좋아하고 전화가 왔어 이렇게 나를 봐주느냐 또 어떤 사람은 가방을 이렇게... 잃어버린 게 아니라 중국에 아직도 질서가 안 잡혔어 우리 다 가방이 다 나왔는데 이 사람은 안나온 거야 얼마나 속상하겠어, 근데 그걸 꾹 참고 표현을 안하더라고, 그걸 하나도 안해. 나는 그럴 수 없었을 거야 얼굴이 새파랗게 질렸을거야, 질리고 혼자 막 부글부글 괴로워서 어쩔 줄을 몰랐을 거야 그래가지고 옆에 사람을 어렵게 했을지도 몰라 그런데 너는 안 그랬다. 너의 인격, 인격의 크기가 난 따를 수가 없더라.

상담자53 : 아유 그렇게 칭찬하셨단 말이지

내담자54 : 응 그러면서 또 나한테 잘해줘서 머리가, 그러니깐 무슨 머리를 하고 YMCA 밑에 가면 파는 거 있는데 그걸 사서 쓰시면 좋겠다. 그런 몇 가지 얘길 해주고 또 내가 춤을 또 좋아해가지고, 좀 까불랑거렸어 그랬더니, 어딜 가면 또 그걸 배울 수가 있다, 선생님 K여사님 그런데 가서 배워보셔. 바로 그런 사람이야 그런 것들을 나한테

관심을 이렇게 가져주고 그렇게 정보까지 일일이 알려주고 그런 거 너무 고마웠다, 그럼에도 불구하고 어려운 일을 몇 가지 당하면서도 하나도 내색안하고 그걸 혼자서 다 감당하려고, 그걸 하면 우리가 다 괴롭고 다 분위기가 이상해지잖아.

상담자54 : 그럼, 나빠지지.

내담자55 : 그걸 니가 다 참아냈다는 건 너무 대단하다.

상담자55 : 인격의 크기가... 컸다.

내담자56 : 내가 볼 때는 나는 너 같이 할 수 없었는데 너의 인격의 크기가 정말 대단했다, 그릇이 컸다 이러면서 그거는 우리 Y모임에 참 좋은 모델감이 됐다.

상담자56 : 아유 아 그 사람 너무 좋았겠다.

내담자57 : 이것보다 문장을 좀더 세련되게 썼어, 사실은

상담자57 : 선생님이, 사실은 선생님도 그러셨을거야.

내담자58 : 내가 칭찬에 대한 그 갈증이 있으니까 그런 사람한테 내 눈에 보이는대로, 자꾸 써주는 거야, 써준거야.

상담자58 : 전 그런 생각이 들어요. 자기가 한이 맺히면 여기서 응어리가 지고 꼬여서 정말 피해의식이 있다면

내담자59 : 응응 우리 아들은

상담자59 : 피해의식이 정말 있다면 내가 못 받은 거면 남도 못주지 이럴텐데 선생님은 자기의 그런 상처잖아요, 상처를 상처로서 두는 것이 아니라 그걸 극복을 하신단 말이야.

내담자60 : 응 내가?

상담자60 : 그렇지, 내가 상처받았으니까 너도 상처받어. 할 수 없어. 이것이 아니라 내가 못한 거, 내가 못 받은 거 해줘야지, 다른 사람이 얼마나 기뻐할까 내가 얼마나 한스러웠는데 나는, 나 같은 사람은 또 생기지 말아야 돼, 응?

내담자61 : 너무 그 편지에 대한 반응이 너무 좋더라고. 감동이야. 모두 감동했대

상담자61 : 칭찬 받으셨잖아.

내담자62 : 너무 감동했대

상담자62 : 응 선생님이 굉장히, 그런 피드백을 받고 굉장히 풍성해지셨나봐요

내담자63 : 응 내가 좋았어

상담자63 : 응 아유 칭찬을 해주니까 칭찬이 오잖아 그지?

내담자64 : 응 하하... 그래서 내가 행복한 거

상담자64 : 그렇잖아

내담자65 : 그래서 한의사 예도 쪼끄만 거에 대해서 나를 보고, 걔도 나를 보고, 또 다친 사람 많아, 저 사막을 통과하는 거 프로그램 그게 있거든 근데 난 그게 그렇게 좋더라고, 사막이 이렇게 막 곤두박질을 쳐, 저기 지프차를 타고, 그게 영어로 이렇게 되어 있더라고 서핑인가?

상담자65 : 하하

내담자66 : 사막의 서핑을 하는 게, 뭐 그게 하나의 모험이다, 그런 쉽게 우리가 경험할 수 없는 그런 음... 엔조이하시오 하는 글귀가 써 있더라고. 벽에, 거기에서, 다른 사람은 못 읽는데 난 읽었지.

상담자66 : 응 읽었지

내담자67 : 어어 서핑을 하는데, 막 내 옆에 사람이 토를 하고 막 괴로워서 어쩔줄을 모르는 거야

상담자67 : 멀미, 응 멀미지 그게.

내담자68 : 이렇게 이렇게 곤두박질을 치고 조금이라도 막 시간이 지나면 바퀴가 빠져 이만큼 이렇게 빠져서 삽으로 들어올려야 돼, 그런 지경이야. 그런데 이게 샥 내려가면은 나는 어! 막 좋아하고 샥 올라가면 막 올라간다! 소리지르고, 막 난 즐기고,

상담자68 : 응, 아, 엔조이.

내담자69 : 나는 정말 엔조이한 거야. 근데 이 사람은 막 토하고 코피 나고 막 우는데 내가 그런 짓을 했어, 싸가지 없이.

상담자69 : 아유 왜.

내담자70 : 싸가지 없는 짓이지, 상대방을 배려하면은 그 말을 안해야지 소리지르고 막 좋다고 하하하 이런 짓을 안해야지 그 짓을 다 했단 말이야 그래서 내가 그 사람한테는 두 개를 썼어

상담자70 : 아... 하... 하... 뭐라고 했어 빨리 궁금해

내담자71 : 그 사람에게는 부끄러운 게 너무 많은 거야 너무 부끄러웠지, 나는

이걸 막 이렇게 즐기고 있는데, 이 사람은 아파서 절절절절 매고 그래서 그걸 보고 선생님도 가서 위로해주고 하는 그런 장면들을 다 글로 썼으니까는 모두 좋아했어요.

상담자71 : 선생님은 참... 그걸 보고선, 다른 사람은 아마 그랬을 거야. 아유 못 났어, 그런 것 즐기지 못하고 예를 들어 그랬을텐데, 돌아와서 아 난 그 사람을 배려하지 못했구나 이러는데, 그런 배려가 있으니까 참 선생님한테는, 예전에 선생님은 남미도 갔다 왔잖아 그런 모험을 즐기지.

내담자72 : 응 내가, 낙타를 타는데, 낙타를 타고 가는데 막 들어가 햇빛이 쬐고 그러니까 안하는 사람도 있고 막 아픈 사람도 있는데 나는 또 그런 걸 좋아해

상담자72 : 그러니까, 그러니까

내담자73 : 그런 걸 보면 내가 행복하게 잘 살 수 있는 체질이야, 가만히 보면...

상담자73 : 응 엔조이를 할 수 있는,

내담자74 : 응 난 내가 몽골을 가고 싶었던 참에, Y를 좋아했고 Y에 회장노릇을 했고 그랬기 때문에 계속해서 관계를 가지고 서포트를 해주고 했기 때문에

상담자74 : Y가 어디 회장 서울 YMCA?

내담자75 : 서울 YMCA

상담자75 : 아유 참

내담자76 : 삼십년 넘었어

상담자76 : 그러셨구나...

내담자77 : 응 전통이 있는 데야

상담자77 : 아유 그나저나 우리 선생님이...

내담자78 : 이상하게 자랑만 하게 돼서 좀 뭐라 그럴까... 좀 부적절한 거 같은데... 뭐... 암튼 뭐 갔다오고서는 처음 모임이었었어요. 이번에... 그래서

상담자78 : 갔다온 사람들끼리 애프터하신 거지?

내담자79 : 음

상담자79 : 응

내담자80 : 그래서 그 나보고 룸메이트 했던 애가 얘 한의사하고 나하고 둘이서 나보고 번개팅이라 하면서 나를 데려간 거...

상담자80 : 그러니까... 거기서 깊은 얘기가 있었고 그런 경험이, 그런 그릇이 된다는 걸 알았으니까 그 의사선생도 진지하게 서로 시간을 가질 수 있었던 거 같으네. 지금 선생님이 얘기하시면서 저는 이제 선생님의 한이 한으로써 있는 것이 아니라

내담자81 : 인제 쪼금 많이 좋아졌어요.

상담자81 : 응 한에 대한 극복에 대한 노력을 너무 많이 하시잖아요. 아까도, 늘 아쉽지 그 한은 그렇게 금방 없어지진 않을 거야 그렇지만 또 하는 게, 여전히 하는 거예요. 그러니까 그걸.

내담자82 : 내 스스로가 그걸... 뭐라 그럴까, 없애버리... 소멸시키는 건 내가 승화시키는 거 아닌가요. 내가 해야지 누가 뭐 하시오 하시오 한다고 되는 게 아니잖아. 하지 말아야 된다고 우리 아들놈은 그런 식으로 나오지.

상담자82 : 그런데 그런 한을 가졌다고 해서 누가 뭐라 그래요? 근데 예를 들어서 한을 가졌기 때문에 한이 있다고 해서 또 다른 한을 만드는 건 더 나쁜 거지, 그런데 선생님은 나의 한은, 나는 한이야, 그렇지만은 다른 사람한테는 또 다른 나 같은 한을 만들지 않게 않겠다라고, 훨씬 더 정성을 다하잖아 나는 그게 전 극복이라는 생각이 들어요 극복이지, 그게, 꼬이고 그래갖고 보통사람 같으면은 내가 못받은 거 니네들은 왜 받어, 억울해 이런 피해가 있다면, 난 억울해. 해줘야만 돼. 라는 요구만 하고 있을텐데 마음의 요구가 있을 때 더욱 더 잘하잖아, 나한테 올라올 때 더 잘하잖아

내담자83 : 참 긍정적인 건, 물론 가서 내가 제일 고령이니까 그런 거지만은, 인간적으로 예우를 잘해줬어 모든 사람들이, 모든 사람이 나한테 말 한마디 하는 것도, 음식 챙기는 것도 그렇고 이렇게 양보해주는 것도 그렇고 너무 잘해줬어요. 그래서 이 모든 것은 구회원분들이 나를... 잘 해주니까... 해주니까 나를 보지 못했던 새로운 회원들도 잘 해준다, 고맙다, 그런걸... 그렇게 지들끼리 아마 돌려 읽었던 모양이야

상담자83 : 끝까지 잘 하세요 거기에 잘 애프터를 하시구, 좋은 사람들인 거 같아요

내담자84 : 음악 하는 사람들이니까 순수하고

상담자84 : 그렇구나, 응

내담자85 : 순수하고, 솔직하고 사는 게 조금 보통사람보다 매력 있게 사는 거 같아,

상담자85 : 선생님이 이렇게 연세가 있으신대도, 그런 어떤, 삶의 격조라 해야 할까 그런 거가 계속 유지가 되는 게, 선생님의 그런... 안목?

내담자86 : 아유 안목은 아니지만은... 암튼 이렇게 보니까 많이 결속이 되었어. 그게 그렇게 결속이 된 거 같고, 선생님 하고 친해진 거 같고, 나 같은 사람도 일 년에 나가지도 않잖아. 그냥 행사 있을 때만 얼굴 내밀고 돈 몇 푼 주고, 그랬을텐데. 아주 그냥 예우를 너무너무 뜨겁게 잘해줬어,

상담자86 : 감사하네요, 그런 분들이 계시네. 선생님이 일조하셨지.

내담자87 : 예. 그래서 그런 점은 긍정적으로 내가 있음으로 전통을 만들어야 된다 라는 것도 내가 얘기했어.

상담자87 : 그래 잘하셨다, 응 그런데 연세가 있으시니 그런 얘길 탁 하면... 힘이.

내담자88 : 들어줘요, 에이 늙은 사람이... 이러지는 않을 거 같애.

상담자88 : 하기야 선생님이 그런... 선생님이 통한다고 하는 걸 보면 상당히 선생님 수준에 맞는 모임이지

내담자89 : 예, 예 그런 거 같애요.

상담자89 : 네. 좋은 경험을 하셨네요. 선생님도 오래 우리가 쭉 얘길 하시면서 그분하고의 한의사 선생님 얘기도 하시고 또 진지한 시간을 가지셨고, 선생님이 오늘 굉장히 중요한 주제를 하셨잖아요, 칭찬에 굶주려 있다.

내담자90 : 네.

상담자90 : 그런데 더 이상 바라는 건 아니지만 누구라도 보면 나는 칭찬을 해주는...

내담자91 : 응 그게 팍팍 들어와 들어와서, 그걸 꼭꼭 이쁘다, 어쨌다, 그게 아

니라 구체적으로, 니가 이렇게 뭐 이렇게 구회원으로서 모범스럽게 잘해주니까 더 신회원들이 다 따라서 나한테 이렇게 예우를 잘해주고 분위기를 모두 잘 지내도록 잘 되었다, 그런 것들이 잘 돌아갔어, 잘 돌아갔어,

상담자91 : 저도 선생님에게서 아유, 참 정성껏 살았다, 그냥 칭찬이 입바른 칭찬이 아니라 정성껏 칭찬을 해주는 게, 굉장히 분명하구나 이런 걸 배워요.

내담자92 : 선생님 잘하시잖아 아유 원래 잘하시잖아...

상담자92 : 그래요, 하여튼 오늘 선생님한테서 많이 배우게 되는데... 마음은 하시면서 어떠셨어요? 마음은 지금, 시간을 정리했으면 좋겠거든요 이제?

내담자93 : 사실은 이런 얘기를 할려고는 안나왔어요, 좀 더 선생님이 원하시는 것이 무엇일까 선생님하고 대화에, 그 주제에 맞게 나는 응해야 되는데 어떻게 내가 요 근래에 경험한 것이 나로서는 좀 그게

상담자93 : 근데 그런 얘길 하시면서 선생님이, 우리 오늘 K선생님이야 항상 의미있게 정리를 스스로한테 하시잖아요. 오늘 얘기를 하시면서 아... 이 시간을 의미있게 정리를 하신다면, 원래 목표한 대로는 아니었고,

내담자94 : 네, 네 그랬죠.

상담자94 : 의문을 가지고 궁금한 걸 가지고 왔는데 의도하지 않게 이런 얘기들이 되었다, 그렇지만은 선생님이 이거를 의미있게 정리있게 하실 수 있잖아, 어떤 의미가 있는거 같아요? 선생님한테?

내담자95 : 글쎄... 아까도 내가 얘기했듯이... 피해의식이 많다는 거는 뭐 맞는 얘기일거 같고 근데 그거를 음... 이제는 그 굶주린 칭찬에 대해서 상대방 누구한테나 장점을 이쁘게 보고 이렇게 자꾸 표현하는 능력이 생겼다는 걸, 잘 보이고 또 표현도 적절하게, 너무 과하게 하면은 가짜가 얘기 나오잖아요, 고 하나 하나를 정확하게 묘사해서 거기에 맞게 말을 해주고 감정을 넣어주고... 되가는 거 아닌가, 그럼으로써 내가 가난하고 말할 수 없이 피해의식에서만 내가 놀았던 사람이 그것들이 줄어지고 있지 않은가, 그런 것도 느끼고, 또 선생님이 들어줄 만하니까 내가 이런 얘길 하지, 아무한테나 이런 얘기 절대로, 우

리 애들한테도 안했어, 사실은, 애들한테도 안했어.

상담자95 : 하시고 나니깐 마음이 좀 따듯해지셨어요?

내담자96 : 네

상담자96 : 푸근해요?

내담자97 : 네

상담자97 : 좋은 얘기하고 서로 주고 받고 그러면은 푸근한데

내담자98 : 선생님이 날 받아주시니까 그게 준비도... 다 열려 있는 마음이 돼 있기 때문에 하지 아니면 이 얘기 안했고, 우리 ○○이 한테도 얘기 안했어, 그냥 참 좋게 잘 지냈다 하고 그러고 뭐 사람들이 참 좋은 사람들이었다 이 정도만 했지 이렇게 구체적으로 칭찬해주고 어쩌고 저쩌고...

상담자98 : 고맙습니다.

내담자99 : 아니 내가 이렇게 얘기할 수 있다는 게 너무 행복한 거야, 그럴 사람도 없으면은 그냥 날아가고 없는 거 아니야.

상담자99 : 그걸 의미를 가지신다는 게 참, K선생님은 참...

내담자100 : 선생님도 참 나를 잘 봐주시고 너무 잘 봐주시고...

상담자100 : 네 선생님. 여기서 녹음은 끊을게요.

3회기(녹음이 된다고 생각되어 전혀 기록하지 않았고 바로 적어놓지 않아 기록이 불충분함)

■ 상담내용

내 이야기를 들어주어서 좋았지만 초점이 없었다. 목표를 세워서 하고 싶다. 융통성 있는 삶을 살고 싶다. 허세 없이 살아왔고 내 분수에 맞게 살아왔다. 근검절약, 싸게 사지만 멋지게 입으면 너무 좋고, 그렇게 흉하지도 않다. 그런 물건에 애착을 느낀다. 친구들이 여행을 가는데도 최고 명품을 입고 오고, 올레길을 걷는데 내가 백팩을 메었더니 품위 떨어진다며 비난했다. 그걸 보면서 내가 너무 강직한 것 아닌가 생각되며 좀 자유로워지고 싶다.

4회기

내담자1 : 오늘은 좀 안... 준비라고 할까 그런 거 아무런 생각 없이 그냥 왔어요.

상담자1 : 응 지난번에 오셨을 때 생각 많이 하고 오셨...

내담자2 : 아니, 뭘 해야 되진 않을까 하는 생각은 있었어요.

상담자2 : 아니에요. 편안하게 하세요 우리. 지난주에 우리가 어떤 이야기를 했는지...

내담자3 : 뭐 일종의 어떤, 버켓 리스트 같은 것 사람들이 좀 더 크고 좀 내용도 좀 실한 걸 안하고 쪼그만 요런 걸 하는 걸 나도 좀 그렇기도 하지만은 그래서 좀... 안해본게... 응... 좀... 큰 거일 수가 많은데 난 이번에도 뭐 심수봉, 그...

상담자3 : 콘서트.

내담자4 : 응 콘서트에, 가보고 싶었어요 그걸 알아보니까는 엄청나게 비싸서 생각도 못하게 20만원이래. 20만원. 아휴 그래서 깨끗이 그냥.

상담자4 : 그냥 디너도 없이.

내담자5 : 디너 있는데 그나저나 너무 과한 거 아네요. 그렇게까지 가고 싶지 않아요

상담자5 : 선생님 그 얘기 들으면 선생님 마음속에 그 선생님이 자기를 위해, 자기가 하고 싶은 거, 선생님이 가고 싶으셨으니까 전화까지 하셨는데, 하고 싶은 거라도 어떤 기준이 마음속에 기준이.

내담자6 : 네 기준이 있죠. 내가 갈 수 있을런지 하는 거. 그때 저번에 봄인가 언제인가 나왔더라고. 그때 되게 가고 싶었어 근데 그냥...

상담자6 : 그때도 심수봉?

내담자7 : 응 심수봉. 그 사람이 어떻게 마음에 닿는 데가 있는 거 같고 아주 그냥 그래도 때가 안 묻은 거 같은 느낌이 들어서 신앙생활도 열심히 한다더라. 자기가 개인 집에 지하실에다가 교인들 믿는 사람들이 모여서 교제도 나누고 서로 도움을 주고 받고 하는 그런 그게 있다고 그러더라고 그 순수하니까 금방 받아들이고 금방 실천하고, 생활 속에서 우린 못하잖아 미루고 미루고 뭐 또 안된다 안된다 그런 면이 있는데 그냥 팍팍 하는 거 보니까 아... 음. 좋다... 그렇게 사는게...

상담자7 : 그러면은 선생님 지금 말씀하신 것에서 이제 심수봉... 나랑 뭔가 정서적으로 어떤, 뭔가 하여간, 심수봉 노래가 좋고 그 사람 생활 태도라든지 순수함 이런 것들이 선생님하고 잘 맞는 거잖아요.

내담자8 : 잘 맞는지 어쨌는지는 잘 모르겠는데 어쩐지 마음이 이렇게 끌렸어 내가 지속적으로, 그렇게 끌린 사람이 없었는데... 음... 좀 끌려서... 한번 들어봤으면 좋겠다는 생각을 가졌어, 근데 엄청나게 내가, 나는 한 12~15만원 그 정도면 되겠다 그렇게는 생각했어. 그런데 20만원... 그냥 입이 딱 벌어지는 거 같애 너무 과한 거 같애.

상담자8 : 선생님이 지난주에도 그런 얘기 하셨었잖아요. 내가 할 수... 좋은 건 다 알지만 남들이 막 걸치고 쓰고 뭐 이런 것에 대해서 선생님은 자기가 할 수 있는 어떤 한도가 있고 자기 스타일이 있고 그런 것들이 상당히 자기의 것에 충실하고 정직하고 성실하시지. 분명하게...

내담자9 : 성실하긴... 뭐 그런데 암튼 내 기준에서 경제적인 거나 내 모든 생활 가치이거나 아무리 내가 좋아한다지만 그렇게까진 못하겠네 하는 생각에 첨에 탁 들을 때 저는 이렇게... 이야기를 나누면서... 못하겠다 이 생각이 나서...

상담자9 : 하고 싶었는데도

내담자10 : 네. 좀, 좀, 아쉽기도 하지, 내가 인제 살면 얼마나 사는데 그 사람도 늙어가고 나도 늙어가고 그래도 지금 음악을 들을 수 있는 때인데 이 사람 계속 뭐 해마다 할 수 있는지 없는지는 모르잖아.

상담자10 : 선생님의 지금 그 심수봉 디너 콘서트에 가는 그런 것이 저는 굉장히 중요한, 그러니깐 지금 이 일이 잘 서로 얘기해가면 선생님이 좀 변화하고 싶어하시고, 하는 그런 거와 관련이 될 거 같으다 하는 생각이 들어요. 선생님은 분명하게 기준이 있으시잖아.

내담자11 : 예, 예, 기준이...

상담자11 : 늘 기준이 있으셨고 그것에 맞추어서 늘 절제하시고, 그래서 여태까지 지금 제가 말씀드린 것대로 성실하고 꾸준하게 너무 되바라지지 않게 자기 정도를 살아오신 그게 이제 분명하잖아요.

내담자12 : 네, 그렇담 그럴 수 있죠...

상담자12 : 욕구도 있으시잖아.

내담자13 : 욕구도 있지만은 대부분 욕구를 다 이렇게 억눌러 버리고 없는 듯이 그냥 그렇게 살았잖아요. 사실 욕구가 많은 거 같아요 많은 여자야. 이것도 하고 싶고 저것도 하고 싶고 뭐 어디든 가고 싶고. 그런 욕구는 상당히 많은데 그런 건 다... 대부분 다 없애버리고 대부분 다 물리쳐서 살았는데 이제는 뭐... 그럴 기회도 얼마 안 남았는데 그래요 지금은... 어쩔 수 없어요 내가 이렇게 살아온 과정이 그렇기 때문에 갑자기 이렇게 변화라든가... 이렇게... 삶의, 내 가져온 삶의 그 패턴에서 이탈하는 거 같은, 그런 짓은 좀, 저는 못할 것 같아요.

상담자13 : 응... 응...

내담자14 : 네...

상담자14 : 선생님의 주로 못할 것 같다라는 말에는 좀 아쉬움보다, 이게 내 모습이지... 그게 더 강한게 느껴지는데...

내담자15 : 그런 거 같고... 그러고 또 근래에는 내가 좀 아팠어요. 컨디션이 안 좋아서 며칠 전에도 이번 주일 안에 갑자기 신문을 탁 보니까 신문에 광고가 나와 있는데 한 이만큼 광고가 나와 있어요. 인다라 한의원이라고 해서 눈에 대해서, 눈을 전문으로 한다, 눈이 항상 아프고 항상 눈 때문에 내가 고통을 많이 받고 있거든요. 하고 싶은 것도 못하고.

상담자15 : 그러게요, 얼마나 읽고 쓰고 이런 거 좋아하시는데.

내담자16 : 예, 예. 네, 그게 안되니까... 약도 많이 먹었어요. 좋다는 병원, 성모병원, 우리나라의 아주 유명한 병원이라는 병원은 다 쫓아다녔어요. 그게 한 80년 초부터 해서 한 2~30년 됐거든요. 그 뒤에도 낫는 게 전혀 없고, 하여튼 관리는 잘했다고 그러더라구요. 그런데,

상담자16 : 아니, 눈이 어떻게 아프세요?

내담자17 : 건조증이 심하고 심한 데다가 또 내가 잠을 못자지요, 밥도 잘 제대로 안먹으니까 영양에도 좀 안좋고, 잠을 첫째로 많이 못 잤으니까 지금...

상담자17 : 그래서,

내담자18 : 네, 네 그래서 내가 마음이 약해서 그런지 이때까지는 내가 웬만큼 아파도 병원에 가서 약 먹는 것, 뭐 영양. 건강식이니 하는 요새 많은 거 있잖아요, 류마티스, 뭐 뼈에 좋다 하는 거 이런 거 갖다 주

더라고, 나한테. 그리고 우리 시... 저기, 손녀딸도 갖다줄 게 없으니까 그런 거, 뭐 노인네들 먹는 비타민이니, 칼슘이니 그런 거 하나씩 탁 갖다주고 끝이야.

상담자18 : 아하, 응, 그런거지.

내담자19 : 그러니까 그걸 먹게 된 거야. 나는 70대 이전에도 나는 이런 저런 약을 안 먹었어요. 약이란 거 알아보니까 우리 친구들도 너무 너무 많이 먹더라고, 이렇게 먹더라구, 그런데 나는 그때 약을 먹을 줄도 몰랐고 첫짼 내가 뭐 관심이 없어서 그랬는지, 약 먹는 자극을 내가 못 받아서 그랬는지, 스스로 이렇게 병원에 가서 약을 사서 먹는게 아니라 누가 이거 먹으세요, 이거 뭐 좋답니다. 그런게 들어오더라고, 그런 걸 먹었어.

상담자19 : 음, 뭐라 그럴까, 자기 몸을 관리하는 게 스스로 그런 게 없고, 누가 먹으라고 하는 거는 찾아서 먹었는데 이번에는 인다라, 인다라, 그거 보고서는 직접 가보셨어요?

내담자20 : 네. 내가 그래서 약해졌구나, 아 이게 직접 찾아간다는 게 이게, 첫째는 이게 내가 오랫동안 눈으로 고통을 받았는데, 이 약 먹어서 내가 나을까? 하는 그게 회의가, 크게 쾅!은 안 믿겨지더라고 그래서 인터뷰하고 여기저기 진찰도 하고, 해주는데 아휴 약값이 너무 비싼 거야. 9천만, 아니 90만원이야 아침에 제가 지금 약을 가져왔는데 아침에, 이런 약인데 이거는,

상담자20 : 아, 음.

내담자21 : 이렇게 나오는데, 아침에 서른 개, 점심때 먹는 게 서른 개, 다 다르대 약이. 또 저녁에 먹는 약이 또 다르대. 그래서 이게 한제, 이게 한제, 이게 한제, 이렇게 해서 90만원이다. 아휴 나 그런 거 못해요 그런 거 자신도 없고, 그런 능력도 없으니까 그런 거 못해요, 그냥 내가 떼를 쓴 거야 좀 깎아주면 안되요, 내가 또 이런 식으로 해서 서로 한 것이 인제 60만원으로 하고, 이거 점심 꺼는 반만 주기로. 30개인데 15개만 준다. 이거 점심때 꺼... 그렇게 해서...

상담자21 : 음, 아주 흥정을 잘하셨네.

내담자22 : 예, 흥정을, 나는 도저히 못한다, 첨에 좀 디스카운트 해달라, 그게

안된다니깐 그럼 못하는 거죠, 내가 짐을 들고 갔어요, 내가 이거 보고 뛰어올 때는 얼마나 내가 많이 다급하고 얼마나 이게, 꼭 낫겠다는 믿음을 가지고 왔는데 너무 내 형편에 안 맞으니까 우리 경제생활에 많은 지장을 줄 수밖에 없다,

상담자22 : 음, 음.

내담자23 : 그러니까 그 사람이 또 침을 놓는 데에 자극을 주고 피를 뭐 어떻게 하고, 해서 되게 아프더라구. 되게 아픈데. 그 침을... 또 7,000원이래. 나는 1,500원에 언제든지, 어디서나 1,500원에 받았다 노인들에게는 1,500원 해줘요, 그래서 나는 1,500원 받았다, 그거하고 우리하고는 다르다, 차원이 다르고 내용이 다르다, 같은 침이지만 자기 꺼가 더 고급스러운 거니까 맞아야 된다, 그럼 그것도 못 맞아요. 그랬더니 그러니까 또 자기가 나한테 완전히 양보하고 침은 놔주겠다, 공짜로.

상담자23 : 아휴 선생님 근데 굉장히 단호하시다, 이제 그런...

내담자24 : 아니, 나는 30만원, 아니면 40만원으로 이걸로 생각하고 왔지, 아니 근데 어떡해, 여기 들어가는 것도 아니고 다 약값 그냥 그런건데 어떻게 90만원이냐 이것도 너무 과하다 말도 안된다, 침 한 대에, 침 한번 맞는 데에 7천원이 뭐냐 내가 솔직하게 그렇게 말을 했으니...

상담자24 : 선생님 그 얘기에서도 저는, 선생님이, 우선은 이번 여태까지는 선생님의 몸이, 눈이 늘 선생님을 괴롭히고 힘들어도, 늘 신경을 써오셨지만 자기 몸을 관리하는 데에 스스로 막 찾아선 하진 않으셨는데, 정말 너무 힘드셔서...

내담자25 : 응, 그렇게, 침을 일차! 탁 거의 저녁때 5시가 다되었어, 어떻게 내가 그 시간대에 신문을 어떻게 봤는지 그냥 뛰어간 거야,

상담자25 : 그 시간대로?

내담자26 : 응, 내가 전화를 하고,

상담자26 : 얼마나 눈이 많이 아프셨으면...

내담자27 : 전화를 하고, 몇 시까지 하느냐 묻고, 난 지금 어딘데, 어떻게 가느냐 물으면서, 내가 갈테니깐 되겠느냐 그랬더니 기다리겠다고... 봐준게 그렇게 인제...

상담자27 : 흥정을 잘하셨네

내담자28 : 예. 흥정을 잘 하건지는 모르지만은 그런데.

상담자28 : 흥정을 잘 하셨다기보다는 흥정을 하셨잖아요. 선생님이,

내담자29 : 응, 의료를 하면서 내가 깎아주세요, 뭐 이렇게 서로 협상을 하고 이렇게 한 적이 한번도 없었거든요. 내라면 내라는대로 다... 이건 나한테 너무 너무 지나치니까 어쩔 수 없었어요.

상담자29 : 그러니깐 선생님께서 그게 간절하게 바라셨는데, 지금 내가 간절하게 눈 때문에 고통스러워서 왔는데, 도움을 받으려고 왔는데 너무 상상 외다, 너무 합리적이지 않다, 그래서 선생님이 적극적으로 협상을 하셨고 선생님이 협상을 한다는 것 자체가 굉장히 적극적이시고,

내담자30 : 할라고 마음 갖고 온건 아니야 근데... 그냥 한번 해본 거야...

상담자30 : 그런데 했잖아요, 그건 어떻게 생각하세요, 한 것에 대해서,

내담자31 : 이 말을... 말을 안했어요 처음 얘기했는데,

상담자31 : 어떠세요, 하시고 나니까, 저한테 하셨는데 저한테 하시니깐 어떠세요.

내담자32 : 아, 그렇게도 사는 방법이 있구나 무조건 내가 안된다고 물러나거나 그런게 아니라 한번도 내 자신을 앞에 트라이해서 내가 할 수 있는 데까지 하고 그쪽에서도 양보할 수 있는 데까지 하고 하면은 뭔가 일이 이루어지는구나, 그런 거를 내가 좀 맛보았어요.

상담자32 : 응, 글쎄, 그때 저한테 전달하실 때 마음은 어때요.

내담자33 : 내가 이 말을 하려고 온 건 아니지.

상담자33 : 음, 아니지, 그런게 있어요? 이 말을 안하고 하고 저런 게 있나요,

내담자34 : 아니, 나는 그렇게 중요하다고 생각을 안하고, 내가 말하자면은 나이가 이만큼 되니까 내 몸에 대해서 너무 자신이 없는 거야, 자신이 없고, 나는 장은 상당히 좋았거든요 소화기관이, 많이 먹지도 않고 탐식도 안하고 뭐 넘치게 먹는 것도 없어요 나는, 남은 음식만.

상담자34 : ......

내담자35 : 싹 해서 배변도 아주 만족하게, 좋은 걸로 나오고 근데 나는 그렇다고 생각했는데 지난번에 친구집에 가서 하룻밤 자면서 갔다오고서부터 막 설사 나오고 거기서부터. 그게 아직도...

상담자35 : 후유증이 있으셨구나 깨끗하지가 않으셔,

내담자36 : 응, 금방 설사가 끝나면은 속이 탁 개운하게 회복이 딱 되는데 이번에는 조금 배가 좀 더 아프고 또 침을 자꾸 뱉고 싶고 그래서 쓰레기통을 옆에 놓고 침을 이렇게 뱉고 싶고

상담자36 : 아 그게, 또,

내담자37 : 속이 좀 뭐가 깨끗하게 안 되어 있나 모양이지 그러니까 자꾸 침을 뱉고 싶지, 이것도 의사한테 가서 얘기할려고.

상담자37 : 아... 응... 근데 그 약을 언제 드셨어요?

내담자38 : 이거, 이번 주일을... 또 그게 약을 만드는 기간이... 하루 걸리고, 또 배달하고 하니깐 밤에 왔더라고. 그 이튿날 병원을 가는 그 이튿날,

상담자38 : 어떻게 그래도, 또,

내담자39 : 응, 그러니까 또 간절하게 먹는거야 그렇게 조급하게.

상담자39 : 그럼, 하루 먹고,

내담자40 : 응, 내가 얼마동안 이렇게 고생 고생하는 이 병이, 약 이거 이 한두 개 침 몇 개 맞았다고 금방 되면 얼마나 좋게요. 그렇게 안됐어요. 나도 그렇게 되고 싶은데 안됐어요. 자꾸 자꾸... 되는 거 같애, 좋아졌어요? 좋아졌지요? 라고 말을 유도하려고 하는 거 같애, 그런 말은 좀 부담스럽지... 나도 그렇게 되고 싶은데 그게 안되니까... 내가 체질이 좀 나쁜가 이런 생각이 들고, 내가 받아들일, 약에 대한 신뢰가 없거나 불만이 있으면 약효가 또 안 날 수도 있으니까 뭐 또 그런... 그렇게 해석할 수도 있다고...

상담자40 : 그런데 전화해서 물어봐요? 어떻게,

내담자41 : 아니 침 맞으러 가잖아

상담자41 : 아, 매일...

내담자42 : 아니, 매일은 아니고,

상담자42 : 아, 갈 때마다... 응...

내담자43 : 그 사람이 자꾸 묻는단 말이야, 침 탁 놓고는 어때요, 좋죠? 눈이 좀 환해졌지요? 이런단 말이야. 나는 똑같애요, 잘 모르겠어요 이런단 말이야.

상담자43 : 너무 그런 말할 때 좀 불편하지.

내담자44 : 네, 네, 아주 불편했어요. 그리고 내가 70대 넘어가고 난 뒤엔 상상도 못하는 일들이 내 몸에서 일어나는데 이렇게 두드러기가 많아, 이게 두드러기야. 막 목에 팔에,

상담자44 : 언제?

내담자45 : 금년에도 이렇게 났었어요.

상담자45 : 아휴 선생님,

내담자46 : 말도 못해, 이 고통이, 이 정도야 내가 보여줄 수가 없잖아, 다리 딱 들고,

상담자46 : 아휴 그렇지 그럼,

내담자47 : 일단은 ○○이 보고.

상담자47 : 찍어놔라, 응 아유 그러셨구나...

내담자48 : 이런게 없는줄 알았지 70평생에... 이건 남이나 하는줄 알았지, 목에도 봐요 팔에도 봐요, 다리에도.

상담자48 : 얼마나 고생, 아유 얼마나 가려워요?

내담자49 : 막 가렵고 열이 나고 하니까 얼음 찜질을 하는 거야 얼음찜질. 이렇게 막 긁으면 이게 상처가 나오니깐

상담자49 : 더하지,

내담자50 : 그래서 이런 건 안하고 찬물 얼음으로 하고 찜질을 하고 그러니까,

상담자50 : 아유 병원에 가셨어요?

내담자51 : 병원에 물론 갔지, 좋다는 대는 다 갔어요. 다 갔는데 말하는게 나이가 들었으니까 내가 면역성이 많이 떨어져서 이렇게 난다, 또 언제 날지도 모르고 고생 되게 했어요, 그러니까 내가 누가 뭐 좀 요렇게 말만 하면 그냥 내가 폭삭 넘어가는 거야, 이 약 먹으면 낫는다 하는, 가서. 150만원짜리도 내가 사먹어 봤어요.

상담자51 : 아휴 저건 뭐라도 먹겠다 너무너무 저건... 그러니깐...

내담자52 : 일도 못하고 내가 챙피스럽고... 내가 막...

상담자52 : 그랬겠다...

내담자53 : 내 인간성이 다운되서 어쩔줄을 모르고 그래가지고는 인제 음... 큰딸이 이것저것 자기도 스트레스가 많고 또 자기 딸이 키가 안 커, 근데 그게 항상 한이 되고 걱정이 되가지고 이 병원 막 정보를 많이

갖고 있더라고, 근데 자기도 그게 돈이 많이 드니까는 나하고 나누자 150만원인데 나누자 해서 둘이 나눴어요 그래서 딸 주고 난 이제 모으면은 나을꺼다... 했는데 낫기는 뭐 하나도 안 나아, 그래서 의사에게 그 얘길 했지 이런 이런 약을 먹었는데 안낫고 또 이렇다, 하니깐.

상담자53 : 그러니 막 혼나지.

내담자54 : 응 혼나지, 사기다 막 사기다 하는 거야. 아유 또 내가 이런 거를 고생한다 하면서 또 어떤 친구한테 말을 했더니 아 이게 좋은 게 있어 또 지른단 말이야, 그러니까 내가 또 폭삭 넘어져.

상담자54 : 아휴 너무 고통스러우니까 얼른 나으려고 무슨 짓을 못하시겠어요,

내담자55 : 그러니 그것도 한 세트에 30만원인가 하는 그런 거를 많이 하면은 3통을 하면은, 디스카운트가 많이 돼 그래서 욕심에 또 그래서 이것 저것 주는 게 많더라고, 또 세 개를 했다고, 덥석. 그러면 안낫는다 이거야, 왜 안 낫느냐... 뭐 그러니까 그 사람들 조사해가지고, 나는 아주 집요하게 얘기를 했지... 이럴 수가 있느냐. 나같은 이런 약하고 아주, 궁지에 빠져서 당신 말을 나는 백퍼센트 믿고 했는데 하나도 안낫는다,

상담자55 : 아... 속은 거야,

내담자56 : 응, 속은 거는 마찬가지니깐, 한 달 치야 한 달, 두 달. 한 달 치는 내가 먹어도 하나도 안 나으니까 두 달치는 주겠다, 그 사람도 내가 첨부터 그걸 얘기했어.

상담자56 : 먹어보고는?

내담자57 : 응, 먹어보고 안 나으면 책임을 지시오. 이런 식으로 했는데, 이렇게 되가지고 좀 서로 땡기고 밀고 하느라고 많이 괴로웠지

상담자57 : 그러셨겠다, 긴장감이...

내담자58 : 그런거보면, 내가 되게 남의 말에 이제 육체적으로 약해지고 자신이 없고 이런 것 돌발사고가 이런거 나는 날 줄도 몰랐는데 이런 거 나오고, 또 나는 김치하고 밥만 먹었어

상담자58 : 그렇지, 동물성 먹으면 안될까 싶어서,

내담자59 : 내 자신이 그렇게 먹었다고, 그러니 사는 게 재미가 하나도 없는 거지.

상담자59 : 그래서... 그러니까

내담자60 : 이렇게 선생님께 내가 요새 얼마나 약해졌는지 또 내 말은 선생님께 설명하려면 또 내가 이 짓을, 내가 이렇게 약해질 수가 있나 나는 정말 어제 따질 것도 따지고, 뭐라할까 좀...

상담자60 : 확실하지 않으면 안하는, 하고 싶지 않아.

내담자61 : 예, 예 그런 사람인데 마구마구 넘어지고 있으니까 내가 왜 이렇게...

상담자61 : 기가...

내담자62 : 기가 너무 약해져 있는 거야 내가, 또 그 사람이 나를 진찰하면서, 맞아 잘 놀라지요. 나는 너무너무 잘 놀라요 화들짝 놀래고. 내가 민망할 정도야 집에서도 그렇고 밖에 나갈 때도 그렇고 놀랠 때가 아닌데도 놀래고.

상담자62 : 그분이 뭐 알기는 아니깐, 그것에 대해 신뢰를 하셨죠. 그게 선생님은 저렇게 신문 보고 달려가서 약을 사오고,

내담자63 : 이번 주일에, 약먹은 지가 사흘밖에 안됐어요.

상담자63 : 응, 그래서 이제 사왔는데 거기 그런 사건에 대해 선생님은, 나는 내가 너무 몸과 마음이 약해져서 휩쓸리는구나.

내담자64 : 응, 네 나는 그게 좀 두렵다 이거야. 내 주관이 있고 내 판단이 있고 이런 저런해서 움직이는게 아니라 퍽퍽 넘어지니까. 돈도 뭐 적은 돈이 아니잖아. 이런데 퍽퍽 내가 넘어지고 있으니까 얼마나 내가 약해져있나 뭐 우리 딸한테는 뭐 얼마짜리다 그런 말은 말도 못하고 아무래도 좋은 말이 안 나오잖아 서로... 그러고 있어.

상담자64 : 잘 드셔야 되는데 선생님이 지금 이 사건을 통해서 한의원에 가서 약 지어오고 일련의 이런 과정 속에서 내가 몸도 약해지고, 몸이 약해지니까 더불어 마음도 약해지고 마음이 약해지는 증거는 그... 몸이 좋아지겠다 그러면은 빨리 방책을, 그러니까 그게 몸에 대한 자신이 없으신거야 그죠? 두려움이 크고 그만큼 고통스럽잖아.

내담자65 : 그렇죠, 옛날에는 내 스타일이 뭔가 하면은 웬만큼 아파도 약도 안 먹고 병원에도 안가고 돈이 아까웠어, 돈이 아까웠어.

상담자65 : 나도 관리할 줄 알지만,

내담자66 : 응 응. 그게 안간 거야 한 번 터지면은 할 수 없이 가는거지 내가

뭐 약간 아프고 그런 거는...

상담자66 : 축에도 못 들어.

내담자67 : 예, 그런 거 할 생각도 안 하고 그런 사람 보면은 또 내가 속으로 웃는다고, 자기가 버틸 때까지 좀 버티고 하면은 저절로 낫는 수도 많고 내 경우에는 보니깐, 저절로 뭐, 내가 실컷 아팠다가 안 아파지더라 이런... 나는 좀 미련한 스타일이지, 그런 식으로 내가 살아왔는데 아휴 지금은 내가 형편없이 그러고 지난주에 내가 속으로, 내가 죽을 날이 얼마 안 남았구나. 이제 영정사진도 준비해야겠고 돈이나 뭐 이런 거 정리를 해서 빨리 빨리 정리를 해야겠구나 하는 그런 필요성이 들었어요

상담자67 : 왜, 왜 부쩍...

내담자68 : 자꾸 아프고 몸에 자신이 없고 하니까는 나는 몸이 아파도 할 일은 하거든요 그게 내 체질이야 새벽에 일어나서 이 아들 밥상 다 챙겨주고 그런단 말이예요. 뭐 고마워할 줄도 모르고 그러는 거지만은.

상담자68 : 선생님은 선생님이 다 하시니까.

내담자69 : 그래 그랬는데 이제 ○○이가 그걸 받았어 나한테서, 엄마는 좀 쉬어, 나오지마 지도 얼마나 고달퍼요, 뭐 온몸으로 뛰어서 가르치는 그런 걸 하는데 가고 오고가, 오늘도 보니까는 어디더라... 암튼 되게 먼데야 일산하고 저쪽에 저, 뭐더라, 일산하고, 저쪽에, 거기도 두 시간 하는데 새벽에 추운데 지가 밥상을 다 해놓고 지는 밥먹으라니까 시간도 없고 안 먹는대. 내가 마음이 너무너무 아프더라고, 그 먼 길을 두시간을 가는데 아무것도 먹지도 못하고 가니까 마음이 그래서, 우리 아들을 막 깨워서 얘가 이렇게 밥까지 다 채려놨는데, 응, 제때에 일어나 먹어주기라도 해야지 그리고 얘가 이렇게 7시에 간다면은 7시에 일어난다 이거야, 그때 일어나서 세수하고 밥까지 다

상담자69 : 음...

내담자70 : 옷도 대충대충 하는 게 되게 싫어 옷도 좀 반듯하게 깃도 좀 반듯하게 제자리에 있게끔 해야지 머리가 막 엉망이고, 어떤 때는 빗으로 내가 빗겨주고 그렇게까지 했는데 이렇게 50 넘은 아들한테 이렇게 해야 하나 나도 한심하고, 이렇게까지 얘를 내가 뒤를 봐줘야 되나,

얘가 우리집에 들어온 지 일년이 좀 넘었어요 작년 가을부터 우리집에 와있었거든요 들어올 때도 엄마 내가 이래저래 하니까... 뭐 그러니까... 밥을 안 해먹는거야. 사먹는 거야. 사먹으니까 물리기도 하지만 밥에 영양, 균형이 안맞잖아, 곰탕만 먹고 김밥만 먹고 손에 닿는대로 그런것만 먹었더라고, 그리고 뭐 옷도 그냥 맞지도 않는 거야, 겨울철인데도 그때 겨울철이었는데, 흐늘흐늘하고 다 비치는 여름옷을, 여름 바지를 입고 뭐 양말은 빵구가 막 났는데, 자기...

상담자70 : 관리,

내담자71 : 자기 관리, 외모 관리를 안하더라고 변호사가 그러니 되겠어요? 손밑에는 때가 끼여있고. 변호사라서, 변호사가 그러면 안 되는 거야. 하기 싫은 말 듣기 싫은 말 내가 해야 된다 이거야. 잔소리를 해야 된다 이거야. 하면 또 나쁘다 이거야. 관계가 나쁘다 이거야. 예, 미안합니다 그건 내가 고치겠습니다, 이렇게 한다면 얼마나 좋겠어. 그런 걸 안 하는 놈한테 야 머리 좀 이렇게 빗어라 여기는 튀어나왔다 머리가 왜 또 새집같이 떠있더라고. 물 발라서 이렇게 좀 해라, 하는 나도 귀찮고 듣는 지도 괴롭고, 신발도 그냥 빠게 신고, 다 내가 싫은 것만 내가 보기에. 아니 보통 사람도 되는대로 이건 뭐 되는대로 막 사는 사람도 그렇게 하면 안되는데, 이거 뭐 소위 변호사인데.

상담자71 : 그러면 선생님이 얼마나 정성껏, 선생님이 그렇게 자기 자신을 하듯이 옛날에 키울 때 그렇게 하셨을 거 아니예요.

내담자72 : 네, 그렇게 했죠. 나는 성의를 많이 기울였는데도 걔 삶의 태도는 엉망진창이야. 되는대로 사는 거야 되는대로. 아무리 좋은 옷을 닥스에서 내가 자기, 남편한테도 좋은 그런 비싼 옷 안사줬는데 그거를 입고서 작업을 한다는 거야 내가 물 좀 뿌려줘 내가 그랬더니 그걸 옷이 다 젖잖아 새 옷이... 다 젖잖아 그걸 좀 바꿔 입어라 그러면 바꿔입을 옷이 어디 있어요 하고 달겨들더라고. 해병대 옷도 있고 응, 하다 못해 이거 말고 전에 입었던 옷도 있지 않았냐 하니깐 막 있는대로 화를 내니까 내가 말이 안되는 거야. 이놈아 하고 싸우고 틀어지고 그러니까는 내가 시키기도 싫고 나는 그렇게 김장도 100포기씩 했어요, 이 약한 몸으로. 그러면 마당에 정원에 쌓아놓은 게 산더미

같애. 그러면 거기에 또 파도 이만큼 무도 이만큼 산더미야 산더미. 쓰레기만 해도 이만큼인데 배추는 또 다 따로 씻어서 이것도 나물 이파리 같은 것도 밑에 얼마나 많아요, 그래서 많길래, 아 이것좀 버려줘 저기 좀, 가장자리에 이파리 떨어진 거 이렇게 떨어 모아논 거 있으니까 거기다가 좀 놔두면 썩어서 거름으로 하니까, 네가 해줘 이러니까 내가 이때까지 배추를 세 번 네 번 씻어서 싹 놔뒀는데 그 위로 들고 가는거야 그러니 줄줄줄줄... 그냥 그렇게 생각이 없어 그러니 그거 하나하나를 가르치자 하니 하나하나가 싸움이 되더라고. 그러니까 정도 없고 저번에도 내가 악몽을 꾸었다고 했잖아 그렇게 내가 당황하고, 얼굴이 벌겋게 되가지고 튀어나오면 엄마 무슨 일이 있어 이렇게 되야 하는데 엄마 안자안자, 이렇게 얘기하는데, 그러니 정이... 아무리 불쌍해, 내 아들이. 불쌍해. 자기 아내로부터 따뜻한 밥도 제대로 못 얻어먹고 섹스도 한 번 제대로 못해보고, 뭐 지 애 낳고서 이때까지 섹스도, 한 방에 같이 자본 적도 없고, 이제 밥도 안해줘 지가 이때까지 밥 하다가 튀어나온 게, 이제 나온 거야. 내가 불쌍하니까 불쌍하지 어쨌든, 사람다운 생활을 못하고 대접도 못 받아보고, 그러니까 우선 불쌍한 마음이 들어서 지가 탁 오면은 10분만에 밥해줘, 밥을 지어서 그렇게 해주면은 밥을 세 공기씩 먹고,

상담자72 : 응. 못 먹었으니까, 굶었으니까.

내담자73 : 응 김밥 이런 거 다른 데서는 맛대가리 없는 그런 것만 먹고 그런 거 해주니까 된장도 너무 맛있대, 나보고 김치도 이런 김치가, 맛있다고 그냥 아주 환장을 하면서 먹는거야 그러니까 불쌍해서 내가 받아들인 게 엄마 나는 이래저래 하니까 한 달만 여기 있겠다든가 반년을 있겠다든가 일년을 있겠다든가 그런 기한도 없이 그냥 슬그머니 와서 그냥 하나씩 하나씩 짐을 가지고 와서 우리집에 그냥 구질구질하게 방을 하나 차지한 거야 그걸 또 정리도 못해 그러니 내가 막 정리를 해서 버릴꺼는 이만큼 따로 놓고, 또 책은 전공과목은 책들은 일로, 교양서적은 이쪽으로 다 박스를 또 해가지고 차곡차곡 그러고는 또 뭐 옷도 뒤죽박죽 때묻은 옷이고, 빨아야 될 옷이고, 그걸 또 골라서 크리닝 할껀 하고 다 이렇게 정리해서 해주면서 이제 버릴

것, 버릴 것도 내가 알아서 버리면 지가 안하니까,

상담자73 : 뭐라 그러니까,

내담자74 : 응. 응. 니가 다 챙겨보고 버릴 거 있으면은, 필요한 건 건져내고 빨리 쓰레기 버려라 하니까 그게 일주일 동안 안하는 거야 일주일 동안, 이제 주일날 와서 쉬는 날이니까 해라 그러니까 나도 하기도 싫지 나도 막 그 말조차도, 예 해놓고는 또 막 대충하고. 딱 딱 나는 완벽하게 딱 버릴 거는 딱 버려야지 대충... 뭐가 또 남아있어 쓸 것도 아닌거 같은데, 돈도 그게 보니까 있고 약도 그게 있고 영수증도 뭐 이만큼 있고, 뭐 또 신분증 뭐 변호사 뭐 면허증이니 뭐 중요한 것들도 그 쓰레기 속에 다 있는 거야 그러니 한심하기 짝이 없는 거야 혼자서 생활을 못하는 거야

상담자74 : 자기 관리가 안돼

내담자75 : 응, 좋은 여자가 이렇게 좀 해주면 되는데 그걸 되는대로 사는 게 어렵더라고 결혼한 지가 지금 15년째인데, 근데 그게 점점점점 더 나빠지는 거야 나는 점점점점 더 자기 관리를 하고 아무 한테도 도움을 받을 수 없으니까 요런 건 요렇게 저런건 저렇게 아주 규모있게 해야만 되니까 그렇게 할 줄 알았는데 그게 점점 더 안돼, 그냥 되는대로 사는 거니까, 이제 어떡할래, 아내하고의 관계도 너가 사랑하냐 아무 대답 안해.

상담자75 : 답답하시죠.

내담자76 : 대답을 안해, 말을 안해.

상담자76 : 말을 할 수 없는 거겠지.

내담자77 : 이때까지 미뤄온 거잖아 이때까지, 얘한테는 안되는구나, 기다려주고 기다려주고 하다보니까 나도 지치고 나도 걔 꼴도 보기 싫어졌어, 나는 컴퓨터를 요새 몇 개 배우고 있는데 마음 먹고 나도 눈도 아프고 하니까 해야 되겠다 하면서 작심하고 와서 치면 뭐 바이러스가 막 엉뚱한게 나오고 막 난리가 치는 거야 사람들좀 부르면 2만원 줘야해 그거 몇 번하다가 나중에는 안되서 하나 다시 새로 바꿨어요. 바꿨는데도 지는 이제 맨날 뭐 또 그 뭐. 카피를 많이 하더라고요 그러니까 이만큼 그거 다 지가 또 다 보는 것도 아니고 공부하는 것도

아닌거 같애 근데 잉크가 또 얼마나 들어요 그거 비싸다 그러대, 잉크가 얼마나 비싸

상담자77 : 프린트.

내담자78 : 응, 프린트 하는거 그게 한 70만원 들어갔대 그럼 그게 노트북 하나 살만한 돈이잖아 그러니 내가 이번에 그랬어 내가 공부하려고 했는데 니가 주로 다쓰고 또 이렇게 바이러스 나와서 제대로 하나도 안되고 그러니까 지가 또 뭐 쓸거 뭐 영화 다운받는 거 공짜로 받는 거 그런게 또 이만큼 되더라고 그래서 내가 다 치웠어 치워버렸어. 아휴 내껀데, 내가, 그래서 니가 하나 사라 그 사람도 그러더라 고쳐주러 온 사람도, 아들이 너무 많이 쓰니까 그러고 또 뭐 이렇게 바이러스가 또 끼는 그런 거였으니까는 하나 사라고 말하시오 그러더라고. 그래서 그 얘기 했다고 그랬더니 또 묵묵부답이야, 묵묵부답. 그거 2, 3일 됐는데...

상담자78 : 아휴...

내담자79 : 이렇게 뭐 결정을 어디서 맺고 끊고 하는게 분명하지가 않아 내가 뭐 물어도 대답도 안해 응?

상담자79 : 지금 얘기 들어보면은 너무... 응

내담자80 : 죽겠어

상담자80 : 이게 보통이 아니야 응.

내담자81 : 그래서 내가 ○○이 한테 하소연을 하지, 하면 또 ○○이는 또 막 끌어안아 오빠가 그래 불쌍하다 그런데 그래도 내가 와서 깨끗해지고, 요만큼이라도 지 앞가림은 하고 있다, 그러니 봐주자 ○○이는 또 그래.

상담자81 : 아유 착해

내담자82 : ○○이는, 착해. 그래서 요새 내가 몸이 한 2주 동안 안 좋아가지고 그러니깐 걔가 제일 놀래는 거야, 병원에 가요, 어디가요, 지가 또 뭐 도라지? 그런... 이렇게 뭐 즙, 즙이 아니고 엑기스도 아니고, 조청 같은 거 사왔더라고, 그런 거 먹으라고 타주기도 하고 안마도 해주고 손도 발도 만져주고 그래 참 나한테 잘하고 있어 아주 효녀 지금 효녀 노릇을 한다고 새벽에 일어나서 지가 밥 다하고 상 딱 다 채려놓고, 지가 다 그리고, 설거지까지 해놓고 나가.

상담자82 : 선생님 같지 않아?

내담자83 : 아니 내가 너무 요새는 내가 너무 달콤하다, 서비스 받는 게 어 너무 달콤한 거야 내가 언제 그런거 받아본 적이 없잖아, 남편한테서나 형제들한테서, 다 내가 하는 걸로 돼 있지, 내가 이렇게 받아보는 거 가만히 앉아서 그런 거 내가 안되어 있는데 ○○이가 그렇게 내가 말 한마디 하면은 지가 탁 사와, 내가 뭐 영어에 대한 것 그런거 티비에서 보고, 아유 저거 저 사람, 저 책 한번 사볼 만하다, 나는 그냥 하겠다! 그것도 아니고 그런 걸 그냥 기미만 조금만 보여도 금방 사가지고 와, 물론 내가 책값을 주지, 책값을 주고, 그런데 하여간, 엄마가 지는 의지되고 지 세계인데 내가 어떻게 잘못 되면은 안된다 하는 그런게 탁 들어 있는 거 같애 내가 뭐 신문을 본다든가 책을 본다든가 엄마 보지마, 엄마가 그만 해 그만 해 맨날 아프다면서 뭘 또 보고, 어쩌고 저쩌고 그러면서 간섭을 해 그것도...

상담자83 : 사랑으로

내담자84 : 예, 예.

상담자84 : 되게 달콤하다고 느끼실 정도로.

내담자85 : 예. 예. 예전에 오드리 햅번 나온 거 있어요. 의사하고 간호사하고,

상담자85 : 수녀님 아니예요,

내담자86 : 응 응 수녀의 자격으로 간호사를 하는데 거기 의사가 강직하고 그 의사가 좀 아주 무서우면서도 정확하고 그런 사람인데 이제 오드리가 감기가 들렸어 들렸더니 이만한 샴페인 잔에다가 계란을 하나 탁 풀어놓고 노란 레몬을 가지고 콱 짜서 주더라고 그게 그렇게 아름다워 보이고 어 나도 저런 서비스를 받아봤으면... 그런게 내 마음에 있었으면... 좋겠다

상담자86 : 아휴 선생님은 그런 마음 가져도 돼.

내담자87 : 그게 그냥 탁 지나가는 게 아니야, 그게 큰 게 아니잖아. 계란 하나 탁 깨가지고 이쁜 것 샴페인 잔에다가 탁 깨가지고 오렌지 주스를 손에 다가, 손아귀에 넣고 탁 짜서 먹으라고 주더라고. 오드리가 먹고 또 아무렇지도 않는 듯이 둘이가 그렇게 하는 걸 보면서 아 너무 아름답다. 아, 저런 것좀 해봤으면... 그런 것이 내 속에 있는 거야

난 또 온갖 무리한 짓 다 했잖아 맛없으면 뒤집어엎기도 하고 뒤집어엎기도 하고 그런 폭군이 어디 있어 남편이 뭐 응 어디 외국사람 앞에서도 따귀 때리고 버스 안에서도 따귀 때리고 짓밟고 손 묶어놓고 입 묶어놓고 때리고 입 막고 동네사람들이 알까봐 또 식구들이 알까봐 그러니 내가 그러고도 참 내가 너무너무… 한심하고, 나를 그렇게 실컷 때려놓고 내 머리카락을 이렇게 잡고 침대에 옮겨놓고… 그게 막 너무 싫어.

상담자87 : 그럼 강간당하는 거 같은…

내담자88 : 그런 짓거리를, 응, 자기는 그런 권리가 있다는 거야. 나는 니 남편으로써 니를 죽일 권리가 있다. 이런 얘기를 예사로, 그걸, 그걸 그런 게 의사예요? 지 딸도 있는데. 지 동생도 있는데 자기가 그게 옳다면은 지 동생도 그렇게 당하면 괜찮다는 거야? 나도 지성이 있으니까 그런 말 하고 싶은 말 여기까지 올라와요. 그런데 그러면 또 맞아요. 맞으니까 말 못해요. 그렇게 내가 살아왔어. 그러니까 남편한테 대접받는 걸, 그런 걸 못 받아봐서… 요즘은 너무 달콤하고 너무 좋아.

상담자88 : 언제나 가슴에… 응 굉장히 고맙네요.

내담자89 : 응 너무나 고마워. ○○이가 또 S대 들어오자마자 발표회가 있었어요 발표회가 있었는데 내가 가서 봤는데 ○○이가 굉장히 잘하더라고 지가 가르친 애들이 그게 눈에 띄인거야 이제 하는 선생님도 그걸 하는 걸 보고 막 웃더래 다른 사람 말하기를 웃더래. 웃는다는 거는 만족스럽다 이 말이잖아 그것도 선배가, B대학 그 선배가 S대 선생으로 있는데 그걸 보고 자기 아내가 또 K대학에 선생이래요 얘를 스카웃한 거야 K대까지 여기서 또 얼마나 멀어 그래서 내가 몸 다 버리겠다 내가 그랬어 지금도 두 시간씩 타는데 그게 보통일이 아닌데 또 K대까지… 가서 두 타임 한다고 하더라고. 그것도 교통비밖에 안나와.

상담자89 : 응 지금 요즘에,

내담자90 : 응. 내년부터

상담자90 : 응, 응.

내담자91 : 4학기부터 됐어. 그게 가겠다고 그래요.

상담자91 : 응, 경력이니까. 응. 그러면 가서 두 타임이니까 하루 가서,

내담자92 : 응, 아침에도 가서 뭐 새벽에 가서. 요새는 뭐 거리개념이 아니라 시간개념이라고 그러는데 먼거리도 뭐 부산까지만도 두 시간 만에 가고 대구까지도뭐 한 시간 만에 가니까 되는데 K는 아니잖아 또 돈이 보통 돈이 아니예요. 얘가 인제 S대도 나가거든 S대는 학교 버스로 나가요. 그걸 이용한다고. 우리 집 앞에서 차량이. 저기.

상담자92 : 아 저기 지방 S대.

내담자93 : 아. 응 아 아니 C이 아니라, D

상담자93 : 응 D

내담자94 : 그걸 타고 가니까 얘는 교통비는 안들어. 돈은...

상담자94 : 쓸 거야. 다 있지 않을까. 요새는 뭐 지방대학, 서울에 다 버스에, 강남이나 다 있겠지?

내담자95 : 거긴 너무 조그만한데, 학생은 적대 그렇게 되바라지고 까진 애들은 아니다 그러고 열심히 한다 그러더라고.

상담자95 : 그래도 대학에서 강의를 주겠다 교수는 너무 과가 조금하니까 하기가 어렵지

내담자96 : 응. 인원도 조금이래 S대는 그래도 얘가 두 학년을 맡았더라고. 1학년하고 3학년하고. 맡았더라고.

상담자96 : 응 그러니까.

내담자97 : 그 시커먼 몸으로 떼워줘도 이리저리 떼고 나면 그러고 또 나면 선물도 해줘야 되고 또 표를 내준대.

상담자97 : 표 사라고.

내담자98 : 응 표 사라고. 그럼 또 몇 십만원어치 사줘야 되는데 그럼 뭐가 있냐.

상담자98 : 아유 또 그럼 자기 경력이. 그런 세계야 그지.

내담자99 : 그러니까 응. 예술세계라는 곳이 참 불합리하고요 그... 깨끗지가 못해 대단히 깨끗지 못해. 얘가 13년 있었거든 학교에서 고등학교에서, 근데 뭐 교장이 너 언제든지 전임 주겠다고 약속을 수없이 했단 말이야 우리도 선물도 뭐 주고 했지, 했는데 13년 버틴다는 게 있을 수 없는 일이야 다 뭐 조금만 잘못하면 다 짤라 내는데, 13년을 하

자 하니 얘가 얼마나 굴욕도 많았겠어. 말도 못하겠더라고 그 굴욕을.

상담자99 : 요즘에 그 ○○선생한테, 선생님께 그게 참 너무너무 귀한 딸의, 효도를 받고 있는데, 평상시에 그렇게 받고 싶었던 거를 일부를 조금 받으시는데 근데 선생 생각하면서 마음이 아프시네...

내담자100 : 응 그 K까지 가서 교통비가 또, 점심 사먹고 그래야지 또 인간관계가 있으니까 얘를 뽑아준 사람한테 그... S대에 선배 부인이래, 부인이, K대학에 있대, 거기서 전임이라도 하면 내가 좋지만은 얘가 아주 기량이, 그리고 뭐 얘는 돈을 아주 많이 써, 우선 일제 책이 있어 그걸 한 달에 그 책을 하나씩 다 받지 새로운 걸 다 받는데, 음악도 연습곡 같은 거는 없대요. 그 외국에 부탁을 해야 된대 그런 것도 또 제일 많고, 자료도 많이 가지고 있고, 또 비디오도 얼마나 많은지 말도 못해 비디오도...

상담자100 : 자료가 많으시는구나.

내담자101 : 응 재료가 많으니까 과장 선생님이 뭐, 뭐 빌려달라고 해서 빌려준 게 줬다,

상담자101 : 그래요. 선생님이 오늘 아유 아드님 얘기할 때 너무너무 마음이 아프고 큰 숙제를...

내담자102 : 예 지금 어떻게 해야 할까 그래서 마지막에, 며칠 전에 화가 되게 났었어요. 이놈이 나한테 너무 못되게 하기 때문에 너 뻰듯하면 나간다고 했잖아 뭐 그냥 나간대 나가는데 내가 뭐 답답한 게 뭐 있어 나갈 데도 없고 하면서도 나간다 그러면, 그래놓고 슬그머니 앉아, 그게 몇 번이고 있었다고. 들어올 때도 그냥 얼마 있겠다는 말도 안하고 나한테 양해도 구하는 거 없이 그냥 슬그머니 주저앉아서 벌써 1년이 됐다, 1년이 넘었다. 그런데 너 하나도 변한 게 없다. 나도 지금 보니까 자꾸 몸이 아프다. 힘들다.

상담자102 : 힘들지.

내담자103 : 힘에 부친다. 그러니 너도 니 인생을 니가 살아야 안되겠나 나에게 엎혀서 살라고 하는 생각은 갖지 말아라. 니가 또 네 가족 네 문제도 이 시점에서 빨리 결정을 내리고 해결을 해야지 왜 안하느냐 거

기까지만 했어요. 왜 안하느냐, 여기까지 하라 우짜라 하는게 아니라니 거취를 분명하게 해야되는 데 왜 모든 걸 이렇게 떠벌려 놓고,

상담자103 : 벌려놓고 정리가 안되니까.

내담자104 : 응 정리가 안되니까.

상담자104 : 그것도 이제 선생님한테 해결해야 될 짐으로 있고.

내담자105 : 예.

상담자105 : 선생님 오늘 시작은 선생님 몸이 많이 아프셔서 약해진 자신의 모습인데 너무 약해진 그런 것에 정리되지 않는 자녀의 문제도 상당히 기여를 한다 이렇게 볼 수 있어요.

내담자106 : ○○이도 정말 미워죽겠어 걔도 좋은 혼수자리가 몇 개 있었거든요. 또 우리 큰 딸이 학교에 있는데, 그 영어선생님이 나이도 지하고 뭐 두 살 그런 차이라고 그러더라고 영어선생, 뭐 괜찮아. 집도 조그마한 아파트도 있고 차도 있고 그러고 우리 딸을 잘 본거야, 그런 선생님이면 괜찮다고 안 봐도 괜찮을 거 같다고 근데 이년이 안 보는 거야 응, 그러지 또 얼마 전에는 □□□ 목사님의 조카야. 조카가, 나도 권사니까 어떻게 나하고 연결이 됐어, 자기 아들이 이혼을 했어 이혼을 했는데, 그 미국에 그 뭐야 워싱턴에서요, 화장품 장사를 한다고 그러더라고. 그냥 이렇게 화장품을 도매로. 도매로. 근데 그게 또 그렇게 잘 된다네. 거기서도 그냥 아주 사진을 내가 줬어. 사진을 주니까 너무 좋아하는 거야 그 조카네 댁에서, 시어머니 자리도 좋아하고 시아버지 자리도 좋아하고 그 딸 자리, 딸도 아, 나한테 새엄마로 들어오면 피아노도 배우고, 막 좋아하는 거야 그게 10살인데... 그런 3학년이더라고 그러더라고, 그런 그 집에서는 사진을 5장을 보냈어 자기 아들 뭐 조그마한 사진, 또 큰 사진, 또 뭐 이렇게 활동하는 사진, 그리고 자기 딸 사진, 뭐 하여간 5장을 보내왔어 두루두루 보라고, 근데 보니까는 되게 거기도 이혼한지가 오래되서 참 사람이 외로워 보이더라고 외로워 보이고 또 우리 애를 첫째, 너무너무 좋아하는 거야 또 내가 또 합격을 했어.

상담자106 : 하하

내담자107 : 응,

상담자107 : 그럼 엄마자리 보고 하고 아빠자리 보고 하는 거지.

내담자108 : 집안도, 뭐 변호사 집안이다. 속은 어떻든 간에 변호사 집안이고, 또 우리 집은 엉망이지만은 우리 시할아버지가 거... 저기... 그런 집안이야 하여간 집안은 그래. 엉망이지만 콩가루 집안이지만. 그런 것처럼 이렇게 대충 조건으로는 우리가 괜찮다. 그쪽은 이혼을 했고, 우리 애는...

상담자108 : 결혼을 안했지

내담자109 : 응, 그렇게 목을 매고 우리 집에 왔어 그러니 얘는 뭐 너무너무 완강하게 거절을 하니까는 그래도 또 집안에 행사가 있으면은 아들이 온대요 와가지고 이번 기회에 좀 봤으면... 그걸 나한테 전해 오는 거야 그걸 나는 좀 옷이라도 입혀서 보내려고 하면 이년이 뭐 펄쩍 펄쩍 뛰고 안한다 하는 거야, 이년이, 이빨도 안들어가 그렇게... 또 그게 문제야

상담자109 : 그러니까,

내담자110 : 나는 또 보니까는 너무 외로워보이니깐, 내가.

상담자110 : 아유 딸도 외롭지 우리 선생도...

내담자111 : 내가... 맛있게 했어, 이런 거를 이 사람한테 멕여주고 싶다고, 어 그래서, 그 정도로 내가 끌리더라 그 집에도 이혼했다는 거 그거 하나가 있지만은 사람이 아주 다부져 보이고 생활력도 강하고, 워싱턴에서도 아주 큰 집을 가지고 있대, 그랬는데 왜 거기서 연애를 안 하나, 연애를 안 한대 왜냐면 교포 사이에 쫙 퍼진다네. 그러면 자기가 결혼하는 게 지장이 있다고, 그것도 안하고 그래서 거절거절 해서 1년이 지났다는 거야 그 동안에 다른 데서 두 건을 봤대. 한 건은 이혼한 사람, 여자가 있었고 한 건은 그냥 동생이 얘한테 마음이 가 있으니까 나를 한번 보고 차줬으면 좋겠다. 보고. 신랑이 그런 거야. 보고.

상담자111 : 하하하 아유 저런

내담자112 : 그냥 이렇게 맞선이라도 보고, 싫으면 그때 차라 그래도 나는 너한테 미련없다, 미련없게 차달라, 이거야. 자꾸 미련이 생긴다는 거야. 그렇게까지 얼마 전에 신랑 엄마가 우리집에 와서 그 소리를 하더라

고 그걸 어떻게 말을 해 자기 아들이, 자기 아들이 이 말을 하더라고. 근데 이놈의 기지배는 뭐,

상담자112 : 씨도 안먹혀,

내담자113 : 아유 그럼 너는 어떡할꺼냐 이렇게 나이는 들어가고 이제 주름도 잡혀서 대접 받을 데도 없고 응, 이 늙은 선생은 솔직히, 싫어해, 젊은 사람을 뽑아, 다루기도 쉽고.

상담자113 : 아휴. 선생님은 이렇게 돌아보면은 숙제가 많다는 생각하시겠어요. 근데 자기 몸은 점점 약해지고...

내담자114 : 나도 이렇게 약할 줄 몰랐어.

상담자114 : 놀라셨구나, 몸이 약해져서.

내담자115 : 그러니 내가 오죽하니 내가 영정사진부터 준비해야겠다는 생각이 들더라고.

상담자115 : 그런 생각이 부쩍 드실 정도로 약해졌다는 거죠 마음이, 아유 참.

내담자116 : 어.

상담자116 : 근데 딸의 문제나 아들의 문제는 하루 이틀 있었던 게 아닌데...

내담자117 : 10년 동안 쭉 끌어온 거 아니예요, 그때는 내가 선생님한테 좀 얘기할려고 막 그랬고 며느리 자리는 밥도 안해주는 거야. 밥도 지도 안 먹고 그 뭐냐면 선식인가 뭐 있다 그러던데, 갈아서 마시고 하는 거 그거 아들한테는 밥, 그 햇반. 그거 사가지고 렌지에 돌려서 소세지 뭐 베이컨 그런 거 해서 먹여버리고, 그래요, 그러고 내가 가보니까 엉망진창이야, 쌀이 어딨는지도 모르고, 내가 밥해줄라고 가서 쌀이 어딨니. 그러니깐 모른대. 그래서 온 집안을 내가 다 찾았는데 다용도실에 요런 밥통, 밥통 속에 들어있더라고. 내가 그걸 어떻게 찾아.

상담자117 : 아휴 선생님 얘기 들으니까 답답하네. 듣는 내가 답답한데...

내담자118 : 나는 할만큼, 시어머니한테 종년같이 했고, 죄인같이 하나도. 오늘 뭐 해달라 해달라 하면 내가 해가 지기 전까지 다 했어. 뭐해라 뭐해라 어휴... 해가 떠도 손님을 400명 불렀어. 그래가지고 그 뭐 꽃 갖다놓고 옷을 네 벌인가 했어. 이것도 안맞아, 저것도 안맞아. 연두색으로 쫙, 맨 먼저 그걸 해달라 하더라고. 그래서 해줬더니 썰렁하게 추워보인대 연두색이. 그러면 보라색으로 해달라 그러면 또 보라

색으로 해주면 그것도 자기는 가만히 있고 입만, 내가 동네 시장 가서 또 사서, 또 자기 가는 단골이 있어 거기만 가서 하는 거야 그래서 옷도 그렇게 다섯 벌이나 네 벌이나 그렇게, 해줬지. 나중에 가서는 꽃이 막 입체적으로 꽃이 나오는 무늬가 있더라 그런 천이 있더라 그런 거 해입고. 아유 기생. 기생 같은. 머리도 그냥 어떻게 해달라. 장롱 해내라. 다이아 해라. 그때 당시 일본하고, 외제물건이 참 어려웠어요.

상담자118 : 응 귀했는데.

내담자119 : 응 어려웠는데, 그때 일본에 방학때 가서 세트로, 그런 거 다 이건 새로 시집가는 것도 아니고 세상에 그렇게 그렇게 요구할 수가, 요구할 권리가 있는 사람은 또 내가 처음 봤어, 또 뭐 보료 해내라 자기 장롱 해내라 그 욕심, 탐욕스러운 거 나는 그런 거 다 해드렸는데도 나는... 해드렸는데 내 며느리한테는 요만한 것도 하나 못 받는다 이거야. 해주고도 나는 인사도 한번 못 받아봤어.

상담자119 : 자, 선생님, 아유 참. 선생님 참 많이 힘드시겠어요. 지난번...

내담자120 : 아, 나는 인생이 왜 이렇게 복이 없이, 소위 말하는 복이 없이 사는가, 복이 없잖아요. 나 해주면은 받는다라는 게 있잖아 암암리에 조금이라도, 응, 주면은 뭔가 다 돌아오는... 그런 원리가 있잖아 근데 나는 어째서 하나도 자식한테도 며느리한테도 뭐 심지어 시어머니한테도 그렇게 했음에도 내가 지들 도시락도 싸주고 교복도 빨아주고 응, 그때 당시에 뭐 있어요. 아무것도 없는 그런 상태에서 전화도 없고 새벽밥 해서 먹여서, 그렇게 다 했건만, 세 사람 다... 그래가지고 맨날... 12시간씩 뭐 시간 배당이 있더라고 집집, 가가호호라든지 밥을 해놓으니 밥을 같이 먹나, 밥을 또 새로 또 책상을 차려줘야 하고 시어머니가 그러면 다 돌아다니면서 부엌에서, 음식이 뭐 있나 다 조사하는 거야. 그러니 이제 국이 모자란다든가 된장이 먹던거 그냥 그대로 있으면 다시 끓여다주고, 그렇게 살았어요.

상담자120 : 아유 어떻게 사셨어, 선생님.

내담자121 : 그렇게 했는데 나는 왜 손톱만큼도 못받고 대우를 못받고 뭐 원리가 그렇다는데도 왜 그 원리는 나한테 적용이 안돼, 그런 거.

상담자121 : 원망스러우시겠다.

내담자122 : 그런 말속에 내가 말속에 피해의식이 많다는거야. 우리 아들이 하는 말이. 우리 엄마는 피해의식이 너무 많다,

상담자122 : 아니 있어서, 피해의식이 있건 없건 선생님 자신이 너무 서글프고, 이렇게 있어서. 마음이 가난하지,

내담자123 : 그러니 뭐 나도 맘이 너무 강팍해지고 하도 이렇게 당하니까 강팍해지고 감정이 아주 메말라 있어요. 그래서 지금 제가 바라는 게 울고 싶다, 그러니 기도를 그렇게, 하나님 나 좀 울게 해주세요. 실컷 울었으면 좋겠어요. 그렇게 울고 싶은 심정이 있고 사실은 내가 하도 젊었을 때로부터 중년으로 거쳐오는 동안에 너무 죄인같이 너무 두들겨 맞아가면서 욕먹어가면서 이년 저년하면서 그게 날이 새는 거야 그게. 그러니 내가 일기를 많이 썼어요 어디 말할 데가 없어서 자식한테 이 말 못하잖아요, 집안에 식구를... 남편, 자식, 시어머니, 욕할 수가 없으니까 내가 일기를 많이 썼는데 그게 문장력이 된 거야 말하자면은, 그래서 나보고 글 잘 쓴다는 소리를 많이 듣게 되었는데 아... 이런 얘기까지는 안하려고 했는데. 뭐 암튼... 응...

상담자123 : 울고 싶고...

내담자124 : 응. 좀 많이 울고 싶고, 그러고 나는 노년을 참 행복하게 살 수 있으리라 하는 기대를 많이 가졌었어요. 왜냐하면 내가 젊었을 때부터

상담자124 : 없어졌으니까...

내담자125 : 응, 나를 괴롭혔던 사람들이 다 사라졌으니까, 멋지게 남들이 아주 멋지게 부러워할 정도로, 사실은 남편이 죽고 하니깐 내가 막 살이 쪘다 그래 우리 친구들이 보고 살도 찌고 뽀얘지고 남편 보통 잃으면은 막 이렇게 얼굴이 더 나쁜데 난 더 좋아졌다는 소리를 너무 많이 들었어, 민망할 정도로, 많이 들었어. 우선 해방감을 느끼니깐.

상담자125 : 그럼, 그럼.

내담자126 : 이렇게 떠받쳐야 하는 그런 게 없어서, 그런데 노상... 어제도 우리 집에 한 몇년 살았던 학생이 S대에서 교수가 되었고 중요한 요직은 다 거쳐왔어 그래서 우리를 불러서 우리 식구를 다 불러서 상도 주면서...

상담자126 : 아, 그 사람이 경우가 있네.

내담자127 : 나도 주지, 화분도 주고 아무튼 그런... 인간관계를 끊지 않게 하기 위해서 그렇게 뭐... 아니 과... 뭐라 그러나. 한과 같은 거도 이렇게 박스로 보내주고 또 전화도 하고 또 우리 의논도 하고, 의지를 하는 거야 내가. 우리 집에 있었으니까. 그래서 어제 좋은 시간 가졌는데 어제 굉장히 춥더라 어제 밤에, 너무너무 추웠는데 맛있는 거 먹었는데 랍스타도 들어가고 뭐, 뭐 하여간 조개, 이런 거 들어가는 거 그런 거를 샤브샤브라네 그걸 먹었어. 아주 잘 먹었다구.

상담자127 : 그래, 선생님 말씀 중에서 실컷 울고 싶다는 말이...

내담자128 : 되게 울고 싶어요. 아유 내가 왜 이렇게 메말랐나. 웬만해선 울고 싶지 않아요. 내가 왜 이런가 했더니, 너무 이런 걸 거쳐오는 동안에 내가 강팍해진 거야. 내가 안 다치려고 내 자신을 자꾸 싼 거야. 시멘트를 바르고 바르고... 이게. 강팍해져...

상담자128 : 오늘 선생님 얘기하셔서 마음이 더 슬퍼지고 무거워지셨겠다.

내담자129 : 내가 이런 말은 되도록 인제... 남한테 얘기 못하잖아, 못하는 데 선생님이니까

상담자129 : 자식한테 못하고,

내담자130 : 응, 자식한테도 못하지, 내가 두들겨 맞은 상태. 너희 아빠가 내 머리 끌고 와서 뭐 이렇게 저렇게 하고, 입을. 애들 모른다고, 그렇게까지 아버지상을 나쁘게 할 수는 없거든 아버지상이 있는데 ○○이는 그래도 사랑을 많이 받았거든 막내니까 그래도 지는 제일 좋은 상태에서 낳았어. 제일 그래도 돈도 좀 있고 안정이 되있고, 그래서 아버지가 또 일본에 왔다갔다 하는 그 케이스가 많았어요. 일본 갔다오면 뭐 인형, 책, 옷 이런 거 아주 고런 것도 걔가 제일 많이 누린 거야. 제일 많이 누린 거야.

상담자130 : 그래서 아빠를 제일 좋아하잖아.

내담자131 : 예, 예. 그런 애한테 아빠가 이렇다 하는 걸 얘기하면 안 되지, 상처지...

상담자131 : 정말 마음을 잘 다스리시면서 사신 거예요. 그러다보니까 선생님이 울 수조차 없게 되버린거네. 요새 며칠 동안 몸도 안 좋으시구...

내담자132 : 응 2주 동안 설사하면... 하면 그것으로 딱 끝이었는데 뭐가 밥먹다 보면 약간 배가 아퍼... 그 뒤끝이 안 좋은 거야 그때는 설사하고 딱 끊어지면 아주 깨끗했거든 뭐 신경 전혀 쓰지 않고 완전히 아주 옛날 상태로. 딱 내가 이렇게 약해보여도 내장은 좋았어.

상담자132 : 그래요. 아유, 그래도 선생님하고 얘기하면 푸근하고 뭐 이랬는데 선생님 말씀하시고 나서는 마음이 더 그냥 막 더 슬퍼지셨을 것 같애.

내담자133 : 아, 나 우리 아들놈 때문에 아 이거를 어떻게 해야 좋을지. 뭐 마음 완전히 떠났고 둘 다... 서로 서로간에 부부가... 부부가... 그런데 그런 상태이면 뭐 결정을 내려서 서로 살길을 서로서로 찾도록 하는 게 좋지 않느냐 왜 이렇게 10년을 끄느냐...

상담자133 : 아니 뭐 이혼한다. 그래도 뾰족한... 아니, 이혼상태는 아닌가보죠?

내담자134 : 그렇죠, 뭐 전에는 한 달에 한 번씩은 내려가더라고. 그것도 아주 의무적으로, 근데 애가 피곤해서 아주 죽을라고 그래, 새벽에 오는거야. 애가 너무 피곤하고 또 거기서도 밥 한 끼도 제대로 대접을 못 받는 모양이야. 그러니깐 가도 뭐 재미도 없고 그러니까 요즘은 몇 달에 한 번씩 가더라고 이번에도 얼마 갔다오더니 얼굴이 안 좋아 갔다오니 몸에 힘이 없고 뭐가 좀 좋은 데가 있어야 하는데 좋은 데가 하나도 없어 고달파하고...

상담자134 : 선생님이 짐을 안 질 수 없이, 자식이니까 어떻게 떼어내겠어요 그런데...

내담자135 : 그런데 어디까지 얼만큼 해야 되는가 그런데 내가 해준다고 해서 이 놈이 잘되면 좋은데, 응, 고마워할 줄도 모르고 지금도 가만 보면 아무것도 할 줄 모르는 거야. 하다 못해, 응, 내가 어저께도 말을 했다고. 아파트 들어오면 입구에 편지 꽂는데 쭉 있잖아요. 우편물이 이만큼 왔어. 그런데 지가 제일 먼저 올라왔단 말이예요. 올라오면 그럼 그거 자연스럽게 ○○이는 그러더라고 아침에 지가 먼저, 아침에 내려가서 보니까 우편물을 보니까 집에 가서 다 내려놓고 와서 다시 내려가더라고. 그게 정상 아니야. 근데 얘는 지가 저녁에 어떻게 봤단말이야. 봤는데, 그런데 그냥 올라온단 말이야. 하나도 안하고. 요만큼도 도움을 안준다 이거지. 관심이 없다 아니 좀 나한테 관심 좀 가져봐라. 어떻게 그런 것도 안하냐, 응? 할 수 있는 일을 왜 안하냐 너무 너무 하잖니 하니깐 가만히... 있어.

상담자135 : 그러네요

내담자136 : 너무 너무... 수준이 있잖아 너무너무. 별로야.

상담자136 : 선생님이 할 수 있는, 선생님이 할 거는 다 하고 계시니까 나머지는 부인한테 맡겨야죠.

내담자137 : 글쎄, 부인한테 맡기는데 안하잖아, 아무것도 안하잖아 1년이 넘었는데도. 내 눈에는 하나도 변화가 없는데 그래도 ○○이는 그렇게 감싼다고 그래도 변한 거다. 그만큼 깔끔하게 유지하고. 그래도 그만큼. 그건 내가 다 이렇게 처리하는, 양말은 딱 딱 하나에 하나씩 바꿔 신도록 해주고 그렇게 입어라, 응, 와이셔츠도 사흘에 한 번씩 갈아입어라. 아휴 지저분해, 지저분해. 손톱 밑에도 이렇게 내가 말하면은 싸움이 되는 거야.

상담자137 : 아유 그렇죠. 싸움이 되죠. 그러니까 하지 마세요.

내담자138 : 화를 낸다 이거야. 화를 낼 문제가 아닌데, 부끄러워해야 하는데, 부끄러운 거를 나한테 화로 그렇게 하니까, 아우... 점점점점 나빠지는 거 같고 아무 의미가 없다 이거야 내가 이렇게 해줘도 의미가 없다. 너한테도 나한테도 아무것도 의미 없는데, 니 살길을 좀 어떻게 해라. 그랬더니 집을 판대. 집을 내가 40평짜리를 줬어요. 그것도 내가 하잖아. 안 팔린데.

상담자138 : 아휴 그 일도 해결해야 될 일이네.

내담자139 : 세상에... 모르잖아. 아무것도 모르잖아 돈 한푼 뭐 주는 것만 내가 받아썼지 더 달라 하는 것도 나는 없었고, 손님은 막 되게 막 끌어오고 그 안에서 내가 하자하니 애들 과외도 못시키는 거야. 옷도 하나 변변하게 못 입었고. 같이 살 때.

상담자139 : 아휴 네... 참...

내담자140 : 그걸 알아주느냐 난 알아만 달라 이거지. 알아만 달라 이거지.

상담자140 : 네, 그거는 뭐 돌아가신 분이야 확인할 길이 없고 자녀분들은 너무 잘 알아서 말을 못하는 거겠지. ○○선생 같은 경우는 잘 알겠죠. 그러니까 그렇게 잘하지. 잘하려고 애쓰는 거야. 그래서,

내담자141 : 그러니 몇 년 전에도 한 3년 됐나, 병원에 갑자기 입원을 하게 되었거든 그때 막 울면서 지 언니한테 엄마가 이렇게 아픈 거는 나 때문이다, 막 울더래. 그렇게 펑펑 울면서, 그때도 되게... 그때는 학교 다녔어...

5회 상담

내담자1 : 12월 31일 날 우리 딸이 난 생각지도 안했는데 난 뭐 핸드폰도 잘 보지를 않고 근데 한번 보니까는 엄마 고마워요 이건 첨이야

상담자1 : 어떤 딸이,

내담자2 : 제일 큰 딸이

상담자2 : 어

내담자3 : 엄마 고마워요 중요한 것을 깨닫게 해주셔서 고마워요

상담자3 : 어떤 걸.

내담자4 : 그러니깐 들어봐요

상담자4 : 음

내담자5 : 교회에 데리고 다니게 해주어서 고마워요 오늘날까지 나를 챙겨줘서 고맙습니다. 우리 가정을 기뻐해주셔서 고맙습니다. 어머니 새해에는 건강하시고 뭐 어쩌고 저쩌고에 나오더라 쪼그만한 거기다가 세 번 나오더라

상담자5 : 어, 그런데 핸드폰 없으시잖아.

내담자6 : 있어

상담자6 : 아 있어?

내담자7 : 있는데 내가 잘 안 쓰지 안 들고 다니잖아

상담자7 : 하하 그러셨구나. 그래서 보셨구나

내담자8 : 응 그래서 지는 이렇다 저렇다 말도 안하면서 그렇게 내가 74년간을 살아오면서 내가 헛 산 거는 아니구나 우리 딸이 이렇게까지 애는 이렇게 아주, 아주 그 뭐라 그럴까.

상담자8 : 허튼 말은,

내담자9 : 허튼 말은 안하는 애야 그런데 나한테 그런 말을 해줘서 내 인생이 헛되게 안 살았구나 안도도 느끼고 또 뭐 위안 같은 것도 느끼고 뭐

그랬어요. 한 순간에, 그게 이제 31일 날인가 굉장히 좋았어.

상담자9 : 근데 그런 선물을 선생님은 인정받고 싶고 큰 거 바라는 거 아니구 작은 인정, 작은 칭찬, 선생님은 워낙 교만한 사람은 아니니까 그런 거 바라지도 않지만 나의 수고에 대해서 조금만이라도 알아주는 말이면 이렇게 마음이 힘들지는 않을텐데.

내담자10 : 참 내 맘이 위로를 많이 받는 거 같고

상담자10 : 응 그 조그마한 것이, 더군다가 빈틈없는 허튼소리 안하는 딸이 남이 하는 게 아니라, 제가 하는 게 아니라, 가족이 또,

내담자11 : 응, 가족이 또 하기가 제일 어려운 거야 엄마 약점 뭐 다 알잖아 아니깐 그렇게 후하게 말하기가 쉽지 않지 근데 사실 내가 뭐 꾸준히 한답시고 드러내진 않지만 걔네들이 뭐가 필요한지 나는 금방금방 알아요. 금방금방 아니깐 거기 맞춰서 애들 낳으면은. 하여간 우리 집에서 100일 있게 했고 그 기저귀는 하나도 손 안 빌리고 목욕시키고 매일 매일 목욕시키고 하루에 두 번씩 기저귀, 30~40개 빨고 삶고 그렇게 해서.

상담자11 : 어떻게 그렇게 정성을 다하실 수 있어요?

내담자12 : 그렇게 한번 하면 딱 되더라고. 그런 것이 그리고 뭐 뭐 가구가 없어, 가구가 이렇게 뭐 티비 다이도 놓고 다른 또 이렇게 뭐 네트도. 애들 침대도 피아노도 책상도 내가 다 사줬거든

상담자12 : 걔네. 큰딸

내담자13 : 응 작은딸도 작년인가 중국 유학 갔었거든

상담자13 : 아 그래?

내담자14 : 응 갔다가 왔어

상담자14 : 아. 그 얘기를 하셨을텐데 잊어버렸는가보다.

내담자15 : 응 그래서 해야 한다 하는 거 있니 하니깐 없다 그래. 그래서 새걸로 쫙 해서 사위 거 하고 사위가 중국 교환...

상담자15 : 응. 큰딸 응. 응

내담자16 : 그때도 이불 좀 이렇게 해가지구, 새신랑 같이, 새 이불, 새 침구를 쓰니까 기분 좋다고 그렇게 나한테 인사를 하더라고

상담자16 : 그것도 참 고마운 인연이었을 거 같애 이건 당연한 거라고 생각했을

텐데.

내담자17 : 응 금방금방 얘가 뭐가 필요하고, 뭘 도와줘야겠다는 걸 팍팍 느끼니깐 좋은 거 있으면 내꺼 하나 사면서 걔꺼도 하나 사고, 그런 마인드니깐. 걔가 손이 굳어가지고 자기네 집에 쓸 물건 같은 거 잘 안사. 오로지 교육에는 막 쓰는 거야 올인하는 거야. 모든 생활들을 지 뭐 정성이니, 시간이니 애들 두 아들한테. 그걸로 인해서 둘째가 이번에 2등했더라고. 그래서 내가 물어서 너희 반 몇 명이니 그러니 45명이예요. 난 요새 30명인줄 알았는데 그러니 45명이래. 그래서 2등하고 전교에선 10등을 했으니까, 그래서 나는 우리 집안에 ○○씨 집안하고 ○○씨 집안에 꿈나무다 계속 이렇게 커줘야겠다 그러니 네 이러더라구

상담자17 : 아이구. 걔는 외할머니가 아주 그냥. 데리고 있으니 너무 좋겠다.

내담자18 : 사위도 지 소원이 부모가 초등학교도 안 나왔어 이북에서 내려오고 그런데 소원이 뭔가 하면은 우리, 자기 부모들한테서는 기대할 수가 없잖아 배운 부모 한번 모셔봤으면 좋겠는데 상류가 아니잖아 나도 그렇고 남편도 그렇고 어쨌거나 그래서 그걸 만족한 거야 걔는. 만족이 되는 거지 사회적인 지위도 괜찮고

상담자18 : 그럼 아유, 그리구 얼마나 따님이 완벽해요.

내담자19 : 완벽해. 완벽해

상담자19 : 그 사위는 복이 많은 거지. 부인이 좋다고 남편이 구박하는 것도 아니고 그 남편이 사위가 복이 많은 거지. 선생님이 그렇게 훌륭한 딸을 키우신 거잖아요 지금 선생님은 선생님의 인생에 있어서의, 사실은 누가 뭐 상을 주는 것도 아니고 누가 선생님의 속까지 다 아는 건 아무도 없죠. 선생님이 스스로에게 충분히 자부심을 느낄 건 느끼고 부족한 거는 부족한 거지, 하고, 하는 거 잖아요. 제가 선생님과 상담을 할 때에는 선생님이 충분히 자부심을 느낄 수 있는게, 선생님 인생에서 100이면은 70~80이 되고.

내담자20 : 그 정도까진 아니고.

상담자20 : 그 정도까진 아니고? 그런, 너무너무 아쉽고 너무너무 억울하고 이런 것들이 그 70~80의 거를 다 잡아먹을 정도로 원래는 70~80이고 나

머진 20인데 그 20이 너무 크기 때문에, 질적으로. 나머지를 다 잡아먹고 있어서 선생님의 그 샘이, 제가 봤을 때는 충분히 자부심을 느끼는 것까지도 충분히 자기의 뭐라 그럴까 가치나, 의미를 찾지 못하는 거 같애, 나는 선생님이 그런 거를 되찾기를 바래요.

내담자21 : 나도 그 작업을 지금 얼마 안 남았지만은 내가 살아가는 데에 그게 제일 중요하다라고 생각하고, 어쨌든 오늘 설교도 참 내가 이렇게 맺혀 있었던 부분이 아니라 왜 이렇게 남들은 호호하하 하고 놀러도 마음대로 가고 돈도 막 자기를 위해서 쓰고 하는데 난 그런 것도 잘 못한단 말이야 있어도 못쓴다 이거야 누가 보는 거 같기도 하고 내가 스스로 이렇게 막 뭐라 그럴까 절제를. 절제를 한다기보다도,

상담자21 : 감옥에 넣어놓는.

내담자22 : 어 어. 난 이런 거 못해 하면 나는, 나는 사실 마음이 불편해, 해도 양심이 거리낄 것도 없는데 난 괜히 아. 왜 이렇게. 눈에 보인단 말이야. ○○이는 뭐가 더 필요하고, 또 누구는 이런 걸 먼저 살펴주고 난 뒤에 내가 해야지, 내꺼 다 챙기고 걔네들 본척만척하면 이게 되는 일인가 어른으로써

상담자22 : 누가 뭐라 그러지 않아도 선생님 자신이 내부에 가지고 있는 틀이 있죠, 해야 될 일이라든지 그런 것들이 선생님은 철저하시고 또 그렇게 살아왔기 때문에 여기까지 오실 수 있었던 거고 그래서 선생님이 답답하신 것도 있고.

내담자23 : 네 몹시 답답해요 몹시 답답해. 좀 이렇게 확 털어놓고 좀 벌려놓고 나를 좀 풀어놓고 잠도 좀 이렇게 좀 사지를 탁 펼쳐놓고 잘 수 있었으면 좋겠는데 이렇게 웅크려서 자는 적이 더 많고, 우리 ○○이는 맨날 이렇게 나를 교정시켜 주는 데 이렇게 앉아라 이렇게 하면 목에 주름 간다. 걔는 아주 세부적으로 잘 아니까 이렇게 하세요 저렇게 하세요. 엄마 그러면 안돼 고런 것도 좀. 그러면 아 그러면 내가 좀 나를 이렇게 풀어놓는 자세를 안돼.

상담자23 : 선생님, 별안간 뭐든 게 다 풀어질 순 없는데 선생님 저랑 얘기하시는 동안에 작은, 풀어놓는 경험을 하셨으면 좋겠고 예를 들어 오늘 밤에는 사지를 대자로 벌려놓고 나 사실은 불편하거든 나도 대자로

자는게 뭔가 해서 대자를 만들어놓고, 나는 불편하더라고 그렇지만 한번은 해 볼 수 있잖아 해보고 아 이게 불편하구나 나는 내 스타일대로 자야지. 자기의 마지막 잠자리를 좋은 걸 선택해서 이것도 해보고 저것도 해보고 아 이게 나한테 맞는 거야 해보면 좋고, 선생님은 대자로 한번 안해 봤잖아, 오늘 한번 해보시지, 응?

내담자24 : 응 내가 아주 오래간만에 이렇게 갤러리, 미술 전시회에 이렇게 가봤는데 인물화라고 제목이 붙어있는데 100개의 그림이 있어요. 근데 몸을 막 헤쳐놓고 몸을 아주 나체로 막 벌려놓고 몸도 있는 대로 괴상하게 폼을 하고 누워있는 여인을 탁 그려 놨더라구 그걸 보면서 난 깜짝 놀래서 난 죽어도 저 짓을 못해 그랬다고. 그 그림 앞에서 내 스스로 나한테 나는 절대로 못해.

상담자24 : 혼자 있어도?

내담자25 : 네 네 그렇죠. 혼자 있어도 스스로...

상담자25 : 누가 보는데?

내담자26 : 아무도 안보지만은, 내가 차마 내 자신을 그렇게 풀어놓을 줄을 모른다는 거지, 그러니깐 이것도 저것도 해보는 가운데서 뭔가 느낌도 있고 경험이라는 게 있을 수 있는데 그런 것이 너무 한계가 있지 않는가, 또 며칠 전에 우연히 새롭게 하소서 하는 프로가 있어요. 그런데 어떤 배우가, 이름은 몰라. 배운데, 그 사람이 자기도 교회를 한번 가고 싶다, 가고 싶다 하는데 누가 자기를 인도해서 어느 조그마한 교회를 데리고 갔대. 데리고 가서는 이렇게 교회에 그. 교단이라고 그러나 거기에 앉아있는데 거기에 너무너무 이쁜 여자가 있더래. 저렇게 이쁜 여자는 뭐하는 여자일까 어떤 여자일까 왜 단에 있을까 그런 생각을 했대 나중에 보니까 그 여자가 목사더래. 나와서 기도를 하는데 거기서 녹아빠졌대. 막 눈물이 나고 자기 속에 있던 모든 것이 그 기도 속에 포함 되있더래. 세상에 저렇게 철철철철 넘치는 유창한 기도를 에너지 있게 막 풀어내니까 자기도 모르게 막 녹아버렸대. 있는 대로 울었대. 또 감성이 풍부하잖아. 남들이 보든지 안보든지 막 울었대. 울고 나니까는 옆에 있는 사람이 한마디씩 하더라 하는 거야 니가 처음 올 때보다도 지금 울고 난 모습이 더 예쁘다고 그랬더라고 자기가 얘기를 하는데 자기는 언니가 둘 있고 오빠가 있고 지가 막내래. 그런데 아버지가 너무 귀여워했대. 나는 불면 날아갈까 싶어가지고 세수 할 때도 이렇게, 세수하면은 수건을 이렇게 두 개 들고 있대. 하나는 얼굴 닦고 하나는 목하고 다른데 닦으라고. 또 물을 한바가지 해놓고, 헹굴 물을. 다른 이 형제들은 다 이쪽에 있는데 아버지하고 겸상해서 맛있는 반찬 다 놔주면은 그거 홀랑 홀랑 먹고 이 인물이 이쁘니까 자기도 모르는 사이에 배우가 됐다는 거야. 배우 시험을 봤는데 뭐든 철컥철컥 붙더래. 아 내가 하고 싶다 그러면 그게 탁탁 탁 탁 됐어. 그러니 사랑도 받아봤지. 누구한테서 업신도 안 받아봤지, 뭐 모든 거 부족함이 없이 살아왔다 이거지, 그런데 자기가 인간이 안됐다는 거야. 인간이. 내가 무슨 인간이 됐겠어요 그러더라구. 그런 말 하면서 자기는 말하자면은 자기는 모든 말이 하나의 기도다. 나는 그 말에 막 내가 자지러졌어. 자기가 하는 모든 말이 하나님이 응답해주신다는 거야. 그 가만히 보니까 그 사람은 기도라는 걸 어렵게 생각 안하고 아주 단순하고, 또 아주 직접적이고 그냥 뭐 나오는 그 상황의 필요에 따라서 그냥 막 쏟아내는거야 그러면 자기 속에는 내가 필요한 게 있으니까 하나님 나 주시오, 나 주셔야 되요 이런 식으로 했다는 거야 그러면 이때까지 다 하나도 안된 거 없다는 거야

상담자26 : 하나님하고 되게 친하구나 편하고, 하하

내담자27 : 응. 그것도 어렸을 때 자라면서 부모하고 관계가 그런 관계가 되어 있지 않고 항상 눌려있고 나는 뭐든지 당해야 되고 뭐든지 나는 노력해야 하고, 뼈빠지게 그것도 보통 일하는 게 아니야 항상 난 다리가 뒤꿈치가 땡기구 뭐 무거운 거 들고 시장가서 이만큼 들고 오고 국수 빼러 이만큼 빼러가고 기다렸다가 다 빼오고 그때는 또 쌀 들고 그땐 그렇게 탔어요. 쌀 들고 자루 들고 다 그렇게. 물 길었지 그렇게 하니까 내가 크지도 못했고. 그런 것이 있고, 엄마 아빠하고의 관계는 오로지 그냥 무서운 상관 밑에, 아주 졸병. 그런 거야 내가. 안하면 매 맞고, 또 자기네 기대에 안 맞으면 야단치고 그걸 뭐 밥먹듯이 어렸을 때부터 그렇게 살아왔기 때문에 나는 오래간만에 당

당하다고 생각해서 얘기하면 거절당하고 심지어 내가 정말 목욕할 때가 되서 목욕가게 돈 주세요 했더니 안된다 그래. 그때도 속에서 울분이 나오는데도, 그래도 엄마한테 말 못했다고. 그저 속으로 꼭꼭 누르고 그리고 집나가고 싶어했고 죽고 싶어했고, 난 내가 70까지 살 줄이야 꿈에도 몰랐어 내가 오래오래 산다해도 한 40정도면 내 인생 끝날거라고 생각했어. 산다는 게 그렇게 즐거운 게 아니고 고통, 고통, 질고 속에서 사는 것이 인생이구나 하는 그걸 나는 어렸을 때부터 체험했고 또 부모로부터 많은 거절을 많이 당해왔기 때문에 하나님 주세요 하면은 안돼 하는 것 같은 느낌이 들어서 쉽사리 이 사람처럼 사랑을 많이 받았고, 아빠 주세요 주세요 하는 것도 하는데 나는 그런 것도 아니야 그렇기 때문에 이 여자는, 결혼도 아주 멋진 남자, 아유 저 사람과 결혼했으면, 하고 그러는데 또 쉽게 성사되고 또 아들 하나를 낳고 또 아들 하나도 아주 공부를 잘했대. 근데 무슨 고시 시험을 보는데 저, 되기를 바라지 않았대. 자기가 하도 뭐든지 실패 경험이 없이 너무 이렇게 그냥 막 뭐라 그럴까 통과, 통과, 통과만 했기 때문에 뭐 어려운지도 모르고 극복하는 과정도 한번도 경험이 없었기 때문에 아들은 그런 인생을 살지 않기를 바랬대. 그래서 한번 떨어지기를 바랬대. 처음부터 되기를 원치 않습니다 이렇게 기도했대. 그런데 또 붙었대. 그래서 지금은 검사래 검사.

상담자27 : 누구는 복이 있고 글쎄 왜 그래.

내담자28 : 글쎄 말이야, 어렸을 때의 성장과정이 그렇게 하나님하고의 관계도, 부모하고도 어떻게 살아왔는가도 많이 있는가보다. 나는 기도하면은 끙끙 앓거든요. 될까요. 이런 기도를 하면 될까 이건 안될꺼야 이건 염치없는 짓이야, 병을 낫게 한다든가 너무 내 개인적이고 또 그런 거. 또 내 돈이 필요하다든가, 애가 합격한다든가, 내 세상적인 욕망이잖아. 근데 그런 것까지 하나님한테, 너무 그 뭐라 그러나...

상담자28 : 선생님 수준에 다 미리 짜르고 재고 하고 미리 다 평가해서 했단 말이야 그런데 그 사람은 그런 것 없이... 너무 부러웠겠다.

내담자29 : 그래, 하나님도 저런 사람을 좋아하시구나 하는 걸 느꼈어요. 아무 거리낌 없이. 염치도 없이 부끄러운 줄도 모르고 그냥 떼쓰기도 하고

가까이 가서 주세요. 주세요 하는 거면 애교도 부리면서 나는 애교도 없어 떨 줄도 몰라

상담자29 : 너무 억울하지 않아? 하나님이 공평하지 않아.

내담자30 : 응 그렇죠. 내가 잘못 살아왔기 때문에 그렇게 밖에 나는 신앙생활을 못하는구나. 그런 거를 내가 얼마 전에 내가 그 프로를 봤어. 내가 신앙은 바로 저런 거다. 순수하고, 그 사람이 순수하기 때문에 그렇게 울음도 그렇게 막 터져 나오고 하나님 만났을 때 착 매달리고, 난 누구한테 착 매달리지도 못해 거리를 약간 두고

상담자30 : 네 선생님한테는 그렇기 때문에 능력이 생길 수밖에 없는거 같애, 그 사람은 맨입으로라도 살아왔고, 선생님은 혼자서 그걸 다 감당해야 되니깐 능력이 개발될 수밖에 없었겠지...

내담자31 : 그 생산적이고 인정받는 그런 능력은 아니고 뭐 내가 참 부끄러움을 많이 느껴, 수치감을 많이 느껴, 예민해요. 그런 것에서는 내가 만족이 좀 됐다 그럴까 내가 이런 부끄럽지 않게 내 자신을 부끄럽지 않게 만들려고 하는데 그게 도움이 좀 됐을까?

상담자31 : 응 그러니깐 선생님이 너무 고생을 좀 하셨었잖아요... 그런 프로를 보시면서 난 오히려 선생님이 그때 뭐가 막 있었다고 그러셨는데, 내가 선생님 입장이라면 화딱질나고 막 신경질나고 억울하고 난 그랬을 거 같거든...

내담자32 : 이렇게 저렇게 저렇게 몇 가지로 생각할 줄을 모르고 내가 없는 부분을 저 사람이 가졌다 라는 걸 보고 너무 황홀하고 부럽고 저 사람이 순탄하게 멋지게 사는구나 그건 그냥 오로지 내가 잘못, 버릇이 내 체질화되가지고 그렇게 못한 탓이지.

상담자32 : 선생님 또 안으로 들어가셨네, 그지? 그 어떤 걸 볼 때 선생님은 감격도 잘하시는데, 감격. 감동. 참 뛰어나시잖아요. 그렇지, 그랬을 때 남는 그림자, 죄도 다 선생님이 가지시네. 너무 무거우시다.

내담자33 : 응 무거운 거 같아요.

상담자33 : 그런데 지금의 그 무거움에서 벗어나시고 싶으시잖아, 자유롭게 훨훨 날고 싶으시잖아

내담자34 : 그렇죠, 그렇죠.

상담자34 : 그런데 별안간 다 쳐버릴 순 없거든... 선생님이 70평생을 그렇게 살아오셨기 때문에 갑자기 홀딱 다 드러내면은 너무 허전할 것 같애 조금씩 조금씩 살금살금 그런 맛을 보셔야 하는데. 선생님은 어디서 그 조금씩 맛을 보시고 싶으신가요 최근에 선생님이 노력하셨잖아요 자유롭고 싶고. 전에 못해 보셨던 것들 해보시고 그런거 있으시죠 어떤 부분들이 있으셨어요

내담자35 : 제가 요즘 외출이 많아요, 그저께 우리 구역 식구가 전화가 와서, 아이고 눈이 오니까 나갔구나. 하여간 날씨에 관계없이 내가 나가고 싶은 데는 팍팍팍팍 나가고

상담자35 : 하고 싶은 거 다 하시잖아

내담자36 : 하여튼 나가고, 집에 가면 뭐 좀 이렇게 한정이 되어 있잖아. 그 안에서 하는 거니까. 여기 가면은 여기 저기 사람도 만나게 되고 구경도 하게 되고 부딪치는 것도 있고 그런거니까는 나가는 거부터가 나는 자유롭지 않았거든 우리 남편이 나가면은, 너 어디가니 뭐할꺼니. 몇 시간 누구만나고, 또 갔다 오면은 너 무슨 얘기했니, 또 뭐 했다 하면 막 타박을 주고 어땠다는 등 그러니까 괴롭단 말이야 다 구속이지 또 어쩌다가 차가 길이 막혀서 못오면은 나도 막 안달이 나서 죽겠는데 집에서 나가 이러면서 들어오는 사람한테 나가라고 그러지 그러면서 야단 야단을 치고 막 두려워서 벌벌벌벌 떨고 그렇게 살았잖아요. 그런데서 나를 괴롭히는 사람이 최소한 없어졌으니까는 외출해. 많이 하고,

상담자36 : 나가서 하고 싶으신 거, 시간제한 없이. 막 맞추어서 갈 필요없이 그런 자유로움을 느끼시고.

내담자37 : 네 네. 어떤 때는 그런 걸 하면서도 너무 하는거 아닌가, 하하. 다른 사람은 8시간씩 노동을 해서 자기 삶을 이렇게 챙기고 있는데 나는 8시간 이상 뭐 했나 이렇게 하는 거도 없이

상담자37 : 했잖아, 옛날에 한 것에 대해서 보답을 받는 거지

내담자38 : 글쎄, 그렇게도 했는데 27일 날도, 우리 만난 날도 주일이었잖아, 그 날 모임을 갑자기 또 소집을 해서 우리 모임, 저기 뭐 제주도, 어디 가고

상담자38 : 그래. 친구들. 친구들

내담자39 : 그 친구 갑자기 소집을 했어 이리저리 걸리는 데도 같이 모였다고. 모여서 뭐 점심먹고 뭐 수다떨고 그러고 집에 오는데 눈이 팡팡 쏟아지더라 그날, 눈이 되게 많이 왔어.

상담자39 : 응 맞어. 맞어. 주일날 집에 왔는데 눈 많이 왔어

내담자40 : 네 네 그래가지고 내가 롯데백화점 앞에서 100번 우리 ○○동 가는 버스를 타야 되는데 아휴 기다려도 안 오는 거야 모처럼 왔는데 내 코앞에서 떠나가는 거야 그래서 토탈 한 30분은 기다렸어, 남대문 시장까지 한 정거장이야 그런데 그까지 30분이 걸려 안가, 안가, 기지도 않고 가만히 있는 거야 그래서 조금 가고 조금 가고. 노량진으로 우리 집 ○○동 오려면 고가도로가 있어요, 거기 한번 보니까 어느 해 보니까는 눈 오는 날 차가 충돌이 되가지고 13인가 쭉 나란히 다 충돌이 됐어요. 그래서 나도 그, 뭐 아주 거북이 걸음같이 그렇게 왔는데 갈 땐 나도 막 긴장이 되더라고. 날씨는 깜깜해지고. 그때 4시에 다 됐는데 집에 오니까 거의 6시더라구. 6시에 무슨 음악회 있었잖아 열린 음악회인가, 그게 끝나가더라고. 내가 그 프로 좋아하는데 그거 보려고 기를 썼는데 다 끝나더라고. 그러니 얼마나 이렇게 오는데, 내가 정말 간절히 빌었어. 여기도 또 충돌할 가능성이 많은 덴데 위험한 지군데, 우리 차가 무사히 잘 넘어 가야 될텐데 나는 마음이 졸여지더라고. 내가 그걸 봤기 때문에, 근데 잘 와서 그래가지고는 우리집까지 오는데 하나님한테 진짜 감사가 나오더라고 아유 내가 그렇게 마음을 졸이고 내 생명에 대해서 그 날씨로 인해서 내가 위험을 느꼈는데 집에 오니까 아주 안심이 되고 깜깜한 집을 내가 열쇠로 열고 들어왔는데도 불 키고 티비 키고 하니까는 하 너무 집이라는데 좋다, 감사가 또 나오더라고 아주 절실한 감사가 느껴졌어

상담자40 : 옛날에는 그렇게 막 차가 밀리고 그러면은 얼마나 답답했겠어. 마음속에. 집에 와서 선생님 괴롭힐 사람이 없어서 언제든지 마음 편하게 들어올 수도 있는 곳이라는 생각이...

내담자41 : 응, 아 너무 감사하다, 내 보금자리가 있다는 거, 어렵사리 한걸음씩

기다 싶이 해서 왔는데, 다른 사람이 버스 안에서 나처럼 느끼는 사람도 있고 못 느끼는 사람도 있고 그러려니 하는 사람도 있을테지만은 나는 순간순간을 마음을 졸였어.

상담자41 : 맞아 선생님이 그 전에 보다는 훨씬 더 자유롭게 느끼는 영역, 집에 시간 다툼을 하지 않고, 집에 외출. 들어가고 나가고 대해서는 전보다는 훨씬 더 자유로움을 느끼고 그 영역에 대해서는 선생님이 주인이시네요.

내담자42 : 응. 내가 뭐 활동을 거기에 걸맞게 내가 못했던 거를 하고 싶다는 마음이 사실 있거든요 그걸 사실 팍 튀어나와서 사는 게 못하는 거지요. 좀 못하는 거지요.

상담자42 : 좀 아쉬움이 있으시네. 그치만 선생님도 건강도 썩 좋지도 않으신데, 나가셔서 늘 활동하실 수 있다는 거 최소한의 건강이 유지된다는 건 참 감사한 일이다 그죠

내담자43 : 구역 식구들도 내가 집 잘 나가는 사람, 아유 권사님 내가 집에 전화를 걸면 늘 집에 없더라.

상담자43 : 응 선생님이 외출을 자유롭게 하신다는 건 자유로움을 선생님이 아주 만끽을 하시는데 물론 아쉬움도 있긴 하지만 그런 자유로움도 느끼고 그만큼 선생님이 밖에서 뭔가 하고 싶으신 게 많은 걸로 들리는데, 이유 없이 나가시진 않으실꺼 아니야.

내담자44 : 응 뭔가 꼬투리는 다 있어, 그냥 맹하게 나가지는 않잖아 어제하고 그저께하고는 집에 아주 쓰레기 버리는 일 외에는 한 발자국도 안 나갔어, 집에 있지만은, 내 혼자 있는 시간이지 ○○이는 ○○이대로지만. ○○이 한테도 감사한건 오늘 어디 가니 했는데 99교회 간대. 어디 있니 하니 미아리에 어디 있다 하더라고 교회에서 가르치는데 교회에서 예배본다고 하더라고. 그 어디에서 가르친다고 하더라구

상담자44 : 응. 99교회는 커요?

내담자45 : 응 모르겠는데, 애들 그 어떤 애들이니 그러니깐, 꼬맹이도 있고 중등부도 있고 고등부도 있고. 세 타임을 한대, 오늘. 주일을.

상담자45 : 응 그런 게 교회에 있네요.

내담자46 : 응 예배는 본다는 얘기야 이때까지는 예배는 못 봤는데, 지금 걔가

활동, 그게 안산 있고 또 뭐 일산 있고 또 뭐 있고. 그렇거든, 사실 그 돈 되는 게 아니라는 거야 갔다 오고 시간이 네 시간 다섯 시간 걸리면서 뭐 기껏해야, 얼마 못 받는다는 거야.

상담자46 : 그래도 선생님이 오늘 얘기하신 것 중에는 감사가 참 많으시네요.

내담자47 : 응 ○○이도 너무 교회 나가서 예배를 볼 수 있다는 게 너무 고맙고, 오늘도 지가 내가 물론 아침에 밥도 하고 반찬도 다 하고 했지만은, 지가 오늘 거들면서 엄마 오늘 나 일찍 떠나야 해 해서 먹어라 해서 먹고 지 오빠한테 부탁을 하네, 오빠 설거지 부탁해. 하하하... 나를 안 시키려고. 나를 애끼고, 엄마는 좀 쉬어. 이게 되게 고맙더라고. 그게 아무것도 아닌데 엄마에 대한 애정이 있다는 거고 또 엄마를 조금이라도 편하게 해주고 싶은 그런 마음이 있는거...

상담자47 : 선생님은 참 작은 것에서 큰 걸 발견하신다 그걸 볼 수 있는 눈이 있으신 거잖아요.

내담자48 : 걱정마 걱정마 그런 얘기 멋있냐 그러면서 내가, 걱정마 내가 하께

상담자48 : 했지만,

내담자49 : 했지 결국 내가 다 했지만은 그런 마인드가 애들한테서 들어 있는 거 또 애들한테서 거절안하고 저항 안하고 내가 하겠다, 이렇게 말하는게, 이렇게 보니까 괜찮다 싶어.

상담자49 : 응 감사하네요. 선생님이 2010년에는 좋은 일들이, 큰 일 아니야,

내담자50 : 응 나는 내가 버젓이 큰 걸 내놓는 게 아니고 그냥 조그마한 거. 눈에 보일 듯 말듯 한 거에서 감사를 느끼고 기쁨을 느끼고 그래야 한다고 생각해

상담자50 : 작은 것에서 발견할 수 있는 눈을 가지신거죠. 오늘은 저하고 같이 나눠 주신 것도...

내담자51 : 응 나는 자유스럽게 나온 거야 나는 기쁨이란게, 나는 그 전전에도 나는 너무 기쁘게 생활을 안한다. 세상 사람들은 일반적으로 노래방도 가고 저기도 가고 여기도 가는데 이것도 저것도 하는데 나는 그런 거 일체 안하거든 근데 그런게 또 재밌다는 거야.

상담자51 : 선생님이 말씀하시는 영역은 아까 말한 대로 깨달음이라든지 지식이라든지 그런데 선생님은 며칠 전부터 기쁨이라는 주제를 갖고 오셨는

데 목사님이 선생님의 마음을 아셔서 뭔가 아다리가 탁 들어맞는 거야.

내담자52 : 응 확 들어오는 거야 생생하게 들어오는 거야 그래서 아 내가 77교회 안가고 오늘 여기 88교회 온게 얼마나 다행인가 싶더라고 그 차이를 그렇게 느끼더라고 내가. 오늘도 보니까 막 박수를 막 치대, 찬양이 끝나고, 그게 얼마나 자연스러운거냐. 인간적이냐 이거지 근데 우린 원래 꽉 누르고

상담자52 : 아 원래 77교회가 그런 줄 알았는데,

내담자53 : 아니야 77교회가 아주 딱딱해 바늘 하나 떨어지는 소리가 들릴 정도로 아주 경직되어 있고 그래.

상담자53 : 자 선생님이 오늘 여러 가지를 준비해 오셨는데

내담자54 : 응 내가 많이 했는데 몇 가지밖에 못했...

상담자54 : 응 다음에 또 준비해오세요. 오늘 얘기하신 것 중에서 선생님께서 한 해를 맞이하시면서 아마 그런 것도 상당히 영향을 미쳤는 것 같은데 선생님의 여러 삶 중에서 기쁨에 대한 생각을 해오셨고 그것이 오늘 확신으로, 확신을 주신 거잖아요, 정말 이거야, 하시면서 선생님이 굉장히 저걸 받아들일 만큼의 준비를 해오셨다, 따님한테에서도 예를 들어 카드를 받은거를 보면서도 내가 지한테 해준게 얼마난데, 어딘데 이정도야 하는게 아니라 선생님은 그 작은 한마디에 감동하시고 만족하시고 ㅇㅇ선생이 오빠 설거지 부탁해 그 시덥잖은 말에 아 행복하다 고맙다 이런거 느끼고. 오늘 아들이 큰 저항을 했지만 곳곳에 요소요소가 떨어질 수 있는 요소가 많았는데 그래도 끝까지 예배를 보고 또 설교의 그 공통적인 마음을 나누고, 아 너무 좋다는 거를 서로 그 쉐어링을 하는 그게 얼마나 좋으셨어요, 같이 또 밥을 먹고 또 깨작깨작 거리는 것이 아니라 맛있게 먹어주고 굉장히 충만하셨다라고 할까 오늘? 그런 거를 경험하셨다라는 생각이 들어요. 그래서 선생님이 말씀하셨던 것처럼 선생님은 충분히 기쁨을 누릴 수 있는 여러 여건이 있고 또 그만큼 해오셨는데, 거기에 오늘 작은 일부를 느끼신 거 같애서, 저는 선생님의 그런 시간들이 많아지고 선생님이 그런거 찾아오셔야 해요, 쟁취하셔야 한다고 생각해요. 저절로 주어

지는 것이 아니라 아까 우리 목사님은 선택이라고 그러셨지만 선생님은 싸워서 쟁취하셔야 되는 영역이라는 생각이 들어요. 선생님 내부에서부터. 누가 못 갖게 하는 것이 아니라 선생님이 스스로 난 가지면 안돼, 너 가져서도 안돼 이렇게 하는 선생님으로부터의 저항 있잖아, 선생님 그것과 싸우셔야 돼, 전쟁에서 승리하시기를.

내담자55 : 아유... 내가 이런 말을 하면서 많이 기쁘네요. 내가 오늘 많이 웃었잖아, 사실은 내가 컨디션이 안 좋아서 입이 아파서 죽겠어요 많이 아퍼. 그렇고. 그 비싼 50~60만원짜리 약을 먹는데 하나도 눈이 더 뿌예지는 거 같애. 그래서 내가 그 얘기를 했다고, 더 좋아지지 않으면 어떡하지요. 그랬더니 한동안은 이렇게 안 좋을 것입니다. 안 좋다가 좋아집니다. 이런 식으로 나를 달래

상담자55 : 기다려 보시구요. 선생님이 마지막으로 또 이 말씀해주셔서 감사하구요. 오늘은 선생님 여기까지 하구요.

9회기

내담자2 : 좀 더 희망적인 내용을 좀 하고 싶었는데 그런 내용이 없으니까 좀 나도 미흡한 거 같고

상담자2 : 아쉬운 거...?

내담자3 : 아쉬운 감도 있고 그러네요. 좀 비록 인생의 나이는 생리적인 나이 이런 것들이 70하고... 나는 70까지도 살 줄을 몰랐어. 70이 훌쩍 넘어 있으니까 지금 잘 살고 있구나 싶은 게 감사가 나오더라고 그냥 눈뜨면은 감사가 나오는 거야. 아 내가 아직도 살아있네 하나님 감사합니다라는 생각을 주시고 오늘도 활동하게 움직이게 살게 해주시니 감사합니다 무조건 내가 거기에 감사야 내가 죽지 않고 없어지지 않고 존재하고 있다는 사실이 나는 절대로 70 못 넘어갈 줄 알았어. 그리고 내가 오래 살기를 원하지 않았고 뭐 시집살이 혹독하게 당할 때마다 내 입에서 나오는 말은 아 빨리 인생이 끝났으면 좋겠다. 세월이야 빨리 가라 맨날 이런 내용으로 일기장이 꽉 꽉 차있었어. 또 어떤 때는 ○○들 모임에 이렇게 같이 단체로 여행간 때가 있었어. 그때 나도 모르게 세월이 빨리 가주면 좋겠다 그래야 내 인생이 끝나리라 그런

내용으로 쭉 이야기를 했어. 그러니 다른 사람이 숙연하게 듣고 있는데 어떤 사람이 막 달려 나오더니 나를 팍 껴안더니 그런 소리 하지 마라고 그러더라고. 그래서 내가 뭘 잘못했나 난 그냥 절실하게 내 감정을 표현했을 뿐인데 이게 뭐 아주 부정적인 것도 아니고 솔직하고 절실한 얘기라고 생각했는데 아유, 선생님 그런 말 하지 마라 앞으로 좋은 삶을 살아야 되는데 그런 소리를... 난 어리둥절했다고. 좀 부끄럽더라고 이런 얘길 했는게... 좀 과장해서라도 나는 행복해요 하는 식으로 해야 되는데 그런 말을 할 줄도 모르고 그래서...

상담자3 : 그랬는데 이제는 오히려 그럼에도 불구하고 감사하다고 하는 게 그런 변화가 어떻게 해서 오는 거예요?

내담자4 : 변화라는 건 뻔한 건데... 나를 그렇게 구박하고 몹시 나를 괴롭혔던 사람들이 없어지니까 이제 내 인생을 내가 소극적이지만은 내가 찾아오게 되요. 또 찾아왔다기보다 하여간 돌아왔고 또 하나는 이렇게 인제 객관적으로 평가가 돼. 나를 구박하고 못되게 굴고 막 했던 사람들이 다 잘 못 되더라구. 뭐 우리 동서는 감옥에도 가고 막 그 사기 사건에 지가 사기를 쳐서 맨날 사람 따라다니고 불안 불안한 생활 하는데 맨날 동서하고 비교를 하면서 너는 걔에 비해 십분의 일도 못한다면서 밤낮 나를 욕하고 사람 가는 사람 오는 사람마다 붙들고 응, 그 동서는 치켜올려서 칭찬하고 나를 그게 너무 괴롭더라고 그게 뻔하게 드러나잖아 감옥에도 들어가고 들락날락하고 아무 뭐 애들 셋이도 제대로 된 애가 없어 우리 집안도 신기하지만 하여간 그렇게 됐어. 자기도 결국 이혼 당하고 그러고 그런 뭘 비교해도 내가 그 사람한테 하나도 뒤질 것이 없는데 항상 나보고 치 그러고 또 어 뭐 추석이나 명절 때 되면 요새 뭐 방송으로 뭐 누구든지 막 불평을 하고 설이 명절이 괴로워 어쩌고 저쩌고 하는데 나는 그거를 괴로워 한다기보다도 나는 이게 마땅히 내가 한다고 생각했는데 내가 해야 되는데 동서들은 동서 둘이 있는데 애들 이쁘게 챙기고 자기 이쁘게 챙겨서 우리집에 딱 와서 헤헤하하 웃고 말이지 시어머니하고 주절 주절 얘기하고 그래서 어느날 보니까 내가 무슨 얘기를 저렇게 하나하고 안 듣는 척하면서 지나가면서 들었더니 그때는 우리 집 참 살기가 어려웠을 때

야. 어디가면 밍크 목도리가 있고 어디가면 무슨 옷이 있고 맨날 고런 얘기야 고런 류의 얘기야

상담자4 : 아니 근데 이렇게 첫째 며느리가 거기 같이 껴서 얘기를 못했단 말이야?

내담자5 : 나는 일이 있고 일이 바쁘고 우린 뭐 손님 1층 2층 방마다 손님이...

상담자5 : 손님이 왔으니까?

내담자6 : 응, 친척이 많잖아요. 젊은 친구들, 응접실에는 나이 많은 사람들이 왔다갔다 하고 있고 위층에서는 또 여자들 그런 사람들이 시어머니 중심으로 이야기 주거니 받거니 하지. 그거 모자라면 수정과 가져와라 하면 가져와야 되고 뭐 모자라면 재떨이 좀 그러면 쪽 달려가서 나는 그 일에 헤어나질 못했어. 그래서 나는 괴롭다 괴롭다 그런 말도 할 줄 몰랐어. 나는 말도 진짜. 그리고 얼마나 불공평해. 지금 그 사람들 불평하는 사람들 1년에 한번 가가지고 하는 것도 그렇게 가는 것도 괴롭다 괴롭다 하는데 나는 한집에서 다 하잖아. 그런데 빛도 하나도 안 나고 내가 했다는 말 지들은 맛있는 거 채려주면 어쩌고 이야기 하고 또 애들 오면 쪼르륵하고 그러니까 내가 좀 모자라거나 내가 좀 뭐 똑똑한 척이 못돼 바보지

상담자6 : 그런데 인제 그렇게 괴롭히고 경우 없이 사는 사람들.

내담자7 : 그런 사람들이 다 이혼하고 우리 시동생 다 이혼됐거든. 애들도 제대로 된 애들이 하나도 없고 나는 그래도 나도 못됐지만은 그래도 중간층에서 좀 빠지지만은 그런대로 사람한테 손가락질 안 받고 내 자신이 지금이라도 내 자신을 떳떳하다고 내세울 수 있는 근거가 있으니까 내용이 있으니까 잘 살았구나 그런 승리감이... 하는 그런 거지 뭐. 그냥 뭐 상대적으로 이렇게 완전히 실패한 인생을 살았고 겨우 겨우 죽기 살기로 버둥대면서 살고 보니까 겨우 이 정도 됐고 이거 감사한 거지요. 저번에도 말씀 드렸듯이 나무가 너무 너무 좋은 거야 뭐 어떤 거는 나무라는 거는 하나님이 내려오신 계단이라는 그런 말도 있고 하나님의 시다라는 말도 있고 나무를 막 신성시하는 사람들이 막 끌려 그러고 내가 대학을 논문을 쓸 때 일주일의 한 번씩 지도를 받았어요. 어느 날 목요일이면 목요일날 해가지고 몇 시에 오라 그러면 쓴 거를

다 내 놓고 이거 틀렸다 어디가 틀린 거. 뭐 그런거 할 때 나무에 대한 것 얘기가 나왔어. 둘이 어떻게 재미있게 얘기했는지 이거 논문에 대한 거는 제쳐두고 한 시간 넘도록 나무에 대한 얘기만... 서로 통하니까...

상담자7 : 통하니까

내담자8 : 응. 나도 어려운 분인데 그렇게 내가 신나게 재밌게 막 행복하게 막 나무 하나하나 내가 키우면서 죽었던 것도 살리고 살리고가 아니라 거기서 내가 교훈을 많이 받은 거야. 내 생명도 저 식물과 같았는데 나도 언젠가는 내 생명의 뿌리가 있어서 언젠가는 근사하게 이 나무들처럼 피어나지는 못하더래도 그래도 살아남을 수 있겠다 하는 희망을 그런데서 거는 거야

상담자8 : 지난 주에도 말씀하신 거...

내담자9 : 응, 응 그런 거를 암암리에 스스로 배우고 나는 뭐 나무가 그 요만한 뚫고 들어와서 꽃을 피웠다는 거. 이거는 기적에 가까운 거야 그게 무슨 마음으로 들어왔을까...

상담자9 : 온실 속에서 창문을 뚫고 온 거...

내담자10 : 응, 그런 걸 내가 쓰고 싶었어. 몇 번 시도해도 내 맘에 안 차는 거야 요만큼씩 요만큼씩 써서 그냥 박스 안에다가 집어넣어놔. 내가 고민을 하면서 좀 다듬어서 해야 되는데 좀 내가 게을르고

상담자10 : 아니 그 교수님도 굉장히 나무에 대해서 잘 하시나봐요.

내담자11 : 아주 뭐 자기는 아파트에 살면서도 1층에 사는데 거기에 사는 식물들을 자기 꺼 이상으로 그렇게 거름 주고 나도 거름, 별의별 거름을 잘 알거든. 저기 뭐야 사골 같은 거 하얗게 씻어가지고 말려 다 말려가지고 빻아서. 그거 하고 고거 또 뭐 하여간 나름대로 내 아이디어가 많아 거름도 그럼 거름 주면은 훨씬 낫거든

상담자11 : 그럼.

내담자12 : 화학 비료를 안주고. 내가 나무들도 그냥 싱싱하게 잘 자라줄 뿐만 아니라 나한테 얼마나 기쁨을 주는데 그런 사람들한테 객관적인 칭찬이잖아 우리 시어머니 같이 고렇게 막 비틀고 꽃을 짓밟고 고런 게 아니라 아 누구든지 보고 아유, 대학원생들 뭐 우리 집에 놀러오면은

막 아... 감탄사를 막 연발해.

상담자12 : 그럼. 그럼

내담자13 : 마당에 사과가 100개나 달려있거든. 서울 시내에 이렇게 사과가 달린 나무가 있는 집이 있느냐 이거지

상담자13 : 그럼...

내담자14 : 그래서 다리를 막 쭉 뻗고 어떤 사람은 눕기도 하고 하여간 그것이 나는 위로를 받고 보상을 받는 거야. 니들이 날 얼마나 죽일려고 짓밟고 했지만 난 이런데 기쁨이 있다,

상담자14 : 생명을 키우시잖아

내담자15 : 그러니까 참 남들이 이해 못하는... 난 죽도록 일을 하거든. 아침에 눈 탁 뜨면 부엌에 가는게 아니라 정원부터 내려와 그러면 또 2층에는 흙을 갖다가 한 트럭을 갖다 놓고 거기다 채소밭을 넣어놓고... 그늘이 지면 채소가 안 돼. 감자 별의별 걸 줄줄이 줄줄이 이렇게 하지 또 거기서 되게 재밌는 것도 많이 보고. 또 빨간 무 있잖아요, 그거 21무라고 해 21일 만에 캐야 돼. 그거 넘어가니까 숭숭숭숭 바람이 들어오고 고런 것도 내가 혼자서 배우고 체험하면서 느낀 거지 그래가지고 그걸 어떻게 먹어야 좋을지. 무 냄새가 향기가 싹 나지만은 그걸 요리 모르겠더라고 그래가지고 인제 물김치 주로 해서... 그럼

상담자15 : 색깔이

내담자16 : 색깔이, 분홍으로 아주 아주 기가 막혀 나도 자랑시키고 싶고 남한테 대접하는 거...

상담자16 : 그러면은 뭐...

내담자17 : 기쁨.

상담자17 : 기쁨.

내담자18 : 그게 난 아파트 있지만은 일산에, 내 꿈은 아파트로 오기 전에 일산 쪽에 개인 집이 있다고 그러더라고 그래서 고런 데에 고런 동네에 가서 고렇게 좀 가면서 그러니까 내가 몸이 부셔지도록 힘들어도 사닥다리 올라가서 다 톱으로 자르고 떼낼 거는 뿌리채도 몇날 며칠 가요. 뿌리가 길게 뻗어있으니까 고런거 좀 대량나무? 나무 기둥에 이렇게 하는 거 있잖아요

상담자18 : 감고 올라가는 거

내담자19 : 아니 감고 올라가는 거 말고 허얘, 껍질이.

상담자19 : 아. 아.

내담자20 : 그게 숲속의 신사라나? 다 이야기 스토리가 많은 거야. 그 나무 하나하나에 뭐 우리 윗집에 목사님이 사셨는데 우리 동네에 목사님이 사셨는데 우리 정원이 그렇게 예쁠 수가 없대 봄 되면 막 튤립이 착 있고 수선화가 착 있고 수선화가 이뻐. 고것도 인제 9월 달에 사가지고 10월달 말이나 11월달 초에 심어야 돼. 이렇게 지그재그로 심어야 돼. 색깔별로 그런 것, 아 그러면 또 꽃이 어떻게 필까 상상하면 또 재밌는 거야 고때부터 또 재밌는 거야.

상담자20 : 자 선생님이 이렇게 꽃과 나무를 통해서...

내담자21 : 그런 그 답답한...

상담자21 : 그 삶을 유지할 수 있고 또 선생님이 생명력이 있다 마치 내가 저것과 같구나.

내담자22 : 네, 네.

상담자22 : 끝까지 남아서 생명을 피웠구나 하는 뭐라 그럴까 나무와 같은 내 인생 아니면 식물과 같은 내 인생 이런 비유해서 얘기하실 수 있으실 것 같은데

내담자23 : 한번 내 남편한테 물어봤어. 동서가 나보다 열배 낫다는데 정말 당신도 그렇게 생각해? 물어봤어. 그랬더니 아니 절대로 아니지 어머니가 너무 편협하고 뭐 암튼 불공평하게 말하는. 억울하다, 이거 집안이 우리 집안이 늙은 집안에서 늙은 사람 젊은 사람 합해도 니가 제일이다 인정 한번 해주더라고. 두들겨 패긴 해도 그런 말을 하더라구요. 그런 말을 듣자 하니 내가 얼마나 몸이 부셔졌는가 그게 그 후유증으로 잠을 못 자잖아요. 잠을 못자니까 몸이 안 좋아 어제도 내가 한강변을 한 시간 반 동안 걸었어. 벌써 봄기운이 느껴지더라고. 거기서 아주 또 내가 예민하잖아 내가 정원에서 일을 많이 했으니까. 고 봄기운을 느껴 막 얼었던 게 녹아서 여기 막 전부 엉망진창이야 아침에 닦아가지고 나온 게 이거야. 아 이렇게 걸을 수 있는 게. 안 걷잖아 게을러서도 안 걷고 추워서도 안 걷고 바람이 있어서도 안

걷고 비록 무슨 주인공 영화의 주인공 같은 느낌이 들고 괜히 괜히 혼자서...

상담자23 : 아니 그런 느낌이 충만하죠,

내담자24 : 그런 걸 느끼면서 어제도 그 전날도 독립묘지에. 그게 나름대로 내 건강을 위해서 몸을 좀 단련시키고 필요한 운동을 채워주는 그런 역할을 하는데 그 뭐 막연하게 이렇게 기계적으로 하는 거 하고 하나 하나 느끼면서 봄이 지금 오고 있는 걸 나는 지금 조춘 속에 걷고 있구나

상담자24 : 응, 매사에 우리 K선생님이 아주 감각, 감지를 예민하게 봄을 느낄 수 있는 우리, 아까 상담을 하자고 했을 때 우리 K선생님 이름으로 70년 동안 살아온 정리를 하자 이게 좋게 꾸미자고 한 것이 아니라 지금 오늘 하는 얘기는 감사할 줄 아는 우리 K선생님, 나무와 같은 생명력을 가진... 그 무궁한 생명, 작은 빈틈 도대체 너무 너무 신기한 마술가 같은 자그마한 틈을 쫓아서도 강한 생명력을 피워내는,

내담자25 : 그런 감동... 나는 나무 얘기하면은 누구하고도 얘기가 잘 돼

상담자25 : 나무 얘기하면 사실 만만하지

내담자26 : 아무리 처음 만난 사람이라도 그 교수 얼마나 무서워요 팍팍 쥐어박고 하는데 하하... 그런데도 그냥 신나게 신나게 얘기하니까 선생님도, 교수님도 나한테 푹 빠져가지고 아유... 서로 질세라 하고 막 그런 기억이 있고 아무튼 난 나무라면은 굉장히 사랑한다 하는 느낌이 들고 내가 또 며칠 전에 은행에 갔어. 은행에 갔더니 요만한 바구니에다가 뭐가 이렇게 하나 둘 실날 같은 게 일곱갠가 여덟 개 있더라. 하나 둘 셋 대체 이게 무슨 씨앗입니까? 물었더니 그게 소나무래 소나무 씨앗을 얻어가지고 요 몇 개가 나왔다 그러더라고. 아유 너무너무 이 겨울철에 싹을 틔워서 그 갸날프기 짝이 없는 큰 나무가 될 껄 상상을 하니까 그 사람이 너무 이뻐 보이는 거야. 그 사람조차도 이뻐 보여.

상담자26 : 그 사람이 굉장히 뭐라 그럴까, 진짜.

내담자27 : 내가 당장에 나무를 좋아하시는군요 나는, 새로우신 분이야 말도 해본 적도 없는데 아 나보고 나무를 굉장히 좋아하시고 사랑하시는군

요. 그러더라 예 그래요 하하 그러니까 뭐든지 금방 금방 말이 트여지는

상담자27 : 자신감 있게

내담자28 : 응. 트여지더라고 말도 이렇게 견주어보고 이말 할까 저 말 할까 따지잖아 그런데 이건 그냥 단도직입적으로 막 들어가서 이 얘기 저 얘기 막...

상담자28 : 아, 당당해, 그 선생님이 그 소원하고 있는 당당함은 나무한테 가서 있는 당당하고.

내담자29 : 당당하진 못해. 내가 지금 문제가 정말 당당했으면 좋겠다... 어떤 영화에서도 보면 참 실수를 많이 하고 법적으로도 걸리는 사람이야. 그럼에도 불구하고 걷는 거 당당히 나와서 재판을 받는데 당당하게 옷도 착 입고 그런 걸 보고 이야 저렇게 당당함이 어디서 나왔을까. 나는 저렇게 있으면 막 움츠리고 쩔쩔쩔쩔 매고 말도 막 떨리고 그랬을텐데 할 말 탁탁탁 하는 거 보면... 아 난 아니다

상담자29 : 당당함은 24시간 어디서나 당당한 게 아니라 선생님은 적어도 나무얘기하고 나무와 관련되어 있을 때는 당당하시잖아 뭐 재고 그런 거 아니라 탁탁 나오는대로 내키는대로 자유롭잖아 당당한 게 자유롭다는 거잖아

내담자30 : 그런데 인간관계에서나 어떤 상황에 놓여있을 때 대체로 난 당당하지 못해요

상담자30 : 그렇지만 나무에 있어서는 당당하시죠, 그런 건 분명히 잡으시라고. 그런데 내가 나무에서만은 자유로우시죠 하는데 왜 난 안 당당해 하면서 꼬리를 확 내리세요,

내담자31 : 꼬리를 내리는 게 아니라 현실에서는 내가 가만 보니까 맨날 이렇게 당하고 살더라고.

상담자31 : 아니 나무에서만은,

내담자32 : 어 나무에서만은.

상담자32 : 나무와 식물과 정원과 꽃과 이런 데서는. 아니 우리가 24시간을 물론, 사람하고 같이 안 섞일 수 없고 의식주도 있고 하지만 선생님이 24시간 중에 상당 부분을 나무하고 당당하게 지내실 수 있잖아, 거기

서 힘을 얻어서 다른데 부족한 것을 채우고 거기서 힌트를 얻고 또 당당함을 유지하려고 내가 나무하고 있을 때 어떤 마음이었나 그것을 다른 데로 전이시켜 보려고 애써 보실 수 있으시죠.

내담자33 : 그렇죠. 내가 나이가 들을 때로 들었으니까 이제 앞으로 얼마 안 남았다 그러니까 내가 어떻게 살까 항상 내가 잠을 못자니까 잠 못자는 시간에 고민도 많이 하지만은 내가 앞으로 어떻게 살아야 될까 하는 그거를 궁리를 하거든요. 내가 할 수 있는 거는 비교적 내가 음식을 잘하니까 내가 음식을 줘요 그 ○○한테도. 음식을 주면은 막 너무너무 행복해 해

상담자33 : 나도 행복했잖아 간장하고, 또 어저께 고추장을. 어머니가 또 파래김을 사오셨어요. 간장을 어떻게 찍어서 먹는데 내가 고추장을 펴놨어 간장보다 훨씬 맛있어 고추장을 칠해가지고 김 싸서 먹을 때 그렇게 먹잖아요. 고추장을 발라가지고 우리 남편이 너무 맛있다고

내담자34 : 어머나 세상에. 그렇게 맛있게...

상담자34 : 응, 그래

내담자35 : 친구들한테도 약사 걔, 밥 해먹고 못 해.

상담자35 : 아유 왜 그렇게 잘해 그 친구한테? K선생님,

내담자36 : 내가 또 약을 얻어먹잖아 비타민도 주고 내가 또 어디어디 아프다 그러면 또 돈을 안 받고 그냥 줘

상담자36 : 그렇지 아유 나는 지난번에 그랬거든 꽃도 이쁜 거 화분도 가꾸고 그런대

내담자37 : 고런 거는 뭐 얼마 안 되고 내가 만날 때는 친구들이 있는 데서 바로 못 주니까 몰래 몰래 주고 그래

상담자37 : 응. 응. 그렇게 하는구나

내담자38 : 그러니까 윗층에 노인이 사는데 내 나이 또래야. 그 여자는 정말로 가족이 없으니까 그렇겠지만은 해먹기 싫어해 가스비가 이천원 나왔대 이천원. 안 해먹는다 이거야. 안 해먹는다 밥도 안해. 그래서 내가 뭐 유부초밥과 우리 아들놈 때문에 자꾸 메뉴를 바꿔야 되니까 유부초밥해서 9개면 1인분 충분해. 유부초밥 꽉 꽉 채워서 밑반찬 우엉조림하고 장국하고 바쳐갖고 갖다 주면은 좋아서 너무 너무 너무

좋아해

상담자38 : 우리 집 근처에 살아야 되겠다

내담자39 : 그러고 고깃국 그릇이 이만큼 큰 게 있어 그 쪽에서 갖다 주고. 하여간 내 덕에 살아. 어쩌면은 우리 딸도 이렇게 못하고 우리 뭐 먹는 것도 못하는데 우리 형제도 이렇게 못하는데 어쩜 이렇게 나를 맛있게 해서 주느냐고 된장도 주고 미역도 주고 그래. 자긴 공짜로 안 먹는다 이건데 미역도 한번 끓여 보니까 뻣뻣한 게 맛대가리가 하나도 없어. 된장도 아유 난 그런 거 못 먹어. 그래서 그건 버리고 하여간 그런 식으로 일주일에 한 두어 번 해서 주고 또 ○○이 한테도 그저께 우리 동네 부인을 만났는데 우연히 뭐 사모님이 어떻게 우리 그 라인 ○○이 한테까지 음식을 주는 거 봤대 자기가. 봤대... 자기가 했는 것만 주고 이쪽은 제껴놓잖아. 이 사람이 참 착해 나보고 인사도 하고 또 이렇게 무겁게 들고 있으면 막 좇아와서 들어주고 그래. 서로 주거니 받거니지. 그렇게 그런데 좀 그래. 선행을 하루에 한 가지씩 하라 그랬잖아. 그거를 실천한다고 하는데 음식을 만들어서 멕이고 즐겁게 하는 거 그거를 하고 조금 조금하고 기아대책을...

상담자39 : 그런데 마음에.

내담자40 : 기아대책을 내가... 이것도 내가 하하... 갔네

상담자40 : 응, 응,

내담자41 : 4년째.

상담자41 : 그러셨구나

내담자42 : 그런 구체적으로 아 머리만 가지고 뭐 선행. 이거 아니잖아요. 실제로 하는 게 있어야 내용이 있어야 되니까 고런 걸 할라고 노력하고

상담자42 : 다른 사람들이 K선생님이 돌아가셨을 때 모여서 뭐라고 얘기할 거 같아요? 그게 인제 K선생님이... 생각해보시죠? K선생님의 장례식에 와서 친구들이 하는 얘기 그 다음에 자녀가 하는 얘기. 못되게 굴었던 이미 돌아가셨지만 시어머니랑 남편이 하는 얘기 또 각, 어떤 얘기를 할 거 같애요? 그게 사실은 이런 K선생님이 돌아가셨을 때에 다른 사람들이 하는 얘기가 선생님의 인생을 살아오신 얘기일텐데,

내담자43 : 그걸 내가 이렇게 자극을 받은 게 이미테이션 올라이프 그게 있어. 검둥이 엄마가 백인을 낳았어 백인 애가 엄마가 흑인이라는 걸 감춰. 되게 유명한 건데 오랫동안 했는데 그걸 내가.. 뭐 엄마를 하나도 사랑 안 해. 그러다 나중에 우리 엄마 아니고 우리 집에 하녀다 그러고, 지금 엄마가 너무 너무 보고 싶어서 기차를 타고 어떻게 어떻게 와서 지 있는데 찾아봤더니 그 친구들 속에서 이 여자 누구냐고 물으니까는 하녀라.

상담자43 : 아유 세상에

내담자44 : 그렇게 못되게 하고 엄마한테 가슴에 콕 찌르는 말만 하고 그 지금도 저기 비디오가 있을꺼야. 내가 그 영화를 되게 좋게 봤는데 그 여자 흑인 여자가 죽었어 엄마가 죽었어. 죽었는데 지는 통곡을 하는 거야. 그 많은 사람들이 일개 흑인 가정부에 지나지 않는 여자임에도 불구하고 그냥 장례식이 여기저기서 울어주고 노래하고 아 우리엄마는 이런 엄마로구나 하고 깨닫는 장면이 나오더라고 끝에 가서... 그게 제목이 뭔가 이미테이션 올라이프인데 내가 하도 좋아해서 몇 번 봤고... 그러고 뭐 또 싸우는 장면에서 몇 가지 내가 외고 읽고 했었어 엄마는 항상 나를 올웨이즈 나를 망치고 있단 말이지 대들고 말이지 스포이드 스포이드 하면서 막 싸우고 그런 장면도 가슴 아프게 봤는데 아 나도 죽으면은 저렇게 사람들이 알아줬으면 좋겠다...

상담자44 : 응, 그랬으면 좋겠는데 실제로 하면 어떠실꺼 같아요?

내담자45 : 글쎄 나쁘게 말 안 할 거 같고

상담자45 : 저기 만약에 그 시어머니하고 남편이 하늘나라에서 만났어. 또 아니면은 장례식에 있었다고 하며는 뭐라 그럴 것 같애, 여전히...

내담자46 : 만일 만일 우리 시어머니는 자기가 잘못했다는 걸 쪼끔 알고 갔어요. 근데 딸들을 보면 내 가슴이 떨린다 하는 그 제목의 글을 한 번 썼거든요. 그랬더니 굉장히 반응이 좋았고 어떤 사람이 영화하자고 나한테 왔어 SBS 피디가 나한테 전화가 왔어. 봤다고 그러면서 내 글을 봤다고. 요새 이 여자들이 시어머니한테 당하고 사는 여자가 없는데 어찌 미대까지 나와 가지고 이렇게 바보처럼 짓밟히면서 살고 또 마지막에 가서 약간 화해 장면이 나와, 그런 걸 내가 썼거든요. 그랬

더니

상담자46 : 어떤 책이 있어요? 선생님 책이?

내담자47 : 내가 선생님한테 책을 한 권 드린 것 같은데, 저기 청소년 상담원 있을 때, 내가 안 드렸나? 드렸던 거 같기도 생각이 나는데 아무튼... 나로서는 그냥 막 줄줄줄줄 나오더라 왜냐하면 내 속에 그런 센텐스가 꽉 차있었던 모양이야 이렇게 쓰니까 줄줄줄줄 나와서 별로 고치지도 않고

상담자47 : 무슨 책이었었는데, 선생님 책이야?

내담자48 : 아니 아니, 내 혼자 책이 아니구 우리 국문과 애들이 합쳐서 냈는데.

상담자48 : 아...

내담자49 : 전문가들이 보고 상당히 좋다고 그러고.

상담자49 : 수필이었구나

내담자50 : 수필인데 그래가지고 인터뷰 세 번 했어요. 어떻게 이걸 참아냈느냐 무슨 힘으로 참아냈느냐 그걸 묻고 그러고. 시어머니한테 가까이 가려고 많이 노력했다는 내용이 있어요. 무슨 노력을 했느냐 신발도 닦아주고 밥상도 뭐 해주고 뭐 고분 고분 고분하게 뭐 그런 정도로...

상담자50 : 뭐라 그럴 거 같애 그 시어머니가...

내담자51 : 시어머니는 그러니까는 자기 죽기 얼마 전에 정신이 약간 돌아왔어. 나를 몰라보는데 항상 우리 숙모 아닌겨 이러고 또 엉뚱한 사람. 나를 내가 항상 묻거든 내가 누군지 알아요? 몰랐는데 ○○이 엄마 아닌가 이러더라고 그게 우리 큰아들 이름이거든 그래서 내가 살살살살 걸어갔지 그러고 내가 녹음을 맨날 해. 왜냐하면 공부할 시간이 없으니까 라디오 6시에 굿모닝 팝스라는 게 있어. 그걸 이제 틀어놓고 그걸 항상 내가 손에서 읽고 있으니까 그걸 갖다 옆에 놓고 서로 대화하는 거를 고때 정신이 살짝 돌아와서 어머니 내한테 하신 일, 응, 잘못했다고 생각한다. 왜 그렇게 나를 독하게 다루셨느냐 당신이 너무 자기는 화가 항상 차있는데 남편도 없고 뭐 살아오는 동안에 모든 고통을 이 나한테 투사하는 거지. 그때 내가 얼마나 고통이 많았으면 그걸 아무나 아들한테도 안되고 딸한테도 안되고 손주한테도 안되고 내가 제일 마음이 곱고 만만하니까 만만해서 했대. 만만해서 했

다는 거야. 그런 인제 나왔어. 그래서 나도 몇 주일 그 본심으로 돌아온 것에 대해서 내가 죄인 된 껍질을 막 벗겨진 느낌이 들었다 그렇게 썼어. 그 수필 안에. 그 말 한마디에 당신이 날 만만해서 나도 모르게 그렇게 못되게 굴었다 확 벗겨지는 거 같고. 내가 그렇게 짓밟고 그렇게 나를 했지만은 살아남았다는 승리감을 느꼈으니까 그 순간에... 그런 것이 그게 말하자면 화해야 그래서 내가 우리 어머니하고 이런 일이 있었다 말해봐야 아무도 안 믿어. 그래서 내가 녹음을 한 거야

상담자51 : 그랬구나... 그래서 엄마가 시어머니가 와갖고 어떠셨어요, 어떤 사람이예요, 이러면은 뭐라 그럴 것 같애

내담자52 : 자기 밥이었지만 그걸 다 잘 참고 이겨내 준 좋은 여자라고 생각하겠지

상담자52 : 남편은 어떠세요, 아까 당신이 최고야 여기 남녀노소 할 거 없이 당신이 최고야 이런 말씀 하셨는데

내담자53 : 아니 그거는 그만큼 내가 했기 때문에 거기에 대해서는 항상 나한테 그런 말은 했어 당신 너무 노력한다 너무 노력... 그런 노력하는 게 난 오로지 살아남기 위해서 이거 안하면 죽는다는 그렇게 나를 몰아세웠어 나를... 이거 안하면 난 죽어 이거 난 해놓고 죽어야 돼 이 일이 먼저야 뭐 뭐 해야 될 꺼 해놓고 죽는다 그런 정신이 항상 머리에 콱 박혀 있으니까 죽기 살기로 한 거지

상담자53 : 그래, 어쨌든 노력을 해서 남편한테 당신이 최고야 하는 얘기를 들었어. 그 다음에 자녀들은 어때요?

내담자54 : ○○이가 나를 인제 많이 위하고 큰 놈은 아직도 뭐가 뭔지 잘 모르는 거 같고 ○○이가 며칠 전에 그러더라고. 저번에 음력 설이잖아요. 음력 설인데 우리 아들놈이 비디오를 많이 빌려 왔어 그런데 보자 하는데 난 눈도 아프고 내가 그때 컴퓨터를 하고 있었어. 근데 서로 나는 이거해야 되고 지는 이거... ○○이가 해석을 하는 거야 엄마... 아무 생각 없이 오빠가 저래 돼도 우리가 같이 한 자리에 모여서 이렇게 즐기려고 비디오를 사가지고 아니 뭐 빌려가지고 왔는데 엄마가 눈치를 못 채고 엄마 일만 했다 이렇게 얘기하더라. ○○이가

착 이렇게 이렇게 나보고 오빠의 행동거지 변화하고 있다 엄마 너무 속상해 하지마 말하자면 나는 막 인간쓰레기같이 보일 때가 많아. 아유 어째 저 모양인가 싫고 해주면 해주는 거 고마운 줄도 모르고 고마운 줄 모르니까 내가 더 상하는 거지. 그러니 내가 오빠는 엄마를 생각하기 때문에 이런 거 빌려 왔지 않느냐 엄마가 맞춰주지 않았다 이번 음력 설에 얘기 하더라고

상담자54 : 그 말 들으니까 어떠셨어요

내담자55 : 아, 내가 그렇구나 내가 나만 생각했구나... 걔도 변화... 그러고 보니까 아... 변하고 있구나

상담자55 : 아유 ○○선생이 귀한 것을.. 얘기했는데 우리 K선생님도 잘 이러지 않고 잘... 그렇구나 하시네요

내담자56 : 그건 아주 자연스럽게... 하여간 말이야 이렇게 내가 직접은 싸우지는 않고 속으로 가만히 있을 때가 어떤 때 한번 이렇게 내 혼자 말을 막 하잖아요 컴플레인을 한다 이거지 엄마 저래 되도 지금 쪼금씩 변하고 있어... 나한테...

상담자56 : 아유 ○○선생이 참 귀한 역할 하네요. 선생님이 이제 돌아가신 시어머니, 남편, 자녀들 그리고 친구들. 친구들은 뭐... 아... 친구들... K선생님은 어떤 분이셨어요 만약에 묻는다면 그 분들이 뭐라 그럴 거 같애

내담자57 : 친구들마다 다르겠지만 내가 뭐... 좀 내가 칭찬을 좀 많이 해주는 쪽이야 그런데 이 칭찬을 좀 사기꾼 같이 소쿠리 비행기 잘 태워 하는 식으로 나를 받아들일 때가 있었어, 되게 속이 상하더라고. 근데 자기 딸이 S대, S대 정치과 교수야 그래가지고 칼럼을 써. 동아일보에도 나오고 조선일보에도 나와. 근데 난 그 딸 이름도 몰라. 이름도 모르는데 어떻게 내가 칼럼을 봤어. 아마도 누구 누구 딸이 아닐까 인제 저기 온지 얼마 안됐는데 칼럼을 막 쓰고 그러기에 내가 참... 그 잘라서 내가 뭐 이래 이래 해서 참 멋있더라 했더니 첨에는 아유 이게 어떻게 내 딸인 줄 알았니 깜짝 놀래. 그래 가만히 생각해보니까 니 딸이 참 뛰어나고 훌륭하고 자랑스러운 딸이라는 거를 내가 그때 알았는데 아... S대라는 게 있고 교수고 정치과 교수고 아마도

네 딸인 거 같애서 더 성의있게 읽고 또 이 뭐라 그럴까 스크랩도 하고 그랬다 하니 첨에는 얘가 우리 뭐 동창중에 아무도 그런 그... 칼럼을 읽지도 않는데 나는 그거 꼬박 꼬박 너 어떻게 썼더라 동아일보에 어떻게 나왔대 하면서 칭찬을 막 해줬더니 시들하면서 쟤는 뭐 나한테 잘 보일려고... 걔가 부자야. 잘 보일려고 이렇게 부풀려서 칭찬하기를 좋아하는 구나 그런 애가 몇 명 있더라고. 그러고 내가 교회에서도 칭찬을 많이 하거든요 그랬더니 어떤 분은 나한테 와서 K권사님은 은사를 이렇게 남을 칭찬해주는 은사를 많이 받았어요 이러더라 그래서 나도 몰랐는데 나는 하도 칭찬에 굶주려서 난 저렇게 들으면은 참 행복할 거 같애서 내가 해줬는데 그걸 나보고 은사라고 그러더라고. 참 은사를 많이 받았다, 은사라기보다 나는 막 받고 싶었어 그런 내 친구들한테 꽃 자꾸 주는 것도 내가 한번쯤 받고 싶어서 그런거야

상담자57 : 그래. 그런데 그거는 예를 들어 부족하면은 이럴 수 있거든. 나도 못 받았으니까 니네들도 안해줘 이럴 수 있거든

내담자58 : 고거 고 마음도 들었어. 금년에는 내가 들었다고 ○○이한테도 내가 말을 했다고 실제로.

상담자58 : 메마를 수 있는 게 여자거든. 그렇게 각박해지잖아 굉장히 메마를 수 있는데 선생님은 안 메말르거든

내담자59 : 아 그래서 해야 될까 규모를 얼마짜리로 할까 막 이런 생각을 막... 머리를 돈이니까 나도 돈 쓰고 돈 써야 될 일이 많은데 그런 걸 하나씩 챙겨주자 하는 것도 돈이잖아. 그러니까 규모를 얼만큼 하고 머리를 자꾸 자꾸 굴리는데 ○○이도 엄마 이제 하지마 하더라고. 그런데 내가 몰래 가서 구경하다 보니까 딱 해줬어. 해줬다 그랬더니 엄마 뭐라 그래, 뭐 물론 좋아하지. 전화가 막 자꾸 오니까 이거 꽃화분 받았다는 전화야. 그랬더니 그래 이제 하지마 그러더라고. 더 이상 하지 말라고... 그런데 인제 그 사람들이 다 고마워하고 행복해하고 너무나 행복해 해... 누가 자기한테 이렇게 번듯하게 카드며 뭐 이렇게 리본에 써서 그렇게 주는 사람 아무도 없다 이거야. 아무도 없었는데 나만 이렇게 해줬으니까...

상담자59 : 그러니까 선생님이 그런 선생님 자신이 아닌 다른 사람들이 자기에 대해서 생각할 것인가를 슬며시 슬며시 하면서 어떤 마음이, 그런 걸 통해서 내가 만들어지는 거잖아요 나라는 사람이 어떤 사람인가를...

내담자60 : 대체로 나는 평균보다는 조금 위가 아닐까? 평균보다. 남들이 뭐 일상 속에서 파묻혀서 머리 쓸 줄도 모르고 뭐 감각도 없는 사람한테 그런 걸 딱 주고 이렇게 반짝하게 기쁨을 내가 줄려고 노력하고 하다못해 나는 이렇게 막 계단 청소하러 오는 부인이 있어. 그 겨울철에 닦는 거 보면 막 안쓰러워 내가. 내가 안쓰러워 죽겠어. 그래서 들어가서 우유도 주고 귤도 주고 그럼 막 고마워하지

상담자60 : 그렇게 정리를. 그런 얘기를 하실 때 뭐 남편이라든지 시어머니라든지 자녀라든지 친구라든지 이런, 정리하실 때 마음은 어때요 선생님 지금 마음이.

내담자61 : 행복하지... 내가 내 스스로가 괜찮은 인간이다. 괜찮다. 그러고 내가 미국 갔을 때도 형제, 우리 칠남매잖아요, 그런데 결국 이혼해서 내 동생하고 제부하고 제부한테 내가 편지도 써줬어요. 그랬는데 내가 편지를 써주니까 빙그레 웃더래. 자기한테 누가 편지를 하나 갖다 줘. 괴팍스럽고 막 뭐 하여간 좀 좋지 않았는데 나는 정성을 다해서 제부가 나한테 내가 스테이하고 있는 동안에 말이라는 건 딱 두 마디 했다. 오셨습니까 하는 거 하고 갈 때 잘 가시오 그 두 마디밖에 안했다. 그것도 내가 글 속에 써놨어. 그랬는데도 참 풀어가면서 손주를 다독거릴 때 손주 보고 막 행복해하고 좋아하고 그런 장면들을 내가 일일이 묘사해서 쓰고 또 하여간 그 사람이 좋아할 수 있는 긍정적인 면을 글 속에 써놨더니 빙그레 웃더래. 그런 남잔데 결국엔 이혼을 했어. 이혼했는데 무슨... 했는데 아무도 나한테 저녁을 같이 먹으면서 이제 저녁을 샀어 저녁을 사고 나서 칠남매 중에 내가 제일...

상담자61 : 훌륭하다,

내담자62 : 제일이다 제일 뭐 제일이다. 이런 소리를 하길래 어... 나를 그렇게 무심하게 말 두 마디밖에 안 한 저 사람이... 어떻게 나를 알아보나 뭐 이런 생각이 들기도 했었고...

상담자62 : 선생님이 그 때 그 지금 마음을 오래 오래 간직하세요.

내담자63 : 그런데 그게 유지 안 될 때가 좀 있지… 많아요. 그러니까 내가 자존감이 없다는 게…

상담자63 : 아니야 없는 게 아니구.

내담자64 : 어렸을 때부터 자존감이 그냥 생겼다가 마는 게 아니야. 어렸을 때부터 차곡차곡 쌓아져서 어느 정도 탁 기반이 있는 거지.

상담자64 : 그거를 이렇게 유지하면 지금도 이제 탁 깍아 먹고 있거든

내담자65 : 깍아 먹고

상담자65 : 응 그럼.

내담자66 : 아니 난 정확하게 말하고 싶어서…

상담자66 : 정확하게 말하면 도움이 되요? 선생님은 왜 정확해야 돼? 하나도 도움이 안되는 거 왜 정확하게…

내담자67 : 이렇게 하면 밝은 면도 있고,

상담자67 : 정확하게 해서, 정확하게 하는 거 선생님 좋아하시는데, 정확하게 해 갖고 도움이 되요?

내담자68 : 도움이 되든 안되든 간에…

상담자68 : 정확한지는 아무도 모르지, 주관적이니까 이제. 선생님이 분명히 나는 괜찮은 사람이다라는 생각을 했는데 이게 너무 기반이 약하다. 응? 기반이 약하지

내담자69 : 아주 약하지

상담자69 : 실제로 그렇지도 않은 선생님이 오랜 세월동안에 노력을 하고 지금 돌아가신 엄마 아버지가 또 우리 K선생님 지금 와서 얘기를 한다면 어떻게 할 것 같애?

내담자70 : 우리 아버지는 나한테 미안해 할꺼고

상담자70 : 그런 얘길 했었었지, 엄마는 어때?

내담자71 : 엄마는 좀 둔한 거 같애. 매일 둔하고

상담자71 : 그래도, 그래도 돌아가신 마당이니까 뭐라 그럴 거 같애? 둔함을 여전히 유지하고 계시나? 뭐라 그럴 것 같애?

내담자72 : 그래도 뭐 자기들 삶에서 여기저기서 듣는 말이 있잖아 고마워하겠지 내가 일을 그만큼 했고, 당신 엄마로서 해야 할 역할을 많은 부분을

내가 다 이렇게 했으니까 거기에 대해서는 고마워하겠지... 그런 걸 제대로 대접을 못했다 하는 그런 것들이 있을 것 같애. 대접을 못했지 사실은...

상담자72 : 그렇지. 선생님이 우리가 정리를 한다는 게 선생님의 70년간의 인생을 정리를 한다고 했었으니까 어떤 식으로 정리를 할까. 그 선생님 주변의 주변 사람들이 K선생님을 어떻게 볼 것이냐 그걸 좀 K선생님이 정리한다는 걸 K선생님 자기 안의 모습이거든.

내담자73 : 사람들이 느끼는 거는 다를 수도 있고,

상담자73 : 아니 그게 충만하다는 거야. 그 사람들이야 뭐 그거는 그 사람들 문제고 선생님 안에 있는 그 사람. 선생님 안에 있는 그 사람들의 모습을 객관적으로 이렇게 해갖고 하는 거잖아요 그러니까는 그게 K 선생님이지 이게. 그러니까 그런 선생님으로서 정리를 할 수 있다 이거지. 너무나 열심히 사람한테 칭찬을 받기에 충분한 그런 분이었다라는 것이 다 드러나고 있는데 선생님은 너무 아쉬워한다고... 거기로 가지 않으셔도 괜찮은 거예요. 충분히 선생님은 그거를 느끼고 가지셔도 될 만큼의 그런 분이라는 걸...

내담자74 : 항상 나를 이렇게 뭐라 그럴까... 지지해주시는 분이야. 그래서 내가 이렇게 편하게 말하는 거야, 사실 내가 무슨 말을 할까 나도 오늘 오면서 고민이 좀 되더라고 무슨 얘기를 해야 되나... 어느 방향으로 가야 되나 그것도 막막했어

상담자74 : 잘 한 거야...

내담자75 : 막막했어. 근데 막 이야기가 나온 거야. 이렇게 가감하고 이렇게 뭐 생각하고 없어. 선생님이 굉장히 이렇게 내가 자유롭다 이거지. 감정에 대해서 이렇게 오픈해 있는 거지. 내가 어떤 사람한테는 나는 요런 정도만 얘기하고 요렇게 요렇게 가리잖아

상담자75 : 그게 선생님의 능력이잖아. 어디선 할 수 있고 어디선 안하는 게 잘 가릴 수 있는 게 선생님 갖고 있는. 만약에 내 앞에서도 나는 분명히 오픈 시켰는데 선생님이 그냥 요렇게 있다면 그건 병이야. 열려져 있는데서 말 못한다는 건

내담자76 : 글쎄 내가 오면 서도 무슨 얘기를 하나 고민스러우면서도, 아, 만나

면 뭐 또 얘기가 나오겠지 하는 생각이 들어서

상담자76 : 그거 선생님이 그거를 굉장히 건강하게 반응을 한다는 거야. 만약에 내가 열릴 수 있는데도 선생님이 그렇게 있다면 내 문제가 아니라 선생님 문제지. 선생님이 자유롭게 얘기할 수 있다는 건 거기 장소에 따라 선생님은 언제나 융통성을 발휘해서 움직일 수 있다는 거야. 병들은 게 아니라는 거야

내담자77 : 근데 내가 인제 또 하나는, 시간이 다 됐네.

5) 노인상담을 진행한 후기

- 상담이라는 계약 관계 형성이 어렵다
  - 심리상담에 대한 이해 부족
  - '상담'을 하려면 문제를 인정해야 하고, 그 문제를 다루는 것에 대한 저항이 있다.
  - 상담 구조화에 어려움이 있다.
  - 상담 장면에 익숙하기 어렵다.
- 개인적 문제를 다루는데 동반되는 저항이 발생하는 이유
  - 문제를 다룰 수 있는 신체적 체력이 부족하다. 그러나 노인내담자를 약자 취급하지 않도록 주의한다.
  - 저항할 수 있는 합리적 이유들이 있다.
    예: 몸이 아프다. 이제 와서 무슨 소용 있나 등
  - 문제의 근원이 길기 때문에 다루어도 소용없다는 생각이 든다
  - 그 문제를 가지고 살 수 있는 암묵적 전략을 가지고 있다.
  - '자신에 대한 인상'을 주고자 한다.
- 상담 초점화가 어렵다
  - 한 문제에 집중하기가 어렵다. 신체적인 문제에서 인생 동안 유지해 온 문제까지 스펙트럼이 매우 넓다.
  - 한 문제는 다른 문제들과 심각하게 연결되어 있다.
  - '내적 균형잡기'가 이루어져 편파적 초점이 어렵다.
- 문제가 제시되지 않더라도 이야기를 들으면서 상담자가 핵심적 문제와 그

문제가 드러나는 상황이나 관계에 초점 맞추어 상담을 구조화하여 진행해야 할 것임.

예: K여사 사례에서 인정받지 못하는 성실하고 열심인 삶(오히려 성실하고 능력있는 삶과 태도로 인해 주변 사람들에게 주어지는 암묵적 요구 및 그에 대한 저항) - 아들에 대한 이해, 아들에 대한 태도를 집중적으로 다루는 것 필요

- 상담을 진행하는 과정 특성
  - 단어가 생각이 나지 않는다. 인지적 기능 저하.
  - 말을 천천히, 혹은 띄엄띄엄 하는 경향이 있다. 연상이 매우 복잡하고 많다.
  - 꼬리를 물고 나오는 호소에 단하고 반응하거나 종결하기 어렵다.
  - 상담자도 끊임없이 계속되는 불편한 호소가 불현듯 지겹고 짜증났다.

4. 〈사례 4〉 미술치료를 이용한 노인상담

(상담자: 허린강 박사)

1) 상담의뢰 배경

본 상담 사례는 내담자가 나이가 들어가면서 느끼는 신체기능의 저하에 따른 건강에 대한 염려, 우울감과 무기력감 등의 증가로 인하여 스스로의 감정조절 등에 대한 필요성을 느낌에 따라 본 내담자가 평소에 관심을 가지고 있었던 미술치료를 이용한 상담을 통하여 스스로의 내적 감정을 살펴보고 조절하기를 희망하여 진행하게 되었음.

2) 내담자 인적사항

- 나이 : 73세
- 성별 : 남
- 고향 : 북한
- 종교 : 무
- 직업 : 과거에 상담심리학 관련 교수였으며, 현재는 저서집필 및 상담분야

연구를 진행하고 있음.

- 동거가족 : 아들 두 명을 출가(손녀들이 있음)시키고, 아내와 함께 거주.

3) 상담진행

70년 9월 2일부터 9월 30일까지 내담자의 연구실에서 주 1회씩 5회기에 걸쳐서 진행되었으며, 회기별로 소요되는 시간은 내담자중심에 맞춰 회기에 따라 약 30분~1시간 정도가 소요되었으며, 추후에 내담자가 희망할 때 다시 5회기 정도를 더 진행하기로 함.

4) 상담목표

내담자 스스로가 현재의 억압된 감정과 주된 관심 및 소망이 무엇인지를 미술치료기법을 통하여 인식하도록 도와줌으로써, 내담자가 현재 지니고 있는 혼란스럽고 우울한 감정을 다스리게 하여 스스로의 삶에 대한 자신감과 자존감을 지닐 수 있도록 도와줌.

5) 상담전략

상담 목표에 맞추기 위하여 내담자중심 및 게슈탈트 미술치료 상담기법을 이용하여 내담자의 자존감과 자신감을 북돋아 주고 현재의 핵심감정 등을 인식하도록 상담을 진행함.

6) 상담진행 과정

- 내담자 중심의 미술치료를 이용한 상담을 위하여 클레이점토, 일반 점토, 수채화물감 도구, 색연필, 크레파스, 파스텔, 다양한 굵기의 붓과 다양한 크기의 화지 등을 내담자의 연구실에 사전에 구비해 놓음.
- 1회기에는 각 재료에 대한 설명을 하고, 내담자가 원하는 재료를 선택하여 편안한 마음으로 자유롭게 표현할 수 있도록 함.
- 2회기부터는 내담자의 심리적 흐름에 따라, 미술치료의 특성상 다소간의 재

료사용과 방법을 구조적으로 제시하기도 하였으나, 내담자가 거부감이 들지 않도록 자유롭게 선택을 할 수 있도록 진행하였음. 이에 내담자는 별다른 저항감 없이 수용하고 적극적으로 표현함.

7) 상담내용

〈1회기〉

클레이점토와 파스텔을 사용하여 촉감을 느끼고 연상되는 것을 자유롭게 표현하고 이야기 나눔.

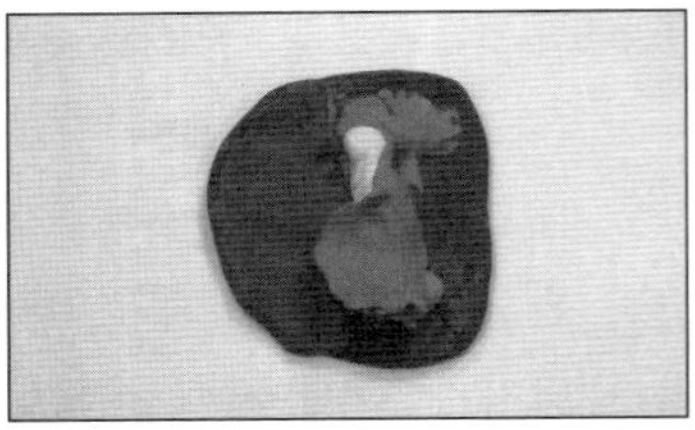

〈1-1〉

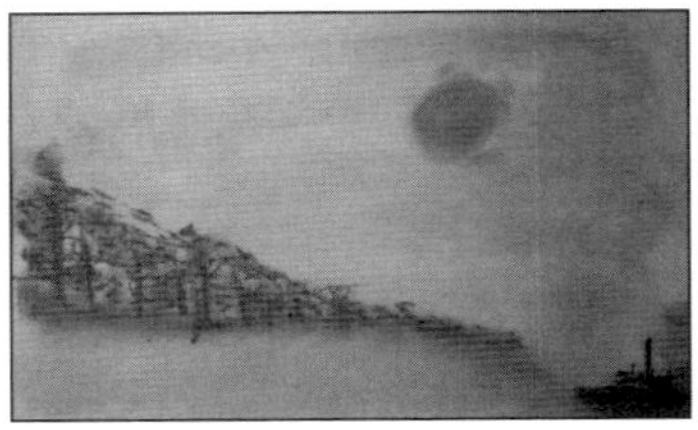

〈1-2〉

점토와 파스텔은 촉감재료로서 일반적으로 상담초기에 활용하기에 좋은 재료이며, 특히 클레이점토는 손에 묻지 않는 장점이 있어 내담자의 심리적 저항감을 덜어 준다.

내담자는 각 재료에 대한 설명을 듣고, 탐색하듯이 재료를 만져보았다. 조금 후에 별 저항감 없이 클레이점토로 빨강색 이불을 덮고 있는 신생아의 형태를 만들었으며〈1-1〉, 보라색은 밤의 이미지가 연상된다고 하였다.

시간적 여유가 있어 파스텔 재료를 한번 더 설명하고, 자유화를 그리게 하였다. 내담자는 잠시 생각하는 듯하더니 거침없이 그림을 그리기 시작했으며, 멀리 배 한 척이 떠있는 해송이 울창한 바닷가를 그렸다〈1-2〉. 내담자가 그림을 그리고 난 후 느낌에 대하여 물으니 "배가 바다에 그냥 떠 있다. 혼자 산책하고 싶을 때 산책하고, 배를 타고 싶을 땐 타고, 그렇게 여유로운 시간을 보내고 싶다"고 하였으며, 무언가 깊이 생각하는 듯하였다.

〈2회기〉

핑거페인팅 물감을 사용하여 연상되는 것을 자유롭게 표현하고 이야기함.

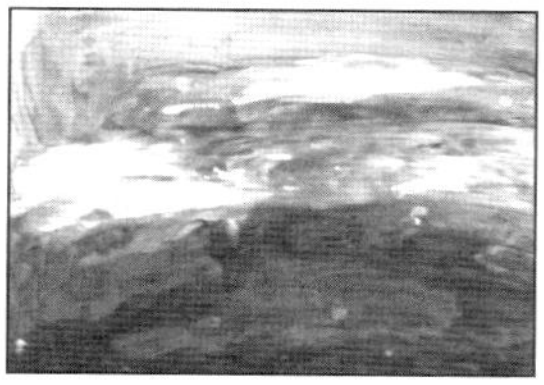
〈2-1〉

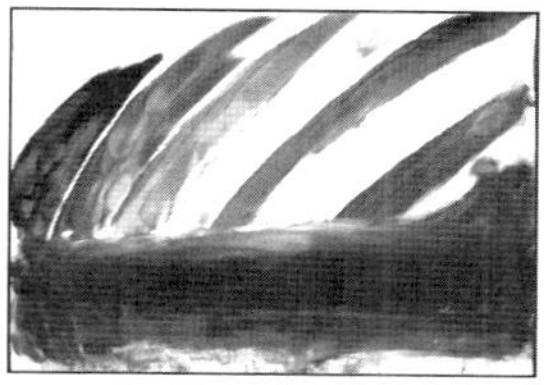
〈2-2〉

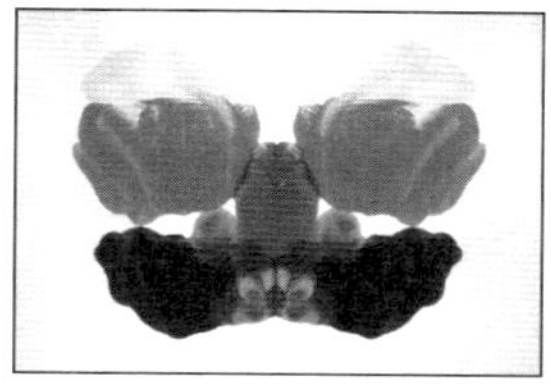
〈2-3〉

핑거페인팅은 손을 사용하여 그리는 기법으로 억압된 감정을 풀어내는데 효과적이라고 할 수 있다. 내담자가 자신의 깊숙한 내면의 감정을 표현하는 것을 어려워하고 있는 것 같아 권하게 되었다.

〈2-1〉 내담자는 그리는 과정 속에서 빨강색을 검정색으로 덮었다가 다시 칠하는 행동을 여러 번 반복하였다. 상담자는 내담자의 표현하는 과정과 결과물을 통하여 혼돈 속에서 무언가 생성되려는 이미지가 느껴졌다. 동시에 내담자가 빨강색과 관련된 감정을 해결해야 할 필요성을 느끼게 되었으며 이를 내담자에게 피드백하였고, 이에 내담자 역시 상당 부분 인정하는 듯 보였다.

〈2-2〉 상담자는 내담자가 그린 그림에서 새롭게 고양된 생각과 감정이 무지개의 상징(다양한 감정들, 만감의 교차 등)으로 솟아나오는 느낌이 들었다고 피드백을 하였다. 이에 내담자는 바람에 날리는 색색으로 염색한 천 같다고 말하였으며, 이러한 광경을 실제로 본다면 자유롭고, 무언가 시원하고, 편안한 느낌이 들 것 같다고 하였다.

〈2-3〉은 도화지에 물감을 짜고, 그것을 반으로 접어 나타나는 이미지를 보고 연상하게 하는 데칼코마니 기법이었다. 내담자는 양쪽에 공과 같은 빨강색과 노란색이 어우러져 있는 형상을 보고, 빨강색이 누르고 있는 것 같아서 부담스럽다고 하면서, 오히려 녹색부분과 바꿨으면 좋겠다고 하였다. 이에 상담자는 '빨강색에 대한 저항감이 나타나는 것은 아닌가' 하고 물어보았다. 이에 내담자는 수긍하는 듯이 조용히 고개를 끄덕였다. 상담자는 이러한 내담자의 빨강색에 대한 반응을 통하여 내담자의 내적 욕망이나 과거의 트라우마 등 (아직은 정형화되지 않은) 다양한 감정이 존재하고 있으며, 내담자가 그것을 무의식적으로 부인하는 것은 아닌가하는 느낌을 가질 수 있었다.

(위 〈2-1〉에서 언급한 빨강색과 관련된 감정과 비슷한 맥락으로 보이며, 추후

에 다시 다뤄보아야 할 부분이라 생각되어졌다.)

〈3회기〉

크레파스와 수채화물감, 다양한 굵기의 붓으로 자유롭게 채색하고 표현된 것을 이야기함.

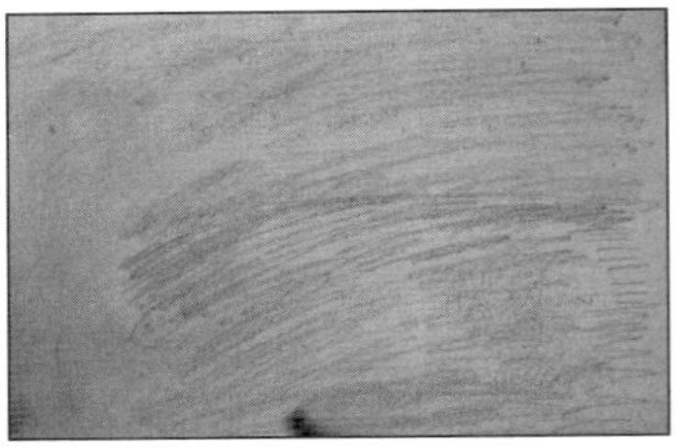

〈3-1〉

〈3-2〉

지난 회기와는 다른 방법으로 정서를 발산할 수 있도록 크레파스와 수채화물감을 다양한 굵기의 붓과 함께 권하였다.

위 그림〈3-1〉과 〈3-2〉는 상담자가 재료만 권하였을 뿐 내담자의 자발적인 표현이라고 할 수 있다. 두 그림은 연속적으로 표현된 한 장의 그림으로 시간이 지남에 따라 색채가 더욱 풍부해지고 강해졌음을 알 수 있는데, 이것을 통하여 무언가 불분명하지만 내담자의 감정이 강하게 발산되려고 함을 엿볼 수 있었다.

이러한 상담자의 피드백에 내담자는 역시 긍정적으로 고개를 끄덕이며 수용하는 듯이 보였다.

〈4회기〉: 축어록

[꼴라주 기법: 본래 '풀칠', '바르기' 따위의 의미였으나 전용되어 화면에 인쇄물, 천, 쇠붙이나 나무 조각, 모래, 나뭇잎 등 여러 가지를 붙여서 구성하는 회화기법 또는 그러한 기법에 의해 제작되는 회화를 가리킴.]

〈4-1〉

〈4-2〉

상1: 한 주 동안 잘 지내셨어요?

내1: 나는 허선생 만나면서 한 주가 시작됩니다. (웃음)

상2: 영광입니다 선생님. (웃음) 오늘은 꼴라주라는 기법으로 후회되는 것들과 하고 싶은 것들을 나누어서 작업하셨는데, 결국은 한 맥락으로, 어쩌면 아쉽기 때문에 하시고 싶은 것들이 함께 이어지는 것들이 된 것 같아요.

내2: (침묵)

상3: 이 중에서 가장 아쉽고, 가장 하시고 싶었던 것을 고르신다면 어떤 것을 고를 수 있을까요?

내3: (잠시 침묵) 가장... 뭐요?

상4: 네~ 이 중에서 가장 아쉽고, 가장 하시고 싶은 것들을 하나 또는 두 가지를 고르신다면 어떤 것들이 있을까요?

내4: (4-1을 가리키며) 이 기와집 건물이 내 눈에 자꾸 밟히고 있는데, 이것이 아마 내가 아쉽고, 이런데 살면서 여생을 보내고 싶은 것 같아요.

상5: 네~

내5: 근처에 이런 강가에 소나무가 있는 산책길이 있고... 이건 좋아할 뿐이지 꼭... 아쉬운 것... 그 다음에 이 부분에서도 (4-2를 가리키며) 내가 젊고 능력 있는 조수를 좋아해요. 그게 아쉬워요. 컴퓨터를 잘 다루고, 원고정리 잘하고, 또 교정지도 웬만한 기초적인 것은 다 해주고 모르는 것, 못하는 것만 골라주면 난 그것만 하고 OK할 수 있는 그런 능력 있는 여비서가, 여성조수가 있으면 했는데 아쉬워요.

상6: 네~ 그런데 꼭 여성 조수여야 하나요?

내6: 그런 것 같아요. 남성은 내가 별로 경험하지 못했는데, 남자는 대학원을 졸업하고 용의는 도와주겠다고 하지만, '선생님' 하며 도와준다고는 하나, 능력이 없거나 시간이 없거나 해서 내가 그것에 대해 좋은 경험이, 기억이 없어요. 그래서 OUT입니다. 남성은 생활이 바쁘고, 가정이 있거나 하니까... 그런데 여성의 경우는 결혼을 했어도 열심히 도와주고 능력 있는 사람을 내가 봤어요. 기왕이면 이처럼 체격도 좋고... 인물도 좋고...

상7: 능력도 좋고, 보기에도 좋고요... (함께 웃음)

내7: 네~ 내가 욕심이 많지요? 하여간 그래서 내가 아쉬워하는 편이고...다음에 내가 과거에 요트 타고... 유명한 심리치료의 대부가 있는데, 하와이에 살아요. 지금 살았다면 구십 육~칠세 정도 되었을 거예요. 내가 70년대 미국에 처음 도착해서 그 사람을 만났을 때 다른 몇 사람 친구와 함께 나를 자기 요트를 태워준 기억이 나요.

상8: 타보신 경험이 있으신 것이죠?

내8: 그럼요. 71년도 쯤에...

상9: 71년도요? 그때 연세가 어떻게 되셨나요?

내9: 30대 정도...

상10: 제가 두세 살 정도 되었을 때였네요. 너무 좋으셨겠어요.

내10: 나로서는 상당히 인상적인 경험이죠. 사진 하나라도 찍어 두었으면 좋았을 텐데... 그 후로 미국에서 돌아올 때 그 사람 집에 갔었던 기억도 나고... 두어 번 이상 만났던 기억, 그건 뭐 그 사람이 여유가 있었으니까...이건 남녀지만, 나는 여유를 부릴 수 없지만... (4-2를 가리키며) 자동차에서 빨간 드레스를 입은 여성이 내리는 장면이 내가 좋아하는 장면이에요.

상11: 빨간 의상을 입었네요. 빨간 구두와.

내11: 빨강색이 원초적인 외침이라고 했지요? 책에서... 자그마한 차에, 빨간 드레스를 입은 여성이 내 조수라도 좋고, 내 손님이여도 좋고, 차에서 내려오는 환상, 판타지가 생길만한 좋은 장면이라고 볼 수 있고, 빨간 드레스를 입은 여성이 자기 차로 나를 찾아와서 "선생님, 제가 뭘 도와드리면 될까요? 남은 일이 뭐지요?"라며 물어보는... 그러니까 나는 갖고 싶고, 경험하고 싶으면서, 동시에 아쉬워서 같이 복합적으로 증명을 하고 있는 거죠? 선생님의 해석은 오늘 어떻게 할 수 있겠어요?

상12: 제가 해석을 해드리기는 좀 그렇구요, 이런 작업들을 왜 제가 주제로 잡았냐 하면 고령자 대상으로 하는 경우에, 특히 회기가 끝나갈 무렵에, 마감하고 정리하는 시점에서 후회되는 것들과 하고 싶은 것들을 스스로 정리해 보자는 의미에서 타이틀을 제시한 것이고요. 대부분 그렇게 연결지어 작업을 해요. 그러다보면 아무래도 과거로 많이 가게 되지요. 생각이 과거로 가면서, 선생님께서 요트사진을 오리시면서 과거의 어떤 장면을 떠올리신 것처럼, 과거에 대한 아쉬움을 느끼게 되지만 또한 미래에 대한 비전을 가질 수 있어 이런 작업을 한 것이고요. 꼴라주 작업은 하고 싶은 것을 이미지로 표현하기에 너무 막연하고 힘들 수 있는 부분을 이미지가 이미 있는 것을 대신 오려서 작업을 하면 되기 때문에 간편하면서도 그것에 대해 이야기를 하면서 많은 것을 끌어낼 수 있기 때문에 하게 된 것입니다.

내12: 내가 많은 것을 끌어낸 것은 없고, 내가 요트 그림에서 내가 회상한 것은 내가 그 후에도 탄 적이 없어요. 그런데 70년대 초에 그 사람이 초대를 해서 그 사람 요트를 다른 몇 사람과 타던 기억이 난 것은 나에게는 모처럼의 드문 경험이었다는 새삼... 아마 우리나라 심리학자 중에서 그 사람의 요트를 타 본 사람은 없을 거예요. 그 사람을 만나본 사람은 몇 사람은 내가 아는데, 나를 초대를 한 것은 50년대 말과 60년대 초에 그 사람이 논문을 쓴 것이 있어요. "내가 '집단심리치료의 원인'에 대한 당신의 논문을 읽었다." 했더니 상당히 놀라는 표정으로 좋아하더군요. 그래서 하루는 해안에 놀러가는데, 요트를 태워 준다고 했어요. 나는 이 요트를 다룰 줄 모르니까 가만히 타고 있었지만... 아무튼 그 사람이 살았을까? 그 사람의 연락처가 있는데 그동안 내가 그 사람에 대해서 무심했다는 생각이 듭니다. 소식을 일 년에 한두 번씩은 주고 받았어야 했는데...

상13: 아쉬운 마음이 드시는군요.

내13: 내가 그 사람을 초대하려고 했어요. 정신과 의사들 국제 모임에 초대하려고 했는데 그 사람이 그 모임에는 참석할 용의가 없지만 다른 성격의 모임이라면 다음 기회에 참석하겠다는 장거리 전화를 한 적은 있어요. 한 10년이 넘었네요. 미국에서는 그 정도 세계적인 학자니까... 요트를 소유할 수 있는 능력이 상당히 부럽습디다.

상14: 이것을 오리면서 그분이 떠오르셨나요? 아니면 붙여놓고 보니 떠오르셨나요?

내14: 아니, 설명하다보니까. 사실은 이 젊은 여자를 데리고 놀러나가는 장면이잖아요. 그런데 '요트' 하니까 옛날 생각이 난 것 같아요. 내가 능력 있는 여조수가 있으면 좋겠다고 했는데 그것에 대해서는 어떻게 생각하세요? 미술치료전문가로서...

상15: (4-2를 가리키며) 제가 생각하기에는... 선생님, 보세요! 이쪽에는 전부 여성이 들어가 있어요. 그래서 빨강색, 아까 원초적인 빨강색이라고 언급하셨잖아요. 그런 부분이 아무래도 선생님의 내면에 가지고 계신 여성에 대한 부분과 관련이 있지 않을까 하는 생각이 듭니다.

내15: 어떤 관련이 있어요?

상16: 뭐랄까요, 여성과의 어떤 관계? 뭐라고 설명 드려야 할까요? 아무튼 빨강색이 선생님께 계속 등장하는 색이잖아요. 그런 부분이 아무래도 선생님 내면에 가지고 계시는 여성의 이미지와 관련이 있지 않을까 하는 생각을 해보았습니다.

내16: '관련이 있을 것이다' 라는 그것이 '어떤 관련이 있을까?' 가 내가 궁금한 점입니다.

상17: (난처해 하며) 그것을 제가 말씀드려야 할까요? 선생님.

내17: 아니, 치료자가, 전문가가 그 얘기를 해주면 좋겠다는 거죠.

상18: 그건 선생님께서 느끼시는 부분이 있으실 것 같은데요.

내18: 생각이 어렴풋이 있을 텐데, 그건 내가 의식화되어서 안 될 것이고, 말로써 표현하기 힘든 그런...

상19: 음... 표현하기 힘든 부분이 있으세요?

내19: 그렇잖아요? 이 자료에서 뭔가를 생각해내고 그것을 말로 표현한다는 것은 힘들잖아요?

상20: 네에~ 사실 선생님이기 때문에 제가 어려운 부분이 있어서요. 만약 일반 내담자였다면 제가 말씀드리기가 편했을 수도 있을 텐데요. 제가 짐작하는 부분이 있으나 감히 말씀드리기가 어려운 부분이 있어요.

내20: 네. 그러니까 그 부분을 얘기해 주세요. (함께 웃음)

내21: 그게 나에게 공부가 되겠고...

상21: 그건 제 느낌이고, 그게 제 생각이기 때문에 그것을 감히 말씀드리기가...

내22: 함부로 이야기를 하기가 어려운... 뭐... 단서랄까. 그 다음의 본론이 상당히 중요할 것 같아요.

상22: 음... 글쎄요... 선생님께서는 남성이라는 그런 부분... 선생님은 남성이시잖아요. 선생님께서 가지고 계시는 남성성과 또는 그간 살아오시면서 어떤... 감히 말씀드리지만 '억압'이라면 억압일 수도 있고, 마음에 드는 여성과 마음껏... 혹은 사랑이라든가 하는 감정에 있어서요, 다시 말씀드리자면 여성과의 원만한 관계, 뭐랄까 긍정적인, 자연스러운 관계, 욕구, 이런 것들이 느껴집니다.

내23: 여성과의 긍정적인 관계라면 어떤 것을 말하는 건가요?

상23: 글쎄요. '사랑'이라는 감정일 수도 있을 것이고, 사랑을 못해본 사람도 있을 것이고, 저도 감히 사랑을 해 봤다고 말씀드리기가 어려운 부분이 있고, 사랑이 뭔지도 잘 모르겠지만요. 선생님께서 남성과 여성과의 사랑, 감정, 이런 것들에 대한 아쉬움이 있으신 것은 아닐까 하는 생각이 들었습니다.

내24: 아쉬운 부분의 내용이 뭔가 긍정적이고, 현재는 이루어지지는 않으나 그렇게 하고 싶은 좋은, 긍정적인 여성과의 관계가 하나의 욕망으로 나타나고 있는 것이라고 말할 수 있는 건가요?

상24: 네~ 저는 그렇게 생각이 듭니다.

내25: 그래요, 적절한 해석 같아요. 왜냐면 대체로 그런 방향일 것이라고 수긍하는 것이... 이쪽 꼴라주 작업에서는 세 조각에 전부 여성이 포함되어 있다는 것, 그 다음에 원초적인 외침으로 상징화되는 빨간 드레스 여인이 있고, 그 다음 어깨를 드러낸 육감적인...

상25: 유혹적이지요.

내26: 여성이 고개를 갸우뚱하고 쳐다보는 유혹의 눈길을 보내는 것 같은... 그러니까... 아... 내가... 이렇게 나를 시킨거구나! 이런... 자기는 말문만 열어놓고... 얘기를 만들라고 시켜놓고... (함께 웃음) 육감적인 여성으로부터 유혹을 받고 싶은... 그런 여성이 옆에 있었으면 하는 소망 같은 것이 이런 작업 결과에서 읽어진다... 이런 얘기입니까?

내26: 아까 비서라고 말씀하셨지만 저는 비서라는 것이 그것을 모두 다 충족을 할 수는 없는 상황... 그러니까... 아... 이렇게 말씀드려도 될까요? 비서는 사랑의 관계는 아니잖아요. 선생님께서 말씀하신 비서는 애정적인 관계는 아니잖아요.

내27: 네. 조수가 필요하다고 했죠.

상27: 조수가 필요하신 것은 맞는 것이잖아요 선생님. 그러니까 그것(사랑)에 대한 대리 만족적인 부분도 있지 않을까 하는 생각을 해 보았습니다. 비서로서... (침묵)

내28: 네? 대리만족?

상28: 아~ 네~ 제가 너무 했나요? 선생님?

내29: 아니, 아니 뭐... 허선생이 말씀한 것은 내가 뭐 크게... 뭡니까... 엉뚱하거나 크게 벗어난 것 같지는 않아요.

상29: 죄송합니다. 선생님. 제가 감히...

내30: 나로 하여금 자꾸 얘기를 만들도록 단서만 제공하시고, 유도작전을 쓰시는군요. 그런데 요트를 타는 것은 내가 과거에 하와이에서 그 박사를 만났던 추억을, 경험을 회상시켰지만은... 포인트는 이쪽 여성이 공통적으로 나타나고, 그 여성의 특징이 매력적이고 원초적인 그 욕구를 상징한다고 볼 수 있는... 빨간 드레스를 입고 찾아와 주기를... 찾아온 듯한 장면이기 때문에 그것이 나에게 있어서 내면의 것이 은근히 간접적으로 나타난 것 같아요.

상30: 그러나 이러한 장면은 선생님뿐만 아니라 많은 분들이 이런 표현을 할 것이라는 생각이 들어요. 선생님.

내31: 다른 사람도? 그렇게 얘기 하시면 내가 안심할 것 같아요?

상31: 아니요. 안심이 아니라 그냥 제 아버지가 이런 작업을 하셔도 같은 결과가 나타날 수 있을 것 같아요. 왜냐하면 삶에 있어서 남성으로서 굉장히 아쉬운 부분이 많으실 것 같거든요. 제가 아닌 다른 상담자가 하신다면 이와 같은 표현을 하실 수 있겠다는 생각을 했어요. 그리고 이 장면은 제가 아까 처음에 여쭤봤지요? 처음에 미국에 계시는 선생님을 생각하시면서 하셨냐 하는 질문요. 그런데 선생님께서는 나중에 이야기를 하시면서 작업을 하다보니까 미국에 계시는 선생님이 떠올랐다고 하셨거든요. 이 요트 사진도 남녀가 함께 있는, 정말 누구나 바라는 긍정적인 이미지가 아니겠어요? 저도 이렇게 다정한 장면을 연출하고 싶은데요. 아무튼 그런 것들이 선생님의 내면에 있는 것이 아닐까. 미국에서의 요트를 타셨던 경험도 있지만 남녀가 함께 있는 'scene' 이라고 하나요? 그런 장면도 아쉬운 부분이 아닐까, 그런 것들이 무의식적으로 표현되는 이유가 분명히 있을 것이라고 한다면요.

내32: 이쪽 그림은 어떻게 볼 수 있을까요?

상32: 네 그래서 이쪽 그림(4-1을 가리키며)은 선생님 생애의 전반적인 부분, 남성으로서의 아쉬움이 아니라 살아 오시면서의 아쉬움이랄까요.

내33: 아, 그러니까 이쪽은 남성으로서의 소망사항이고 이쪽(4-2를 가리키며)은 살아오면서 욕망은 있었으나 그렇지 못한 아쉬움이 느껴진다고 할까요?

상33: 네. 그렇게 느껴집니다.

내34: 네. 그렇겠군요. (4-1을 가리키며) 고가의 조용한 동네의 대청마룹니까? 큰 마루, 통풍이 잘되는 기와집이 있는 이런 곳에서 살면 얼마나 좋을까 하는 생각을 옛날부터 했고...

상34: 이루어질 수 없을까요?

내35: 뭐 이제는 떠났죠. 이제는 생각이 있다면, 기회가 있다면 서울의 아파트 청산하고, 옛날부터 살고 싶었던 집이라는 것은 인정하고 싶은 사실이예요.

상35: 사모님은 한옥과 같은 집은 좋아하시지 않나요?

내36: 네. 생활양식이 이런 곳과 맞지 않아요. 나 혼자라도 이런데 가서 살고 싶은 생각이 들어요. 가족과 의논해서 하기가 힘들잖아요? 괜히 지금은 그런 구속에서 벗어나서 살고 싶다면... 이해가 됩니까? 혼자 산책을 하는... 여기에서 손녀들과 또는 아들들과 함께 낚시를 하고 싶다는 생각을 하는 사람도 있겠지만 나는 혼자 하고 싶어요.

상36: 네. 저는 충분히 이해가 갑니다.

내37: 혼자서 키가 큰 나무 숲길을, 또 다른 쪽에는 물가, 물이 흐르는 강가를 산책하는 것은 혼자 해야 해요. 멋있고 조용한 그 길을...

상37: 네~ 그런데 예전에 그린 그림(1-2를 가리키며)과 이미지가 비슷하네요.

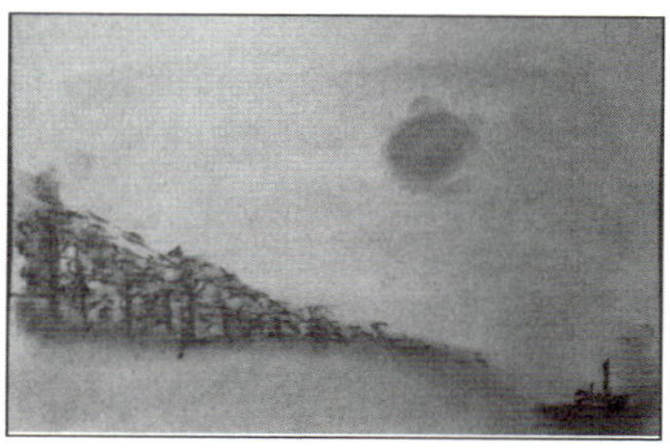

〈1-2〉

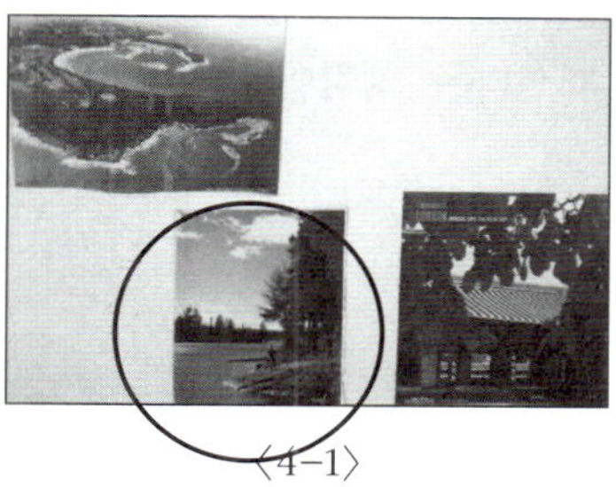

〈4-1〉

물론 바다의 이미지지만 물과 육지가 함께 있는 것이요. 선생님께서 바다

와 육지의 그림에 대해 설명하실 때도 지금과 유사한 말씀을 하셨어요. 혼자 산책하고 싶을 때 산책하고, 배를 타고 싶을 땐 배를 타고...

내38: 뭐요?

상38: 배가 그냥 떠 있다. 혼자 산책하다가 그렇게 여유로운 시간을 보내시고 싶다고 말씀하셨거든요. 이미지가 비슷하다는 생각을 해 봤어요.

내39: 아~ 맞아요. 기억이 나요. 정말 그러네요. 뭔가 통하네요. 난 미처 그런 생각을 못했는데... 맞아요. 여기는 강물인데 저기는 바다라는 차이만 있고. 그런데 허선생이 이야기한 검정색이 대체로 억압성의 세계를 나타낸다고 하지 않았어요?

상39: 네~ 저는 그렇게 느낍니다.

내40: 검정색이 나머지 그림에 공통적으로 다 들어가요.

상40: 네~ 그렇지요.

내41: 그런 것은 어떻게 말씀 해 줄 수 있겠어요?

상41: 선생님께서 현실적이시든, 이성적이시든, 의식적이시든 어떠한 것을 누르고 계시는 것이 아닐까 하는 생각을 해보았습니다. 그러나 그것이 전혀 나쁜 것이 아니라는 생각이 들어요, 마지막 작업하실 때(2회기~3회기에 걸친 작업) 검정색으로 마구 덮으실 때 제가 바라보기에 '모두 덮지는 않으셨으면' 하는 바람을 가졌습니다.

내42: 억압하지 않았으면 좋겠다?

상42: 네~ 그런 부분도 선생님의 일부분이므로 자연스럽게 수용하고, 인정하고 사랑해 주셨으면 하는 생각을 해 봤어요. 작업하실 때 첫 번째 그림, 풍경 그림 다음에서도 나중에 빨강색을 다시 덧칠을 하신 거예요. 보이세요? 이 빨강이 나중에 칠하신 것이거든요. 빨강이 올라오려고 하는데 자꾸 누르고 계신다는 생각이 들었어요(〈2-1〉).

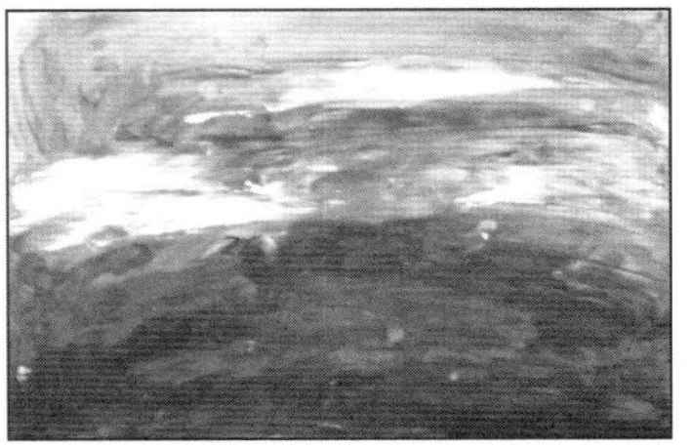

〈2-1〉

내43: 원초적인 충동이라든가 외침을 나타내는데, 사회적 위치나 관계같은 것 때문에 억누르려고 한다는 것 같아요? 처음 우리가 작업한 것과 연관이 나타나나?

상43: 네~ 처음에 작업하신 것(〈1-1〉)은 반대적인 것이라고 볼 수 있거든요. 이 아기가 탄생하고 있어요, 탄생했네요. 원초적인 빨강이 탄생했다고 볼 수 있겠지요. 더군다나 빨강색 이불을 덮고 있습니다. 아이라는 부분으로 그 때 밤이라고 하셨어요. 그럼 밤의 이미지, 밤이라는 것은 무엇인가? 그것은 선생님께서 생각하는 밤이란 정말 암흑과 같은 밤일 수도 있고, 아니면 죽음일 수도 있고, 여러 의미가 있을 거예요. 그런데 제가 이 날 따라 보라색 의상을 입고 왔어요. 그 때 선생님은 저를 보시고 굉장히 권위적으로 느껴진다고 말씀하셨어요. 부정적으로 느끼셨거든요.

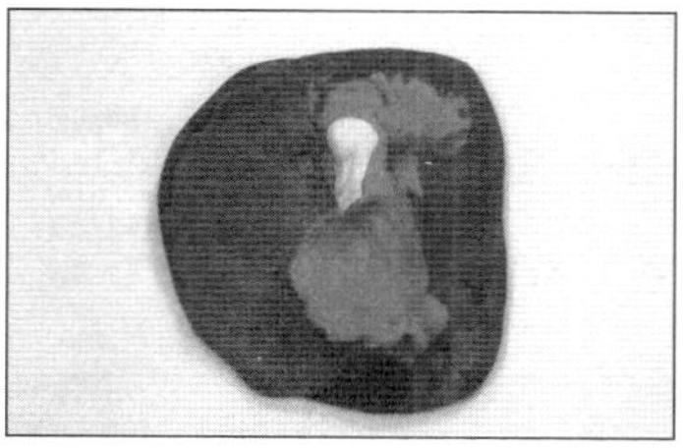

〈1-1〉

내44: 부정적이라기보다는... 하여간...

상44: 긍정적인 느낌은 아니셨지요?

내45: 부정적이기보다는 즐거운 쪽이 아닌...

상45: 그러니까 긍정적인 느낌은 아니잖아요. 그래서 저는 부정적으로 느꼈습니다. 빨강색을 파랑색과 혼합해서 나온 보라색은 빨강의 탄생을 부정(저항)하는 느낌의 상징으로 볼 수 있으며, 그렇다면 '선생님께서 저를 그렇게 느끼실 수도 있겠구나' 라는 생각이 들었습니다. 그리고 나서 빨강색이 계속 올라오고 있는 것이죠.

내46: 그런데 탄생은 뭐에 대한 탄생이라고 했지요?

상46: 빨강색의 탄생이요.

내47: 빨강색의 탄생? 빨강색은 이불로 덮고 있는데?

상47: 네~ 탄생을 하는 것 같았어요. 빨강색이라는 것이요.

내48: 탄생하면 좋은 거예요?

상48: 네~ 왜냐하면 선생님은 그간 많이 누르고 계셨기 때문에 이런 작업을 통해서... 인간은 무수히 많은 '나'가 있잖아요. '내 속엔 내가 너무도 많아~'라는 노래도 있듯이 빨강색이라는 것을 통해서 선생님이 그간 돌보지 못했던 감정들이 이런 작업을 통해서 자꾸 떠오르는 것이 아닐까요.

내49: 앞으로 빨강색을 통해서 느껴지는, 빨강색과 연결되는 심리적인 것이 많이 고양되거나 많이 표현되면 좋겠어요? 어떻게 하면 좋을까요?

상49: 그것을 적절히 승화시키셔야 할 것 같습니다. (웃음) 그것을 누르지 말고 표출하시되 어떤 방법으로 표현하실지는 선생님께서 잘 아실 것 같습니다. (웃음)

내50: 상당히 어려운 얘기네요. 적절히 표현하라. 누르지 말고 적절히 표현하라는 말이 무슨 뜻이에요?

상50: 자신이 하고 싶은 것들을 본능적으로 하는 것과는 또 다른 것이잖아요. 그러면서 또 다른 모습을 표현하는 방법은 선생님께서 더 잘 아실 것 같습니다.

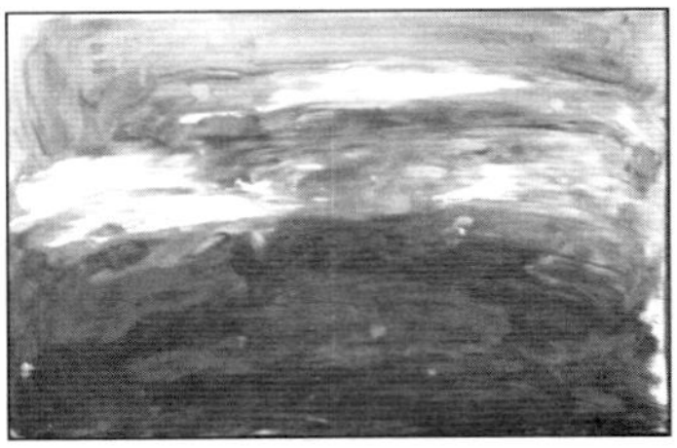

〈2-1〉

그리고 이 그림의 제목을 제가 짓는다면 태초라고 이름 짓고 싶다고 말씀드렸는데요, 혼돈 속에서 무언가 생성되려는 이미지와 같다라고 말씀드렸지요.

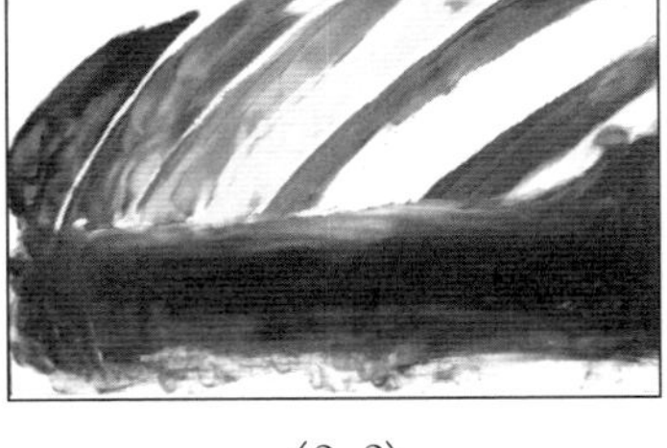

〈2-2〉

이 그림은 새로운 고양된 생각과 감정이 솟아나오는 것이 아닐까... 무지개의 상징으로요. 그때 선생님은 바람에 날리는 색색으로 염색한 천같다고 말씀하셨지요.

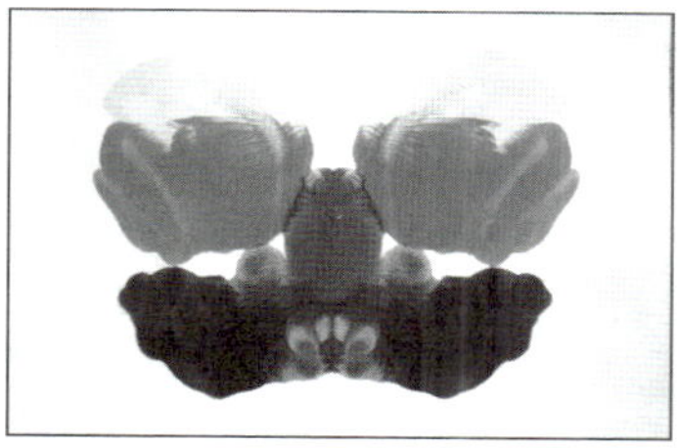

〈2-3〉

이 그림에서는 빨강색이 누르고 있는 것 같아서 부담스럽다고 하셨고, 오히려 녹색부분과 바꿨으면 좋겠다고 말씀하셨지요.

내51: 기억을 정확히 하고 계시네요.

상51: 그러나 저는 반대로 그것이 빨강색을 오히려 누르고 계시는 것은 아닐까 하는 생각이 들어서 그 부분을 말씀드렸었지요.

내52: 처음의 그림과 연결해서 아주 매끄럽게 진행하시는군요.

상52: 감사합니다. 선생님과 공감하는 부분으로 받아들여주세요. 어쩌면 제 느낌이 투사된 것을 말씀드린 것일 수도 있으니까요. 그럼 오늘은 마치고 다음은 조금 큰 도화지에 자유롭게 그림을 그리면 어떨까요?

내53: 좋습니다. 수고했어요.

〈5회기〉 축어록

사용하고 싶은 재료를 사용하여 자유롭게 표현하고, 그것에 대한 이야기 나눔. 내담자는 수채화 물감을 큰 붓을 사용하여 2절 켄트지에 표현함.

〈5-1〉

상1: 오늘은 어떤 기분으로, 느낌으로 그리셨나요?

내1: 처음에 내가 토막토막 된 네 개의 형태들을 귀성열차를 연상하면서 추석 때 고향을 찾아가는 길을 그린 거예요. 기차에 가득 찬...

상2: 네~ 가득 찬 기차요.

내2: 네. 고향 가는 기차를 연상하면서... 나도 고향에 가고 싶다. 서울에 60년 이상 살아도 고향같지 않아서 나도 남들처럼 (침묵) 여기서 대한민국에 고향을 둔 사람들이 요즘 추석이라고 야단법석 아녜요? 그것이 참 부럽게 느껴졌어요.

상3: 네~

내3: 나도 고향에 간다... 그럼 그것은 통일이 된 다음이겠지요? 고향에 갔으면 좋겠다는 생각이 대변된 것이 아닐까. 기타 대지와 하늘은 지난번 작업했을 때의 그림과 비슷한데, 붉고 검붉은 대지를 달리는 고향, 청명한 날의 고향길이라고 이름 붙일 수 있을까요?

상4: 그것에 대한 기억은 어느 정도 있으세요? 고향에 대한 기억이요.

내4: 고향에 대한 기억은 삼삼오오 개울가에 발 벗고 들어가서 고기 잡던 기억.

상5: 그것이 선생님 몇 살 때 기억이신가요?

내5: 멀리 고산지대가 보이고, 물이 내려다보이는... (기운이 없으시고 우울해 보이셨으며 작게 말씀하셔서 잘 안들렸음) 그림에는 물이 빠졌네요.

상6: 가실 수 있으시면 참 좋으실 텐데요. 명절이 되면 늘 이런 생각이 드시겠어요. 그런 마음으로 강화도에 가끔 가시는 건가요?

내6: 그래요. 내가 만든 고향. (침묵)

상7: 왠지 기차가 막힌 듯한 느낌이 들었어요.

내7: 어떻게 막혔을까?

상8: 양쪽에 나무가 서 있는데, 물론 뒤에 있는 것이겠지만 시각적으로 왠지 가로막고 있는 느낌이 들었어요. 그런데 선생님 말씀을 들어보니까 고향에 가고픈 마음이지만 현재는 갈 수 없는 마음이 그렇게 표현된 것이고, 그래서 그렇게 느껴진 것이 아닐까 하는 생각이 듭니다. 그리고 그리시는 과정 속에서 어두운 녹색으로 빨강색을 누르셨는데, 그때 저는 계속 누르시지 않았으면 좋겠다는 생각이 들었어요. 그런데 마무리를 하실 때 다시 밝은 색으로 덧칠하시고는 빨강색으로 다시 표현하시기에 고향에 대한 강한 소망이

빨강색에 담겨있는 것은 아닐까하는 생각을 했고, 긍정적인 생각이 들었습니다. (침묵)

내8: 이 풍경 중의 다른 어떤 것보다 기차에 많이 몰입을 하시는 것을 보면서 이 기차는 어떤 기차일까 하는 의문이 들었는데 선생님의 말씀을 들어보니 공감이 됩니다. (조금 긴 침묵)

상9: 다른 것보다도 기차를 완성하시려는 노력을 가장 하시는 것으로 보였거든요. (조금 긴 침묵)

상10: 부모님도 많이 그리우신가요?

내9: 네?

상11: 부모님이 많이 그리우시지요?

내10: 돌아가신 지가 벌써 한참 돼서 그립다기보다는... (무언가 생각하시는 듯 오랜 침묵)

상12: 벽에 붙여놓고 몇 번을 쳐다보면서 다시 점검해보지요.

내11: 네~ 그럼 오늘은 선생님 기운도 없으시고 하시니 오늘은 그만 할까요?

상13: 네. 그래도 좋으시다면. 괜찮으시다면.

8) 종결 후의 전반적인 느낌

일반적으로 고령자(노인)는 나이가 들어가면서 인간생존의 가장 기본이라고 할 수 있는 신체의 기능이 전반적으로 퇴화됨에 따라 사회적 위치 변화와 함께 적응에서의 어려움을 겪게 된다. 특히 지나온 세월에 대한 아쉬움과 회한, 건강과 죽음에 대한 두려움 등으로 우울증 경향이 증가하게 된다.

내담자 역시 현재 자신이 느끼고 있는 내적 욕구와 의지는 과거와 별다른 차이점을 못 느끼는 데 비하여 실제의 신체적 기능저하 및 사회적 시선 등이 자신이 생각해 오던 것과 현저하게 차이가 나는 것을 느끼고, 그것에서 오는 커다란 실망과 우울감을 함께 겪고 있는 것을 엿볼 수 있었다. 내담자는 삶에 대한 강한 열정과 의지가 있으나, 생의 전반적인 삶의 태도(그 시대를 살아온 다른 남성들도 마찬가지라고 생각됨)는 자신을 표현하고 드러내는 지금과 같은 자유로운 시대는 아니었기에 그러한 일렁이는 감정들을 억누르며 살아오실 수밖에 없었음이 가슴 아프게 다가왔다.

총 5회기의 미술치료를 이용한 상담을 통하여, 상담목표였던 내담자가 현재 억압된 감정과 주된 관심 및 소망이 무엇인지를 인식하여, 현재의 복잡하고 우울한 감정을 다스릴 수 있게 되고, 나아가 삶에 대한 자신감과 자존감을 회복할 수 있도록 돕는 것을 완전하게 해결하지는 못했다고 생각한다. 하지만 내담자가 그것을 인식할 수 있도록 도울 수 있었으며, 내담자가 그것을 위한 항해를 시작할 수 있게 되었으리라 생각된다.

미술은 자료의 영속성과 시공간성을 동시에 지닌다. 많은 사람들이 미술을 통하여 과거로의 여행을 하게 되는 것이다. 살아오면서 하지 못했던 것들, 아쉬웠던 마음을 색채로 표현하고, 그것을 이야기하고, 또한 그것을 통하여 자신의 마음을 확인해 볼 수 있다.

인생을 수레에 얹어진 짐에 비유한다면, 고령자는 많은 인생의 무게를싣고 가는 버거운 수레일 수 있겠다. 무거운 수레를 끌고 가다가 누군가를 만나 짐을 내려놓거나 덜게 되면 한결 가벼워지는 것처럼 노인에게 미술을 통한 상담은 이러한 무겁고 버거운 인생의 무게를 하나 둘씩 내려놓고 정리하게 하는 것이라 생각된다. 많은 노인들이 미술치료를 통한 상담을 통하여 이제까지와는 다른 방식으로 자신을 표현하고, 심리적인 안정감과 자신감을 회복하여, 나아가 보다 적극적이고 긍정적인 삶을 누릴 수 있으면 하는 바람이다.

■아쉬운 점

[내담자의 아쉬운 점]

그림 〈1-1〉에서 빨강색('욕정'이라 표현함)을 보라색(억압)이 억누르고 있다는 해석이 생소하다고 하였다.

그림 〈5-1〉에서 내담자가 10세 이전 소년시절을 북한과 동북3성에서 보낸 시기를 회상하며, 고향으로 가는 기차가 도중에 정지한 상태인 것을 연상하고 싶었는데, 이에 대한 탐색과정이 없었음이 아쉽다고 하였다.

[상담자의 아쉬운 점]

내담자가 미술 매체를 통한 표현 활동은 적극적이었는데 비하여 그 과정과 결과물을 통한 언어적인 표현보다는 혼자서 많은 생각을 하는 성향이어서 좀 더 많은 언어적 피드백을 주고 받지 못하였다. 또한 상담자로서의 본분보다는 내담자를 어려운 선생님으로 인식하여, 내담자가 직면을 필요로 하는 시기에 적절하게 직면을 못시키고 우회하여 표현하려 했던 점이 아쉬운 점이라 할 수 있겠다.

5. 〈사례 5〉 노인 개인상담의 중단 사례

(상담자: 여정숙; 지도교수: 이장호)

1) 내담자 관련 정보

(1) 인적사항

나이: 64

성별: 남

종교: 기독교

동거가족: 아내, 첫째 딸, 둘째 딸, 셋째 딸, 막내아들,

직업 및 가정경제상황: 경비직으로 일하여 한 달에 120만원 수입, 24평형 아파트에서 배우자 및 네 자녀와 거주

(2) 내담경위

29세인 아들이 일을 하지 않고 낮에는 자고 밤에는 컴퓨터 게임만 하는 것이 걱정되어 서울시 전화민원상담 서비스인 120에 도움을 요청하여 ○○시 건강가정지원센터를 안내받음. 센터에 면접상담을 신청하여 약 3주의 대기기간을 거쳐 상담을 받게 됨.

(3) 내담자의 인상

매우 깔끔한 복장과 외모에 대체로 건강한 모습으로 보였음. 왼쪽 귀에 청력이 좋지 않기 때문에 상담자에게 큰 소리로 말하여 줄 것을 부탁함.

(4) 가족사항

- 첫 부인: 자신보다 9세 연하(현 55세). 16년 전 자신이 48세, 아내가 39세에 이혼(당시 아들은 초등학교 6학년. 큰딸이 20세). 여러 가지 능력이 많은 팔방미인이라고 함. 매우 세련된 외모. 고향에서 상경하여 생계를 위하여 포장마차를 운영하던 중 아내의 외도로 인하여 법원에서 간단한 절차를 거쳐 이혼을 했음. 요즘 미용실을 운영하는 셋째 딸과 왕래를 하는 것으로 알고 있음.

- 현재부인: 6년 전에 재혼. 자신보다 9세 연하. 중국교포. 교회에서 만남. 자녀들이 불만을 표현해도 말이 없고, 깔끔하고, 까다로운 자녀들 뒷바라지를 정성껏 함. '천사'라고 표현. 음식을 매우 잘함.
- 장녀(36): 결혼, '어렵게 살고 있다.'(상담신청서에 자신과 동거하는 것으로 표시하였으나 이 딸에 대한 이야기를 거의 하지 않음.)
- 차녀(35): 자신의 힘으로 전문대를 졸업하고, 뉴질랜드에 어학연수 다녀옴. 무역회사에 다니고 있음.
- 삼녀(32): 논현동에서 상당한 규모의 미용실을 운영.
- 아들(29): 고졸, 외모가 출중하다고 함. 군대 다녀옴. 현재 무직.

2) 내담자의 호소 문제

내담자는 48세에 이혼하여 재혼할 때까지 10년 동안 당시 초등학교 6학년이던 아들을 비롯하여 4자녀를 밤마다 베개가 젖도록 울면서 키웠다. 교회에서 기도하면서 많이 울면서 기독교 신앙의 힘으로 살아왔으며, 지금은 교회에서 장로의 직분을 갖고 있다.

누나들 얘기 들으면 이혼 이후 어린 아들은 동네 가게 앞에서 누나들과 아빠가 올 때까지 기다리고 있다가 가게 주인에게 혼나기도 하곤 했다고 하는데 그런 것이 상처가 되었나 싶다.

아들은 제대 후 청원경찰로 1년 정도 일하고 놀다가 누나가 운영하는 미용실 카운터에서 1년 정도 일했다. 그러나 업무 태도가 좋지 않아 누나가 힘들어 하자 일을 그만두고 이후에는 계속 직업없이 집에서 놀고 있다. 낮에는 자고 밤에는 컴퓨터 게임만 한다. 카드 값 63만원이 밀려있기에 신용불량자가 되어 기록이 평생 갈까봐 갚아주었다. 핸드폰 값도 밀린 것을 물어주었다. 무슨 일이라도 해야 할 텐데 너무 답답하여 이야기하면 화를 낸다. 그런 아들의 모습을 보고 있으면 자신도 너무나 화가 난다.

재혼한 아내에게 걸려오는 스팸전화 때문에 집 전화번호를 바꿨더니 아들이 심하게 불만을 토로하고 이후에 사이가 멀어졌다.

새엄마 때문에 사이가 벌어졌는지 모르겠다. 딸들도 새엄마에게 너무 막 대하고 이제는 '아줌마'라고 부른다. 둘째 딸이 자신의 속옷세탁이 제대로 되지 않았다고 새엄마에게 소리 지르고 큰소리로 싸웠다. 나 하나 보고 온 아내에게도 뭐라 못하고, 딸에게 편지를 썼는데 답장은 없었다. 미용실을 하는 셋째 딸은 전처와 왕래가 있는 것 같은데 묻지 않았다. 셋째 딸은 아빠에게 전처를 데려올 테니 지금 엄마와 헤어지라고 말한다.

오직 한 가지 어려움은 아들이다. 직장에서 문자도 보내고 여러 가지로 대화를 시도하였으나 도무지 서로 의사소통이 되지 않는다. '우리 아이가 달라졌어요' 라는 텔레비전 프로그램처럼 아들을 변화시켜주었으면 좋겠다.

3) 상담진행

- 초기 면접 상담시 2009년 10월 6일부터 매주 1회씩 10회기에 걸쳐서 면접상담을 받기로 계약하였으나 10월 27일까지 4회기 상담실시 이후 내담자의 요청으로 종료(중단).
- 초기 상담시 상담이 진행되는 대로 필요에 따라 아들이나 딸들도 상담에 참석하는 것이 좋겠다고 제안하였으나 실시되지 않았음.

• 1회기: 2009년 10월 ○○일

내담자는 29세의 아들이 직업을 갖지 않고 낮에는 자고 밤에는 컴퓨터 게임만 하는 생활이 염려되어 아들을 변화시키고자 상담을 신청하게 되었다. 이런 문제를 아들과 이야기 해보고자 하여도 의사소통이 되지 않아서 결국 서로 부정적인 감정을 갖게 되어 관계의 악화를 초래하게 되었다. 텔레비전에서 어린이 대상 심리상담 관련 프로그램을 보고 ('우리 아이가 달라졌어요') 아들도 이와 같은 혜택을 받기 원하고 있다.

• 2회기: 2009년 10월 ○○일

내: 아들은 평소에 말을 안 한다. 항상 말속에 불만이 들어있다. 아빠 결정에 대해 부정적 반응이 많다. 애들이 불만을 이야기하면 만족하라고 한다. 아들이 일 안하는 것이 제일 걱정이다. 일을 안 하는 아들은 '정신 장애인' 이다. 나뿐 아니라 누나들도 다 그렇게 말한다.

상: 아들은 현 상황에 적응하고 나름의 인생을 살아가고 있다.

내: 나만 아들의 삶이 문제가 있다고 하는 것이 아니라 누나들도 모두 그렇게 말한다.

상: 아들의 삶은 나름의 적응 방식으로 꾸려가고 있는데 이를 문제삼는 것 아닌가. 아들의 입장을 이해하고 공감하도록 '들어주라' (직면)

내: 그러면 제가 문제인가? 제가 들어주지 않아서 이런 문제가 생긴 것인가? 상담을 받으면 이런 문제가 해결되는가? 마음이 답답하다. 해결책을 달라.

• 3회기: 2009년 10월 ○○일

아들의 방을 청소하다가 쓰레기통의 위치를 바꾸어 놓은 것에 대하여 아들이 불만을 표시하고 큰소리로 다투게 됨. 자신도 분노가 폭발하면 이를 다루지 못하는 버릇이 있음. 작은 일에도 분노를 폭발시키기 때문에 비록 상대방에게 잘못이 있더라도 자신이 빌게 되는 상황을 초래하는 행동패턴이 있다.

(한 번 이야기를 시작하면 상담자가 멈추기 어려울 정도로 자신의 이야기를 쏟아놓음.)

자신이 아들을 잘못 키운 것은 사실이다. 지금 아들에게 어떻게 행동해야 할지 모르겠다. 버릇을 가르치기 위해서 용돈을 주지 말고 매정하게 대하고 싶으나 그렇게 하지 말라는 주변의 충고도 있고... 아들의 졸업식에는 엄마가 다녀간 것 같은데 서로 그것에 대하여 이야기하지 않는다. 아들은 공부를 못했다(실업계 고등학교 졸업). 그러나 속을 썩이지는 않았다. 상담으로 아들의 문제가 해결되는지 이야기 해달라.

상: 아들의 문제가 무엇인지 파악하기 위하여서는 아들과 대화가 필요하다. 먼저 아들의 이야기를 경청해 보도록 하자.

• 4회기: 2009년 10월 ○○일

아들이 가망성이 있고 직업을 얻을 수 있게 될 것인가, 언젠가는 일을 하겠지 하고 바라보고만 있어야 할 것인가, 상담에서 어떻게(용돈을 주어야 할지) 대해야 할지 이야기를 해 주어야 한다. 그런 조언을 주지 않고 회기가 계속되는 것이 불만스럽다. 늘 집안에 할 일도 많고 시간도 저녁식사가 너무 늦어지기 때문에 힘들다. 상담을 종결하고 싶어서 전화했는데 일방적으로 종결하는 것이 규칙에 어긋나기 때문에 오늘 참석하였다. 같은 내용에 대한 이야기를 계속적으로 함.

상담자의 이야기는 수용되지 못함. 상담의 종결에 대하여 전화로 알려주겠다고 약속함.

4) 상담자가 경험한 노인 내담자 특성

첫째, 예의를 중시하며 규칙을 존중함.

내담자는 3회기 상담 이후 자신의 관점에서 상담이 별로 도움이 되지 못한다고 생각하여 상담종료를 희망한다고 해당기관의 담당자에게 전화로 의사를 밝혔다. 그러나 전화로는 상담을 종료할 수 없다는 해당기관의 규칙을 존중하여 기관을 방문하여 절차에 따라 상담을 종료하는 수고를 아끼지 않았다.

둘째, 청력이 떨어지기 때문에 큰 소리로 이야기해야 함.

내담자는 청력이 약하여 큰 소리로 이야기 해 줄 것을 상담자에게 부탁하였다. 이와 같이 내담자의 신체적 상황에 맞추는 일은 상담에 있어서 실제적으로 아주 중요한 일로 생각된다. 그러나 이에 따르는 어려움은 주로 차분한 톤으로 이야기하는 것이 익숙한 본 상담자에게는 평상시보다 조금 더 힘이 들었고, 상담자와 상호작용이 안되며 일방적으로 끊임없이 자신의 이야기를 계속하는 내담자에게 목소리마저 큰 소리로 이야기하다 보니 정서적으로도 약간 고조되는 느낌을 받았다.

셋째, 상담 경험이 없는 내담자가 상담에 적응하기 어려움.

① 상담에 대한 인식: 대중매체를 통하여 알게 된 '상담'과 실제 상담이 다르다는 것을 발견하고 상담을 이해하는 데 더 많은 시간이 필요함. 내담자는 실제의 상담을 경험하면서 자신이 텔레비전을 통하여 이해하게 된 '상담'과 같지 않음을 인식하게 되었으나 자신이 원하던 대로 상담을 진행하여 줄 것을 상담자에게 요구하였다. 즉 아들을 변화시킬 수 있는 방법을 코치해 줄 것을 일방적으로 거듭 요구하였다. 그러나 자신이 원하는 모습대로 아들을 바꾸는 행동요령을 모색하는 것이 아니라 자신이 아들과 상호작용하는 행동패턴을 점검해보는 방향으로 상담이 진행되자 실망감을 보이면서 상담을 3회기나 받아도 자신의 일상은 "맨날 똑같다"고 하며 상담종료를

원하였다.

다음은 상담내용에서 찾은 예이다.

내담자: ... (아들에게) 돈을 주어라 돈을 주지 마라 하는 것이 정답이 아닐지라도 계속 가망성 있고... 걔한테 이로울 수 있고... 일을 안 해도 너무 돈을 안 주면 고통스러우니까 계속 (돈을) 주고... 계속 그런 말을 들었으면 좋겠는데 그런 말도 없고 계속 세 번째, 네 번째 동안 아들의 흉과 가정의 문제만 얘기하니까. 시간도 없고... 오늘도 보일러가 터져서... (생략) ... 별로 신통한 말이 없어서 오늘 안 간다고 (해당기관에) 전화했더니...

상담자: 그러면 아들이 빨리 일어나서 일을 할 수 있는 정답을 받을 줄 알았는데 그런 것이 없고 자꾸 가족 얘기만 하다보니까 힘들어서 상담을 그만하고 싶은 생각이 드신 거죠?

내담자: 그러니까 정답보다도... 먼저도 말씀드렸다시피. 애들이 돈을 만원, 이만원 달라고 해도 주어야 되는지 계속 사랑으로 지켜봐주고 있어야 되는지... 주변에서도 딸들은 주지 말아라 하니까 주지 말고 냉정하게 해야 되는지... 그래야 되는지... 그래도 자식이니까 예를 들어서 빚이 있어도 갚아주고 만원 이 만원도 달라면 주고, 사랑으로 다... 정답은 아니래도... 그래야 걔가 부모를 가장 생각하고 좀 일할 수 있고, 그런 확률이 많은 방향으로 갈 수 있는데, 말하자면 일 안하다고 욕하거나 구박하거나 그게 아니고 사랑으로 돈 조금 달라고 해도 줘야 된다, 정신적으로 많이 배우신 분들이니까... 어느 것이... 이 세상 모든 것이 완벽하게 기계처럼 그런 게 아니라, 살아가는 거는 정답이 없잖아요. 제가 열심히 한다고 해서 백사람이 다 성공하는 게 아니잖아요. 그래도 꼭 성공을 못해도 부지런히 해야 한다는 거는 분명히 있잖아요. 그런 말을 듣고 싶은데, 시간도 오래 기다리기가 그렇고, 그래서 그만 해야겠다고 전화 드렸죠.

상담자: 아 그러셨구나. 그러니까 제가 아들에게 돈을 더 줘야 할 것인가 버릇을 고치기 위해서 엄격하게 해야 할 것인가 어떻게 해야 할지 조언을 주면 좋을 텐데 조언도 없고 시간도 불편하고 하니까 더 이상...

내담자: 며칠 와 봐도 똑같은 말만 반복하니까. 아유~ 일곱시 반 되서 와가지고 집에 가니까 10시 되고... (4회기 6' 55")

② 내면적 갈등을 대면하는 낯선 작업의 어려움과 그에 따른 망설임: 내담자는 여러 번에 걸쳐서 해당기관에 전화하여 직원인 담당자(상담자는 전화를 받지 않음)에게 상담종료에 대한 의사를 표하였다가 번복하였으며 결국 종료하겠다고 최종적으로 담당자에게 이야기하였다. 전화를 받은 담당자는 이 내담자가 너무 여러 번 결정을 번복하여 스케줄 관리가 매우 힘들었다고 이야기하였다. 이 기관의 규칙은 한 번 상담을 받게 되면 이후 1년 간은 상담을 받을 수 없게 되어 있다. 그러나 고령(64세)인 내담자의 특성을 고려하여 다시 상담 의사가 있을 때 언제라도 상담을 받을 수 있다는 사실을 전하도록 담당자에게 부탁하였다. 이 내용을 전달받자 내담자는 다시 내담하겠다고 이야기하였다가 이후에 번복하였다고 한다.

넷째, 상호작용이 어려운 일방적인 대화.

내담자는 상대방과 대화를 주고받기보다는 마치 독백을 하듯이, 자신의 이야기를 끝없이 이어가기 때문에 상담자가 상호작용에 심하게 어려움을 느꼈다. 상담자가 이를 직면하여 이야기하였으나 자신의 모습을 고찰하여 보는 태도는 보이지 않았다.

상담자1: 지금 계속 똑같은 말씀하세요. 주고 받고가 안 되고 일방적으로 똑같은 말씀을 하고 계시거든요.

내담자1: 어떻게 해야 되요?

상담자2: 제가 뭐라고 말씀드렸다고 생각되세요?

내담자2: 말로 표현을 못하겠어요. 알긴 아는데

상담자3: 비슷하게라도 말씀을 해주시면...

내담자3: 모르겠어요. 걔가 정신 장애가 아닌데 제가 일방적으로 걔를 무시하고 혼자 속상해 하고 문제가 걔한테 있는 게 아니라 나한테 있다고 들었는데... (중략)

상담자4: 탁구를 치면 공을 던지면 받고 또 던지면 받고 이야기가 그렇게 되잖아요? 그런데 똑같은 이야기를 또 하시구, 제가 공을 던지면 안 받으시고 계속 치기만 하시는 느낌이에요. (중략)... ○○(아들)이 하고 이야기를 할 때 내가 그런가? 내가 얘가 하는 말을 듣는가 보시면 좋겠어요. (2회기 53' 52")

다섯째, 체면을 유지하고 싶은 마음.

내담자는 이혼 후 10년 동안 혼자 세 명의 딸과 한 명의 아들을 키워왔으며 6년 전에 재혼하여 결혼한 딸을 제외한 자녀들과 함께 살고 있다. 그 동안 아버지로써 많은 어려움을 이겨내며 신앙에 의지하며 혼자 자녀들을 양육시켰고 현재까지 성실하게 직장생활을 하고 있다.

그러나 자녀 양육이 끝난 시점에서도 그동안 형성된 밀착관계를 정리하는 데 어려움을 겪고 있는 것으로 추정되며, 재혼한 아내와 성인 자녀들 사이의 갈등을 중재 및 해소하는데 어려움을 겪고 있는 것으로 생각되었다.

이러한 사실들을 상담자에게 토로하는 과정에서 내담자의 높은 연령을 고려할 때 체면 손상의 모험을 감수하는 것에 많은 부담감을 느꼈을 것으로 추정되나 (내담자: "아들의 흉과 가정의 문제만 얘기하니까."; 4회기 2' 25") 이러한 부담감을 덜 수 있을 만큼의 라포(신뢰관계) 형성이 어려웠다. 그러나 내담자가 시간의 여유를 갖고 서두르지 않고 언제라도 자신의 어려움을 해결할 수 있도록 상담실이 개방되어 있으며 도움을 받을 수 있다는 사실을 알려주는 것이 좋겠다고 판단되어 담당자가 이러한 사실을 전화로 잘 전달할 수 있도록 조치하였다.

5) 이장호 슈퍼바이저의 피드백과 상담자 의견

(1) 첫 1회기에서 오리엔테이션 및 구조화가 다소 미비한 점이 있었다면 무엇일까?

연세가 지긋하신 내담자가 저를 만나기 이전에 이미 짧지 않은 시간동안 해당 기관의 오리엔테이션 절차를 거친 사실을 염두에 두고 이 부분은 간략하게 진행되었기 때문에 이 부분이 간과되었던 것 같습니다. 좀 더 자세하고 친절한 오리엔테이션과 구조화 과정이 있었더라면 더 좋았을 것이라고 생각됩니다.

(2) 2회기 '직면 부분'에서 ['아들의 적응방식 문제시하는 것아닌가? 아들 입장되

어 이해하고 들어주라!']는 내담자 눈높이가 아닌 '상담자 측 일방통행식 주문'일 가능성(가설)에 대한 반론은? "답답하다, 해결책을 달라!"는 내담자 나름의 '당연한(?) 요청'에 대한 상담자 반응의 보다 생산적인 대안(개입반응)은 무엇이었을까?

2회기 상담을 마치고부터 이 부분은 제 머리에도 계속 남아 있었습니다. 2회기에서 직면이 이루어진 것은 제가 계획한 바가 아니었고 예측한 바도 아니었기 때문입니다. 아마도 다음과 같은 이유가 있지 않았나 추측해 봅니다.

① 2회기 상담이 진행되었던 날 상담시간 바로 서너 시간 전에 상담시연에 참석하였는데 상담자 역할을 맡으신 교수님이 시원하게 해결책을 제시하는 것을 보게 되었습니다. 아마도 이 영향이 크게 작용하여 저도 모르게 저의 사례에서도 해결책을 제시하게 되었던 것 같습니다.

② 자신의 이야기를 일방적으로 쏟아놓으며 상담자와 상호작용이 잘되지 않는 내담자와 라포형성에 어려움을 느끼고 있던 차에 해결책을 달라고만 하는 내담자에게 더 이상 상담의 주도권을 잡고 있기가 어렵다고 느껴져서 그만 내담자가 요구한 대로 해결책을 제시하는 쪽으로만 상담의 방향을 잡게 되었을 것입니다.

제 결론은 아무리 '모범 상담사례'를 접하더라도 실제 사례에 적용할 때 맥락과 상황을 꼼꼼히 살피도록 하여야겠으며, 내담자와 라포형성에 더 많은 힘을 쓰고, 내담자의 일방적 요청에 상담자가 휘둘리지 말고 대처해야겠다는 것입니다.

(3) 3회기에 아들의 '문제파악 위해 대화가 필요하고, 그러기위해 아들의 말을 경청해보자'는 상담자 측 회기종결적 언급은, 일을 하지 않고 'pc탐익닉 문제아이고 통 말을 않는 부정적 태도의 아들'이라는 고정관념의 내담자에게는 현재로선 전달불가(?)의 메시지가 아니었을까?

전적으로 동의합니다. 3회기 즈음해서 상담자는 회기가 거듭되어도 '신뢰의 관계'를 형성하기에 매우 어려움을 느끼고 있었고 똑같은 말을 여러 번 반복하며 일방적으로 해결책을 내놓으라는 내담자에게 일말의 '피곤감'을 느끼고 있었다는 생각을 부정할 수 없습니다.

(4) 내담자 측 종결의도의 4회기에서, 용돈 관련 (사소한?) 대처방식과 '실속없이

힘든 상담실 왕래 난관' 의 내담자 측 관심사에 대한 상담자 측 개입반응이 불명료하고 [같은 말 반복, 상담자언급 비수용]의 내담자와 '상담종결을 전화로 알리기로 함' 은 내담자 및 상담과정에 대한 종합평가 및 종결 즈음의 내담자 격려 및 유의사항 언급 포함의 상담자 측 사례종결 처리가 극히 파행적이었다는 지적에 대한 반론은? '언제라도 조력가능의 문호개방' 을 센터담당자가 전달토록 한 '조치'는 상담자 본인이 했어야(전화 혹은 편지로라도?) 한다는 의견에 대해서는?

'조치' 에 대하여서는 지난번 보내드린 보고서를 쓰면서 부연 설명을 드릴까 하다가 그냥 생략했던 부분입니다. 이 기관에서는 상담자가 내담자에게 전화 등의 연락을 하지 못하도록 되어 있습니다. 나름의 여러 가지 이유를 들어서 그러한 규칙을 정하였는데 이를 철저히 지키고 있습니다. 당일에 제가 직접 해당기관으로 가서 사무실 전화로 내담자에게 전화를 하겠다고까지 하였으나 끝까지 내담자의 연락번호를 줄 수 없다고 하여서 담당자에게 "언제라도 조력가능의 문호개방"의 메시지를 전달하는 '조치'를 취하게 되었습니다.

이 상담의 종결과정이 매우 불완전하였던 점은 저도 통감하고 있습니다.

(5) 2회기 53' 52" "...아들이 하는 말을 (아버지 내담자가) 듣는가?... 보시면 좋겠어요"의 상담자 개입반응을 생산적이 되도록 역할연습 또는 상담과정에서 '듣지 않는 내담자의 자기태도' 를 녹음재생으로 직접 청취하고 확인 체험을 할 수 있도록 할 수는 없었는지요?

상담이 진행되는 과정에서 교수님께서 조언하여 주신대로 역할연습을 활용하려고 마음먹고 있었습니다. 그런데 상담이 종결로 치닫는 것 같은 진행에 미처 활용하지 못하였습니다. 지적하신 부분에 대하여 상담자가 취할 수 있는 여러 가지 방법을 모색하여 보고 더 나은 대안을 찾아보도록 하겠습니다.

(6) 노인 대담자 특성요약의 2와 3 부분은 모든 노인상담자들에게 공통난제일텐데, 유의 및 참조사항은 무엇인지요?

요약 2항의 청력의 문제: 상담자에게는 안정적인 톤과 음량으로 이야기하는 것이 아주 중요한 부분입니다. 그러다 보면 상담자들은 나름대로 자신의 음성패턴을 발달시키고 고정하게 되는데, 고령의 내담자를 비롯하여 다양한 내담자를 상담하기 위하여서는 (예: 한국어가 서툰 외국인 내담자, 청력이 약한 내담자

등) 말하는 음성도 상황에 맞추도록 준비되어 있어야겠다고 생각합니다. 이것은 생각하기에는 간단한 문제로 보이나 준비되어 있지 않다면 실제 상황에서는 상담자에게 피곤감을 더 주게 되어 상담이 효과적으로 진행되는데 장애 요소가 될 위험이 있습니다.

요약 3항의 '상담'에 대하여 익숙하지 않음: 상담에 대하여 익숙하지 않은 내담자는 그렇지 않은 내담자에 비하여 실제로는 두 배의 과제를 수행한다고 볼 수 있습니다.

① 상담이 무엇인지 경험하고 그 자체에 익숙하게 되는 일종의 체험학습
② 당면 문제를 상담을 통하여 해결함. 그러므로 이러한 내담자에게는 더 많은 시간과 여유있는 상담과정의 진행이 필요합니다. 또한 상담 자체에 대한 이해를 도모하기 위하여 필요하다면 상담 구조화(structuring)에 더 많은 시간을 할애해야 될 수도 있습니다. 그 동안 한국에서 심리상담의 기회가 대중적으로 많지 않았던 시대적인 상황을 고려할 때 아마도 연령이 높은 내담자들은 상담에 대하여 익숙하지 않을 가능성이 더 높다고 추측됩니다. 따라서 상담자들은 노인 내담자를 이해할 때 이러한 점을 더욱 고려하도록 주의하여야겠다고 생각합니다.

6) 교훈과 성찰

(1) '시원한 해결형의 상담시연 참관 및 내담자 측 일방적 요구에 영향을 받았을 것'이라는 상담자의 2번 관련 답변은 극히 아쉬운 부분입니다. 왜냐하면, 노인상담자는 다른 교육적 (대학생 관련) 맥락에서의 시연 참관 경험에 영향을 받지 않아야 하고, 노인 내담자의 일방적 요구 자체에 대한 우선적 이해반응이 선행되어야 하기 때문입니다. 따라서 '노인 내담자에 휘둘리지 않고 대처한다'는 상담자 측 언급은 바람직하지 못한 '1차 방정식적 사고방식'이 되지 않을까 싶습니다.

(2) 노인 내담자와의 신뢰관계 형성이 기대하기 힘들고 반복적 언급에 피곤감을 느끼게 되었음은 충분히 이해되는 측면이면서도, 바로 이런 측면 때문에 노인상담 영역의 체계적인 훈련과정 및 경험 축적이 필요할 것입니다.

(3) 답변 (4)와 관련해서 노인내담자 의뢰 센터(예: 지역 건강가정지원센터)의

'내담자와의 직접연락 통제'의 규정 등은 앞으로의 연구과제의 하나로 여겨집니다.

(4) 노인 내담자의 청력장애와 상담관계 부적응의 문제에 관한 본 상담자 측 답변은 원칙적인 일반론으로 타당하고, 전문적 노인상담사교육 체계(제도화)의 필요성을 상기시키는 것입니다.

272쪽

〈1-1〉

〈1-2〉

273쪽

〈2-1〉

〈2-2〉

〈2-3〉

274쪽

〈3-1〉

〈3-2〉

275쪽

〈4-1〉

〈4-2〉

281쪽

〈1–2〉

〈4–1〉

282쪽

〈2–1〉

283쪽

〈1–1〉

284쪽

〈2–1〉

284쪽

〈2–2〉

285쪽

〈2–3〉

285쪽

〈5–1〉

제 4 장

노인 집단상담 사례 연구

1. 노인 집단지도 프로그램 – 복지관 보급형

노인상담의 두 번째 영역으로 구조화된 소집단지도 프로그램을 소개한다. 이 프로그램은 지역 노인복지시설에서 활용되기 시작한 접근으로, 대체로 10회기 과정으로 진행되며 참여 노인 측의 소외감 해소와 사회적 인간관계 형성을 도모하는 데 효과가 큰 것으로 평가되고 있다. 10회기 과정의 구성 골격과 관련 검토 사항은 다음과 같다.

1) 10회기 진행과정의 구성

1회기: 방향제시, 자기소개 및 사전검사

프로그램의 실시 목적 및 내용 소개와 상호인사를 나눈다.

2회기: 풍경구성법(LMT)

그림검사의 일종이나 진단의 의미보다 풍경화를 그리면서 추억을 되살리기도 하고 자신의 현재 정서 상태나 욕구를 나타냄으로써 자기 이해를 높인다.

3회기: 내 인생의 3대 뉴스

자신의 삶에서 의미가 컸던 일들을 반추해 보고 오늘의 나를 이해하는 데 도움이 된다. 동시에 집단원들의 자기 개방을 통해 구성원간의 이해를 돕는다.

4회기: 남이 보는 나

남에게 비춰진 자신의 모습이 어떤 것인지 재인식하는 기회를 갖는다.

5회기: 장점 바라보기

자신과 타인의 장점을 적극적으로 찾아 명료화하고 집단원들의 상호 지지를 통해 긍정적인 자기관을 갖도록 한다.

6회기: 관심 기울이기

경청 역할 놀이를 통해 적극적 경청과 공감의 중요성을 체험한다. 또한 집단원간에 깊은 정서적 교류가 이루어지도록 한다.

7회기: 마음의 선물

노래로 자신의 특성을 알리고 타 구성원에게 마음의 선물과 노래를 선사함으로써 사회성 교류 기회를 제공한다.

8회기: 내가 살아야 하는 이유

생명이 위급하고 절박한 상황을 설정하여 자신이 살아야 하는 이유를 적극적으로 찾고, 그 이유를 일상생활 장면에 관련시켜 생각해 본다.

9회기: 유언 남기기

죽음이 닥친 순간을 상상하고 그 때의 심정을 헤아리며, 유언을 해 봄으로써 현재의 삶에 대한 태도를 정리해 본다.

10회기: 마무리, 소감 교류 및 사후검사

함께 한 시간을 되새기며 정리, 평가하고 상호격려한다.

[노인 집단지도 프로그램의 주요 검토사항]

(1) 장소: 노인복지관 회의실의 이점 - 집단원 모집 및 구성 과정에서의 편리성, 회의실 공간 사용상의 여유 · 편리, 복지관 측의 지원 및 협조 가능 등.

(2) 회기: 10회기 구성은 집단상담 과정의 통상적 소요 기간(총 20시간 이상)에 근거한 것임. 그러나 사정에 따라 7, 8회기로 단축할 수도 있고, 근교(야외) 소풍, 시내 식당에서의 '과외활동 회기'를 포함할 수도 있음. 집단과정 중 회원가족과의 '합동회기' 또는 과정 후 '재회모임'도 가능.

(3) 지도자: 집단상담자 자격(전문가 수준) 소지자가 바람직하고, 복지관 측 관련 사회복지사 1명이 보조(공동)지도자로 협력할 수 있음. 집단상담 과정에 필요한 기록지, 사용 소도구 등은 복지관 측의 지원 또는 지도자 측에서 준비하고, 책임 지도자는 매 '회기별 진행일지'와 과정수료 보고서를 작성할 의무가 있을 것임.

2) 회기별 특징과 집단상담 지도자 회기일지

회기별 특징(활동, 준비물, 집단원 과제)과 관련된 활동 사항과 '집단상담지도자 회기일지(상담기록지) 예'를 상세하게 소개한다.

회기	주 제	주요 활동 내용	경과 시간
1	오리엔테이션	프로그램소개, 별칭 짓고 자기소개하기	약 90분
2	신뢰감 형성	친밀감과 신뢰감을 높이는 활동하기 - 집단원 피드백, 상담자 종합	90분
3	삶을 살펴보기	인생 곡선 그리기-집단원 피드백, 상담자종합	90분
4	감정 알아차리기	경청연습, 노래를 통한 감정다루기- 집단원 피드백, 상담자 종합	90분
5	가치관 세우기	가치관 경매하기-집단원 피드백, 상담자 종합	90분
6	나는 누구인가	가계도 그리기-집단원 피드백, 상담자 종합	90분
7	자기 노출하기	장점, 단점 찾기-집단원 피드백, 상담자 종합	90분
8	사물과의 대화	자기신체와 주위사물과 대화하기- 집단원 피드백, 상담자 종합	90분
9	미래 설계하기	자신의 꿈 찾아보기-집단원 피드백, 상담자 종합	90분
10	마무리	집단원 나눔과 소감문 쓰기-상담자 종합, 설문지 응답	90분

회기일지(상담기록지)

① 1회기: 200○년 8월 ○○일 (○○○도노인종합복지관)

- 집단원: 박○○(은빛사랑), 최○○(선덕화), 장○○(무궁화), 윤○○(선각심), 박○○(해바라기), 이○○(장미), 김○○(815) 어르신
- 지도자: 박○○, 전○○
- 주제: 프로그램 안내 및 자기소개
- 목표
  1. 프로그램의 필요성과 목적 및 전체 진행과 내용을 이해시킨다.
  2. 자기소개를 하는 경험을 하고 서로간의 이해와 유대감을 형성한다.
- 활동
  1. 활동 시작 전에 노인자아통합프로그램의 의의와 필요성과 목적 및 참여자의 역할을 소개하였다. 그리고 나서, '자아통합 설문지'를 지도자가 읽고 설명해 드리며 작성하였고, '집단 참여방법'을 읽고 서약서에 서명하였다.
  2. 별칭을 지어서 명찰에 쓰시게 한 다음, 집단원 각자가 별칭을 짓게 된 동기와 간단한 자기소개를 하였다. 모두들 재미있게 활동하고 잘 발표하셨고, 다른 분들의 발표에도 귀를 기울이시는 모습이셨다.
- 지도자 의견
  1. 집단원이 ○○동 주공 ○○단지와 ○○동 경로당 임원들로 구성되어 있으면서, 노인자아통합프로그램에 대해서 잘 모르면서 참여하신 것 같은데, 1회기가 끝날 때 쯤에는 상담 분위기에 익숙해져 가는 모습을 보이셨다. 경로당 임원 리더십 교육을 많이 받으셔서 그런지 발표에 부담 느끼지 않고 잘하셨다.
  2. 한 어르신께서 교육 자료를 주면 나중에 읽어볼 수 있어서 좋겠다고 하셔서 활동 결과물을 드릴 거라고 말씀드리고, 노인자아통합에 대한 이론도 자료로 만들어 드리기로 하였다. 교육수준이 높고 배움에 열의가 있으신 분들에게는 이론적인 자료를 드리는 것도 좋겠다는 생각이 들었다.
  3. ○○동 어르신들의 경우, 교통편이 불편하므로 교통비 지원을 받고 싶

어하셨으나, 예산 문제와 다른 팀과의 형평을 고려하여 어렵다고 말씀드렸는데, 여전히 불만사항으로 갖고 계신 듯하다. 이 문제가 집단상담에 어떤 영향을 줄지 지켜봐야 할 것 같다.

② **2회기: 2006년 8월 ○○일 (○○○도노인종합복지관)**

- 집단원: 박○○(은빛사랑), 최○○(선덕화), 윤○○(선각심),
  김○○(움직이는 복지), 정○○(복지사랑)
- 지도자: 전○○, 박○○
- 주제: 풍경구성법(LMT)
- 목표
  1. 풍경화를 그리면서 이와 관련된 추억을 되새긴다.
  2. 추억 속의 욕구나 좌절을 통해 자신의 현재 정서 상태, 기대, 희망 등을 본다.
- 활동
  1. 처음 상담에 참여하시는 김○○, 정○○ 어르신에게 집단참여 방법을 설명하고 서약서를 받은 후, 별칭 짓고 발표하는 시간을 가졌다. '집단참여 방법'은 집단 시작할 때 항상 읽기로 하였다. 몇몇 어르신들이 좋은 내용이지만 실천하기는 참 어려운 거라고 말씀하셨고, 지도자도 동의하면서 평생 공부하는 마음으로 살면 좋을 내용이라고 생각한다고 언급하였다.
  2. 지도자가 지정하는 순서대로 강-산-밭-길-나무-사람-꽃-동물의 순서로 그림을 그리게 하였다. 그림의 배치와 표현이 마음처럼 되지 않는다고 하시면서도 재미있어 하셨다.
  3. 그림에 대해서 설명하는 시간을 가졌는데, 대체로 과거에 사셨던 곳이나 앞으로 사시고 싶은 곳이라는 설명을 덧붙이셨다. 그림에 대한 느낌을 서로 나누는 시간을 가졌는데, 처음에는 느낌이나 생각을 말로 표현하는 것을 어색해 하시다가 시간이 지나면서 점점 더 많이 표현하며 서로 다른 분의 그림을 멋지다고 칭찬하시며 정감있는 분위기가 되었다.

• 지도자 의견

1. 활동 시작하기 전에, ○○동 경로당 회장님께서 ○○동 어르신들의 경우 교통이 불편해서 오시는 것이 힘드니까 횟수를 줄이든지 어떤 조치를 해달라고 다시 말씀하셨다. 그래서, 지도자가 모셔다 드리면 어떻겠느냐고 제안해서 그렇게 하기로 합의했다.
2. 2회기에도 '자아통합'이라는 것이 뭔지, 이 프로그램을 하면 어떻게 달라지는지 모르겠다고 하시는 분이 계셨다. 간단하게 설명해 드렸지만, 프로그램이 진행되어야 어떤 프로그램인지를 더 잘 아실 수 있을 것 같다. 프로그램을 시작하기 전에 이 프로그램에 대해서 잘 알리고, 원하는 분을 선별해서 시작해야겠다는 생각이 든다.

③ 3회기: 2006년 8월 ○○일 (○○○도노인종합복지관)

• 집단원 : 박○○(은빛사랑), 최○○(선덕화), 장○○(무궁화), 윤○○((선각심), 김○○(움직이는 복지), 정○○(복지사랑)

• 지도자: 박○○

• 주제: 내 인생의 3대 뉴스

• 목표

1. 지나온 삶을 돌아보며 자신에게 의미가 컸던 일들을 정리해 본다.
2. 자기 개방을 통해 집단원들 간의 이해를 높인다.

• 활동

1. 먼저, 오늘의 활동을 소개하고 나서 지나온 삶을 회고하는 시간을 가졌다. 준비해 둔 종이에 의미가 컸던 세 가지 사건을 적어 보시라고 하였다. 사회적으로 지위가 높지도, 이름이 알려지지도 않은 들풀 같은 우리들이 쓸 것이 뭐 있냐고 하셨지만, 각자가 삶의 주인공임을 말씀드리며 써보시도록 권유했다.
2. 다 쓰시고 나서 희망하시는 순서대로 발표하시도록 하였다. 어르신들이 살아오신 세월이 정치 경제적으로 어려운 시기였기 때문에 고생하신 이야기들이 많았고, 배우자와 일찍 사별하여 고생하셨거나 고된 시집살이를 하셔서 괴로웠지만, 이제는 마음 비우고 편안하다고 하시는 분이 몇 분 계셨다.

3. 남자 어르신들은 군대 이야기가 나오면 관심 갖고 공감하시는 분위기였다.

• 지도자 의견

1. 지나온 세월을 돌아보시는 어르신들의 모습을 보며, 성실히 살아오신 분들이고 지금도 경로당에서 임원직을 맡아 봉사하고 계신 분들인 만큼, 물질적으로 이루어 놓은 것이 적더라도 신뢰와 덕을 쌓아 오신 점에 초점을 맞추시도록 촉진하였다.
2. 여자 어르신 한 분이 '내 인생은 그저 무덤덤하고 평탄해서 쓸 것이 없다'고 하시며 표현력도 없고 하니 한 줄만 쓰겠다고 쓰셨는데, 맞춤법이 많이 틀리셨다. 써 놓으신 글을 촉진자가 읽어 드리면서도 깨닫지 못했는데, 나중에 생각해보니 한글 쓰기를 잘 못해서 힘들어 하셨던 것 같다. 다음 시간부터 도와드려야겠다고 생각했다.
3. 한 어르신께서 큰아들과 부인을 사별하고서 재혼했지만 현재 생활이 행복하지 않다고 하시며 공허감과 우울함을 내비치셔서 마음이 쓰인다.

④ 4회기: 2006년 8월 30일 (○○○도노인종합복지관)

• 집단원: 박○○(은빛사랑), 장○○(무궁화), 윤○○(선각심),
김○○(움직이는 복지), 정○○(복지사랑)

• 지도자: 박○○

• 주제: 남이 보는 나

• 목표: 남에게 비쳐지는 자신의 모습이 어떠한지 인식함으로써 자신을 재인식한다.

• 활동

1. 누구일까? 게임을 통해 남에게 비쳐지는 자신의 모습을 확인하는 시간을 가졌다. 먼저 지원자가 밖에 나가 있어야 하는데, 평소에 협조적이던 어르신이 지원하셔서 밖에 나가 계시고, 남아 계신 다섯 분 중에서 한 분을 선정하여 그 분의 특성을 발표해 달라는 지도자의 주문에 '깔끔하다, 부지런하다, 활동력이 있다, 성실하고 노력한다, 말씀을 부드럽게 한다, 베풀기를 좋아한다, 솔직하다'라는 평들을 하셨다.
2. 밖에 나가 계신 분을 안으로 오시라고 해서, 평가의 말들을 읽어 드린

후에, 본인을 포함해서 여섯 분 중에 누구신지 맞혀보시라는 주문을 했다. 혹시 본인 아니냐고 하셔서 못 맞추셨는데, 조금 무안해 하시기에 본래 맞추기 어려운 게임이라고 위로해 드린 다음, 여기 계신 분들이 다 위의 특성들을 가지고 계신 걸로 보인다고 말씀드렸다.

3. 생일초대 게임을 통해서 다른 사람에게 초대받는 즐거움을 나누고, 선정 이유를 들으면서 다른 사람에게 비쳐지는 자신의 모습을 인식하는 시간을 가졌다. 참고로, ○○동 경로당 회장님께서는 모든 집단원들에게 초대받는 즐거움을 누리셨다. '배울 점이 많아 보여서, 성실하신 점이 존경스러워서' 등이 선정 이유였다.

- 지도자 의견

1. 어르신들이 아직 서로를 잘 모르기 때문에 조심스러워 하면서 긍정적인 특성을 주로 이야기하게 되는 게임이 되기 쉽다는 것이 아쉽다. 보다 객관적인 특성을 이야기할 수 있도록 촉진해야겠다. 대신에 "'깔끔하다' 같은 긍정적인 특성도 지나치면 안 좋은 면이 있는 것 아시죠?" 라고 하면서 짚고 넘어갔다.
2. 9월부터는 1주일에 두 번씩 해서 추석 전에 끝마치자는 의견이 나왔고, 모두 동의하셔서 그렇게 하기로 하였다.
3. 다음 회기의 준비로 자신의 장점 20가지 찾아 오시도록 하였다.

⑤ 5회기: 2006년 9월 ○○일 (○○○도노인종합복지관)

- 집단원: 박○○(은빛사랑), 최○○(선덕화), 장○○(무궁화), 윤○○(선각심), 정○○(복지사랑)
- 지도자: 박○○
- 주제: 장점 바라보기
- 목표: 자신의 장점을 깊이 있게 찾는 경험을 통해 타인의 장점도 바라보고 나아가 삶에 대해 긍정적인 시각을 갖도록 한다.
- 활동

1. 지난 시간에 자신의 장점 20가지를 찾아오시도록 숙제를 내어 드렸다. 어떻게 20가지나 찾느냐고 하시기에 장점으로 보이지 않고 당연하게 보이는 것(예를 들어서 '노래를 좋아한다', '음식 타박을 안 한다',

'조용하다' 등등)도 다 장점이 될 수 있으니까, 샅샅이 살펴서 꼭 20가지를 쓰시라고 말했다. 그리고 자신의 장점을 잘 찾을 수 있어야 다른 사람의 장점도 잘 찾을 수 있다고 격려해 드렸다.

2. 써오신 장점을 발표하는 동안에 발표하는 집단원의 이름을 쓴 종이를 집단원들에게 돌려서 그 분의 장점을 한 가지씩만 쓰시라고 하여 장점 세례를 해서 보여드렸다.
3. 느낌을 나누면서 겸손하면서도 즐겁게 칭찬을 받아들이셨다.

• 지도자 의견

1. 이렇게 장점을 찾고 발표하는 활동은 처음 해보신다면서 즐거워하시는 집단원이 계셨다. 숙제도 다 열심히 해오시고 적극적으로 참여하시는 모습에 힘이 났다.
2. 3회기 때 우울함을 비치신 어르신은 장점 찾기 숙제에서도 객관적으로 바라보려 하는 모습을 보여주셨다. '남을 너무 믿는다', '어리석은 편이다.' '아부할 줄 모른다.' '누구를 시키느니 제가 알아서 한다.' 등등... 마음이 쓰인다.

⑥ 6회기: 2006년 9월 ○○일 (○○○도노인종합복지관)

• 집단원: 최○○(선덕화), 장○○(무궁화), 윤○○(선각심),
  김○○(움직이는 복지), 정○○(복지사랑)

• 지도자: 박○○

• 주제: 관심 기울이기(경청)

• 목표: 다른 사람과의 대화에 적절한 주의를 기울이는 태도에 대해 생각해 보고, 실습해 보면서 자신의 대화 스타일을 점검한다.

• 활동

1. 경청자세에 대해서 어르신들과 함께 점검해 보았다. 어르신들께서 내놓는 의견을 지도자가 경청하는 태도를 보여주는 것도 어르신들이 모르는 사이에 교육이 될 것이라는 생각이다. 어르신들이 내놓으신 경청자세에는 우선 모범을 보여서 상대방에게 신뢰감을 주는 것, 열심히 들어주고 끝까지 들어주며 적절한 시기에 반응하는 것 등이 포함되었다.

2. 지도자가 경청 자세와 공감에 대해서 간단하게 설명한 후, 두 분씩 짝을 지어 '경청하지 않는 태도로 짝의 이야기를 듣기'와 '경청하는 태도로 짝의 이야기를 듣기'를 실습했다.
3. 대표로 움직이는 복지 어르신과 무궁화 어르신이 '경청하는 태도로 듣기'를 하는 모습을 다른 분들이 관찰하도록 했다. 경로당 운영의 어려운 점을 무궁화 어르신이 이야기하고, 움직이는 복지 어르신이 들어주셨다. 움직이는 복지 어르신이 경청하면서 간간이 질문하고 조심스럽게 대안을 제시하고서 실천가능한지를 타진하시는 모습이셨다. 무궁화 어르신이 실천 불가능하다고 이야기하시는 의견에 대해서는 후퇴하는 태도를 보여주시면서 차분하게 대화를 나누셨다. 그 후 소감을 나누었는데, 먼저 짝이 경청하지 않는 태도로 들을 때 마음이 답답하고 이야기하고 싶지 않았다고 하셨고, 짝이 경청하는 태도로 들어 주었을 때는 이해받는 느낌이 들어서 좋았다고 하셨다.

• 지도자 의견

경로당 임원을 맡고 계신 분들이라서 평소에 말하고 듣기에 관심을 갖고 계셨던 것 같다. 마지막에 소감 나눌 때, 움직이는 복지 어르신의 경청태도에 대해 평가하는 시간을 가졌으면 더 좋았을 것 같다. 어르신의 태도를 '평가'한다는 것이 마음 쓰여서 하지 않았는데, 썩 잘 경청하셨기 때문에 다른 분들의 학습에 도움이 될 수 있었는데, 기회를 놓친 것이 아쉽지만, 다른 어르신들도 움직이는 복지 어르신이 잘 경청하셨다는 데 동의하실 거라고 생각한다.

⑦ 7회기: 2006년 9월 ○○일 (○○○도노인종합복지관)

• 집단원: 박○○(은빛사랑), 최○○(선덕화), 장○○(무궁화), 윤○○(선각심), 김○○(움직이는 복지), 정○○(복지사랑)

• 지도자: 박○○

• 주제: 마음의 선물

• 목표: 집단 응집력을 높이고, 노래를 통한 정서 표현과 사회적 교류의 기회를 제공한다.

• 활동

1. 움직이는 복지 어르신이 '사는 동안' 이라는 노래의 노랫말을 인원수대로 복사해 오시고, 노래 tape와 player도 가져오셔서 모두 같이 들으며 연습한 후에, 회기를 끝마치는 노래로 사용하기로 하였다.
2. 집단을 시작할 때 '집단참여방법' 을 읽는 대신에 이번 회기에는 '인생은 일흔살부터' 노래로 시작하였다. 어르신들께서 노랫말을 재미있어 하셨다.
3. 별칭을 쓴 종이를 지도자가 준비해서 바구니에 담은 후에 한 장씩 뽑도록 했다. 당첨된 상대방에게 해주고 싶은 노래와 마음의 선물, 그리고 그 선물을 주고 싶은 이유 등을 간단하게 쓰시도록 종이를 드렸다. '오늘은 노래하는 날이라고 해서 쉬울 줄 알았더니, 쉬운 게 하나도 없네' 라면서도 즐겁게 적으셨다.
4. 노래 선물과 마음의 선물을 상대방에게 정성껏 했고, 감사하게 받았다. 노래를 못하시는 분은 시를 암송하셔서 분위기를 맞추셨다.
5. 끝마치는 노래로 '사는 동안' 을 부르며 정리하였다.

• 지도자 의견

어르신들이 사회적 교류의 기회를 가지면서, 자신과 상대방에게 관심을 기울이는 좋은 기회라는 생각이 든다. 장기자랑 시간도 되고, 교류의 시간도 되는 이런 회기가 더 있으면 좋겠다는 생각도 든다.

⑧ 8회기: 2006년 9월 ○○일 (○○○도노인종합복지관)

• 집단원: 박○○(은빛사랑), 최○○(선덕화), 장○○(무궁화), 윤○○(선각심), 김○○(움직이는 복지), 정○○(복지사랑)

• 지도자: 박○○

• 주제: 내가 살아야 하는 이유 또는 살고 싶은 이유

• 목표

1. 삶에서 중요한 것들을 적극적으로 찾아 삶의 의미를 긍정적으로 갖는다.
2. 삶에 대한 태도를 재정비하고 오늘을 긍정적으로 또 열심히 살도록 한다.

• 활동

1. 지도자가 최근에 본 영화 '일본침몰' 을 간단히 이야기해 드리면서, 생

명이 위급한 절박한 상황을 제시하였다.

2. 부여된 상황 속에서 자신이 살아야 하는 이유 또는 살고 싶은 이유를 최대한 많이 생각해 내시도록 한 후에, 종이에 적으시도록 하였다.
3. 한 분씩 돌아가며 적은 내용을 읽으시도록 하였다. 이유 중에는 '손자녀를 포함해서 자녀들이 건강하게 잘 살아가는 모습을 보고 싶어서'가 많았고, '여생을 편안히 살고 싶어서', '다른 사람을 위해 봉사하는 삶을 살고 싶어서', '여러 가지 재미있는 것을 배우고 싶어서'도 있었고, '오래 살면 뭐 합니까, 자식한테 신세만 지지요. 살다가 오라면 가야지요'라고 답한 분도 계셨다.
4. 촉진자가 준비해 간, '자비관' 기도문을 나누어 드리고 읽어 드렸다.

• 촉진자 의견

1. 이번 회기의 주제는 조심스럽게 느껴진다. 우울하신 분의 경우, 살고 싶은 이유도, 살아야 할 이유도 없다는 것을 확연히 느끼시면, 더 우울하실 수도 있겠다는 생각 때문인데, 이런 분들의 경우는 개인상담을 해보시도록 권유해야겠다.
2. 특별히 우울하지 않아도, 어느 어르신처럼 '살만큼 살았으니, 오라면 가야지'라고 생각하시는 분도 있을 것이다. 촉진자 자신이 '그럴 수도 있겠다'고 그냥 수용하는 입장이었는데, 프로그램의 취지에 충실하게 이런 분들에게 더 적극적으로 살만한 이유를 찾아보시도록 해야겠다는 생각이 들었다.

⑨ 9회기: 2006년 9월 15일 (○○○도노인종합복지관)

• 집단원: 박○○(은빛사랑), 최○○(선덕화), 장○○(무궁화), 윤○○(선각심), 김○○(움직이는 복지), 정○○(복지사랑)

• 지도자: 박○○

• 주제: 유언 남기기

• 목표

1. 지금까지의 삶을 재조명해 보고, 깊이 있는 자기 이해를 도모한다.
2. 앞으로의 삶의 방향을 진지하게 모색한다.

• 활동

1. 한 어르신이 이번 회기는 뭐냐고 물으시는 질문에 '유언장 쓰기'라고 했더니, '남길 재산도 없는데 쓸 게 뭐 있냐'며 그다지 내켜하지 않으셨다. 다른 어르신께서 자신은 유언장을 써놓으셨다고 하셨고, 지도자도 "태어나는 것은 순서대로지만, 돌아가는 것은 순서가 없기 때문에 저도 가끔씩 주변 정리를 합니다. 제가 관리하고 있는 통장이나 카드 같은 것들을 정리해서 제가 가고 난 후 식구들이 알 수 있도록 합니다."라고 하면서 분위기를 잡았다.
2. 꼭 재산에 관한 내용이 아니더라도, 가족들에게 평소에 하고 싶으셨던 말씀이나 남기고 싶은 말씀을 쓰셔도 좋다고, 오늘 연습 삼아 써보시고, 오늘 쓰신 내용을 토대로 집에서 다시 보충해서 쓰시도록 해보시라고 권했다.
3. 신께서 '오늘 밤에 와라'라고 말씀하셨다고 상상한 후, 유언을 쓰시도록 하였다. 쓰신 내용을 돌아가며 발표하고 소감을 나누었다. 형제끼리 우애있게 지내라는 말씀과 남은 배우자를 자녀들에게 부탁하는 말씀, 회한과 미안함과 당부하는 마음들을 담으셨다.

- 지도자 의견
  1. 지도자가 개인적으로 진행하기에 어려움을 느끼는 회기이다. 하지만 지도자가 걱정하는 것보다는 어르신들께서 잘 받아들이시고 협조해 주셨다.
  2. 지도자도 어르신들과 함께 유언장을 써 보았는데, 가족들에게 미안함과 감사하는 마음이 깊이 느껴졌다. 직접 해 보니까, 이번 회기는 특히 가족들에 대한 감정과 삶을 총정리하는 마음이 오가는, 자아통합 프로그램에서 빼놓을 수 없는 회기인 것 같다.
  3. 시간이 부족해서 '앞으로 어떻게 살 것인가' 부분을 간단하게나마 이야기 나누지 못했다는 점이 매우 아쉽다.

⑩ 10회기: 2006년 9월 20일 (○○○도노인종합복지관)

- 집단원: 박○○(은빛사랑), 최○○(선덕화), 장○○(무궁화), 윤○○(선각심), 김○○(움직이는 복지), 정○○(복지사랑)
- 지도자: 박○○

- 주제: 마무리 및 소감 교류
- 목표
  1. 지금까지의 학습경험을 토대로 자신을 새롭게 정리해 본다.
  2. 서로의 행복을 기원하면서 감사와 애정을 표시한다.
- 활동
  1. '자아통합 진단지'를 다시 배부하여 사후검사를 하였다. 그리고 복지관에서 만든 '만족도 조사' 설문지도 답하시도록 하였다. 개선해야 할 점에 '참석자가 적어서 그런지 1회기당 시간이 너무 짧다, 10회기로는 부족하다, 쓰는게 많아서 부담스럽다' 등이 나왔는데, 소감을 묻는 질문에서도 '이제 이 프로그램이 어떤 건지 감이 잡히는 듯하니까 끝나서 아쉽다'는 내용이 많이 나왔다.
  2. 생각하고 써야 할 것이 많아 부담스럽기도 했지만, 재미도 있고 생활에 도움이 많이 되는 프로그램이라서 좋았다고 하셨다. 인원이 더 많았으면 다른 사람의 이야기도 더 들을 수 있어서 좋았겠다는 생각이 든다고 말씀하신 어르신도 계셨다. 지도자도 동의하였다.
  3. 참여하신 분들이 두 개 경로당의 임원이다보니, 경로당 운영에 관한 정보나 운영상 어려운 점에 대한 공감 등을 나눌 수 있었던 것도 좋았다고 하셨다.
- 지도자 의견

처음에 시작할 때는 10주나 해야 하냐면서 부담스러워 하셨는데, 활동을 하면서 빨리 끝낼 수 있는 프로그램이 아니라는 걸 느끼신 듯하다. 앞에서도 언급했지만, 이 프로그램에 대한 오리엔테이션을 먼저 하고 나서 하고 싶은 분들만 하도록 하면, 회기를 줄이거나 1주일에 두 번씩 해서 빨리 끝내자는 의견이 적게 나올 듯하다. 혼자서 프로그램을 운영하는 것이 어려운 회기가 있었다. 특히 마지막 회기는 설문조사하고 어르신들 드릴 파일 챙기느라, 차분하게 느낌을 나눌 시간이 부족했다. 어르신 10명 정도가 1조가 되어 2명의 촉진자가 진행하는 것이 나은 것 같다.

2. 배우자 사별 어르신들을 위한 집단상담

(상담자: 노혜련 사회복지사)

1) 목적

사별은 인간이 경험하게 될 스트레스 중 가장 높은 스트레스로 신체적, 정신적, 경제적 측면 등 다양한 문제를 일으킬 수 있지만 사별 유가족에 대한 집단상담 프로그램은 호스피스 병동에서 소수 진행되고 있는 실정이다. 사별을 가장 많이 경험하게 될 연령대인 노인들에게 사별로 인한 고통을 경감시키고 위기상황에 적응을 돕기 위해 사별노인에게 적절한 집단상담 프로그램을 실시하여 사별 슬픔을 감소시키고 노인생활만족도를 높이고자 한다.

2) 프로그램 개발

본 사별중재 프로그램은 사별 후 슬픔과정을 극복하기 위하여 성취해야 할 Worden(1991)의 네 가지 과업을 주제로 하였다.

(1) 상실을 현실로 받아들인다.
(2) 슬픔의 고통을 감내한다.
(3) 사랑하는 사람이 없는 현재 상태에 적응한다.
(4) 사랑하는 사람과 함께 나누었던 감정들을 정리하고 다른 사람들과의 관계를 시작한다.

이를 기본으로 사별 지지집단 상담자(bereavement support group specialist)로 활동하고 있는 Alen Taplow가 Elisabeth K bler-Ross Center에서 개최한 workshop에서 발표한 바 있는 사별지지집단 프로그램을 활용하였고, 강희영(2006)이 배우자 사별 중년여성을 위한 자조집단 프로그램과 최대제(2010)의 배우자 사별여성을 위한 상호지지 집단 프로그램을 적용하여 어르신들에게 적용할 수 있는 프로그램을 개발하였다.

3) 내담자 기본 인적 사항

별칭	나이	성별	사별		학력	가족형태	종교
			기간	사유			
튤립	68	여	5개월	호흡곤란	초졸	독거+손자	기독교
소나무	74	남	6개월	자살	초졸	독거	기독교
목련	73	남	8개월	폐암	대졸	독거+딸가족	무교
할미꽃	72	여	1년 6개월	폐암	초졸	독거	불교
송암	90	남	1년	노환	고졸	독거+딸가족	기독교
장미	82	여	3년	암	초졸	독거	기독교
무궁화	82	여	7개월	당뇨	고졸	독거	무교
대나무	73	남	1년 3개월	간암	대학원졸	독거	기독교
동백	74	여	5년	뇌혈관		독거	천주교

집단상담프로그램은 사별하신 지 3년 이하가 되는 만60세 이상으로 모집하였으나 동백 어르신의 경우 사별한 지 5년이 되었지만 욕구가 있어 참여하게 되었음. 흰장미 어르신은 중도에 개인사정으로 참여 안하심.

4) 회기별 목표 및 진행내용

회기	주 제	목표
1	프로그램 열기	프로그램 소개, 자기소개, 집단규칙 정하기
2	상실을 현실로 받아들이기	사별경험 나누기
3		인생그래프 그리며 배우자와의 만남과 사별 정리하기
4	슬픔 극복하기 가치관 세우기	사별 후 장단점을 나누고 사별 후 삶을 긍정적으로 극복하기
5		음악과 레크레이션을 통한 야외활동
6	고인이 없는 환경에 적응하기	칼라지점토로 선물 만들기를 통해 고인에게 남아있던 감정을 풀기
7		자신이 혼자 남은 삶에 대해 준비하기

8	고인을 잊고 새로운 곳에 투자하기	손 석고 뜨기와 손가락 그리기를 통해 자신의 삶에 대해 돌아보며 자신에게 집중하기
9		자신이 하고 싶은 것과 묘비명 쓰기를 통해 남은 삶에 대해 생각하기
10	삶 다짐하기 프로그램 종결하기	에그쉐이크와 촛불의식을 통해 앞으로 혼자서 살아가게 될 자신의 삶을 다짐하고 격려하기

〈1회기〉

<table>
<tr><td rowspan="2">10/4</td><td rowspan="2">참여인원</td><td rowspan="2">9명</td><td>진행자</td><td>김선숙 상담사</td></tr>
<tr><td>보조진행자</td><td>노혜란 사회복지사
사회복지대학원생 1명</td></tr>
<tr><td>주제</td><td colspan="2">목표</td><td colspan="2">내용</td></tr>
<tr><td>프로그램 열기</td><td colspan="2">- 프로그램 소개
- 집단구성원간 및 진행자와 집단구성원간의 라포형성
- 집단규칙 정하기</td><td colspan="2">- 사별중재 프로그램 설명
- 구성원 별칭짓기, 자기소개(좋아하는 장소, 사람, 물건, 사별기간 등)
- 비밀지키기와 구성원간의 비난하지 않기(종이찢기)</td></tr>
<tr><td>반응 및 평가</td><td colspan="4">- 첫회기라 어르신들이 어색한 분위기가 많이 보였으나 사별이라는 공통점이 있어서 그런지 사별에 대한 이야기가 나올 때 서로에게 관심을 보이며 이야기하였음.
- 남자어르신이 사별한 이후에 여자들보다는 남자들의 어려움이 많이 크다고 하셨음.
- 어르신들이 사별 년도에 따라 슬픔의 차이도 있었지만 활동을 적극적으로 하는지에 따라 슬픔 극복의 차이가 났음.
- 어르신들은 슬픔은 극복하려고 노력해야 하며 그것보다 더 중요한 것은 앞으로 혼자 어떻게 살아가야 하는지가 더 중요하고 이 방법을 함께 알아갔으면 좋겠다고 하였음.</td></tr>
</table>

〈2회기〉

<table>
<tr><td rowspan="2">10/11</td><td rowspan="2">참여인원</td><td rowspan="2">7명</td><td>진행자</td><td>김선숙 상담사</td></tr>
<tr><td>보조진행자</td><td>노혜란 사회복지사
사회복지대학원생 1명</td></tr>
</table>

주제	목표	내용
상실을 현실로 받아들이기	- 사별경험을 나누며 사별을 받아들이도록 한다.	- 고향의 봄 노래부르며 스트레칭하기 - 사별기간 - 사별당시 상황 - 사별당시에 느낌 나누기 - 박수치며 웃기
반응 및 평가	- 시작과 끝날 시 고향의 봄 노래 부르며 스트레칭을 하거나 박수와 웃음을 통해 무거워질 수 있는 분위기를 좀 더 편안하게 만들 수 있었음. - 어르신들은 고인이 돌아가셨을 때 편안하게 돌아가셨는지와 힘들게 돌아가셨는지에 관해 이야기를 하셨고 편안하게 돌아가신 것을 본 분들은 그래도 마음이 조금은 안심이 된다고 하였음. - 고인이 죽고 나서는 별로 살 마음이 없고, 멍하니 있으며, 외롭다고 하시는 게 공통적이였음. 또한 젊은 사람들보다 나이든 사람들이 부부가 오래 살았기 때문에 더 정이 깊어서 더 외로울 것이라고도 하였음. - 할미꽃과 튤립은 고인이 돌아가신 것에 대해 자신들이 더 잘해주지 못한 것과 잘못 판단해서 의료행위를 한 것에 관해 죄책감이 들었다고도 하셨음. - 대나무님은 남자어르신이라서 그런지 밥 해먹는 게 너무 귀찮고 자녀들이 가까이 살아서 오라고 하지만 가기 싫다고 하셨음. 다른 여자어르신들이 남자어르신이 혼자되는게 더 힘들거라며 위로하심. - 사별에 대한 것을 나누며 어르신들은 다른 사람들의 말에 적극적인 경청과 반응을 하셨음. 힘들어 하는 사람들에게는 이럴 때일수록 더욱 힘을 내야 한다면서 응원을 해주시는 모습도 보임.	

〈3회기〉

10/18	참여인원	10명	진행자	김선숙 상담사
			보조진행자	노혜란 사회복지사 사회복지대학원생 1명
주제	목표		내용	
상실을 현실로 받아들이기	- 인생에 대한 이야기를 통해 배우자와의 만남과 사별등을 정리할 수 있도록 한다.		- 고향의 봄 부르기 - '하루의 시간이 내게 주어진다면' 시 읽고 느낌 나누기 - 노년의 5가지 유형 - 인생은 무엇인가? - 인생그래프 그리며 자신의 인생에서 배우자의 의미를 되새기기	

반응 및 평가	- 오늘 회기에는 시작 전 목련 어르신이 이 프로그램에 대한 목적을 물어보시며 과연 이 프로그램이 어떤 효과가 있고 무엇을 달성할 수 있느냐라는 의심스러움으로 물어보셔서 지적 정보를 전달하였고 끝나고 나서는 목련과 다른 어르신들이 좋은 내용을 알게 되었다고 하였음. - 인생그래프를 그리면서 흰장미 어르신을 제외하고는 사별했을 때 삶이 불행했던 것으로 나타났음. 대나무 어르신은 사별한 이후에 그래프가 불행에서 회복되지 않는 모습을 보이기도 하였음. 흰장미 어르신은 남편이 술을 마시고 괴롭혔고, 중풍으로 9년 동안 병수발을 했기 때문에 인생자체가 힘들었다고 했음. 남편이 죽고나서는 힘들었던 생활이 없어지고 자유로워지니 지금이 인생에서 가장 행복하다고 함. 사별어르신들의 슬픔은 사별한 배우자와의 관계가 매우 중요한 요인으로 생각됨. - 고인이 죽고 나서는 별로 살 마음이 없고, 멍하니 있으며, 외롭다고 하시는게 공통적이었음. 또한 젊은 사람들보다 나이든 사람들이 부부가 오래 살았기 때문에 더 정이 깊어서 더 외로울 것이라고도 하였음.

〈4회기〉

<table>
<tr><td rowspan="2">10/27</td><td rowspan="2">참여인원</td><td rowspan="2">10명</td><td>진행자</td><td>김선숙 상담사</td></tr>
<tr><td>보조진행자</td><td>노혜란 사회복지사
사회복지대학원생 1명</td></tr>
<tr><td>주제</td><td colspan="2">목표</td><td colspan="2">내용</td></tr>
<tr><td>슬픔 극복하기</td><td colspan="2">- 사별 후 장단점을 나누고 사별 후 삶을 긍정적으로 극복할 수 있도록 한다.</td><td colspan="2">- 사별 뒤 달라진 점 나누며, 나쁜 점과 좋은 점 나누기
- 사별 후 삶을 어떻게 살아야 할지 나누기</td></tr>
<tr><td>반응 및 평가</td><td colspan="4">- 사별 후 달라진 점에 대해 물으니 어르신들은 외롭고, 자녀들이 있어도 소외감이 든다고 하셨음. 의논할 사람도 없다고 하심. 여자들보다는 남자들이 더 힘들 것이라고 함. 자식들도 배우자가 없으니 선물도 안사온다며 섭섭해 하심.
- 어르신들은 긍정적인 것도 이야기
- 사별이후 고인들이 어떻게 살기를 바라겠냐는 질문에 어르신들은 다들 슬퍼하기보다는 밝게 사는 것을 좋아할 것이라고 하였음. 마지막 부분에 이런 이야기를 하면서 혼자서 사는 삶을 슬퍼하기보다는 활기차고 밝게 살 것을 이야기하고 다짐할 수 있었음 하였는데, 홀가분하다와 편하고 자유로워진 것 같다고 하셨음.</td></tr>
</table>

〈5회기〉

<table>
<tr><td rowspan="2">11/1</td><td rowspan="2">참여인원</td><td rowspan="2">9명</td><td>진행자</td><td>김선숙 상담사</td></tr>
<tr><td>보조진행자</td><td>노혜란 사회복지사
사회복지대학원생 1명</td></tr>
<tr><td>주제</td><td colspan="2">목표</td><td colspan="2">내용</td></tr>
<tr><td>슬픔
극복하기</td><td colspan="2">– 자연을 느끼며, 음악과 레크레이션을 통해 화합하고 슬픔을 감소시키도록 한다.</td><td colspan="2">– 서서울호수공원을 산책하며 자연느끼기
– 음악과 레크레이션으로 친목들 도모하며 즐거운 마음을 갖도록 함
– ‘개똥벌레’ 음악을 통해 사별에 대해 받아들이고 극복하기</td></tr>
<tr><td>반응 및
평가</td><td colspan="4">– 어르신들이 야외에 나오니 전반적으로 밝은 표정을 지으셨으며 평소 소극적인 어르신들이 적극적으로 실무자를 도와주거나 개별적으로 간식을 사오는 모습을 보이셨음.
– 야외에 나와 활동하면서 거동이 불편한 송암어르신을 목련어르신이 적극적으로 도와드리는 모습과 어르신들간의 서로를 배려하는 모습을 보였고, 좀 더 친밀한 모습을 보이셨음.
– 넌센스 퀴즈를 하면서 어르신들이 크게 흥미를 느끼셨고 평소 소극적이였던 장미어르신이 문제를 많이 맞춰 즐거워하며 자신감 있는 모습을 보이셨음.
– 개똥벌레 노래를 부르며 ‘아무리 우겨봐도 어쩔 수 없네’ 라는 부분에 ‘선생님이 아무리 우겨봐도 어쩔 수 없는 것이 무엇이 있을까요?’ 라고 질문하자 어르신들은 ‘죽음’ 이라고 말씀하셨음. 사람이 살고 죽는 것은 이미 인간의 손을 떠난 것이라며 배우자가 아플 때 혹은 죽음에 문턱에 있을 때 살리려고 노력했지만 인간의 노력으로 할 수 있는 게 아니였다며 인정하시는 모습을 보였음.
– 야외활동 시 바닥에 돗자리를 펴고 앉았는데 거동불편어르신들이 몇 분 계셔서 중간에 쉬는 시간을 가졌음. 향후에는 거동불편어르신들을 배려하여 자리를 준비할 수 있도록 함.</td></tr>
</table>

〈6회기〉

<table>
<tr><td rowspan="2">11/8</td><td rowspan="2">참여인원</td><td rowspan="2">9명</td><td>진행자</td><td>김선숙 상담사</td></tr>
<tr><td>보조진행자</td><td>노혜란 사회복지사
사회복지대학원생 1명</td></tr>
</table>

<table>
<tr><th>주제</th><th>목표</th><th>내용</th></tr>
<tr><td>고인이 없는 환경에 적응하기</td><td>- 고인에게 남아있던 감정을 풀어내도록 한다.</td><td>- 사별 후 고인에게 하고 싶었던 선물이나 고인을 생각하면 생각나는 것을 칼라지점토로 만들기
- 이야기를 나누며 남아있던 감정 풀어내기</td></tr>
<tr><td>반응 및 평가</td><td colspan="2">

• 할미꽃 : 글을 적으셨음
'아 이럴 수가... 이제 편히 쉬세요...'
고인이 돌아가신 것에 관해 안타까움을 표현하신 후 그래도 이제는 편히 쉬시라는 이야기를 적음.

• 소나무 : 병원에 있을 때 부인이 죽어 볼 수 없어서 목적지까지 잘 갔는지 궁금함. 목적지인 천국과 예수님의 빛을 표현하였음.

• 술상 : 빨간색은 술병, 노란색은 갈비, 파란색은 쟁반. 배우자가 평소에 사람들과 함께 술마시는 것을 좋아했기 때문에 술상을 만들었다고 함.
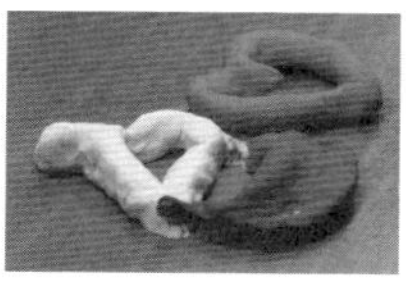
• 튤립 : 우리 화목하게 살고 있으니 걱정말아요. 하트와 옆에 조형물 만드심.
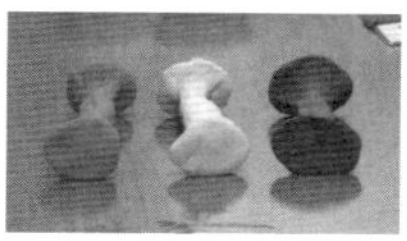
• 목련 : 새송이 버섯, 배우자가 생전에 버섯을 많이 좋아해서 장을 볼 때마다 항상 버섯을 사왔다고 하면서 버섯을 선물하고 싶다고 하셨음.

• 무궁화 : 꽃, 남편이 남자인데도 꽃을 많이 좋아해서 꽃을 선물하고 싶었음.

• 장미 : 장구, 꽹과리, 채, 장미님은 배우자보다는 시어머니에 대한 이야기를 하며, 시어머니가 자신한테 잘해줘서 지금도 고인이 보고 싶다고 함. 시어머니가 노래를 좋아하셔서 장구, 꽹과리, 채를 만드심.
• 대나무 : 산, 배우자는 등산을 좋아했는데 지금도 산을 보면 가끔 생각남.
• 송암 : 배우자가 신앙생활을 열심히 했는데 지금 천국에서 잘 지내고 있는지 생각남.
</td></tr>
</table>

* 364-1쪽의 칼라그림 참조

〈7회기〉

<table>
<tr><td rowspan="2">11/1</td><td rowspan="2">참여인원</td><td rowspan="2">10명</td><td>진행자</td><td>김선숙 상담사</td></tr>
<tr><td>보조진행자</td><td>노혜란 사회복지사
사회복지대학원생 1명</td></tr>
<tr><td>주제</td><td colspan="2">목표</td><td colspan="2">내용</td></tr>
<tr><td>고인이 없는 환경에 적응하기</td><td colspan="2">- 자신이 혼자 남은 삶에 대해 준비하도록 한다.</td><td colspan="2">- 혼자 남은 삶에 대한 이야기 나누기(행복전도사의 죽음과 남은 배우자 이야기)
- 자신이 혼자 남는 삶과 죽음에 대한 준비 나누기(죽음의 종류, 존엄한 죽음 선언서, 유서, 장례문화)
- 자신이 혼자 아프게 될 때 준비하기</td></tr>
<tr><td>반응 및 평가</td><td colspan="4">- 이번 주에 행복전도사가 자살하여 남편이 따라 자살한 것에 관한 이야기를 자연스럽게 나누면서 자신의 남은 삶과 죽음에 대한 이야기를 할 수 있었음. 또한 죽음 이야기를 통해 배우자 사별 이야기를 하게 되었음.
- 목련님은 부인이 보고 싶어서 애들 결혼식 테이프를 일부러 본 적도 있다고 하시는 것을 보아 사별 후 어르신들이 배우자에 대하 그리움이 클 것으로 생각되었음.
- 강사가 죽음을 준비할 수 있도록 존엄한 죽음, 유서, 장례문화에 대해 설명을 하니 처음에는 관심 없이 듣다가 자신들이 준비를 해놔야 한다는 생각이 드셔서 적극적으로 질문하시는 모습을 보이심.
- 어르신들이 혼자 계셔서 그런지 자신이 아픈 후에는 요양원에 가는 문제에 대해 다들 한번쯤 생각을 해볼 문제라며 활발하게 이야기를 하셨고 자식이 보내는 것보다 그전에 자신이 원해서 가는게 좋을 것이라고 하셨음.</td></tr>
</table>

〈8회기〉

<table>
<tr><td rowspan="2">11/22</td><td rowspan="2">참여인원</td><td rowspan="2">9명</td><td>진행자</td><td>김선숙 상담사</td></tr>
<tr><td>보조진행자</td><td>노혜란 사회복지사
사회복지대학원생 1명</td></tr>
<tr><td>주제</td><td colspan="2">목표</td><td colspan="2">내용</td></tr>
<tr><td>고인을 잊고 새로운 곳에 투자하기</td><td colspan="2">- 자신의 삶에 대해 돌아보며 자신에게 집중하도록 한다.</td><td colspan="2">- 손석고 뜨기를 통해 자신의 손으로 이룩한 것 생각하기
- 손가락을 그린 후 자신의 장점을 찾으며 자신에게 집중하기</td></tr>
</table>

반응 및 평가	- 손석고를 뜨기를 하면서 어르신들은 새로운 활동에 흥미를 느끼셨고 손으로 이룩한 것에 대해 이야기를 유도하였음. 처음에는 어르신들이 이룩한 것에 대해 그냥 뭐 특별하게 이룩한 것이 없다며 계속 부정적인 대답을 하시다가 강사가 어르신들게 예를 들면서 이야기를 해드리니 이야기를 하셨음. - 어르신들은 자신이 살아온 삶에 대한 자신감이 많이 낮으셨으나 이번 시간을 통해 살아온 삶을 돌아보고 자신의 장점을 찾을 수 있었음.

〈9회기〉

11/22	참여인원	9명	진행자	김선숙 상담사
			보조진행자	노혜란 사회복지사 사회복지대학원생 1명
주제	목표		내용	
고인을 잊고 새로운 곳에 투자하기	- 자신의 남은 삶에 대해 생각할 수 있도록 하여 자신이 무엇을 할지 생각하도록 한다.		- 자신이 지금부터 하고 싶은 것 무엇인지 나누기 - 나의 묘비명은 어떻게 쓰여지길 원하는지와 남은 삶에 대해 생각하기	
반응 및 평가	- 전 시간에 했던 손석고 작품을 나눠드렸더니 이런 선물을 어디서 받을 수 있겠냐며 고맙다는 말씀과 함께 집에 걸어놓고 자신이 살아왔던 인생에 관해 잘 살아왔다는 긍정적 마음을 가질 수 있을 것 같다고 하셨음. - 자신이 지금부터 하고 싶은 것이 무엇인지에 관해 나눌 때 어르신들 중 성경학교 요양원(기독교 요양원)을 하고 싶다는 어르신과 통일되는 것에 힘이 되고 싶다. 애들을 선도하는 큰 건물을 짓고 싶다는 의견을 말씀하시면서 어르신들간의 서로 격려할 수 있었음. 상담사가 좀 더 어르신들에게 하고 싶은 것에 관해 이끌어 내려고 했지만 이 나이에 뭐 이룩할게 있겠냐며 죽을 때까지 건강하게 사는 것이 좋은 거 같다는 의견들이 많았음. - 송암어르신이 죽기 전에 하고 싶은 것 중에 돌아간 고인을 만나고 싶다는 생각이 든다고 얘기하니 다른 어르신들도 자신들도 배우자를 한번 만나고 싶다는 말씀을 하셨음. 장미어르신은 자신은 시어머니를 보고 싶다고 하시며 시어머니가 자신에게 아주 잘 해주셨다고 하시며 환한 얼굴을 보이셨음.				

〈10회기〉

<table>
<tr><td rowspan="2">11/1</td><td rowspan="2">참여인원</td><td rowspan="2">10명</td><td>진행자</td><td>김선숙 상담사</td></tr>
<tr><td>보조진행자</td><td>노혜란 사회복지사
사회복지대학원생 1명</td></tr>
<tr><td>주제</td><td colspan="2">목표</td><td colspan="2">내용</td></tr>
<tr><td>삶
다짐하기
프로그램
종결하기</td><td colspan="2">- 앞으로 혼자서 살아가게 될 자신의 삶을 다짐하고 서로 격려한다.</td><td colspan="2">- 프로그램을 통해 자신이 변화된 점 서로 나누기
- 케이크에 초를 키고 자신의 삶 다짐하기
- 서로 격려하기</td></tr>
<tr><td>반응
및
평가</td><td colspan="4">- 프로그램을 시작하며 강사가 개인적으로 준비한 에그쉐이크(음악치료 도구로 사용됨)를 나눠주고 고향의 봄 노래를 불렀는데 에그쉐이크에 큰 관심을 보이시며 즐거워하시는 모습을 보이셨음.
- 프로그램을 통해 자신이 변화된 점을 나눌 때는 어르신들이 배우자가 고인이 된 후 외롭고 힘들었던 부분이 많았는데 이 프로그램을 통해 우울했던 것이 많이 변화된 것 같다고 하셨음. 또한 처음에는 이야기만 자꾸 하라고 해서 재미없다고 생각했는데 끝나고 나니 이야기 하나하나가 그냥 하는 것이 아니라 의미가 있었다고 말씀하시며 프로그램이 끝난 것에 관해 아쉬움을 나타내셨음.
- 치즈케이크를 강사분이 준비해오셔서 케이크에 촛불을 키고 각자 개인초를 키고 앞으로 삶의 다짐을 하였는데 어르신들이 초를 키니 분위기가 참 좋은 것 같다는 말씀을 하셨음. 어르신들은 앞으로의 삶을 촛불같이 살겠다며 서로를 격려하는 모습을 보이셨음.</td></tr>
</table>

※ 10회기 축어록: 12월 6일(월)

상담자: 우선 이 글을 읽어보시겠습니다. '진정으로 사랑한다는 것' 은 마침 어르신들이 사랑하는 사람을 다 여의셨어요. 이 글이 너무 좋아서 좋은 글을 읽다가 오늘로 이 시로 프로그램을 선택했습니다. 함께 읽어보시겠습니다. "진정으로 사랑한다는 것은. 쉴러. 진정 사랑한다는 것은 이별을 눈물로써 대신하는 것이 절대로 아닙니다. 곁에 있던 사람이 먼 길을 떠나는 순간, 사랑의 가능성이 모두 사라져 간다 할지라도 그대 가슴속에 남겨진 그 사랑을 간직하면서 사랑하는 마음을 버리지 않는 것이 진정으로 사랑한다는 것입니다."

무궁화: 좋으네

상담자: 좋죠

목 련: 쉴러가 독일사람이에요?

상담자: 네

무궁화: 훌륭혀

상담자: 너무 글이 좋죠? 우리가 이별로 헤어질지라도 눈물로 안타까워하는 것이 아니라는 것이에요. 우리 마음속에 남겨진 사랑을 간직하면서 사랑하는 마음을 버리지 않는 것이 진정으로 사랑한다는 것이에요. 어떤 분이 이렇게 말했어요. 우리가 잊혀진다는 것은 너무 슬픈일이다. 그렇죠?

무궁화: 그럼

상담자: 우리가 언제 잊혀져요? 아무래도 대가 끊기고 손자까지 가게 되면 어떻게 될지 잘 모르겠어요. 그런데 우리 어르신들은 감사하게도 자녀분들이 계셔서 그래도 계속 계속 이어지잖아요. 저같은 경우에는 자녀가 없고 하니깐 그런 생각이 들더라구요. 그래서 우리가 잊혀진다는 것은 굉장히 슬픈 일이다.

무궁화: 그럼

상담자: 누군가 저를 기억해주면서 우리가 이 삶에서 이 세상을 떠난다 할지라도 기억해주는 사람이 있다는 것은 죽었어도 살아있다는 거에요. 지금도 우리 어른들 마음속에 부인이나 남편께서 세상을 떠났다고 하셨을지라도 지금도 그 마음속에 사랑하는 마음이 있잖아요. 그러면 그분은 아직 살아계신다는 거에요. 저는 그것이 굉장히 저한테는 의미있게 다가왔어요. 그래서 잊혀지지 않는 사람이 되었음면 좋겠어요. 우리가 오늘 이 프로그램에서

무궁화: 잊혀지지 않는 사람이 더 안좋다고?

상담자: 아니요. 그렇게 되야 된다구요. 그럼요, 잊혀지면 거기서 끝나버려요.

무궁화: 안잊혀지지.

할미꽃: 잊혀질 수가 없지요.

상담자: 그러면 아직도 내 마음속에 살아계신 거에요. 그런데 마음속에 이미 지워져버린다면은 돌아가신 것과 마찬가지라는 거에요. 우리가 이렇게 십주를 프로그램을 하면서 이것저것 다양하게 경험을 했습니다. 그런 것을 통해서 어르신들이 느낀 점이나 새롭게 변화된 것이 있다면 서로 말씀을

나누시면 좋을 거 같아요. 말씀을 나누시는데 이것을 하나씩 가져보세요. (에그쉐이크에 대해서 이야기하여 생략)

상담자: 점잖으시네요. 우리가 어찌 됐든 서로가 격려하는 시간을 갖고 우리가 이 프로그램을 하면서 느꼈던 점 소감이라고 할까 특별히 변화된 것이 있다면 그런 것에 대해서 서로 말씀을 나누는 시간을 가질 겁니다. 근데 드시는 것이 그러시면 안되니깐 우선 흔들어보겠어요.

무궁화: 이게 내막은 모르겠는데 재밌는데

상담자: 네 그럼요.

무궁화: 이게 어떤 늙은이가 앉아서 이렇게 흔들겠어. 좋은데

상담자: 이게 에그쉐이커에요. 사실 이것은 한국 것이 아니에요. 제가 일본에서 사온 거에요

무궁화: 그려 선생님이 감사합니다.

상담자: 아니 이게 드리는 것이 아니고 제가 이거 가져다

무궁화: 선생님 기념이여

대나무: 가져가시는 것이 아니고

상담자: 아니 가져가시는 것이 아니고 저한테 다시 주는 거에요. 수업에 필요한 거에요. 선물 아니고

무궁화: 난 그것도 모르고 빨간 것을 가져온겨 (수업시간에 필요한 것이고 하시고 돌려주셔야 된다고 말씀하심)

상담자: 이것이 음악치료에 사용하는 것이에요. 그래서 지금 이 시간에는 나의 살던 하시면서 흔들어주시면 되요.

나의 살던 고향 노래 다같이 부름~, 에그쉐이크를 옆에 어르신들에게 돌려가면서 서로 손뼉을 치면서 노래 부름(21:30까지)

상담자: 이제는 그럼 우리가 순서를 정할까요 이거는 일단 놔두시고 한 분이 말씀하시면 우리 모두가 환영을 해드리는 거에요. 뭔지 아시겠죠? 앉아서 하시는데 저부터 할께요. 하나씩 다 쥐시고 흔들어주세요 환영해주시는 거에요 소개를 하는 거에요. 저는 사실 이 프로그램 홀로서기 프로그램을 통해서 마음이 굉장히 흐뭇했어요. 왜 흐뭇했었냐면 보통 다른 프로그램에서는 남자어르신들이 이렇게 많지 않아요. 그리고 적극적으로 열심히 하시는 분들이 많지 않아요. 그런데 이 프로그램 나름대로 복지관에

서 신경을 많이 쓰셨지만 어르신들이 같이 이 프로그램을 만들어주셨기 때문에 진행이 잘 되었던 것 같아요. 특별히 무궁화 어르신께서도 처음부터 양념을 잘 해주셔서 처음부터 그러셨는데 마지막까지 한 분 한 분이 너무 너무 귀하신 분들이고 참 대단하시다. 또 각자 사시지만 너무너무 당당하게 사신다 이런 생각을 하면서 앞으로도 물론 건강하고 행복하게 사실이라 믿습니다.

대나무: 아멘

상담자: 그래서 참 좋았어요. 겨울이잖아요 벌써. 열심히 나오신다는 것 자체가 건강하신다는 거잖아요. 이 프로그램에 애정을 가지시고 끝나면은 어떻게 하면 좋으냐고 지난주에도 물어보고 하셔서 빨리 빨리 끝나버리면 좋겠다가 아니라 아쉬움에 그런 말씀을 하셔서 참 좋았습니다. 이상입니다. 하면은 아 당신 멋져요 하는 거에요. 그리고 당신 멋져 거기에 맞춰서 하셔도 되요. 당당하고 신나게 뭐 하여튼 우리 소감을 말씀하시면 되요. 갑니다. 송암어르신부터

송 암: 여러 가지 좋은 경험을 많이 들었는데 젤 첫째로는 열심히 얼마나 큰 노력을 내고 있다 그런 생각이 들어요. 무슨 열심히냐 첫째, 전화를 누가 걸었는지 몰라도 나이가 많고 외로우면 전화 하나 걸어주는 게 얼마나 큰 위로가 되고 힘이 되는지 몰라요.

상담자: 네 맞아요.

송 암: 그러니깐 다 나오는 거 아닌가요? 그 정신 그 사랑 그 열심 그 노고 칭찬합니다.

상담자: 네 우리 상담자들께서 박수 받으셔야 해요 멋지십니다. 감사합니다. 상담자들 두 분께서 연락을 해주셔서 다하셨어요?

송 암: 허허허

상담자: 감사합니다. 앞으로도 축복을 빌어주세요. 앞으로도 건강하게 90세시지만 앞으로도 건강하고 행복하게 사세요. 우리 목련어르신

목 련: 우리가 몇 번

상담자: 열 번

목 련: 우리가 이렇게 만나서 이렇게 시간을 가진 거에 대해 참 굉장히 고맙게 생각하고 앞으로 헤어지면은 밖에서 만나도 건강하게 남은 여생을 즐겁

게 지냈으면 좋겠습니다.

상담자: 네 축복해 주세요. 건강하고 행복하게. 처음에 어르신께서 재밌어야지 나오는데 라고 하셨는데 재밌으셨어요?

목 련: 네

상담자: 감사합니다. 앞으로도 건강하고 행복하게 사세요

목 련: 에그쉐이크에 대한 질문함. (일본에서 샀는데 왜 대만제라고 되어 있는지 질문함) 악기에 대한 이야기를 나눔 (생략함)

장 미: 이걸 가지고 놀다보니깐 더 젊은이로 애기들처럼 돌아가는 거 같아서 재밌어요.

상담자: 하하하 재밌으셔요? 맞아요 그러시죠.

무궁화: 뭐라고 그랬어?

상담자: 애들처럼 마음이 어려지면서 재밌다고

장 미: 젊은애들로 돌아가는 거 같다고 재밌어 이거

상담자: 웃으시니깐 너무 예쁘시고 좋으세요. 앞으로도 계속 젊게 사세요.

장 미: 아이고 감사합니다.

상담자: 그 다음에 우리

튤 립: 그동안에 노고를 치하드립니다. 감사합니다. 어쩐지 이 시간이 기다려지구요. 재밌다는 것보다는 뜻있는 말 한마디 한마디가 가슴에 찔렸습니다. 근데 이렇게 이별한다니 조금 서운해요. (안들림) 기대됩니다.

상담자: 앞으로 프로그램이 있기를 기대하시면서 네 말씀을 안하시는 거 같으면서도 말씀을 너무너무 잘하세요. 그리고 한번도 결석을 안하셨어요. 앞으로도 건강하시고 손자 두 명 잘 키우시고 정말 축복합니다.

할미꽃: 날짜 바뀌어서 한번 빠졌어요

무궁화: 그동안 영감님 돌아가신 지 얼마 안되잖아. 그니깐 허전하고 좀 외로웠던 게 여기 와서 이렇게 모임을 가지면서, 보편적으로 다 잃은 양반들 아니야

상담자: 예

무궁화: 용기도 갖고 앞으로 자꾸 좋은 쪽으로 생각하면서 살으려고 많이 노력을 하고 있어요. 이것 좀 조금 비워야지. 잘해 나갈게요.

상담자: 행복하게 지금도 워낙 행복하게 잘 사세요. 재혼하실 의향은 전혀 없으시고?

무궁화: 어떻게 되라고?

상담자: 재혼하실 의향은 전혀 없으시고? 네 더욱 행복하세요

무궁화: 지나가는 개가 웃는 소리

상담자: 어이구 왜 그러셔요.

무궁화: 제가 조금 젊으신 양반들 이렇게 좋은 사람들 있으면 엔조이하게 이렇게 붙여줄 수 있는데 똥 주서 먹게 생겼네.

상담자: 왜 그러셔요.

무궁화: 그 나이에는 옛날에 뭐 앉아서 먹지도 못했어.

상담자: 지금 워낙 건강하시고

무궁화: 지금 세상이니깐 이렇게 앉아있지.

상담자: 앞으로 더욱 행복하세요.

무궁화: 노력해야지.

상담자: 아니 우리 송암어르신 다음으로 두 번째로 연세가 많으세요.

무궁화: 그럼

상담자: 그런데도 얼마나 어르신들이 건강하신지 몰라요. 네 그렇죠?

무궁화: 자꾸 고쳐야지

상담자: 뵙기에 너무 귀감이 되고 좋아서 말씀드린 거에요. 하하 우리 대나무어르신

무궁화: 맨날 흔들기만 혀

장 미: 이거 하나 좀 줬으면 좋겠어

목 련: 점집에 가면 흔드는 거.

상담자: 네 수리수리 마수리 같은 거요. 네 대나무 어르신

대나무: 조용해졌어요? 조용해져야지 말을 하지, 말 없어서도 좋아. 옆에 와 앉아 있어만 줘. 전화번호 다 주셨으니깐 받으셨으니깐 외로우시면 전화하세요.

상담자: 언제든지

대나무: 수도전기 고장난 거 있으면 전화하세요.

상담자: 어머나 그런 것도 하실줄 아세요.

대나무: 뭐 조금

상담자: 수도, 전기

할미꽃: (안들림) 우리가 ... 봐주시겠다는 그런 생각으로 저는 받아들여지네요.

상담자: 네 너무 감사합니다. 도움을 주시고자 하는 기여하시고자 하는

할미꽃: 사실은 아쉬울 때가 있잖아요

상담자: 웃음. 네 우리 소나무어르신

소나무: 나는 처음엔 무슨 프로그램인지 모르고 여기 딱 와가지고 오늘 이왕이면 왔으니 오늘만 참석하고 말아야지 그다음 되니깐 한번 더 가보자고 그러다 보니깐 냉중에는 좌석이 쇠붙이가 끌려가는 것처럼 나도 모르게 이날이 기다려지는 거 있죠.

상담자: 네

소나무: 항상 주일 다음에는 이날이 기다려져요. 여기 오니깐 웃음이라도 웃고 즐거웠습니다.

상담자: 기다려지시고 참 열심히 하시고, 저는 소나무어르신이 너무 마음에 아팠던 것이

할미꽃: 마음이 아팠을 거에요 (어르신들 서로 이야기해서 안들림)

상담자: 말씀은 안하셔도 아마도 그러셨을 거에요. 정말 대단하세요. 그래도 우리가 눈으로 확인을 못하고 병원에 계실 때 돌아가셨는데

할미꽃: 그 마음이 오죽했겠어

상담자: 그럼에도 불구하고 지금까지 식씩하게 잘 사셔서 감사해요. 그렇죠? 자녀분들도 참 아버님에 대해서 감사하고 고마워할 거 같에요.

할미꽃: 너무 대단하게 생각할 거 같아요.

상담자: 앞으로도 그냥 씩씩하게 용감하고 잘 사셔요.

할미꽃: 건강하게

상담자: 네 건강하게 사시길 축원합니다.

할미꽃: 잘 사세요 정말 건강하게 사셔야 합니다.

상담자: 건강하게 사세요 네 할미꽃님

(무궁화님이 늦게 온 어르신한테 간식을 잡수라고 하시며 에그쉐이크 설명하여 잘 안들림)

할미꽃: 처음에는 ㅇㅇ상담자가 전화를 줬을 때 한편으로

상담자: 조금 크게 말씀해주세요 한편으로는

할미꽃: 반갑고 이랬는데 한편으로는 좀 서먹하더라구요. 제가 이 프로그램에 참석해야 하나 이래 서먹했는데 와서 보니깐 상담자 좋으시고 다 좋으시고

오시는 분들도 좋으시고 (잘 안들림) 참 다음이 되니깐 일주일 이주일 지나가니깐 (잘 안들림)

상담자: 잘 들어보세요.

할미꽃: 이만큼 얻었잖아요 이만큼 여러분들을 저희가 얻었으니깐 얻었다는 마음이 생겨서 너무너무 흐뭇하고 좋습니다. 앞으로 제 삶은 여기서 상담자 말씀 많이 듣고 그래서 조금 살아가는 방법을 바꿔서 살아야겠다는 생각이 듭니다.

상담자: 너무 반갑습니다.

할미꽃: 그런 생각을...

상담자: 제발 방법을 바꾸셔서... 조금 첨엔 우려가 됐었어요 왜냐면 너무 아까우신 바깥어르신을 먼저 보내셔서 너무 갑자기 돌아가셔서 그 마음이 그그냥

할미꽃: 처음에는 아무 소리도 귀에 잘 안들어왔어요. 저는 여기와서 많이 공감하고 많이 얻었습니다.

상담자: 네 너무 감사합니다. 제가 뵙기에도 너무 좋아지셨어요 그렇죠?

할미꽃: 감사합니다.

상담자: 인제 바깥 상담자 너무 붙잡지 마시고

목 련: 처음에는 우울해보였는데 지금은 상당히 얼굴이 편안해보입니다.

할미꽃: 지금도 우울하긴 한데 그래도 여러분 얼굴 보니깐 좀 가까워지고

상담자: 가까워지고 친해지고

할미꽃: 가까워졌기 때문에 처음에는 서먹했는데

상담자: 네네

소나무: 가까워질 만하니깐 헤어지네

할미꽃: 앞으로 모든 어르신들이나 행복하고 건강하고 오래오래 사셨으면 좋겠습니다.

상담자: 네 아이고 할미꽃어르신도 행복하고 건강하고 오래오래 사세요. 그 다음에 동백 아가씨 (동백 아가씨... 웃음) 지금 우리가 이 프로그램을 마치면서 그동안 느꼈던 거라든가 소감이라든가 제가 앞으로 어떻게 살겠다라는 다짐을 말씀하시는 거에요.

동 백: 소감은 (안들림) 보탬은 있겠죠. 앞으로 어떻게 살겠다는 것은 지금 계획

세워도 모르지

상담자: 그래도 지금 지난번에 꿈이 크셨는데

동 백: 열심히 살아야지 봉사도 하고

상담자: 네 맞아요, 아직 젊으시니깐

동 백: 젊긴 뭐가 젊어

상담자: 젊으세요. 봉사도 하실 수 있으면 하시고

동 백: 그전에 천주교에서는 레지오단원에서 1년간 했는데 그때 몸이 별로 안 좋았어요 힘들더라구

상담자: 아 무리하지 않는 범위 내에서 네 그럼요 예 앞으로 신나게 더 젊게 사시기를 간절히 축원합니다.

에그쉐이크 이야기 (생략함)

할미꽃: 산소에 갔는데 아들이랑 울려고 갔는데 울지도 못하고 왔어요

목 련: 왜요

할미꽃: 산소에 갔는데 아들하고 아들이 가자고 해서 (잘 안들림) 가서 보니깐 눈물이 나는데 어찌해서 참 울지를 못 하겠더라구요 자식 앞이라서

상담자: 그니깐 웃음치료도 있지만 울음치료도 있어요 실컷 울고 나면 마음에 응어리가 없어진대요.

할미꽃: 실컷 웃고 싶을 때 실컷 울어라 이게 좋아요 좋은 거 같아요.

상담자: 울고 싶을 때 실컷 울면 마음에 응어리가 없어진대요. 속에 뭔가 담겨져 있던 게

(잘 안들림) 일성곡에 대한 이야기 (생략함)

상담자: 설문지 및 쉬는 시간 설명 (생략함) 쉬는 시간 및 설문조사

상담자: 우리 초를 인제 사실 제가 오늘 어르신들하고 마지막 날이라서 제가 케익을 사왔어요. 케익을 서로 나눌 시간을 가질 거든요 우리가 촛불을 키고, 우리가 초를 밝힌다는 건 뭐에요.

목 련: 초를 밝힌다는 건 축복, 축복입니다.

상담자: 우리가 앞으로 가시는 길에 우리가 삶이 어느 정도 지속될지 몰라요 그렇지만 사시는 동안에 주위사람들을 내 몸을 태워서 밝혀주듯이 주위사람들에게도 정말 좋은 삶을 나누시고 내 자신도 좀더 삶 자체가 승화되어서 승화, 영적으로 정말 복된 삶을 사시기를 간절히 축원합니다. 그래

서 촛불의식을 가질꺼구요. 그 다음에 한 명씩 다 안아주실 거에요.

무궁화: 초라는 것은 제 몸을 태워가면서

상담자: 그럼요.

무궁화: 제 몸을 태우면서 스스로 지가 일어서서 밝히는 거야 그 뜻은 초라는 성질이

상담자: 그래서 촛불 의식을 하면서요. 그리고 서로에게 정말 우리가 혼자서 할 수 없는 프로그램이였거든요 함께 할 수 했었기 때문에 이 프로그램이 잘 이어질 수 있었어요 그렇죠? 일대일로 프로그램이 하는 게 아니고

무궁화: 프로그램은 원래 모여서 하는게

상담자: 네 함께 집단프로그램을 하면서 우리 어르신들이 미처 못느꼈던 것을 다른 어르신들을 통해서 배울 수 있었고 저도 마찬가지거든요.

무궁화: 그럼 어디서 만나면 다 인사할 수 있잖아.

상담자: 그리고 삶을 나눌 수 있었던 거 같아요. 다른 데서는 아무한테나 이런 말 못하잖아요 그래도 이 자리에서는 하나의 공통점이 있었죠. 배우자가 사별하셨다는 거 그 하나의 공통점으로 인해서

무궁화: 그려 그러기 때문에

상담자: 우리가 함께 슬픔을 나눌 수 있었고 우리가 어떻게 살아야 되는 게 좋을 수 있을까 하는 것에 대해서 정보도 나눠주셨고 이 시간에 느낀 소감들을 말씀 나누시고 그랬지만 서로 안아주시면서 정말 앞으로 행복하시라고 그런 시간을 가지실 겁니다. 그리고 제가 한마디로 예를 들어서 제가 누구로부터 이런 말을 듣고 싶다. 제가 앞으로 제가 이렇게 살건데 우리 어머니가 이렇게 사셨으면 좋겠습니다 라든지 제가 이렇게 살겠다 다짐을 한마디씩 묘비명 쓰는 것도 있구요. 다양하게 있는데 여기서는 그런걸 다양하게 하지는 못했어요 여기는 죽음준비교육이 아니였기 때문에

무궁화: 홀로서기라서

상담자: 홀로서기라서 그런 것을 집중적으로 하지 못 했어요 하지 않았어요.

할미꽃: 그렇겠네요

(잘 안들림)

상담자: 앞으로 나는 이렇게 이렇게 살겠다. 한마디, 한마디로 그렇게 하시면서 또 촛불의식을 하면서 정말 제가 앞으로 어떻게 살아야 될 것인가 제가

이러이런 분이셨어 우리 아버지는 이렇게 사셨어 좋은 평들을 받으셨으면 좋겠는데 제가 앞으로 어떻게 살 것인가 어떻게 살아야 될 것인가 의미있는 삶을 살아야 될텐데. (책상 위 핸드폰 진동소리가 나서 잡음이 생김) 그래도 지금까지 홀로서기를 잘하셨어요. 제가 볼 때에는 네 잘하셨어요 그래서 그런 것을 속으로만 생각하지 마시고 다짐하시는 시간을 가질 겁니다. 아셨죠, 무슨 말씀인지 아셨죠, 그러고 마칠 겁니다. 서로 다 안아주시면서 그렇게 하고 마칠 거에요 일단 우리가 초를 붙여요.

초를 키면서 서로 이야기를 나눠서 말이 잘 안들림. 초 키고 준비함. 상담자가 케이크를 사오신 거에 대해 어르신들이 고마움을 표시함.

소나무어르신이 만들어 오신 지팡이에 상담자한테 사인을 해달라고 하심. (음악소리 때문에 잘 들리지 않음). 어르신들이 지팡이 만든 것을 보시고 칭찬하심

상담자: 제가 저를 종교적으로 밝히진 않았는데 목사에요. 참 열심히 살아와서 제 자신을 격려하고 싶어요. 정말 앞으로도 좋은 영향력을 끼치는 그런 사람이 됐으면 좋겠어요. 이렇게 하시면 되요.

상담자: 이렇게 하시면서 옆으로도 하시면 되요. 불을 끄시고. 우리는 이 촛불을 밝혔습니다. 본인의 의지와 (잘 안들림) 말씀하시면 됩니다. 촛불을 들면서 본인의 다짐을 하시는 겁니다.

할미꽃: 사는 동안에 우선 건강했으면 좋겠습니다. (잘 안들림) 살다가 자는 듯이 죽었으면 좋겠어

상담자: 본인을 격려해주세요. 여태까지 잘 살아왔다라든지 본인에게 나 스스로에게 인정을 해주시면 좋겠습니다. 덕분에 잘 살아온 거 같습니다. (잘 안들림)

소나무: 제가 70년 동안 이렇게 살아와서 또 거기다가 마누라를 앞세워 보는 죄책감 앞으로 이 촛불같이 살다가 갔으면 좋겠습니다. 이상입니다.

대나무: 노래로 대신합니다. 내 마음은 촛불이요 그대 받아줘요 나는 그대의 비단옷자락에 떨며 고요히 최후에 한방울도... 남김없이 타오리다.

상담자: 너무 멋있으세요. 너무 멋지세요.

대나무: 미안합니다.

상담자: 끝까지 하시지 히트를 치시네요. 말씀을 안하시더니

동 백: 촛불을 키니깐 감회가 새로워요. 나는 열심히 살았고 생각을 했었는데 어디서든지 앞으로 더 밝게 촛불처럼 봉사도 하고 내 능력 밖에 일이라도 그렇게 열심히 살고 싶어요.

무궁화: 살았으니깐 건강한 모습으로 살다가 추한 꼴 안보이고 자는 것마냥 죽었으면 좋겠죠 자는 것마냥 갔으면 그것만 기도드려요. 바람도 희망도 없고 그렇잖아요 죽음에 대해서 깨끗하게 자는 것마냥 갔으면 좋겠어 내 눈 감으면 그것밖에 기도 안드려.

상담자: 우리가 사실 죽음에 대한 기도를 해야 된대요. 죽음을 준비하는 기도 그거 참 좋은 말씀이세요. 그렇게 하면 그렇게 이루어진대요. (잘 안들림)

상담자: 그래도 사시는 순간까지 건강하게 행복하게 살아야죠.

무궁화: 그냥 이렇게 살면 지나가

대나무: 맞습니다.

상담자: 오늘이 행복하고 오늘을 최선을 다했으면 내일 또 좋은 날이 올겁니다.

무궁화: 자는 것마냥 갔으면 밤낼 기도드려 (잘 안들림)

무궁화: 난 잘한 것도 없어서 하나님도 안찾어. 가는 데까지 가고 닿는 데까지 닿고 뭐 그렇게 살아야지 여기서 제가 하나님한테 간다고 해서 가는 것도 아니고 믿는다고 해서 이제서 믿을 것도 아니고 자기 마음만 천진하게 갖으면 돼 이제 좋은 일 하는 것도 얼마 안남았어 좋은 일 한다고 해도 한두 번이다.

대나무: 아멘

상담자: 네 그 다음에 튤립어르신

무궁화: 근데 건강은 믿지 못혀 내일을 예약 못하는겨 건강하다고 자기가 믿으면은 예고가 없는거요. 죽음에 대해서는 넘어지면 뇌진탕으로 죽는 거여

튤 립: 이제까지 살아온 게 후회는 없습니다. 우리 손자들이 있으니깐 손자들을 위해서 최선을 다해서 살겠습니다. (박수) 몇 살 몇 살이에요. 고등학교 1학년 올해 들어가구요. 하나는 군인이에요.

대나무: 근데 그 손주들한테 해주실 일이 뭐가 있어요? 뒷바라지가 뭔대?

튤 립: 밥 해주고 빨래 해주는 거

할미꽃: 엄마가 안계세요?

(어르신 서로 이야기해서 잘 안들림)

상담자: 아빠는요?

튤 립: 아빠는 어딨는지 몰라요. 신용불량자에요.

상담자: 연락도 없어요?

튤 립: 가끔 애들 보러는 오죠 뭐 지 몸뚱이도 못사는데 그니깐 내몸 다하도록 애들을 위해 노력하겠다고 하시는 내용 (잘 안들림)

어르신들이 서로 이야기해서 잘 안들림. 튤립을 격려하는 내용

상담자: 무엇보다도 건강하셔서 그런 환경 속에서도 밝으시고 긍정적이시잖아요. 정말 대단하신 거에요.

무궁화: 그럼 얼굴도 개끗혀

상담자: 앞으로도 정말 그렇게 긍정적으로 사시면서 손주들이 앞으로 사회에 큰 일꾼이 될 수 있을 겁니다.

장 미: 이렇게 촛불까지 해주셔서 감사합니다.

무궁화: 시어머니 얘기하네 저희 신랑 얘기는 하나도 안혀 시어머니 갖고 지랄이여

장 미: 자손들께 피해 안주고 죽을 복이라도 타고 났으면 좋겠어 지금이라도 앞으로 좀 베풀고 남들한테 베풀고 이 세상 좋겠어. 착한 일도 하고

상담자: 우리가 베푸는 것 중에 신체를 기증하는 것도 베푸는 거죠 그리고 미소로 또 좋은 말로도 다 베푸는 거죠 꼭 물질만이 아니라 네 좋습니다.

무궁화: 병원에 오래 입원하고서 병원비 못내는 사람 시체를 기증하는 사람이 있대. 시신기증에 대한 이야기함. (중략)

목 련: 저는 75세 평생 살아온 것은 부모님과 형제들과 별탈 없이 살아왔습니다. 앞으로는 제일 중요한 것은 건강하게 아무탈 없이 살았으면 좋겠습니다. 이상입니다.

서로 건강하세요라고 이야기함(약 8분 정도).

할미꽃이 목련에게 몇째냐고 물어보면서 목련의 개인적인 이야기, 재혼에 대한 이야기 (약 5분 정도).

송 암: 60년 동안 2차대전 겪을 때 하나님의 깊은 축복과 은혜로 잘 살았어요. 이제 볼 것 다하고 할 것 다하고. 앞날은 잠오듯 갔으면 좋겠다.(목소리가 작아서 잘 안들려서 관찰기록지와 들리는 내용을 토대로 적음)

동백어르신이 상담자에게 개인적인 이야기를 물어봄(생략), 어르신들이 상담자에게

축복의 말을 함.

상담자: 초를 향해서 이거를 끄구요. 그 다음에 당당하고 멋지게 당신 멋져 하시면서 초를 끄고 저쪽 초를 끄겠습니다. 당신하면 어르신들이 멋져 하세요.

연세가 가장 많으신 송암어르신께 당신이라고 외치시라고 했음.

송 암: 당신

어르신들: 멋져

무궁화: 상담자를 비롯해서 멋지게 홀로서기에 참여하신 분들의 행복을 위해서 제가 대표로 촛불을 끌게요.

박수, 한번씩 안아주고, 케이크 먹으면서 행사 마침.

목 련: 건강하세요

소나무: 월요일이 없어져서 아쉬워서 어떻게 해요.

이후는 공지사항 알리고 케이크 먹으면서 담소를 나눔

5) 집단상담 실시결과

별칭	우울감			생활 만족도		
	사전(10/4)	사후(12/13)	변화	사전(10/4)	사후(12/13)	변화
	평균	평균		평균	평균	
소나무	3.7	3.45	−0.25	1.45	1.6	+0.15
목련	2.15	1.9	−0.25	3.2	3.6	+0.4
할미꽃	3.9	2.95	−1.95	2.7	3.35	+0.65
송암	3.65	3	−1.65	3.05	2.95	−0.1
장미	4.2	2.7	−1.5	2.35	3.85	+1.5
무궁화	3.55	1.95	−16	3.7	3.9	+0.2
대나무	2.05	1.7	−0.35	3.2	3.65	+0.45

튤 립: 주어진 삶에 대해 만족하면서 살고, 돌아가신 분은 체념이 됐다. 사람들이 명랑해졌다고 하고 요즘 우울감이나 외로움은 많이 좋아진 거 같다. 프로그램 하고 나니 명랑해졌다. 예전에는 고인을 잃은 것에 대해 죄책감이 있었으나 이제는 없어졌다. 예전엔 잠을 못잤으나 지금은 잠을 잘 잔다. 사별후에는 어떻게 사나 했는데 지금은 그런 생각은 없어졌다. 가장 큰 변화로는 심리적 변화로 우울했었는데 명랑해진 것 같고 나에게 많은 도움을 주었다.

〈집단상담자 피드백: 튤립어르신은 처음에 홀로 남겨져 손자 둘을 키울 생각에 너무 힘이 들고 우울하다며 프로그램을 신청하셨는데 프로그램 내내 조용하게 모두 참석하셨고 열심을 보이셨다. 사별 슬픔에서 가장 많은 감소를 보였다.〉

소나무: 우울감이나 외로움은 조금 나아진 거 같다는 생각이 든다. 앞으로는 삶 마무리를 좀더 개끗하게 하고 싶고 건강하게 부지런히 살고 싶은 생각이다. 고인을 잃은 것에 대한 긴장이나 죄책감은 안했었다. 고인이 죽기 전부터 잠은 못자고 꾸준히 잠은 잘 못잔다.

〈집단상담자 피드백: 소나무어르신은 자신이 병원에 입원한 지 3일 만에 부인이 쇼크사로 죽었다고 이야기했으나 개별방문상담 시 쇼크사가 아니라 자살이라고 하였다. 병원에 퇴원한 이후에도 몇 달 동안 볼 수가 없으셨고, 현재 혼자 어려운 형편에 살고 계시지만 신앙의 힘으로 견뎌내고 있었다. 이후에 개별심리상담을 연결하고자 하였으나 신체상 어려움으로 인해 복지관에 올 수가 없으셨고 이에 방문상담을 권유하였으나 꺼려하였다. 날씨가 좋아지면 복지관에 와서 상담 받으실 의향을 말씀하셨다.〉

목 련 : 목련어르신은 프로그램 이후 조금 삶의 즐거움을 찾을 수 있었고 우울감이나 외로움이 조금 나아진 거 같다고 한다. 가장 도움이 되고 변화된 점에 대해서는 사람들과 대화를 많이 하니깐 좋았던 것을 알아서 앞으로도 다른 사람과 대화하는 것에 대한 필요성을 느끼셨다고 한다.

〈집단상담자 피드백: 목련어르신은 공직에서 근무하시고 다양하게 활동을 하셔서 우울감이나 생활만족도가 아주 안좋은 상태는 아니였으나 프로그램에 적극적으로 참여하신 편이였다. 프로그램 끝난 이후 재혼에 대한 의사가 있음을 밝히셨다.〉

할미꽃: 나보다 더 젊은 사람도 사별한 것을 들으니 숙명이다 생각한다. 우울감이나 외로움은 다른 말 듣고 해서 조금 감소된 것 같다. 고인을 잃은 것에 대해서는 본인의 병세가 운명이고 죄책감이 있는 것은 아니다. 난 최선을 다했다고 한다. 프로그램 이후 가장 큰 변화는 생각, 방법, 마음가짐을 바꾸려고 노력하였다고 한다. 서글프게 생각했던 것을 즐거움으로 바꿔야겠다고 하였다.

〈집단상담자 피드백: 할미꽃은 고인이 일찍 돌아가신 것에 대해 아쉬움이 컸으며 프로그램 중반까지도 그 이야기를 많이 했었지만 프로그램 끝난 이후에는 돌아가신 것을 숙명으로 받아들이려고 하였다.〉

송 암: 마음의 조금 위로가 되고 안정되었으며 고인은 때가 돼서 간 거라 예전부터 생각했다고 한다. 사별 이후에는 우울증, 불면증이 있었으나 모임을 통해 좋아졌다고 한다. 프로그램에서 가장 좋았던 것은 덜 외롭고, 시간을 활용할 수 있어서 좋았다고 한다.

〈집단상담자 피드백: 복지관에 따님이 모시고 와서 사별 이후 우울증이 있었는데 좀 괜찮아지시다가 근래에 다시 우울증이 보이는 거 같다며 프로그램에 참여하게 되셨다. 송암어르신은 프로그램을 통해 마음의 위로를 느끼셨다고 했다.〉

장 미: 우울감이나 외로움은 줄어든 거 같고, 여전히 잠을 못자는 편이라고 한다. 지나고 나니 프로그램이 좋은 거 같고 모든 이야기가 다 옳은 것 같다. 죽음 준비하고 남은 사람에 대해 준비할 수 있었던게 좋은 것 같다.

〈집단상담자 피드백: 장미어르신은 처음에 집단상담 프로그램에 적응하지 못해 따로 찾아와 자꾸 이야기만 하라고 하고 재미가 없다고 하셨으나 5회기 야외 프로그램 이후 퀴즈를 잘 맞추셔서 상품을 받는 등 상담 외에 다른 형태에 것(노래, 지점토 만들기, 손석고, 에그쉐이크)에 큰 관심과 흥미를 갖고 참여하셨다. 다른 어르신들보다는 사별기간이 3년이다 보니 자신의 혼자서 살아갈 삶에 대한 대비하는 것에 대해 적극적으로 참여하셨으며 생활만족도가 가장 많이 높아졌다.〉

무궁화: 우울감이나 외로움은 처음에는 그랬으나 점점 잊혀졌고 조금 잊어버린 것 같다. 처음에는 잠도 잘 못자고 했는데 지금은 괜찮아졌다. 이 프로

그램에 대해 정신적 위안이 됐고 많이 좋아졌다. 이 프로그램은 즐거움만 추구하는 것은 아니였다. 얻은 것은 어떻게 살아야 할지에 대한 생각이 바뀌었다.

〈집단상담자 피드백: 무궁화 어르신은 프로그램 전반적으로 가장 활발하게 이야기를 하신 어르신으로 사별하신 지는 얼마 안됐지만 사회생활도 많이 하셨기 때문에 긍정적인 마음을 갖고 있어서 프로그램 사전 사후 변화가 있었다.〉

대나무: 우울감은 없고 대화의 상대가 있으면 좋겠다. 고인을 잃은 것에 대해서는 건강에 염려하지 못해 죄책감은 아직 있다고 한다. 잠을 못자거나 하지는 않으며 생활에 대해서는 전반적으로 지낼 만하다. 프로그램을 통해 제가 갈곳이 있고 할 일이 있다는 것, 나를 필요로 하는 사람이 있다는 게 좋다.

〈집단상담자 피드백: 대나무어르신의 경우 거의 말씀을 하시지 않았지만 처음 프로그램에는 소극적으로 참여하시다가 후반부로 갈수록 적극적으로 말씀하시고 마지막 회기에는 다른 내담자들에게 자신이 필요하다면 불러달라고 하며 자신의 생활을 적극적으로 하시고자 하였다.〉

6) 상담자의 슈퍼비전 요청 내용

1) 어르신들은 집단상담에 익숙하지가 않으신 면도 있고 상담자의 이야기(또는 지식)를 듣고 싶어하는데 집단상담 시 지식전달되는 부분을 어느 정도 개입을 해도 되는지요?
2) 집단상담을 하다보면 부정적으로 분위기를 이끄시는 어르신들이 있는데 이런 경우에는 어떤 개입이 필요할까요?
3) 집단상담 시 계속 혼자서 이야기를 길게 하시는 분들은 중간에 중단시키기가 참 어려운데 원활하게 중단을 할 수 있는 방법이 궁금합니다.
4) 집단상담을 하다보면 어르신들이 각자 다양한 생각이 있을텐데 구성원들과 다른 생각이 있는 어르신의 경우 다른 구성원들이 그 구성원에 대해 이해할 수 없다는 태도나 말투를 보낼 때 어떻게 개입해야 하나요?

7) 슈퍼바이저의 피드백

(1) 이장호 슈퍼바이저의 피드백

〈노혜란 상담자의 수퍼비젼(supervision) 희망사항 관련〉

① 집단상담에 익숙치 않은 사별노인집단에 대한 '지식/정보 전달 범위:
현실수용–현재적응–고통감내–감정정리/새 인간관계구축의 4과제 범위의 내용을 '간결하게 반복적으로' 전달하는 것이 원칙이고, 기타 질문에 요약적 응답이면 충분합니다. (Worden 참조)

② 부정적 언행 내담자에 대한 개입:
"그렇게 느끼시는군요", "~~하단 말씀이지요"식으로 부정적 발언을 인식(찬성이 아님)시켜주고, 원 당초발언자의 반응(느낌)을 말하도록 하는 것이 좋은 개입입니다.

③ 길게 말하는 사람에 대한 개입요령:
"지금까지 말씀을 제가 제대로 이해했는지 확인하면 ~~ 맞습니까?"식으로 상담자가 이해(파악)한 바를 '중간'에 피드백(feedback)해 줌으로써 긴 이야기를 (예의를 갖추면서) 개입(중단)하고, "제 발언 때문에 혹 불쾌하셨거나 아쉬움이 있으시면 사과하겠습니다"는 추후 양해를 구하면 대개는 (멋적은 표정으로) '괜찮다'는 반응을 하게 됩니다.

④ '다른 생각으로 이해 안 된다', '안 그럴 것이다'식 발언자에 대한 개입:
위의 (1)항에서 언급된 개입요령이 여기서도 유효하다고 볼 수 있습니다.

〈사례관리–종결 관련 보완 방안으로〉

(1) 집단원 중 집단상담 종결 후 개인상담을 통한 '연장 봉사'의 가능성 고려해야 한다. 예컨대, 재혼의사 표현의 목련, 우울감 잔류 및 수면장애의 소나무에 개인상담 기회를 소개할 수 있다.

(2) 상담자가 복지관 측 지원의 6개월 후 '집단구성원 재회(再會)식사' 모임 및

'구성원 전화안부망'의 형성(서로 안부묻기 등)을 제안, 실천하는 것이 좋을 것이다.

⑵ 금명자 슈퍼바이저의 피드백

• 분명한 목표와 이론적 배경을 가지고 시작한 반구조화 집단상담으로서의 모범이 된다.

• 목적의 명세화

〈4. 회기별 목표 및 진행내용〉에서, 목표는 그 회기에 이루어지는 활동의 내용이라면 그 목표행동을 통해 얻고자 하는 것, 즉 목적이나 기대효과를 명세화하는 것이 필요하다. 주제가 목적이나 기대효과에 해당하는 것으로 보이나 보완이 필요하다. 명세화된 목적이나 기대효과를 통해 집단원들에게서 성과를 확인하는데 용이하다.

• 집단초기의 오리엔테이션과 확인

회기 프로그램 소개(오리엔테이션) 후에 집단원들의 기대를 확인하였으면 3회기의 목련의 프로그램 목적을 재삼 확인하는 과정을 예방했었을지도 모르겠다. 물론 집단원이 중간 회기에 목적을 묻는다는 것이 부정적인 것만은 아니다. 오히려 구조화(프로그램 오리엔테이션)을 새롭게 강화시킬 수 있고, 프로그램 참여를 독려할 수 있는 계기가 된다.

• 집단프로그램 중간에 전달되는 지식에 대한 의견은? 바람직한가 혹은 아닌가?

집단원들이 자신에 대한 이해와 변화에 도움이 되는 지식은 교육으로서 의미가 있고, 바람직하다. 더 나아가 유인물로 만들어 줄 필요도 있다. 다만 그러한 지식이 어떻게 개별적으로 유익한지, 어떻게 적용할 수 있는지를 교육 말미에 덧붙이는 것이 필요하다. 또 경계해야 될 것은 교육을 하다보면 집단원들의 참여시간이 줄어들어 집단원들의 참여도와 응집성이 저하될 수 있음을 인식해야 한다. 때로는 집단원들이 집단 참여(commitment)에 대한 저항으로 지식을 요구할 수 있음을 알고 있어야 한다.

· 부정적 분위기를 이끄는 집단원에 대한 대처

부정적 분위기를 만드는 행동적 특성에는 1) 습관적으로 불평을 늘어놓거나, 2) 다른 집단원과 자주 논쟁을 하거나, 3) 자신이 가지고 있는 문제는 해결 불가능한 것이라고 자랑하거나, 4) 다른 집단원의 호소를 아주 사소한 것으로 치부해 버리거나, 5) 다른 집단원의 조언이나 격려를 무시하거나 거절하는 행동들이 포함된다.

이러한 부정적 행동들은 집단원들을 힘들게 하고, 집단을 좌절시키거나 혼란시켜 응집력을 떨어뜨리며 에너지를 소모하게 한다. 뿐만 아니라 집단리더도 좌절시키고자 하는 역동이 있다. 이들이 가지고 있는 역동은 의존에 대한 심한 갈등적 감정을 가지고 있거나 권위인물에 대한 의존감과 증오심이 혼합되어 있기도 하다. 이들은 무엇인가 비판하고, 지적하고 불평해야만 자신이 똑똑하게 기능하고 있다고 느낀다.

이들이 질문하거나 조언을 요청할 때는 주어진 대답이나 조언을 일축하기 위한 경우가 많다. 그러므로 답을 해주기 전에 그것이 왜 필요한지 어떻게 활용할 수 있는지에 대한 의견을 먼저 듣도록 한다. 또한 불평이나 부정적 분위기로 인한 집단원들의 영향을 서로 이야기하여 관계양상을 인식하도록 돕는다. 그 집단원에게 지나친 시간 배정이 되지 않도록 주의하고 필요시 개인상담을 병행상담으로 제안할 수 있다.

• 혼자서 이야기를 길게 하는 집단원에 대한 대처

이런 분들은 잠시만 침묵하면 불안하기 때문에 모든 일에 끼어들고 자신의 문제와 멤버들이 말하는 문제점간의 유사성을 계속 언급하거나 한없이 세세한 것까지 이야기하며 끊임없는 관심을 요구한다. 이러한 행동은 아직 친밀감이 생기지 않은 집단 초기에는 바람직하다고 여겨지기도 한다. 그러나 다른 집단원의 시간을 빼앗고, 다른 집단원들을 피곤하게 하고 좌절감과 분노감을 느끼게 한다. 쌓여진 집단의 불만은 집단리더에게 돌려지기도 한다. 이렇게 해결되지 않은 긴장은 집단 응집력에 영향을 미치고 결석, 중도탈락, subgrouping을 야기한다.

이런 분들은 타인의 관심을 받고, 타인을 통제하려는 의도가 잠재되어 있거나, 다른 사람에 어떤 생각과 마음이 있는지를 살피는데 어려움이 있고, 타인에 의해 영향받는 것에 대한 두려움이 있을 수도 있다.

집단리더는 독점적인 집단원과 독점하도록 허락하는 집단, 양측을 고려하여 왜 집단이 어떤 구성원에게 허용하고 격려하는지에 대해 의문을 가져야 한다. 독점자의 강박적 발언 이면에 숨기고 있는 자신을 드러내도록 도와주어야 한다. 드러낼 때는 지금 그리고 여기의 심정 – 생각, 느낌, 바램 등 – 에 초점을 맞추도록 한다. 다른 사람의 마음을 잘 지각하지 못할 때에는 집단으로 하여금 그에게 끊임없이 feedback을 주도록 격려하여 자신을 관찰할 수 있도록 돕는다. 원인의 해석보다는 자신의 행동에 대한 타인들의 반응에 관심을 갖도록 하여 자신이 수용받고 존경받고 싶은 욕구가 많지만 오히려 행동은 거절과 좌절감을 일으키고 있는 반대 행동을 한다는 것에 직면하게 하는 것이 효과적이다. 때에 따라 집단 리더가 "잠깐만요. 지금까지 이야기를 하셨는데, 하시면서 어떤 마음이 드셨나요?"하면서 here & now에 초점을 맞추려고 노력해야 한다.

• 다른 집단원에 대한 피드백이 건설적이지 않고 비난하는 말이나 태도를 보이는 집단원에 대한 대처

5번의 답을 참고로 하되, 지적이나 비난의 말 대신에 집단프로그램에서는 요청의 말로 대신하도록 요청한다. "○○의 말이 이해가 안되신다고 하셨는데요, 어떻게 되면 이해가 되셨을까요? 그렇게 요청하는 말로 다시 하시면 어떻게 하실 수 있을까요?"

3. 치매예방 집단상담

(상담자: 강숙정, 한겨레심리상담센터 소장)

1) 집단원 인적사항 및 행동관찰 내용

노인1: 여, 80대 초반, 감정표현이 자유롭고 솔직하여, 상대방의 행동에 대해 불편한 심사를 즉각적으로 드러냄. 평소에 눈물이 많다고 하심.

노인2: 여, 80대 중반, 무난한 적응을 보이시며 집단에서 일어나는 일을 즐겁게 따라 하심.

노인3: 여, 80대 중반, 과거에 힘든 일을 하면서도 깨끗이 살았던 사연을 과감하

게 털어 놓으며 자기개방에 적극적이고 긍정적인 태도를 보이심.

노인4: 여, 80대 중반, 시종 바른 자세로 지도자를 응시하고, 집단에서 모범을 보이심. 소리선 활동에서 선창을 하는 등 지도자 역할을 하심.

노인5: 여, 80대 후반, 약간의 치매증상을 가진 어른, 혼자 중얼거리거나 똑같은 말을 반복해서 하심. 함께 사는 딸에 대한 불만을 털어놓으심.

노인6: 여, 90대 초반, 얼굴이 편안해 보이고 자기개방을 잘 하시며 잘 웃으심.

2) 집단의 목적과 진행 방법

(1) 목적

가. 노인의 정신적 질환인 치매를 예방하는 데 최대한 기여한다.

나. 또래 노인들과의 친밀감 형성으로 외로움을 최소화하고 모임에 긍정적 활력을 제공한다.

다. 즐거운 신체활동으로 뇌를 활성화하며, 건강한 심신관리에 적극적이 된다.

라. 마음을 풀어주는 공감대화와 자기표현 연습을 통해 노인도 자손과 친구들에게 도움을 줄 수 있다는 자신감을 갖는다.

마. 노인의 정서적 안정감과 자존감을 높여 바람직한 삶의 통합과정을 돕는다.

(2) 진행방법

가. 80, 90대의 집단상담의 경험이 없는 고령의 노인이 대부분이므로 어렵거나 지루하지 않게 매우 쉽고 간단한 내용으로 지도함.

나. 치매예방을 위한 신체활동, 소리선, 그림 그리기 등을 활용함.

다. 인간중심이론 및 행동치료적 방법(레크리에이션 활동 포함)으로 감정경험을 바탕으로 한 관계실습(대화 연습) 위주로 진행.

라. 구성원들의 인생의 경험이 많고 자아가 확고히 굳어져 있는 경우가 많으므로 교육보다는 지금 여기의 관계 형성에 주력하고 체험을 서로 나누는 방식을 사용함.

노인집단 진행시 지도자가 특별히 유의했던 점

노인 삶의 방식에 급격한 변화를 주지 않기 / 익숙한 장소에서 교육하기 / 이해력 있는 수동적 태도로 교육하기 / 정서적으로 공감해 주기 / 노인에 대한 예의, 존중을 잊지 않기 / 노인의 속도에 맞추기 / 동료 노인들에게 존중받을 수 있는 기회를 제공하기 / 적절한 자극을 지속적으로 제공하기(손, 발 자극하기, 피부 문지르기, 나이나 이름 묻기, 숫자나 단어 외우기 등) / 말 없는 노인을 외롭게 두지 않기 / 치매노인 문제해결에 사회의 지지적 체계망 제공하기

3) 사례 제시 이유

본 사례는 일상적 언어소통에 문제가 있고, 귀가 잘 안들리는 80~90대의 노인을 대상으로 주로 비언어적 활동을 통한 신체 심리적 접촉에 중점을 둔 집단상담 사례이다. 본 지도자는 상담심리전문가로 고령의 노인집단에 처음으로 신체 레크리에이션 활동을 삽입, 적용해 봄으로써 노인의 신체적 감각의 활성화가 정서적 행복감과 치매예방에 미치는 영향에 대해 시사점을 제공하고자 하였다.

현재 상담 전공생 및 일반 사회인들이 노인집단을 현실적으로 구성하거나 만나기가 어렵고, 긴 시간과 비용을 할애하기 힘든 것이 현실이다. 이에 효과적인 단기 집단상담의 필요성이 대두되고 있는 상황을 감안, 본 집단이 비교적 짧은 시간 내(총 5시간)에도 노인의 행복감 증진에 어느 정도 기여했음(노인들의 보고)에 주목하고, 이에 대한 정확한 관찰과 과정 조명을 통해 생산적이고 경제적인 단기 노인 집단훈련에 대한 관심 및 심도 깊은 집단 토론의 장을 마련하고자 본 집단사례를 제시하였다.

4) 집단원 선정 및 장소와 시간

(1) 집단원 선정

가. 대상선정: 지역사회복지관에서 점심을 제공하는 고연령대(82~90세)의 노인을 해당기관 사회복지사가 선정한 후 집단지도자에게 치매예방에 도움이 되는 단기 집단프로그램을 의뢰하였음.

나. 본 집단들은 1년~5년간 복지관을 다니면서 서로 알고 지내는 노인들임.

(2) 집단장소 및 시간

가. 장소는 ○○○종합사회복지관에서 주요행사가 이루어지지 않는 강당 등을

이용하였음. 집단원들이 강당 등에 원형으로 의자에 앉아서 진행하며, 마이크는 사용하지 않았음.

나. 한 회기의 길이는 50분이고 매주 1~2회씩 3주에 걸쳐 5회기를 진행하였음.

5) 사례 제시 방식

(1) 집단발달단계의 전형적인 발달과정 순서로 제시: 초기단계-전환단계-작업단계-종결단계.

(2) 초기단계: 1회기-자기소개 및 집단참여 동기 및 기대, 집단원 간의 친밀감 형성.

(3) 전환 및 작업단계: 2~4회기-최고령 노인6, 노인3의 자기 사연 공개와 치매할머니 노인5와 노인1의 솔직한 감정표현에 이어 본격적인 집단 작업들이 이루어짐. 각 회기마다 더 많은 집단원들이 자발적인 자기노출을 하며 집단 체험활동에 적극적으로 임함.

(4) 종결단계: 5회기-자신과 타인에게 긍정적인 자기말(격려와 칭찬의 말)을 해주며 마무리 함.

(5) 본 축어록은 전환 및 작업단계의 3회기 내용을 제시하였음.

(6) 축어록이 제시되지 않는 회기들(1, 2, 4, 5회기)은 집단진행 내용을 요약했음.

6) 집단상담 내용

1회기: 초기단계 (01/14 오전 11:00-11:50)

초기 집단 구조화를 위해 지도자가 프로그램을 안내하고 첫 대면의 어색한 감정을 누그러뜨리기 위해 서로 손잡고 지도자 따라 말하기, 노래하기, 서로 등 주물러 드리기 등 신체이완 활동으로 집단을 시작함. 자연스런 웃음이 오가자 지도자는 '내 마음의 풍경화-내 고향 풍경'을 통해 자연스럽게 자신을 소개하기로 함. 지도자는 색칠을 하면 마음이 편안해 지고 스트레스도 풀릴 수 있다고 하면서 참여 의지를 북돋음. 처음에는 못 그린다면서 수줍어들 하셨으나, 노인1이 그냥 막 그리면 된다고 하고, 노인4가 산과 강을 먼저 그리기 시작하자 다른 할머니들도 웃으면서 따라서 그림을 그림. 발표를 할 때 자연스럽게 노인2가 자신의 고향을 소개하자 모든 집단원들이 자신의 고향을 소개함. 본인들이 그린 독특한 그림솜씨에 대해 지도자와 집단원들에게 칭찬을 받으며 집단참여에 모두 즐거워하는 모습을 보임.

2회기: 전환단계 (01/21 오전 11:00-11:50)

'괜찮게 살아온 나'를 표현해 보기로 함. 칭찬대회를 열어 '나의 손'을 바라보며 이제까지 이루어낸 자신의 업적을 돌이켜보고 서로 지지, 격려, 칭찬을 주고받음. 중반부에 노인6 한 분이 계속 뭔지도 모르는 얘기를 혼자서 중얼거리다가 "나도 이야기해도 돼요?" 라고 말씀하심. 옆에 할머니들이 해보라 하시자 멋 적게 웃으시며 이야기를 꺼내심. 치매가 심해서 전혀 못 듣고 딴 말씀만 하시는 할머니는 지도자 옆에 앉혀 놓고 손을 잡고 가만히 들어보시도록 권하고 가장 연장자이신 노인6의 이야기를 들음. 웃으시며 나는 사실 자랑거리는 없다고 하시며 다른 할머니 얘기를 듣고 생각이 났었다고 하시며 8.15해방과 전쟁 때 국경선 근처에서 사시면서 북한으로 들어갔다 중공군이 나와서 다시 내려왔다 들어갔다 하시면서 고생하신 이야기를 털어 놓으심. 동네 친척들이 피난 시 굴속에 들어가 있었는데 중공군이 불을 질러 몰살당한 이야기를 함. 그 어려운 상황에서도 도망가지 않고 이젠 그대로 있겠다, 살면 살고 죽으면 죽겠다고 결심하고 굴에 따라 들어가지 않아 살아난 이야기를 하시고 그 후에 슬기롭게 가족과 무사히 빠져나온 것을 이야기하셔서 집단원들이 모두 칭찬해 드림. 할머니의 오랜 기억을 또렷이 말씀하시는 정신력에 대해 지도자가 칭찬해 드림. 기뻐하심. 박수를 받음. 노인2도 따라서 자랑할 것이 없다고 하시면서도 나도 친구들에게 음식대접하는 것을 좋아한다고 쑥스럽게 말씀하심. 지도자는 사람들을 좋아하고 베푸시는 따뜻한 마음과 음식 솜씨에 대해 칭찬해 드림. 노인3은 청소부로서 다른 사람에게 피해주지 않고 깨끗하게 산 삶에 대해 자랑하심. 이 할머니는 자신이 열심히 살아온 삶을 당당하게 이야기하면서 다른 사람들을 존중하고 섬기면서 사는 게 중요하다고 이야기하심. 모두에게 박수를 받음. 육체의 노화 등과 관련하여 건강을 유지하기 위한 비결, 긍정적이고 유쾌한 마음가짐에 대하여 이야기함. 양손 거꾸로 세기, 손바닥 찌르기, 박수치기, 깔깔 웃기 등을 연습함.

3회기: 전환 작업단계 (01/23 오전 11:00-11:50)

지도자: 안녕하세요? 그간 잘 지내셨지요?

노 인1: 잘 지내나 마나 몸이 아퍼...

지도자: 몸이 안 좋으셨어요?

노 인1: ...어...

지도자: 어디가 그리 안 좋으셨어요?

노 인1: 그냥 온몸이 다 아프지 뭐, 늙으면 그래...

지도자: 네... 그러시지요... 지난번에 연세가 몇이라 하셨죠?

노 인1: 82...

노 인2: 난 84...

노 인6: 난 아흔인데... 제가 여기서 젤 고참이네...

지도자: 와, 반장하셔야겠네... 반장

노 인6: 하하...

(다 여든에서 아흔 사이임. 서로들 돌아가며 다시 나이를 확인하고 웃으심)

모 두: ...하하...

지도자: (82세 할머니를 가리키며) 그래도 할머님이 젤 젊으시네요...

노 인1: 하하... (할머니들이 환하게 웃으심)

지도자: (자꾸만 딴청을 피우시는 노인6에게 다가가서) 할머니는 피부가 정말 고우세요.

노 인6: 작년에는 이렇게 숨이 안 찼는데 이젠 숨이 차서 말을 못해. 다리도 아파서 이렇게 파스를 붙이고. (양쪽 다리를 파스로 도배를 하고 계심) 우리 친정어머니가 72세에 돌아가시는 걸 팔자가 사나워 오래 사신다고 구박도 많이 했는데 시방은 제가 이렇게 오래 살아. 삼십년 전에 돌아가셨어.

지도자: 옛날에는 그렇게 사셨어도 오래 사신 거죠.

노 인3: 그렇지

지도자: 지금은 70세면 청춘이시잖아요. 이제 한창이시죠.

노 인3: 뭐... 그래 그렇다구해. 작년에 우리 친척 한 분이 돌아가셨는데. 백 살도 훨씬 넘었지 아마... 아휴... 그러니까 우린 애네... 하하하 그러니까 사는 데까지 정정하게 살아야지. 그러지 않으면 남의 인생 피해주잖아.

난 항상 기도드리고, 건강만 해 달라고 밤낮 하느님께 기도드리고 있어. 오래 살아도 자식들에게 짐만 안 되면 되는데. 짐이 될까봐 그게 젤 걱정이야.

지도자: 그러니까 오늘부터 결심을 해야 돼요.

노 인2: 무슨 결심?

지도자: 이제부터 나는 아주 오래 즐겁게 살면서 자손들한테도 짐이 안 되고 행복하게 씩씩하게 살겠다... 여기 계신 친구 분들과도 매일 매일 재미있게 살겠다 마음먹으시고 노력을 하셔야 돼요.

노 인2: 그래 그래야 돼...그래서 지난번 가르쳐 주신 걸 (양손 거꾸로 세기, 손바닥 찌르기를 함) 열심히 하고 손발 저린 거 많이 괜찮아졌어, 없어졌어... (놀라워하시는 눈빛으로 주변 분들께 자신의 경험을 전하심).

지도자: (반가워하며) 그거 정말 열심히 하시면 혈액순환이 잘 돼서 몸에서 열이 나고 뇌도 자극이 돼서 건강해 지셔요. 아주 잘 하셨어요. 박수...

모 두: ...짝짝짝...

지도자: 이 박수치는 거 하고, 자주 웃고, 손발에 자극 주시는 거 이거 자주 하셔야 돼요..

노 인4: 그래... (주변을 돌아보며) 정말 이거 괜찮아.

지도자: 그래요. 그래서 오늘도 지난 시간에 이어서 재밌는 신체활동하려고 하는데, 들어가기 전에 편안하게 친구 분들과 간단히 지난 얘기 좀 나누시고 들어가는 걸 해봤으면 좋겠는데... 자, 지난번 어떤 얘기했었는지 기억나세요?

노 인1: ...제가 잘하는 거... 나 잘난 체.

지도자: 그래요. 제가 잘 해온 거, 제가 이건 살면서 참 잘 했다 자랑스러운 거... 나 잘난 체하는 거 이걸 좀 잠깐 해 봤잖아요? 신나게 잘난 체하고 그걸 정말 잘 들어주는 거, 그래 참 잘했다 칭찬해 주는 거, 이걸 해 봤는데 그때 참 저 할머니 얘긴 마음에 남더라 하는 거 그런 거 있으시죠?

노 인4: 저 할머니 얘기... 돈 캐는 굴... 하하...

지도자: 아, 금광 굴 이야기, 관심이 가세요?

노 인4: 근데 뭐해 기운이 있어야지... 하하

지도자: 그래도 기억을 하고 계시고 관심을 갖고 계시네요. 전 그 관심과 마음이 참 반갑고 중요하게 느껴져요.

노 인4: 왜?

지도자: 사람도 기억하고 내용도 기억하시고 '내가 기운이 있었으면 지금도 뭔가를 한번 해보고 싶은데' 라는 마음이 있으시잖아요.

노 인4: 하하… 마음이야 뭐.

지도자: 마음이 젤 중요하죠. 몸만 젊고 죽은 마음도 많은데 할머니는 몸이 좀 불편해도 마음이 살아 계시잖아요. 그리고 그걸 다 보여주시잖아요.

노 인4: 그래 그래야 돼. 몸이 늙었다고 마음도 죽는 건 아니지.

지도자: 그래서 이렇게 상대방을 한번 기억해 주고 관심도 기울여 주고, 그런 걸 많이 연습해 보고 신체활동도 나누어 보고 그랬으면 좋겠어요. 왜냐하면 우리가 오래 건강하게 치매도 안 걸리고 잘 사시려면 주변에 가까운 사람들과 따뜻한 마음을 나누는 게 중요하대요. 그래야 사람이 잘 안 늙고 기분 좋게 건강하게 오래 살 수가 있대요. 저 노인2는 손주를 잘 봐 주셨잖아요. 나는 정말 내 손으로 손주를 정성껏 잘 키워냈다, 음식 하나는 내가 정말 맛있게 잘한다 하는 거 있었잖아요. 그런 걸 그냥 듣기만 하셨는데 그리고 시간이 모자라 다들 못하시고 끝냈는데 그때 혹시 꼭 얘기하고 싶었는데 못했다 하는 이야기가 있었으면 조금만 더 해보시고 오늘 신체활동 또 재밌게 해보실 거예요.

※ 내용축약

옆에 계신 치매 노인5는 돈을 준다고 해서 왔다고 계속 딴 소리를 하자 할머니들이 웃으면서 놀리기 시작함. 치매 할머니라 매일 이상한 소리를 하고 성질이 사나워 무섭다며 노인1이 노골적으로 흉을 보기 시작함. 다른 할머니들도 동의하자 당사자인 할머니가 멋쩍어 하심.

지도자는 치매 노인5에게 지금 그런 얘기를 들으셔도 하나도 안 노여워하시는 걸 보니 여기 할머님들이 편하게 느껴지시는가 보다고 했더니 "이런 데서는 성질을 안 부리신다. 아무 때나 그러면 사람이 아니지" 하며 웃으심. 노골적으로 흉을 보시는 노인1에게 그래서 평소에 섭섭하셨냐고 하자, 당시에는 밤낮 그래서 신경 안 쓴다고 하심. 두 분이서 가장 친하신가 보다고 하자 그러니까 그렇지

하고 웃으심. 치매 노인5가 옆에서 계속해서 돈을 준다고 해서 왔다고 하셔서 지도자는 노인5에게 참 현실적이신 분이시다, 그거 참 중요한 거다, 저는 그게 잘 안되는데 할머니에게 배워야겠다고 하자 막 웃으시면서 배울 거 없다고 좋아하심.

이렇게 웃는 모습이 이쁘신데 평소에도 이렇게만 웃으시면 사람들이 무서워도 안하시고 참 좋아하시겠다고 하자, 딸이 둘인데 여적 같이 사는 딸이 아주 맘에 안 들고 다른 딸한테 가고 싶다고 말함. 주변 할머니들이 같이 살아주는 게 고맙지 무슨 말이냐 멀리 사는 딸이 안사니까 잠시 잘해주는 거지 저 할머니가 뭘 모르신다고 이구동성으로 나무라심.

지도자는 그래도 같이 사는 어려움에 대해 다른 사람이 모르는 점이 있을 거라며 속상한 것이 있으면 나누고 들어주셔야 이분이 화를 안 내실 것이라고 말씀해 드림. 치매 노인5께 누구와 지금 사느냐고 하자 큰딸과 산다고 하면서 작은딸네 살고 싶은데 멀어서 못 간다고 함. 자주 오냐니까 가끔씩 온다며 계속 큰딸이 어렵게 군다고 함. 어제도 작은 딸이 전화가 왔는데 엄마가 힘들어서 어떻게 하냐고 하더라 함. 그래서 지도자는 "작은딸네 가시고 싶으신 거지요? 그런데 딸이 오라고 안하셔요?" 하자 할머니는 "오라고는 하지.. 그런데 어떻게 모시고 가야지 뭐..." 다른 노인4가 "거기 손주들은 있고?" "손주들은 있는데 시방 다 대학원, 대학교 다니고 바빠서들 집에 없어..." 그러면 "작은 따님네 연락해서 모시러 가라할까요?" 하자 당장은 안 된다고 싫다고 함.

지도자는 '큰따님네서 오랫동안 견디기가 쉽지는 않으셨겠네' 라고 하면서 '그래도 딸이 하나 더 있으셔서 옆에 위로해주니 다행이시다... 그런데 노인들이 행복하게 사는 방법 중에 하나가 가까이 사는 자식들에게 더 잘해주고, 가끔 오가면서 가깝다고 해주는 얘기에 솔깃하지 말라는 것' 이라고 하자, 다른 할머니들이 공감함. 노인1이 다시 "맨날 말을 곱게 해야지... 나한테도 밤낮 성질을 내고 하니 내가 깜짝 깜짝 놀라잖아... 에이 노인네니까 그렇지 하면서도..." 지도자는 이 대목에서 욕 듣는 치매 노인5 손을 잡아서 자꾸 욕하는 할머니 손을 잡아주게 하고, 지도자가 대신 "미안해요. 제가 할머니가 미워서 그런 게 아니야... 당신이 내 가족처럼 가깝게 느껴져서 그래. 좋아서 그래." 하자 알았다며 욕하던 노인1이 겸연쩍어하심. 다른 할머니들께도 또 자손들한테 불만은 없는지 얘기하시라 했더니, 지들 살기 바빠서... 등등 소소한 불만들을 이야기하심.

얘기를 듣던 치매 노인5가 갑자기 나는 눈물이 안 난다 생전 울어본 적이 없다, 이상하게 시아버님이 돌아가셨는데도 눈물이 안 나서 혼났다고 하자 흉을 보던 할머니는 어릴 때부터 나는 계속 눈물을 잘 흘려서 불편했다고 이야기함. 서로 눈물이 안 나고 잘나고 하는 이야기를 가지고 이야기 나눔.

지도자는 슬플 때 눈물을 적당히 흘리는 것이 정신건강에 좋다고 하면서 전혀 울어본 적이 없다고 하는 치매 할머니에게 속에 답답한 게 잔뜩 있으시지요? 화 밑에 깔린 슬픔을 자신이 알아주셨으면 좋겠다고 하면서 사람들에게 네가 잘못 했다고 화를 내기 전에 '당신이 그러니까 제가 슬프다' 라고 말해보시라고 함. 따라서 하라고 주문을 드리니까 따라서 하시면서 다소 차분해지심.

옆에서 놀리던 노인1이 자기는 눈물이 잘 울어 창피하다고 해서 지도자는 노인1은 잘 울고, 말씀도 잘하시고 남의 얘기도 잘 들어주고 얼굴이 참 곱고 맑으신 게 자랑이다 하니까 좋아하심. 지도자는 '다른 할머니들의 이야기를 다 듣고 겸손하게 자랑 없다 하시는데 들어보면 다 훌륭한 업적과 자랑거리들이 많으시다고 하며 일일이 칭찬거리를 찾아 읽어주고 오늘은 제가 많이 배웠으니 전부 업어드려야 할 것 같아요' 하며 잠시 쉬고 신체활동을 하기로 함.

지도자: 서로 안마 해주기를 하실 건데요. 두 분이 서로 짝을 지어서 가까이 앉으세요.... 제가 일단 시범을 보이면은요, 자, 이렇게 해보세요. 서로 머리를 꾹꾹 눌러주면서 따라해 보세요. "지혜롭게 사세요." 이렇게 해보세요. (직접 돌아다니며 동작과 언어를 안내함) 내 머리가 지혜예요, 사랑하는 마음으로 서로 쓰다듬어 주세요. 그 다음에는 손을 어깨로 내리세요. 내리신 다음에 이제는 서로 안마를 해주시면서 말씀을 해주세요. 자, 따라해 보세요... "행복하게 사세요."

할머니들: 행복하게 사세요.

지도자: 그 다음에는 등을 쓰다듬어 주시면서 "건강하게 사세요."

할머니들: 건강하게 사세요.

지도자: 이제는 뒤로 돌아서 짝에게 받은 걸 갚아 주셔야 해요. 졌으니까 갚아야 되지요. 아까와 마찬가지로 머리서부터 다시 안마해 드릴 거예요. 자, 지혜롭게 사세요. 행복하게 사세요. 건강하게 사세요.

(하는 도중 치매할머니가 왜 몸을 흔드냐고 소리치니까 짝한 할머니가 더 장난스

럽게 흔드셔서 모두 웃음바다가 되고 치매할머니도 덩달아 따라 웃으심).

지도자: 장난을 치시니까 더 재밌는데, 암튼, 우리가 마음으로 원하는 것을 말로 얘기를 하면 다 그대로 된대요. 이런 데서 같이 계실 때 서로 해주시면 좋구요, 혼자서 계실 때도 이렇게 말씀하시면서 머리와 어깨와 손 다리를 만져 주시면 어머님들이 더 건강하고 행복하고 지혜롭게 되실 수 있어요. 자 그러면 이제는 옆 사람들과 다 같이 손을 잡으세요. 자, 따라서 해보세요. 흔들흔들

할머니들: 흔들흔들

지도자: 방실방실

할머니들: 방실방실

지도자: 하나 둘, 그 다음엔

할머니들: 셋 넷

지도자: 그렇죠, 그렇죠... 돼지

할머니들: 꿀꿀

지도자: 아주 잘 하셨어요. 이런 식으로 제가 앞말을 하면 뒷말을 붙이시는 거예요. 다시 흔들흔들

할머니들: 흔들흔들

지도자: 방실방실

할머니들: 방실방실

지도자: 돼지

할머니들: 꿀꿀

지도자: 참새

할머니들: 짹짹

지도자: 칙칙

할머니들: 폭폭

지도자: 하나 둘

할머니들: 셋 넷

지도자: 일 이

할머니들: 삼 사....

지도자: 네, 아주 잘하셨어요. 다시 한 번. (처음부터 다시 시도하고 할머니들이

무척이나 재밌게 하나가 되어 따라서 하심.) 자, 이제 옆에 분들 보시고 제 말을 그대로 똑같이 따라해 보세요... 이 많은 사람들 중에

할머니들: 이 많은 사람들 중에

지도자: 이 자리에서

할머니들: 이 자리에서

지도자: 내 짝이 되어서

할머니들: 내 짝이 되어서

지도자: 이렇게 손을 잡고

할머니들: 이렇게 손을 잡고

지도자: 함께 하는 우리가

할머니들: 함께 하는 우리가

지도자: 너무 소중해요.

할머니들: 너무 소중해요.

지도자: (다시 한 번 더 해 봄) 재밌죠? 이런 걸 평소에도 집에서 손자들하고 놀 때 하시면 손자들도 좋아하고 아주 친하게 재밌게 지낼 수 있어요. (잘 하시는 할머니가 한 번 더 주도해 보게 하고 마무리로 옆 사람을 안아 주면서 사랑합니다, 소중해요 라고 서로 나누게 함. 지도자는 어려운 대도 끝까지 잘 따라서 한 고령의 할머니를 안아드리자 지도자에게 이쁘다면 뽀뽀를 해주심. 모두 깔깔대고 웃으시며 박수를 침)

지도자: 가만히 있지 않고 어떤 행동들을 함께 하니까 기분도 좋아지고 건강해 지시는 것 같죠?

노인4: 암. 그럼요.

(노인4가 가슴을 손으로 치면서 나는 행복합니다, 행복합니다 행복합니다... 노래를 부르심. 지도자가 멋있으시다고 칭찬을 해 드리고 그 할머니의 행동을 따라 하게 함)

지도자: 그러면 지금부터 한 할머니가 어떤 행동을 아무거나 하면 따라하기를 할 거예요. 체조를 해도 되고 노래를 해도 되고 표정을 지어도 되고, 아무거나 동작을 하시면 우리가 그 사람의 행동 하나하나를 그대로 따라하면 되는 거예요. 자, 다시 아까 전에 할머님부터 시작하세요. 다 하신 할머님은 옆의 할머니 옆구리를 꾹 찌르시면 그 다음 할머니가 하시는 거예

요.

(할머님들이 부끄러워 하시면서도 박수치기, 웃음 크게 웃기, 곤지곤지 잼 잼, 도리도리, 체조, 어깨동무, 얼굴 부비기, 팔다리 주무르기 등을 하시면서 자신의 동작을 따라서 하는 할머님들을 보면서 재밌어 함)

지도자: 우리가 정말 행복해지려면 건강해져야 되잖아요, 우리가 신체적으로 건강해야 마음도 힘들지 않고 즐거워 질 수 있는 거잖아요. 또 거꾸로 기분이 좋아지면 몸도 활력이 생기고 생기가 돌고 건강해져요. 그래서 여지까지는 눈에 보이는 팔 다리 머리 몸통, 이렇게 보이는 곳을 만져주고 챙겨주고 사랑해 주었다면 지금부터는 보이지 않은 곳을 좀 챙겨주고 만져주고 건강하게 만들어 주려고 해요. 자 우리 몸속에는 내장이 있지요. 내장이 몇 개가 있지요?

할머니1: 수도 없죠.

지도자: 수도 없죠? 그래요... 그런데 아는 것 몇 가지만 말씀 드리면 첫 번째 위장, 어디 있어요?

※ 내용축약

심장, 신장, 폐, 간 등 각각의 장기 위치를 알려드림. 각각의 장기위치에 손을 대고 사랑해 줄 것을 맹세하면 이들 장기에게 소리를 통해 느끼면서 그 장기가 활성화되도록 각각에 알맞은 발성을 하도록 도움을 드림. 하루 중 조용한 시간에 그 장기를 생각하면서 그에 알맞은 소리를 내면 그 장기가 건강해 질 수 있음을 설명하면서 한명 한명에게 소리를 내도록 차례대로 안내함.

폐를 생각하면서 폐가 건강해진다, 나는 폐를 사랑한다, 하면서 “아” 소리를 안내하고 한 명씩 차례대로 발성하게 함. 처음에는 ‘아’ 소리가 폐를 좋게 하는 소리임을 알려주고 발성연습을 한 다음, 각각 소리를 지르게 함. 노인1이 장난처럼 ‘아’ 소리를 크고 기괴하게 내자 모두 웃으며 돌아가면 소리를 지름. 개인별 소리가 다 끝난 후 다 같이 함께 소리를 지름. 자, 소리를 지르면 내장이 울리고 마음이 원하는 장기에 전달되어 그 장기가 건강해 지는데 우리가 소리를 낼 때 목에서 나는 목소리와 가슴에서 나는 가슴소리, 배에서 나는 뱃소리가 있는데 장기가 울리려면 뱃소리를 내야 한다고 설명하고 목소리와 가슴소리 뱃소리를 시범으로 보여주고 다시 다음 장기인 간이 건강해지는 소리를 내게 함.

간은 너무 피곤할 때, 많이 슬프고, 술이나 담배를 너무 많이 하면 간이 망가질 수 있음을 안내하고 산 정상에서 소리를 치듯이 배에 힘을 주고 소리를 잘하면 스트레스도 풀리고 혈액순환에도 도움이 된다고 하자 모두 열심히 따라서 재밌게 소리를 지름. 특히 함께 소리를 치는 장면에서 개인이 할 때보다 훨씬 크고 길게 반응하여 울림과 화음에 서로 신나고 흐뭇해하는 모습을 보임.

요즈음의 노래와 달리 우리 민족 대대로의 소리는 배에서 나오는 창으로서 이런 창을 하면 뱃심이 좋아지고 몸과 마음이 건강해짐을 강조함. 음식에도 신토불이가 있듯이 소리와 정신에도 신토불이가 있음을 안내해 드림. 모두가 고개를 끄떡이며 공감하는 모습을 보임. 목소리만 들어도 그 사람의 기운을 대충 알 수 있음을 설명해 줌. 기분이 좋다, 기의 분할이 좋다, 기의 순환이 잘 되면 기분이 좋아짐을 설명함. 다음으로 심장을 건강하게 하는 소리를 다 같이 따라서 함.

마무리: 차 없이는 살아도, 돈 없이는 살아도, 건강 잃으면 못 살아요. 두 번씩 따라하기. 흔들흔들, 흔들흔들, 방실방실, 방실방실, 일 이 삼 사, 하나 둘 셋 넷, 오늘 아주 잘 하셨어요. 평소에도 저기 계신 노인4께서 지도하시고 가르쳐 주세요.

지금처럼 자꾸 속에 있는 얘기를 자꾸 하고 누가 내 얘기를 잘 들어주면 마음이 따뜻해져서 치매에 잘 안 걸려요. 사람끼리 서로 만나서 대화하고 이야기를 나누면 온기가 느껴지고 혈액순환도 잘 되고 몸에 기운이 잘 돌지요. 이게 중요한 거예요.

바라는 것을 하면서 살 수 있으면 행복이고 더 행복한 건 자기가 원해서 이룬 것들을 다른 사람들에게도 나누어 줄 수 있으면 기분이 좋아지고 젊어진다고 지도자가 마무리함.

4회기: 작업단계 (01/28 오전 11:00-11:50)

지난 시간에 이어 '서로에게 관심 기울이기, 상대방 심정 읽어주기' 등을 연습하고, '나를 기분 좋게 하는 것'(무엇을 할 때 가장 기분이 좋아지는가?)을 서로 말하는 시간을 가짐. 지도자는 좋은 에너지를 생성하는 원리를 설명하고 지난 번에 배웠던 손잡고 지도자 말 따라하기, 내 몸 사랑하기, 소리선과 신체동작 활동을 반복해 실시함.

5회기: 종결단계 (01/30 오전 11:00-11:50)

5회기 동안에 관찰하였던 상대방의 장점, 재능, 능력 등을 한 분 한 분씩 돌아가며 집단원들이 서로 칭찬해 줌. 자신이 들었던 칭찬 중 가장 기분 좋았던 반응을 소개하고 평소에도 집단원들이 그런 반응을 당사자에게 해 주도록 차례로 실습함. 마지막으로 건강하게 살기 위한 결심사항 한 가지씩을 공표함. 함께 노래를 부르고, 축복의 마음을 담아 한 사람씩 안아주며 집단을 마무리 함.

※ 참여자 소감 보고

- 모임에 나오는 것이 재미있다.
- 자주 이런 시간이 있었으면 좋겠다.
- 싫어하는 사람과도 잘 지내서 좋다.
- 웃음이 많아졌다.
- 가르쳐준 대로 소리(발성)를 지르고, 손발 운동을 하게 되었다.

7) 이장호 슈퍼바이저의 피드백

1) 치매예방 집단지도의 접근은 심리상담이 아닌 치료적 리크리에이션이다.
2) 스킨쉽, 노래, 율동적 신체동작을 통한 심신기능의 회복과 유지를 강조한다.
3) 노인사회복지사 및 노인요양보호사와의 협력적 활동을 기본으로 삼는다.
4) (치매환자 1명에 가족 2명 이상의 고통이 따르므로) '치매노인 가족상담 프로그램'을 기획, 병행 지도한다.
5) 치매수준평가(측정도구 사용 등)에 숙달해야 하고 치매노인시설(daycare센터 등) 운영의 자문역-지원자 역할이 기대된다.

4. 양로원 집단상담

(상담자: 성정수, 한국인성개발연구원 이사)

1) 사례 소개

집단상담 제7회기 기록 자료

- 일시: 2011년 5월 ○○일(화요일) 10시-12시
- 장소: 성가양노원 사무국 면회실
- 참석인원: 9명(꿀꿀이님, 백합님 결석, 직원-사회복지사 3명, 슈퍼바이저 참석)
  ※요양원 어르신 참석자는 7명 중 5명 참석(외박 1명, 신병 1명 불참)
- 제목(회기 활동주제): 나무 만들기
- 목표: 크레파스와 파스텔을 사용하여 작품(나무그림)을 완성함으로써 나와 남의 다른 모습을 발견하며, 새로운 경험 및 활동의 즐거움-성취감-자신감 등의 경험.
- 지도 안내
  - 반가운 인사 나누고, 야인님의 인사소개.
  - 그 동안 생활 중의 경험 나누기: '잘 듣기'의 생활 중 실천, 상대방 얘기에 반응하기, 내가 말한 뜻이 잘 전달되었던 일, 제대로 안 된 것이라고 여겨지는 경험보고 등 어르신들은 바쁘게 지내셨다는 말씀들로만, 별다른 표현이 없이 넘어감.

〈안 내〉: 이면지를 찢러어서 크레파스, 파스텔을 칠하여 작품을 만드는 경험을 하는 시간이며, 편안하게 안내대로 하면 된다고 지도자가 설명.

「완성된 나무그림」

* 364-1쪽의 칼라그림 참조.

2) 활동 내용 및 참가자들의 나눔

(1) 첫 번째 작품 만들기 안내

- 이면지를 들쭉날쭉 찢어서 가장자리에 크레파스를 진하게 칠하여 흰색 머메이드지에 놓고 엄지손으로 밀어내어 무늬가 나오게 하는 것을 차례로 시범적으로 안내하였으며, 세로로 자리잡은 지면에 비슷한 간격으로 네 줄을 만들고 아랫부분에 하나를 더 만드는 것으로 끝내도록 하였다.

(2) 작품 보여주면서 느낌을 나눔

- '손가락 작업이 힘이 들고, 쉽지 않다'는 표현들과 손가락 마디가 아프다는 말씀까지 하는 어르신(안개꽃님)도 계셨지만, 전체적으로 작품을 만들었다는 기쁨으로 흡족한 분위기가 되었다. (각자의 표현이 미미한 점은 아쉬웠지만) 각각 다양한 색깔로 모양도 달라서 보는 재미도 좋은 분위기에 보탬이 되었다.

※ 들쭉날쭉한 무늬를 우리 마음의 기분 반영으로 생각해보도록 안내하다. '나의 느낌-기분은 매 순간마다 달라져서 변화무쌍할 수 있는 것이나, 잔잔한 흐름으로 평상심을 지님이 소중하다'고 집단지도자가 언급하였다.

(3) 두 번째 작품(나무 만들기) 안내

- (1)과 같이 이면지를 잔잔하게 찢어 나무기둥으로 하고 싶은 색깔을 칠하여 머메이드지 뒷면에 나무 기둥을 만들고 윗부분은 다른 이면지를 찢어서 자유롭게 색깔을 칠해서 나뭇가지를 만들도록 순서대로 안내하였다.

(4) 작품을 보여 주면서 나눔

- 작품 감상: '무슨 나무로 보이는가? 고목 혹은?'
- 내가 기둥이라면 나와 연결된 가지(인물)로는 누가 떠오르는지? 어떤 마음이 드는지? 신경 쓰이는 가지는? 편안한 가지는? 왜 그런지? 나의 마음은? 해주고 싶은 것은? 등을 마음에 떠오르는 대로 나누도록 안내하였다.

  ☞ 기둥에 만든 상처(둥그런 구멍)를 설명, '부담되는 가지들에 의한 상

처에서 벗어나지 못하는 자신에 대해 실망한다'는 곰곰이님의 언급.

☞ 자신에게 연결된 가지인 제자 셋, 떠나갈 제자에 대한 불안, 형식적으로 연결되어 있어서 덩치는 크지만 외로운 덩치라고 언급.

☞ '나무기둥은 나와 남편 함께 한 것이지 떼어 생각되지 않는다. 자녀가 없으니 많은 사람들과 함께, 더불어 살고 싶다. 언제까지라도'라는 꼼지락님의 언급.

☞ '나무기둥인 제가 너무 크다. 그렇게 생각지 못했는데 작품을 보니 자아가 너무 커서... 가지는 수녀원 가족들, 잘 살아가도록 해야겠다'라는 긍정적 의미가 있다는 샘물님의 언급.

☞ 한 방의 어르신과 지내기가 어려움을 털어놓으심. '사소한 일이라도 말하면 싸움으로 이어져서 마음 상한다, 참기만 하기도 어렵고 좋게 말해도 큰소리로 막무가내니 어떻게 해야 할지?' 어려움을 호소하시는 장미꽃님.

☞ 장미꽃님의 어려움을 지지하면서, '친밀하게 지내는 분에 대한 질투로 좋지 않은 말을 들어야 하는 자신의 어려움'을 털어 놓으시는 소나무님의 언급.

☞ 손이 저려서 작업이 제대로 완성되지 않음에 눈시울까지 붉히며 속상하다면서 (곰곰이님의 도움으로 끝낸 것 때문인지?) 요즈음 몸도 많이 편치 않으심을 호소, 여느 때와 달리 목소리도 낮아지고 활력이 떨어져 보이며 그전과 다른 모습을 보이시는 안개꽃님.

☞ 방구(바위)에 물고기가 만들어졌다고 기뻐하면서 남다른 색깔과 모양의 작품으로 모두에게 재미를 안겨준 개나리님의 언급.

※ 전체적으로 상당히 기분이 상승된 분위기를 보여 줌.

(5) 세 번째 작품

- 꽃 색깔로 하고 싶은 파스텔 한 개씩 골라서 가지에 점을 찍게 하고 손가락 끝으로 살살 문지르게 안내하였다.

(6) 작품을 보여주면서 나눔

- 내가 피웠다고 생각하는 꽃은?

- 내가 앞으로 꽃 피우고 싶은 것이 있다면? 혹은 열매 맺고 싶은 과일이 있다면?
  - ☞ '나는 이제 외롭지 않으련다, 마음이 변했다. 나의 의지로 그렇게...' 라는 야인님의 언급.
  - ☞ '사랑으로 잘 지내겠다. 풍성하게 꽃피운 철쭉처럼' 장미꽃님의 언급.
  - ☞ '조금만 더 참으면 해결책이 나올 것이니 그 때까지 곱게 피운 복숭아꽃처럼 지내야지' 소나무님의 언급.
  - ☞ '나보다 가지들에 더 마음을 쓰며 꽃피우겠다, 하느님 안에서. 어려움에 계신 어머니도 자주 챙기면서' 샘물님의 언급.
  - ☞ '이곳에 처음 왔을 때 백합동 앞 철쭉꽃이 만발했는데 꽃을 굉장히 좋아하는 나를 여러 가지 꽃들이 줄줄이 피어나는 이곳으로 이끌어 주심에 감사하다' 면서 기분이 밝아지고 다소 활기를 되찾으신 듯한 안개꽃님의 모습.
  - ☞ '참여자들의 긍정 반응이 좋았다. 본인들의 기쁨, 만족에 지지받아 그 기쁨과 만족이 더 증폭되는 반응 등이 더욱 유쾌하게 느껴졌다' 는 야인님의 소감.

정리: 전체적으로 신앙에 의탁하여 감사, 기쁨으로 고양된 기분을 간직하여 일상에 살아가기를 공유하는 분위기로 됨.

- ☞ 예정했던 '명상하기, 이 시간에 체험한 것, 내 마음에 남아 있는 어느 분의 말씀이나 느낌 등의 나눔' 을 통하여 심화하는 시간을 갖지 못했음. (작품 작업이 예상보다 시간이 지체되었기 때문에, 심화할 시간적 여유가 없었다.)

3) 슈퍼바이저 회기 후 지적–검토 사항

(1) 사례자료 기록면의 미흡점

- 참가자들의 인적사항 기록 필요.
- 사전 · 사후검사 필수. 사후검사라도 해 둘 것.
- 본 7회기 이전 과정의 요약과 회기 중 대표적 참여자의 언급 및 촉진자 측의 주요 개입발언들이 '구어체' 인용으로 제시될 필요.

(2) 사례관리 및 7회기 진행측면의 긍정적 성과와 보완점 등

- 요양원의 같은 방 동료와의 갈등관계 관련 참여자의 표현(발언)과 유쾌하고 긍정적 분위기로의 활동소감 등의 마무리는 회기의 주요 긍정적 성과(지도자 능력에 의한) 부분으로 간주될 수 있음.
- 전체 집단과정 중 주요 회기부분의 축어록 제시와 2~3회기의 자연스러운(사전 인지유도-종결 후 참여자 안내 포함) 종결과정을 준비-진행할 필요가 있음.

321쪽

360쪽

제 5 장

노인 코칭 사례 연구

1. 노인 코칭의 이해

노인상담은 상담 주제 및 상담 접근방법에서 학생상담이나 성인상담 등과 판이하게 다른 영역이다. 노인상담의 주제는 심리갈등 해소가 아닌 갈등의 수용 및 통합이며, 진로 결정 문제가 아닌 과거 생애과정의 통합적 검토가 보다 중요하다. 따라서, 노인상담의 유력한 접근으로서 '주요 생애 경험의 공감적 통합 및 노후생활의 설계-조정 코칭' 역할이 고려되고 수행되어야 한다. 많은 경우 노인상담자의 바람직한 역할은 '공감자적 코치' 로서의 조력이라고 말할 수 있다. 다음에 '노인 코칭' 의 기초 개념 및 '공감자적 코치(Empathic Coach)의 기본 역할들을 살펴보기로 한다.

1) 노인 코칭의 원칙: 기본 관점

- 노년기 고객들은 이미 지적이고, 생애 통합적이고 스스로 통제지향적이다.

- 노인 코칭에서는 내담자 생애 및 생활과정 전반을 검토한다.
- 노인 코칭의 순서 및 주제는 내담자가 결정한다.
- 노인내담자–노인 코치(상담자) 관계는 내담자에게 맞추어 가는 협력관계이다.

2) 노인 코칭의 효과 및 이점

- 생활과정의 장애물(부담, 긴장 등)이 감소, 완화된다.
- 노년기 생활의욕이 향상된다.
- 노인 주도의 문제해결 및 잠재력 발휘가 이루어진다.
- 노년기 인간관계의 발전(가족 간 상호신뢰 향상 등)이 촉진된다.
- 노인 코칭은 언제 어디서든 지속될 수 있다.

3) 노인 코칭의 5가지 기본 접근법

- 호혜적 우정관계('환상적 커플')를 우선 조성한다. 이는 수영선수의 입수 전 준비운동에 비유될 수 있다.
- 서로 솔직해지는 소통관계의 형성시간(1시간~약 3개월)이 필요하다
- '강력 질문'(질문 속에 답이 내포) 및 'GROW 모형' 질문을 활용한다
- 내담자가 챔피언이 되도록 한다(말을 물가로 안내하여 물을 마시게 함).
- 내담자의 경험 지식과 현재 행위를 통합하도록 안내한다.

4) 공감자적 코칭 대화의 특징

- 내담자의 결정권과 재량권을 부여한다.
- 내담자의 노력 및 발전을 칭찬, 격려한다.
- 스스로 해결토록 도와주는 형식(촉진형)을 취한다.
- 이해반응과 공감반응에 충실한다.
- 건강지향적이고, 균형(통합지향)감각의 커뮤니케이션에 충실한다.

5) 노인 코칭의 유형

(1) 생활계획 코칭 vs 생애조망 코칭

- 생활계획 코칭 – 노년기 관심사(노후생활 설계 등) 및 생활문제 등을 스스로 조정하여 건강한 삶에 이르도록 조력한다.
- 생애조망 코칭 – 생애과정의 통합적 검토 및 노후 비젼을 명료화하도록 조력한다.

(2) 문제중심 코칭 vs 원칙가치중심 코칭

- 문제중심 코칭 – 건강문제 코칭, 사회관계-가족관계 조정 코칭, 재정문제 코칭 등.
- 원칙중심 코칭 – 규범이나 가치(예: 효, 행복) 중심으로, 수용성-긍정성 바탕의 생활 목표 및 비젼을 제시하고 자발적 참여행동 유도 및 만족도 향상.

(3) 자기수련 코칭 vs 봉사 활동 코칭

- 자기발달 코칭 – 명상, 요가 수련 및 스마트폰 등 첨단 정보매체 사용법의 코칭.
- 봉사활동 코칭 – 봉사 및 헌신 바탕의 사회봉사적 활동과정을 조력한다.

2. 노인 코칭의 실제

1) 노인 코칭의 실제 I: 코치의 질문

(1) 노인내담자의 삶의 목적이나 가치(행복, 사랑, 감사, 평안 등)를 조명하는 핵심질문으로 코칭이 시작된다.

- 핵심질문 예: "당신은 행복한가?" "당신은 무엇을 원하는가?"
  "원하는 바를 위해 무엇을 하고 있나요?"
  "원하는 바를 위한 '미흡한 행동'의 개선책을 어떻게?" 등
- 선문답 활용 예: '산은 산, 물은 물이다' (성철 스님)

구동존이(주은래), 화이부동(조화를 이루되 같을 필요는 없다-공자)

(2) 노인 코치의 질문은

- 코치 자신을 위한 것이 아니고, 고객 스스로 답을 찾게 한다.
- 지혜로운 댄서처럼 함께 시범하면서도 자기(코치)는 드러나지 않게한다.
- 동감 vs 공감 수준의 대화 차이에 유의한다.
- 겉 물결 관찰과 계곡물 속 존재(열목어) 찾기는 구별된다.

(3) 노인 코치의 질문은

- 노인내담자의 생각, 감정이 드러나도록 한다.
- 평소엔 보기 힘든 관점을 스스로 말하도록(관점변화로) 한다.
- 의문점을 풀며 스스로 코칭 단서를 찾는 계기로(아하! 경험) 한다.

(4) 핵심(유력)질문을 잘 하려면?

- 코치 자신의 관점을 내려놓고 내담자 중심으로 생각한다.
- 면담 전에 충분한 준비시간(내담자에 대한 정보를 가능한 많이)을 가진다.
- 문제해결 지향(issue 중심)보다 내담자의 소망 지향의 질문으로 한다.
- 깊이 있는 내용(측면)도 쉬운 말로 질문한다.
- 노인 내담자 본인이 '핵심질문 목록(10개 이상)'을 준비시킨다.

(5) 코치질문의 요령 종합: 노인내담자의 잠재력 발휘의 4가지 유력질문 예

- 무엇이 나를 설레게 하나?
- 무엇이 나의 관심을 계속 끌고 있나?
- 무엇으로 기여 공헌할 수 있나?
- 무엇에 오늘은 감사할 수 있나?

– 시니어 코치는 해석하기보다 '깨닫게 하기'에 유능하고, 수평 쌍방적 커뮤니케이터이다.

2) 노인 코칭의 실제 Ⅱ: 노인 코치의 존중-감사 언어반응

노인 코치는 노인내담자를 존중하고 감사하는 자세로 반응하는 것이 중요하다. 즉 노인 코칭은 훈련자적 코치의 이미지보다 '섬기는 코치'의 이미지에 더 가깝다. 섬기는 코칭의 특징은 노인을 특히 존중하고 감사하는 노인 코치 반응들에서 발견되고 체험된다. 다음은 노인 코치의 존중반응과 감사반응의 예들이다.

(1) 노인 코치의 존중반응 예

"그렇게 하신 것을 존중(이해)합니다!"

"선생님 입장에서는 그렇게 하심이 적절했을 것입니다."

"그런 상황에선 선생님 생각이 유익할 것으로 저도 느낍니다."

"결과는 빗나간 듯하지만, 선생님의 느낌은 참 인간적이십니다."

"제가 그 부분에서 선생님(당신)으로부터 많이 배웁니다." 등

- 존중 표시의 요령은 결과보다 행동과정을 구체적으로 명시할 필요가 있고, 필요시 내담자의 관심 및 고민의 인간적(심정) 측면에 대한 공감을 표시한다.

(2) 노인 코치의 감사반응 예

"오늘 면담약속을 지켜 주셔서 감사합니다."

"이런 날씨(복잡한 교통여건)에도 이렇게 와 주셔서 고맙습니다."

"가족관계를 고민스러운데도 솔직하게 말씀해주셔서 감사합니다."

"오늘 선생님의 ~~에 관한 말씀은 저에게도 많은 가르침이 되어서 감사드립니다."

"선생님께서 우리의 대화에 오늘처럼 적극적으로 임해주셔서 감사드리고 싶습니다."

"저는 선생님의 ~에 대한 관점과 평소 인내력에 감사드리고 싶습니다."

"선생님의 ~~에 대한(그와 같은) 배려에 제가 감사하고 있습니다." 등.

부 록

1. 최신 노인복지상담 참고자료 목록

[노인 건강관련 참고자료]

감신 (2006). '바람직한 노인보건의료를 위한 의료인의 역할', 제37차 대한노인병학회춘계학술대회, 10(1): 11-20.

김미정 (2005). '노인재활', 대한의사협회지, 48(1): 34-38.

대한노인병학회 (2000). 「노인병학」, 의학출판사.

대한산부인과학회 (1997). 「부인과학」, 칼빈서적.

보건복지부 홈페이지 (2007). 보건복지 핫뉴스(저출산고령화), '노인장기요양보험 시범사업 5개지역 추가선정' 정리:정책홍보팀 강영구.

선우덕 (2006). '노인 보건의료체계 구축 방안', 제37차 대한노인병학회춘계학술대회, 10(1): 7-9.

이진용 편저 (2002). 「생식내분비학」, 서울대학교출판부.

장숙랑 (2006). '노인전문의사 인력수급방안', 제38차 대한노인병학회추계학술대회 10(3): 1-12.

정경희 외 6인 (2005). 2004년도 전국 노인실태 및 복지요구 조사, 한국보건사회연구원.

조경희 (2005). '한국의 장기 노인진료', 대한의사협회지, 48(1): 39-47.

최영현 (2006). '고령사회에 대비한 노인 보건복지 정책 방향(노인의 건강관리와 수발보험제도를 중심으로)', 제37차 대한노인병학회춘계학술대회, 10(1): 11-20.1-5.

[노인복지상담 최신 참고문헌]

기영화, 노인교육의 실제, 학지사, 2011, 275쪽.

김현 · 박성희 · 이유미 · 주경희 · 최숙리, 노인집단상담 프로그램 매뉴얼, 경기도노인복지상담실, 2005, 236쪽.

노년기 정신건강: 노인의 정서문제를 다루는 전문가 개입전략(Dan Blazer' Emotional problems in later life: Intervention strategies for professional caregivers, 2nd ed.), 학지사 2007, 332쪽.

노인상담의 이해와 실제, 노인상담사례연구회 추계워크숍 자료집, 2010, 110쪽.

박재간 외 8인, 노인상담론, 공동체, 2006.

박정길 · 최소영(공역), 코칭 바이블(I. McDermott & W. Jago, *The Coaching Bible*)

백지연 역, 성인을 위한 놀이치료(Charles E. Schaefer Ed., 2003), 북스힐, 2011, 403쪽.

양옥경 · 김정진 · 서미경 · 김미옥 · 김소희, 사회복지실천론, 나남, 2000, 419쪽.

연문희 · 이영희 · 이장호, 인간중심 상담: 이론과 사례실제, 학지사, 2008.

웅진윙스, 2005, 301쪽.

육성필 외, 노인자살 위기개입, 학지사, 2011.

윤찬중 · 명봉호, 노인여가와 치료레크리에이션, 진영사, 2008, 358쪽.

이애영 옮김, 치매: 고귀함을 잃지 않는 삶, 학지사, 2007.

이장호 외(공역), 임상노인심리학(*Clinical Geropsychology*), 시그마프레스, 2011.

이장호, 노인상담, 서울디지털대학교, 2009, 76쪽.

이장호 · 금명자, 상담연습 교본(3판), 법문사, 2012, 283쪽.

이장호 · 김영경, 노인상담: 경험적 접근, 시그마프레스(2006, 2012), 383쪽.

이장호 · 김현아 · 백지연, 상담심리 가이드북, 북스힐, 2011, 340쪽.

이주일 외, 성공적인 한국노인의 삶: 다학제간 심층 인터뷰 사례, 박학사, 2008, 407쪽.

이호선, 노인상담, 학지사(2005, 2012), 366쪽.

이희경 역, 긍정심리학 핸드북, 학지사, 2008.

제석봉 · 이윤주 · 박충선 · 이수용(공역), 사회복지상담심리학(Bob Shebib' Choices: Counseling skills for social workers and other professionals, 2003), 학지사, 2006, 510쪽.

조맹제, 아름다운 노후를 위한 정신건강, 서울대출판부, 2007, 111쪽.

진영선 · 김영경 · 박선영(공역), 임상노년심리학(Norhus. VandenBos. Berg. Fromholt eds. *Clinical Geropsychology*) 학지사, 2010, 556쪽.

천정웅 역, 예수님은 어떻게 상담하셨는가?(D. Buchanan, *The Counseling lf Jesus*), 아가페,1988, 226쪽.

최성재, 새로 시작하는 제3기 인생, 서울대출판부, 2007, 144쪽.

탄저잉 편, 김명은 옮김, 살아있는 동안 꼭 해야 할 49가지, 위즈덤하우스, 2004, 215쪽.

한국노인의 전화, 21기 노인복지상담원 전문교육(자료집)(2006). 213쪽.

한국노인의 전화상담사례분석집 IV, 한국노인의전화, 1997, 153쪽.

한국직업능력개발원, 2011년도 고령자 고용지원서비스 역량강화사업(직무교육 전문가과정자료집)(2011).

한규량 편저, 노인복지 상담이론과 실제, 대한출판, 2011, 124쪽.

한규량, No!老하는 52이야기, '노인학' 자습서, 대한출판, 2010, 210쪽.

한성열 편역, 노년기의 의미와 즐거움, 학지사, 2000.

황소연 옮김, 죽을 때 후회하는 스물다섯 가지, 21세기북스, 2009.

Berghuis, D.J. & A. E. Jongsma, Jr. *The family therapy progress notes planner*, 2004.

Drummond, R. J. & K. D. Jones, *Assessment procedures for counselors and helping professionals*, 6th Ed., Pearson Merrill Prentice Hall, 2006.

Ebersole, P., P. Hess, & A. S. Luggen, Toward healthy aging: *Human needs*

and nursing response, Mosby, 2004, p.789.
Guilford Press, 1993.
Ivey, A.E., M.B. Ivey, & C.P. Zalaquett, *Essentials of intentional interviewing: Counseling in a multicultural world*, Brooks/Cole, 2008.
Kennedy, G.J., *Geriatric mental health care*, Guilford Press, 2000.
Lebow, J.L. Ed, *Handbook of Clinical family therapy*, John Wiley & Sons, 2005.
Linehan, M.M., *Skills training manual for treating borderline personality disorder*,
Orbach, A. *Counseling Older Clients*, Sage Publications, 2003.
Woolfe, R., W. Dryden & S. Strawbridge, *Handbook of Counseling Psychology*, 2nd Ed., Sage Publications, 2003.

2. 노인평가척도 목록

1 KDRS-2(Korean Dementia Rating Scale-2)

본 검사는 Jurica, Leitten, and Mattis(2001)의 DRS-2를 국내 실정에 맞추어 재표준화한 것으로서 국내최초의 치매평가 도구인 K-DRS(최진영, 1998)를 개정한 검사다. K-DRS보다 세분화되고 규모가 큰 노인 인구를 대상으로 한 새로운 규준의 필요성이 확인되어, 이번 KDRS-2를 통하여 좀 더 정교하고 확장된 규준을 제시하였다. 본 검사는 인지 기능들을 쉽고 간편하면서도 상세하게 측정할 수 있어 임상장면에서 치매 환자의 인지 기능에 대한 적절한 평가가 가능하다.

검사의 특징

- 세분화되고 확장된 규준
  - 만 55~84세 → 만 50~89세
  - 문맹이 추가적으로 고려된 교육연한
  - 2개의 연령군(55~64세, 65~84세) → 4개의 연령군(50~59세, 60~69세, 70~79세, 80~89세)
  - 2개의 교육연한군(6년 이하, 6년 이상) → 4개의 교육연한군(문맹, 0~5세, 6~11세, 12년 이상)

- K-DRS보다 상세화된 실시 및 채점 지침 기술
- 수기채점 방식에서 벗어나 자동 채점프로그램을 통해 백분위와 표준점수를 제공
- 기능
  - 장노년의 인지기능 평가
  - 치매 진단
  - 치매 환자의 경과 측정
  - 치료 방법에 대한 효과 검증
- 하위검사 내용

하위검사	내용	과제 수	점수
주의	정보를 수동적으로 접수하고, 이를 처리하는 용량 및 간섭 없이 주의를 집중시킬 수 있는 능력	8개	37점
관리기능	의도된 행동을 효과적으로 실행하는 능력	11개	37점
구성	시공간적인 능력의 하나로 시지각 기능과 운동반응 요구	6개	6점
개념화	구체적인 사상이나 사건을 추상적으로 처리하는 사고과정	6개	39점
기억	접수된 정보를 저장,유지하여 후에 회상 재인하는 능력	5개	25점
		총 36개	총 144점

2 K-MMSE 검사

한국형 치매진단척도로 가장 많이 사용되고 있는 치매진단 도구 중 하나이다. 문답을 통하여 환자에게 직접 정보를 얻는 방식이다. 하지만 문맹인 노인 분들에게 적용하기 어렵다는 한계가 있다.

성　　명 :
검 사 일 :
검사시간 :
검 사 자 :

1. 오늘은 년 월 일, 요일 계절	5점 ( )
2. 당신의 주소는 시 구 동	3점 ( )
3. 아파트 호수는 동 호(둘 다 맞으면 1점)	1점 ( )
4. 여기는 무엇을 하는 곳입니까? (예: 거실, 주택, 가정집, 아파트, 노인정)	1점 ( )
5. 물건 이름 세 가지 (예: 나무, 자동차, 모자)	3점 ( )
6. 3분 내지 5분 뒤에 위의 물건이름들을 회상(8번 뒤)	3점 ( )
7. 100 −7 = −7 = −7 = −7 = (삼천리 강산을 거꾸로 말하기)	5점 ( )
8. 물건 이름 말하기 (도장, 열쇠) *6번으로 가세요.	2점 ( )
9. 오른손으로 종이를 접어서 반으로 접어서 무릎 위에 놓기 (3단계 명령)	3점 ( )
10. 5각형 2개를 겹쳐 그리기	1점 ( )
11. '간장 공장 공장장'을 따라하기	1점 ( )
12. '옷을 왜 빨아(세탁)서 입습니까?' 질문	1점 ( )
13. '길에서 남의 주민등록증을 주웠을 때 어떻게 하면 쉽게 주인에게 되돌려 줄 수 있겠습니까?'라고 질문	1점 ( )
Total:	30점

15점 이하 중증,
23−16점 경증,
23점 의심.

3 Clinical Dementia Rating (CDR)

K-MMSE가 환자와의 문답을 통해 정보를 얻는 방식이라면, CDR은 주변 사람들에 의해 얻어진 정보를 통해 기억력 평가를 CDR1~5로 구분한다.

노인인지기능검사

	CDR 0	CDR 0.5	CDR 1	CDR 2	CDR 3	CDR 4	CDR 5
기억력 Memory	기억장애가 전혀 없거나 경미한 건망증이 때때로 나타남.	경하지만 지속적인 건망증사건의 부분적인 회상만 가능 '양성 건망증'	중등도의 기억장애 최근 것에 대한 기억장애가 더 심함 일상생활에 지장이 있음	심한 기억장애 과거에 반복적으로 많이 학습한 것만 기억새로운 정보는 금방 잊음.	심한 기억장애 부분적이고 단편적인 사실만 보존됨.	부분적인 사실조차도 보통 잊어버림. 난해하거나 부적절한 말을 사용하기 때문에 기억력을 검사하기 힘든 경우가 잦음.	의미 있는 기억기능이 전혀 없음. 이해력이 없거나 둔한 경우가 잦음.
지남력 Orientation	정상	시간에 대한 경미한 장애가 있는 것 외에는 정상	시간에 대해 중등도의 장애가 있음 사람과 장소에 대해서 검사상으로는 정상이나 실생활에서 길 찾기에 장애가 있을 수 있음	시간에 대한 지남력은 상실되어 있고 장소에 대한 지남력 역시 자주 손상됨.	사람에 대한 지남력만 유지되고 있음.	자신의 이름에 대해서만 때때로 반응함	자신에 대한 인식이 전혀 없음.

	CDR 0	CDR 0.5	CDR 1	CDR 2	CDR 3	CDR 4	CDR 5
판단력과 문제해결 능력 Judgment and Problem solving	일상생활의 문제를 잘 해결하고 사업이나 재정문제도 잘 처리함 과거에 비해 판단력은 아직 좋음.	문제해결 능력, 유사성, 상이성 해석에 대한 경미한 장애.	문제해결 능력, 유사성, 상이성 해석에 대한 중등도의 장애 사회생활에 대한 판단력은 대부분 유지되어 있음.	문제해결, 유사성, 상이성 해석에 심한 장애 사회생활에서의 판단력이 대부분 손상됨.	판단이나 문제해결이 불가능함.	단순한 지시나 명령에 대해서도 수행할 능력이 없음.	문제에 대한 인식이나 주변 환경에 대한 이해가 전혀 없음.
사회활동 Community Affairs	직장생활, 물건사기, 자원봉사, 사회적 활동 등에서 보통수준의 독립적 기능이 가능함.	이와 같은 활동에 있어서의 장애가 의심되거나 약간의 장애가 있음.	이와 같은 활동의 일부에 아직 참여하고 있고 언뜻 보기에는 정상활동을 수행하는 것처럼 보이나 사실상 독립적인 수행이 불가능함.	집 밖에서 독립적인 활동을 할 수 없으나 외견상으로는 집 밖에서도 기능을 잘 할 수 있어 보임.	집 밖에서 독립적인 활동을 할 수 없고 외견상으로도 가정을 떠나 외부에서는 정상적인 기능을 할 수 없어 보임.	어떠한 사회적 상황에서도 의미 있는 참여를 할 수 없음.	어떠한 활동에도 참여할 수 없음.
집안생활과 취미 Home and Hobbies	집안생활, 취미생활, 지적인 관심이 잘 유지되어 있음.	집안생활, 취미생활, 지적인 관심이 다소 손상되어 있음.	집안생활에 경하지만 분명한 장애가 있고, 어려운 집안일은 포기된 상태임. 복잡한 취미나 흥미(예를 들어 바둑)는 포기됨	아주 간단한 집안일만 할 수 있고, 관심이나 흥미가 매우 제한됨.	집안에서 의미 있는 기능 수행이 없음.	어떠한 취미 활동이나 집안일에도 의미 있는 참여를 할 수 없음.	어떠한 활동에도 전혀 참여할 수 없음.

위생 및 몸치장 Personal Care	정상	정상	가끔 개인위생에 대한 권고가 필요함.	옷 입기, 개인위생, 개인 소지품의 유지에 도움이 필요함.	개인위생과 몸치장의 유지에 많은 도움이 필요하며, 자주 대소변의 실금이 있음.	옷 입기나 식사를 하려는 시도는 있음. 도움 없이는 이동하지 못함.	식사 시 먹여주어야 함. 누워 지내는 상태임.

- 기억점수=0인 경우
  CDR=0: 다른 항목도 전부 0이거나 한 가지가 0.5인 경우
  CDR=0.5: 위의 사항에 해당되지 않는 모든 경우
- 기억점수=0.5인 경우
  CDR=0.5
  CDR=1: 기억력을 제외한 나머지 항목 중 적어도 3가지가 CDR1이상 되는 경우
- 기억점수=1, 2, 3인 경우
  기억력을 제외한 5항목 중 3가지 이상 공통되는 항목의 점수를 CDR 점수로 한다. 단, 이때 세 가지 항목이 기억력 점수보다 높은(또는 낮은) 점수로 일치하고, 또 다른 두 가지 항목이 기억력 점수보다 낮은(또는 높은) 점수로 일치할 때는 기억력 점수를 전체 CDR 점수로 한다.
- 기억력 점수보다 큰 쪽이든 작은 쪽이든 한쪽으로 치우치면서 흩어진 경우는 기억력 점수에 가장 가까운 점수를 전체 CDR 점수로 한다(예를 들면 기억력과 한 가지 항목=3, 두 항목=2, 남은 두 항목=1; CDR=2).
- 한 개나 두 개 항목의 점수가 기억력 점수와 일치하고, 나머지 항목 점수는 기억력 점수의 양쪽으로 두 개 이하씩 흩어진 경우는 기억력 점수를 전체 CDR 점수로 한다.
- 기억력 점수가 1 이상인 경우는 전체 CDR 점수는 '0'이 될 수는 없다. 예를 들어, 기억력을 제외한 다른 항목들이 대부분 '0'이면 CDR=0.5가 된다.

4 간이 Blessed 검사

성　　명 :
검 사 일 :
검사시간 :

"이제 당신의 기억력과 집중력을 알아보기 위해 몇 개의 질문을 하겠습니다. 그 중에는 쉬운 것도 있고 어려운 것도 있습니다."

	오류			점수
	최대오류	비중		소계
1. 올해가 몇 년도 입니까?	1	×4	=	(　　)
2. 이달이 몇월 달입니까?	1	×3	=	(　　)

"저를 따라서 말하신 다음에, 기억해 보십시오"
서울시, 명동, 14번지, 한, 철수, 시도횟수(Number of trials to learning) :

3. 시계를 안보고, 지금 몇시쯤인지 말씀해 보세요? (한 시간 이내)

	1	×3	=	(　　)

대　답 :
실제시각 :

4. 20부터 1까지 거꾸로 세어 보십시오. (정확히 센 숫자에 표시하시오.)

	2	×2	=	(　　)

20	19	18	17	16	15	14	13	12	11
10	9	8	7	6	5	4	3	2	1

5. 요일을 일요일부터 거꾸로 말씀하시고, 계속해서 사계절을 겨울부터 거꾸로 말씀해 보세요. (정확한 반응에 표시하시오)

2 ×2 = ( )

(요일과 계절을 함께 질문하세요. 요일을 거꾸로 말하고 나서 계절을 수행하지 못하면 '겨울부터 사계절을 거꾸로 말씀하세요' 라고 다시 지시하세요)

일, 토, 금, 목, 수, 화, 월, 겨울(동), 가을(추), 여름(하), 봄(춘)

6. 아까 기억하시라고 했던 이름과 주소를 기억해보십시오.

5 ×2 = ( )

서울시, 명동, 14번지, 한, 철수,
(점수를 매긴 후에, 다시 한번 가르쳐주고, 환자에게 다시 반복시킨다)

Total: 28점

5 GDS (Global Deterioration Scale)

1	정상 (인지장애 없음)	주관적으로 기억장애를 호소하지 않음. 임상 면담에서도 기억장애가 나타나지 않음.
2	매우 경미한 인지 장애 (건망증의 시기)	주관적으로 다음과 같은 기억장애를 주로 호소함: (1) 물건을 둔 곳을 잊음. (2) 전부터 잘 알고 있던 사람 이름 또는 물건이름이 생각나지 않음. 임상 면담에서 기억장애의 객관적인 증거는 없음. 직장이나 사회생활에 문제 없음. 이러한 자신의 증상에 적절한 관심을 보임.
3	경미한 인지장애 (장애를 보이는 가장 초기단계)	숙련된 임상가의 자세한 면담에 의해서만 객관적인 기억장애가 드러남. 새로이 소개 받은 사람의 이름을 기억하기 어려울 수 있음. 책을 읽어도 예전에 비하여 기억하는 내용이 적을 수 있음. 단어나 이름이 금방 떠오르지 않는 것을 주위에서 알아차리기도 함. 귀중품을 엉뚱한 곳에 두거나 잃어버린 적이 있을 수 있음. 낯선 곳에서 길을 잃은 적이 있을 수 있음. 임상 검사에서는 집중력의 감퇴가 보일 수 있음. 직업이나 사회 생활에서 수행 능력이 감퇴함. 동료가 환자의 일 수행 능력이 떨어짐을 느낌. 환자는 이와 같은 사실을 부인할 수 있음. 경하거나 중등도의 불안증이 동반될 수 있음. 현재 상태로는 더 이상 해결할 수 없는 힘든 사회적 요구에 직면하면 불안증이 증가됨.
4	중등도의 인지장애 (후기 혼동의 시기)	자세한 임상 면담 결과 분명한 인지장애. 다음 영역에서 분명한 장애가 있음. (1) 자신의 생활의 최근 사건과 최근 시사 문제들을 잘 기억하지 못함. (2) 자신의 중요한 과거사를 잊기도 함. (3) 순차적 빼기(예 100-7, 93-7…)에서 집중력 장애가 관찰됨 (4) 혼자서 외출하는 것과 금전 관리에 지장이 있음. 그러나 대개 다음 영역에서는 장애가 없음. (1) 시간이나 사람에 대한 지남력 (2) 잘 아는 사람과 낯선 사람을 구분하는 것 (3) 익숙한 길 다니기 더 이상 복잡한 일을 효율적이고 정확하게 수행할 수 없음. 자신의 문제를 부정하려고 함. 감정이 무디어지고 도전적인 상황을 피하려고 함.

5	초기 중증의 인지장애 (초기 치매)	다른 사람의 도움 없이는 더 이상 지낼 수 없음. 자신의 현재 일상생활과 관련된 주요한 사항들을 기억하지 못함(예를 들면, 집 주소나 전화 번호, 손자와 같은 가까운 친지의 이름 또는 자신이 졸업한 학교의 이름을 기억하기 어려움). 시간(날짜, 요일, 계절, 등)이나 장소에 대한 지남력이 자주 상실됨. 교육을 받은 사람이 40에서 4씩 또는 20에서 2씩 거꾸로 빼나가는 것을 하지 못하기도 함. 이 단계의 환자들은 대개 자신이나 타인에 관한 주요한 정보는 간직하고 있음. 자신의 이름을 알고 있고 대개 배우자와 자녀의 이름도 알고 있음. 화장실 사용이나 식사에 도움을 필요로 하지는 않으나 적절한 옷을 선택하거나 옷을 입는 데는 문제가 있을 수 있음(예를 들면 신을 좌우 바꾸어 신음).
6	중증의 인지장애 (중기 치매)	환자가 전적으로 의존하고 있는 배우자의 이름을 종종 잊음. 최근의 사건들이나 경험들을 거의 기억하지 못함. 오래된 일은 일부 기억하기도 하나 매우 피상적임. 일반적으로 주변 상황, 년도, 계절을 알지 못함. '1-10' 또는 거꾸로 '10-1'까지 세는데 어려움이 있을 수 있음. 일상 생활에 상당한 도움을 필요로 함(예를 들면 대소변 실수가 있음). 또한 외출 시 도움이 필요하나 때때로 익숙한 곳에 혼자 가기도 함. 낮과 밤의 리듬이 자주 깨짐. 그러나 거의 항상 자신의 이름은 기억함. 잘 아는 사람과 낯선 사람을 대개 구분할 수 있음. 성격 및 감정의 변화가 나타나고 기복이 심함: (1) 망상적인 행동(예를 들면 자신의 배우자가 부정하다고 믿음, 주위에 마치 사람이 있는 것처럼 얘기하거나 거울에 비친 자신과 얘기함) (2) 강박적 증상(예를 들면 단순히 바닥을 쓸어내는 행동을 반복함) (3) 불안증, 초조, 과거에 없었던 난폭한 행동이 나타남 (4) 무의지증, 즉 목적 있는 행동을 결정할 만큼 충분히 길게 생각할 수 없기 때문에 나타나는 의지의 상실임.
7	후기 중증의 인지장애 (말기 치매)	모든 언어 구사 능력이 상실됨. 흔히 말은 없고 단순히 알아들을 수 없는 소리만 냄. 요실금이 있고 화장실 사용과 식사에도 도움이 필요함. 기본적인 정신 운동 능력이 상실됨(예를 들면 걷기). 뇌는 더 이상 신체에 무엇을 하십시오고 명령하는 것 같지 않음. 전반적인 피질성 또는 국소적 신경학적 징후나 증상들이 자주 나타남.

보호자용 설문

보호자께서 답해 주십시오. 어르신에게 다음과 같은 인지기능에 대한 문제에 대해 맞으면 ○표, 맞지 않으면 ×표에 표시 하십시오.

	○	×
1. 자주 쓰던 물건을 어디 뒀는지 기억하지 못함		
2. 전부터 잘 알고 있던 사람 이름을 (금방) 떠올리지 못함		
3. (기억력 때문에) 직장이나 사회생활을 하는데 어려움이 있음		
4. 새로 소개받은 사람의 이름을 기억하기 어렵거나 책을 읽고 나서 기억하는 내용이 예전에 비해 적어졌음.		
5. 귀중품을 엉뚱한 곳에 두거나 잃어버린 적이 있음		
6. 잘 아는 사람과 낯선 사람을(이름은 몰라도) 구별은 할 수 있음		
7. 금전 관리에 어려움이 있음		
8. 직장이나 사회생활에서 하던 역할을 예전에 비해 잘 못함		
9. 복잡한 일을 과거처럼 효율적이고 정확하게 하지 못함		
10. 환자가 기억장애가 있음에도 이를 인정하려하지 않음		
11. 환자가 옷을 잘 선택하지 못해 도와주어야 함(예, 신발의 좌우를 바꾸어 신음)		
12. 일상 생활에(예를 들면, 대소변 실수 때문에) 상당한 도움을 필요로 함		
13. 감정이 과거에 비해 무뎌졌으며, 힘든 상황은 피하려고 함		
14. 성격이나 감정이 변했거나 그 기복이 심함		
15. 낮과 밤이 자주 바뀜		
16. 망상적인 행동(예, 자신의 배우자가 부정하다고 믿음, 주위에 마치 사람이 있는 것처럼 얘기하거나 거울에 비친 자신과 얘기)이 있음		
17. 강박적 증상(예, 단순히 바닥을 쓸어내는 행동을 반복함)이 있음		
18. 뚜렷한 목적 없이 행동을 함		
19. 과거에 없었던 난폭한 행동이 나타남		
20. 어르신이 외출 시 길을 잊는 일이 있습니까?(다음 중 한 가지를 고르세요) ① 전혀 문제 없다. ② (길을 잘 찾아 다니지만) 낯선 곳에서 길을 잃은 적이 있다. ③ 익숙한 곳에는 혼자 가기도 하나, 대체적으로 다른 사람이 동행해야 한다. ④ 익숙한 길도 혼자서는 잘 찾아 다니지 못한다.		

환자용 평가서

21. 어르신의 이름이 어떻게 되세요? ________ (① 맞음 ② 틀림)
22. 배우자(또는 보호자)의 이름이 어떻게 됩니까? ________ (① 맞음 ② 틀림)

질문) 1) 집주소는? (집주소를 알 수 없는 경우에는 전화번호를 묻는다)

2) 손주(1명)의 이름은?

23. *번지수, 호수는 몰라도 됨

① 2개 모두 정확히 기억한다.

② 하나만 맞다.

③ 둘 다 맞지 않다.

24. 고향과 나이

1) 고향이 어디이십니까? ________

2) 실제 나이가 어떻게 되십니까 (나이)? ________

① 2개 모두 정확히 기억한다.

② 하나만 맞다.

③ 둘다 맞지 않다.

25. 아래의 계산에서 틀린 개수는? ________

질문) 100 − 7 = − 7 = − 7 = − 7 = − 7 =

→ 25가 모두 맞으면 26, 27번 질문은 할 필요가 없습니다.

26. 아래의 계산에서 틀린 개수는?

질문) 40 − 4 = − 4 = − 4 = − 4 = − 4 = (틀린 개수:)

20 − 2 = − 2 = − 2 = − 2 = − 2 = (틀린 개수:)

27. 10부터 거꾸로 1까지 세기

틀린 개수는? ________개

28. 질문) 1) 최근에 집안에 중요한 일은 없었습니까? (예, 가족들과 외출하신 일이 없으십니까/누가 어르신을 뵈러 온 적이 없습니까?)

____

2) 최근의 뉴스 중에 기억나시는 것을 아무거나 하나 말씀해 주십시오.

① 두 질문 모두 거의 정확히 기억

② 두 개 질문 중 하나만 맞거나 둘 다 대략적으로 기억함(세부 사항은 많이 잊어버림)

③ 두 개 질문 모두 대략적으로도 기억 못함(그 자체를 잊어버림)

29. 질문) 오늘이 며칠입니까? ___________

무슨 요일입니까? ___________

지금이 무슨 계절입니까/봄, 여름, 가을, 겨울 중에 어느 때입니까?

① 모두 정상

② 1-2개가 틀림

③ 모두 틀림

30. 질문) 여기가 어디입니까?/무엇을 하는 곳입니까?

① 정상

② 하나라도 비정상

6 KDSQ-C(Korean Dementia Screening Questionnaire)

	해당사항 없음	아니다 (0점)	가끔(조금) 그렇다(1점)	자주(많이) 그렇다(2점)
1. 오늘이 몇 월이고, 무슨 요일인지를 잘 모른다.				
2. 자기가 놔 둔 물건을 찾지 못한다.				
3. 같은 질문을 반복해서 한다.				
4. 약속을 하고서 잊어버린다.				
5. 물건을 가지러 갔다가 잊어버리고 그냥 온다.				
6. 물건이나, 사람의 이름을 대기가 힘들어 머뭇거린다.				
7. 대화 중 내용이 이해되지 않아 반복해서 물어본다.				
8. 길을 잃거나 헤맨 적이 있다.				
9. 예전에 비해서 계산능력이 떨어졌다(예: 물건값이나 거스름돈 계산을 못한다).				
10. 예전에 비해 성격이 변했다.				
11. 이전에 잘 다루던 기구의 사용이 서툴러졌다(세탁기, 전기 밥솥, 경운기 등).				
12. 예전에 비해 방이나 집안의 정리 정돈을 하지 못한다.				
13. 상황에 맞게 스스로 옷을 선택하여 입지 못한다.				
14. 혼자 대중교통 수단을 이용하여 목적지에 가기 힘들다(신체적인 문제(관절염)로 인한 것은 제외됨).				
15. 내복이나 옷이 더러워져도 갈아입지 않으려고 한다.				
점 수				

7 Short form of Samsung Dementia Questionnaire (S-SDQ).

환자의 상태를 가장 잘 알고 있는 보호자가 작성하여 주십시오.

▶ 설문지 작성자와 환자의 관계: 환자의 환자와 (동거한다, 동거하지 않는다)

▶ 설문지 작성자는 환자의 상태에 대해 (잘 안다, 대충 안다, 잘 모른다)

다음 문항을 읽고 환자의 최근 6개월간의 해당 사항에 동그라미 하시오.

내용	그렇지 않다	간혹(약간) 그렇다	자주(많이) 그렇다
1. 언제 어떤 일이 일어났는지 기억하지 못한다.			
2. 며칠 전에 들었던 이야기를 잊는다.			
3. 반복되는 일상생활에 변화가 생겼을 때 금방 적응하기가 힘들다.			
4. 본인에게 중요한 사항을 잊는다(예를 들어 배우자 생일, 결혼기념일, 제삿날 등).			
5. 어떤 일을 해놓고 잊어버려 다시 반복한다.			
6. 약속을 해놓고 잊는다.			
7. 이야기 도중 방금 자기가 무슨 이야기를 하고 있었는지를 잊는다.			
8. 하고싶은 말이나 표현이 금방 떠오르지 않는다.			
9. 물건 이름이 금방 생각나지 않는다.			
10. 텔레비전을 보고 그 내용을 이해하기가 힘들다.			
11. 전에 가본 장소를 기억하지 못한다.			
12. 길을 잃거나 헤맨 적이 있다.			
13. 계산 능력이 떨어졌다.			
14. 돈 관리를 하는 데 실수가 있다.			
15. 과거에 쓰던 기구의 사용이 서툴어졌다.			

그렇지 않다=0, 간혹(약간) 그렇다=1, 자주(많이) 그렇다=2

3. 국내노인상담기관 및 노인요양시설

다음에 소개되는 기관들은 한국노인 종합복지관협회에 소속된 기관들로서, 노인 교육문화, 노인돌봄서비스기본사업 어르신일자리사업, 복리후생, 자살예방사업, 기능회복 등 다양한 일들을 진행하고 있다(자료제공: 한국노인종합복지관협회 http://www.kaswcs.or.kr/).

	시도	기관	전화	주소	우편번호	팩스
1	서울	서초구립양재 노인종합복지관	578-1515	서울시 서초구 양재동 7-44	137-030	578-1503
2	서울	구립송파 노인종합복지관	2203-9400 2203-9772~3	서울시 송파구 삼전동 172-2	138-841	2203-9421
3	서울	구립약수 노인종합복지관	2234-3515~6 2237-6026	서울시 중구 신당3동 366-18	100-453	2234-1558
4	서울	구립양천 노인종합복지관	2649-8813~4	서울시 양천구 신정동 325-3	158-070	2649-8802
5	서울	구립영등포 노인종합복지관	2068-5326~8	서울시 영등포구 문래동3가 76-2	150-836	2068-5329
6	서울	시립동작 노인종합복지관	823-0064	서울시 동작구 상도11길 7 (대방동 335-10)	156-808	824-2422
7	서울	시립성가정 노인종합복지관	481-2217~8	서울시 강동구 고덕동 317-25	134-804	481-2219
8	서울	서울노인복지 센터	739-9501	서울시 종로구 경운동 90-3	110-310	739-9504
9	서울	시립강북 노인종합복지관	992-6783~4	서울시 강북구 인수동 122	142-870	995-8956
10	서울	시립강서 노인종합복지관	3664-0322~4	서울시 강서구 등촌3동 661-4	157-033	3665-1340
11	서울	시립관악 노인종합복지관	888-6144~5	서울시 관악구 봉천1동 726-3	151-830	888-8026
12	서울	시립구로 노인종합복지관	838-4600 838-8211~2	서울시 구로구 구로5동 25-1	152-838	838-8213

13	서울	시립금천 노인종합복지관	804-4058	서울시 금천구 시흥1동 558-1	153- 847	804-4059
14	서울	시립노원 노인종합복지관	948-8540~5	서울시 노원구 하계동 256	139- 871	948-1617
15	서울	시립도봉 노인종합복지관	993-9900	서울시 도봉구 도당로2길 12-13(쌍문2동 19-12)	132- 858	993-0511
16	서울	시립마포 노인종합복지관	333-1040	서울시 마포구 신촌로 317	121- 881	333-5886
17	서울	시립성동 노인종합복지관	2298-5117	서울시 성동구 마장동 798-1	133- 816	2298-5131
18	서울	시립성북 노인종합복지관	929-7950~2	서울시 성북구 종암동 66-25	136- 861	929-4661
19	서울	구립종로 노인종합복지관	742-9500~2	서울시 종로구 이화동 25-1	110- 500	742-9503
20	서울	구립신내 노인종합복지관	3421-4800	서울시 중랑구 도당길 161(신내동 771-1)	131- 130	3421-4901
21	서울	강남구립논현 노인종합복지관	541-0226	서울시 강남구 강남대로 128길 59	135- 822	541-0116
22	서울	서초구립방배 노인종합복지관	581-7992	서울시 서초구 방배2동 455-11	137- 819	581-7991
23	서울	서초구립중앙 노인종합복지관	3474-6080~2	서울시 서초구 서초동 1666-17	137- 070	3474-6083~4
24	서울	우리마포복지관	358-1000	서울시 마포구 노고산동 1-50	121- 806	702-2006
25	서울	금천호암 노인종합복지관	853-7203	서울시 금천구 독산로72길 86-1 (독산동 917-6)	153- 821	853-7204
26	서울	강남 시니어플라자	554-5479	서울시 강남구 역삼동 682-8	135- 916	2051-9020
27	서울	은평구립역촌 노인복지센터	385-9500	서울시 은평구 역촌2동 67-9	122- 901	385-9452
28	서울	구립중화경로 복지관	436-1390~1	서울시 중랑구 중화동 37-4	131- 875	824-2422
29	서울	창동노인복지 센터	906-2968~9	서울시 도봉구 창번교길 48	132- 916	906-3344

30	서울	장위실버복지 센터	913-3369	서울시 성북구 장위2동 63-1	136-827	913-3361
31	서울	구립역삼 노인복지센터	501-5674	서울시 강남구 역삼2동 781-34	135-515	501-5634
32	서울	강남구노인 통합지원센터	557-8091	서울시 강남구 역삼동 632-13	135-080	557-8150
33	서울	석관실버복지 센터	957-9923	서울시 성북구 석관동 261-394	136-819	957-9924
34	서울	강서구립연지 노인복지센터	2605-7501	서울시 강서구 화곡로 58길 30-7	157-928	2605-7504
35	서울	강서구립화곡 노인복지센터	2605-6900~1	서울시 강서구 월정로 30길 96	157-010	2605-6907
36	서울	강서구립봉제산 노인복지센터	2605-1553	서울시 강서구 화곡본동 산 41-16	157-895	2605-1557
1	인천	연수구 노인종합복지관	032-811-2660 ~1	인천시 연수구 연수3동 580	406-113	032-818-2662
2	인천	인천남구 노인복지관	032-861-3001	인천시 남구 학익소로 37번길 17(주안3동 866-67)	402-203	032-864-2503
3	인천	남동구 노인복지관	032-435-1950, 1952	인천시 남동구 문화서로 62번길 13	405-824	032-435-1953
4	인천	인천서구 노인복지관	032-582-4071	인천시 서구 석남동 노인복지관길 59번지	404-824	032-582-4075
5	인천	인천동구 노인복지관	032-761-3677	인천시 동구 송림2동 124-48	401-072	032-763-8535
6	인천	계양구 노인복지관	032-552-4494	인천시 계양구 작전동 926-6 (광명길 15)	407-060	032-547-4521
7	인천	인천시중구 노인복지관	032-760-7328	인천시 중구 신흥동 2가 23 (보리수길 14)	400-102	032-761-3563
8	인천	부평구 노인복지관	032-526-4447 ~8	인천시 부평구 부평4동 914	403-860	032-526-4449
9	인천	동구 노인문화센터	032-765-3677	인천시 동구 송현동 156	401-040	032-765-8535
10	인천	동양 노인문화센터	032-555-7766	인천시 계양구 동양로 74-29	407-340	032-553-4433

11	인천	남구 노인문화센터	032-862-3910 ~1	인천시 남구 용현4동 181-5	402- 825	032-862-3913
12	인천	인천노인 종합문화회관	032-457-5300	인천시 남동구 용천로205번 길 21 (간석동 55-1)	405- 230	032-457-5320
1	경기	과천시 노인복지관	02-502-8500	경기도 과천시 문원로 57	427- 090	02-502-8522
2	경기	군포시 노인복지관	031-399-2270	경기도 군포시 당산로 494 (당동 887)	435- 010	031-399-2271
3	경기	덕양노인 종합복지관	031-969-7781 ~3	경기도 고양시 덕양구 어울림로 49(화정동 846)	412- 826	031-969-7784
4	경기	안성시 노인복지관	031-674-0794	경기도 안성시 낙원동 68-24	456- 040	031-674-0797
5	경기	부천시 원미노인복지관	032-667-0261 ~3	경기도 부천시 원미구 심곡2 동 135-3	420- 822	032-666-0262
6	경기	수정 노인종합복지관	031-731-3393 ~4	경기도 성남시 수정구 산성동 2178	461- 803	031-741-4519
7	경기	부천시 소사노인복지관	032-347-9534 ~5	경기도 부천시 소사구 괴안동 72	422- 800	032-347-4416
8	경기	안산시상록구 노인복지관	031-414-2271 ~2	경기도 안산시 성포동 589	426- 837	031-486-6600
9	경기	부천시오정 노인복지관	032-683-9290 032-684-0389	경기도 부천시 오정구 여월 동 10-46	421- 812	032-683-9291
10	경기	의왕시사랑채 노인복지관	031-425-3676	경기도 의왕시 내손동 710-2	437- 810	031-425-3677
11	경기	의정부실버문화 센터	031-826-0742 ~3	경기도 의정부시 의정부2동 580-3	480- 850	070-7469- 8616
12	경기	이천시노인종합 복지관	031-636-0190	경기도 이천시 남천로 59 종합복지타운 본관 2층	467- 808	031-637-0190
13	경기	일산 노인종합복지관	031-919-8677	경기도 고양시 일산구 장항 2동 906	411- 837	031-919-8678
14	경기	용인시 노인복지관	031-324-9303	경기도 용인시 처인구 삼가 동 556 문화복지행정타운내	440- 832	031-324-9306
15	경기	SK청솔 노인복지관	031-257-1396 031-257-6811	경기도 수원시 장안구 정자 동 286	440- 300	031-257-6812

16	경기	안양시노인종합 복지관	031-455-0551	경기도 안양시 동안구 경수 대로 665번길 74-30	431- 082	031-455-0553
17	경기	수정중앙노인종 합복지관	031-752-3366	경기도 성남시 수정구 복정동 666	461- 200	031-758-5546
18	경기	서호노인복지관	031-291-0911	경기도 수원시 권선구 구운동 501	441- 819	031-291-0914
19	경기	파주시 노인복지관	031-943-0731	경기도 파주시 금릉동 230	413- 030	031-943-0752
20	경기	송산 실버문화센터	031-852-2595	경기도 의정부시 민락동 736-2	480- 868	031-852-2594
21	경기	여주군 노인복지관	031-881-0050	경기도 여주군 여주읍 여흥로 160 27(상리 351-4)	469- 804	031-881-0041
22	경기	남양주시동부 노인복지관	031-559-5880	경기도 남양주시 수동면 비룡로 801-47	472- 852	031-559-5883
23	경기	남양주시 노인복지관	031-573-6598	경기도 남양주시 진건읍 송능리 109-1	472- 835	031-573-6597
24	경기	수원시립버드내 노인복지관	031-898-6544 ~8	경기도 수원시 권선구 세류3동 483	441- 870	031-898-6549
25	경기	김포시 노인종합복지관	031-997-9300	경기도 김포시 사우중로 74번길 48	415- 802	031-996-3926
26	경기	광주시 노인종합복지관	031-766-9129 ~30	경기도 광주시 탄벌동 18-1	464- 100	031-766-9266
27	경기	평택남부 노인복지관	031-651-3677	경기도 평택시 비전동 631	450- 150	031-653-3676
28	경기	의왕시아름채 노인복지관	031-427-0580	경기도 의왕시 문화공원길 47 (고천동 100)	437- 800	031-427-0581
29	경기	중원 노인종합복지관	031-751-7450	경기도 성남시 중원구 성남동 3440	437- 801	031-751-7448
30	경기	분당 노인종합복지관	031-785-9200	경기도 성남시 분당구 정자동 불정로 50 (253)	463- 010	031-785-9292
31	경기	평택북부 노인복지관	031-662-3678	경기도 평택시 서정동 342	459- 812	031-611-3676
32	경기	단원구 노인복지관	031-405-1188	경기도 안산시 단원구 선부동 1077-9	425- 830	031-405-8345

33	경기	광명시 노인종합복지관	02-2625-9300	경기도 광명시 소하1동 택지 개발지구 내 E-1블럭	423-051	02-2625-9330
34	경기	화성시남부 노인복지관	031-366-5678	경기도 화성시 향남읍 토성로 37-22 (행정리 산 11번지)	445-926	031-8059-0086
35	경기	양평군 노인복지관	031-774-9751 ~2	경기도 양평군 양평읍 양근7리 272-2	476-805	031-774-9750
36	경기	시흥시 노인종합복지관	031-404-3100	경기도 시흥시 능곡동 765	429-240	031-404-3122
37	경기	포천시 노인복지관	031-8083-7777	경기도 포천시 군내면 하성북리 520-1	487-878	031-8083-3337
38	경기	동두천시 노인복지관	031-857-9918	경기도 동두천시 생연동 643-3	483-030	031-857-9929
39	경기	연천군 노인복지관	031-834-6080	경기도 연천군 연천읍 옥산리 874	486-802	031-834-6083
40	경기	나래울화성시 복합복지타운	031-8015-7300	경기도 화성시 여울로 2길 33 (능동 1130)	445-320	031-8015-7310
41	경기	황송 노인종합복지관	031-731-5520	경기도 성남시 중원구 상대원1동 279-7	462-120	031-731-5514
42	경기	신곡실버문화 센터	031-840-5300 ~3	경기도 의정부시 신곡2동 129	480-828	031-840-5305~6
43	경기	평택서부 노인복지관	031-683-0030	경기도 평택시 안중읍 안현로 400	451-884	031-683-0305
44	경기	팽성노인복지관	031-650-2621 ~6	경기도 평택시 팽성읍 남산리 406-16	451-803	031-618-8641
45	경기	동산노인복지관	031-400-8711	경기도 안산시 상록구 사1동 1584-1	426-894	031-400-8724
1	부산	부산광역시 노인종합복지관	051-853-1872 ~4	부산시 연제구 거제천로 230-18 번길 (연제동)	611-820	051-853-1875
2	부산	실버벨 노인종합복지관	051-337-5959	부산시 북구 시랑로 114번길 45 (구포동)	616-809	051-333-8555
3	부산	동구 노인종합복지관	051-467-7887	부산시 동구 홍곡중로 5번길 24 (수정동)	604-814	051-467-4428
4	부산	어진샘노인종합 복지관	051-784-8005,8	부산시 해운대구 재반로 100 (재송동)	612-828	051-784-8006

5	부산	기장군 노인복지관	051-724-3443	부산시 기장군 기장읍 대라리 186-8	619-903	051-724-3197
6	부산	영도구 노인복지관	051-417-6344	부산시 영도구 절영로 29번길 14 (대교동)	606-012	051-417-6343
7	부산	중구노인복지관	051-241-2591	부산시 중구 보수동 책방골목길 3-1	600-081	051-241-2593
8	부산	동래구 노인복지관	051-554-6252	부산시 동래구 명륜로 207번길 18	607-122	051-554-6254
9	부산	수영구 노인복지관	051-759-6070	부산시 수영구 황령대로 489번길 73 (남천동)	613-011	051-623-2870
10	경기	남구노인복지관	051-628-1291	부산시 남구 못골로 97-10 (대연동)	608-808	051-628-1224
11	경기	사하사랑채노인복지관	051-293-9544	부산시 사하구 사리로 35 (괴정동)	604-809	051-293-9548
1	대구	대구광역시 노인종합복지관	053-766-6011~4	대구시 수성구 황금동 478-4	706-040	053-766-6015
2	대구	대구동구 노인복지관	053-983-9100	대구시 동구 불로동 948	701-807	053-983-9237
3	대구	대구대덕 노인종합복지관	053-621-9522~3	대구시 남구 대명9동 439	705-803	053-621-9525
4	대구	달서구노인종합복지관	053-644-8310	대구시 달서구 학산로 171(본동 804-2)	704-807	053-644-8313
5	대구	달성군 노인복지관	053-617-0098~9	대구시 달성군 옥포면 기세리 264-1	711-843	053-617-0097
1	광주	광주서구 노인종합복지관	062-365-9688	광주시 서구 화정1동 23-231	502-834	062-431-1753
2	광주	광주동구 노인복지관	062-232-4955	광주시 동구 동명1동 154-44	501-813	062-226-9737 062-232-4956
3	광주	광주남구 노인복지관	062-366-0791	광주시 남구 월산동 614-4	503-828	062-366-0793
4	광주	광주공원 노인복지관	062-671-3370	광주시 남구 구동 16-48	503-020	062-653-3374
5	광주	광주북구 노인종합복지관	062-266-7727	광주시 북구 두암동 456-9	500-100	062-266-2244

6	광주	광산구운남권 노인복지관	062-959-9004	광주시 광산구 운남동 799-1	503-308	062-959-9006
7	광주	송정권 노인복지관	062-942-3663	광주시 광산구 도산동 925-1	506-801	062-942-3642
1	대전	서구노인복지관	042-488-6297	대전시 서구 탄방동 1084	302-861	042-488-6296
2	대전	유성구 노인복지관	042-862-4634	대전시 유성구 신성동 372	305-805	042-862-4638
3	대전	대덕구 노인종합복지관	042-627-0767	대전시 대덕구 계족로 740번길 80(읍내동)	306-822	042-627-0768
4	대전	대전광역시 노인복지관	042-242-3100~1	대전시 중구 대흥동 311-1(테미길85)	301-804	042-242-3103
5	대전	대전동구 노인종합복지관	042-626-2736~7	대전시 동구 충정로 53-30(가양2동 13-1)	300-090	042-626-2738
6	대전	동구다기능 노인종합복지관	042-282-5910	대전시 동구 판암동 518-3	300-834	042-273-7788
1	충북	보은군 노인복지관	043-544-5446~8	충북 보은군 보은읍 이평리 107	376-800	043-544-5449
2	충북	청주시 노인종합복지관	043-255-2144~5	충북 청주시 상당구 대성로 172번길 21 (수동 138-8)	360-112	043-255-2143
3	충북	충청북도 노인종합복지관	043-265-5305	충북 청주시 흥덕구 사직1동 554-58	361-829	043-265-5306
4	충북	진천노인복지관	043-533-2716	충북 진천군 진천읍 읍내리 625	365-807	043-533-6921
5	충북	음성군 노인종합복지관	043-883-2470	충북 음성군 금왕읍 금석리 340-1	369-903	043-883-2473
6	충북	옥천군노인 장애인복지관	043-733-2500	충북 옥천군 옥천읍 삼양리 161-1	373-809	043-731-6513
7	충북	제천시 노인종합복지관	043-652-3457~8	충북 제천시 독순로 65 (중앙로2가)	390-012	043-652-3459
8	충북	제천시명락 노인종합복지관	043-648-3337	충북 제천시 명동 190-2 (내제로 5길 12)	390-050	043-647-3339
9	충북	충주시 노인복지관	043-857-8683	충북 충주시 교현2동 688-1	380-952	043-847-7234

10	충북	청주 노인복지마을	043-236-0111	충북 청주시 흥덕구 가경동 산 90	361-800	043-236-0104
11	충북	청원군 노인복지관	043-288-3060	충북 청주시 상당구 지북동 141	360-185	043-288-3062
12	충북	영동군 노인복지관	043-742-7784	충북 영동군 영동읍 매천리 442-1	370-805	043-743-2405
13	충북	청주시내덕 노인복지관	043-216-9810	충북 청주시 상당구 내덕동 산61-7	360-171	043-216-9812
14	충북	단양군노인장애 인복지관	043-423-2323	충북 단양군 단양읍 별곡리 319	395-809	043-421-5578
15	충북	증평군 노인복지관	043-835-4285 ~6	충북 증평군 증평읍 내성리 57	368-904	043-835-4287
16	충북	괴산군 노인복지관	043-834-3411	충북 괴산군 괴산읍 동부리 181	367-805	043-834-3410
1	충남	천안시 노인종합복지관	041-571-0618	충남 천안시 서북구 미라 11길 16번지	331-091	041-571-0619
2	충남	아우내 은빛복지관	041-556-6606 ~7	충남 천안시 병천면 병천리 120-3	330-861	041-556-6608
3	충남	아산시 노인종합복지관	041-544-1401	충남 아산시 온천2동 266-35	336-012	041-544-1404
4	충남	보령 노인종합복지관	041-931-7677	충남 보령시 죽정동 703-1	355-120	041-931-7679
5	충남	예산군 노인종합복지관	041-334-2901 -3	충남 예산군 예산읍 발연리 85-5	340-802	041-334-2906
6	충남	태안군 노인복지관	041-674-0215 ~6	충남 태안군 태안읍 후곡로 79 (남문리 712-13)	357-900	041-674-0217
7	충남	홍성군 노인종합복지관	041-631-0960	충남 홍성군 홍성읍 내포로 146번길 30-11	320-808	041-631-0942
8	충남	당진군남부 노인복지관	041-363-5330	충남 당진군 합덕읍 운산리 302	343-900	041-363-3234
9	충남	계룡시 노인종합복지관	042-841-2103 ~5	충남 계룡시 금암동 56	321-900	042-841-7612
10	충남	서천군 노인복지관	041-950-1201	충남 서천군 종천면 종천리 37-3	325-871	041-953-8073

11	충남	보령효나눔복지 센터	041-931-8490	충남 보령시 미산면 판미로 1467-6 (풍계리 283-6)	355- 872	041-931-8493
1	전북	안골노인복지관	063-243-4377	전북 전주시 덕진구 인후동1가 764-5	561- 831	063-245-8684
2	전북	서원노인복지관	063-227-7483	전북 전주시 완산구 따박골5길36(구,중화산2가)	560- 838	063-227-7484
3	전북	군산 노인종합복지관	063-442-4227 ~8	전북 군산시 중앙로2가 140-8	560- 838	063-442-4229
4	전북	김제 노인종합복지관	063-542-5550	전북 김제시 하동 404-17	576- 140	063-544-2118
5	전북	익산시 노인종합복지관	063-837-7722	전북익산시 모현동 62-2 (배산공원 내)	576- 140	063-837-9100
6	전북	정읍시 노인종합복지관	063-538-3606 ~9	전북 정읍시 금붕동 949-10	580- 190	063-538-3610
7	전북	무주 노인종합복지관	063-322-1252	전북 무주군 무주읍 당산리 628	568- 800	063-322-1138
8	전북	금암노인복지관	063-253-5728	전북 전주시 덕진구 금암1동 1546-1	561- 181	063-253-5748
9	전북	덕진노인복지관	063-271-9336	전북 전주시 덕진구 송천중앙로 36(덕진동2가 174)	561- 192	063-271-9338
10	전북	전라북도 노인복지관	063-276-2086	전북 전주시 완산구 서신동 788	560- 170	063-276-2088
11	전북	고창군 노인복지관	063-564-7711 563-0009	전북 고창군 고창읍 율계리 114-2	585- 803	063-564-1334
12	전북	양지 노인복지관	063-232-1000 063-224-3691	전북 전주시 완산구 효자동1가 567-1	560- 853	063-224-3694
13	전북	정읍시북부 노인복지관	063-571-9051 ~3	전북 정읍시 신태인읍 신태인리 66-2	580- 905	063-571-8051
14	전북	꽃밭정이 노인복지관	063-237-0770	전북 전주시 완산구 평화동 2가 230-2	560- 865	063-237-0330
15	전북	임실군 노인복지관	063-644-4438 ~9	전북 임실군 임실읍 이도리 241	566- 805	063-644-4436
1	전남	여수시 노인복지관	061-685-2381	전남 여수시 학동 65-1	555- 808	061-685-3642

2	전남	동여수 노인복지관	061-643-1966	전남 여수시 국동 5길 7	550- 866	061-643-6236
3	전남	목포시 노인복지관	061-278-8516	전남 목포시 산정동 74-1 (목포시 노송길 35)	530- 350	061-278-8517
4	전남	이랜드하당 노인복지관	061-285-0582	전남 목포시 상동 942	530- 826	061-285-0587
5	전남	해남 노인종합복지관	061-537- 0012~3,1333	전남 해남군 해남읍 구교리 344	536- 803	061-537-1334
6	전남	나주시 노인복지관	061-334-7726	전남 나주시 영산동 155-1	520- 240	061-339-2626
7	전남	진도 노인복지관	061-544-5504	전남 진도군 진도읍 성내리 22-11	539- 803	061-544-5510
8	전남	고흥군 노인복지관	061-544-5504	전남 고흥군.읍 남계리 182	548- 802	061-830-4210
9	전남	하나노인복지관	061-242- 5354, 5357	전남 목포시 영해동 1가 11-1	530- 170	061-242-5358
10	전남	중마노인복지관	061-794-9988 ~9	전남 광양시 중동 1359-3	545- 879	061-794-9991
11	전남	보성군 노인복지관	061-858-8900	전남 보성군 벌교읍 회정리 458-5	546- 906	061-858-8901
12	전남	담양군 노인복지관	061-380-1339	전남 담양군 담양읍 삼만리 산 127-7	517- 803	061-380-1388
13	전남	목포이랜드 노인복지관	061-278-0200	전남 목포시 용당로 161번 길 14 (용당2동 947-180)	530- 360	061-278-0262
14	전남	나드리 노인복지관	061-371-1166 ~7	전남 화순군 화순읍 학포로 2642 (강정리 139)	519- 801	061-371-1168
15	전남	주안댐 효나눔 복지센터	061-755-7462	전남 순천시 승주읍 승주로 696	540- 804	061-755-7465
1	경북	예천군 노인복지관	054-654-5222	경북 예천군 예천읍 서본리 240	757- 805	054-654-5223
2	경북	의성군 노인복지관	054-833-6006	경북 의성군 의성읍 도동리 731-2	769- 801	054-832-6168
3	경북	경산시 노인종합복지관	053-813-1102 ~4	경북 경산시 백천동 146-7	712- 100	053-813-1153

4	경북	김천시노인종합복지관	054-435-6340	경북 김천시 남산동 28-1	740-973	054-435-6343
5	경북	금성노인복지관	054-832-3400	경북 의성군 금성면 대리리 103-1	769-852	054-832-3401
6	경북	칠곡군 노인복지관	054-979-6641	경북 칠곡군 왜관읍 왜관리 273-1	718-805	054-979-6642
7	경북	포항시 노인복지회관	054-251-3025	경북 포항시 북구 두호동 239	791-801	054-251-3026
1	경남	김해시 노인종합복지관	055-332-6332	경남 김해시 구산동 756	621-901	055-332-6226
2	경남	진해 노인종합복지관	055-544-7156	경남 창원시 진해구 풍호동 26-16	645-320	055-225-4072
3	경남	마산금강 노인종합복지관	055-221-8445~6	경남 창원시 마산합포구 평화동 4-3(문화북4길 15)	631-370	055-221-8447
4	경남	성산 노인종합복지관	055-712-0195	경남 창원시 성산구 창이대로 781 (대방동 330)	642-100	055-712-0199
5	경남	거창군삶의쉼터 노인복지관	055-945-2014~9	경남 거창군 거창읍 송정리 941-1	670-802	055-945-2215
6	경남	김해시동부 노인종합복지관	055-310-8500	경남 김해시 인제로 284번길 15-92 (삼방동 838)	620-190	055-310-8599
7	경남	마산 노인종합복지관	055-712-0215	경남 창원시 마산합포구 동서남 1길 5	631-442	055-712-0219
8	경남	의창 노인종합복지관	055-712-0235	경남 창원시 의창구 서곡길 15 (명곡동 230)	642-250	055-712-0239
1	울산	울산광역시남구 노인복지관	052-265-5221	울산시 남구 야음2동 577-6	680-837	052-275-9988
2	울산	울산광역시 노인복지관	052-256-6820	울산시 남구 삼산동 1538-6	680-817	052-256-6823
3	울산	울산광역시동구 노인복지관	052-252-2118	울산시 동구 서부동 113-190	682-807	052-233-2118
4	울산	울산북구 노인복지관	052-296-3901	울산시 북구 호계동 262-2	683-812	052-292-6080
5	울산	문수실버복지관	052-247-3740~1, 3701~2	울산시 남구 무거동 1005-69	680-192	052-277-2940

6	울산	울산서부 노인복지관	052-263-6901	울산시 울주군 삼남면 교동리 1085-3	689- 812	052-263-6904
7	울산	울산남부 노인복지관	052-237-5395	울산시 울주군 온양읍 발리 279-2	689- 904	052-237-5397
1	강원	동해시 노인종합복지관	033-535-7557	강원도 동해시 천곡동 84-16	240- 870	033-535-7517
2	강원	원주시 노인종합복지관	033-766-0601	강원도 원주시 단구동 1486-14	220- 944	033-766-0609
3	강원	춘천시립 노인복지관	033-255-8866 033-255-8840	강원도 춘천시 동면 만천리 893-3	200- 852	033-255-6549
4	강원	속초시 노인종합복지관	033-636-3373	강원도 속초시 교동 979	217- 060	033-636-3339
5	강원	고성군 노인복지관	033-682-8000	강원도 고성군 간성읍 하리 37-2	219- 801	033-682-8022
6	강원	양양군 노인복지관	033-673-2685	강원도 양양군 양양읍 연창리 203-1	215- 803	033-673-2687
7	강원	홍천군 노인복지관	033-434-0322	강원도 홍천군 홍천읍 태학여내길 80-3	250- 802	033-430-2028
8	강원	태백시 노인복지관	033-581-5118	강원도 태백시 황장목이길 23 (문곡동 4-9)	235- 120	033-553-4661
1	제주	제주특별자치도 노인복지관	064-727-4500 ~1	제주특별시자치도 제주시 과원북4길 12번지	690- 808	064-727-4502

복지기관 및 노인상담 시설

1) 노인상담전문시설

[서울시 어르신 포털]

전화번호: (02) 723-9988

소개: 노인종합상담 및 방문상담, 24시간 전화상담,
내방상담시간 - 평일: AM 09:00 ~ PM 06:00

[인구보건복지협회 노인성상담실]

전화번호: 서울 (02) 2636-2828, 인천 (032) 421-2829, 청주 (043) 278-2828

소개: 노인성상담

[한국노인 상담 연구소]

전화번호: (02) 222-1360

소개: 노인복지상담, 노인진로상담, 노인집단상담, 노인심리상담에 관한 연구

[한국노인의 전화]

전화번호: (02) 303-0070

소개: 노년기의 다양한 사건상담(전화상담, 내방상담, 방문상담, 서신상담, 온라인 상담 가능)

[한국치매가족협회]

전화번호: (02) 431-9993

소개: 치매종합상담

[경기도노인종합상담센터]

전화번호: (031) 222-1390

소개: 노인의 고독 · 우울 및 가족갈등 상담

[부산광역시 어르신 상담센터]

주소: 부산광역시 부산진구 당감 3동 253-4번지

전화번호: (051) 896-8517, 896-8518

소개: 노인상담 및 보호기관, 24시간 운영, 사회복지서비스, 상담방법 안내

2) 노인복지 및 상담 시설

[서울시 고령자취업알선센터]

전화번호: 1588-1877

소개: 노인취업과 관련한 상담제공

[서울시노인보호전문기관]

전화번호: 1577-1389, 국번없이 129

사업소개: 노인학대관련 신고 및 상담

홈페이지: http://www.seoul1389.or.kr/

[부산광역시 서부 노인보호 전문기관]

주소: 부산광역시 부산진구 양정2동 260-5번지

전화번호: (051) 867-9119

소개: 학대유형, 법적 조치, 예방교육 사업, 상담 및 이용절차 안내

[경남종합사회복지관]

주소: 경상남도 마산시 구암2동 31번지

전화번호: (055) 298-8600

소개: 노인주간보호, 심리상담센터 운영

홈페이지: http://www.knsw.or.kr/

[신곡실버문화센터]

주소: 경기도 의정부시 신곡2동 129번지

전화번호: (031) 840-5300~3, Fax: (031) 840-5306

법인유형: 한국장로교복지재단

홈페이지: www.sgwelfare.org

기관대표 E-mail: sgscc@naver.com

[양양군노인복지관]

주소: 215-803 강원도 양양군 양양읍 연창리 203-2

전화번호: (033) 673-2685, Fax: (033) 673-2687

(운영 주체: 사회복지법인 낙산사복지재단)

법인유형: 사회복지법인

Homepage: http://www.naksanwf.org/senior_wf/

[연천군노인복지관]

주소: 경기도 연천군 연천읍 문화로 108번길 11

전화번호: (031) 834-6080~2, Fax : (031) 834-6083

운영주체: 사회복지법인 연꽃마을

홈페이지: http://www.lycsenior.org

기관대표 E-mail: lyc6080@hanmail.net

[용산노인복지센터]

주소: 서울시 용산구 한강로

전화번호: (02) 792-7882

소개: 노인 돌봄, 상담, 가사 서비스 등 제공

홈페이지: http://www.yssilver.org/

[울산광역시 노인일자리지원센터]

주소: 울산광역시 중구 태화동 928-1번지

전화번호: (052) 247-9782

소개: 노인일자리 종합정보 관리사업, 취업상담 및 교육안내

홈페이지: www.dg1389.or.kr

[중원노인종합복지관]

주소: 경기도 성남시 중원구 성남동 3440

전화번호: (031) 751-7450

소개: 사회교육, 상담, 기능회복, 재가복지

홈페이지: http://www.iwnoin.org

[한국노인복지중앙회]

전화번호: (02) 712-9763

주소: 서울시 마포구 만리재로 14 한국사회복지회관 403호

사업소개: 노인복지시설입소와 관련된 각종 상담 제공

홈페이지: http://www.elder.or.kr/

[한국헬프에이지]

주소: 506-801 서울시 영등포구 당산동 4가 74-2 금강펜테리움 IT 타워

전화번호: (02) 849-6588, Fax: (02) 2637-6587

사업소개: 노인자치활동(밥상모임, 체조모임, 돌봄모임, 두레모임)

4. 서식과 면접 지침서

이번 부록에서는 앞서 상담 연습 부분에서 같이 훈련을 실시한 동료들과 집단 리더에 대해서 어떻게 평가하고 있는지 그리고 훈련 자체는 어떠하였는지에 관해서 평가하는 서식을 소개한다. 또한 내담자와의 초기 면접시 어떻게 문제를 파악해야 할지 도와줄 수 있는 intake interview form도 첨부하였다.

동료상담자 훈련의 평가

평가양식을 채우고, 당신의 슈퍼바이저나 훈련자에게 제출하시오. 적절한 등급을 체크하시오. 1등급이 가장 낮은 것이다. 당신의 이름은 쓰지 마시오.

⊙ 훈련 자료가 얼마나 도움이 되었는가?

1________ 2________ 3________ 4________ 5________

⊙ 훈련 자료의 내용이 명확하였고 이해하기가 쉬웠는가?

1________ 2________ 3________ 4________ 5________

⊙ 당신은 훈련자료의 장점과 단점이 무엇이라고 생각하는가?

____

____

____

⊙ 다음의 면에서 당신은 당신의 훈련자를 어떻게 평가하는가?

공감:

훈련자의 이름

1________ 2________ 3________ 4________ 5________

C0-훈련자의 이름

1________ 2________ 3________ 4________ 5________

존경:

훈련자의 이름

1__________ 2__________ 3__________ 4__________ 5__________

C0-훈련자의 이름

1__________ 2__________ 3__________ 4__________ 5__________

진정성 :

훈련자의 이름

1__________ 2__________ 3__________ 4__________ 5__________

C0-훈련자의 이름

1__________ 2__________ 3__________ 4__________ 5__________

노화에 대한 지식:

훈련자의 이름

1__________ 2__________ 3__________ 4__________ 5__________

C0-훈련자의 이름

1__________ 2__________ 3__________ 4__________ 5__________

명백하게 의사소통을 할 능력 :

훈련자의 이름

1__________ 2__________ 3__________ 4__________ 5__________

C0-훈련자의 이름

1__________ 2__________ 3__________ 4__________ 5__________

당신의 훈련자의 장점은 무엇인가?

훈련자의 이름

C0-훈련자의 이름

당신은 그들의 향후 발전 가능성에 대해 어떻게 생각하십니까?

훈련자의 이름

C0-훈련자의 이름

더 추가할 코멘트(comment)는

____

____

____

____

전화 Intake Form

접촉의 날짜 ________ 접촉방법(mode of contact)________ 전화 ________

서비스 위치 ____________ 다른 장소 ______________________

내담자의 이름 #1 ____________________ 전화 __________________

주소 __________________ 시 ____________________

지역번호 ________________ 연령 ______________

성: _____ 남 _____ 여

내담자의 이름 #2 ____________________ 전화 __________________

주소 __________________ 시 ____________________

지역번호 ________________ 연령 ______________

성: _____ 남 _____ 여

내담자의 이름 #3 ____________________ 전화 __________________

주소 __________________ 시 ____________________

지역번호 ________________ 연령 ______________

성: _____ 남 _____ 여

전화한 사람의 이름/접촉한 사람의 이름

이름 ____________ 전화 ______________________

주소 __________________ 시 _____________ 지역번호 ___________

내담자(들)와의 ____

____

내담자는 이 서비스에 대해 어떻게 알았는가? ___________________________

현재의 필요성/문제(가능한 적용되는 것 다 체크하시오.)

______ 고용 ______ 집 ______ 의학 ______ 교통

______ 재정 ______ 법 ______ 정신 건강 ______ 자원 봉사

______ 주부/잡일 ______ 여가 ______ 영양 ______ 기타

Comments(필요성/문제)

____

____

____

Follow-up

____

____

____

INTAKE INTERVIEW 지침서

1. 당신의 주요 문제는 무엇인가?
2. 문제의 서술
   a. 얼마 동안 이것이 문제가 되었는가?
   b. 당신이 처음 이렇게 느낀 것은 언제인가?
   c. 얼마나 이것이 당신의 생활을 방해하는가?
   d. 어떤 종류의 상황이 당신에게 영향을 미치는가?
   e. 그것이 당신과 다른 사람에게 어떻게 영향을 미치는가?
   f. 얼마나 자주 영향을 미치는가?
3. 당신은 최근 우울한 적이 있는가?
   a. 식욕은 어떤가? 평상시와 다른 점이 있는가?
   b. 수면 패턴이 변화되었는가?
   c. 평상시 보다 좀 더, 혹은 덜 피곤을 느끼는가?
   d. 최근에 신체적으로 아픈 곳이 있는가?
4. 우울할 때, 당신은 어떻게 하고 싶다고 느끼는가? (자살이란 단어를 말했다면, 당신은 어떻게 할 생각인가?)
5. 당신의 가족과 친구는 어디에 사는가?
   a. 당신은 누구와 같이 사는가?
   b. 당신은 어떤 사회적 서비스에 접촉했는가?
   c. 당신은 비상시에 누구에게 도움을 청하는가?
6. 당신은 기억력에 어떤 문제가 있는가?
7. 당신 가족과/친한 친구와 잘 지내는가?

5. 인생 제4기론 序說

(경북대 전생애발달연구소 창립세미나 발표논문, 2010)

이장호(서울대학교 명예교수)
jhyain@yahoo.co.kr

1. 들어가는 말

우리는 유례없이 빠른 속도로 초고령사회로 치닫고 있는 사회에 살고 있다. 1995년에 65세 이상 노년 1인당 15~64세의 청장년 인구 12명이던 것이 2007년엔 9.8명이 되었고, 수년 안에 노인 한 사람을 5, 6명의 청장년이 부양해야 하는 시기가 도래할 것으로 전망되고 있다. 본고에서는 인생주기를 (1) 성장, 학교교육-직업훈련을 위한 제1기(0~25세), (2) 결혼-생업형 직업활동의 제2기(26세~50), (3) 참여형 직업 및 사회활동의 제3기(50~75세), 그리고 (4) 자기은둔적 생활 및 봉사활동 중심의 인생 제4기(76~100세 전후)의 '4단계 인생주기'의 설정을 제안한다.

'인생 제4기'는 단순히 죽음을 앞둔 노화과정의 단계가 아니다. 그 나름으로 자기실현 또는 자기초월적 정체성의 특징을 띄는 인생의 가장 값진 단계일 것이다. 즉 인생4기 노년기는 '化石이 아닌 寶石'의 존재로 인식되어야 할 것이다.

2. 인생 3기론('마흔 이후 30년')의 허실

W. Sadler(2000)는 인생 1기(10, 20대)를 배움의 단계로 학습을 통해 1차 성장이 이루어지는 시기로, 인생 2기(30, 40대)는 일과 가정을 이루는 단계로 생산 및 출산을 통해 생산성을 발휘하고 가정, 직장, 지역사회에 정착하는 시기로, 그리고 인생 제3기(40, 50대)는 자기생활을 위한 단계로 확연히 업그레이드된 인생의 2차 성장을 통해 자기실현을 추구해 가는 시기요, 마지막 4기(60대 이후)는 그야말로 노화의 단계로 성공적인 나이 듦을 실현해 가는 과정으로 인식된다고 했다(함인희, 2006, p.6).

이러한 그의 지론은 인간의 평균수명이 대체로 40대였던 19세기까지의 사회배경과 대부분의 인간이 65세 이전에 세상을 떠날 것으로 가정했기 때문에 독일에서 연금수령 연령을 그 나이로 못 박았던 20세기 초에는 합당할지 모른다. 그러나 회갑부터 '노인'으로 불리던 옛날과 달리, 지금은 75세까지를 '젊은 노인' 75~80세까지는 '중노인', 80세 이후를 비로소 '노인' 또는 고령 노인으로 호칭하는 것이 자연스러워진 실정이다. 지금은 죽는 날까지 대소 목표를 위해 긍정적으로 살고 꾸준히 노력하는 노인이 '성공적인 노인'으로 간주되고, 또한 '활발한 생활의 노인'(old people with active life; OPAL)으로 존경받을 수 있다. 현재의 40, 50대 장년층이 60대에 이르는 2015년 경에는, 성적 매력의 60대 여성의 TV장면과 인라인스케이트를 즐기는 80대 노인의 공원풍경이 결코 생소하지 않는 '신 노인시대'가 될 것으로 전망된다(이장호 · 김영경, 2006, p.85).

Sadler의 The Third Age(인생 3기론)은 우리 앞 세대보다 무려 30년 이상의 수명 보너스가 주어진 지금의 고령화시대에서, 중장년기에 인생의 제2차 성장이 이루어져야 한다고 주장한 점이 의미있게 주목되는 반면, 70~80세 이후의 인생 종결단계를 단순 노화과정으로 간주한 데서 아쉬움과 이론적 결함을 나타내고 있다.

3. 백세인(centenarians)의 특징

우리나라의 100세 이상 고령 노인인구는 1,500여명으로 보고되고 있으나, 이것은 공식 통계이고 실제로는 2,000명 이상에 이를 것으로 추산되고 있다(세계적 장수국가로 알려진 일본의 백세 이상 노인인구는 약 35,000명임). 일본 오키나와 장수촌 답사에 이어 우리나라 장수지역의 하나인 제주도 지방 장수노인(백세인 31명, 2001년)들을 면접한 인류학자 전경수(2008)의 보고 요지는 다음과 같다.

1) 개인차원: 기억, 관심사, 일 등

치매현상이 추정되는 100세 할머니도 친정, 시댁어른, 남편의 제삿날 기억은 거의 완벽했고, 몸 · 마음의 끝 시간까지 일(가사, 농사)(예: 호미로 '방 바닥에 고추를 심자'고 했고, 중풍 전 99세까지 바느질, 자녀일 또는 과수원 돌보기 등)

을 놓지 않고 있으며, 대체로 밝은 성격으로 주변 일에 관심이 있고, 장난 끼의 행동과 손님을 대접하지 못함에 미안함까지 표시했다.

2) 음식

제주도 백세인은 보리, 조, 감자, 고구마, 우영밭(채전)의 신선한 채소(멜순 등), 그리고 삶은 돼지고기와 배추국(몸국)을 즐기고 있었다.

3) 가족-사회적 차원

제주도 백세인은 대부분 가족과 동거중이며, 성인자녀들(아들, 딸)이 돌보고 있다. 독거 백세인은 없었다. 백세인의 형제, 자매들도 장수노인들(90대 이상)이어서, 장수의 유전적 요인의 가능성을 추정케 하였다. 조선시대 1702년 제주목사(牧使)가 주최한 양로잔치에 80세 이상 노인이 183인과 백세인 3명이 참석했다는 기록이 전해진다. 면접한 한 100세 할머니는 " '늙은이가 빨리 죽고 싶다는 것은 거짓말' 이라면서, 빨리 죽어야 며느리가 고생 않을텐데…"라고 말했고, 107세 시어머니를 50년간 모신 80대 며느리는 '효부상 등 여러 상장들이 무슨 소용이 있느냐' 며, '나의 삶은 누가 보상해줄 것이냐?' 고 하소연했다.

오키나와 백세인들은 거의 와상(臥床)상태였는데 비해서 제주도 100세인들은 대체로 활동상태의 노인들이었다. 간혹 발견되는 신체적 장애의 고령노인들은 주로 사회적 제약의 삶으로 인해 장애가 형성되었을 것이라는 추정을 갖게 했다. 한편, 전경수 박사가 면담한 86세 일본노인(카미야)은 면접자의 속식습관이 反장수적 나쁜 습관이라면서 입에 넣은 음식을 충분히 씹기 위해 젓가락 왕래 횟수를 줄이도록 권유했다. 그리고 핀란드의 104세 노인은 週 3회로 3km거리의 맥주집에 걸어가서 젊은이들과 노래를 부른다고 말했다. 그들 장수국가의 장수노인들은 모두 낙천적이고 '一笑一少 一怒一老' 의 실천자들이라는 인상을 받았다(전경수, 2008).

4. 인생 제3기 중장년과 제4기 노년의 특성 비교

"중년은 인생의 전성기가 지나가고 있다는 인식과 함께 시작된다. 중년에 들어서면 더 이상 진로를 개척하지 않고, 가는 방향이 대체로 정해져 있으며, 현재의 활동능력에 따라 앞으로 자신이 어디까지 갈지 결정된다는 것을 깨닫는다. 중년에 이른 사람은 건강이 나빠지거나 심지어 죽음이 자신의 머리 위를 맴돌고 있음을 의식하게 된다."(Theodore Reeds. 김경숙, 2006, p.34)

위와 같이, 50년 전 만해도 35세 정도의 중년부터는 발전할 일이 별로 없다는 생각이었고, 점점 나이가 들어간다는 것은 5개의 치명적 'Ds와 죽음'(decline, disease, dependency, depression, decrepitude → death)으로 연결되어 가는 것으로 개념화되는 경향이었다.

그러나 고령화사회가 진전됨에 따라 인생 후반기가 예상보다 훨씬 길어지고 있다. 따라서 '2차 성장'이 가능한 인생 제3기와 인생과정의 통합적 종결단계인 제4기가 더욱 중요한 의미를 지니게 되었다고 말할 수 있다. 人生七十古來稀라는 말이 아득한 옛말이 된 오늘날엔 인생 80세는 보통이고 90세 이상 100세까지도 충분히 가능한 세상이다.

최성재(2007)는 퇴직후 건강하게 지내는 시기를 '제3기 인생'이라고 정의하고, 50대 중반에서 60대 중반 사이의 은퇴 후 남은 인생 20년 이상은 스스로 계획하여 의미있고 보람되게 보낼 수 있는 시간임을 강조했다.

영국 사회철학자 Peter Laslett(1989)도 제3기 인생을 퇴직 후 건강하게 지내는 시기로 개념화하고 연령으로는 60~65세에서 75~80세 또는 건강을 잘 유지해 온 사람들에게는 90대까지도 해당될 수 있는 것으로 생각했다. 즉 이들에게는 건강한 노년기 전체를 '제3기 인생'으로 간주하는 셈이고, 3기 인생 후의 제4기 인생은 건강이 약해져 독립적으로 생활하기 어렵게 되는 시기로 고려되는 것 같다. 이것은 인생을 4단계로 분명히 구분하지 않은 William Sadler(2000) 및 R. Weiss & S. Bass(2002)와 어느 정도 궤를 같이하고 있는 관점이라고 말할 수 있다.

한편, 1900년 당시 65세였던 남녀가 12년을 더 살 것으로 예측(기대)되었고 그들 중 86세에 도달한 사람은 단 13%였으나, 2000년에는 42%가 85세까지 살 것으로 예측되었다(Costa, 2003).

이렇게 인간의 기대수명이 연장됨에 따라 고령노인(또는 최고령노인, oldest-old)의 연령기준이 85세 이후로 상향되고 있음에 주목할 필요가 있다(cf. Ruth Dunkle, 2008).

Erikson(1963)은 그의 심리사회발달단계론에서 인생 종반부 노년기 과제로서 '자아통합(ego-integration)'을 주장했다. 긍정적인 성격특성의 자아통합이 이루어지지 않으면 절망의 태도가 형성된다고 했다. 여기서의 자아통합은 과거와 현재의 인생을 바라던 대로 살았다고 받아들이고 의미있게 생각하며, 앞으로 다가올 죽음을 인정하고 기다리는 태도를 의미했다. 필자의 '자아초월론(self-transcendence)'(이장호, 2008)은 분열적 자아상태에서 통합적 자아상태로의 발전이라는 서구식 분석적 도식을 넘어서, 자아 초월로의 동양 철학적 수련과정에 바탕을 두고 있다. 즉 통합적 자아상태로의 지향은 인생 제3주기의 과제이고, 그 다음부터는 자아초월(공동체 지향, 자연, 우주와의 조화) 경지로의 진입이 바람직하다는 것이다.

아래에 인생 3, 4기의 특성(추정)을 비교해 보면 다음 도표와 같다.

인생 3기와 4기 특성의 비교

	[인생 제 3기(50~75)]	[인생 제 4기(75~100)]
1.목표 가치:	중장년 정체성의 확립	인생과정의 통합성, 전체적 조화
2.접근 방법:	갱신, 재생, 쇄신, 회복 등	관조, 베풀기, 봉사, 명상 등
3.대표 덕목:	일-여가 自他관계의 균형	和而不同, 無爲自然, 諸法無我
4.기대 행동:	자기 · 사회성취적, 목표중심의 행동	공동체 · 자연세계지향적, 과정 · 존재중심의 행동
5.표현 정서:	나의 건강관리를 열심히! 아직 가볼만한 곳들이. 아직 마음 놓이지 않아.	함께라면 무엇을 어떻게라도. 안 가도 안 보아도 그만. 이젠 그런대로 편안해 등.

5. 끝맺는 말

이상은 급속도로 고령사회화되고 있는 우리나라 현실에 보다 적합하다고 생각되는 '인생4주기론'의 골격을 필자의 가설적 형태로 제시했다. 현재 진행중인 75세 이상 노인집단(s=20)의 5년 종단적 관찰-면접기획의 결과가 앞으로 도출되면, 본고를 보다 구체적인 내용의 체계화된 논문으로 발전시킬 예정이다.

[참고문헌]

김경숙 옮김(2006). **서드에이지, 마흔 이후 30년**(William Sadler, The Third Age, 2000), 사이.

이장호 · 김영경(2006). **노인상담: 경험적 접근**, 시그마프레스.

이장호(2008). **노인상담의 원리와 실제**, 개방사이버대 노인상담 강의록.

이장호 공역(2009). **임상노인심리학**, 시그마프레스,

전경수(2008). **장수제주**, 미발간 연구보고서.

최성재(2007). **새로 시작하는 제3기 인생**, 서울대출판부.

Dunkle, R. E. (2008). Oldest-old: The Life of Very Old Americans-Who are They? What Problems Do They Face? and How We Help Them?, **한국노년학회 2008춘계학술대회 논문집**, 1~9.

Laslett, P. (1989, 1991). *A Fresh Map of Life, Cambridge*, Mass.: Harvard Univ. Press.

Weiss, R. S. & Bass, S. A.(2002). *Challenges of the Third Age: Meaning and Purpose*, Oxford Univ. Press.

6. [○○ 치매·중증 노인 요양센터] 방문 觀察記

가족관계, 입소시기, 기초 사정자료

(방문관찰자: D대 사회복지학 박사과정; 2008~09)

성명	나이	증상	
김정숙	91	• 신체기능, 재활영역, 사회생활기능: 5년 전부터 왼쪽 팔, 다리 마비 증세 있어 옷을 벗고 입을 때도 오른쪽만 끼워 넣을 수 있을 뿐 그 외는 하지 못하여 수발자가 모두 해 주어야 하며, 목욕하고 머리감는 등의 행위 또한 수발자의 도움을 받아야 가능함. 집안일이나 식사 준비도 하지 못하여 전적으로 수발자가 수행하고 있으며, 로션정도만 바를 뿐 손발톱 깎는 등의 행위를 하지 못하여 모두 수발 자가 해 줌. 집안에서만 서서히 거동이 가능할 뿐 외출 시에는 낙상의 우려가 있어 보호자가 항시 동행해야 함. • 인지기능: 시간, 장소에 대한 인지가 부족하며, 나이를 잊어버리고 계산능력에 저하를 보이는 등 인지기능의 저하가 보임.	단기어르신. 수급자이며 손자와 거주했었음.
이금선	91	• 신체기능, 사회생활기능: 거동은 가능하나, 인지기능의 저하로 인하여 세수, 양치질시에도 수발자가 옆에서 지켜보고 제대로 하도록 지시하여야 수행이 가능하며 스스로는 불가능함. 또한 하루에 두세 번 정도 소변을 바지에 보는 일이 있어 수발의 어려움이 있음. 물건사기, 금전관리, 전화사용하는 등의 행위도 스스로 할 수 없으며, 외출 시에도 길을 잃지 않도록 수발 자가 항상 동행해야 함. • 인지기능, 행동변화: 인지저하로 인하여 대략적인 계절 구분만 가능할 뿐 시간의 개념이 없으며 지시이해력도 부족하고 상황 판단력 또한 저하되어 있음. 가스불을 켜 놓고 잊어버리거나 널려있는 빨래를 보면 방으로 가지고 들어가 펼쳐 놓는 등의 행동장애를 보임.	단기어르신. 큰며느리와 생활했음.
강본심	88	• 신체기능, 사회생활기능: 4-5년 전부터 치매증상이 시작되어 약을 복용하였으나 증세가 호전되지 않고 현재는 인지기능이 전혀 없어 일어나 앉기와 체위변경은 가능하지만, 이를 제외한 기본적 일상생활과 사회생활기능에 수발자의 전적인 도움을 받아야 하는 상황임.	주간보호어르신. 아들, 손자, 며느리와 생활함. 치매가 매우 심함.

최금옥	74	• 신체기능, 재활욕구, 통증: 4년 전 왼쪽 무릎연골 수술을 하였고 오른쪽 무릎도 염증이 발생하여 장기간 치료를 받음. 두 다리가 길이, 굵기 다르고 고관절이 틀어져 몸이 전체적으로 틀어져 있음. 집안에서 부축해야만 이동 가능하고 류마티스 관절염으로 수지, 팔이 휘어져 있음. 옷 입고 벗기, 세수, 양치, 목욕, 머리감기 등 개인위생 도움이 필요하고 화장실 사용, 방밖으로 나갈 경우 이동 도움이 필요함. • 사회생활기능: 치매로 집안일, 식사준비, 빨래, 외출, 몸단장, 약챙겨먹기 도움이 필요 • 인지기능, 행동변화: 단기 기억장애, 장소불인지, 나이, 생일불인지, 상황 판단력 감퇴와 불규칙한 수면, 부적절한 행동장애가 있음.	단기어르신. 미혼인 따님, 배우자와 동거했었음. 배우자가 지난 1월에 사망함(대상자는 알지 못함).
정희영	82	• 신체기능, 사회생활기능: 10년전에 뇌졸중으로 쓰러졌고, 5월경에 파킨슨 진단을 받았으며 서서히 걷지 못하고, 부축을 해주면 발 바닥으로 끌면서 이동하여 개인위생과 목욕하기 화장실 이용에 도움이 필요하고, 약챙겨먹기, 이동하기에 도움이 필요함. • 인지기능, 행동변화: 경미한 단기기억장애가 있고 장소, 시간을 알지 못하고 밤에 자다가 일어나 다른 사람을 못 자게 함. • 대변조절, 요실금: 대, 소변을 가끔 실수를 함.	단기어르신. 배우자와 동거했었음. 가족의 방문이 적음.
강학수	73	• 신체기능, 사회생활기능: 중풍으로 우측 상, 하지 마비 증세 있고 당뇨 합병증으로 왼쪽눈 실명된 상태로 혼자 일어설 수 없고 침대에서 내려올 때 도움이 필요함. 방안에서 엉덩이로 밀어서 이동하고 방밖으로 나올 때는 양쪽에서 수발자 부축해서 이동할 수 있으며 목욕하기, 식사하기, 체위변경, 세수하기, 양치질, 화장실사용, 전화사용, 교통교수단 이용하기, 몸단장, 약 챙겨먹기 등에 수발자의 도움이 요구됨. • 시각기능: 당뇨 합병증으로 왼쪽 눈 실명된 상태로 안전관리와 낙상 예방이 필요함. • 인지기능, 의사소통: 치매로 장, 단기 기억장애, 상황 판단력저하, 시간장소 지남력 저하, 의사소통 장애, 계산능력 저하 등 인지기능이 전반적으로 저하되어 있어 상태이며 조사도중 횡설수설하고 하루일과를 전혀 알지 못하며 배우자는 알아보나 딸은 알아보지 못함.	단기어르신. 가족 방문이 많음.

1. 김정숙ct.: 배우자는 5년 전에 사망했음. 남매를 두었으나, 장남은 외국으로 이민을 간 상태여서 따님과 동거했으나, 따님의 결혼으로 인해 최근까지는 미혼인 손자와 동거하며 곁에서 도와주는 같은 연배의 할머니가 있었음. 입소당시(2008.10.17) 간병하던 할머니의 건강악화로 더 이상 가정내에서의 케어가 어려워져 본 센터로 입소 의뢰됨.

2. 강본심ct.: 3남 4녀 중 막내아들 가족과 동거, 배우자는 42세에 사망했음. 2008년 7월 4일에 본 센터에 입소 의뢰됨.

3. 최금옥ct.: 배우자가 작년 12월에 암으로 사망함. 2남 1녀를 두었으며, 미혼인 장녀와 동거했었음. 장녀 역시 암투병중이며 가정 내에서 케어하는 도우미가 있었음. 2008.7.13 본 센터 단기로 입소함.

4. 이금선ct.: 1남 3녀를 두었으며 배우자는 20년 전 사망하였음. 아들은 사업실패로 현재 외국에 나가있는 상태이며 며느리가 계속해서 가정 내에서 케어해 왔으나, 치매증상이 심해지고, 가정의 경제난으로 좁은 집으로 이사해 어르신이 거주할 공간이 없어 2008.7.1 본 센터로 입소하게 됨.

5. 정희영ct.: 2008.7.3에 본 센터로 입소하였음. 아내가 생존해 있으나, 갑상선암으로 치료중이어서 면회가 거의 없음. 2남 1녀를 두었으며, 막내아들 가족과 계속 동거해오다 10년간의 뇌졸중 치료를 받다가 장기요양제도의 시작과 동시에 본 센터로의 입소를 희망하게 됨.

6. 강학수ct.: 5녀를 두었으며 배우자가 생존해 있음. 사업실패로 인한 충격에 의해 뇌혈관질환을 앓게 되었으며, 거동이 어려워지면서 장기요양등급인정을 받아 2008.7.1 본 센터로 입소하게 됨.

7. 최묘덕ct.: 관련 자료 없음.

[최묘덕(93세)]

2008년 10월 4일

최묘덕 노인분은 수족이 매우 차고 기저귀만 차고 이불을 덮고 누워계셨다. 관찰자는 다가가서 손을 꽉 잡아 드리면서 여쭈었다.

관찰자: 할머니 연세가 어떻게 되세요? (연세라는 말씀을 잘 못알아 들으신다.) 다시, 할머니 나이가 어떻게 되세요?

할머니: 나는 나이가 많아. (복지사 말씀에 의하면 연세가 잘 생각나지 않아서 이렇게 대답하신다고 한다.)

관찰자: 손잡아 드리니까 기분이 좋으세요?

할머니: 눈만 깜박 깜박. (어린아이 같은 눈으로 계속 바라보고만 계신다.) 세상을 달관한 모습으로 보여졌다. 힘이 없는 눈동자에서 이 세상을 계속 원하신다는 신호로 들려졌다. 누워서 배변을 하는 모습을 보면서 어르신이 어린아이적 그 상태로 귀환하는 것 같은 생각이 든다

10월 12일

관찰자: 안녕하세요? 할머니

할머니: (관심과 시선을 받기 위해 계속 웃으신다.)

관찰자: 할머니 나이를 나중에 알려 주신다고 하셨는데 잊어버리셨어요?

할머니: (조용히) 잊어 먹었어.

관찰자: "할머니 93살이세요."라고 알려드렸다. (조금 뒤에) 할머니 나이가 몇 세이세요?

할머니: 몰라(또 잊어버리셨다.) (계속 웃으시며 습관적으로 무언가 입을 오물오물 씹으신다.)

10월 17일(금) 오후 5:00

화창한 오후 요양센터에 방문 문을 열고 낯익은 얼굴의 주간보호노인 분들이 계신다.

1호방 어르신 방으로 갔다. 최묘덕 노인분(93세)께서 안 보이신다. 지난 화요일 하늘나라로 가셨다고 한다. 그분은 세상을 달관하신 것처럼 엷은 미소를 띄

우고 손을 내밀던 어르신께서 운명을 달리 하셨다는 말에 마음이 울컥했다.

이젠 다시는 그 천사와 같은 미소를 볼 수 없을 것 같다. 주위에 계신 노인분들은 돌아가신 할머니에 대한 상황을 전혀 모르신다고 말씀하신다. 그리고 관심도 없으시다. 박노인분은 아무 것도 모르시고 엉뚱한 이야기만 하신다고 최금옥 노인분은 박노인분을 구박하신다. 박노인분은 "밥 먹었느냐 안 먹었느냐?" 본능적인 질문만 하신다.

김정순 노인분(91세)이 돌아가신 최묘덕 어르신 침상으로 오늘 입소하셨다. 어느 정도 인지능력은 있으시다. 고운 얼굴과 깔끔한 외모를 지니셨다. 아들과 딸 두 명의 자녀가 계시는데 아들은 미국에서 사시고 딸집에서 사시다가 오늘 오심. 손녀딸은 치과간호사라고 하심. 남자어르신이 식사 후 침대에 누우려고 하니까 요양보호사께서 운동을 시켜드리라고 부탁함.

주간보호 정노인분은 저녁은 원래 안 드시는데 한 번도 밥 먹은 적 없으시다고 시방 밥 먹으시겠다고 계속 보채신다.

최점례 노인분(87세)은 손자며느리가 와서 밥을 먹여준다. 이금선 노인분은 관찰자에게 수저만 가져와서 밥을 먹으라고 하신다. 최금옥 노인분은 밥이 되다 반찬이 입에 맞는 게 없다 하시면서 인상을 찌뿌리신다. 강본심 노인분은 "신발 줘 집에 가게" 그리고 계속 신발을 들고 집에 누가 기다리세요? 영감이 있어 성함은 어떻게 되세요? 정영삼, S노인분은 나도 영감이 있어 다른 사람에게 질투감을 느끼신다. 영감님이 좋아하세요. 물어보나 마나지. 거실에서 여전히 강본심 노인분은 계속 집에 갈려고 억지를 부리고 시끄럽게 하니까 남자노인분이 "가만히 좀 있어" 라고 하자 "난 오늘은 가야돼"라고 말한다. 한 남자노인분께서는 어떤 어르신을 넘어질 것 같아서 붙드니 "다 붙들고 그래" 하시면서 짜증을 내신다. 이런 모습에서 전혀 다른 사람에 대한 배려심을 부릴 여유가 없는 듯하다. 강본심 노인분께서 계속 문 열어 달래니까 남자노인분이 "아들한테 말해야지 되지"라고 말하실 정도로 인지 상태가 제일 나으신 편이다.

남자 어르신께서는 "난 알지 비밀번호를 ****이지". 그런데 어르신 문 열어 주면 큰일 나요. "열어주시면 안 돼요"라고 알려드렸다.

[최금옥(74세)]

2008년 10월 4일

관찰자: 댁은 어디세요?

할머니: 미아리, 댁은 어디요?

관찰자: ○○예요, 가까워요.

관찰자: 몇 남매 두셨어요?

할머니: 3남매. 자식을 잘 키워 대기업 다녀. 우리 집도 가지고 있어. 몇 남매 두었어. 우리 아이들은 공부를 잘해서 잘 됐어.

관찰자: 어떻게 그렇게 잘 키우시게 되셨어요?

할머니: 아이들이 하려고 해야 되는 거지. 내가 여기 오래 있을 필요 없어. (정상적인 정신으로 의사소통을 하시는 것 같다가도 똑같은 말을 묻고 똑같은 말을 계속 되풀이하신다.)

10월 12일(일요일)

(관찰자가 두 번째 방문하여 이 방에 들어가자 박할머니께서 반갑게 손을 잡아 주신다.)

할머니: (박할머니께) 노인이 적어도 알 것은 알아야 해. 저 노인은 저래. (박할머니께서 말을 잘 못하신다. 이 방에서는 모든 할머니들이 박할머니를 구박하신다.)

관찰자: 잘 계셨어요?

할머니: (지난번 방문했을 때처럼 반복된 언어로) 어디 사세요? 난 미아리에 사는데..... 우리 아들들은 대기업 다녀.

관찰자: 누가 제일 보고싶으세요?

할머니: 딸이 맘에 들어. (가족 방문이 없으시다. 그래서 그러신지 불안해 하며 계속 화장실에 다니신다.) 집에 가고 싶다.

관찰자: 집에 가서 무엇 하시려고요?

할머니: 가서 살림해야지. (하시면서 환의를 벗고 대기중이시다. 정신이 가끔 왔다 갔다 하신다고 한다. 모든 노인분들이 똑같이 사람이 그리워 계속 손을 붙잡으신다.)

관찰자: (최금옥 할머니 옆 침대 할머니께 관찰자가 연세가 97세라고 알려 드렸다.) 할머니 연세가 97세예요.

할머니: (옆에서 관찰자의 말을 들으시고) 휴. 끔찍해 7년 있으면 100살이네.
(이럴 때는 '최할머니께서 정상적인 인지 기능이 되시는구나.' 라고 생각되어 진다.)

관찰자: (이렇게 노인분들이 세상을 떠나기 전에는 세상에 대한 기억을 잊는 연습을 하고 가신다는 생각이 들었다.)

11월 7일(금) 오후 6:00

단기기억상실, 우울증, 자주 아프다고 함.

최금옥(72세) 노인분은 단기기억상실, 우울증, 자주 아프다고 호소, 식사를 잘 하실 수 있도록 유도하여야 되는 상태다. 강본심 노인분은 소변 마렵다고 말씀하시며, 매일 가는 화장실을 잘 모른다.

관찰자: (최금옥 노인분은 여기에 계시는데 처량하게 느껴진다.)

할머니: 집에 가서 살림해야 하는데 내가 왜 여기 있어야 돼, 애들 생각이 난다.

관찰자: 가족이 보고 싶으세요?

할머니: 아들, 딸, 남편이 있는데 왔다 가면 좋겠다.

관찰자: 누가 오면 좋겠어요?

할머니: 자식 공부시키고 했는데 오지 않아 섭섭하다. 내가 웬만하니까 집소식도 듣고 집에 가고 싶다. "집 생각나고 갑갑해 죽겠다."(이 말씀을 계속 반복하신다.)

관찰자: 집에 전화해서 안 오니까 괘씸하다고 전화할까요?

할머니: "아니, 회사 다니느라 바빠서 그래, 그렇게 말하지 말고 자식이 없는 것도 아니고 섭섭하다고 말해줘요."

관찰자: (예전 습관처럼 자식에게 섭섭해 하시면서도 본인 생각을 그대로 표현하시지 않는 모습을 볼 수 있었다.)

2009년 2월 12일

주요증상: 단기 기억력 상실, 거동 불편, 우울증, 자주 아프다고 호소.

식　　사: 일반식/다진 반찬

주의사항: 식사를 잘 안 드셔서 드실 수 있도록 유도

관찰자: 할머니 저 기억하세요?

할머니: 그럼, 알지

관찰자: 잘 계셨어요?

할머니: 쉬는 날 집에 가고 평일 날 여기 오지. (항상 여기 입소해 계시는데 이렇게 말씀하심)

관찰자: 저기 사진에 계신 사람 누구예요?

할머니: 둘째 며느리.

관찰자: 예쁘시네요.

할머니: 다들 예쁘다고 해. 아들 둘 다 대기업에 다녀(이 할머니는 머릿속에 두 아드님이 대기업에 다니는 게 깊게 각인되어 있는 것 같다.) (앞치마를 입으시고 저녁밥을 드시는데 수저질이 서툴러 잘 되지 않는다.)

할머니: (관찰자에게) 여기 자주 오지 않는 것 같다. (여기 계신 분 중에 저를 알아보시는 유일한 분이다) 밥 같이 먹어요.

관찰자: 집에서 먹었어요.

할머니: 집 어디야.

관찰자: ○○예요.

할머니: 미아리(앞 침대에 계시는 다른 할머니를 간섭하시며 답답하다고 하신다. 그 할머니께서 말을 어눌하게 하시니까 똑똑히 말하라고 참견하며 구박하신다. 그 방에 같이 계시는 분들이 말을 어눌하게 하시는 할머니를 소외시킨다.)

(그 때 옆 침대 할머니께서는 이상한 버릇이 있으셔서 기저귀를 뜯어내기 때문에 침대 시트가 전부 적셔 버렸다. 그래서 요양보호사께서는 교육을 시키시며 처리를 하는데 그 할머니께서 방귀를 끼신다. 요양보호사는 멀리 도망간다)

할머니: (그 할머니에게) 웃음이 나와요? (대체적으로 다른 분들에게 자신의 생각대로 표현하시곤 하신다.)

저녁식사 후 주무신다.

[운전기사 할아버지]

2008년 10월 4일

(이 할아버지께서는 주간 보호 할아버지이다. 그런데 다른 할아버지 방에 문을 닫고 들어가신다.)

관찰자: 할아버지 왜 그 방에 들어가셨어요?

할아버지: 너 경찰이지?

관찰자: 네?

할아버지: (밖으로 나갈 수 있는 문을 찾으시는 것처럼 두리번거리신다.)

관찰자: 어디 가시려구요?

할아버지: 응. (어정쩡한 표정과 행동으로 문 밖으로 나오신다. 계속 뭔가 어쩡쩡한 모습)

복지사: 할아버지 오줌 싸셨죠?

할아버지: ~~

복지사: 할아버지 엄마한테 이를 거예요. (할아버지께서는 아무도 무서워하지 않으신다고 하신다. 오로지 엄마 말씀을 하면 그때야 반응을 보이신다고 한다. 할아버지 마음 속에는 어려서 각인된 엄마가 아직도 할아버지께 무서운 존재로 작용을 하고 계신다고 한다.)

할아버지: 밥 먹고 일하러 가야지. (할아버지께서는 젊어서 운전기사였다고 하신다.)

요양보호사: 할아버지 집에 가셔야죠?

[이금선(91세)]

10월 12일

할머니: (작은 키에 곱고 깨끗한 얼굴이심, 굉장히 밥에 집착을 하신다.) "밥 언제 한 데야?" "밥 이제 해서 언제 먹어." "밥 가져와." "밥하는 사람 안 왔어?" "밥 안 먹었수" "여지껏 안와?" "쇠때(열쇠) 할 차 가져갔어."

관찰자: (할머니들께선 치매 상태가 오면 더 본능적인 것에 집착한다는 생각이 들었다. TV 노래 프로그램을 열심히 시청하고 계셨다.)

관찰자: 할머니, 저렇게 노래 부르실 수 있으세요?

할머니: 못해, 남사스럽게, 그렇지만 장구는 할 수 있어. (모든 사람에게 이리와 보라고 하신다.) 왜 밥을 안 가져와. (계속 밥을 가져올 것을 강요하신다.) (다시 할머니 방으로 들어가신다.)

관찰자: 할머니 뭐 하세요?

할머니: 주머니에 천원을 넣어 놨는데 없어졌어. 눈만 뜨면 도둑년들이 돈을 가져가. (혼자 화를 내신다. 요양보호사들은 이 할머니에 맞게 응대해 주신다.)

2008년 10월 25일(토) 오후 1:00

이금선 노인분은 딸 두 분이 방문을 마치고 가셨다.

관찰자: 할머님, 자녀분이 몇 분이세요?

할머니: 딸과 아들 두 명

관찰자: 따님이 무엇을 가져 오셨어요?

할머니: 게장, 홍시, 떡..... (반복하여 말씀하신다.)

관찰자: 아들과 딸 중 누가 더 좋으세요?

할머니: 딸

관찰자: 왜요?

할머니: 딸이 먹을 것 가져오니까. (이금선 노인분이 마루 소파에 앉아서 계시는데 이 어르신의 웃는 모습이 귀여워서인지 사람들이 항상 옆에 계신다. 그러나 상호작용은 되지 않으신다.)

관찰자: 할머니~ (어르신께 장난을 걸어본다.)

할머니: "나는 히죽히죽 씨석 씨석 하는 것 싫어. 나는 점잖고 가만히 있어야 좋아."(욕과 사투리로 말씀하신다.) (간식 시간이 되어 감(홍시)과 빵이 나왔다.)

할머니: "나는 간식이 더 좋아."

관찰자: (이 어르신의 특색은 먹는 것에 집착을 많이 하시는데, 먹는 것을 드실 때는 인지기능이 많이 정상적으로 사고를 하신다.) 할머니 고향이 어디세요?

할머니: 고향은 정읍이었어. 시골에서 농사를 많이 지었는데 밥과 새참을 논밭으로 날랐다. 논밭에 사람이 하얗게 깔렸었어.

관찰자: 그렇게 많은 사람에게 밥을 해주셨어요?

할머니: 젊어서 밥을 많이 해야 해서 힘이 많이 들었어.

관찰자: (그래서 그런지 이 어르신은 "밥 할 시간이 됐어, 밥 언제 해?" 등 옛날 이런 상황에 굉장히 고착된 행동을 지금도 많이 하고 계신다. 노인분들이 대부분 과거에 대한 기억을 잘 말하실 수 있지만 현재의 상황은 조금만 시간이 지나도 잊어버리신다.)

10월 31일(금) 오후 12:30(비)

관찰자: (할머니 손을 잡고) 안녕하세요?

할머니: (관찰자에게 대뜸 욕을 하신다.)

관찰자: 밥 드셨어요?

할머니: 밥 안 먹었어.

관찰자: 할머니, 밥 먹으로 가요.

할머니: 돈 어디서 나?

관찰자: 돈이 없어요.

할머니: 한 끼 안 먹으면 어때? (이 노인분들은 밥을 드시고도 금방 안 먹었다고 하신다고 한다.)

관찰자: (이금선 할머니께서는 다른 날보다도 상태가 더 좋아 보이신다.)

할머니: 밥 언제 먹어? (여전히 밥에 집착하시는 것은 마찬가지시다.)

관찰자: 할머니 젊어서 어떠셨어요?

할머니: 젊어서 집집마다 다니면서 비단 장사를 해서 돈을 많이 벌었어. 집도 두

채 사고, 나같이 돈 많이 번 사람도 없어. 그러나 남편은 놀음만 해서 썩을 놈이라고 불렀어. (자녀들의 이름과 남편의 이름을 잘 아시고 계셨으나 어르신 본인의 연세는 잘 모른다고 하신다.)

(관찰자와 이야기를 하시다가 잠을 주무신다. 한참 주무신 후 거실 소파에 앉아 계신다.)

방문객: 할머니 안녕하세요? (손을 잡아 드린다.)

할머니: 난 찬 것은 싫어. (손을 뿌리치신다.)

관찰자: (전혀 본인의 여과되지 않은 감정 표현만 하시는 것 같다고 생각되어졌다.)

관찰자: 할머니, 제 손은 따뜻하죠?

할머니: 난, 따뜻한 게 좋아.

관찰자: (노인 분들이 혈액순환이 전체적으로 잘 안되셔서 말초신경이 다 차시기 때문에 조그마한 접촉도 아파하신다.)

할머니: (다른 할머니께서 "집에 데려다 줘"라고 시끄럽게 하는 소리를 듣고) 그럼 여기 안 나와야지. 좀 성가시게 안하고 가만히 있어. 나도 사람이야. 상대할 것 없어. 시끄러워 죽겠네.

관찰자: 시끄러우세요? (다른 사람들에 대해 이해하거나 상대하려는 인지상태가 전혀 되어 있지 않는 노인분들의 생활상태다.)

할머니: 응

11월 7일(금) 오후 6:00

퇴근 후 어두움이 깔린 주말에 저녁 방문을 했다.

할머니: 밥 먹었어?

관찰자: 안 먹었습니다.

할머니: 얼른 가져와, 같이 먹지

관찰자: (젊었을 때 습관처럼 밥을 먹고 다른 사람을 챙기시는 게 습관처럼 느껴진다.)

할머니: 머리가 아파

관찰자: 머리가 왜 아프세요?

할머니: 침대에서 떨어졌어, 머리 아파

관찰자: 약 발라 드려요?

할머니: 약 발라 줘.

관찰자: 어떻게 해서 떨어지셨어요?

할머니: 침대가 답답하니까 안 올리고 잤어. 자다가 내려졌어.

관찰자: 오늘부터는 꼭 올리고 주무세요.

할머니: 그래

관찰자: 아드님이 할머니 찾아오세요?

할머니: 아들은 군인이기 때문에 잘 못 오고 며느리가 자주 와. (실제 아드님은 외국에 가셔서 오시지 않은 상태다.)

관찰자: 아드님이 오시면 어떻게 하세요?

할머니: 엄마 몸조심하시라고 잘 있어. (관찰자더러) 갈려면 일찌감치 가. 내일 아침 올려면 일찌감치 와. 남자들이 치마를 빼앗아 갔다.

요양보호사: (이금선 노인분은 남편이 도박해서 당신하고 할머니를 힘들게 한 것 때문에 남편에 대한 배신감이 크고, 남자들에게 피해의식이 커서 남자들이 다가오는 것을 싫어하고 남자분이 모르고 방 근처에 가면 욕을 하신다고 한다.) 남편분이 돌아가셔서 어땠어요?

할머니: 영감이 죽었을 때 덩실 덩실 춤을 추었어.

관찰자: (이 할머니 경우에서도 볼 수 있듯이 옛날 패턴대로 생각하는 것을 알 수 있었다.)

요양보호사: (치매 걸리신 노인분들은 한 가지 부분에 집착을 하고 계신다고 한다. 어떤 노인분은 신발을 찾고, 어떤 분은 밥에 집착하고, 심지어 소파를 뜯어 먹는 분도 계신다고 한다. 이금선 노인분은 휴지를 호주머니가 터지도록 넣고 다니신다. 치매도 훈련을 하면 조금은 낳아진다고 한다.)

치매 걸린 노인분들이 대부분 식사를 하시고도 안했다고 하신다. 그런데 계속 주입하여 "식사하셨어요." 라고 훈련시키면 먹었다는 것을 수긍하신다고 한다.

최금옥 노인분 경우는 예민하신 데다 계속 자신의 소화 안되는 데만 신경 쓰니까 더 건강이 안 좋아지며, 본인한테만 모든 사람이 신경 쓰기만 바란다.

2009년 2월 12일

관찰자: 할머니 저 누군지 아시겠어요?

할머니: 몰라봐, 사람을 당최 모르겠어.

관찰자: 아들 딸들은 알아보세요?

할머니: 아들 딸들은 자주 보니까 알겠어.

관찰자: 밥 왜 안 드세요?

할머니: 당최 먹기 싫어. 밥을 말아 놓고 못 먹고 하니까 어지럽기만 되지게 어지럽다.

관찰자: 왜 얼굴이 아파요? (눈 밑에 멍이 들어 있었다.)

할머니: 화장실에서 오줌 싸다 꺼울려 졌어. (관찰자에게) 말아 놓은 밥 먹어?

관찰자: 저 밥 먹었어요. 그런데 침대 어디 갔어요?

할머니: 나 떨어져서 가져갔어. 여기 앉아 (매트에 앉으라고 하신다)

관찰자: 맛있는 거 아들 따님들이 사오셨어요?

할머니: 응 내가 다 먹어 버렸어 (바닥에 밥풀과 반찬 떨어진 것을 주워 담으신다.) 못 먹으면 버려, 밥상을 환장하게 가져가. 썩을 년들이…… 밥상 가져오면 금방 가져가 오살 년들이... (이 할머니는 욕을 잘하신다. 젊어서 고생하셔서 그런지) 좀 놔두면 될 텐데… (호주머니를 뒤지시며) 아무 것도 없어.

관찰자: 오늘 따님들이 뭐 사가지고 오셨어요?

할머니: 무엇인지도 몰라, 조금 가져오면 다 먹어버려. 그런 것들은 먹어. (요양보호사가 보이자) 상 좀 찬찬히 가지고 가, 잡년들아.

관찰자: 어디 아프세요?

할머니: 안 아픈 데가 없어.

관찰자: 어디가 제일 아프세요?

할머니: 어디가 제일 아픈가도 몰라 (자리에 누우신다) (한참 후에)

할머니: 어떤 년이 문을 열어 놨어. 잡기만 해봐라. (그 동안 삶의 여정에 원한이 얼마나 많으시길래 감정을 실어 욕을 많이 하신다)

할머니: (관찰자에게 웃으면서) 내 옆으로 와.

관찰자: 예쁘셔요. (좋아하신다) 가라고 하세요.

할머니: 어떻게 가라고 해. (관찰자를 보시면서) 글씨를 잘 쓰네.

관찰자: 글씨 아세요?

할머니: 글씨 몰라.

관찰자: 학교 안 다녀 보셨어요?

할머니: 응 (옆에 계시던 할아버지께서도 여기서 이 할머니가 제일 예쁘시다고 하신다.)

[강학수]

10월 12일

가족(딸과 외손녀)이 오셨다. 딸의 눈에서는 안타까운 눈물이 흘렀다. 아버님의 혈압과 담 체크 기록지를 요청하셨다. 그리고 많이 드시면 당뇨 때문에 안 되는데…… 하시면서도 맛있는 도시락을 가져오셔서 드렸다. 할아버지는 본능적 식욕을 보이시며 다 드시겠다고 왕성한 식욕을 보이셨다. 따님은 아버님 저녁식사를 제공하지 말 것을 요청했다. 어떻게 할 수 없는 인생의 뒤안길의 안타까움에 대한 따님의 눈물이 가슴 아팠다. 그저 이 할아버지는 근심 걱정 하나 없는 사람처럼 눈만 껌벅껌벅 거리시며 쳐다보신다.

2009년 2월 12일

주요증상: 우측상하지 마비, 치매, 고혈압, 당뇨, 당뇨 합병증으로 왼쪽 실명

식　　사: 일반식/일반 반찬

주의사항: 오전 인슐린 주사, 식사 시 손으로 못 드시게 하는 것을 관찰, 식사 후 이를 닦아 달라고 하신다.

관 찰 자: (바닥에 앉아 계신 할아버지께) 여기서 뭐하세요?

할아버지: (다른 때는 방긋 방긋 웃으시는데 관찰자에게 가라고 하신다. 그리고 서서히 움직이신다. 이 모습을 보여 주시기 싫으신 모양이다. 잠시 후 할아버지께서는 TV를 보시고 계시다가 관찰자에게)
안와! (요양보호사를 요청). 오라고 해

관 찰 자: 누구 오라고 할까요?

할아버지: (말이 하고 싶은 대로 안 되어 안타까워하시며 침을 흘리신다.)

[김정순(91세)]

2008년 8월 25일(토) 오후 1:00

토요일 비오는 오후 요양센터에 엘리베이터를 타고 5층에 내려 실내화로 갈아 신고 문을 열고 들어갔다. 가는 날마다 거기 계신 노인분들은 낯선 얼굴 맞이하듯 한다. 그 어르신들은 습관처럼 사람을 대한다. 새로 입소하신 어르신이기 때문에 아직은 다른 할머님보다 깔끔하시다.

관찰자: 할머님, 저 기억나세요?

할머니: 잘 몰라.

관찰자: 할머니 연세가 어떻게 되세요?

할머니: 나는 나이를 먹으면 좋은 줄 알고 막 먹었어. (유머스런 말씀을 건네신다.)

관찰자: 할머님은 참 고우시네요. (관찰자를 저번에 보시고서는 처음 보는 사람처럼 생각하시는 것을 보면서 노인분들이 단기기억의 기능을 잘 하지 못하고 있음을 인식할 수 있었다.)

할머니: 그런데, 시댁에서 배움이 없다는 이유로 남편과 동거하고 아이까지 있는데, 시댁에서 나에게 양해를 구하고 남편을 다른 여자에게 결혼시켰어.

관찰자: 어떻게 그렇게 할 수 있어요?

할머니: 남편은 결혼해서 따로 떨어져 살면서 3남매를 두었어. 나는 시댁 어른을 모시고 1남 1녀를 기르며 살았어.

관찰자: 참 속상하셨겠어요.

할머니: 내 속은 말은 안했지만 다 썩었어.

관찰자: 할머니 혼자서 시어르신 모시고 자녀를 기르셨어요?

할머니: 그랬지. 나는 효부상을 받았어. (옆 침대 최어르신이 가슴을 아파하시고 식음을 못하고 고통을 받고 있는 것을 보시고) 가족의 관심과 효심이 부족하다. (안타까워 하신다.)

관찰자: 자녀분들께서 할머님께 잘 하시는가 봐요?

할머니: 아들이 미국 시카고에 살기 때문에 미국에서 생활하다 작년에 고향이 좋아서 한국 딸네 집에 왔어. 미국은 의료제도가 나빠 한국보다 좋지

않아. 이런 시설을 전혀 이용할 생각도 못해 봐. 그러나 미국사람은 굉장히 친절하다. 길을 물어보면 그 곳까지 데려다 줘. (이 어르신은 대체로 정상적 인지기능을 유지하고 계신 듯하다.)

관찰자: 어떻게 이곳에 오시게 되셨어요?

할머니: 낮에 딸이 출근하면 나 혼자 하루 종일 집 봐야 돼.

관찰자: 그럼 이곳이 더 좋으세요?

할머니: 그래, 여기가 더 좋아

관찰자: (처음이니까 저렇게 말씀하실 수 있겠다고 생각이 들었다.)

10월 17일(금) 오후 5:00

돌아가신 최○○ 어르신 침상으로 오늘 입소하셨다. 어느 정도 인지능력은 있으시다. 고운 얼굴과 깔끔한 외모를 지니셨다.

관찰자: 안녕하세요?

할머니: 그래, 난 이렇게 병신이 되었어.

관찰자: 자제분이 어떻게 되세요?

할머니: 아들과 딸 두 명. 아들은 미국에서 살고 딸집에서 살다가 왔어.

관찰자: 따님 집에서 사시다가 오셨군요,

할머니: 딸이 직장을 다니기 때문에 집에서 나 혼자 집을 봤어.

관찰자: 할머니 여긴 누가 오세요?

할머니: 손녀딸이 왔어. 손녀딸이 치과 간호사야. 엄마 대신 와.

관찰자: 할머님, 참 예쁘시네요.

할머니: 예쁘면 뭘 해. 이렇게 몸도 마비가 되어 못쓰는데, 뭐가 생각도 잘 나지 않아. (김○○ 어르신은 다른 침상 어르신을 간섭하신다.) 저쪽 할머니 가족들은 할머님이 저렇게 생겼는데 왜 안 와 보는 거야.

관찰자: 할머님 가족들은 할머님께 자주 오세요?

할머니: 아들이 미국에 살기 때문에 자주 못 와. 거기에서 슈퍼마켓을 하는데 지금은 힘들게 살고 있어. 딸네 집에서 살았는데 낮에 집에 아무도 없어 혼자서 시계만 보고 있었어.

관찰자: 그럼 이곳이 더 나으세요?

할머니: 그래, 그런 것 같아.

관찰자: (할머님이 처음이라 이곳이 좋다고 여기시는 것 같았다. 시간이 지나면 할머님이 어떻게 변하실까 생각해보게 된다.)

10월 31일(금) 12:30

관찰자: (손을 잡아 드리며) 할머니 저 아시겠어요?

할머니: 잘 모르겠어.

관찰자: 전에 저 보셨잖아요.

할머니: 나 기억이 안나. 소변이 마려워. 나 어깨 조금만 세워주면 화장실 갈 수 있어.

관찰자: 이렇게요? (부추겨 드렸는데 옴짝달싹 할 수 없을 만큼 힘들었다.)

할머니: (마음으로는 하실 수 있을 것 같으셨나 보다) 이렇게 살아서 뭐해?

요양보호사: 할머니 아까 소변 보셨잖아요. (하루에도 몇 번씩 용변을 보신다고 하셔서 이렇게 옮겨드리면 볼 일을 보지 않기 때문에 어렵다.)

할머니: (힘들게 좌변기에 앉았지만 아무 볼 일도 못 보신다.) 이렇게 힘들어.

관찰자: (처음 들어오실 때 고운 모습은 없어지시고 할머니께서는 뭔지 모르는 불안감에 행동이 반복된다는 생각이 들었다.)

11월 7일(금) 6:00

관찰자: 할머니 안녕하세요? 저 알아 보시겠어요?

할머니: 그래, 언제 한 번 본 것 같아.

2009년 2월 12일 김점숙(90세)

주요증상: 좌측 상하지 마비, 치매의심, 당뇨, 고혈압

식　　사: 일반식/ 다진 반찬

주의사항: 당뇨, 고혈압으로 인한 음식조절, 화장실 출입이 많음

관찰자: 저 아시겠어요?

할머니: 잘 몰라~ (앞치마 두르고 밥과 반찬을 흘리며 식사를 하신다) 같이 먹어.

관찰자: 네 저는 식사 했습니다. (식사 후 주무신다.)

[강본심]

2008년 10월 25일 오후 1:00

이 어르신은 항상 신발에 집착하여 찾고 집에 가야 된다고 불안해하신다. 이 어르신이 이렇게 행동하시면 옆에 계신 전영삼 노인분도 덩달아 집에 가야 된다고 불안한 감정을 노출하신다. 비오고 흐린 날씨인가를 보시고 날씨가 이렇게 생겼으니 집에 가야 된다고 옷을 챙기셨다. (아이들이 다른 사람의 행동을 아무 여과 없이 따라 하는 것과 같은 행동을 하고 계신다.)

10월 31일(금) 12:30

(강본심 어르신은 여전히 신발에 집착하시고 집에 간다고 불안해 하시며 왔다 갔다 하신다.)

할머니: (관찰자에게) 아줌마 우리 집 데려다 줘.

관찰자: 할머니 집을 제가 잘 모르는데요.

할머니: 이렇게 저렇게 가면 돼.

관찰자: 조금 기다리시면 차가 올 거예요.

할머니: (내 신발~, 내 신발~ 하시며 계속 돌아다니신다.)
(여기 있는 노인 분들은 이 할머니가 정신없이 하는 행동을 체념한 듯 내버려 두라고 하신다.)

옆 할머니: (정신없이 왔다 갔다 하시자) 저 노인은 신발만 찾고 징그러워. 뒤꼭지가 내물어 오살 나게, 벼락 맞게 생겨가지고 같이 상대할 것 없어.

할머니: (가만히 계시지 못하고 돌아다니며) 집에 데려다 줘.~ ~

11월 7일(금) 6:00

할머니: (관찰자가 요양시설 문을 열고 들어서자) 아줌마 나 집에 데려다 줘.
(애원하신다.)

관찰자: 집에 가족이 누가 계세요?

할머니: 5명 가족이 사는데 아들, 며느리, 손자(15세), 손자(13세)가 살아.

관찰자: 할머니 연세가 어떻게 되세요?

할머니: 나이가 많어.

2008년 2월 12일

관찰자: 나이가 얼마예요? (할머니들께서는 연세라는 단어를 잘 못 알아 들으신다.)

할머니: 몰라. 집 언제 갈거나

관찰자: 집에 가족이 몇 명이세요?

할머니: 5명

관찰자: 누구누구예요?

할머니: 손주 2. 아들, 며느리, 나까지 5명. 죄가 많은 게 그래...... 늦게 가지 (이 할머니께선 전에 보다 스스로에게 죄의식을 많이 느끼고 계셨다)

관찰자: 할머니 무슨 죄요?

할머니: 몰라. 남에게 이 만큼도 안 가져 왔는데, 이렇게 생겼어

관찰자: 할머니 남들에게 힘들게 하지 않으셨단 말씀이시죠?

할머니: 몰라. 언제나 해방되지?

관찰자: 어디서 해방되요?

할머니: 죽으면.....

관찰자: 죽고 싶으세요?

할머니: 나이가 많아서 죽어야지, 갈 때 되면 가야지 (집을 의미)

관찰자: 집에 가서 뭐해요?

할머니: 자빠져 자고, 밥 먹어. 나 좀 보내줘. 언제 보내줘? 차오면 보내 줘. 차가 저물게 와. 우리 집으로 가.

관찰자: 집에 가시면 누가 반가와 해요?

할머니: 없어. 이런 사람을 누가 예쁘다고 해. 썩은 몸. 누가 예쁘다고 해. 언제 갈까? 나는 징역살이 간다.

관찰자: (잘 알아듣지 못해서 다시 질문) 어디 징역살이요?

할머니: (화를 벌컥 내시면서) 물 줘!

관찰자: 뜨거운 물이요? 찬 물이요?

할머니: 찬 물. 우리가 오래 산 죄다. 그리 알아야 한다. (관찰자에게) 아줌마 미안해. 죽고 싶어...... 썩으러 가는 거야. 한번 가니까 어서 가야지 (관찰자는 슬픈 생각이 들었다.)

이 때 거실 한 쪽에서 어느 한 할머니께서 자꾸 가신다고 하니까 다른 분이 뭐라고 하신 모양이다. 두 분 이어서 쌍년이~ 하시면서 큰소리로 싸움을 하신다. (이 분들은 그 동안의 갈등 상황의 해결 패턴이 그대로 나오고 있다고 여겨졌다.) 이 때 한 할머니께서 관찰자에게 문 열어 달라고 하시면서 할머니께서 나가시면 문 닫아 달라고 요구하신다.

[정희영(남 82세)]

2009년 2월 12일
주요증상: 파킨스병 초기, 10년 전 뇌졸증, 부정확한 발음 거동 불편
식　　사: 일반식/일반 반찬
주의사항: 이동시 낙상주의. 대소변 수시 확인

식사 후 소파에서 TV를 보고 계신다. (무엇을 보고 계시는지 내 몸을 이해하고 보시는 것인지? 초점은 맞지 않지만 앉아 계신다) 거동이 불편하여 다른 사람이 두 손을 붙잡고 움직일 수 있다.

관 찰 자 : 가족이 누가 있으세요?
할아버지: 모르겠어
관 찰 자 : 누가 찾아오세요?
할아버지: 모르겠다.
관 찰 자 : 할머니 계세요?
할아버지: 모르겠다. 할머니 없고, 마누라 있어(말을 하실 때 침을 흘리시며 말이 잘 되지 않는다, 화를 내신다.)

[비고]
*이곳 어르신들께서는 말을 어렵게 하시면 잘 못 알아들으시기 때문에 관찰자가 쉽게 표현하거나 질문했음(예: 연세→나이, 돌아가신다→죽으신다 등)

방문 관찰 소감문

2008년 10월 4일

관찰자는 이 요양센터에 처음 방문이라 무엇을 관찰할 것이며 어떻게 해야 될지 막연한 자세로 도착하였다. 이 요양센터는 6층 건물로 병원시설이 함께 입주된 건물로 '○○단기, 주간, 보호 요양센터'라고 표기되어 있었다.

이 시설은 5층 전층을 사용하고 있었으며 문을 열고 들어가자 동요가 경쾌하게 흘러나오고 있었다. 노인분들께서는 실습 봉사자들과 손 근육 운동을 위해 큰 공, 작은 공을 가지고 놀고 계셨다. 여자 노인분들이 남자 노인분들보다 두 배는 많았다. 현대사회가 생활수준이 향상되고 보건의료기술의 발달로 인해 노인인구가 빠르게 증가하여 우리나라도 2026년에는 초고령화 사회로 진입할 것으로 예상되고 있다(보건복지가족부, 2008).

노인 문제 대책의 일환으로 국가적인 차원에서 이런 노인 요양시설도 국가적 제도로 시행되어 노인분들이 복지적 혜택을 누리게 된 것이 얼마나 다행인지 모른다. 이 어르신들이 그렇지 않다면 음성적으로 제대로 보호도 받지 못하시고 고통을 견뎌내야 됐을지도 모른다는 생각이 들었다. 이 시설의 노인분들은 식사시간을 본능적으로 제일 기다려지는 시간이 되고 있었다. 점심식사를 즐겁게 열심히 드신다. 비록 수족이 힘들지만 나름대로 모든 수단을 동원해 천천히 드셨다. 관찰자는 식사를 열심히 드시는 어느 할머니께 연세를 물어 보았더니 9살이라고 하신다. 나이도 잊으시고 본능적인 삶에만 열심인 모습을 보고 관찰자는 안타까움이 컸다.

지금은 치매와 노인병 상태에서 의식이 흐리지만 한 할머니의 말씀이 관찰자로 하여금 그동안 놓치고 살았던 강한 메시지를 주었다. 인생에 있어 제일의 보람은 자식 잘 기르는 게 제일 중요한 일이라고 하시는 말씀에 이 부분이 인생에 있어서 정말 보람된 일일 것 같다는 생각이 들었다. 현대인들이 바쁘다는 이유만으로 자식들에게 소홀한 것을 반성하게 되었다. 그리고 한 할아버지를 행동관찰을 통해 온전한 정신이 아닌 상태에서도 느낄 수 있었던 것으로 인생의 초기 기억은 죽을 때까지 작용되고 있음을 느낄 수 있었다. 정신분석학자 프로이트의 이론에서 볼 수 있듯이 사람은 초기 양육자와의 관계가 인생에 있어 끝까지 영향을 주며 따라 다닌다는 사실을 깨닫고 양육자의 중요성을 절실히 느낄 수 있었다.

이 요양시설에 와서 느낀 점은 머지않아 나의 모습이겠구나 하는 생각에 숙연해지며 결국 죽을 때가 되어서는 세상에 태어날 때 모습인 순수한 어린이 모습이 되어 가는 준비를 하는구나라는 느낌을 받게 되었다. 오늘 하루 관찰에서 관찰자는 좀 더 잘 살기 위해 어떻게 해야 되는지 막연한 생각을 하게 되었다.

2008년 10월 12일

요양시설 방문지에 두 번째 방문이다. 지난 번보다 훨씬 익숙하고 친근감이 든다. 요양시설 모든 관계자 분들도 반갑게 맞아 주셔서 부담감도 덜 하였다. 먼저 지난 번 뵈었던 할머니들 방에 가서 인사를 드렸다. 모든 노인 분들이 똑같이 사람이 그리워 손을 붙잡는다. 그리고 다른 사람들 보다 관심을 더 갖기 위해 질투감을 나타내는 언어로 퉁명스럽게 다른 노인분들게 쏘아 붙이는 언어로 구박을 하신다. 어린아이들이 어른들의 관심을 받기 위해 노력하는 모습처럼 보였다. 어떻게 연세가 들어가면서 이렇게 모든 인지, 사고, 행동 능력이 저하될 수 있는 것일까? 새삼 인간의 나약함을 느끼는 부분이었다. 오후 4시 이후 간식을 드신 노인분들 대부분 오후 낮잠을 주무셨다. 여태껏 사시면서 걱정과 고생을 뒤로 한 채 아무 시험과 걱정 없이 꿈나라로 가신 모습을 보면서 오늘 관찰자는 참여 관찰을 마쳤다. 나이가 들어 노인분들이 이렇게 인지능력이 떨어지면서 다른 사람에 대한 관심도 없어지고 본인 스스로도 잘 인식하지 못한 채 세상 사람들과 관계성을 놓아가고 계신다는 생각이 들며 안타까움을 뒤로 하면서 관찰자는 집으로 발걸음을 옮겼다.

2008년 10월 25일 오후 1:00

일주일 동안 바쁘게 살다 보면 관찰시설에 가는 것도 마음에 부담을 가지고 주말의 시간을 바친다. 이 황금 같은 주말을 여유롭게 가족과 보냈으면 하는 바람을 뒤로 한 채 방문지로 향했다. 토요일 비오는 오후 요양센터에 엘리베이터를 타고 5층에 내려 실내화로 갈아 신고 문을 열고 들어갔다. 관찰자가 가는 날마다 거기 계신 노인분들은 낯선 얼굴 맞이하듯 아무 느낌이 없으시다. 그 어르신들은 습관처럼 사람을 대한다.

이금순(80) 노인분께서는 그 중 인지기능이 나으신 어르신으로서 노인분들 사이에 일어나고 있는 상황을 어느 정도 파악하고 계시고 좀 더 정확한 표현을 하실 수 있다. 이 분께서는 사람은 두 번 어린이가 된다고 하신다. 어쩔 수 없는 현실의 무력함을 인정하고 체념하는 듯하다. 순임이라는 노인분은 가족이 여러 명 같이 사시고 가족은 아들과 손자며느리와 사신다고 하신다.

여기 계시는 분 중 몇 분은 인지기능이 잘 안 되는 중에도 젊었을 때 익숙했던 시계 보는 행위를 할 수 있음을 알 수 있었다.

강본심 노인분은 신발에 항상 집착하여 찾고 집에 가야 된다고 불안해하신다. 이 어르신의 행동에 전영삼 노인분도 덩달아 집에 가야 된다고 불안한 감정을 노출하신다. 비오고 날씨가 흐리게 생겼으니 집에 간다고 옷을 챙기셨다. 아이들이 다른 사람의 행동을 아무 여과 없이 따라 하는 것과 같은 행동을 하신다. 순임 노인분은 간식 먹은 것에 대한 기억을 감, 홍시를 반복하실 뿐, 빵을 먹었다는 표현을 못하신다. 과거와 연결되어 인지에 깊이 받아들인다는 것은 알 수 있지만, 덜 인지된 것은 전혀 기억할 수 없다.

노인분들이 막연히 시간에 집착하는 이유를 생각해 보았다. 오랫동안 습관화되어 시간에 얽매여 사시던 행동과 생활했던 패턴이 반복되어 나타나는 것 같은 느낌을 받았다.

이곳에 계신 어르신들의 시험 없고 천진난만한 모습을 지켜보면서 이금순 할머님의 말씀처럼 두 번 어린아이가 되어가는 모습을 바라보면서 사람은 잘나고 잘 배우고 잘 살고의 의미도 없이 늙어가는 과정에 인간의 나약한 모습을 지켜보면서 관찰자는 어떻게 잘 살 수 있는가를 생각해 보았다.

2008년 10월 31일(금)

비가 오는 오후 점심식사 후 요양시설에 방문을 하였다. 관찰자가 "할머니 식사하셨어요?"라고 물어 보면 식사를 하시고서도 안 먹었다고 하신다.

제가 전영삼 할머니께 다가갔을 때 자동으로 저번에 불렀던 '넓고 넓은 바닷가에' 노래를 계속 부르신다. 노래는 모든 사람들의 '공통언어구나' 라는 생각이 들었다. 이 어르신은 어릴 적 불렀던 노래를 계속 반복하시며 흥에 겨워 즐거워하시는 모습이다.

그리고 할머니들이 불안감을 여러 가지 행동모습으로 표현하는 것을 볼 수 있었다.

대소변을 마렵지도 않는데 자주 마렵다고 느끼시는 것, 불안하여 신발을 계속 찾고, 집에 보내줘 라고 애원하시는 모습들에서 나타나고 있었다. 그리고 편마비 노인분을 부축하는 게 얼마나 힘이 드는 일인 줄도 알 수 있었다. 노인 간호는 힘으로 되는 것이 아니고 간호하는 노하우가 있어야 된다는 것을 알 수 있었다.

2008년 11월 7일

주말에 일부러 시간을 내서 나오는 게 너무 부담스러웠다. 그래서 오늘은 퇴근 후 어둑어둑해진 저녁시간에 요양센터로 관찰을 위해서 발걸음을 움직였다.

요양센터에 문을 열고 들어가자 주간보호 노인분들은 다들 가시고 세 분만 남아서 갈 시간을 기다리고 계신다. 강본심 어르신은 하루 종일 신발만 찾고, "나 집에 데려다줘." 하시면서 보내신다고 한다. 이럴 때 상담자의 역할을 한 번 해보고 싶어진다. 저런 불안한 욕구가 완전히 채워질 경우에도 저렇게 매일같이 집착된 반복행동을 하실까? 라는 의구심이 들었다. 이 어르신의 행동을 주위사람들은 시끄럽다고 하시고 직원분들도 그러려니 하면서 별로 신경쓰지 않으신다. 실로 안타까운 생각이 든다.

이금선 노인분은 제가 인사를 건네면서 "오늘 침대에서 떨어지셨다면서요?"하니까 그때서야 "머리가 아파"라고 하신다. 이 분들은 아프다는 표현도 공식적으로 할 수 없을 정도로 의사소통이 되질 않으신다는 생각이 드니까 참 무어라 표현할 수 없을 만큼 애잔했다.

관찰자가 "약 발라드릴까요?"하니까 그제야 머리가 아파 죽겠다고 본인의 아픔을 표현하신다. 이금선 노인분은 밥에 집착을 하셔서 본인뿐만 아니라 다른 사람이 밥을 안 먹었다고 하시면 어떻게 해서든지 먹으라고 챙겨주시는 모습이 과거 살아오신 습관이신 것 같다는 생각이 든다. 여기에 계시는 한 분 한 분의 모습을 보면서 기본적인 본능은 기능을 하신다는 생각이 들었다. 관찰자는 남자 노인분들이 이전에 여자들에게 관심을 갖고 계셨던 "예쁘다" 같은 언어나 "요양보호사분께 연락처나 알고 지내야죠"라고 하는 습관적인 행동을 하는 모습을 볼 수 있었다. 이것을 보고 재미있다는 생각이 들었다. 여자 노인분들은 살림하는데 주로 집착하는 모습을 보이신다. 여전히 관찰자는 관찰이 거듭될수록 젊었을 때 삶을 건강하게 살아야겠다는 다짐을 하게 된다.

학원버스에 몸을 실은 주간보호인 세 분의 노인분들을 보면서, 유치원 수업을 마치고 집으로 향하는 어린아이를 배웅하는 느낌을 들었다. 그것을 보고 관찰자는 삶의 무게감을 느끼며 집으로 향했다.

2009년 2월 12일

저녁식사에 맞춰 요양시설을 방문했다. 이곳에서 제일 큰 즐거움이라고 생각되어지는 것이 어르신들께는 식사시간 인 듯하다.

조용히, 어눌한 손동작으로 식사에 열중이시다. 가족의 사랑을 저버리시고 이곳에서 의무적인 케어를 받고 계시는 어르신들을 보며 숙명처럼 살아가시는 모습이 엿보인다. 자신의 불편과 욕구를 우선 언어로도 표현이 잘 안되고 하니까 주어진 환경에 맡겨져 살아가시는 현실이 안타까웠다.

이곳에 계신 분 중에는 삶의 질곡에서 생긴 분노와 억울함 등이 무의식적인 거친 언어와 행동으로 여과 없이 표현되어져 나오는 모습을 보며 우리가 평소에 의식 속에서 고상하게 하려고 가면을 쓴 모습은 이런 무력한 상황에선 나타날 수 있겠다 생각되어졌다.

그리고 한 할머니께서 정확한 의식 상황의 삶은 아니지만 고통스러움을 느끼시기 때문에 "죽고 싶어! 썩으러 가는 거야. 한 번 가니까 어서 가야지!" 라는 말씀하시는 것을 들으면서 관찰자는 이 분의 고통을 뼛속 깊이 전해 받는 느낌을 받고 눈시울이 붉어졌다. 관찰하면서 관찰자가 역전이 감정이 일어난다는 것을 알 수 있었다. 관찰자에게 애잔함을 느끼게 하시는 어른분께 더 관심과 애착을 느끼게 됨을 알 수 있었다.

영역 목록표 1

인지	감정	행위
인지1 (전혀 엉뚱한 반응)	감정1 (세상에 대해 달관한 모습)	행위1 (문을 열어 준다)
인지2 (인지가 더 좋은 사람이 군림함)	감정2 (사람의 사랑, 지지를 원함)	행위2 (계속 밥 가져 올 것을 강요)
인지3 (기본인지가 되지 않고 과거기억 회상)	감정3 (결벽증–다른 사람의 손이 닿는 것을 싫어한다)	행위3 (더 달라고 함)
인지4 (다른 사람 무시)	감정4 (자식을 잘 키운 게 인생에서 잘 하신 일이라 생각하심)	행위4 (식사 후 자지 않게 운동시켜 드림)
인지5 (뭘 하려고 해도 잘 안 됨)	감정5 (관찰자–정보제공자의 흐릿한 의식에서 말씀이 마음을 찡하게 함)	행위5 (밥을 같이 먹자고 함)
인지6: 잘 생각나지 않지만	감정6 (사랑 받으려는 질투감)	행위6 (신발을 들고 계속 집에 가려고 함)
인지7: 몰라~	감정7 (본인의 운명을 스스로 느낀다고 함)	행위7 (배려할 수 있는 능력이 없음)
인지8: 수 개념 없다	감정8 (어릴 때 엄마 모습을 무서워 함)	행위8 (다른 노인 간섭)
인지9: 자녀분에 대한 정보	감정9 (사랑을 빼앗기지 않으려고 질투하고 구박함)	행위9 (집에 갈려고 1초도 가만있지 않음)
인지10: 더 정확한 표현	감정10 (나이를 나중에 알려주겠다 하시면서 계속 웃으신다.)	행위10 (최할 머니 몇 년 전 행위)
인지11: ~하는 것 싫다	감정11 (딸이 안타까워 뜨거운 눈물을 흘림)	행위11 (과거 패턴대로 집착)
인지12: 뚜렷한 과거 회상	감정12 (걱정 근심 없이 시험 없는 상태)	행위12: 낯선 얼굴을 맞이하듯 한다.
인지13: 과거 회 상	감정13 (관찰자–정보제공자에게서 무엇을 볼 것인가 느낌)	행위13: 밥 언제해?
인지14: 단기 기억 약함	감정14 (관찰자 느낌)	행위14: 과거단순 반복했던 것을 할 수 있음
인지15: 시계 보는 행위	감정15 (노인분의 현실에 대한 생각)	행위15: 반복된 고착행동(신발 들고)
인지16: 강한 기억만 인지	감정16 (관찰자–역겨운 냄새)	행위16: 옷을 챙긴다.
인지17: 돈 어디서 나느냐?		행위17: 습관화된 행동 패턴
인지18: 한 끼 안 먹으면 어때?		행위18: 손잡고 인사
인지19: 금방 안 먹었다고 함		행위19: 욕을 하신다.
인지20: 모른다고 함		행위20: 밥 안 먹었다.
인지21: 모른다고 함		행위21: 주무시고 계신다.
인지22: 안다고 함		행위22: 노래를 부른다.
인지23: 모른다고 함		행위23: 손으로 털어낸다.
인지24: 상관없는 본인 생각		행위24: 옮기기 힘듦
인지25: 밥에 집착		행위25: 잠을 주무신다.
인지26: 젊었을 때 이야기		행위26: 의사소통 전혀 안됨
인지27: 먹는 이야기		
인지28: 신발에 집착		
인지29: 의지를 분명히 밝힘		
인지30: 전화번호를 알려줌		
인지31: 방문 안한다고 하심		
인지32: 본인의 생각을 표현		
인지33: 의지가 전혀 없는 상태		

인지34: 그래 인지35: 언제 한 번 본 것 같다. 인지36: 화장실을 잘 모른다. 인지37: 몸조심하고 잘 있어 인지38: 훈련하면 나아진다. 인지39: 식사안했다고 한다. 인지40: 나이 많다고 한다. 인지41: 애들 생각난다. 인지42: 무슨 이야기인줄 몰라 인지43: 상호간에 알고 지내야죠. 인지44: 아프다 인지45: 그럼, 알지 인지46: 여기오지 인지47: 오지 않는 것 같다 인지48: 집 어디야? 인지49: 모르겠다 인지50: 밥 먹어 인지51: 문 열어 놨어 인지52: 내 옆으로 와 인지53: 글씨를 잘 쓰네 인지54: 집 언제 갈거나 인지55: 5명이다 인지56: 죄가 많아 인지57: 언제나 해방되지 인지58: 죽어야지 인지59: 자빠려지고 인지60: 썩은 몸 인지61: 물줘 인지62: 찬물 인지63: 안다 인지64: 오라고 해 인지65: 모르겠어 인지66: 마누라 있어	감정17 (노인 인지 능력에 대한 느낌) 감정18: 흥에 겨워 노래한다. 감정19: 흥얼흥얼 감정20: 질투감 감정21: 더 좋은 것을 표현 감정22: 간식이 좋다 감정23: 타인에 대한 배려감 감정24: 불안한 감정 감정25: 예쁘다고 해 감정26: 답답하다 감정27: 웃음이 나오세요 감정28: 싫어 감정29: 어지럽다 감정30: 환장하다 감정31: 안 아픈 데가 없다 감정32: 웃으면서 감정33: 죽고 싶어 감정34: 안타까워 하시며 감정35: 화를 내신다 감정36: 답답하다고 하신다 감정37: 소외시킨다	행위27: 집에 데려다 줘 행위28: 상대할거 없다 행위29: 집에 데려다줘 행위30: 같이 먹지 행위31: 약 발라주라고 행위32: 일치감치 와 행위33: 욕을 하신다. 행위34: 내 차 어디 있어? 행위35: 침대시트를 적시다 행위36: 주무신다 행위37: 꺼울러졌어(넘어졌다) 행위38: 떨어졌다 행위39: 먹어 버렸어 행위40: 여기 앉아 행위41: 호주머니 뒤진다 행위42: 욕을 잘 하신다 행위43: 잡기만 해봐라 행위44: 웃다 행위45: 말이 어눌하다 행위46: 큰소리로 싸움을 하신다 행위47: 죽고 싶어 행위48: 문 열어 줘 행위49: 흘리며 식사 행위50: 이 닦아 줘 행위51: 앉아서 서서히 움직인다 행위52: TV 보신다 행위53: 침을 흘리신다 행위54: 말이 잘 되지 않는다 행위55: 간섭하다 행위56: 똑똑히 말해라 행위57: 참견하다 행위58: 구박하다 행위59: 기저귀를 뜯어내다 행위60: 수저질이 서툴다 행위61: 방귀를 뀌신다

영역 목록표 2

의식적인 상태

인지	감정	행위
인지2 (인지가 더 좋은 사람이 군림함) 인지4 (다른 사람 무시) 인지9: 자녀분에 대한 정보 인지10: 더 정확한 표현 인지11: ~하는 것 싫다 인지12: 뚜렷한 과거 회상 인지13: 과거 회상 인지15: 시계 보는 행위 인지17: 돈 어디서 나느냐? 인지22: 안다고 함 인지26: 젊었을 때 이야기 인지29: 의지를 분명히 밝힘 인지30: 전화번호를 알려줌 인지32: 본인의 생각을 표현 인지41: 애들 생각난다. 인지44: 아프다 인지45: 그럼, 알지 인지48: 집 어디야? 인지50: 밥 먹어 인지51: 문 열어 놨어 인지52: 내 옆으로 와 인지53: 글씨를 잘 쓰네 인지55: 5명이다 인지60: 썩은 몸 인지61: 물 줘 인지62: 찬물 인지63: 안다 인지64: 오라고 해 인지65: 모르겠어	감정3 (결벽증-다른 사람의 손이 닿는 것을 싫어한다) 감정4 (자식을 잘 키운 게 인생에서 잘 하신 일이라 생각하심) 감정11 (딸이 안타까워 뜨거운 눈물을 흘림) 감정13 (관찰자-정보제공자에게서 무엇을 볼 것인가 느낌) 감정14 (관찰자 느낌) 감정15 (노인분의 현실에 대한 생각) 감정16 (관찰자-역겨운 냄새) 감정17 (노인 인지 능력에 대한 느낌) 감정21: 더 좋은 것을 표현 감정25: 예쁘다고 해 감정27: 웃음이 나오세요 감정28: 싫어 감정29: 어지럽다 감정30: 환장하다 감정31: 안 아픈 데가 없다 감정32: 웃으면서 감정33: 죽고 싶어 감정34: 안타까워하시며 감정36: 답답하다고 하신다 감정37: 소외시킨다	행위1 (문을 열어 준다) 행위22: 노래를 부른다. 행위28: 상대할거 없다 행위31: 약 발라주라고 행위37: 꺼울러졌어(넘어 졌다) 행위38: 떨어졌다 행위39: 먹어 버렸어 행위40: 여기 앉아 행위43: 잡기만 해봐라 행위45: 말이 어눌하다 행위46: 큰소리로 싸움을 하신다 행위47: 죽고 싶어 행위48: 문 열어 줘 행위50: 이 닦아 줘 행위51: 앉아서 서서히 움직인다 행위52: TV 보신다 행위54: 말이 잘 되지 않는다 행위55: 간섭하다 행위56: 똑똑히 말해라 행위57: 참견하다 행위58: 구박하다 행위59: 기저귀를 뜯어내다 행위60: 수저질이 서툴다 행위61: 방귀를 귀신다

습관적, 무의식적 상태

인지	감정	행위
인지1 (전혀 엉뚱한 반응) 인지3 (기본인지가 되지 않고 과거기억 회상) 인지5 (뭘 하려고 해도 잘 안 됨) 인지6: 잘 생각나지 않지만 인지7: 몰라~ 인지8: 수 개념 없다 인지14: 단기 기억 약함 인지16: 강한 기억만 인지 인지18: 한 끼 안 먹으면 어때? 인지19: 금방 안 먹었다 함 인지20: 모른다고 함 인지21: 모른다고 함 인지23: 모른다고 함 인지24: 상관없는 본인 생각 인지25: 밥에 집착 인지27: 먹는 이야기 인지28: 신발에 집착 인지31: 방문 안한다고 하심 인지33: 의지가 전혀 없는 상태 인지34: 그래 인지35: 언제 한 번 본 것 같다. 인지36: 화장실을 잘 모른다. 인지37: 몸조심하고 잘 있어 인지38: 훈련하면 나아진다. 인지39: 식사 안했다고 한다. 인지40: 나이 많다고 한다. 인지42: 무슨 이야기인줄 몰라 인지43: 상호간에 알고 지내야죠 인지46: 여기 오지 인지47: 오지 않는 것 같다 인지49: 모르겠다	감정1 (세상에 대해 달관한 모습) 감정2 (사람의 사랑, 지지를 원함) 감정5 (관찰자-정보제공자의 흐릿한 의식에서 말씀이 마음을 찡하게 함) 감정6 (사랑 받으려는 질투감) 감정7 (본인의 운명을 스스로 느낀다고 함) 감정8 (남자 노인분 어릴 때 엄마 모습을 무서워함) 감정9 (사랑을 빼앗기지 않으려고 질투하고 구박함) 감정10 (나이를 나중에 알려주겠다 하시면 계속 웃으신다.) 감정12 (걱정 근심 없이 시험 없는 상태) 감정18: 흥에 겨워 노래한다. 감정19: 흥얼흥얼 감정20: 질투감 감정22: 간식이 좋다 감정23: 타인에 대한 배려감 감정24: 불안한 감정 감정26: 답답하다 감정35: 화를 내신다	행위2 (계속 밥 가져 올 것을 강요) 행위3 (더 달라고 함) 행위4 (식사 후 자지 않게 운동시켜 드림) 행위5 (밥을 같이 먹자고 함) 행위6 (신발을 들고 계속 집에 가려고 함) 행위7 (배려할 수 있는 능력이 없음) 행위8 (다른 노인 간섭) 행위9 (집에 갈려고 1초도 가만있지 않음) 행위10 (최할머니 몇 년 전 행위) 행위11 (과거 패턴대로 집착) 행위12: 낯선 얼굴을 맞이하듯 한다. 행위13: 밥 언제해? 행위14: 과거단순 반복했던 것을 할 수 있음 행위15: 반복된 고착행동(신발 들고) 행위16: 옷을 챙긴다. 행위17: 습관화된 행동 패턴 행위18: 손잡고 인사 행위 19: 욕을 하신다. 행위20: 밥 안 먹었다. 행위21: 주무시고 계신다. 행위23: 손으로 털어낸다. 행위24: 옮기기 힘듬 행위25: 잠을 주무신다. 행위26: 의사소통 전혀 안됨 행위27: 집에 데려다 줘 행위29: 집에 데려다줘

인지	감정	행위
인지54: 집 언제 갈거나 인지56: 죄가 많아 인지57: 언제나 해방되지 인지58: 죽어야지 인지59: 자빠지려고 인지66: 마누라 있어	감정1 (세상에 대해 달관한 모습) 감정2 (사람의 사랑, 지지를 원함) 감정5 (관찰자-정보제공자의 흐릿한 의식에서 말씀이 마음을 찡하게 함) 감정6 (사랑 받으려는 질투감) 감정7 (본인의 운명을 스스로 느낀다고 함) 감정8 (남자 노인분 어릴 때 엄마 모습을 무서워함) 감정9 (사랑을 빼앗기지 않으려고 질투하고 구박함) 감정10 (나이를 나중에 알려주겠다 하시면 계속 웃으신다.) 감정12 (걱정 근심 없이 시험 없는 상태) 감정18: 흥에 겨워 노래한다. 감정19: 흥얼흥얼 감정20: 질투감 감정22: 간식이 좋다 감정23: 타인에 대한 배려감 감정24: 불안한 감정 감정26: 답답하다 감정35: 화를 내신다	행위30: 같이 먹지 행위32: 일치감치 와 행위33: 욕을 하신다 행위34: 내 차 어디 있어? 행위35: 침대시트를 적시다 행위36: 주무신다 행위41: 호주머니 뒤진다 행위42: 욕을 잘 하신다 행위44: 웃다 행위49: 흘리며 식사 행위53: 침을 흘리신다 행위59: 기저귀를 뜯어내다 행위61: 방귀를 끼신다

찾아보기

ㄱ

가족관계 11
강박장애 21
갱년기 32, 38
건강보험진료비 27
경청 4
고령노인 3
고령화 사회 1
고립 2
고정관념 8
골다공증 32
공동지원 4
공적 연금 27
공포증 21
공황장애 21
과면증 47
관계 5
관계패턴 11
구조화 4
극치감 39
근전도(EMG) 42
기대 대처 17
기대수명 2
꿈 43

ㄴ

난소 31
내재도뇨관 40
노년기 24
노령화 26
노인병 25
노인의학 28
노인전문의료 26
노인진료 25
노후설계 3
뇌파(EEG) 42
눈전위도(EOG) 42
느려짐 12

ㄷ

대사증후군 26
독고 3, 25
두려움 8

ㄹ

만성질환 28
목표 5
몽유병 47

ㅂ

발기도달불능 40
발기유지불능 40
발기촉진제 40
발달 과제 16
배란과정 39
범불안장애 21
변화 5
병고 3, 25
병력청취 48

보건의료체계 30
불면증 42, 47
불안 19, 21
비급속안구운동(NREM) 43
비아그라 40
빈 둥지 18
빈고 3, 25

ㅅ

사정 40
사회보장제도 26
산과력 52
삶의 목적의식 22
상실 위협 8
서파 수면 43
설득 5
성 34
성과학 37
성생활 35, 37, 39
성의식 38
성행동 36
세부 연령층 34
소외고 3, 25
수면-각성 일정표(sleep-wake schedule) 장애 47
수면다원검사 44, 49
수면력 48
수면수반증 47
수면위생증진법 51
수면이상 47
수면일지 49
수면잠복기도 44
수면장애 42, 47
수면제 44, 50
수축력 40
순환패턴 11
시간제한 12
시상하부 44
시신경교차상핵 44
식생활관리 33
신앙 22
실험정신 22
심리성적 단계 16

ㅇ

악몽 47
알코올 35
애도 과정 18
야경증 47
억제제 35
에릭슨 17
에스트로겐 32
SCL-90-R(간이정신진단검사) 9
MMSE-KC(간이 정신상태평가) 53
여기 그리고 지금 12
여성 호르몬 31
역전이 8
완화의료제도 30
외로움 10
OPAL족 2
요실금 40
우울 19, 20
우울증 3
운동/섭식 2
운동 33
은퇴 18
은퇴시기 18
은퇴전후 3
음경 40
의존증 3
이상수면 47
인지행동치료 21

일몰증후군 46
일중 리듬(circardian rhythm) 44

ㅈ

자아발달 단계 16
장기요양보험제도 25
장기요양서비스 30
장기요양시설 30
재평가 41
재혼 41
적응 과제 16
전이 7
절정감 40
젊은 노인 3
정동장애 45
정체감 17
준비성 22
중년노인 3
즐거움 22
GDS(노인우울척도) 53
지원중심적 3
지지 22
지지-보완적 4
지지적 3
질건조증 40

ㅊ

체중관리 33
초고령화 24
치매 3, 45

ㅋ

콘돔 41

ㅌ

테스토스테론 40
통제감 17

ㅍ

페사리 40
편견 2, 8
평균수명 28
폐경 증상 31
폐경 31

ㅎ

호르몬 보충요법 32
호스피스제도 30
활성 비타민 D 33
효능감 17

〔저 자 약 력〕

이장호 서울대학교 심리학과 졸업
University of Texas at Austin, Ph.D.(상담심리 전공)
서울대학교 사회과학대학 심리학과 교수 역임(현 명예교수)
현, 서울디지털대학 상담심리학부 초빙교수(노인상담 강좌 담당)
한국노인상담사례연구회장
한국온라인상담치료연구회 회장

손영수 서울대학교 의과대학 의학과(의학사)
서울대학교 대학원(의학석사/의학박사)
한국외국어대학교 대학원(법학박사)
인하대학교 경영대학원(경영학석사)
충북대학교 행정대학원(행정학석사)
한국방송통신대학교 교육학과(교육학사)
현, 한국의료법학회 회장
대한산부인과학회 법제위원장
(대통령직속)국가생명윤리심의위원회 민간위원
건강보험심사평가원 부산지원 지역심사평가조정위원
한국가톨릭 주교회의 생명위원회 제주교구위원
건강보험심사평가원 비상근심사위원
대한산부인과학회 법제위원
제주대학교 의전원 교수(의료윤리 · 의료법리 협좌교수)
〈자격〉
산부인과전문의
불임학/여성내분비학 전임의(Fellowship)과정 수료
노인병인정의(대한노인병학회)

금명자 서울대학교 간호학과 졸업
서울대학교 대학원 심리학과 석 · 박사(상담심리 전공)
한국상담심리학회장 역임
전국대학교학생생활상담센터협의회 회장 역임
한국청소년상담원 상담교수 역임
현, 대구대학교 심리학과 교수

최승애 이화여자대학교 영어영문학과 학사
서울대학교 대학원 심리학과 상담심리전공 석사
계명대학교 대학원 교육학과 상담심리전공 박사
현, 최승애심리상담센터 소장
한동대학교 상담대학원 겸임교수

노인상담의 실제

2013년 3월 1일 초판 인쇄
2013년 3월 5일 초판 1쇄발행

저 자 이 장 호 외

발행인 배 효 선

발행처 도서출판 法 文 社

주 소 413-756 경기도 파주시 문발동 526-3
(파주출판문화정보산업단지)
등 록 1957년 12월 12일/제2-76호(윤)
전 화 031-955-6500~6/ 팩 스 031-955-6525
e-mail(영업): bms@bobmunsa.co.kr
(편집): edit66@bobmunsa.co.kr
홈페이지: http://www.bobmunsa.co.kr
조 판 광 암 문 화 사

정가 25,000원 ISBN 978-89-18-21061-2